CB025748

GUIA **MAPA DA CACHAÇA**

Dados Internacionais de Catalogação na Publicação (CIP)
(Claudia Santos Costa – CRB 8ª/9050)

Jannuzzi, Felipe P. C.
Guia Mapa da Cachaça = Mapa da Cachaça Guide / Felipe P. C. Jannuzzi. – São Paulo : Editora Senac São Paulo, 2025.

Edição bilíngue.
Bibliografia
ISBN 978-85-396-5387-4 (impresso/2025)
e-ISBN 978-85-396-5388-1 (ePub/2025)
e-ISBN 978-85-396-5389-8 (PDF/2025)

1. Bebidas alcoólicas. 2. Bebidas destiladas. 3. Cachaça. I. Título.

25-2397c

CDD – 641.2
663.5
BISAC CKB130000
CKB099000

Índice para catálogo sistemático:

1. Bebidas alcoólicas : Gastronomia 641.2
2. Tecnologia de bebidas : Bebidas destiladas : Cachaça 663.5
3. Cachaça : História : Produção : Degustação 663.5

GUIA **MAPA DA CACHAÇA**

Edição bilíngue

FELIPE P. C. JANNUZZI

EDITORA SENAC SÃO PAULO – SÃO PAULO – 2025

Gerente/Publisher: Luís Américo Tousi Botelho
Coordenação Editorial: Verônica Marques Pirani
Prospecção: Andreza Fernandes dos Passos de Paula
Dolores Crisci Manzano
Paloma Marques Santos
Administrativo: Marina P. Alves
Comercial: Aldair Novais Pereira
Comunicação e Eventos: Tania Mayumi Doyama Natal

Edição e Preparação de Texto: Vanessa Rodrigues
Versão para o Inglês: Adriana Marcolin
Produção e Edição dos Vídeos: Jeisy Mendes
Captação dos Vídeos: Diego Silveira
Janelas de Libras: Iguale Comunicação de Acessibilidade
Intérprete de Libras: Andrey Batista
Coordenação de Revisão de Texto: Marcelo Nardeli
Revisão de Texto: Cristine Sakô
Coordenação de Arte: Antonio Carlos De Angelis
Capa, Projeto Gráfico e Editoração Eletrônica: Veridiana Freitas
Imagens do Capítulo 15: Jeisy Mendes, Beard Studio (p. 266), Guarani (pp. 301 e 304), Margô (p. 342), Octaviano Della Colleta (p. 373), Saliníssima (p. 415), Santo Grau (pp. 435 e 436)
Imagens da Capa: Leo Feltran, Felipe P. C. Jannuzzi, Adobe Stock
Impressão e Acabamento: Gráfica Coan

EDITORA SENAC SÃO PAULO
Av. Engenheiro Eusébio Stevaux, 823
Prédio Editora – Jurubatuba
CEP 04696-000 – São Paulo – SP
Tel. (11) 2187-4450
editora@sp.senac.br
https://www.editorasenacsp.com.br

SUMÁRIO

NOTA DO EDITOR

Em todas as áreas nas quais atua, o trabalho do Senac São Paulo acaba tendo um impacto contínuo: ao qualificar os profissionais, contribui para elevar o mercado. E o mercado, mais amadurecido, passa a exigir pessoas mais qualificadas.

Nesse movimento, um dos setores em que essa contribuição mais tem feito diferença é o de alimentos e bebidas – campo no qual se destacam valores como o empreendedorismo, a criatividade e a inovação.

Quando se fala em cachaça, a inovação não é aplicada apenas no desenvolvimento de métodos de produzir o destilado da cana. A inovação também está a serviço da tradição, trazendo mais consistência e controle aos processos artesanais. Sim, processos centenários vêm sendo executados de maneira cada vez mais estruturada, sem descaracterizar a "pinga".

Com o trabalho meticuloso do Mapa da Cachaça, que embasou o conteúdo e conduziu as análises sensoriais aqui apresentadas, esta obra reafirma o compromisso de aprimorar o mercado por meio do conhecimento, auxiliando profissionais, educando consumidores e promovendo a bebida símbolo do país.

PREFÁCIO

Tradição e inovação são conceitos complementares e interdependentes. Ao contrário do senso comum, o ato de inovar não elimina nossa herança ancestral, mas a questiona e a faz evoluir. Se olharmos com atenção, veremos que tradição é a inovação que deu certo. Alguém, por exemplo, trouxe as primeiras mudas de cana ao Brasil. E assim foram criados o nosso primeiro canavial, o primeiro engenho, a primeira fermentação, a primeira destilação. Conhecemos o que era bom e o perpetuamos ao longo do tempo, em um demorado processo de aprendizagem e evolução. Hoje, o espírito brasileiro tem a cor, o sabor e o aroma da nossa terra. Tem nome também: cachaça.

A bebida símbolo do país nos acompanha há muito tempo e foi combustível de eventos e heróis que mudaram a nossa história. De lá para cá, o papel da cachaça no mercado e na sociedade também mudou, e o trabalho de Felipe P. C. Jannuzzi, em seu *Guia Mapa da Cachaça*, mostra a cara desse novo Brasil etílico. Sem caricaturas e sem medo de provocar e questionar o *status quo*, neste livro Felipe lança um novo olhar sobre a cachaça, contempla a sua história e, pioneiramente, projeta o papel da bebida no mercado contemporâneo de destilados.

A cada linha sorvida, o leitor apreciará o que há de melhor na literatura da cachaça e aprenderá sobre suas origens, sua produção e sua degustação. Sobre essa última (de que adiantaria tanta conversa sem molharmos as palavras?!), o sedento leitor terá à disposição um quadro de degustação valiosíssimo, que vai, sobretudo, aumentar o prazer a cada um dos seus goles. Descobrirá, enfim, o porquê de a cachaça ser sinônimo de paixão em língua portuguesa.

Por meio do olhar sensível de Felipe, você será apresentado ao que há de melhor no mundo rico e diverso da cachaça. Com este mapa em mãos, prepare-se para uma surpreendente viagem pelos rincões, histórias, saberes e sabores do Brasil.

Rodrigo Oliveira
Restaurante Mocotó

AGRADECIMENTOS

Aos meus parceiros do Mapa da Cachaça, Eduardo Martins e Gabriela Barreto; aos coordenadores do projeto, Amanda de Andrade Marcondes Pereira, Wagner Figueira e Vanessa Oliveira; ao time do Senac São Paulo, Gabriela Manchim Favaro, Jorge Cury Junior, Marcela Abila Gonçalves, Paloma Marques Santos, Vanessa Rodrigues Silva e Luís Américo Tousi Botelho, gerente da Editora Senac São Paulo.

Aos amigos fotógrafos que colaboraram com imagens feitas ao longo dos anos: Gustavo Maciel, João Lucas Leme, Rubens Kato, Leo Bosnic, Leo Feltran, Tadeu Brunelli e Bruno Fernandes.

Sou grato também aos especialistas que aceitaram o desafio de utilizar nossa metodologia para avaliar e descrever as principais cachaças do Brasil: Ana Laura Guimarães, Bia Amorim, Carolina Oda, Isadora Fornari, Jairo Martins, Letícia Nöbauer, Luís Otávio Álvares Cruz, Mari Mesquita, Néli Pereira, Nina Bastos, Patricia Brentzel, Paulo Leite, Renato Figueiredo e Cláudio Tibério Gil, bem como aos profissionais que nos ajudaram nos treinamentos: Luis Marcelo Nascimento, Maurício Maia e Aline Bortoletto.

Agradeço, ainda, à equipe que nos auxiliou com as análises físico-químicas: o professor André Alcarde e todo o time do Laboratório de Tecnologia e Qualidade de Bebidas da Escola Superior de Agricultura "Luiz de Queiroz", da Universidade de São Paulo (Esalq/USP).

E à Praça São Lourenço, à Academia da Cachaça, à Rota do Acarajé e ao Empório Santa Therezinha.

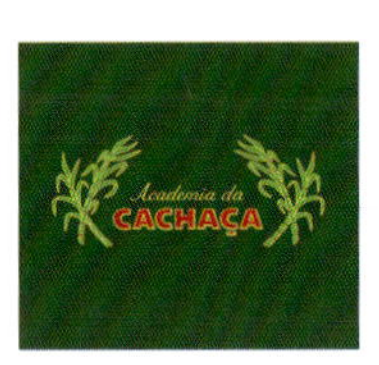

APRESENTAÇÃO

Quando criamos o Mapa da Cachaça, em 2012, tínhamos como proposta viajar pelo Brasil para mapear alambiques. Porém, à medida que avançamos nessa jornada, deparamos com a imensa complexidade e a riqueza da cachaça, o que fez nossas motivações evoluírem passo a passo. O que começou como uma aventura despretensiosa de recém-formados na universidade se transformou em um projeto de vida.

Ao longo dessa trajetória, conquistas como o reconhecimento pelo Ministério da Cultura e pela Agência Brasileira de Promoção Internacional do Turismo (Embratur) nos deram força para continuar. Afinal, a cachaça é mais do que uma bebida: é parte integral da cultura e do turismo do Brasil. Viajamos pelo país e pelo mundo, compartilhando nossas pesquisas, e a cada descoberta nos apaixonamos ainda mais pela diversidade sensorial do nosso destilado. Assim, começamos a idealizar um guia. Afinal, todo mapa precisa de uma bússola – uma referência para nos levar pelo fascinante e complexo universo da cachaça.

A diversidade sensorial única da cachaça é moldada por diferentes tipos de cana, leveduras variadas e uma enorme gama de madeiras brasileiras usadas no armazenamento e no envelhecimento. O mapa que inicialmente destacava apenas pontos geográficos evoluiu para um mapa de sabores do Brasil. A cachaça do norte de Minas, por exemplo, é completamente diferente daquela produzida no Brejo Paraibano, que, por sua vez, distingue-se das cachaças da Serra Gaúcha. Essa diversidade é ainda ampliada pelas distintas preferências culturais de produtores e consumidores, que influenciam os estilos de produção. A riqueza de ingredientes e receitas reflete a grandiosidade do nosso destilado.

Nos últimos anos, desenvolvemos ferramentas para nos ajudar a identificar técnicas e estilos, como uma metodologia de avaliação, a definição das escolas da cachaça, uma roda de aromas e um vocabulário específico para descrever as cores, os aromas, os sabores e as sensações das cachaças que avaliamos. Este livro é resultado do conhecimento que construímos com o uso das ferramentas que criamos.

Com esta publicação, nosso objetivo é ir além de simplesmente orientar sobre as principais destilarias do país; queremos capturar e retratar o mercado atual, identificando tendências emergentes, destacando o que se sobressai e compreendendo as transformações em curso. Buscamos honrar as tradições ao mesmo tempo que acompanhamos as inovações que surgem a cada nova safra.

Acreditamos que registrar os aspectos mais marcantes do setor é essencial para valorizar os profissionais que se destacam pelo trabalho exemplar – produtores, mestres de adega, mestres alambiqueiros, sommeliers e designers, entre outros. Além disso, ajudamos o mercado a entender, junto de nós, os caminhos já trilhados e os que ainda estão por vir.

Após anos de pesquisas e degustações, posso afirmar que temos um dos melhores destilados do mundo e que merecemos estar nas principais prateleiras. Talvez o que nos falte seja uma dose de orgulho e autoconhecimento. Que o nosso guia possa contribuir para que alcancemos esse reconhecimento!

Cachaça saindo da destilação, Minas Gerais.

Crédito: Gabriela Barreto.

HISTÓRIA E MERCADO

PARTE I

1

“ONDE MÓI UM ENGENHO, DESTILA UM ALAMBIQUE.”

O título deste capítulo é uma frase que o historiador e sociólogo Luís da Câmara Cascudo empregou em seu livro *Prelúdio da cachaça*, publicado pela primeira vez em 1968. A frase mostra a relação direta entre as produções de açúcar e de aguardente de cana, e com ela Câmara Cascudo quis sublinhar o papel econômico e social dessa dupla – o engenho e o alambique – no Brasil colônia.

Mas, para entender o surgimento da cachaça, é preciso retroceder ainda mais no tempo e abordar a origem milenar do cultivo da cana-de-açúcar e dos processos de destilação. Esse foi o ponto de partida da trajetória da cachaça – uma história marcada, sobretudo, pelo colonialismo europeu. Muitos séculos se passaram para que a bebida deixasse de ser moeda de troca e se tornasse um elixir de celebração.

Há evidências de produção de destilados que remetem a 500 a.C. em Taxila, um sítio arqueológico no Paquistão. Por ser uma região muito rica em cana-de-açúcar, alguns historiadores acreditam que o primeiro destilado possa ter sido alguma forma rudimentar de cachaça.

Independentemente de saber com exatidão quando a cachaça começou a ser produzida, é importante entender quais foram os fatores que levaram ao aumento de sua produção e ao ganho de expressão econômica e cultural.

Uma boa pista para descobrir a origem da bebida está na análise histórica de dois elementos fundamentais para a sua fabricação: a cana, como fonte de açúcar para a fermentação, e o alambique, que separa e concentra o álcool no processo de destilação. O interessante é que tanto a cana como as técnicas de destilação possuem o mesmo vetor de difusão, os árabes.

A cana tem origem na ilha de Nova Guiné, na Oceania, e foi amplamente utilizada na Ásia. Do continente asiático, foi para o Egito (na África) e, posteriormente, difundiu-se na Europa por meio da ocupação árabe, sobretudo no sul, onde o clima quente era mais propício à sua natureza tropical. Da Europa, no século XV, a cana seguiu para as ilhas atlânticas – Canárias, Madeira e Açores – e, depois, para o Novo Mundo.

Por sua vez, a destilação, desde os séculos X e XI, era considerada a principal técnica de manipulação físico-química entre os alquimistas árabes. Um dos maiores deles, Jabir ibn Hayyan (conhecido como Geber), viveu nos séculos VIII a IX e, em seus trabalhos, já descrevia o álcool obtido do vinho por destilação, ressaltando o seu poder medicinal. Dos árabes, as técnicas da destilação passaram a ser dominadas

pelos alquimistas europeus, e há textos datados do século XIV descrevendo detalhadamente o processo.

A citação mais antiga encontrada sobre destilação de fermentado de cana é da segunda metade do século XVI, feita por Al-Antaki, alquimista do Cairo, quando menciona a fabricação do "araq de cana-de-açúcar e de uva". *Araq* significa "transpiração" em árabe e é uma palavra usada também como sinônimo de destilado.

Não existe prova concreta de que o destilado de cana fosse produzido na Europa ou nas ilhas atlânticas, mas é possível assegurar que a cana e a destilação conviveram por longos anos. Nessas circunstâncias, é razoável assumir que, quando da introdução da cana-de-açúcar no Brasil, os portugueses já dominassem a destilação do vinho de cana.

Desenho e descrição do alambique do alquimista Geber no século VIII.

Crédito: Jabir ibn Hayyan, domínio público, via Wikimedia Commons.

A CANA EM SOLO BRASILEIRO

Em 1502, as primeiras mudas de cana-de-açúcar chegaram ao Brasil, trazidas pelo navegador e explorador Gonçalo Coelho. Em Pernambuco, entre 1516 e 1526, o primeiro engenho de açúcar foi instalado, na feitoria de Itamaracá. Nas primeiras décadas de presença portuguesa, o número de engenhos no Brasil se multiplicou rapidamente.

Algumas hipóteses apontam que a primeira aguardente brasileira teria sido destilada entre 1516 e 1532, em algum engenho do litoral. Dentre elas, destacamos três:

- em Pernambuco, nas feitorias de Itamaracá, Igarassu e Santa Cruz, entre 1516 e 1526. Há registros de envio de açúcar pernambucano para Lisboa em 1526, o que fortalece essa versão;
- em Porto Seguro, Bahia, em 1520, onde há indícios da existência de engenho de açúcar já naquela época;
- no litoral de São Paulo, aproximadamente em 1534, no Engenho São Jorge dos Erasmos, também conhecido como Engenho do Governador, um empreendimento de quatro portugueses (entre eles, Martim Afonso de Souza) e do comerciante flamengo Johan van Hielst.

O **Engenho São Jorge dos Erasmos** foi doado à Universidade de São Paulo (USP) em 1958. Localiza-se na divisa dos municípios de Santos e São Vicente, no litoral paulista. É a mais antiga evidência física preservada da colonização portuguesa em território brasileiro.

Crédito: Mike Peel, CC BY-SA 4.0, via Wikimedia Commons.

Apesar dos sinais de produção de aguardente de cana no século XVI, o primeiro documento que oferece mais informações sobre as origens do destilado nacional é do século XVII, na Bahia. O livro *Documentos para a história do açúcar*, que apresenta o livro de contas do Engenho de Nossa Senhora da Purificação de Sergipe do Conde (no Recôncavo Baiano), mostra que, entre os dias 21 de junho de 1622 e 21 de maio de 1623, foi relatada no cálculo de despesas "Hua canada [1 canada = 2,662 litros] de augoa ardente para os negros da levada". A aguardente, sinônimo de destilado, era adquirida nesse engenho para o consumo dos escravizados africanos.

DOCUMENTOS PARA A HISTÓRIA DO AÇÚCAR 261

It. ao gois de tijolo e telha	15v
It. a Diogo de leão pelo que lhe deuia o P.e Sebastião uaz	10v340
It. por hum barril de azeite	15v
It. hũa arroba de sebo p.a a moenda	v990
It. de conserto de hũa eixo p.a leuantar caixoens	v160
It. de asentar huas tachas	v640
It. De hũa canada de augoa ardente p.a os negros da leuada	v480

Trecho do livro que resgata operações do antigo Engenho Sergipe do Conde. Na última linha, o registro de transação envolvendo aguardente de cana.

Fonte: Instituto do Açúcar e do Álcool, 1956.

Mesmo diante da imprecisão quanto à data da primeira destilação no Brasil, é possível afirmar que a cachaça foi o primeiro destilado da América a ser feito em larga escala e a ter relevância econômica.

O sucesso dessa indústria estava baseado na perspectiva colonialista e na economia atrelada ao trabalho dos escravizados. Com o aumento da demanda por mão de obra para os *plantations* de cana-de-açúcar nas colônias portuguesas, o comércio de escravizados tornou-se, para os escravagistas europeus, uma importante fonte de renda. No final do século XVI e ao longo do século XVII, em um período de escassez de moedas, o comércio de escravizados na costa africana foi realizado pelo escambo por açúcar, tabaco, tecido, vinho e, sobretudo, destilados como brandy, rum e cachaça.

Diferentemente da cerveja e do vinho, que estragavam durante as longas viagens marítimas, os destilados se mantinham preservados em razão do alto teor alcoólico. Esse teor elevado de álcool trazia outra vantagem, pois significava transportar mais álcool ocupando menos espaço nas embarcações.

Apenas na capitania de Pernambuco, o crescimento do número de engenhos foi substancial, demandando também o aumento de mão de obra escravizada nas lavouras: de 23 engenhos, em 1570, para

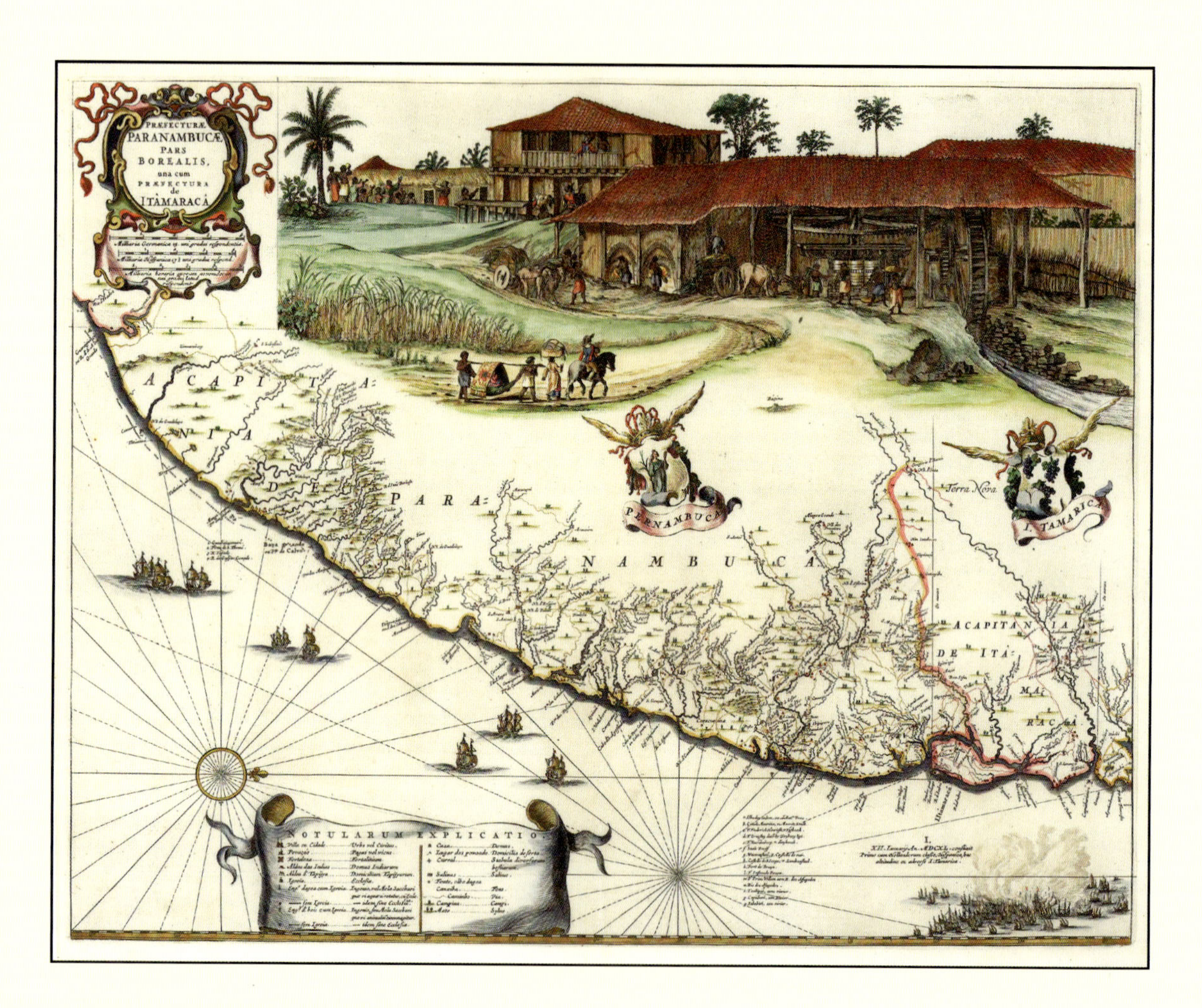

Mapa de Pernambuco feito por cartógrafos europeus por ocasião das invasões holandesas no Brasil, no século XVII. Na parte de cima do mapa, aparecem detalhes representando um engenho (com casa de caldeira e moendas) e a casa-grande.

Créditos: Cornelis Golijath e Georg Marcgraf, domínio público, via Wikimedia Commons.

77, em 1608. Apesar de os números e os registros de escravizados serem imprecisos, esses dados servem para entendermos o papel da cachaça nesse momento histórico. Estima-se que nas últimas décadas do século XVI tenham desembarcado no Brasil entre 10 mil e 15 mil escravizados por ano, trazidos principalmente da região onde se localizam Guiné Equatorial, República do Congo e Angola. Não é à toa que o Padre Antônio Vieira, que viveu no Brasil no século XVII, definiu: "Quem diz açúcar, diz Brasil; e quem diz Brasil, diz Angola".

No fim do século XVII, a hegemonia do açúcar brasileiro foi quebrada pela produção, na América Central, de um produto mais barato e de melhor qualidade, controlado pelos holandeses expulsos do litoral pernambucano. Os holandeses levaram as técnicas de destilação para lá e contribuíram para o surgimento da indústria da aguardente de cana caribenha – a qual evoluiu para o que chamamos hoje de rum.

A crise do açúcar brasileiro reorientou as usinas para a produção de cachaça, que era utilizada principalmente para consumo interno e para o tráfico de escravizados em Angola. Entre 1710 e 1830, estima-se que cerca de 310 mil litros de cachaça tenham sido enviados anualmente para Luanda e que 25% desse volume era trocado por escravizados.

Assim, é possível afirmar que a indústria da aguardente de cana se consolidou na América pelo seu papel na obtenção da força de trabalho escravizada, principalmente para a produção de açúcar.

A substituição econômica do açúcar se deu com o Ciclo do Ouro, quando foram descobertos minérios em Minas Gerais, na Bahia, em Goiás e no Mato Grosso. O metal precioso desencadeou uma verdadeira corrida e permitiu a expansão da produção de cachaça no interior do Brasil. No século XVIII, a população brasileira cresceu dez vezes, de 300 mil para 3 milhões de habitantes.

A riqueza do ouro multiplicou as cidades, tornando a cachaça a bebida alcoólica mais consumida. Minas Gerais é o estado com o maior número de unidades de produção, graças à tradição histórica de produzir cachaça em pequenas propriedades familiares, que no período colonial abasteciam a florescente população urbana que tentava enriquecer com a mineração.

ANHANGUERA, O DIABO VELHO

O bandeirante Bartolomeu Bueno da Silva, nascido em 1672, ganhou seu famoso apelido por causa de sua ambição e da aguardente que carregava consigo nas expedições. Certa vez, ao chegar a uma comunidade de indígenas, reparou que algumas mulheres se ornavam com peças de ouro e quis saber a procedência do minério. Para intimidá-los e conseguir obter deles o segredo da mina, ele ateou fogo na aguardente que levava em uma cabaça. Como não conheciam a tecnologia dos destilados, os indígenas acreditaram se tratar de algum tipo de magia, e o bandeirante se tornou conhecido como Anhanguera, ou Diabo Velho.

O Anhanguera, de Theodoro Braga (1930). Bartolomeu Bueno da Silva passou a ser chamado assim após colocar fogo em uma cabaça na qual havia aguardente, causando espanto nos indígenas goiazes.

Crédito: Museu Paulista.

Engenho Boa Vista, na cidade mineira de Coronel Xavier Chaves, o mais antigo em atividade no país. De acordo com Alessandra Trindade, em *Cachaça: um amor brasileiro*, no fim do século XVII, no Ciclo do Ouro, os homens saíam para as minas enquanto as mulheres produziam cachaça em pequenos alambiques nas roças.

Crédito: Divulgação/Santo Grau.

ALTOS E BAIXOS DA CACHAÇA

A partir de 1850, com a redução do comércio de escravizados africanos, a produção de cachaça perdeu a relevância econômica de tempos passados. Além disso, a intensificação de uma nova atividade, a produção de café, fez surgir um novo setor social no Brasil.

Fugindo dos hábitos rurais e procurando identificar-se com os produtos europeus, a elite brasileira rejeitou a cachaça, tida como sem valor e destinada aos pobres e incultos.

Em reação, apareceram intelectuais, artistas e estudiosos com o compromisso de resgatar valores brasileiros, ironizando a incorporação da cultura e dos costumes estrangeiros. No decorrer do século XX, nomes como Mário de Andrade, Oswald de Andrade, Luís da Câmara Cascudo, Gilberto Freyre, Mário Souto Maior e Carlos Drummond de Andrade estudaram e difundiram a importância da cachaça para a cultura, a economia e a história do Brasil.

Embora a cana-de-açúcar tenha ocupado latifúndios para a produção de etanol, o Instituto Brasileiro da Cachaça (Ibrac) estima que existam mais de 40 mil pequenos produtores espalhados por praticamente todos os estados, fazendo desse destilado um dos principais patrimônios da nossa gastronomia e da nossa cultura.

Após séculos de marginalização, a história da aguardente brasileira ganhou novo rumo, com o Decreto nº 4.062, de 21 de dezembro de 2001. O decreto definiu as expressões "cachaça" e "cachaça do Brasil" como indicações geográficas, legitimando a bebida como produto tipicamente nacional e pavimentando a conquista do mercado internacional.

O ***Anuário da cachaça 2024:*** *ano referência 2023*, do Ministério da Agricultura e Pecuária, apontou 1.217 cachaçarias, 5.998 cachaças registradas e 10.526 marcas.

Crédito: Gabriela Barreto.

LIBERDA
LIGUR
RAINHA DA CA
Conteúdo

CRONOLOGIA DA CACHAÇA

500 a.C.

Indícios de produção de destilados no Paquistão, região muito rica em cana-de-açúcar.

722-804 d.C.

Primeira referência documentada sobre os "vapores inflamáveis" contendo vinho fervente e sal em *Kitab ikhraj mafi al-quwwa ila al-fi'l*, do alquimista Jabir ibn Hayyan, também conhecido pelo nome latinizado de Geber.

Os **antigos alquimistas** acreditavam que a destilação liberava a essência, o espírito de uma substância. O termo em inglês para bebidas destiladas é *spirit*.

Crédito: Domenico Beccafumi, domínio público, via Wikimedia Commons.

1394-1460

As navegações do infante D. Henrique fazem com que a cana-de-açúcar trazida da Ásia comece a ser cultivada nas colônias portuguesas, mais especificamente na ilha da Madeira.

1502

As primeiras mudas de cana-de-açúcar começam a ser trazidas para o Brasil pelo explorador português Gonçalo Coelho.

1516

Com a crise do comércio no Oriente e as enormes despesas com a manutenção do Império português, D. Manuel I, rei de Portugal, incentiva a criação de engenhos no Brasil. Pero Capico, na feitoria de Itamaracá, em Pernambuco, constrói o primeiro engenho de que se tem registro no Brasil.

1719

Rebelião da Cachaça ou Revolta da Pinga, em razão do estanco da caninha feito pelo capitão-mor João Lobo de Macedo, representante de Portugal em Pitangui, Minas Gerais. Com o estanco, apenas a Coroa poderia vender a aguardente. A medida afetaria os ganhos com a extração de ouro, já que a cachaça era bastante consumida pelos escravizados. Em meio aos conflitos, o capitão-mor acabou sendo expulso.

1729

Início da Revolta de Vila Rica, atual Ouro Preto, Minas Gerais. Os impostos abusivos sobre a cachaça contribuem para a revolta, liderada por Filipe dos Santos. Em 1729, o vilarejo de Pitangui sai vitorioso, conseguindo derrubar um veto da Coroa à entrada de cachaça na região das minas.

1743

Em 24 de fevereiro, um decreto régio proíbe a capitania da Bahia de produzir a aguardente. A proibição incentiva a produção na capitania de Minas Gerais.

1745

Em 18 de novembro desse ano, a Coroa proíbe a instalação de novos engenhos em São Paulo e Minas Gerais, "por constar que da multiplicação delles se segue damno irreparavel ao Real Serviço".

1750-1770

A extração e a exportação de ouro passam a ser as principais atividades econômicas do Brasil, no Ciclo do Ouro, que vai durar até o fim do século XVIII.

1755

Um grande terremoto devasta Lisboa, e um novo tributo sobre a cachaça é cobrado em 1756 para reconstruir a cidade.

Representação de 1757 das **ruínas da Sé de Lisboa** após o terremoto. Para reerguer a cidade, dinheiro de pinga.

Crédito: Jacques-Philippe Le Bas, domínio público, via Wikimedia Commons.

1772

É criado um "subsídio literário" sobre a venda da aguardente da cana e de carnes frescas. O tributo se destina ao pagamento de professores.

1786

Primeiro uso da palavra "cachaça", nas *Cartas chilenas* (cartas em forma de poemas satíricos), de Tomás Antônio Gonzaga.

2012

Os Estados Unidos, a partir de 11 de abril, passam a reconhecer a cachaça como produto "genuinamente brasileiro", e não mais como Brazilian Rum.

2024

O coquetel rabo de galo (cachaça, vermute, bitter) é incluído na lista da IBA.

Preparado com ingredientes mais acessíveis fora do Brasil do que a caipirinha (não é tão fácil encontrar limão apropriado no exterior), o **rabo de galo** pode ajudar na divulgação internacional da cachaça.

Crédito: Rubens Kato.

2024

Paraty (Rio de Janeiro) e Luiz Alves (Santa Catarina) passam a ser Denominação de Origem (DO) para cachaça. Segundo o Instituto Nacional da Propriedade Industrial (Inpi), em razão de fatores naturais e humanos, a aguardente de cana dessas cidades apresenta "características sensoriais próprias e exclusivas".

1520 — Data provável de instalação de um engenho nos arredores de Porto Seguro, cujas ruínas foram encontradas por pesquisadores da Universidade Federal da Bahia (UFBA).

1532 — Expedição de Martim Afonso de Souza funda a Vila de São Vicente, no litoral de São Paulo, dando início ao plantio de cana. São construídos os engenhos Madre de Deus, do Governador e de São João.

Segunda metade do século XVI — Al-Antaki, alquimista do Cairo, menciona a fabricação do "araq de cana-de-açúcar e de uva".

1585 — Contabilizam-se 192 engenhos no Brasil.

1622 — Ano do documento mais antigo de que se tem notícia, no Brasil, citando a aguardente. Trata-se do livro de contas do Engenho de Nossa Senhora da Purificação de Sergipe do Conde, na Bahia.

1629 — O número de engenhos avança pelo litoral brasileiro e chega a 349 em todo o país.

1635 — Portugal institui um decreto proibindo a venda da cachaça na Bahia, por afetar o mercado da bagaceira (destilado português de uva).

1649 — A concorrência com a bagaceira leva a Coroa portuguesa a proibir a fabricação e a venda da aguardente de cana, deixando a produção permitida apenas em Pernambuco, e o consumo, liberado à população escravizada.

1660-1661 — Ocorre a Revolta da Cachaça, no Rio de Janeiro. Indignados com os impostos cobrados pela Coroa e perseguidos por vender o destilado, produtores de cachaça e proprietários de engenho fluminenses tomam o poder por cinco meses, em um dos primeiros movimentos de insurreição nacional.

1789 — Ano da Revolução Francesa e da Inconfidência Mineira. Conta-se que, em 1792, o inconfidente Joaquim José da Silva Xavier, o Tiradentes, pediu antes de morrer uma dose da cachaça do alambique de sua família, em Coronel Xavier Chaves. O gesto seria um símbolo de resistência contra a Coroa portuguesa.

1790 — Já no fim do Ciclo do Ouro, Paraty tem 87 engenhocas de fabricar aguardente.

1808 — A Corte portuguesa vem para o Brasil, no período em que a cachaça ainda é um dos principais produtos da nossa economia. Mas ela começa a perder espaço para uma bebida tida como mais nobre: o café.

1889 — Instauração da República no Brasil. A cachaça é discriminada como símbolo do passado imperial agora decaído.

1922 — Realização da Semana de Arte Moderna. Com o movimento modernista, a cachaça começa a recuperar o *status* de símbolo nacional, ao lado de samba, caipirinha, carnaval e feijoada.

1995 — A caipirinha é registrada na lista dos drinques oficiais do mundo, em congresso da Internacional Bartenders Association (IBA), no Canadá.

2001 — O Decreto 4.062/01 define as expressões "cachaça" e "cachaça do Brasil" como indicações geográficas, de origem e uso exclusivamente brasileiros.

ORIGENS DA CAIPIRINHA

Uma das versões sobre a origem da caipirinha sustenta que a pintora Tarsila do Amaral, nascida em Capivari (cidade do interior paulista perto de Piracicaba), preparava o coquetel brasileiro para seus convidados na época em que morou em Paris. Outra versão diz que a bebida surgiu em Piracicaba no início do século XX, servida pelos fazendeiros como alternativa aos vinhos e uísques importados. Uma terceira versão afirma que o coquetel teria sua origem em Paraty, para fins medicinais. Em um documento de 1856 sobre as medidas tomadas em decorrência de uma epidemia de cólera na região, está uma carta do engenheiro civil João Pinto Gomes Lamego com o seguinte trecho: "tenho provido que a necessidade obrigou a dar essa ração de aguardente temperada com água, açúcar e limão, a fim de proibir que bebessem água simples".

Gelo, açúcar, limão e cachaça. De onde vem a receita que é a cara do Brasil?

Crédito: Rubens Kato.

"Essa é uma história que o mundo quer que o brasileiro conte." Felipe P. C. Jannuzzi, autor do livro, fala sobre o momento atual da cachaça e as perspectivas para o futuro.

Esse e os demais vídeos do livro também estão disponíveis no canal do Senac São Paulo no YouTube: https://www.youtube.com/@senacsaopaulo.

2

O QUE DEFINE CACHAÇA

"Você pensa que cachaça é água? Cachaça não é água, não." Os versos da canção popular jocosamente dizem o que ela *não* é, mas, enfim, o que caracteriza a cachaça?

- **Ser produzida no Brasil:** como acontece no México, com o tequila, e na França, com o champanhe, a primeira condição para a bebida se chamar cachaça é ser produzida no Brasil.
- **Ter graduação alcoólica entre 38% v/v e 48% v/v a 20 °C:** a palavra "álcool" é de origem árabe (*al-kuhul*) e se refere a um fino pó produzido pela destilação do antimônio e usado como maquiagem para os olhos. Na Idade Média, os alquimistas passaram a utilizar o termo para todos os produtos da destilação. A graduação alcoólica de uma bebida corresponde à porcentagem de etanol presente na solução. Além de etanol, a cachaça contém água e outros componentes, como ésteres, álcoois, aldeídos, ácidos e cetonas. Para efeito de comparação, uma cerveja no Brasil tem em média 5% de álcool; o uísque pode chegar a 54%, e é possível encontrar na Rússia vodcas que passam dos 90% de graduação alcoólica.
- **Conter caldo de cana-de-açúcar:** a cachaça possui a cana-de-açúcar como matéria-prima e deve ser, obrigatoriamente, produzida do caldo fresco extraído da cana, também chamado de suco de cana ou garapa.
- **Ser fermentada e, depois, destilada:** o caldo de cana, logo após ser extraído, é filtrado e recebe adição de água. Com a ação de leveduras, esse caldo é fermentado, resultando no vinho de cana. Em seguida, o vinho é destilado. Portanto, a cachaça é uma bebida fermento-destilada.
- **Conter até 6 g/L de açúcar:** o destilado de cana pode ser chamado de cachaça mesmo que tenha açúcar adicionado, mas essa adição não pode ultrapassar os 6 gramas por litro.

TIPOS DE CACHAÇA

A família de caninhas é grande, e essa diversidade é obtida por escolhas técnicas dos produtores que lhes conferem características sensoriais peculiares. Bem-vindo, bem-vinda ao maravilhoso mundo das cachaças!

A etapa de destilar o mosto fermentado do caldo de cana-de-açúcar pode ocorrer em colunas de inox, alambiques de cobre ou por uma mistura de diferentes métodos de destilação.

CACHAÇA DE ALAMBIQUE

Esse tipo de cachaça precisa ser produzido apenas em alambique de cobre, que consiste em equipamentos de destilação em batelada. Geralmente, é o perfil associado aos produtores artesanais, que preservam a tradição da bebida.

A **cachaça Patrimônio**, da cidade paulista de Pirassununga, destaca no rótulo o método de destilação em alambique de cobre.

Crédito: Beard Studio.

CACHAÇA ARMAZENADA

Essa cachaça é maturada por tempo indeterminado em dornas, barris ou tonéis de madeira de qualquer tamanho. Pode ter coloração ou não, dependendo da madeira, do tempo de armazenamento e das dimensões do recipiente.

Cachaça do Barão Prata, produzida no interior de São Paulo e armazenada em jequitibá-rosa.

Crédito: Beard Studio.

CACHAÇA PRATA

A cachaça não armazenada ou aquela que, mesmo armazenada em inox ou madeira se mantenha incolor, pode ser chamada de prata, clássica ou tradicional.

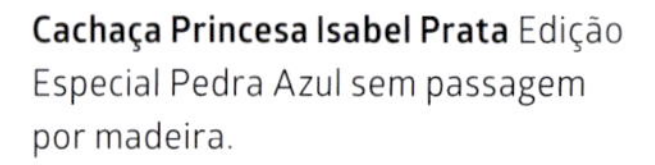

Cachaça Princesa Isabel Prata Edição Especial Pedra Azul sem passagem por madeira.

Crédito: Divulgação/Princesa Isabel.

CACHAÇA OURO

Esse tipo se refere à cachaça armazenada que teve alteração em sua cor.

Werneck Ouro, armazenada em madeira.

Crédito: Beard Studio.

ENVELHECIDA PREMIUM

Refere-se a 100% de cachaça ou aguardente envelhecida em recipientes de madeira apropriados, de até 700 litros, por um período não inferior a um ano.

A **Barra Grande Premium 150 Anos**, produzida em Itirapuã, interior de São Paulo, é 100% envelhecida em carvalho europeu de 200 litros e ainda leva uma pequena porcentagem de cachaça envelhecida em bálsamo.

Crédito: Beard Studio.

ENVELHECIDA

Nesse tipo, no mínimo 50% da cachaça ou aguardente é envelhecida em recipiente de madeira apropriado, com capacidade máxima de 700 litros, por um período não inferior a um ano.

Sapucaia Envelhecida. Dependendo das condições do barril ou da dorna (dimensões, idade do recipiente e tipo de madeira), a cachaça envelhecida não necessariamente apresenta muita cor.

Crédito: Beard Studio.

ENVELHECIDA EXTRA PREMIUM

Refere-se a 100% de cachaça ou aguardente envelhecida em recipientes de madeira apropriados, de até 700 litros, por um período não inferior a três anos.

A gaúcha **Weber Haus Extra Premium** é um blend equilibrado de cachaça envelhecida por cinco anos no carvalho europeu e finalizada por um ano no bálsamo, totalizando seis anos.

Crédito: Beard Studio.

CACHAÇA ACONDICIONADA COM FRAGMENTOS DE MADEIRA

Em dezembro de 2022, o então Ministério da Agricultura, Pecuária e Abastecimento definiu novos padrões de identidade e qualidade para a aguardente de cana e para a cachaça. Uma das grandes inovações consistiu na liberação e na regulamentação do uso de fragmentos de madeira para saborizar a bebida.

Esse método de acondicionamento permite que a cachaça adquira novas notas sensoriais, provenientes dos fragmentos de madeira mergulhados no líquido, sem que o produto seja rotulado ou percebido como envelhecido.

O objetivo desse processo é conferir à cachaça características sensoriais específicas da madeira utilizada. Os fragmentos podem ser utilizados em seu estado natural ou submetidos ao processo de torrefação, desde que não tenham sofrido combustão.

A adição dos fragmentos de madeira à cachaça pode, em um curto período, trazer resultados semelhantes aos do envelhecimento por meses ou anos em dornas e barris, especialmente com o auxílio de equipamentos para micro-oxigenação. No entanto, os produtores que utilizam esse recurso devem identificá-lo no rótulo.

A regulamentação dessa prática e sua fiscalização visam tornar mais sustentável e acessível o uso das madeiras, especialmente das espécies nacionais ameaçadas de extinção. Produtores de uísque, vinho e rum já utilizam chips associados ao envelhecimento tradicional em barris para melhorar a qualidade da bebida e reduzir custos.

Engenho Nobre Xaxado, envelhecida em barris de amburana e finalizada em lascas de carvalho francês com tosta intensa.

Crédito: Divulgação/Engenho Nobre.

CACHAÇA ADOÇADA

Podemos adicionar até 6 gramas de açúcar por litro e ainda chamar o destilado de cachaça. Mas, quando a adição for superior a 6 g/L e inferior a 30 g/L, o destilado deverá ser classificado como cachaça adoçada. Geralmente, essa prática está associada à produção industrial – um exemplo é a conhecida Velho Barreiro, cujo rótulo traz a informação "Cachaça Adoçada". No entanto, existem algumas cachaças de alambique classificadas como adoçadas por adquirirem açúcar naturalmente durante o envelhecimento em barris.

Santo Grau P.X., envelhecida em barris previamente utilizados na produção do jerez (vinho fortificado espanhol) Pedro Ximenes. Na safra de 2012, a barrica agregava naturalmente açúcar ao destilado.

Crédito: Divulgação/Santo Grau.

RESERVA ESPECIAL

Pode haver no rótulo a expressão "reserva especial" quando a cachaça possui características sensoriais diferenciadas em relação ao padrão das outras elaboradas pelo produtor, desde que devidamente comprovadas.

A reserva especial **Leblon Signature Merlet**, blend de cachaças envelhecidas em barris novos de carvalho Limousin de 250 litros, por dois a três anos, assinado pelo francês Gilles Merlet.

Crédito: Beard Studio.

TODA CACHAÇA É UMA AGUARDENTE, MAS NEM TODA AGUARDENTE É UMA CACHAÇA

Se na vida inteira você entendeu as palavras "cachaça" e "aguardente" como como sinônimas, esta é a hora de descobrir a verdade. Não, elas não são a mesma coisa (embora possam ser igualmente deliciosas).

A palavra "aguardente" vem dos temos em latim *ăqua* e *ardens – entis*, com o significado de "água de fogo", e se refere às bebidas alcoólicas que foram fermentadas e, em seguida, destiladas. É possível encontrar no mercado aguardentes de diferentes matérias-primas além da cana-de-açúcar, como uva, banana, laranja, milho, arroz, cevada, batata, beterraba e mandioca, entre outras.

Muitos países possuem sua aguardente própria, representando a cultura gastronômica e a história local. O francês é reconhecido pela produção do cognac. O alemão, pelo schnaps. O escocês é famoso pelo seu scotch. O peruano e o chileno têm o pisco. O coreano, o soju. E a cachaça é a aguardente tipicamente brasileira, feita a partir da cana.

Algumas marcas de cachaça mais antigas fazem questão de destacar no rótulo que são aguardentes de cana. No passado, era uma forma de diferenciar o produto artesanal do industrializado. A **Maria da Cruz** era produzida em Pedras de Maria da Cruz, Minas Gerais, pelo ex-vice-presidente da República José Alencar.

Crédito: Beard Studio.

E A VODCA E O GIM?

Russos e poloneses ainda não chegaram a um consenso sobre qual país inventou a vodca. A vodca é um destilado neutro, de aroma e sabor sutis, na maioria das vezes multidestilada em coluna de inox, e pode ser produzida em qualquer parte do mundo a partir de trigo, batata, uva e até cana-de-açúcar. Portanto, a vodca, assim como a cachaça, pode ser uma aguardente de cana-de-açúcar. Um exemplo é a Tiiv, primeira vodca orgânica brasileira. Ela é feita de cana e destilada 10 vezes. Esse processo resulta em um produto bem diferente da cachaça.

O gim, destilado típico dos Países Baixos, geralmente é feito de grãos e aromatizado com ingredientes botânicos (o principal deles é o zimbro, sempre presente em qualquer gim). O teor alcoólico no Brasil varia entre 35% e 54%, e, diferentemente da nossa caninha, que pode ser chamada de cachaça apenas se produzida em território brasileiro, o gim é elaborado em diversos países do mundo.

Virga, o primeiro gim artesanal brasileiro, é feito de cana-de--açúcar, diferentemente do modo europeu de utilizar, na maioria das vezes, o destilado de cereais.

Crédito: Divulgação/Virga.

Destilados de matérias-primas que não a cana (por exemplo, banana, jabuticaba, manga, caju etc.) não podem ser chamados de cachaça. Ou seja, um destilado de caju pode ser chamado de aguardente de caju, mas não de cachaça de caju. A confusão acontece porque alguns produtores informais rotulam suas aguardentes como cachaça. Nesses casos, é preciso tomar cuidado porque destilados sem registro no Ministério da Agricultura e Pecuária podem conter impurezas prejudiciais à saúde, além de níveis elevados de metanol, principalmente nos destilados de frutas com muita pectina, como laranja, limão e maçã.

Resumo das diferenças entre cachaça e aguardente

CACHAÇA	AGUARDENTE
É produzida da destilação do mosto fermentado do caldo de cana-de-açúcar.	É um destilado que pode ter como base uva, cereais, milho, arroz, batata, cana, entre outros. Quando feita da cana-de-açúcar, pode ser obtida do destilado alcoólico simples ou da destilação do mosto fermentado do caldo de cana-de-açúcar.
Toda cachaça é uma aguardente de cana.	Nem toda aguardente é uma cachaça.
Apresenta teor alcoólico entre 38% e 48%.	No Brasil, o teor alcoólico é de 38% a 54%.
É a denominação exclusiva da aguardente de cana do Brasil.	Pode ser produzida em qualquer lugar do mundo.

AGUARDENTE DE CANA COMPOSTA

Se forem adicionados outros ingredientes, de origem vegetal ou animal, à aguardente de cana com 38% a 54% de álcool, não será possível comercializá-la como cachaça nem como aguardente de cana. Uma bebida que leva, por exemplo, limão e mel misturados ao destilado de cana deve ser classificada como aguardente composta.

TIQUIRA:
A AGUARDENTE DE MANDIOCA

Antes da chegada dos portugueses, os indígenas brasileiros já bebiam um fermentado de mandioca chamado cauim, conhecido também como chicha de yuka e massato pelos povos amazônicos antigos. De acordo com o relato do aventureiro germânico Hans Staden no livro *Duas viagens ao Brasil* (publicado em 1557), após o cozimento em grandes panelas, as mulheres mascavam a mandioca, triturando-a com os dentes e enrolando-a no céu da boca. Elas mastigavam a mandioca com bastante saliva, cuspindo tudo em um recipiente de barro com água. Aquela mistura fermentava com a ajuda das bactérias presentes na saliva, resultando em uma bebida turva, espessa e com sabor semelhante ao do soro de leite. A bebida era consumida por homens e mulheres durante as festas na comunidade, além de fazer parte do ritual canibal, antes dos grandes banquetes. Com a chegada dos europeus, vieram também os alambiques, e o fermentado cauim, após a destilação, virou a aguardente tiquira – originária da palavra tupi *tikira*, que significa "líquido que goteja".

O destilado é produzido em diversas cidades do Maranhão, sendo bastante popular também em Tianguá, no Ceará. A tiquira é originalmente incolor, mas alguns produtores adicionam folhas ou flores de tangerina durante o processo de destilação, conferindo-lhe uma cor azulada que tende a clarear com o tempo. Outros produtores, informais, adicionam um corante tóxico chamado cristal violeta (violeta de metila), que garante um vívido azul arroxeado à bebida.

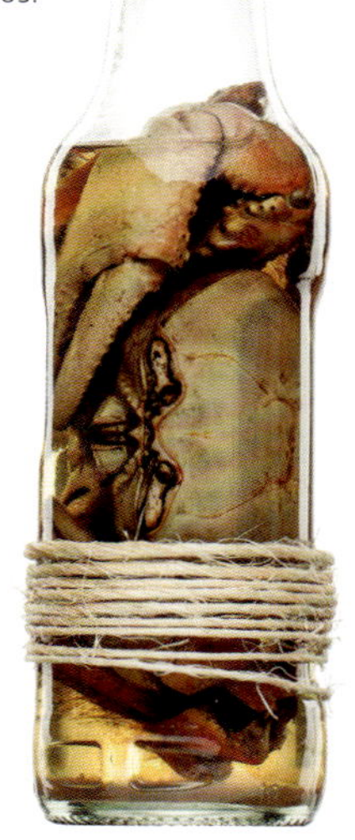

Tiquiras muitos azuladas por corantes ou com caranguejos ou outros bichos imersos são informais e não vão matar em uma talagada, mas podem trazer uma enorme dor de cabeça no dia seguinte e graves problemas de saúde se consumidas por longos períodos.

Crédito: Beard Studio.

Os mais conservadores dizem que a tiquira é a verdadeira aguardente brasileira, já que a mandioca é genuinamente nacional. Para fortalecer essa identidade e proteger esse patrimônio, os produtores do Maranhão estão em busca de uma Indicação Geográfica (IG), que garante procedência e qualidades particulares ligadas ao local de origem, reconhecida pelo Inpi.

No Brasil, entre as bebidas destiladas da mandioca, apenas a tiquira tem legislação própria. Ela deve ser obtida a partir da destilação do mosto fermentado desse tubérculo e possuir teor alcoólico entre 38% e 54%. Uma das primeiras tiquiras formalizadas no mercado é a Guaaja.

CATAIA: O "UÍSQUE CAIÇARA"

Muito comum no litoral norte paranaense e no litoral sul paulista, é uma aguardente à base da infusão de cachaça com folhas secas de cataia. Encontramos duas espécies distintas, ainda que sensorialmente semelhantes, chamadas de cataia e usadas para preparar a receita, a *Pimenta pseudocaryophyllus* e a *Drimys brasiliensis*. O primeiro "uísque caiçara" foi provavelmente produzido em 1985, quando Rubens Muniz, dono de pousada e restaurante na Barra do Ararapira, pequena comunidade de pescadores próxima à ilha do Cardoso, em São Paulo, teve a ideia de adicionar essa planta e açúcar a uma garrafa com cachaça.

Com atributos medicinais ainda sendo estudados, a cataia é popularmente usada para tratar azia e má digestão, cicatrizar feridas e curar a impotência sexual. Sabe-se que as duas espécies brasileiras utilizadas na receita são ricas em eugenol, substância antisséptica e anestésica muito empregada na fabricação de creme dental e presente também em algumas madeiras brasileiras usadas para envelhecer cachaça. A folha da cataia se parece com o louro e tem sabor que lembra mate e cravo. Cataia em tupi-guarani significa "folha que queima" e é conhecida também como acataia, pimenta-d'água, capiçoba, capetiçoba, erva-de-bicho e pimenta-do-brejo.

Mudas de cataia em Ilha Comprida, São Paulo. A mistura com cachaça é popular no litoral sul paulista e no litoral norte do Paraná.

Crédito: Felipe P. C. Jannuzzi.

"CACHAÇA DE JAMBU": NOVO SÍMBOLO DO PARÁ

Essa aguardente composta foi popularizada por Leodoro Porto, proprietário do boteco Meu Garoto, em Belém. Inspirado pelo pai e por suas cachaças misturadas com canela, cravinho, ibiriba e plantas amazônicas, Porto há muitos anos testa infusões com cachaça, e a com jambu é sua criação de maior sucesso. O jambu (*Acmella oleracea*) é uma planta típica da região Norte do Brasil que ocupa papel central na cozinha paraense, podendo ser encontrado em iguarias como o tacacá e o pato no tucupi.

Basta um gole para que a sensação de dormência tome conta dos lábios, da língua e do céu da boca, graças à substância espilantol, presente na planta. Ao mesmo tempo, percebem-se um gosto salgado e uma sensação de frescor – uma experiência sensorial muito rica, que garantiu o sucesso da bebida.

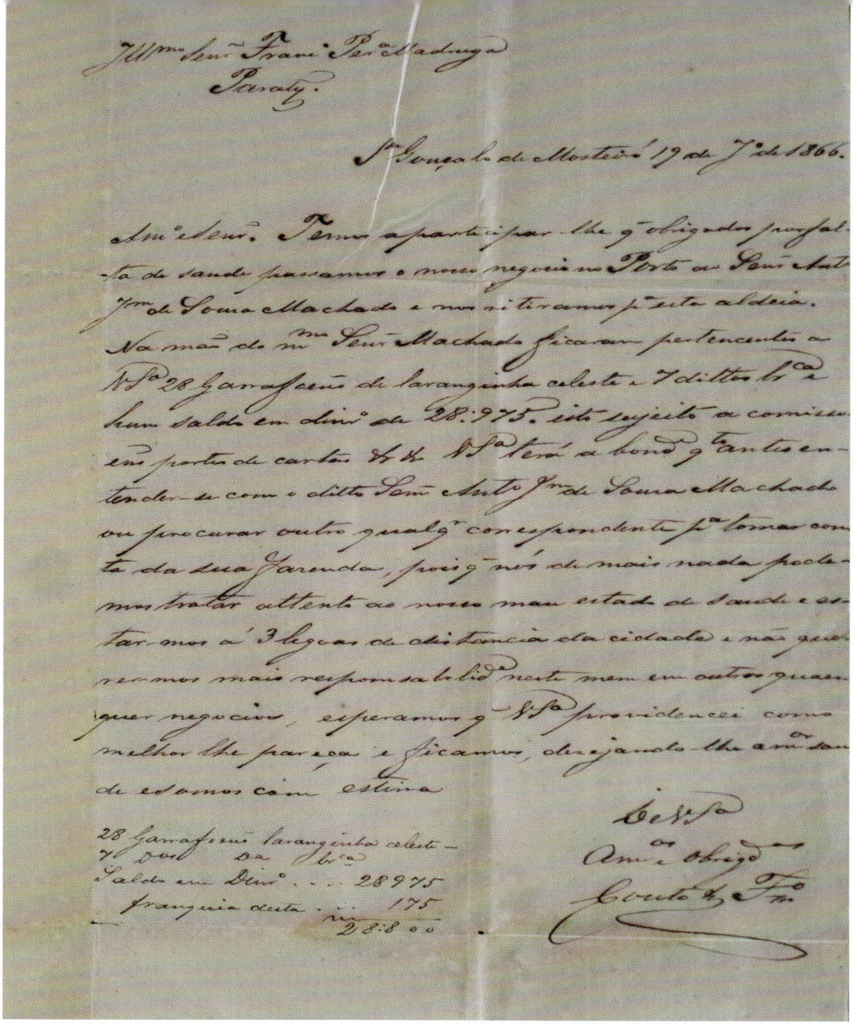

Illmo Senr Franco Pera Madruga
Paraty.

Sto Gonçalo de Monteiro 19 de Jro de 1866.

Amo e Senr. Temos a participar-lhe q obrigados por falta de saude passamos o nosso negocio no Porto ao Senr Anto Jm de Souza Machado e nos retiramos p esta aldeia. Na mão do mmo Senr Machado ficaram pertencentes a Va 28 Garrafões de laranginha celeste e 7 dittos bca e hum saldo em dinro de 28:975. isto sujeito a comissão em porte de cartas &c &c Va terá a bond q tanto entender-se com o ditto Senr Anto Jm de Souza Machado ou procurar outro qualqr correspondente pa tomar conta da sua Fazenda, pois q nós de mais nada podemos tratar attento ao nosso mau estado de saude e estarmos á 3 leguas de distancia da cidade e não querermos mais responsabilidade neste nem em outros quaesquer negocios, esperamos q Va providencei como melhor lhe pareça e ficamos, desejando-lhe amda saude dos amos com estima

De Va
Amos Obrigdos
Couto & Fo

28 Garrafões laranginha celeste
7 ditos da bca
Saldo em Dinro ... 28975
franquia desta ... 175
28:800

No alambique da produtora Maria Izabel, em Paraty, encontramos uma carta de 19 de janeiro de 1866 informando o estoque de uma bebida chamada **Laranjinha Celeste** que deveria ser enviado a Portugal e revelando como é antiga a receita da aguardente. No final da carta, há o pedido de 28 garrafões de Laranjinha Celeste.

Crédito: Rubens Kato.

LARANJINHA CELESTE: PEDIDO ESPECIAL PARA PORTUGAL

Laranjinha Celeste, ou Azuladinha, é uma aguardente de cana composta típica de Paraty e protegida pelo Inpi com o selo de Indicação Geográfica. O nome faz referência à coloração final levemente azulada, adquirida pela adição de folhas ou flores de tangerina durante a destilação no alambique de cobre. A presença da tangerina também confere aromas sutis e sabores cítricos à bebida, assim como ocorre na produção de algumas tiquiras no Maranhão.

PAU DO ÍNDIO E O CARNAVAL PERNAMBUCANO

O carnaval de Olinda não seria o mesmo sem o Pau do Índio, bebida inventada por Antônio Cardoso da Silva há mais de quarenta anos e que virou símbolo dos foliões da cidade pernambucana. Na década de 1970, "seu Cardoso" começou a produzir artesanalmente uma mistura de 32 ingredientes que inclui cachaça, ervas, mel, cevada, especiarias, raízes e guaraná. "Pau do Índio" faz referência ao nome popular dado ao bastão de guaraná, adicionado ralado no preparo da bebida. Para alimentar a lenda, dizem também que Cardoso teria sonhado com um indígena que lhe ensinou como preparar a famosa mistura. De gosto amargo e forte, alto teor alcoólico (contém cachaça com mais de 45% de álcool) e consumida gelada em garrafinhas de 200 mL ou 500 mL, a bebida teria propriedades afrodisíacas e revigorantes, justificando seu sucesso com os foliões que percorrem as ladeiras atrás dos blocos carnavalescos.

CACHAÇA E RUM: PARENTES E DIFERENTES

Apesar de terem a cana-de-açúcar como matéria-prima em comum, os destilados rum e cachaça possuem características próprias de produção, nas origens e nos aspectos sensoriais.

O rum é feito com melaço, subproduto da indústria do açúcar, antes considerado descarte. Já a cachaça, como vimos, é produzida a partir do caldo fresco da cana. Em razão dessas diferenças, temos formação de ésteres, aldeídos e álcoois superiores também diferentes durante o processo de fermentação, alterando a composição química e resultando em destilados distintos. Diferentemente do melaço, que pode ser reservado, a garapa deve ser usada para a produção da cachaça logo após a moagem.

Cuba-libre de cachaça? A receita que leva coca-cola, rum, gelo e uma rodela de limão tem uma versão abrasileirada com cachaça em vez de rum chamada Samba em Berlim (ou, simplesmente, samba). Há quem diga que a mistura seria uma homenagem aos brasileiros que lutaram na Segunda Guerra Mundial.

Crédito: Rubens Kato.

Vale aqui dizer que não se deve confundir melado com melaço. Melado é o caldo de cana desidratado, muito usado para adoçar sobremesas e cafés; em alguns lugares do Brasil, é consumido com farinha de mandioca e gengibre. Melaço, como dito anteriormente, consiste em um subproduto da produção de açúcar.

Na legislação brasileira, a cachaça pode ter graduação alcoólica entre 38% e 48%. Já o rum tem limites diferentes no Brasil e pode apresentar graduação alcoólica de 35% a 54%. Outra diferença importante entre os dois destilados está no processo de envelhecimento. Tanto a cachaça como o rum podem ser consumidos em versão que não passa por madeira, e para ambas as bebidas também existem versões maturadas em barris. Mas, além de a cachaça e o rum se comportarem de maneira distinta durante o processo de envelhecimento, a cachaça é uma das poucas bebidas alcoólicas que não envelhecem apenas em carvalho. Já o rum, fora do Brasil, é maturado geralmente em barris de carvalho, sendo raro encontrar versões envelhecidas em outras madeiras.

Apesar das distinções entre os dois destilados, até pouco tempo atrás a cachaça era conhecida nos Estados Unidos como Brazilian Rum. Apenas em 2012 se deu o reconhecimento da cachaça como bebida típica brasileira pelo Alcohol and Tobacco Tax and Trade Bureau (TTB), órgão do governo norte-americano responsável pelo comércio de álcool e tabaco. Mesmo assim, existem ainda algumas limitações para a bebida ser comercializada no país como cachaça, como ter no mínimo 40% de teor alcoólico, e algumas restrições sobre o uso de fubá de milho durante o processo de fermentação.

CACHAÇA, AVÓ DO RUM?

De acordo com o pesquisador Wayne Curtis, em *And a Bottle of Rum: A History of the New World in Ten Cocktails* [E uma garrafa de rum: história do Novo Mundo em dez drinques], esse destilado teria surgido no século XVII, nas colônias britânicas do Caribe. Provavelmente, em meados de 1640, em Barbados. A indústria caribenha de rum originou-se dos esforços dos holandeses, que já produziam açúcar e aguardente em Pernambuco e teriam levado suas mudas de cana e a tecnologia de destilação para a América Central, depois de serem expulsos do Nordeste brasileiro pelos portugueses.

Portanto, a indústria do destilado de cana no Brasil é pelo menos meio século mais velha que a de aguardente caribenha, fazendo da cachaça a "avó do rum".

RHUM AGRICOLE

No Caribe, em países de colonização francesa – como Guadalupe, Martinica e Haiti –, há um tipo especial de rum chamado rhum agricole, feito a partir do caldo de cana. A versão caribenha, embora tenha a garapa como matéria-prima, apresenta diferenças significativas em relação à cachaça, como o teor alcoólico, que pode chegar a 70%.

Resumo das diferenças entre cachaça e rum

CACHAÇA	RUM
É feita do caldo de cana.	É feito do melaço de cana – exceto o rhum agricole, que também pode ser elaborado a partir do caldo.
É produzida apenas no Brasil.	É produzido em qualquer lugar do mundo.
É a primeira aguardente da América, produzida no litoral brasileiro entre 1516 e 1532.	Tem indícios de produção em Barbados, no Caribe, no século XVII.
Apresenta teor alcoólico entre 38% e 48%.	No Brasil, tem graduação alcoólica de 35% a 54%. Em outros lugares do mundo, pode ser mais alcoólico.
Além do carvalho, pode maturar em vários tipos de madeira nativas do Brasil e madeiras exóticas, como eucalipto e jaqueira.	Matura tradicionalmente em carvalho.

Por que a cachaça é única? O sommelier Luís Otávio Álvares Cruz explica as características que diferenciam a cachaça dos demais destilados do mundo.

3

QUEM FAZ O MERCADO DA CACHAÇA

Além dos dedicados apreciadores, o mundo da cachaça reúne mais profissionais do que se imagina. Com seriedade, pesquisa e engajamento na promoção do valor cultural da bebida, todos contribuem, a seu modo, para tornar o mercado mais estruturado. Seriam a definição perfeita de quem transformou paixão em trabalho?

CACHAÇÓFILO, CACHAÇÓFILA

É a pessoa que tem prazer em beber cachaça de qualidade, seja a sós, seja compartilhando uma dose com amigos, seja harmonizando a bebida com um bom prato. Não exagera, não passa vexame e não vira a bendita em uma golada só – aprecia cada investida, até porque a cachaça evolui no copo, mudando de aroma e sabor com o tempo, tornando cada gole uma nova experiência.

CACHAÇÓLOGO, CACHAÇÓLOGA

Profissional do mercado de nível superior, na maioria das vezes com formação em agronomia, cuja área de atuação é a cachaça. Pode estudar a cadeia de produção, as qualidades químicas e sensoriais da bebida, o marketing, os aspectos históricos, culturais, gastronômicos e antropológicos da bebida... É a pessoa que, no mundo do vinho, desempenha a função de enólogo ou enóloga.

Existem alguns cursos superiores e de extensão dedicados à cachaça na Universidade Federal de Lavras, em Minas Gerais; na Escola Agrotécnica Federal de Salinas, também em Minas, e na Escola Superior de Agricultura "Luiz de Queiroz", da Universidade de São Paulo (Esalq/USP), na cidade de Piracicaba.

CACHACISTA, CACHACIER, SOMMELIER/ SOMMELIÈRE DE CACHAÇA

Cachacista é o (ou a) profissional que, por meio de visão, olfato e paladar, consegue destacar as características sensoriais de diferentes cachaças. Também tem os nomes de cachacier e sommelier (no feminino, sommelière) de cachaça.

Usando seu repertório e seu conhecimento sobre cachaça e outras bebidas, essa pessoa responde pela escolha, pela compra e pela prova da cachaça antes de ser servida ao cliente. Uma de suas atribuições é elaborar cartas ou cardápios, geralmente divididos por região de produção ou pelas madeiras usadas para o envelhecimento da bebida.

A atividade de sommelier foi regulamentada no Brasil por meio da Lei nº 12.467, de 26 de agosto de 2011, reconhecendo a importância desse trabalho para um setor cada vez mais profissionalizado.

CACHACEIRO? CACHACEIRA?

No senso comum, com conotação pejorativa, cachaceiro é aquele que consome bebidas alcoólicas excessivamente, seja aguardente de cana, seja qualquer outra bebida alcoólica, destilada ou não. Há no mercado um movimento, liderado por Bruno Videira, do Viva Cachaça, para associar o termo ao produtor do destilado.

MESTRE ALAMBIQUEIRO

O mestre alambiqueiro, ou master distiller, supervisiona todo o processo de produção de bebidas alcoólicas destiladas, como cachaça, uísque, rum, gim e vodca. No universo do uísque, também se chama,

Gabriel Foltran, mestre alambiqueiro das cachaças Patrimônio e Engenho Pequeno, de Pirassununga, São Paulo.

Crédito: Leo Feltran.

na destilaria, de stillman. Essa pessoa responde pela escolha das matérias-primas e pelo controle de qualidade durante todo o processo de produção. Além disso, é responsável pela criação e pela manutenção das receitas da bebida.

Os master distillers também são responsáveis pela manutenção das instalações e dos equipamentos da destilaria. Cuidam, ainda, do treinamento dos funcionários sobre as técnicas de produção. São especialistas em destilação e possuem um profundo conhecimento técnico e criativo para elaborar novas bebidas ou melhorar a qualidade das já existentes.

No mercado da cachaça, o mestre alambiqueiro acompanha todo o processo de produção da cachaça, sobretudo a etapa final, quando o vinho de cana é destilado. Na destilação artesanal, feita em alambique de cobre, o mestre alambiqueiro é o responsável pela separação das frações desejáveis e indesejáveis da aguardente.

MESTRE DE ADEGA OU MASTER BLENDER

Os mestres de adega são os profissionais do mercado que dominam o envelhecimento de destilados, em especial as influências das diferentes madeiras para caracterizar sensorialmente a bebida. Em geral, são os responsáveis por assinar blends, ou seja, as misturas de cachaças envelhecidas em barris diversos que formam um novo lote.

O mestre de adega ou master blender tem como funções criar uma identidade para a cachaça e inventar combinações entre madeiras diferentes, bem como manter o equilíbrio, a harmonia e, sobretudo, o padrão entre lotes e safras distintas.

No mercado da cachaça, os mestres de adega são profissionais que estão ganhando reconhecimento devido à descoberta de novas técnicas utilizando madeiras brasileiras, como a tosta do barril, e técnicas de envelhecimento, como a soleira.

O trabalho do master blender é crucial para a produção de cachaças de alta qualidade e requer, além do conhecimento profundo dos processos de envelhecimento em barris de madeira, uma combinação de habilidades técnicas e muita criatividade.

ESTANDARDIZADOR E ENGARRAFADOR

Muitos donos de marcas de cachaça não realizam todas as etapas de produção e compram cachaça de fornecedores. Portanto, não precisam de canavial, de dornas de fermentação nem de unidades de destilação ou envelhecimento. Geralmente, essas cachaças são redestiladas em alambiques de cobre e engarrafadas na unidade de produção dos estandardizadores.

O estandardizador é o profissional geralmente instalado em regiões com diversas pequenas unidades de produção, organizadas em cooperativas, que centralizam em um mesmo local alambiques para redestilação e maquinário para engarrafamento. Em outros casos, a cachaça também pode ser feita por encomenda, ficando os proprietários da marca responsáveis por promover a bebida.

TANOEIRO

Alguns profissionais do mercado da cachaça estão encontrando mais oportunidades com a sofisticação do paladar dos consumidores e a maior exigência por parte dos mestres de adega. O envelhecimento de destilados em barris de madeira pode representar mais de 90% dos atributos sensoriais da bebida, portanto não é difícil entender a importância cada vez maior do tanoeiro no mercado da cachaça.

Esse profissional tem a responsabilidade de confeccionar e restaurar barris, dornas e vasilhames de madeira. O ofício nasceu na Europa e por lá se profissionalizou, a fim de suprir a demanda de barris para o processo de envelhecimento do vinho. No século XIX, alguns desses artesãos migraram para o Brasil e passaram a produzir recipientes para armazenar cachaça.

É possível encontrar tanoarias por todo o país com diferentes níveis de profissionalização, mas a arte se desenvolveu principalmente na região da mata atlântica, em razão do maior uso das madeiras desse bioma na criação de tonéis, dornas e barris para envelhecimento de cachaça.

A tanoaria **Dornas Havana**, no norte de Minas Gerais, atua na produção de barris e dornas de madeiras brasileiras.

Crédito: Felipe P. C. Jannuzzi.

DISTRIBUIDOR

Após todas as etapas de produção da cachaça, entra em ação o distribuidor, responsável pela comercialização da bebida. Na maioria dos casos, possui uma relação comercial de compra direta das cachaças na unidade de produção e as revende para bares, empórios, restaurantes, supermercados e lojas virtuais.

Além de conhecer bem as principais marcas, o distribuidor precisa dominar detalhes de tributação, legislação, logística e comércio exterior. Pela falta de informação sobre cachaça no mercado, também exerce papel importante quando educa o consumidor sobre as qualidades da bebida e as diferenças entre as diversas cachaças disponíveis.

BARTENDER

Os bartenders são os profissionais do mercado que trabalham em bares e outros estabelecimentos que servem bebidas alcoólicas. Têm um papel importante dentro da cadeia da cachaça porque são os profissionais do mercado em contato direto com o consumidor. Eles estimulam o consumo consciente da cachaça, inovando nas misturas de diferentes ingredientes com a aguardente de cana.

Por muitos anos, a cachaça perdeu espaço na coquetelaria para outras bebidas. Até mesmo a caipirinha é preparada com vodca, rum ou até saquê. É papel do bartender mostrar, aos consumidores, o potencial da aguardente como base para coquetéis tradicionais e inventar novas receitas que consolidem a cachaça como ingrediente fundamental da coquetelaria brasileira.

Caipifruta de jabuticaba preparada com cachaça Santo Mario Ouro.

Crédito: Gustavo Maciel.

Santo Grog com a cachaça Santa Terezinha Sassafrás, por Laércio Zulu.

Crédito: Gustavo Maciel.

Morena flor, coquetel com caju e cachaça Princesa Isabel Prata, da bartender Adriana Pino.

Crédito: Rubens Kato.

Acompanhe, no vídeo, Felipe P. C. Jannuzzi explicando como o mercado da cachaça se desenvolveu nos últimos anos, mesmo que a bebida já exista há cinco séculos.

Neste vídeo, a consultora Isadora Fornari, conhecida como Isadinha, fala do potencial de lucro com a cachaça no setor de serviços de alimentação.

4

NOMES, APELIDOS E SINÔNIMOS DA CACHAÇA

Ao longo da história, encontramos diversos nomes para denominar a aguardente de cana-de-açúcar produzida no Brasil. Por exemplo, augoa ardente (documento da Bahia, de 1622), agoardente (documento da Bahia, de 1643), aguardente da terra (documento da Bahia, de 1646), jeritiba (documento da Bahia, de 1689), geritiba (documento de Luanda, Angola, de 1688), pinga (documento de São Paulo, de 1860) e caninha (documento de São Paulo, de 1867).

Há algumas hipóteses para que cachaça tenha sido oficializada como o nome do destilado de cana brasileiro, e todas elas fazem referência a uma bebida que já nasce com complexo de inferioridade.

A primeira menção à palavra "cachaça" está em uma carta do poeta português Sá de Miranda dedicada a Antônio Pereira, no século XVI. Mas o poeta se referia a uma aguardente de uva de baixa qualidade, e não ao destilado produzido no Brasil: "Ali não mordia a graça./ Eram iguais os juízes./ Não vinha nada da praça./ Ali, da vossa cachaça! Ali, das vossas perdizes!"

Nas *Cartas chilenas* (final do século XVIII), o poeta e jurista Tomás Antônio Gonzaga elenca a palavra "cachaça" pela primeira vez como produto de procedência brasileira: "Outros mais sortimentos, que não fossem/ Os queijos, a cachaça, o negro fumo./ [...]/ Pois a cachaça ardente, que o alegra,/ Lhe tira as forças dos robustos membros".

Outros termos, de procedências variadas, também podem ter exercido influência nesses nomes:

- "cachaza" ou "cachaça" denominavam a aguardente de uva produzida em Portugal e na Espanha. A palavra faria referência ao cacho de uva, assim como a palavra "bagaceira" (outra aguardente de uva popular em Portugal) é associada ao bago da fruta;
- "cagaça", "cagassa" ou "caxaça" eram termos que se referiam ao caldo de cana usado para alimentar os animais no comedouro. Também designavam a espuma produzida pela primeira fervura da garapa;
- "cacher" vinha do verbo francês *cacher*, que em português significa "esconder". Durante muitos séculos de perseguições e proibições, a cachaça foi produzida e consumida às escondidas;
- "cachaço" era a forma como se chamava o porco selvagem; a sua fêmea era a cachaça. A carne dura do animal era curtida em aguardente.

OS PORQUÊS DOS APELIDOS

Ao longo do tempo, o povo brasileiro foi criando e incorporando diversos termos para designar o famoso destilado nacional. Algumas dessas palavras surgiram para driblar a fiscalização de Portugal nos tempos em que a cachaça era proibida nas terras coloniais. Outras são formas regionais de retratar carinhosamente a bebida. Algumas se perderam com o tempo, outras se consolidaram na nossa cultura, e muitas ainda estão em dicionários e livros, em um universo de mais de 700 denominações.

AGUARDENTE DA TERRA

No Brasil colonial, a cachaça era chamada de aguardente da terra, enquanto a bagaceira, destilado da uva produzido em Portugal, era aguardente do Reino.

BENDITA

Quando falamos em tomar um gole da bendita, resgatamos um apelido que vem de São Benedito. Italiano e descendente de escravizados, ele foi adotado como padroeiro da cachaça.

BREJEIRA

Forma como é chamada a bebida artesanal na Paraíba, referindo-se aos pequenos produtores de cachaça de alambique do Brejo Paraibano, tradicional região de produção do estado.

CACHAÇA DE CABEÇA

Cabeça consiste na fração da destilação da cachaça que apresenta alto teor alcoólico e componentes prejudiciais à saúde. Consumi-la não é considerado seguro, embora em muitas regiões do Brasil alambiques informais comercializem essa cachaça de cabeça. O nome acabou pegando, mas evite bebê-la, porque não indica produto de qualidade.

CAFÉ-BRANCO

Como vimos, a cachaça por diversas vezes teve sua produção e seu consumo proibidos. Para enganar a fiscalização, era consumida nos balcões, em xícaras de café. Era só chegar e pedir um café-branco. Diziam que a xícara vinha acompanhada do pires, mas sem a colherzinha para mexer.

CAIANA OU CAYANA

Esses nomes se referem a variedades da espécie de cana *Saccharum officinarum*, caracterizada por elevado teor de açúcar e baixa presença de fibra. É também sensível a doenças e exigente no que diz respeito a clima e solo. A associação entre a matéria-prima e o produto logo se estabeleceu, e caiana virou sinônimo de cachaça.

JANUÁRIA

Em meados do século XX, Januária era a principal referência em cachaça artesanal no norte de Minas Gerais. Mas o aumento da demanda e a queda de qualidade fizeram com que a cidade perdesse o título de capital da cachaça para Salinas. O sinônimo, contudo, continua valendo.

MARTELO OU MARTELINHO

A cachaça é também chamada, às vezes, pelos nomes dados ao copo (martelo, martelinho) de 60 mL geralmente usado para o consumo da bebida em bares e botecos. Existe o costume de bater o copo na mesa depois de virar uma dose – a base reforçada aguenta a "martelada".

O **martelinho** é também conhecido como olé.

Crédito: Rubens Kato.

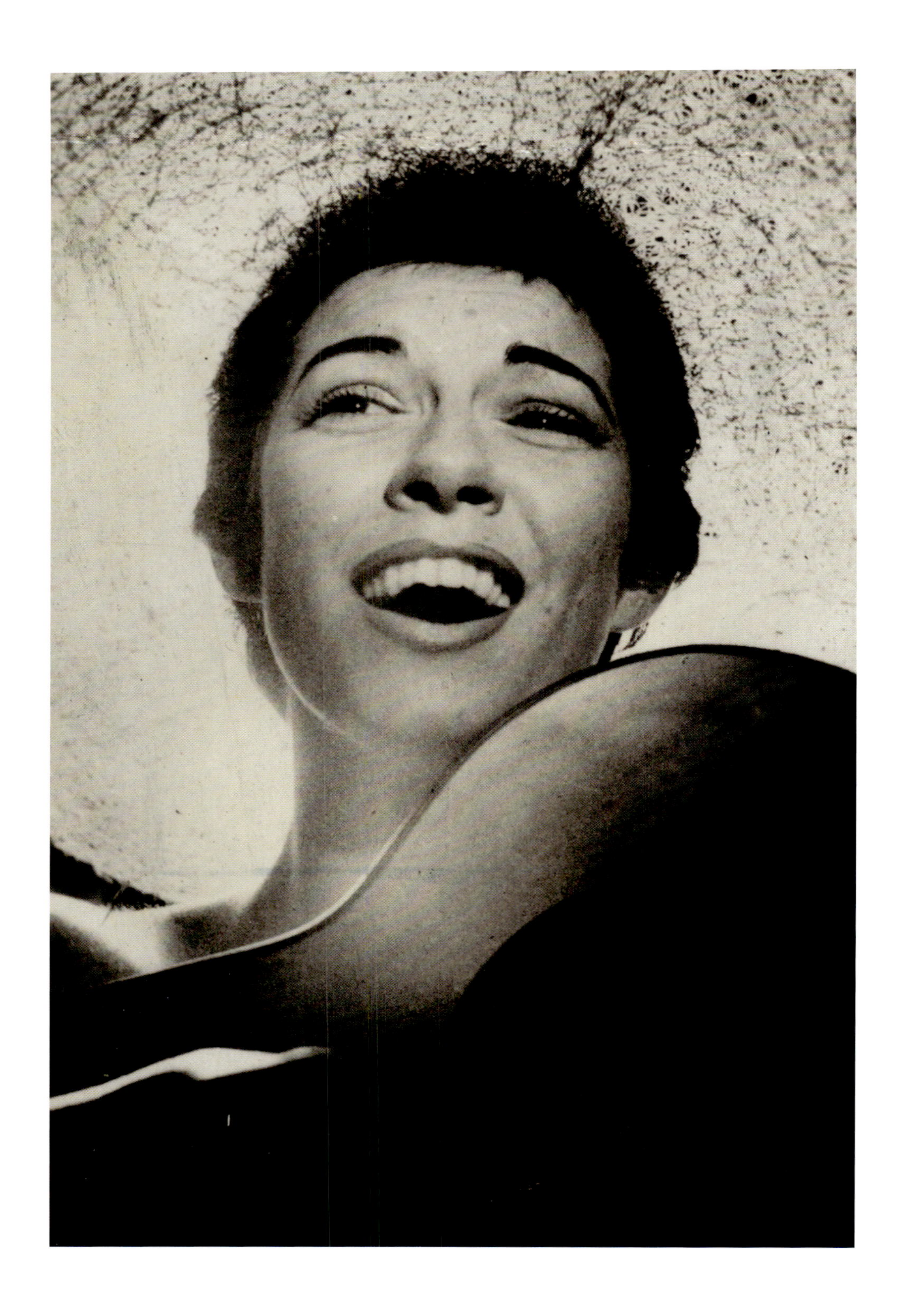

MARVADA

Uma cachaça boa não deve arder na garganta nem fazer mal a quem a consome. No entanto, alguns produtos de qualidade duvidosa levaram a bebida a adquirir fama de má. Daí, foi um passo para se tornar a marvada.

MÉ

A palavra faria menção ao mel de cana ou "das casas de cozer méis", como eram chamados os engenhos produtores de açúcar e aguardente. O sinônimo foi popularizado pelo humorista Mussum, de Os Trapalhões, nas décadas de 1970 e 1980. Outra referência para a palavra seriam os remédios caseiros chamados de mezinhas. Alguns desses preparados populares levavam cachaça na composição.

"Co'a marvada pinga é que eu me atrapaio/ Eu entro na venda e já dô meu taio/ Pego no copo e dali num saio/ Ali memo eu bebo, ali memo eu caio/ Só pra carregar é queu dô trabaio, oi lá!". A **"Moda da pinga"** é uma pérola do cancioneiro popular, gravada em 1953 pela cantora e compositora Inezita Barroso.

Crédito: Arquivo Nacional, domínio público, via Wikimedia Commons.

MORRETIANA

Esse apelido da cachaça vem de Morretes, município paranaense que foi um grande centro de produção de açúcar e do destilado de cana. A fama como produtor de cachaça de qualidade não se limitava ao Brasil e chegava à Argentina, ao Uruguai e ao Chile. Há registros de exportação para esses países que datam do século XIX. As poucas marcas que restaram na cidade honram a história de Morretes, produzindo excelentes cachaças de alambique.

PARATY

A fama dessa cidade fluminense como produtora de cachaça cresceu tanto que passou a ser sinônimo da bebida. Documentos oficiais mostram que o destilado de Paraty já era bastante prestigiado no período colonial. "[...] a passagem que nela se faz para as Minas e a quantidade de aguardente de cana que ali se fabrica lhe dão a opulência conhecida", escreveu D. Antônio Rolim de Moura, conde de Azambuja, governador de Goiás e Mato Grosso, em 1750.

John Luccock, comerciante inglês, em 1818 anotou que Paraty desfrutava "de considerável comércio com a capital; sua aguardente, acima de tudo, é de grande aceitação".

Depois disso, já no século XX, pipocaram na cultura popular menções a Paraty como sinônimo de cachaça: "Farinha de Suruí/ Pinga de Parati/ Fumo de Baependi/ É comê bebê pitá e caí", escreveu o autor modernista Oswald de Andrade em "Relicário", de 1924. Na marchinha de carnaval "História do Brasil", de 1934, Lamartine Babo compôs: "Ceci amou Peri/ Peri beijou Ceci/ Ao som.../ Ao som do Guarani!/ Do Guarani ao guaraná/ Surgiu a feijoada/ E mais tarde o Paraty".

"Vestiu uma camisa listada e saiu por aí/ Em vez de tomar chá com torrada ele bebeu parati", cantou **Carmen Miranda** no célebre samba "Camisa listada", de Assis Valente, em 1937.

Crédito: autor desconhecido, domínio público, via Wikimedia Commons.

PINGA

A palavra "pinga" se refere à destilação em alambique de cobre, no qual o vinho de cana é aquecido na panela e seu vapor é resfriado e condensado lentamente, saindo aos pingos. Em cidades como Paraty e no interior de Minas Gerais, pinga é sinônimo da cachaça de qualidade. Em outras localidades – por exemplo, no estado de São Paulo –, o nome é associado a uma aguardente de baixa qualidade ou à industrializada, ganhando sentido pejorativo. Não à toa, na composição de Inezita Barroso, paulista, ela foi chamada de marvada.

Conforme o livro *Maurício ou os paulistas em São João del-Rei*, de 1877, a palavra "pinga", nos séculos XVIII e XIX, indicava uma medida correspondente a uma dose. Naquela época, a pessoa tomava "uma pinga de vinho", ou seja, um copo de vinho. Nos armazéns e tabernas, o que havia para vender era cachaça, e aos poucos a palavra "pinga" passou a ser um sinônimo.

Destilaria Coqueiro, uma das mais antigas de Paraty. Nessa cidade fluminense, pinga é sinônimo de cachaça artesanal de qualidade.

Crédito: Rubens Kato.

SALINAS

A fama da produção local de Salinas, no norte de Minas Gerais, na década de 1940, fez com que a cidade ficasse conhecida como sinônimo de cachaça artesanal. Todos os anos é realizado o Festival Mundial da Cachaça de Salinas como forma de celebrar essa importante atividade econômica do município.

AS DATAS COMEMORATIVAS

Com tantos nomes e tantas histórias, não é de admirar que a cachaça seja celebrada em duas datas diferentes. O Dia Nacional da Cachaça, comemorado em 13 de setembro, faz referência à Revolta da Cachaça, um conflito ocorrido no Rio de Janeiro entre produtores da bebida e o governo português. A revolta foi motivada pela proibição imposta pela Metrópole ao comércio da cachaça, que prejudicava os interesses dos colonizadores. A escolha da data não é coincidência: ela remete à Carta Real de 13 de setembro de 1649, que oficializou essa restrição, permitindo a produção apenas para consumo dos escravizados. A Revolta da Cachaça marcou um episódio importante de resistência, destacando o papel econômico e cultural da bebida no Brasil colonial. E, em 21 de maio, é celebrado o Dia da Cachaça Mineira, já que Minas Gerais concentra a maior quantidade de produtores da bebida. A data foi escolhida por marcar o início da safra da cana-de-açúcar no estado.

Os profissionais envolvidos com a cachaça estão empenhados em afastar a fama de "marvada". Acompanhe a consultora Isadora Fornari e a proprietária de restaurante (e especialista em caipirinha) Nina Bastos.

5

CACHAÇA, SAÚDE E RELIGIÃO NA CULTURA POPULAR

Como foi visto no começo do livro, o uso da palavra *spirit* ("espírito") para descrever os destilados se deu na Idade Média, para exaltar suas propriedades revigorantes. Da palavra também derivam os termos *aqua vitae* (latim), *eau de vie* (francês) e *uisce beatha* (gaélico), com o significado de "água da vida". Os alquimistas acreditavam que nos destilados estava o segredo da imortalidade.

Acesse pelo QR Code o vídeo com Leo Bosnic tocando o anúncio da aguardente de cana.

É sabido que, no século XIX, eram dadas às tropas imperiais e aos escravizados doses de aguardente de cana, como um tônico, por causa do potencial calórico e dos efeitos inebriantes e sedativos. Um toque de corneta anunciava a chegada da bebida.

CASCAVEL

Segundo a crença popular, tomar cachaça com cobras ou escorpiões peçonhentos pode conferir imunidade aos venenos. Na foto, algumas dessas infusões no **alambique da família Jannuzzi**, em Caçapava, São Paulo.

Crédito: Rubens Kato.

A TRADIÇÃO DAS GARRAFADAS

Em mercados municipais de todo o país, é possível encontrar garrafadas – as misturas de cachaça com frutas, raízes, ervas ou até caranguejos, insetos, morcegos e barbatanas de peixe. No contexto da cultura popular, elas são consideradas tratamentos para males físicos, psíquicos e espirituais e fazem parte da herança de saberes dos povos indígenas e africanos. Em alguns casos, as indicações de misturas encontram respaldo no campo da fitoterapia. Contudo, vale ressaltar que não há comprovação científica da eficácia das garrafadas, e deve-se tomar cuidado com a procedência dos ingredientes utilizados.

No **Museu da Cachaça** de Paty do Alferes, no interior do Rio de Janeiro, encontramos cachaças com diversas ervas e cascas infusionadas.

Crédito: Felipe P. C. Jannuzzi.

RITUAIS RELIGIOSOS

A relação entre cachaça e religiosidade gerou diversas práticas relacionadas à bebida, assim como apelidos "santificados" ou "demonizados", como a-do-diabo, urina-de-santo, bendita e água benta.

FECHA CORPO DE MONTE ALEGRE DO SUL

Nessa pequena cidade paulista localizada a 130 quilômetros da capital, toda Sexta-Feira Santa centenas de visitantes aproveitam o feriado religioso para participar do ritual do Fecha Corpo. Zezé Valente, um antigo morador, foi o pioneiro dessa prática, há mais de setenta anos, quando aprendeu, com descendentes de escravizados, a receita de uma mistura feita com cachaça curtida em guiné e arruda colhidas na noite anterior ao preparo. A simpatia consiste em ingerir esse preparado em jejum, em doses de número ímpar, para garantir proteção contra mau-olhado, inveja e doenças por pelo menos um ano.

Os familiares de Zezé ainda seguem a tradição, assim como estabelecimentos comerciais na cidade e produtores locais de cachaça, cada um com sua variação da receita.

Muitos produtores de cachaça no interior de São Paulo oferecem gratuitamente suas versões do **Fecha Corpo**, com cachaça, guiné e arruda, durante a Semana Santa.

Crédito: João Lucas Leme.

DOSE AO SANTO

Um dos costumes mais tradicionais com cachaça é dar "um golinho pro santo". Ele é inspirado no ritual da Libatio, um gesto com mais de dois mil anos praticado pelos gregos, que despejavam água, vinho ou óleo perfumado no chão ou no altar como oferenda aos deuses.

No Brasil, o costume foi trazido pelos jesuítas e incorporado pelos escravizados, que consumiam aguardente para combater o frio nos canaviais e até mesmo como estimulante ou medicamento. Entre os santos homenageados, está São Benedito, padroeiro da cachaça.

Com a popularização da bebida no Brasil, a cachaça passou a ser usada como oferenda em religiões de matriz africana, como o candomblé, com a finalidade de pedir proteção aos orixás. Onilê, cujo nome é formado por *oni* ("senhor", em iorubá), e *ilê* ("casa", "terreiro"), é o orixá conhecido como a guardiã do planeta, a Terra-Mãe. Como forma de pedir libertação e proteção, derrama-se uma dose de cachaça para agradar a Onilé. No livro *Tenda dos milagres*, Jorge Amado escreveu: "Cheiro de folhas de pitanga e uma cachaça envelhecida em barrilete de madeira perfumada. Num canto da mansarda, uma espécie de altar, [...] em lugar de imagens; o peji de Exu com seu fetiche, seu irá. Para Exu, o primeiro gole da cachaça".

SÃO JORGE

No sincretismo, São Jorge corresponde a Ogum, companheiro de Iansã, que precisou embebedá-lo para fugir com Xangô, seu irmão. Por isso, em altares dedicados a São Jorge, é comum a presença de bebidas alcoólicas ao lado da imagem.

RITUAL DO RIO VERMELHO

No pequeno distrito de Morro Vermelho, em Caeté, Minas Gerais, um ritual de mais de duzentos anos é celebrado toda Quarta-Feira de Cinzas. Os homens devotos (mulheres e crianças são proibidas de participar) se reúnem na Matriz de Nossa Senhora de Nazaré para lavar, com cachaça, a imagem do Senhor dos Passos. A escultura de madeira, de 1,85 metro, é despida e banhada com as cachaças trazidas pelos participantes. O líquido que escorre pela cabeça, pelas mãos e pelos braços, pernas e pés de Cristo é recolhido e, por ser considerado bento, consumido para curar enfermidades e feridas. Acredita-se também que a cachaça ajude na preservação da imagem, única peça sacra da igreja que não foi atingida por cupins.

No exterior, as tradições envolvidas com a cachaça fazem parte de um contexto muito maior que interessa aos apreciadores do destilado brasileiro. Acompanhe, no vídeo, o consultor, professor e conferencista internacional Jairo Martins e a importadora e distribuidora de cachaça na Europa Letícia Nöbauer, conhecida como “Frau Cachaça”.

Estoque de garrafas prontas para rotulagem no alambique da Maria Izabel, em Paraty, Rio de Janeiro.

Crédito: Rubens Kato.

PRODUÇÃO

PARTE II

6

TERRITÓRIOS DA CACHAÇA

O Brasil possui diversos territórios da cachaça. E essas localidades consagradas pela produção do destilado da cana não se estabeleceram por acaso. Suas características dizem muito sobre as bebidas que produzem.

Assim como grandes vinhos, cervejas e uísques, algumas cachaças guardam uma relação íntima com seu local de origem. A experiência sensorial se torna ainda mais rica quando aprendemos a identificar as características regionais presentes em um bom gole de pinga. Confirmando essa ideia, em 2016, pesquisadores da Universidade Federal de São Carlos (UFSCar) e da USP demonstraram ser possível desenvolver métodos científicos para identificar as origens geográficas de cachaças com base em marcadores químicos com até 86% de acerto. Com o auxílio da ciência, é possível definir para a cachaça algo semelhante ao conceito de terroir aplicado aos vinhos franceses ou ao mezcal mexicano, quando fatores climáticos, históricos e culturais conferem traços únicos à bebida. Diferentemente da produção industrializada de cachaça, destinada a grandes volumes, alguns produtores artesanais atribuem à sua bebida uma maneira de expressar tradições, revelar aromas e sabores e nos ensinar mais sobre a cultura local.

Com tantas marcas no mercado, surge o desafio de valorizar essas cachaças especiais, as quais, além de identidade própria, de alguma forma representam seu local de origem. No processo de mapeamento de produtores, buscamos identificar três aspectos que ajudam a decifrar o terroir ou, como preferimos, o território de cada cachaça: o físico, o cultural e o político.

FÍSICO

Clima, topografia, solo, regime de chuva, incidência de raios solares, variedade da cana-de-açúcar, altitude, perfil da água e condições das adegas de envelhecimento são fatores que influenciam a produção.

Podemos considerar também o papel das leveduras e das bactérias autóctones – microrganismos naturais do ambiente responsáveis pela fermentação. Os aspectos físicos se tornam ainda mais relevantes para a cachaça pelo fato de ser uma bebida monodestilada na ampla maioria dos casos. Ou seja, a destilação não compromete o papel da matéria-prima e o da fermentação na definição do perfil sensorial da bebida, como acontece com a vodca, bebida multidestilada.

De cima para baixo, visão do **canavial da Maria Izabel**, em Paraty (litoral fluminense), **destilaria da Mato Dentro**, em São Luiz do Paraitinga (interior paulista), e **cerrado de Salinas** (Minas Gerais). Diferentes territórios, diferentes cachaças.

Créditos: Rubens Kato (Paraty) e Gabriela Barreto (São Luiz do Paraitinga e Salinas).

CULTURAL

Os franceses tiveram muito êxito ao associar o terroir do vinho a uma cultura local de produção, o chamado *savoir-faire*. Em diferentes lugares do Brasil, também encontramos costumes e receitas tradicionais que influenciam toda uma paleta de cores, aromas, sabores e sensações para algumas regiões.

Entre as especificidades dos aspectos culturais, é possível destacar o uso e as técnicas de manejo de certas variedades de cana-de-açúcar, a adição de substratos para as leveduras naturais durante a fermentação (fubá de milho, farelo de arroz, soja ou mandioca), a seleção de certos tipos de leveduras, o conhecimento de técnicas de envelhecimento em madeiras por convenções ou conveniências locais, o uso de alambiques de diferentes tamanhos e formatos e a definição do teor alcoólico da cachaça.

Apenas como exemplo, na região Sul, a cachaça é mais amena, com teor alcoólico entre 38% e 40%. No Nordeste, culturalmente a preferência é por cachaças mais potentes, acima dos 44% de graduação.

Por todo o Brasil, vemos uma nova geração utilizando tecnologias modernas para aprimorar as receitas de seus antepassados e valorizar o destilado, mas sem perder a tradição.

POLÍTICO

Se existem o aspecto físico do terreno e o cultural das práticas passadas de pai para filho, há também o viés político dentro do conceito de território. A organização política se estabelece quando os fatores ambientais, históricos e econômicos favorecem a criação de aglomerados de pequenos e médios produtores em uma mesma região. Importantes centros de circulação de pessoas e mercadorias nos séculos passados ainda hoje são importantes polos de produção de cachaça artesanal. É a união desses produtores regionais, associada à identidade cultural e sem necessariamente se comprometer com uma divisão de Estado, que fortalece a identificação de um território. É a organização desses produtores para a defesa e a valorização de sua identidade local que contribui para a diversidade da cachaça de alambique.

PARATY, RIO DE JANEIRO

Paraty sempre foi um dos principais polos de produção de cachaça de alambique do país. Desde o século XVI, a cana-de-açúcar foi trazida para o litoral do Rio de Janeiro, onde os açorianos disseminaram a técnica de destilar o melaço e o caldo de cana fermentado. Com mão de obra escravizada de africanos e indígenas guaianás, a cana era plantada nos morros da Serra do Mar. A geografia acidentada e os rios numerosos favoreciam a construção de rodas-d'água usadas para moagem e extração do caldo.

De acordo com relatório do Acervo Público de Paraty, em 1790 já havia registros de 87 engenhocas de produção de aguardente. Em 1778, foram produzidas 1.554 pipas (1 pipa = 490 litros) de cachaça. Segundo a Câmara Municipal da cidade, em 1869 e 1870 produziram-se 6.000 pipas. Contudo, a abertura da estrada de ferro D. Pedro II (em 1870), a abolição da escravatura (em 1888) e a crise do café (no final do século XIX) levaram a indústria local ao colapso. A retomada começou na década de 1970, com a criação da rodovia Rio-Santos, que trouxe visitantes de várias partes do mundo. Atualmente, incentivados pelo turismo, seis alambiques produzem cachaça na cidade: Pedra Branca, Paratiana, Coqueiro, Corisco, Engenho D'Ouro e Maria Izabel.

A produção tradicional de Paraty utiliza a variedade de cana mulatinha, que cresce nos morros da região há séculos. As constantes chuvas na Serra do Mar lavam a cana, resultando em um baixo teor de sacarose na garapa. Diferentemente de outras regiões do Brasil, que usavam subprodutos da produção de açúcar (como o melaço) para fazer bebidas destiladas, Paraty sempre utilizou o caldo de cana (garapa) diretamente na produção de sua aguardente. Esse uso do caldo de cana deu a Paraty a fama de produzir destilados de excelência, fazendo do nome da cidade sinônimo de cachaça.

Na fermentação, são utilizadas leveduras selvagens propagadas com fubá de milho, embora alguns produtores adotem práticas modernas, como o uso de leveduras comerciais selecionadas. O armazenamento tradicionalmente ocorre em barris de amendoim, jequitibá-rosa e carvalho europeu. Recentemente, visando atender a turistas de todo o Brasil e do mundo que buscam conhecer outros perfis de cachaça além do tradicional de Paraty, alguns produtores começaram a usar madeiras pouco convencionais na região, como bálsamo e amburana. Os galpões próximos ao mar conferem um gosto salgado a algumas cachaças da região, adicionando outra camada de complexidade aos seus sabores únicos.

No primeiro semestre de 2024, o Inpi consagrou a cachaça de Paraty como o primeiro destilado brasileiro a obter a Denominação de Origem.

A alta qualidade da bebida é refletida nos sabores doces de cana, nos aromas frutados, na forte presença de bagaço e melaço e na sensação quente e refrescante que cada gole provoca.

Na praia do **Engenho D'Água**, em Paraty, há uma antiga roda-d'água coberta pela mata atlântica. A roda, com mais de 5 metros de diâmetro, revela a importância histórica da cidade como polo produtor de aguardente.

Crédito: Felipe P. C. Jannuzzi.

Drinque Jorge Amado, preparado com limão, maracujá, açúcar e cachaça Gabriela.

Crédito: Rubens Kato.

GABRIELA CRAVO E CANELA: CLÁSSICO DE PARATY

Em 1982, foi filmada em Paraty a versão cinematográfica do livro *Gabriela, cravo e canela*, de Jorge Amado. Apesar de a história se passar em Ilhéus, na Bahia, o centro histórico da cidade fluminense foi o cenário ideal para a trama da personagem título, interpretada por Sonia Braga. Durante os meses de filmagem, estabeleceu-se um vínculo tão intenso entre a equipe e os paratienses que os moradores decidiram prestar uma homenagem à obra: a criação de uma aguardente com cravo e canela, batizada de Gabriela. Os locais dizem que a primeira versão da Gabriela foi inventada por Antônio Carlos di Conti. Depois de grande sucesso, teria sido incorporada ao portfólio de quase todos os produtores de cachaça na cidade. A primeira garrafa foi feita pela família Mello, dos produtores da tradicional cachaça Coqueiro.

MORRETES, PARANÁ

Localizada no litoral paranaense, a cidade de Morretes é cercada pela mata atlântica e pela cadeia de montanhas do Marumbi. Em 1991, a Organização das Nações Unidas para a Educação, a Ciência e a Cultura (Unesco) reconheceu a região como Reserva da Biosfera da Mata Atlântica, em função de seu patrimônio ecológico. A importância, no passado, como produtora de aguardente, melado, rapadura e açúcar foi tamanha que, por ordem de D. Pedro II, a cidade passou a contar com o Engenho Central, inaugurado em 2 de junho de 1878. Em 1914, foi vendido à família Malucelli e passou a ter conhecido também como Engenho dos Malucelli. Atualmente, está abandonado, degradado pelo tempo e tomado por mato – um prejuízo para a história, tanto a local quanto a nacional.

Existem registros de 1842 relativos à exportação da cachaça morretiana para Argentina, Uruguai e Chile. Mas, nas últimas décadas do século XX, a tributação excessiva fechou dezenas de alambiques instalados por imigrantes portugueses e italianos ao longo da Estrada do Anhaia. Nessa estrada, encontram-se uma roda-d'água de 12 metros de diâmetro, desativada, além de ruínas de engenhos e dornas de madeira com capacidade superior a 15 mil litros, do século XIX. Seguindo pela Anhaia, vê-se também o Engenho do Diquinho, em atividade desde 1948.

As cachaças de Morretes têm sua produção iniciada com o uso da cana-de-açúcar conhecida localmente como havaianinha. A fermentação emprega leveduras naturais presentes no mosto ou leveduras de panificação, além de linhagens selecionadas de alta eficiência fermentativa. Após a fermentação, as cachaças passam por um processo de envelhecimento em barris de carvalho europeu e americano.

De teor alcoólico ameno, as cachaças apresentam uma cor amarelada que varia entre o dourado e o caramelo escuro. O envelhecimento em carvalho confere notas adocicadas de baunilha e mel, além de um perfil frutado que lembra banana e frutas secas. Aromas de especiarias complementam o paladar, resultando em uma textura aveludada e fresca. Essas características sensoriais destacam as cachaças de Morretes no cenário nacional, especialmente nas variedades premium e extra premium envelhecidas em carvalho.

Em 2023, a cidade conquistou a Indicação Geográfica para a sua cachaça, após anos de esforços de regularização e organização dos produtores.

Antigo Engenho dos Malucelli, em Morretes, um dos primeiros engenhos centrais do Brasil. Os engenhos centrais conseguiram processar grandes quantidades de cana-de-açúar com maior rapidez e, então, produzir açúcar, melaço e aguardente.

Crédito: Felipe P. C. Jannuzzi.

BREJO PARAIBANO, PARAÍBA

A produção de cachaça no Brejo Paraibano remonta ao século XVIII. As técnicas tradicionais de produção, preservadas desde a colonização, continuam a ser usadas atualmente, mesmo com algumas inovações. A cultura dos engenhos é um elemento central da identidade regional, influenciando os costumes e a economia.

A Paraíba herdou a tradição pernambucana no plantio de cana-de-açúcar e na criação de engenhos para produção de rapadura e cachaça. As mudas de cana atravessaram Itamaracá no fim do século XVI e chegaram à várzea dos rios paraibanos. Em um primeiro momento, a cultura açucareira se estabeleceu no litoral e, com o avanço migratório, instalou-se também no interior do estado, com engenhos de pequeno e médio portes produzindo derivados de cana no Agreste Paraibano.

Segundo a obra *Capítulos de geografia agrária da Paraíba*, no início dos anos 1990 a cana-de-açúcar era responsável por 45,7% da produção agrícola estadual, fazendo do estado o quarto maior produtor do país. No fim dessa década, a economia canavieira, dependente de recursos públicos, entrou em crise, e importantes usinas (como Santa Maria e Santa Helena) declararam falência. A crise do setor usineiro incentivou investimentos em engenhos de aguardente no Agreste Paraibano, principalmente na microrregião do Brejo Paraibano, onde mais de sessenta engenhos produtores de cachaça destilam milhões de litros por ano.

O clima ameno – resultante da elevada altitude, da proximidade com a mata atlântica e do alto índice pluviométrico – torna o Brejo Paraibano uma região ideal para a produção de cachaça de alambique. Essas condições são particularmente favoráveis à fermentação do vinho de cana. Além disso, os produtores locais mantêm a tradição de utilizar leveduras selvagens durante o processo, embora alguns produtores de maior porte prefiram técnicas de seleção de leveduras autóctones.

Uma característica distintiva dos alambiques paraibanos é o armazenamento da cachaça em grandes dornas de freijó, madeira brasileira, o que ajuda a preservar a cor, os aromas e os sabores puros da bebida, mantendo as características vegetais, frutadas e adocicadas da aguardente, frequentemente engarrafada com alta potência alcoólica. Para as cachaças envelhecidas, são utilizados barris de carvalho europeu, e, nos últimos anos, têm sido realizados novos experimentos com misturas de madeiras brasileiras, como a amburana.

CIRCUITO DAS ÁGUAS E CIDADES SERRANAS, SÃO PAULO

O estado de São Paulo é conhecido pela produção de cachaças industrializadas, mas há muitos anos, na região do Circuito das Águas e nas cidades serranas, vêm sendo elaboradas cachaças artesanais. Cidades como Monte Alegre do Sul, Amparo, Socorro, Bragança Paulista, Serra Negra e Lindoia abrigam propriedades familiares que iniciaram essa atividade na primeira metade do século XX, motivadas pela crise do café, em 1929.

As terras férteis, o clima e o relevo favoráveis, as águas fluviais de excelente qualidade e a mão de obra de famílias imigrantes europeias contribuíram para a popularização dos engenhos de aguardente no estado. Contudo, com a chegada de grandes usinas de álcool e açúcar, a partir da década de 1950, o arrendamento de terras ou o fornecimento de cana-de-açúcar para a indústria mostraram-se mais rentáveis para esses pequenos produtores de aguardente. A economia favorável para a produção de etanol e os tributos elevados para a produção de aguardente foram os principais fatores que levaram ao desaparecimento e aos altos índices de informalidade dos alambiques paulistas. Nesse território, de acordo com nosso mapeamento, estão presentes mais de 120 produtores, e boa parte não tem perspectiva de sair da condição de informais.

As cachaças artesanais paulistas são produzidas com cana-de-açúcar melhorada geneticamente. (A abundância de cana encontrada no interior de São Paulo é voltada principalmente para a produção de etanol e açúcar.) As leveduras para fermentação são selvagens, e, na maioria dos casos, usa-se o fermento caipira. No entanto, mesmo com essa tradição, as marcas que mais têm se destacado no mercado optam por fermento selecionado. O armazenamento é feito sobretudo em tonéis de jequitibá-rosa e amendoim.

A maioria dos produtores tem preferência por envelhecimento em barris antigos de carvalho europeu, enquanto novos produtores hoje investem em barris virgens de carvalho americano com tosta. O perfil desse território, portanto, vem passando por uma transformação, com uma diversidade de sabores. As cachaças geralmente são mais amenas, e os produtores apresentam um portfólio diverso para cativar diferentes públicos.

LUIZ ALVES, SANTA CATARINA

A produção de aguardente de cana artesanal em Santa Catarina teve início com a colonização açoriana no litoral, em cidades como Laguna e Araranguá, e se intensificou com a chegada de europeus ao Vale do Itajaí, destacando-se Luiz Alves, conhecida como a Capital Nacional da Cachaça. A tradição de produzir aguardente de cana destilada em alambiques de cobre em Luiz Alves começou na década de 1930, com famílias alemãs, holandesas e italianas.

Inicialmente, o cultivo de cana-de-açúcar visava principalmente à produção de melado, e com o excedente produzia-se a aguardente. Embora a legislação de 2005 determine que a cachaça deva ser produzida apenas a partir do mosto fermentado do caldo de cana-de-açúcar, a tradição e a preferência dos consumidores da região levaram os fabricantes do estado a priorizarem a aguardente feita a partir do melado, mesmo que esse método seja mais trabalhoso e caro. A cachaça feita do caldo de cana também é produzida pelos alambiques locais, mas representa apenas 30% do volume total de produção.

Em meados do século XX, o cultivo de cana-de-açúcar era uma atividade importante em Santa Catarina. Muitos pequenos agricultores fabricavam açúcar mascavo, melado e cachaça e vendiam cana para a Usati, maior usina refinadora de açúcar do sul do país, responsável nos anos 1980 por quase meio milhão de toneladas de açúcar por ano. Mas os incentivos à industrialização do etanol em grandes usinas com o Proálcool (programa do governo federal para reduzir a dependência dos carros ao combustível do petróleo), no fim da década de 1970, e a forte concorrência do açúcar do Sudeste e do Nordeste fizeram com que o cultivo de cana se tornasse uma atividade cara para os produtores de Santa Catarina. Assim, a cultura de açúcar, melado e cachaça foi sendo substituída por outras, mais lucrativas.

O fim do ciclo do açúcar no estado e a concorrência com cachaças mais baratas de outras regiões afetaram a produção catarinense. Luiz Alves, que na década de 1960 tinha cem alambiques, hoje conta com dez produtores formalizados, produzindo 58 cachaças, a maior concentração do estado. Em São Pedro de Alcântara, cidade a 32 quilômetros de Florianópolis e com tradição na fabricação de aguardente, eram cinquenta alambiques nos anos 1960; hoje, são apenas dez, a maioria de produtores informais. A Festa Nacional da Cachaça (Fenaca), organizada pela prefeitura de Luiz Alves, visa resgatar essa tradição e valorizar a importância econômica do destilado.

Em agosto de 2024, o Inpi reconheceu a Denominação de Origem para a cachaça de Luiz Alves, destacando a região pela produção de qualidade e com características locais únicas.

Como dito, a matéria-prima se sobressai na aguardente luiz-alvense. O melado (produzido a partir da variedade de cana chamada de havaiana) é levado para a fermentação, e não o caldo fresco de cana. Os pequenos produtores ainda fermentam com leveduras selvagens, e o uso de leveduras selecionadas é pouco difundido. Após a destilação, a aguardente é envelhecida por muitos anos em barris de carvalho, principalmente europeu.

As cachaças brancas de Luiz Alves têm um perfil sensorial distinto, com notas de frutas cristalizadas, leve defumado, melado e baunilha. Nas versões envelhecidas, destacam-se aromas de banana, castanhas e torrados.

ESTRADA REAL, MINAS GERAIS

Durante o século XVIII, a economia do açúcar brasileiro entrou em decadência e foi gradualmente substituída pela extração de ouro em Minas Gerais. Nesse contexto, com o início da interiorização do Brasil – ou seja, o avanço de expedições, como as bandeiras, pelo interior do país –, os viajantes que passavam pela Estrada Real transportavam barris de madeira abastecidos com cachaças produzidas em São Paulo, na Bahia e no Rio de Janeiro. Ao longo da viagem, a cachaça, em contato com a madeira, adquiria coloração amarelada e ganhava aromas e sabores distintos. Acredita-se que daí tenham surgido o hábito e o apreço por envelhecer cachaças em barris de madeira no interior de Minas Gerais. Isso explica por que, nos alambiques mineiros ao longo da Estrada Real, os produtores optam por armazenar suas cachaças em barris de madeira, diferentemente do que ocorre em cidades litorâneas, como Paraty, onde se produzem cachaças puras e brancas, destacando os aromas primários e secundários.

No entanto, produtores de cidades como São João del-Rei, Coronel Xavier Chaves e Ouro Preto, locais com grande demanda e alto consumo de cachaça desde o Ciclo do Ouro, tradicionalmente não envelhecem suas pingas. Há indícios de que em Ouro Preto, em meados do século XIX, a produção fosse superior a 17 mil litros de aguardente por mês e o consumo anual chegasse a 15,3 litros por habitante. Ou seja, a demanda de consumo não permitia tempo hábil para o envelhecimento.

Ao longo da Estrada Real, de norte a sul do estado, há produtores que cultivam sua própria cana-de-açúcar e realizam a fermentação com fermento caipira e leveduras selvagens. Outra característica comum é o armazenamento das cachaças em barris de madeiras brasileiras. Na década de 1980, o governo de Minas Gerais incentivou a produção de cachaça, flexibilizando regras e tributações. Inicialmente, esses subsídios resultaram no aumento de centenas de produtores legalizados e muitos outros informais. A tradição histórica se somou às facilidades de produção e à demanda local de consumo.

Para substituir a falta de tonéis de aço inoxidável, dornas de grande porte (acima de 10 mil litros), produzidas com madeiras nativas, têm se mostrado ideais para conter os altos índices de evaporação e passaram a influenciar a paleta sensorial das cachaças em boa parte do estado. Na Estrada Real, o armazenamento é feito principalmente em barris de amendoim, amburana e jequitibá, enquanto barris de carvalho europeu exauridos são uma opção bem difundida para o envelhecimento. Na última década, a chegada de barris de carvalho virgens ou de primeiro uso, com ou sem tosta, está redefinindo o perfil dessas cachaças mineiras, trazendo características mais adocicadas da madeira importada, com notas de castanhas, especiarias e torradas.

A **Século XVIII**, de Coronel Xavier Chaves, segue a tradição da cachaça purinha mineira há oito gerações.

Crédito: Bruno Fernandes.

JANUÁRIA, MINAS GERAIS

No norte de Minas Gerais, às margens do rio São Francisco, encontra-se Januária, uma cidade que já teve na produção de açúcar e aguardente sua principal fonte de renda. A região de Brejo do Amparo é tradicionalmente conhecida pela produção de aguardente, abrigando aproximadamente sessenta produtores. Com uma temperatura média anual de 26 °C e solo naturalmente úmido, enriquecido por fertilizantes oriundos das formações rochosas circundantes, a cana-de-açúcar cresce vigorosamente, favorecendo a produção de cachaça.

A produtividade de cachaça em Januária varia entre 5 mil e 60 mil litros anuais por produtor. Os pequenos produtores, com propriedades médias de 10 hectares, dependem da produção de cachaça como principal meio de subsistência. A tradição na região é mantida por técnicas de produção passadas de geração para geração, preservando a autenticidade do processo.

No passado, Januária destacou-se na produção de cachaça de alambique, beneficiada pelo clima favorável ao cultivo da cana-de-açúcar, introduzida na região no século XVIII com mudas vindas do Recôncavo Baiano. A importância do rio São Francisco no transporte de mercadorias e a identidade singular das cachaças locais, armazenadas em dornas de amburana, contribuíram para o sucesso da produção januarense. A fama da cidade ficou registrada na obra de Guimarães Rosa. No conto "Minha gente" (do livro *Sagarana*), o autor mineiro escreveu: "Saltem um cálice de branquinha potabilíssima de Januária, que está com um naco de umburana macerando no fundo da garrafa!...".

No entanto, fatores como o aumento da demanda, que privilegiou o volume em detrimento da qualidade, a concorrência com outros polos produtores, a falsificação, a falta de incentivos e a perda de importância como entreposto comercial no final da década de 1960 levaram à diminuição do reconhecimento de Januária como terra da cachaça no norte de Minas Gerais. A cidade acabou perdendo protagonismo para outras regiões, como Salinas, atualmente considerada a capital da cachaça.

Apesar disso, os pequenos produtores continuam colaborando com grandes engarrafadoras, mantendo a tradição das cachaças estandardizadas, armazenadas em antigos e grandes tonéis de amburana.

As cachaças de Januária são conhecidas por seu sabor potente, predominando notas adocicadas e vegetais da cana-de--açúcar, com um toque de temperos e especiarias da madeira brasileira.

Moenda de madeira encontrada no norte de Minas Gerais.

Crédito: Gabriela Barreto.

SALINAS, MINAS GERAIS

Salinas, conhecida como a Capital Mundial da Cachaça, conquistou destaque ao assumir o título que antes pertencia a Januária, sua vizinha ao norte de Minas Gerais. Essa cidade tornou-se um polo importante devido à sua relevância econômica e à notoriedade de marcas locais, como Havana, de Anísio Santiago, e Piragibana, de Nei Corrêa, que desde as décadas de 1940 e 1950 influenciam novas produções.

De acordo com o *Anuário da cachaça 2024*, Salinas é a cidade brasileira com o maior número de produtores, contabilizando 24 estabelecimentos, o que representa 4,8% dos produtores de Minas Gerais. Além disso, o município possui 202 cachaças registradas, correspondendo a 9,4% das cachaças do estado.

A qualidade das cachaças de Salinas é amplamente reconhecida, resultado do clima favorável e da prática local de envelhecer a bebida em madeiras brasileiras, especialmente amburana e bálsamo. A região utiliza variedades tradicionais de cana-de-açúcar, como uva, java e caiana, que apresentam alto teor de sacarose em razão do clima semiárido, com baixa umidade e baixo índice pluviométrico.

Na fermentação, predomina o uso de fermento caipira e leveduras selvagens. Na destilação, são utilizados alambiques de diferentes formatos, e é comum encontrar o popularmente conhecido como chapéu de padre. A técnica de envelhecimento envolve dornas de bálsamo de 10 mil a 20 mil litros, com retirada de cerca de 20% por ano para engarrafamento. As aguardentes passam muitos anos na madeira, e, em cada safra, as dornas são reabastecidas com a produção anual de cachaça nova, garantindo a padronização pela intensa contribuição do bálsamo e pelo grande remanescente nas dornas. Essas técnicas trazem características frescas, herbais e de especiarias às tradicionais cachaças salinenses.

Algumas marcas mais comerciais se afastam da tradição artesanal, produzindo em escala industrial sem a complexidade de suas conterrâneas. Essas marcas compram cachaça de outros produtores da microrregião de Salinas e a redestilam em alambiques de cobre em suas unidades de produção. Para atender à demanda e ajudar na padronização, alguns produtores realizam práticas de envelhecimento acelerado, adicionando fragmentos de amburana à aguardente de cana. Essas cachaças apresentam preços mais populares, teor alcoólico mais ameno e um amadeirado intenso.

SERRA GAÚCHA E REGIÃO METROPOLITANA DE PORTO ALEGRE, RIO GRANDE DO SUL

A história da cachaça no Rio Grande do Sul remonta ao século XVIII, com a chegada dos imigrantes açorianos. Em 1773, Domingos Fernandes Lima trouxe mudas de cana-de-açúcar da ilha da Madeira, estabelecendo a produção de aguardente na região de Osório, com o primeiro registro documental datado de 1778. Com o início da colonização alemã, em 1824, a cana-de-açúcar tornou-se essencial para a sobrevivência dos colonos, sendo usada tanto para consumo próprio quanto para trocas comerciais. Em 1829, há registros das primeiras destilações feitas pelos imigrantes alemães, na Colônia São Pedro. A partir de 1875, a colonização italiana e, em 1886, a polonesa também contribuíram para a expansão do cultivo da cana e a produção de cachaça no estado.

Poucas pessoas sabem que o Rio Grande do Sul não apenas possui uma sólida tradição na produção de cachaça de alambique como também é o quarto estado com o maior número de cachaças registradas. Segundo o *Anuário da cachaça 2024*, o Rio Grande do Sul conta com 420 produtos registrados, ficando atrás apenas de Rio de Janeiro, São Paulo e Minas Gerais. Cada unidade de produção no estado produz, em média, 85 mil litros de cachaça por safra, reforçando a relevância econômica dessa atividade para a região.

A diversidade dos terroirs, a influência de imigrantes de diferentes regiões da Europa e o crescente impacto econômico da produção de cachaça fazem com que Rio Grande do Sul tenha uma grande variedade de produtos e potenciais identificações geográficas distintas. Os pesquisadores Antonio Silvio Hendges e Leomar de Bortoli propõem a divisão do estado em sete territórios: Alto Jacuí e Alto Uruguai, Litoral Gaúcho, Missões e Noroeste, Rota Romântica, Serra Gaúcha, Vale dos Rios Caí e Taquari e Vale Vêneto.

Embora haja diversidade entre as diferentes regiões, existe uma unidade na maneira de empreender no mercado da cachaça. Destacam-se principalmente a Serra Gaúcha, o Vale dos Rios Caí e Taquari e a Rota Romântica. As cachaças oriundas dessas regiões estão entre as mais premiadas do Brasil. Parte desse sucesso se deve à organização dos fabricantes artesanais em associações que fiscalizam a qualidade da produção local.

A Associação dos Produtores de Cana-de-Açúcar e seus Derivados do Estado do Rio Grande do Sul (Aprodecana) tem favorecido o reconhecimento do território das cachaças gaúchas ao incentivar a formalização, investir em comunicação e encorajar a busca por um padrão de qualidade para as cachaças do estado

Outro fator que beneficiou a produção da cachaça gaúcha foi a estrutura montada pela indústria e pelo comércio de uva e vinho na primeira metade do século XX. Famosa por seus vinhos e espumantes, a indústria vinícola gaúcha facilitou a difusão de conhecimento, técnicas e insumos para a produção de cachaça. Os produtores gaúchos foram pioneiros na adoção do uso de leveduras selecionadas para a fermentação, prática comum entre os vinicultores. No processo de envelhecimento, a indústria do vinho possibilitou o acesso às barricas de carvalho europeu e americano, além da difusão de técnicas de envelhecimento de bebidas, como a blendagem, o restauro de barris e a tosta por tanoarias locais. Destaca-se o uso de barricas de amburana tostadas, que conferem um caráter único às cachaças gaúchas envelhecidas. Além da amburana, as cachaças gaúchas se sobressaem pelos blends de carvalho com madeiras nacionais, como bálsamo, cabreúva e grápia.

Dornas de inox do **alambique Flor do Vale**, em Canela, Rio Grande do Sul.

Crédito: Felipe P. C. Jannuzzi.

ABAÍRA, BAHIA

Esse território compreende as cidades de Abaíra, Jussiape, Mucugê, Rio de Contas, Piatã e Ibicoara, situadas no coração da Chapada Diamantina, uma região com registros de produção de cachaça desde o século XVII. O comércio de aguardente de Abaíra foi inicialmente incentivado pelos viajantes que passavam pela região e estabeleceram pequenos núcleos urbanos. A localização estratégica do território favoreceu seu desenvolvimento como entreposto para quem viajava de Goiás e do norte de Minas Gerais rumo a Salvador. A colonização da região também foi impulsionada pela atividade agropecuária e pela exploração de diamantes.

Há mais de duzentos anos, as condições climáticas propícias da microrregião facilitam o cultivo da cana-de-açúcar, complementar à pecuária e como alternativa para alimentar o gado durante o período de seca. Com o tempo, os colonos aumentaram a renda familiar com a produção artesanal de rapadura, melado, açúcar mascavo e aguardente, que se tornaria a atividade econômica mais relevante da região.

Até a década de 1980, a cachaça de Abaíra era processada em moendas rústicas e fermentada em dornas de madeira. Não havia separação controlada durante a destilação em alambique, o que dificultava a padronização e não oferecia segurança aos consumidores. Em 1996, foi criada a Associação dos Produtores de Aguardente da Microrregião de Abaíra (Apama), para organizar os produtores, melhorar os processos e tornar a cachaça local mais competitiva no mercado. Os produtores foram orientados a utilizar variedades específicas de cana e a trabalhar com leveduras selecionadas do próprio canavial na fermentação. Para padronização e engarrafamento, boa parte da produção de Abaíra é estandardizada nos alambiques de cobre localizados na sede da Cooperativa dos Produtores de Cana e seus Derivados da Microrregião de Abaíra (Coopama). As cachaças são armazenadas em tanques de inox ou em barris de carvalho europeu por três, cinco e doze anos.

Em 2015, os produtores de cachaça da região de Abaíra conquistaram o selo de Indicação Geográfica do Inpi, assegurando o reconhecimento do produto como distintivo e característico da localidade.

VIÇOSA DO CEARÁ, CEARÁ

O processo de produção da cachaça em Viçosa do Ceará teve início no século XVII, aproximadamente. Ao longo dos anos, o município cearense tornou-se uma referência local em aguardentes e licores. Já nos anos 1800, produzia-se cachaça de alambique, separando a fração mais nobre da destilação. O envelhecimento era realizado em tonéis fabricados com diversas madeiras, como bálsamo, pau d'arco, aroeira, sabiá e amburana.

Essas técnicas e tradições, transmitidas de geração para geração, são a riqueza cultural do município e a fonte de renda para muitas famílias até hoje. Não é por acaso que Viçosa do Ceará recebeu a Indicação Geográfica do Inpi em 2024.

O clima da Serra da Ibiapaba, onde Viçosa do Ceará se localiza, caracteriza-se por temperaturas amenas e elevada umidade, condições ideais para o cultivo da cana-de-açúcar. O solo fértil da região, combinado com práticas que evitam o uso de fertilizantes químicos e agrotóxicos, resulta em uma cana de alta qualidade.

Em 2023, de acordo com o *Anuário da cachaça 2024*, a cidade tinha dezesseis produtores registrados, representando 47,1% das cachaçarias do estado. Além disso, Viçosa do Ceará registrou 53 marcas de cachaça, sendo um dos municípios brasileiros com maior quantidade de marcas registradas. No entanto, muitos produtores ainda operam na informalidade, o que representa um desafio significativo para o desenvolvimento da categoria na região.

VALE DO CAFÉ, RIO DE JANEIRO

O Vale do Café, situado no sul do Rio de Janeiro, ocupa um papel histórico crucial. No auge do Ciclo do Café, a região fornecia cerca de 75% dessa bebida consumida no mundo. As cidades do vale emergiram como um dos principais centros de produção cafeeira do Brasil nos séculos XVIII e XIX, atraindo fazendeiros e investidores que transformaram a paisagem com propriedades luxuosas. Essa riqueza foi erguida com o trabalho dos escravizados, com mais de um milhão de pessoas trabalhando forçadamente nos cafezais.

A opulência das fazendas e a exploração inadequada do solo levaram à exaustão das terras e deixaram traços profundos na história do vale, que viu sua economia declinar com a migração da produção cafeeira para São Paulo.

A **Fazenda Rochinha,** de Barra Mansa, no Vale do Café fluminense, preserva as características da arquitetura do final do século XVIII. Desde 1902, a fazenda se destaca pela produção da cachaça Rochinha.

Crédito: Leo Bosnic.

Nas nossas visitas às fazendas históricas da região, encontramos indícios desse passado marcado pela violência da escravidão e pela construção de casarões luxuosos dos barões do café. Nessas propriedades, há memórias de engenhos antigos e abandonados.

Alguns alambiques, ainda em atividade, começaram a produzir aguardente no século XIX, e antigas propriedades de café se adaptaram para começar a produzir cachaça no começo do século XX, trazendo um renascimento baseado no turismo e na comercialização do destilado, de queijo e de café de alta qualidade.

A produção de cachaça no Vale do Café é realizada por pequenas unidades que adotam modelos sustentáveis, integrando o cultivo da cana à preservação da mata atlântica. O clima tropical de altitude, com verões quentes e úmidos e invernos amenos, favorece o crescimento da cana-de-açúcar, resultando em uma matéria-prima rica em açúcares. A produção é diversificada, incluindo cachaças pratas e versões envelhecidas em carvalho e madeiras brasileiras, como jequitibá e amburana.

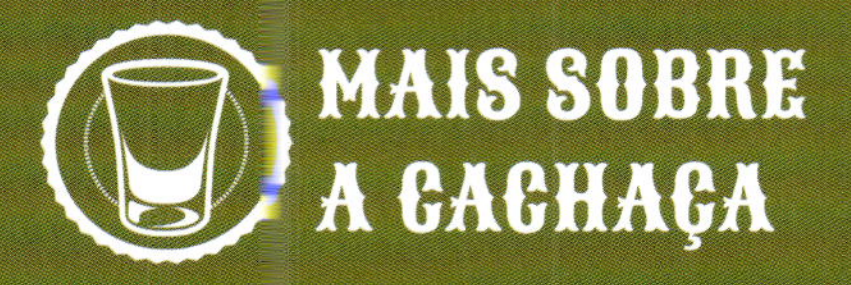

MAIS SOBRE A CACHAÇA

Cada olfato e cada paladar, uma sentença. Há cachaça de diversos aromas e cores no Brasil, de procedências também diversas. Mas toda essa variedade abre espaço, também, para algumas rivalidades. Acompanhe, no vídeo, o consultor, professor e conferencista internacional Jairo Martins.

7

TIPOS DE PRODUÇÃO

A legislação brasileira não formaliza uma distinção entre o processo industrial de produção da cachaça e o artesanal, mas ainda assim é possível afirmar que, sensorialmente, cada um deles resulta em bebidas com características distintas. Conhecer melhor os detalhes de cada processo ajuda a entender essas diferenças.

CACHAÇA INDUSTRIAL DE COLUNA

Com volume superior a 1 bilhão de litros por ano, esse tipo de produção fez da cachaça o terceiro destilado mais consumido no mundo, de acordo com dados de 2022 da IWSR, referência em pesquisas no assunto.

Na produção industrial, a cana-de-açúcar pode ser de plantação própria ou comprada de terceiros. A colheita é feita mecanicamente. Na lavoura, aplicam-se adubos, fertilizantes e inseticidas. A variedade de cana é escolhida tendo como critério o rendimento, sendo regra aquelas melhoradas geneticamente.

Na fermentação, em alguns casos, utilizam-se sulfato de amônia e antibióticos, para controlar a proliferação de bactérias. As leveduras usadas na fermentação são padronizadas, também a fim de oferecer alto rendimento na produção do vinho de cana.

A destilação é feita em coluna de inox, apesar de algumas marcas colocarem placas de cobre na coluna para eliminar compostos indesejáveis que conferem aroma de enxofre. Algumas indústrias de grande porte compram cachaças prontas de terceiros, redestilam-nas em colunas de aço inoxidável e as padronizam no parque de produção.

Entre as industrializadas, predomina a cachaça pura, mas também existem versões envelhecidas em barris, compostas com sabores de madeiras e adoçadas. Embora haja padronização e controle de qualidade, elas perdem em diversidade sensorial. As cachaças de coluna envelhecidas estão cada vez mais presentes no mercado, buscando ocupar espaço na categoria premium.

Antiga unidade de **processamento do bagaço** da cana da cachaça Ypióca, em Maranguape, Ceará. O bagaço é utilizado para a produção de caixas de papelão.

Crédito: Felipe P. C. Jannuzzi.

Alambique em que é produzida a **Maria Izabel**, de Paraty.

Crédito: Rubens Kato.

CACHAÇA ARTESANAL DE ALAMBIQUE

A produção de alambique rende volumes variados, mas raramente ultrapassa os 200 mil litros por ano. A maioria dos alambiques se localiza entre Minas Gerais, São Paulo, Rio Grande do Sul e Rio de Janeiro.

Em boa parte dos casos, os produtores usam cana própria, colhida manualmente, sem queima do canavial. Alguns, formalizados, trabalham com canas locais, presentes na região há centenas de anos.

São adeptos do fermento caipira, usando leveduras selvagens e uma mistura de fubá de milho e limão, apesar de a levedura padronizada ter ganhado muitos adeptos nos últimos anos. Durante a fermentação, não são utilizados aditivos químicos.

Mas o grande diferencial da cachaça artesanal em relação à industrial é a destilação em alambiques de cobre. O processo favorece a criação e a seleção de compostos importantes para agregar aromas e sabores à bebida. No envelhecimento, geralmente há uma diversidade enorme não apenas dos tipos de madeira como também das possibilidades de combiná-las em blends variados.

Resumo das diferenças entre cachaças artesanal e industrial

ARTESANAL	INDUSTRIAL
É a produção artesanal que caracteriza a cachaça como o destilado brasileiro no começo do século XVI.	A produção industrial é mais recente e se consolidou entre as décadas de 1950 e 1980.
São produzidos entre 5 mil e 200 mil litros por ano, em milhares de unidades produtivas no país, seguindo diferentes receitas de produção classificadas em tipos de cachaças distintos.	É produzida em grande quantidade (mais de 1 bilhão de litros por ano), principalmente nos estados de São Paulo, Ceará e Pernambuco.
É utilizada cana selecionada, colhida manualmente e sem queima.	É usada cana cultivada em grandes áreas e colhida por máquinas.
A fermentação é feita com leveduras selecionadas ou selvagens e sem adição de químicos. O processo leva entre 24 e 36 horas.	Produtos químicos, como sulfato de amônia e antibióticos, são usados durante a fermentação. O processo dura entre 8 e 16 horas.
Nutrientes de levedura, como milho, arroz, soja e mandioca, são adicionados durante o processo de fermentação.	Não há utilização de outros ingredientes naturais durante a fermentação, apenas água e caldo de cana.
A destilação é realizada em alambiques de cobre.	A destilação é feita em colunas de inox.
Durante a destilação, há separação das frações indesejáveis (cabeça e cauda) e conservação do coração, parte nobre da cachaça artesanal de qualidade.	Não há separação de cabeça, coração e cauda. Podemos dizer que a cachaça sai da destilação com as frações indesejáveis já separadas.

(*cont.*)

ARTESANAL	INDUSTRIAL
Geralmente são envelhecidas em diversos tipos de madeira, e são comuns blends com diferentes madeiras nacionais.	Geralmente, não são envelhecidas. Quando isso é feito, o carvalho é a principal madeira.
Raramente há adição de açúcar.	Adiciona-se açúcar para melhorar o sabor e deixar a bebida mais palatável. Deve ser incluída a palavra “adoçada” no rótulo caso se ultrapassem 6 gramas de açúcar por litro.
É complexa e plural em cores, aromas e sabores quando feita com qualidade.	Tem padronização e controle, mas perde em diversidade sensorial.

CACHAÇA DE ALAMBIQUE ESTANDARDIZADA

Os produtores de cachaça de alambique estandardizada lidam com grandes volumes, chegando aos milhões de litros anuais, tomando como base os dados do *Anuário da cachaça 2024*. A maior parte da produção consiste na aquisição, na redestilação e na padronização de bebidas feitas por pequenos produtores, formalizados ou informais. Segundo a legislação, essas cachaças devem ter no rótulo a identificação: “Produto estandardizado”.

Quando regulada e priorizando a qualidade da cachaça, a estandardização pode ser interessante para fomentar a pequena produção familiar local.

O modelo de aquisição de diversos fornecedores torna o controle de qualidade e a padronização um desafio para o produtor. No alambique do estandardizador, é possível redestilar a cachaça adquirida em alambiques de cobre, para que se alcance o padrão.

É interessante ressaltar que, nessa categoria, a bebida raramente é comercializada na versão pura, mas sempre envelhecida em madeiras, processo que também facilita a padronização dos aromas e sabores.

Por aliar grandes volumes a gastos de produção reduzidos e assumir a identidade de artesanal, ocupam boa parte do mercado, com preços competitivos e boa margem de lucro.

CACHAÇA INFORMAL

A cachaça informal, também chamada de curraleira ou clandestina, é feita por pequenos produtores familiares em condições precárias que, em geral, a comercializam a granel em pequenas vendas. Ela é chamada de informal por não estar devidamente registrada no Ministério da Agricultura e Pecuária.

Os cachaceiros informais oferecem seus produtos para a demanda de consumidores locais e para as marcas industriais e estandardizadas. Partindo de fontes informais, a cachaça se espalha por todo o Brasil com rótulos formalizados e selos de conformidade.

Segundo o Ibrac, a informalidade no setor é expressiva: 89% dos produtores não estão registrados. O Censo Agropecuário do Instituto Brasileiro de Geografia e Estatística (IBGE) de 2017 apontou 11.023 estabelecimentos dedicados à produção de cachaça. Ainda de acordo com o Ibrac, a cadeia produtiva desse destilado emprega diretamente e indiretamente mais de 600 mil trabalhadores, evidenciando a importância econômica e social da cachaça no país. Entre os motivos para continuarem na informalidade estão a falta de fiscalização, a carência de políticas públicas para a profissionalização e a tributação elevada, que não estimula a entrada no mercado formal.

Produção informal de cachaça no interior de São Paulo (à esquerda) e no norte de Minas (à direita).

Crédito: Felipe P. C. Jannuzzi.

Esses produtores possuem pequenos canaviais mantidos com o trabalho familiar. A fermentação é feita em lugares abertos, em recipientes de plástico, como caixas d'água improvisadas. Buscando a subsistência e para aumentar o rendimento, muitos produtores não fazem a separação na destilação e incluem as porções da cabeça e da cauda. Essa prática resulta em bebidas não apropriadas para consumo, porque podem conter elementos indesejáveis e perigosos, como metanol, cobre e carbamato de etila. Com pouca capacidade de armazenamento, são pressionados a comercializar sua produção durante a safra, quando o preço é mais baixo.

CACHAÇA ORGÂNICA

Além da qualidade da bebida, uma parcela expressiva dos consumidores vem se preocupando com os impactos da produção de cachaça no meio ambiente. A procedência passa a ser um valor importante para esse público, que busca as cachaças orgânicas, ou seja, aquelas obtidas dos processos de fermentação e destilação do caldo de cana-de-açúcar orgânica. As marcas desse tipo de cachaça podem ser identificadas por selos de produto orgânico colados ou impressos no rótulo. O mais comum é o do Instituto Biodinâmico (IBD).

A produção é realizada sem o uso de agrotóxicos, pesticidas, adubos químicos e outros produtos sintéticos. Além disso, leva em consideração práticas sustentáveis, como o respeito à fauna e à flora locais, a utilização de técnicas de manejo ecológico e a preservação dos recursos naturais. Essas práticas buscam contemplar os três pilares da ESG, ou seja, ambiental, social e governança, como explicado a seguir.

AMBIENTAL

- **Uso de áreas desflorestadas:** os produtores plantam a cana em áreas previamente desflorestadas, evitando o desmatamento de novos espaços.
- **Colheita sem queima:** a cana é cortada sem queima, a fim de reduzir a emissão de gases poluentes e preservar o solo.
- **Reutilização de água:** a água usada na irrigação da cana e no resfriamento dos vapores durante a destilação é reutilizada. Alguns alambiques reaproveitam até 90% da água utilizada.
- **Redução de emissões:** evitam-se veículos motorizados no corte e no transporte da cana, diminuindo a queima de combustíveis fósseis.

Cachaçaria em Minas Gerais com utilização de **gravidade para evitar o uso de bombas** na produção da cachaça. Prática simples para ajudar na conservação de energia.

Crédito: Felipe P. C. Jannuzzi.

- **Transporte sustentável:** o uso de carro de boi para o transporte da cana é incentivado, diminuindo a pegada de carbono (isto é, o volume total de gases de efeito estufa gerado por atividades humanas).
- **Controle biológico de pragas:** predadores naturais e plantas como o nim são usados para combater pragas, em substituição aos pesticidas químicos.
- **Ingredientes orgânicos:** apenas ingredientes orgânicos são utilizados durante a produção e a fermentação, como o milho para o pé de cuba (o líquido denso composto por leveduras, água e caldo de cana).
- **Energia renovável:** a energia solar é empregada para gerar eletricidade, alimentando tanto a moenda quanto outros equipamentos. Além disso, as tradicionais rodas d'água continuam a ser utilizadas, aproveitando a força da água para energizar os engenhos que processam a cana-de-açúcar.
- **Reaproveitamento de resíduos:** o bagaço da cana é reutilizado como adubo e alimento para caldeiras ou até mesmo para fazer caixas de papelão. As cinzas do bagaço são usadas no enriquecimento do solo.

- **Reciclagem de subprodutos:** o vinhoto é tratado e reaproveitado como adubo ou alimento para animais. A cabeça e a cauda da destilação são redestiladas para produzir álcool combustível.
- **Reciclagem das embalagens:** promove-se a reciclagem das embalagens e exploram-se métodos para a reutilização das garrafas de vidro.
- **Rastreabilidade das madeiras para armazenamento:** adotam-se apenas madeiras aptas para a produção de dornas e barris, priorizando fornecedores que atuem de maneira sustentável, incluindo o replantio de árvores, especialmente de espécies nativas em risco de extinção.

SOCIAL

- **Condições de trabalho:** buscam-se melhorar as condições de trabalho no campo, provendo ferramentas adequadas para o corte manual e evitando a queima, que pode causar problemas respiratórios.
- **Comunidade e emprego:** os produtores buscam empregar mão de obra local, fortalecendo a economia da comunidade no entorno. Alguns produtores fazem parcerias com cooperativas para a produção de embalagens diferenciadas, utilizando materiais como palha da carnaúba e folhas de bananeira.
- **Educação e treinamento:** investe-se na capacitação dos trabalhadores sobre práticas sustentáveis e segurança no trabalho.
- **Bem-estar animal:** utilizam-se métodos não invasivos e respeitosos no controle biológico de pragas e no transporte da cana.

GOVERNANÇA

- **Transparência e responsabilidade:** os produtores procuram manter práticas transparentes em relação ao uso de recursos naturais e aos impactos ambientais, divulgando relatórios de sustentabilidade.
- **Certificações e padrões:** buscam-se certificações de produção orgânica e sustentável, para garantir conformidade com padrões rigorosos.
- **Engajamento com *stakeholders*:** promove-se um diálogo contínuo com todos os *stakeholders*, incluindo fornecedores, clientes e comunidades locais, para garantir práticas justas e sustentáveis.
- **Inovação sustentável:** investe-se em pesquisas a fim de melhorar os processos de produção, minimizando o impacto ambiental e otimizando o uso de recursos.

A sommelière Patricia Brentzel, entusiasta das bebidas artesanais, destaca a importância de o público valorizar a cachaça produzida de forma ancestral.

8

ETAPAS DA PRODUÇÃO ARTESANAL

O cuidado na fabricação artesanal faz brilhar os olhos de um apreciador de cachaças fervoroso. A atenção a cada detalhe, a alquimia na escolha de leveduras, para fermentar, e de madeiras, para maturar, bem como o capricho na apresentação final do produto, fazem valer o que se paga para apreciar nossa caninha. Conheça as sete etapas da produção de cachaça.

1. PLANTAÇÃO E COLHEITA

Ao longo dos séculos, a aguardente foi produzida no Brasil a partir de diversos derivados da cana: melaço, borras do melaço, mel de cana, melado e rapadura. No entanto, desde 2005, a cachaça só pode ser feita a partir do caldo fresco da cana.

A cana-de-açúcar é uma planta tropical que cresce bem em temperaturas entre 18 °C e 35 °C. Desde o início da colonização, espalhou-se pelo Brasil e se estabeleceu como uma das principais culturas agrícolas do país. Atualmente, a cana ainda possui relevância econômica e social, e, de acordo com a Empresa Brasileira de Pesquisa Agropecuária (Embrapa), o Brasil é o maior produtor mundial.

TIPOS DE CANA USADAS PARA PRODUZIR CACHAÇA

Diversas variedades de cana da espécie *Saccharum officinarum* são empregadas na obtenção da cachaça, entre elas algumas encontradas há centenas de anos em regiões tradicionais de produção. Nomes populares como java-amarela, java-preta, uva, caiana, branquinha, crioula, roxinha, havaianinha e mulatinha são encontrados por todo o país. Outra opção para o cachaceiro é plantar no canavial variedades melhoradas geneticamente, resultantes do cruzamento entre diferentes espécies, buscando resistência contra pragas e alto rendimento para a produção de etanol, entre elas SP 801842, RB 765418, SP 791011, RB 855156 e CTC 5, segundo a Embrapa.

A famosa **cachaça Havana**, de Salinas, utiliza as mesmas variedades de cana (uva e java) desde a década de 1940. Ao provar a garapa das duas canas, percebemos diferenças consideráveis. Enquanto o caldo da uva é denso, metálico e terroso, a java tem caldo doce, cítrico e floral. Por envelhecer 12 anos em barris de bálsamo, na Havana acabam prevalecendo os aromas da madeira. No entanto, os produtores acreditam na importância de usar as duas variedades de cana na receita criada por Anísio Santiago.

Crédito: Beard Studio.

Poucos produtores consideram que a cana-de-açúcar tenha papel relevante nas características sensoriais de sua cachaça, os chamados aromas primários (ou seja, provenientes da matéria-prima). Em um mercado com milhares de marcas, poucos produtores identificam a variedade de cana em seus rótulos. Para a maioria, o principal critério para a escolha da matéria-prima é o rendimento em produção de álcool, por isso a predileção por variedades desenvolvidas em centros de pesquisa.

O que os produtores não podem desconsiderar é que o colmo da cana apresenta variação de compostos tão diversa quanto a de qualquer vegetal, portanto manter o foco na produtividade de etanol contribui pouco para entendermos o papel da cana na riqueza sensorial da cachaça.

Entre canas famosas, temos a **java**, variedade ainda encontrada no norte de Minas Gerais e nativa da ilha de Java; a **crioula ou mirim**, oriunda das primeiras mudas trazidas da ilha da Madeira para a Bahia e, depois, levada pelos holandeses para o Nordeste; e a **caiana ou bourbon** (foto acima tirada em Paraty, Rio de Janeiro), que chegou ao Brasil vinda da Guiana Francesa no fim do século XVII.

Crédito: Rubens Kato.

COLHEITA DA CANA-DE-AÇÚCAR

A colheita pode ir de maio a dezembro, quando a cana atinge o ápice de maturação, com brix entre 18 °Bx e 24 °Bx. Para estender o período de produção de cachaça, muitos cultivam três variedades de cana com diferentes períodos de maturação: a precoce, colhida em maio e junho; a média, colhida entre julho, agosto e setembro; e a tardia, colhida entre outubro, novembro e dezembro.

1. Extração do caldo de cana na Engenho Pequeno, de Pirassununga, São Paulo.

Crédito: Leo Feltran.

2. Roda-d'água na Coqueiro, em Paraty, usada para gerar energia para a destilaria e movimentar as moendas de extração de cana.

Crédito: Rubens Kato.

2. MOENDA E FILTRAGEM

Após a colheita, a cana deve ser armazenada longe da luz solar e de calor para evitar a proliferação de bactérias que podem prejudicar a qualidade da cachaça. Nas primeiras 24 horas após a colheita, a garapa é extraída em moendas de diferentes tamanhos, eficiências e potências, separando o bagaço do caldo.

Depois da moenda, o caldo é filtrado e decantado, deixando para trás bagacilhos e resíduos sólidos.

3. REDUÇÃO DO BRIX

O brix consiste em uma escala numérica criada por Adolf Ferdinand Wenceslaus Brix que é utilizada, na indústria de alimentos, para medir a quantidade de açúcar em soluções líquidas, como sucos de fruta e vinhos.

Após a filtragem, o caldo de cana vai para uma dorna de inox, na qual é diluído em água potável sem cloro. Esse procedimento visa à redução do brix para 15 °Bx. O caldo diluído e pronto para fermentação é chamado de mosto.

Um mosto com brix acima de 15 °Bx pode resultar no aumento do teor alcoólico durante a fermentação, prejudicando a atividade das leveduras.

Alguns produtores pasteurizam o caldo de cana antes de reduzir o brix, a fim de esterilizá-lo e evitar contaminação.

Redução do brix em destilaria de Minas Gerais, para preparar o mosto destinado à fermentação.

Crédito: Gabriela Barreto.

4. FERMENTAÇÃO

Esse é o processo em que fungos microscópicos conhecidos como leveduras convertem açúcares simples em álcool e gás carbônico. O principal microrganismo responsável pela fermentação alcoólica, tanto na produção de pães como na de cerveja, vinho, saquê ou cachaça, é o *Saccharomyces cerevisiae*.

Para a produção da cachaça, primeiro é necessário transformar os açúcares da cana em vinho de cana. Durante esse processo fermentativo também são criados muitos dos compostos que conferem aromas e sabores à bebida, os aromas secundários. O perfil químico e sensorial da cachaça está diretamente relacionado à fermentação e, portanto, às cepas de leveduras envolvidas nesse processo.

Representação de engenho do Brasil colonial. Registros do século XVII descrevem que escravizados na Bahia já fermentavam os derivados da produção do açúcar de maneira consciente a fim de obter o vinho de cana para consumo. Em Paraty, até hoje é costume dos mais velhos beber o caldo fermentado da cana, chamado de mucungo, palavra de origem africana.

Crédito: Henry Koster, domínio público, via Wikimedia Commons.

Antes da fermentação efetiva, o produtor deve cultivar suas leveduras e criar as condições ideais para que esses microrganismos se reproduzam.

O primeiro passo é decidir quais leveduras serão usadas, pois cada tipo influencia, à sua maneira, o processo fermentativo e confere diferentes características sensoriais ao destilado final.

A maioria dos produtores utiliza leveduras selvagens ou autóctones – aquelas presentes no canavial, no ar e no local de produção. Outros empregam o fermento biológico fresco (o mesmo usado na panificação). Desde o começo dos anos 2000, muitos produtores têm se convertido às leveduras selecionadas, cultivadas em laboratórios especializados, entre elas a CA-11, a CanaMax, a CAT-1 e a BG-1.

1.

2.
DORNA 8
DORNA 9

Para a multiplicação dos microrganismos, é criado o pé de cuba, um líquido denso composto por leveduras e caldo de cana. O líquido leva esse nome porque é formado no fundo das dornas, em que, de cinco a sete dias, em condições de intensa aeração, as leveduras são alimentadas diariamente com caldo de cana. Nessa etapa, os microrganismos utilizam a energia adquirida dos açúcares para reprodução, e não para produção de álcool.

FERMENTO CAIPIRA

A maioria dos produtores artesanais possui uma receita regional para a formação do seu pé de cuba. Normalmente, são receitas constituídas de caldo de cana e alimentos para as leveduras, como fubá de milho, farelo de arroz, mandioca ou soja. Limão e laranja azeda também costumam ser utilizados para a correção da acidez. Esses substratos enriquecem o mosto e fornecem nutrientes para que as leveduras se multipliquem.

Depois de formado o pé de cuba, com a cultura de leveduras bem desenvolvida, o caldo de cana com brix 15 °Bx é adicionado aos tanques de fermentação. Em ambiente sem oxigênio, com pH entre 4,0 e 4,5 e temperaturas que variam entre 28 °C e 32 °C, as leveduras podem começar a transformar os açúcares em vinho de cana.

Na produção da cachaça artesanal, o processo dura de 14 a 24 horas e deve ser todo natural, sem adição de compostos químicos para eliminar bactérias indesejadas ou acelerar a atividade das leveduras. Quando as leveduras terminam de transformar todo o açúcar do mosto em álcool, o vinho de cana atinge um teor alcoólico que varia entre 7% e 12%.

As fermentações bacterianas podem ser prejudicais, resultando em cachaças muito ácidas e com aromas indesejados, como o de vinagre (bactérias acéticas) e o de ovo podre (bactérias sulfídricas). Mas algumas bactérias são capazes de influenciar positivamente as características sensoriais da cachaça, agregando aromas de frutas e amanteigados (bactérias lácticas).

1. Sala de fermentação no alambique da cachaça **Maria Izabel**, em Paraty.

Crédito: Rubens Kato.

2. Sala de fermentação da **Coqueiro**, em Paraty.

Crédito: Rubens Kato.

LEVEDURAS AUTÓCTONES SELECIONADAS

Alguns produtores visionários têm selecionado leveduras presentes no próprio canavial. Elas são levadas para o laboratório, isoladas, clonadas e testadas, de modo que sejam detectadas aquelas com maior potencial de fermentação. Dessa forma, as cachaças obtêm identidade regional graças à utilização de leveduras autóctones. Além disso, o uso safra após safra da mesma cepa de levedura possibilita maior controle de qualidade e padrão.

Resumo de diferenças entre leveduras autóctones e comerciais

LEVEDURAS AUTÓCTONES	LEVEDURAS COMERCIAIS
São as leveduras naturais do local de produção. Podem ser selvagens ou selecionadas em laboratório.	São as encontradas na natureza, selecionadas em laboratório e condicionadas em embalagens para comercialização.
Na maioria das amostras, as cachaças fermentadas com leveduras autóctones possuem maior concentração de ésteres, compostos responsáveis pelos aromas agradáveis. A presença de ácido acético também é maior.	Geralmente diminuem a contaminação, reduzem o tempo de fermentação e elevam o rendimento alcoólico. As leveduras selecionadas têm maior tolerância a variações de temperatura e a teores elevados de álcool.
Durante a formação do pé de cuba, os produtores adeptos das leveduras autóctones selvagens utilizam o fermento caipira. No caso de leveduras autóctones selecionadas, pasteurizam o caldo.	Alguns produtores pasteurizam o caldo de cana antes de adicionar as leveduras comerciais.
A fermentação utilizando leveduras autóctones justifica o conceito de território para a cachaça, ao destacar as características próprias do ambiente, trazendo tipicidade e atributos sensoriais distintos de cada região.	As leveduras comerciais facilitam a padronização e garantem maior controle do processo de fermentação.

Fubá usado no preparo do **pé de cuba** na região de Salinas, Minas Gerais.

Crédito: Gabriela Barreto.

5. DESTILAÇÃO

Para a obtenção da cachaça artesanal, o vinho de cana é levado para ser destilado dentro do alambique de cobre. A destilação consiste em aquecer o vinho de cana, aplicando calor direta ou indiretamente ao alambique.

Como o ponto de ebulição do etanol (78 °C) é menor que o da água (100 °C), o álcool evapora, deixando a água para trás. Nesse processo, são também separados da água outros compostos, como ésteres, aldeídos, cetonas, álcoois, ácidos e outras substâncias. Os vapores de todos esses compostos sobem pelo pescoço do alambique, em que são resfriados por serpentinas nas quais corre água fria, e se condensam, voltando à forma líquida.

O líquido resultante é uma aguardente de cana, com teor alcoólico até seis vezes maior que o do vinho do início do processo de destilação. Para ser consumido e chamado de cachaça, precisa ser dividido em três partes: cabeça, coração e cauda.

A cabeça é a primeira fração dos vapores de álcool condensados. Possui alto teor alcoólico (60%) e maior presença de metanol. Essa fração é imprópria para consumo.

O coração, parte nobre do destilado, é apropriado para o consumo. Essa é a fração que deve ser engarrafada e chamada de cachaça.

A cauda, última fração da destilação, possui 14% de teor alcoólico. É conhecida também como rabo ou água fraca e tem aspecto viscoso e esbranquiçado. Assim como a cabeça, é imprópria para consumo.

A cabeça corresponde a 1% do vinho de cana adicionado ao alambique para ser destilado; o coração, a 16%, e a cauda corresponde a cerca de 2% a 4%. O restante é o vinhoto, fração não destilada que sobra no alambique.

A IMPORTÂNCIA DO COBRE

O alambique consiste em uma panela de cobre feita por artesãos que dominam a técnica de manipulação desse metal. O cobre, além de maleável, é ideal para o processo de destilação, por ser um excelente condutor de calor. Também agrega sabor ao destilado e elimina odores desagradáveis de compostos sulfurados (ovo podre), comuns em bebidas destiladas em colunas ou em panelas de aço inoxidável. Esse é o motivo por que são instaladas placas de cobre nas colunas de aço para a destilação das cachaças industriais.

BIDESTILAÇÃO

Como o nome já indica, a bidestilação é uma dupla destilação. Quanto mais vezes a bebida passa por esse processo, mais neutra ela se torna. Ou seja, ficam menos perceptíveis os aromas oriundos da matéria-prima (aromas primários) e do processo de fermentação (aromas secundários).

A técnica é muito usada nas produções de uísque, conhaque e brandy, bebidas tradicionalmente envelhecidas em barris de carvalho e que destacam a madeira (aromas terciários).

Já a vodca, destilado de caráter mais ligeiro e neutro, pode ser destilada quatro vezes ou mais. O mercado europeu e o norte-americano não estão acostumados com bebidas monodestiladas que não passam por madeira, o que torna a cachaça pura um universo singular de aromas e sabores para esses consumidores.

Os alambiques, conforme o formato, têm "apelidos" no mundo da cachaça, como cebolão, alegria e chapéu de padre.

1. **Alambique do tipo cebolão**. Em geral, os alambiques com pescoços longos e estreitos tendem a produzir cachaças mais leves e aromáticas, enquanto aqueles com pescoços curtos e largos resultam em destilados mais encorpados e oleosos.

2. **Modelo de alambique de três corpos** instalado na Esalq/USP, em Piracicaba, São Paulo. Esse é um exemplo do tipo alegria.

3. **Alambique estilo chapéu de padre** na destilaria da cachaça Havana, em Salinas.

Crédito das imagens: Felipe P. C. Jannuzzi.

1.

500807
2.

3.

Diferentes formas de aquecer o alambique: pela **queima de bagaço e lenha**, como na Destilaria Engenho Pequeno, em Pirassununga, São Paulo (à esquerda); por **caldeira a gás**, como na destilaria da Encantos da Marquesa, em Indaiabira, Minas Gerais (à direita).

Créditos: Leo Feltran (Pirassununga) e Gustavo Maciel (Indaiabira).

ALAMBIQUE A VÁCUO

A destilação a vácuo emerge como uma inovadora metodologia no cenário da produção de cachaça, destacando-se por suas particularidades, que favorecem a preservação dos aromas e sabores do destilado brasileiro. Gradualmente, os alambiques a vácuo ganham espaço entre os destiladores nacionais, acompanhando a tendência já vista no exterior, especialmente entre fabricantes de gim, um segmento que também cresce no Brasil. Esse movimento sinaliza uma possível expansão dessa técnica entre as destilarias de cachaça no futuro próximo.

A aplicação do vácuo durante o processo de destilação possibilita que a fervura do vinho de cana ocorra em temperaturas mais baixas do que as convencionais. Esse aspecto técnico é crucial, pois permite maior preservação dos componentes voláteis responsáveis pelos aromas primários e secundários da cachaça, essenciais para o perfil sensorial da bebida. Os aromas primários, originados diretamente da matéria-prima (a cana-de-açúcar), e os aromas secundários, desenvolvidos durante a fermentação, são, assim, mantidos de forma mais plena.

Atualmente, no Brasil, o destaque vai para a cachaça Engenho D'Ouro, de Paraty, e para a Ituana, de Itu, cujas produções já adotam a destilação a vácuo, fazendo com que se posicionem na vanguarda desse processo.

Alambique a vácuo na destilaria da cachaça Engenho D'Ouro, em Paraty, ao lado do tradicional de cobre (cebolão).

Crédito: Felipe P. C. Jannuzzi.

Coluna de destilação da Ypióca, em Maranguape, Ceará, atualmente desativada.

Crédito: Felipe P. C. Jannuzzi.

Alguns produtores de cachaça de alambique também possuem uma pequena **coluna de inox**, destinada à redestilação da cabeça e da cauda, partes indesejáveis do processo da bebida. O álcool resultante é utilizado na limpeza da destilaria e até como combustível.

Crédito: Gabriela Barreto.

COLUNA DE INOX

A coluna de destilação de inox é uma estrutura vertical crucial no processo de destilação contínua, frequentemente usada na produção de destilados como gim, vodca e cachaças industriais. Essa tecnologia se destaca pela sua eficiência e pela capacidade de processar grandes volumes de líquido fermentado, produzindo um destilado de alta pureza e elevada concentração alcoólica.

A coluna de destilação normalmente é feita de aço inoxidável, material escolhido por sua durabilidade, pela resistência à corrosão e pela facilidade de limpeza. A coluna é composta por várias seções ou pratos, e cada um deles desempenha um papel na separação dos componentes do vinho de cana.

O vinho de cana resultante do processo de fermentação do caldo da cana-de-açúcar é introduzido em algum ponto ao longo da coluna. A base da coluna de destilação é aquecida, o que causa a evaporação dos componentes mais voláteis do vinho. À medida que os vapores sobem na coluna, eles passam pelos pratos. E, conforme o vapor passa através do líquido nesses pratos, ocorre um processo de condensação e re-evaporação que aumenta a pureza do vapor que sobe, separando o álcool da água e de outras substâncias menos voláteis. No topo da coluna, o vapor, com alto teor alcoólico, é condensado de volta ao estado líquido pelo resfriador. Dessa forma, durante o processo, de forma contínua, já são separadas as várias frações de destilado (como cabeça, corpo e cauda), que contêm diferentes compostos.

6. ARMAZENAMENTO E ENVELHECIMENTO

Após a destilação, não é obrigatório, mas a cachaça pode maturar em tanques de aço inoxidável ou, segundo as normas, ser armazenada ou envelhecida em barris de madeira.

A maioria das cachaças comercializadas descansa por pelo menos três meses em tanques de aço inox. Além de os tanques funcionarem como recipientes de estocagem, esse período dentro deles contribui para a oxidação de alguns compostos, principalmente o acetaldeído, aprimorando a qualidade sensorial da cachaça.

Já o armazenamento e o envelhecimento da cachaça em barris de madeira modificam de modo intencional e considerável as características do destilado, dependendo de fatores como qualidade e teor alcoólico da bebida, tamanho do barril utilizado, tipo de madeira, estado de conservação do barril (ou até mesmo se ele passou por tosta), período de envelhecimento e condições ambientais da adega.

Resumo das diferenças entre armazenar e envelhecer cachaça em madeira

ARMAZENADA	ENVELHECIDA
A cachaça é maturada por tempo indeterminado em recipiente de madeira.	50% do volume engarrafado da cachaça deve maturar por pelo menos um ano em recipiente de madeira com capacidade máxima de 700 litros.
O recipiente de madeira pode ser de qualquer tamanho. Geralmente, é de grande porte (10 mil litros).	O recipiente de madeira tem capacidade para, no máximo, 700 litros.
Geralmente, o recipiente de madeira interfere pouco nas cores e nos sabores do destilado.	Geralmente, o recipiente de madeira agrega novas características à cachaça. O carvalho é a madeira mais empregada no envelhecimento. Entre as brasileiras, a amburana é a mais utilizada nessa prática.

B2
83
390
17884
CONTINENTAL
581-83
1796

Barris de carvalho
em Betim, Minas Gerais.

Crédito: Felipe P. C. Jannuzzi.

A maturação de bebidas alcoólicas em madeira é uma arte praticada há mais de dois mil anos. A princípio, vasilhas de madeira serviam para transportar e conservar a bebida, mas, quando se deu o entendimento de que esse recipiente poderia agregar sabores diferenciados e muito apreciados aos fermentados e destilados, a prática se tornou comum no processo de produção de bebidas alcoólicas. Por meio dela, é possível aumentar ainda mais a percepção de aromas e sabores da cachaça, representando em muitos casos mais de 65% de suas características sensoriais. Um destilado que já é muito apreciado na sua versão pura, sem madeira, pode ganhar valor econômico e sensorial após passar por barris ou dornas.

Durante a maturação para fazer cachaça artesanal, o álcool extrai compostos da madeira, e o oxigênio que circula pelas porosidades do barril contribui para a formação de ácidos, ésteres e aldeídos que modificam a bebida. Enquanto outros destilados são envelhecidos em barris de carvalho europeu ou americano, a cachaça se diferencia porque pode passar por esse processo em mais de quarenta espécies de madeiras nacionais, entre elas, jequitibá-rosa, jequitibá-branco, bálsamo, amendoim, ipê, amburana, grápia, araribá, jatobá, freijó e canela-sassafrás, o que traz identidade e autenticidade ao destilado nacional.

DIFERENÇAS ENTRE BARRIL E DORNA

Tanto o barril quanto a dorna de madeira são recipientes utilizados para envelhecer bebidas, como cachaça, vinho, uísque ou cerveja. No entanto, existem diferenças significativas entre eles.

- **Formato:** de formato cilíndrico, os barris são compostos por diversas tábuas de madeira justapostas e firmemente mantidas no lugar por meio de aros de metal. Tradicionalmente, são posicionados na horizontal. Já as dornas são recipientes mais largos, com formato semelhante ao de um tanque, e ficam dispostas em pé, na vertical.
- **Capacidade:** os barris geralmente têm uma capacidade menor, variando de alguns litros até algumas centenas de litros. As dornas podem conter milhares de litros.
- **Utilização:** os barris são frequentemente usados para envelhecer bebidas em menor escala, dando ao líquido sabor e aroma característicos, provenientes da interação com a madeira. As dornas costumam ser empregadas em destilarias de grande porte, nas quais o processo de armazenamento é realizado em grandes volumes.
- **Tempo:** em razão das dimensões menores, os líquidos geralmente atingem o ponto desejável de forma mais

Dornas de amendoim com capacidade de 10 mil litros no alambique Coqueiro, em Paraty.

Crédito: Rubens Kato.

rápida em barris. As dornas de grande volume têm a cachaça maturando por muitos anos.

- **Troca de sabores:** os barris proporcionam maior interação entre a cachaça e a madeira, possibilitando melhor extração de compostos aromáticos, principalmente quando passam por tosta. Por serem de menor porte, os barris também são mais facilmente restaurados, para que tenham sua vida útil aumentada e possam influenciar sensorialmente a cachaça. As dornas, por terem uma superfície de contato menor com a cachaça, permitem uma menor troca de sabores.
- **Regiões de uso:** a utilização de barris de madeira, particularmente os de carvalho, está em ascensão no setor de cachaça, com o intuito de elevar a qualidade e o *status* do destilado nacional, caracterizando a tendência de premiumização do produto. Barris com capacidade máxima de 300 litros estão sendo empregados de forma estratégica na maturação de cachaças classificadas como premium ou extra premium, agregando complexidade e sofisticação ao perfil sensorial. Desde o início do século XXI, as regiões Sul e Sudeste vêm ganhando notoriedade por suas cachaças envelhecidas em barris – movimento que vem sendo adotado por outras regiões do país.

Já as dornas de madeira se destacam como recipientes primordiais no armazenamento de cachaça, especialmente em áreas onde a produção é volumosa e a utilização de alternativas, como as dornas de inox, não é tão disseminada. Em regiões produtoras de renome, como Salinas e Januária (Minas Gerais), Paraíba e São Paulo, as dornas confeccionadas a partir de madeiras autóctones – incluindo amendoim, jequitibá, amburana, freijó e bálsamo – são fundamentais para o desenvolvimento desses mercados locais. As madeiras nacionais se mostraram ideais para armazenamento, graças à resistência, à baixa porosidade (reduzindo evaporação) e à baixa capacidade de interferir sensorialmente na bebida, mantendo as principais características da cachaça pura. O uso dessas madeiras nas dornas não apenas viabiliza o armazenamento em grande escala como também é essencial para a definição das propriedades organolépticas das cachaças.

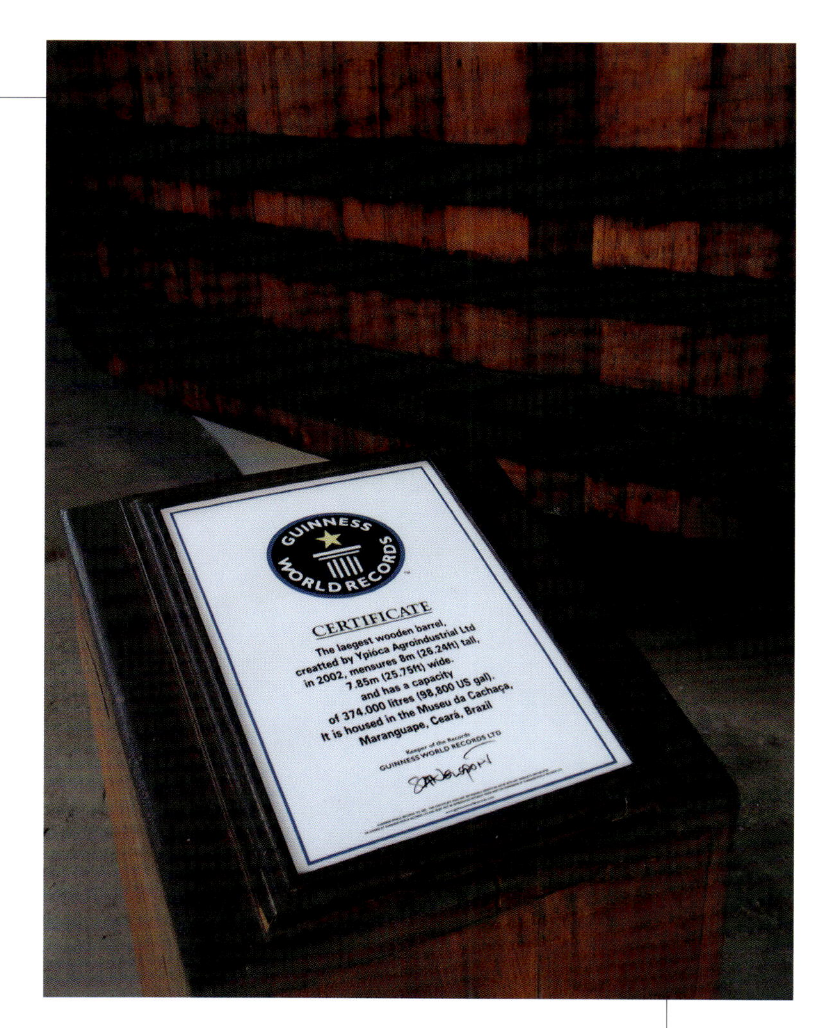

DORNA GIGANTE

A **maior dorna de madeira** para armazenar cachaça está localizada na fábrica da Ypióca, em Maranguape. Ela está registrada no *Guinness Book* e possui 8 metros de altura, 7,85 metros de diâmetro e capacidade para 374 mil litros de aguardente. Com o conteúdo dessa dorna, daria para servir mais de 7 milhões de doses de cachaça!

Crédito: Felipe P. C. Jannuzzi.

MADEIRAS PARA ARMAZENAR E ENVELHECER CACHAÇA

- **Amburana (*Amburana cearensis*)**: é também chamada de imburana, umburana, cerejeira, cumaru-do-ceará, imburana-de-cheiro e cumaru-de-cheiro. As sementes são empregadas na medicina popular, para tratar asma, tosse e bronquite, na perfumaria e na gastronomia. A amburana é bastante utilizada na produção de barris e tonéis de diferentes volumes, e seu uso é mais comum no norte de Minas Gerais e no Rio Grande do Sul. Essa madeira confere cor dourada ou âmbar cristalino à cachaça, em tonéis de baixo volume, após um ano. Nas regiões tradicionais de uso da amburana, como Januária, que em geral utilizam dornas antigas de grande volume, as cachaças apresentam cor amarela pálida. A madeira é rica em cumarina, composto que traz características sensoriais de baunilha. Em algumas cachaças, são comuns também aromas de cravo, canela e outras especiarias, dependendo do volume, do tempo de maturação e do fato de o barril ter ou não passado por tosta.
- **Amendoim (*Pterogyne nitens* Tul.)**: é conhecido popularmente como amendoim-bravo, madeira-nova, viraró, pau-de-amendoim, óleo-branco, carne-de-vaca, vassourinha, sucupira e vilão. Não se trata, aqui, do amendoim comestível, mas de uma árvore brasileira de grande porte. Sua madeira era amplamente usada na fabricação de tonéis para armazenar cachaça, por se constituir em uma boa alternativa às dornas de inox, mas, por estar ameaçada de extinção, restringiu-se o uso para a produção de novas barricas. A madeira é geralmente escolhida para armazenamento, sendo raro encontrar barris de pequeno porte (menos de 700 litros) destinados ao envelhecimento. O destilado armazenado em amendoim preserva as características da cachaça pura, agregando qualidade e deixando-o mais aveludado. Se envelhecido, ganha coloração amarela pálida e sabor levemente adocicado, além de sensação de boca cheia, favorecendo a salivação e a percepção de acidez agradável. É mais usada pelos produtores de São Paulo, Paraty e Minas Gerais.
- **Araribá (*Centrolobium tomentosum*)**: conhecida também como araribá-vermelha, araribá-rosa, araruva e potumuju. Na cachaça armazenada, dá cor amarela pálida e leve buquê de flores e vegetal. Quando tostada, traz aromas de frutas vermelhas (morango). É uma das madeiras que mais confere

oleosidade ao destilado, por ser rica em glicerol, componente natural desejável. Mais usada para a produção de dornas de envelhecimento no sul do Brasil, onde alguns produtores lançaram interessantes blends que mesclam o araribá com o carvalho europeu. Segundo o Centro Nacional de Conservação da Flora, a espécie apresenta pouca probabilidade de extinção dentro das atuais condições.

- **Bálsamo (*Myroxylon peruiferum*):** também chamado de pau-bálsamo, cabriúva, bálsamo-caboriba, pau-de-óleo e cabriúna-preta. O bálsamo ocorre naturalmente em várias regiões do Brasil, principalmente nos estados de Minas Gerais e Bahia. Ele ganhou fama como madeira para envelhecimento após o sucesso das cachaças de Salinas, especialmente aquelas que seguem a Escola Anísio Santiago. Com alto potencial fenólico, o bálsamo transmite bastante cor, aroma e sabor para a bebida, mas pode ser difícil de trabalhar, deixando a cachaça intragável nas mãos de desentendidos. Em barris novos, chega a tons de âmbar avermelhado e sabores amadeirado e vegetal. Nas cachaças envelhecidas por muitos anos em tonéis antigos e de grande volume, a bebida assume uma cor dourada de tons esverdeados e aromas intensos, com notas herbáceas e de especiarias, como anis, cravo e erva-doce, além de sensação de picância e adstringência. É muito usado em Minas Gerais e em blends com carvalho no sul do Brasil. De acordo com os registros do Mapa da Cachaça, o bálsamo é a quarta madeira mais utilizada para maturação de cachaça, ficando atrás de jequitibá, amburana e carvalho.
- **Carvalho europeu (*Quercus petraea*) e carvalho americano (*Quercus alba*):** conforme os registros do Mapa da Cachaça, o carvalho europeu é a madeira mais usada no envelhecimento do destilado brasileiro. As cachaças apresentam variações de tons que vão do amarelo pálido ao mogno e aromas mais sutis e especiados, lembrando amêndoa, e adocicados, contribuindo com textura e adstringência. Já o carvalho americano tende a dar sabores mais evidentes ao destilado, geralmente trazendo coco e baunilha. Além do carvalho europeu e do americano, muitos produtores de cachaça especificam, em seus rótulos, o uso de carvalho francês. A maioria é o da região francesa Limousin (*Quercus pedunculata*), que confere um caráter de maior sofisticação à bebida. Considerando que a maior parte do carvalho utilizado para envelhecer cachaça é de barris reformados ou de segunda

Barris de carvalho que foram utilizados anteriormente nas produções de **uísque escocês** (acima) e **uísque norte-americano** (abaixo).

Créditos: Gabriela Barreto (foto acima) e Felipe P. C. Jannuzzi (foto abaixo).

mão, a obtenção de coloração mais forte pode estar baseada no uso de caramelo. No início dos anos 2020, começaram a surgir cachaças envelhecidas em barris virgens ou de primeiro uso, trazendo características da Escola Crossing de forma mais evidente.

- **Castanheira (*Bertholletia excelsa*):** conhecida também como castanha-do-pará, noz-amazônica, noz-boliviana, tocari e tururi. Há muitas gerações a castanheira vem sendo utilizada como fonte de renda e alimento; sua semente, a castanha-do-pará, é consumida e serve como matéria-prima de outros produtos. Na cachaça, a madeira agrega tons amarelados intensos e aromas e sabores que se assemelham aos do carvalho europeu. Quando a tosta do barril é intensa, a cachaça apresenta dulçor significativo. Segundo o Ministério do Meio Ambiente, a castanheira se encontra em situação de vulnerabilidade.
- **Freijó (*Cordia goeldiana*):** também chamado de freijó, frei-jorge, freijó-branco, freijó-preto, freijó-rajado, freijó-verdadeiro e louro freijó, é muito utilizada para a maturação de aguardente pelos produtores do Norte e do Nordeste, principalmente da Paraíba, em substituição às dornas de aço inoxidável. No armazenamento, conserva as características das cachaças puras, não agregando cor ou aromas. A maioria das dornas é de grande porte, concebendo pouca ou nenhuma coloração.
- **Grápia (*Apuleia leiocarpa*):** conhecida como amarelinho, garapeira, gema-de-ovo, jataí-amarelo e muirajuba. As cachaças envelhecidas em grápia apresentam intensidade de cor, pois é uma das madeiras que mais agregam coloração ao destilado. Vem sendo usada desde o século XX por vinicultores no sul do Brasil. Na cachaça, é mais utilizada na produção de blends com outras madeiras, agregando adocicado e toques terrosos. De acordo com o Ministério do Meio Ambiente, a grápia se encontra em situação de vulnerabilidade.
- **Jequitibá-branco (*Cariniana estrellensis*):** chamado popularmente também de pau-jequitibá-rei, estopeiro, estopa, cachimbeiro, coatinga, bingueiro e mussambê, é bastante empregado na fabricação de barris ou dornas de grande volume destinados ao armazenamento de cachaça. Essa madeira tem grande uso por produtores do Sudeste – em especial, nos estados de Minas Gerais e São Paulo (do qual é árvore símbolo). Assim como o amendoim, não confere cor, aromas ou sabores pronunciados ao destilado, de modo que é pouco usada em barris para envelhecimento de cachaça. Muitas cachaças, antes de envelhecer em carvalho, maturam em dornas de jequitibá-branco.
- **Jequitibá-rosa (*Cariniana legalis*):** é conhecido também como jequitibá-vermelho, jequitibá-cedro, estopa, jequitibá-grande, pau-caixão, pau-carga, congolo-de-porco e caixão. Ao contrário do jequitibá-branco, o

jequitibá-rosa traz cor, aromas e sabores pronunciados ao destilado. Pela presença de vanilina, que agrega notas de baunilha à cachaça, é considerada a madeira nacional que mais se assemelha ao carvalho americano. Assim como o jequitibá-branco, é mais utilizado pelos produtores de cachaça no Sudeste. Segundo o Ministério do Meio Ambiente, o jequitibá-rosa se encontra em perigo de extinção.

Cachaça ouro de Minas Gerais antes da **rotulagem**. A bebida é envelhecida em madeiras.

Crédito: Gabriela Barreto.

TORREFAÇÃO DO BARRIL

A queima do barril é um procedimento amplamente adotado pelas principais tanoarias ao redor do mundo, especialmente quando se trata da fabricação de barris de carvalho. Esse processo envolve o uso de fogo no interior do recipiente, junto de água fria do lado externo, para moldar e curvar as aduelas que formam o barril. Após essa etapa, o barril passa por um tratamento térmico adicional, conhecido como *bousinage* ou queima final. O objetivo é promover a degradação térmica dos componentes da madeira, a fim de eliminar compostos indesejáveis e gerar moléculas aromáticas que conferem qualidade à bebida.

Durante o processo de torrefação, o barril é aquecido de forma controlada, geralmente com fogo ou vapor. A intensidade e a duração do aquecimento podem variar, o que resulta em diferentes níveis de tosta.

A torrefação do barril ajuda a caramelizar os açúcares naturais presentes na madeira, proporcionando à cachaça notas de baunilha, toffee e caramelo. Além disso, são liberados compostos aromáticos, como lactonas, fenóis e aldeídos, que contribuem para a complexidade de sabores.

As tanoarias normalmente categorizam as queimas em intensidade leve, média ou intensa, e pode haver variações dentro dessas classificações. Em tanoarias estrangeiras, essas categorias são conhecidas como *light toast* e *light long toast*, *medium toast* e *medium long toast* e *high toast* e *high long toast*, indicando a temperatura e o tempo de duração da queima. No entanto, em muitos casos, não há um padrão definido no processo, já que as queimas são feitas de forma artesanal. Alguns exemplos desses níveis de queima são os explicados a seguir.

- **Torra leve:** envolve o aquecimento do barril por um tempo curto (geralmente, 20 minutos). Esse método pode ser utilizado para barris que serão preenchidos com destilados e nos quais a intenção é obter uma cachaça de cor mais clara e sem um sabor intenso proveniente da madeira.
- **Torra média:** barris de tosta média são utilizados para vinhos tintos e bebidas destiladas que requeiram um pouco mais de desenvolvimento de cor e sabor do que uma bebida envelhecida em barril de tosta leve.
- **Torra intensa:** quando pensamos sobre o sabor de madeira, provavelmente imaginamos os de caramelo e baunilha, certo? Isso ocorre porque barris com tosta intensa liberam esses sabores quando utilizados para o envelhecimento de destilados.

CARBONIZAÇÃO DO BARRIL

A carbonização e a tosta do barril de madeira são processos distintos e potencialmente complementares utilizados para envelhecer bebidas, como vinho, uísque, rum e, mais recentemente, cachaça.

Na carbonização, o interior do barril é exposto a altas temperaturas, resultando na queima parcial da madeira e na formação de uma camada de carvão vegetal. Esse carvão tem a capacidade de filtrar impurezas e conferir maior maciez e suavidade à bebida.

A carbonização contribui, também, para o enriquecimento de sabores de baunilha e caramelo que se desenvolvem no destilado. Além disso, os barris carbonizados podem promover a formação de notas frutadas, por meio de um processo chamado esterificação (os ácidos presentes na madeira e os álcoois da bebida armazenada resultam na formação de ésteres, compostos responsáveis por notas aromáticas, como frutas).

O processo de carbonização envolve o aquecimento direto do barril a temperaturas entre 260 °C e 315 °C por 30 a 60 segundos. Em seguida, o barril é pulverizado com água fria. O nível de carbonização depende do sabor desejado.

- **Nível 1:** ligeiramente acima de uma torra intensa. É ideal para bebidas envelhecidas rapidamente, pois não transmite tanto sabor amadeirado em comparação com outros níveis de carbonização. Para que seja atingido o nível 1 de carbonização, o barril é aquecido por 15 segundos.
- **Nível 2:** aqui, a carbonização é alcançada quando se queima o barril por 30 segundos. O sabor é sutilmente caramelado.
- **Nível 3:** para atingir o nível 3 de carbonização, deve-se queimar o barril por 35 segundos. É um nível comumente usado na produção de bourbons e uísques norte-americanos. O resultado é um sabor mais picante e terroso, com uma cor marrom profunda.
- **Nível 4:** alcança-se o nível 4 após 55 segundos de aquecimento do barril, quando ele começa a rachar e descascar. O nível 4 de carbonização proporciona uma cor marrom intensamente profunda e um sabor aprimorado, picante, defumado e mais doce. O objetivo, aqui, é extrair o máximo de sabor possível da madeira.

7. ENGARRAFAMENTO E ROTULAGEM

Após a maturação em inox ou em madeira, a cachaça pode ser acrescida de água ou mais cachaça para a padronização, com o intuito de reduzir ou aumentar o teor alcoólico. A legislação também permite adicionar açúcar (como vimos, até 6 gramas por litro) e caramelo (para a padronização de cor nas cachaças que passam por madeira). Em seguida, a bebida passa por filtros, de modo que sejam eliminados resíduos sólidos oriundos do processo de envelhecimento. Alguns produtores utilizam filtros de cobre a fim de reduzir as taxas do metal para o padrão permitido pela legislação (5 miligramas por litro). E, na finalização do processo, a cachaça é engarrafada e rotulada em recipientes de vidro ou de cerâmica de, no máximo, 1 litro.

O engarrafamento em potes de barro não é recomendado, pois é economicamente inviável em razão de suas altas taxas de evaporação. Além disso, os recipientes de barro podem conferir um sabor terroso à aguardente.

Alguns produtores informais utilizam bombonas de plástico e embalagens PET para comercializar a bebida. Estudos comprovam que a aguardente armazenada nesses recipientes pode obter taxas elevadas de hidrocarbonetos policíclicos aromáticos (HPAs), contaminantes que apresentam caráter carcinogênico.

Rotulagem artesanal na produção da Maria Izabel, em Paraty.

Crédito: Rubens Kato.

Diversidade de madeiras, diferentes tipos de tosta do barril, possibilidade de blends. No vídeo, o profissional de bar e agrônomo Paulo Leite fala sobre o envelhecimento da cachaça, um dos aspectos mais fascinantes da produção do destilado nacional.

O que chama a sua atenção em uma garrafa de cachaça? O formato dela? A cor do líquido? O rótulo? A apresentação do produto faz parte da experiência de consumir uma cachaça de qualidade. Acompanhe a opinião do publicitário e mestre em comunicação Renato Figueiredo.

9

ESCOLAS DA CACHAÇA

Assim como no mundo da cerveja, em que está consolidada a ideia de escolas cervejeiras – ou seja, filosofias que norteiam e influenciam produtores na definição de seus estilos –, é possível identificarmos algumas linhas de pensamento na produção da cachaça que caracterizam um estilo da bebida. Uso de ingredientes e formas de produzir cachaças de uma mesma escola ajudam a entender a complexidade e a diversidade do destilado brasileiro.

ESCOLA ANÍSIO SANTIAGO

Na década de 1940, Anísio Santiago criou em Salinas, Minas Gerais, a cachaça Havana, uma das marcas mais prestigiadas do mercado. Sua fama a tornou sinônimo de cachaça de alambique e ajudou a cidade a se destacar como polo produtor. Muitos produtores locais – alguns, inclusive, parentes de Anísio Santiago – fabricam bebidas que seguem a escola do mestre de Salinas, assim como cachaceiros de outros estados e regiões levaram os ensinamentos de Santiago para seus alambiques.

Na maioria das vezes, essas cachaças utilizam canas de variedades locais, a

A **Canarinha**, exemplar da Escola Anísio Santiago, é produzida há mais de vinte anos em Salinas por Noé Santiago, sobrinho do mestre.

Crédito: Rubens Kato.

fermentação é selvagem e com a adição do fubá de milho, e a destilação é feita em alambiques de pequeno porte, alguns de formato chapéu de padre.

O grande segredo da Escola Anísio Santiago está na maturação da bebida, em que se utilizam grandes e exauridos barris de bálsamo para envelhecer a cachaça por muitos anos. Dessa forma, a bebida adquire a coloração que define a escola, um vibrante dourado esverdeado, e aromas e sabores de especiarias, especialmente o anis e o cravo. Na boca, é picante e refrescante. Essas cachaças também são, geralmente, potentes, com teor alcoólico entre 44% e 48%.

A identidade visual lança mão de garrafas cor de âmbar e rótulos em que o estilo de tipografia e a seleção de cores apresentam um padrão constante. Alguns desses produtores destacam, no rótulo, que produzem aguardente de cana – expressão comum em meados do século passado para diferenciar a produção artesanal da industrializada. Entre exemplos dessa escola, além da Anísio Santiago e da Havana, temos a Piragibana, a Canarinha, a Mato Dentro Bálsamo, a Tabúa Flor de Ouro e a Encantos da Marquesa Bálsamo.

ESCOLA CROSSING

É inevitável que os produtores sejam influenciados por outras bebidas produzidas fora do Brasil, propondo, assim, um cruzamento entre a cachaça e outros destilados e fermentados, como vinho, uísque, conhaque, grapa, rum e vodca. Apropriando-se das práticas de produtores de outras bebidas, os cachaceiros começam a enquadrar a cachaça em um padrão de qualidade reconhecido internacionalmente, ao mesmo tempo que preservam os diferenciais da aguardente brasileira.

As cachaças identificadas na Escola Crossing (termo cunhado pelo jornalista gastronômico Rafael Tonon) têm no envelhecimento sua principal assinatura, utilizando barris de carvalho que contiveram outras bebidas, técnicas de soleira para maturação e até mesmo a criação de blends assinados por mestres de adega com experiência em outras bebidas. O impacto mais significativo dessa escola está no envelhecimento em barris de carvalho que passaram por tosta, especialmente barris de primeiro uso, conferindo ao destilado brasileiro características de defumado, caramelo, mel e baunilha, geralmente associadas aos uísques e bourbons.

Essas cachaças são, geralmente, envelhecidas por mais de um ano em barris de carvalho com tosta de média a intensa e apresentam teor alcoólico ameno. Em muitos casos, a semelhança com outras bebidas vai além do líquido e inspira também a criação da identidade visual da garrafa e do rótulo do produto. Como exemplos, temos a Gouveia Brasil 44, a Leblon Signature Merlet, a Magnífica Reserva Soleira e a Santo Grau Pedro Ximenes.

Desde 1850, a Distillerie Merlet & Fils produz conhaque e é referência em destilados e licores. Em 2005, Gilles Merlet se envolveu no projeto da **cachaça Leblon** e compartilhou seus conhecimentos e técnicas para criar blends de cachaça envelhecida em barris de carvalho Limousin.

Crédito: Felipe P. C. Jannuzzi.

ESCOLA DA AMBURANA MINEIRA

As cachaças de diferentes lotes ou até mesmo produtores são padronizadas por meio de uma nova destilação e/ou da maturação da cachaça em barricas de madeira, principalmente em antigas dornas de grande porte de amburana. O cachaceiro tem parte ou a totalidade de sua produção a partir da compra de cachaças produzidas por terceiros. As cachaças dessa escola geralmente levam no rótulo a identificação "Estandardizada e Engarrafada", como a Claudionor, de Januária, Minas Gerais.

Por utilizar fontes de terceiros, o grande mérito dos produtores dessa escola da cachaça está na consistência de uma safra ou de um lote para outra/outro, o que é obtido com as técnicas de padronização utilizando barris e dornas.

Na avaliação sensorial, as cachaças dessa escola apresentam pouco amadeirado, com sutil presença da amburana, resistindo no aroma e no sabor a cachaça pura.

ESCOLA DA AMBURANA GAÚCHA

No início dos anos 2000, tornou-se popular no Rio Grande do Sul uma nova maneira de maturar cachaça em amburana, madeira até então popular entre os produtores de Minas Gerais, especialmente no norte do estado.

Diferentemente dos mineiros, que tradicionalmente armazenam cachaça em dornas de amburana de grande porte como instrumento de padronização, os produtores gaúchos começaram a usar a madeira brasileira na construção de barris de menor porte (até 700 litros), com tosta, e elaborando cachaças premium, com pelo menos um ano no barril. O resultado é uma bebida de mais intensidade em cor, aroma e sabor, além de maior dulçor e baixo teor alcoólico.

A Escola da Amburana Gaúcha se difundiu praticamente por todos os produtores do Rio Grande do Sul, com destaque para Weber Haus, Casa Bucco, Harmonie Schnaps e Velho Alambique.

ESCOLA DA SELEÇÃO DE LEVEDURAS

Os produtores que seguem essa escola estão explorando o potencial de diferentes cepas de leveduras selecionadas e técnicas de fermentação para buscar complexidade e padrão no perfil sensorial das suas cachaças. A seleção pode ser feita por meio de cepas comercializadas e já bastante difundidas no mercado, como a CanaMax e a CA-11, ou na compra e na utilização de leveduras usadas para cerveja, vinho e outros destilados.

Outra tendência consiste no isolamento e na seleção de leveduras autóctones, quando também trazem o discurso da valorização do terroir. A percepção sensorial dessa escola é mais nítida ao degustarmos cachaças puras, com destaque para os aromas secundários da bebida. Para favorecer o desenvolvimento das leveduras selecionadas, muitos cachaceiros pasteurizam o mosto antes da fermentação e utilizam tecnologia de ponta, como dornas de inox fechadas com controle de temperatura. A maioria das cachaças dessa escola não utiliza substratos (como fubá de milho), tem teor alcoólico ameno e é armazenada em inox ou em dornas de madeiras neutras. Como exemplos, Ituana Jequitibá, Weber Haus Prata, Gogó da Ema Nox e Abaíra Prata.

ESCOLA DO CORAÇÃO BRUTO

Durante o processo de destilação, o líquido que se condensa do alambique de cobre é dividido em três partes: cabeça, coração e cauda. O coração, como vimos, é a fração nobre do destilado e aquela apropriada para consumo. Os produtores da Escola do Coração Bruto têm como filosofia de produção engarrafar suas cachaças puras e interferir o mínimo possível no coração da aguardente.

Após a destilação, a aguardente pode passar por alguns meses em dornas de inox, mas, ao contrário de outras puras, as cachaças do Coração Bruto sofrem pouca ou nenhuma diluição com água ou outras aguardentes, o que favorece um teor alcoólico elevado, chegando na maioria das vezes ao máximo permitido para cachaça (48%). Dessa forma, a bebida apresenta características marcantes dos aromas primários e secundários, revelando na taça, após a evaporação do álcool intenso, a sua complexidade aromática. Como representantes dessa escola, temos a Magnífica Bica do Alambique, a Reserva do Nosco Prata, a Sanhaçu Origem e a 1000 Montes Bruta.

ESCOLA DO FERMENTO CAIPIRA

Presente em diferentes regiões do Brasil, essa escola segue a tradição da fermentação espontânea, com a utilização de fermento caipira, leveduras autóctones selvagens e substratos na preparação do pé de cuba, principalmente fubá de milho. A cachaça é geralmente monodestilada, com separação do coração para engarrafamento.

A maioria dos produtores adeptos dessa escola possui cachaças puras ou armazenadas em barris de carvalho exauridos ou em barris de madeiras brasileiras de grande volume, principalmente jequitibá-branco, jequitibá-rosa, amendoim, freijó e amburana. Como exemplos, Mato Dentro Prata, Maria Izabel Jequitibá, Jeceaba Prata e Coqueiro Prata.

ESCOLA VARIETAL

Exalta a relevância da cana-de-açúcar para a definição das características sensoriais das cachaças puras ou novas, aquelas que não passam por madeira. Atualmente, são pouquíssimos os produtores que assumem e identificam no rótulo a variedade da cana. As cachaças são geralmente monodestiladas, podendo ser diluídas ou não com água após a destilação. A fermentação é realizada com leveduras autóctones (selvagens ou selecionadas).

Além de destacar a variedade das canas, esses produtores trazem o conceito de safra, identificando o ano da produção no rótulo. São exemplos dessa escola a Encantos da Marquesa Blend de Cana, a Tabaroa Caiana, a Fascinação Cana Caiana e a Princesa Isabel Cana-caiana.

Em um mercado com milhares de rótulos disponíveis, são poucos aqueles que reconhecem e destacam a contribuição da cana-de-açúcar para a identidade sensorial da cachaça.

Crédito: Rubens Kato.

As escolas da cachaça são um reflexo da complexidade desse destilado: diferentes modos de produção geram bebidas de perfis muito distintos. E outras escolas podem surgir, já que novas investigações e experiências estão acontecendo entre os produtores. Acompanhe a fala de Felipe P. C. Jannuzzi.

Cachaça prata em taça, quantidade e temperatura ideais para avaliação sensorial.

Crédito: Rubens Kato.

SENSORIAL

PARTE III

10

CORES, AROMAS E SABORES DA CACHAÇA

POSSIBILIDADES DE COLORAÇÃO

A cachaça não envelhecida em madeira é incolor, enquanto as que passam por madeira apresentam uma diversidade de cores. As principais são definidas como mogno, âmbar, caramelo, dourado, palha e amarelo pálido. Outras nuances de cor, intermediárias dessas propostas, também podem ser observadas.

Dornas de jequitibá-branco, freijó e amendoim geralmente transferem pouca coloração para a cachaça. No caso das cachaças armazenadas em barris exauridos e de grande volume de jequitibá-rosa, carvalho, louro-canela, goiabeira ou amburana, algumas delas podem ser incolores.

Dimensão, idade do barril e tempo de envelhecimento podem influenciar a cor: quanto menor e mais novo, mais intensa é a cor. Barris maiores precisam de um tempo de envelhecimento mais longo para contribuir efetivamente para a coloração da bebida.

Incolor, amarela pálida, palha, dourada e dourada esverdeada são algumas das colorações encontradas na cachaça.

Crédito: Rubens Kato.

DIVERSIDADE AROMÁTICA

Durante todas as etapas de produção da cachaça, formam-se compostos químicos que acabam por caracterizar seu buquê. Os aromas são classificados conforme a origem:

- os aromas primários são aqueles oriundos da cana-de-açúcar;
- os secundários são os provenientes da fermentação;
- os terciários são os que se formam durante o processo de envelhecimento da cachaça em barris de madeira.

Já o sabor é uma percepção sensorial complexa resultante da combinação dos gostos detectados pela língua (ácido, amargo, doce, salgado e umami), além do olfato, que detecta os aromas liberados pela bebida. Também contribuem fatores como corpo, textura, temperatura, picância e frescor, entre outras sensações advindas da degustação de uma cachaça.

FAMÍLIAS AROMÁTICAS

Os aromas mais presentes nas cachaças podem ser organizados em famílias. Destacamos dez, detalhadas a seguir.

Adocicados

Nessa família, existem os aromas adocicados da cana-de-açúcar (no caso das cachaças que não passaram por madeira) e os adocicados da madeira.

Quando apreciamos a cachaça em sua forma pura, sem que tenha passado por madeira, é esperado que identifiquemos aromas doces, os quais evocam seus componentes primários, originados da cana-de-açúcar e de seus subprodutos. São aromas, por exemplo, de:

- bagaço;
- garapa;
- melaço;
- melado;
- rapadura;
- frutas cristalizadas.

Rapadura.

Crédito: Luis Echeverri Urrea – stock.adobe.com.

Já os adocicados da madeira advêm do processo de maturação em tonéis, conferindo nuances doces influenciadas pelo tipo de madeira utilizado e pelo tratamento de tosta a que o interior do barril foi submetido. São aromas como:

- baunilha;
- mel;
- caramelo.

Frutados

Os ésteres formados durante a fermentação são moléculas que desempenham um papel crucial na criação de aromas frutados. O acetato de etila é o éster mais abundante. Ele representa cerca de 80% dos ésteres encontrados na cachaça e é amplamente responsável por aromas que lembram frutas de pomo (sobretudo, maçãs e peras) e frutas tropicais (como banana e melão).

Já a presença de bactérias láticas durante a fermentação promove a formação do lactato de etila, propiciando aromas frutais e láticos, que podem ser descritos como semelhantes a frutas vermelhas ou tropicais.

Durante a maturação em barris, os componentes da madeira, a oxidação e as reações de esterificação contribuem para a formação de aromas frutados, dependendo do contexto de uso e da concentração. A cachaça pode apresentar nuances que lembram manteiga em razão do ácido lático, que confere uma nota sutilmente cremosa ao perfil aromático. Ainda durante o envelhecimento em barris, os ácidos graxos liberados no processo são aromáticos e também lembram produtos lácteos.

Os aromas da família dos frutados podem ser assim representados:

- pomo (maçã, pera, pêssego);
- frutas secas (ameixa, banana-passa, figo, damasco, tâmara);
- frutas vermelhas (cereja, morango);
- frutas cítricas (laranja, limão, maracujá, abacaxi, acerola);
- frutas tropicais (banana, melão).

Acerola.

Crédito: Kanlaya – stock.adobe.com.

Florais

Os aromas de flores presentes na cachaça provêm majoritariamente de ésteres e aldeídos. Esses elementos aromáticos são gerados durante a fermentação.

A diversidade dos ésteres e sua concentração podem ser influenciadas por fatores como a cepa da levedura utilizada, bem como a temperatura e o tempo de fermentação. A composição do mosto também influi nesse processo. No caso dos aldeídos, embora eles possam originar aromas florais, alguns acabam contribuindo com notas indesejadas se presentes em altas concentrações.

Processos de envelhecimento em madeira ampliam o espectro aromático da cachaça, introduzindo aromas de flores, além de nuances amadeiradas, baunilhadas e especiadas. Madeiras como amburana, carvalho, ariribá e jequitibá-rosa são conhecidas por conferir complexidade floral ao destilado.

Os aromas florais geralmente percebidos em uma degustação de cachaça remetem a:

- violeta;
- jasmim;
- dama-da-noite;
- camomila;
- rosa;
- flor de laranjeira.

Fermentados

Os aromas dessa família são mais perceptíveis em produções que utilizam o fermento caipira (com o uso de substratos, como milho, mandioca e arroz) e o fermento de padaria. Entre eles, destacam-se:

- cereais;
- fermento;
- pão;
- vinho de cana;
- milho-verde.

Vegetais

Os aromas vegetais são particularmente notáveis na cachaça branca e podem ter origem na própria matéria-prima, ou seja, a cana-de-açúcar. Canas que não atingiram o ponto ideal de maturação tendem a apresentar um perfil mais verde e herbáceo, o qual pode ser transferido para a bebida durante a moagem e a extração do caldo. Além disso, a moagem em excesso da cana pode resultar em uma liberação maior de compostos vegetais e, consequentemente, em uma percepção mais intensa de aromas que lembram grama ou vegetais frescos.

Durante a fermentação – em especial, a selvagem –, são formados cetonas e aldeídos, compostos orgânicos que possuem capacidade de agregar notas vegetais.

Os aromas vegetais percebidos nas cachaças são os de:

- água de coco;
- picles;
- hortelã;
- grama cortada;
- azeitona.

Azeitona.

Crédito: Yeti Studio – stock.adobe.com.

Medicinais

A maturação em madeira pode contribuir para produzir aromas medicinais, especialmente no caso de barris novos e de cachaças que passaram por mais de um ano de envelhecimento. Mas características medicinais podem resultar também da fermentação e da destilação. Os produtores geralmente buscam evitar aromas excessivamente medicinais, pois podem se tornar desagradáveis. No entanto, um leve caráter fenólico pode ser uma característica aceitável ou até mesmo desejável em certos estilos, como em cachaças extra premium com altos níveis de taninos.

Entre esses aromas estão os de:

- esparadrapo;
- sabonete;
- xarope de própolis;
- iodo.

Castanhas

Tais aromas são notados principalmente em cachaças envelhecidas em barris e dornas de carvalho. Madeiras nativas, como jequitibá-rosa, amburana, amendoim e castanheira, também contribuem, dependendo do seu volume, do tempo de envelhecimento e de terem ou não passado por tosta média a intensa.

Os aromas costumeiramente detectados são os de:

- noz-moscada;
- coco
- chocolate;
- avelã;
- amêndoa.

Noz-moscada.

Crédito: nata777_7 – stock.adobe.com.

Terrosos

A cana-de-açúcar pode trazer consigo compostos que contribuem para o perfil aromático terroso. Alguns desses compostos são formados na própria planta como resposta a condições ambientais e de solo e inerentes à sua própria variedade.

Alguns produtores associam os aromas e sabores terrosos a canas-de-açúcar de casca escura (como a variedade chamada de cana uva, presente na região de Salinas). O álcool isoamílico, um dos mais presentes na cachaça, tem aroma que lembra terra, cogumelos e trufas.

Mas são as madeiras como bálsamo, grápia, ipê e amendoim que trazem características mais minerais e terrosas ao destilado, especialmente quando os barris estão exauridos e acondicionados em ambientes úmidos. Em regiões litorâneas como Paraty, a atmosfera do armazém pode transferir sabores terrosos ao destilado.

Os aromas classificados como terrosos geralmente percebidos nas cachaças são os de:

- alga;
- sal;
- musgo;
- minerais;
- maresia;
- argila;
- cogumelos.

Torrados

Os aromas dessa família estão relacionados ao envelhecimento da cachaça em barris que sofreram tosta interna, principalmente o carvalho europeu e o americano. A tosta de madeiras nativas é ainda pouco comum, mas está chegando ao mercado de forma rápida, principalmente a de amburana.

Tais aromas incluem os de:

- toffee;
- tabaco;
- defumado;
- couro;
- café.

Especiarias

O envelhecimento da cachaça em barris de madeira, principalmente carvalho, bálsamo, grápia e amburana, contribui para a percepção dos aromas de especiarias. A madeira contribui com eugenol (cravo), cumarina (canela), cinamaldeído (canela) e siringaldeído (especiarias), que reforçam os aromas dessa família. De forma mais branda, alguns desses aromas também podem estar presentes na cachaça pura, quando formados durante o processo de fermentação.

Os aromas especiados geralmente presentes nas cachaças são de:

- pimenta-do-reino;
- gengibre;
- erva-doce;
- cravo;
- cardamomo;
- canela;
- anis
- folha de louro.

Cardamomo.

Crédito: New Africa – stock.adobe.com.

GOSTOS

As papilas gustativas na língua são responsáveis por traduzir os gostos de ácido, amargo, doce, salgado e umami. Diferentes cachaças apresentam diferentes perfis sensoriais, com destaque para um ou mais gostos.

ÁCIDO

O principal ácido presente na cachaça é o acético (vinagre), resultado da fermentação do mosto por leveduras. Outra fonte de acidez pode ser a fermentação lática, causada por bactérias *Lactobacillus* spp.

Uma fermentação com alto teor de contaminação poderá elevar a acidez da bebida de forma indesejável. Cachaças excessivamente ácidas também podem ter maior presença de cauda (a parcela final do processo de destilação, que deve ser descartada).

Durante o envelhecimento, a reação do álcool com a madeira contribui para a formação de ácidos (por exemplo, ácido siríngico, ácido vanílico) que elevam a percepção desse gosto. Vale ressaltar que a acidez não é intrinsecamente prejudicial, contanto que esteja em equilíbrio. A acidez equilibrada contribui para a vivacidade da cachaça, aumenta a percepção de dulçor e confere características agradáveis de frutas frescas. Na boca, pode ser notada pelo aumento da salivação.

AMARGO

O gosto amargo pode estar associado tanto à cachaça pura quanto à envelhecida. Muitas cachaças começam doces na boca e terminam com agradável amargor (por exemplo, chá verde, chá preto, chocolate amargo, quinino, cascas de fruta).

Chocolate 70%.

Crédito: dule964 – stock.adobe.com.

O gosto amargo intenso, com muita presença medicinal (como um medicamento amargo), está associado à excessiva moagem da cana ou à presença de certos taninos no envelhecimento, geralmente acompanhado de intenso amadeirado e sensação de adstringência.

A adição de caramelo na padronização de cor, se em desequilíbrio, também aporta artificialmente o gosto amargo.

DOCE

Toda cachaça deve ter gosto doce facilmente notado. No entanto, sua presença pode estar associada a uma adição de açúcar acima do limite fixado pela legislação (6 g/L). Na tentativa de melhorar o sabor da bebida, algumas aguardentes industriais são classificadas como cachaça adoçada justamente pela adição de açúcar acima do limite máximo. A adição de glicerol ao destilado também aporta artificialmente o gosto doce.

Em cachaças puras, além do sabor característico da cana-de-açúcar, é comum encontrarmos a percepção de frutas cristalizadas. O envelhecimento em barris de madeira como carvalho, amburana, jequitibá-rosa e castanheira é outra forma de agregar dulçor à bebida.

SALGADO

O gosto salgado pode estar relacionado com a formação de alguns compostos durante o processo de fermentação. O envelhecimento também pode proporcionar gosto salgado, em razão das características da madeira ou da presença em unidades perto do litoral, onde a maresia e os ventos carregam os sais presentes na água do mar e esses interagem com as cachaças em barris de madeira.

Para a correção de acidez excessiva, alguns produtores adicionam bicarbonato de sódio ao destilado, reduzindo a sensação de queimação e aumentando o gosto salgado.

UMAMI

Descoberto no início do século XX pelo pesquisador japonês Kikunae Ikeda, o umami é o quinto gosto perceptível, e a palavra em japonês significa "saboroso" ou "delicioso". O principal representante desse gosto é o ácido glutâmico, presente em alimentos como queijos, vegetais, peixes e fungos.

Após a ingestão de alimentos com essa característica, observam-se aumento da salivação e prolongamento do gosto por alguns minutos. Por esse motivo, o umami é também reconhecido como um estimulante de sabor. A sua presença na cachaça está relacionada, sobretudo, à fermentação láctica e a bebidas com percepção aromática nas famílias de vegetais e terrosos.

CORPO, TEXTURA E SENSAÇÕES

Esses fatores contribuem para a diversidade sensorial da cachaça e explicam por que o destilado brasileiro é complexo e surpreendente.

ABERTA

Uma cachaça aberta é aquela que apresenta ampla riqueza de notas aromáticas de duas ou mais famílias. Para alguns apreciadores, essas cachaças são mais vibrantes por trazerem, principalmente, notas florais e frutadas. Ao degustarmos cachaça, a sensação "aberta" é perceptível durante as análises olfativa, gustativa e retro-olfativa (pp. 205-207).

ADOCICADA

Essa é a principal sensação esperada quando apreciamos uma cachaça. Como dissemos anteriormente, o gosto doce é oriundo principalmente da matéria-prima, a cana-de-açúcar, e em geral remete aos seus derivados (melado, melaço, açúcar, caramelo, garapa). A percepção de doce de fruta cristalizada – especialmente os cítricos, como doce de laranja – também contribui para a sensação adocicada.

No caso das cachaças armazenadas ou envelhecidas, a sensação de doce na boca é causada pela quebra da lignina pelo álcool, com percepção de baunilha, toffee, mel, caramelo, chocolates e outros sabores.

Frutas cristalizadas.

Crédito: Oleksandr Blishch – stock.adobe.com.

ADSTRINGENTE

Nesse caso, a cachaça não favorece a salivação, e a boca fica seca, como quando comemos uma banana verde. A adstringência na cachaça é uma sensação tátil, e não um sabor. Ela é causada pela interação de certos compostos presentes na bebida com as proteínas da saliva e as células da mucosa oral, o que resulta na sensação de secura, rugosidade ou amarração na boca.

Cachaças brancas, que normalmente não passam por maturação em madeira, podem exibir adstringência em razão da presença de componentes derivados da matéria-prima (a cana-de-açúcar) e dos compostos formados durante a fermentação e a destilação. Esses compostos podem incluir ácidos fenólicos e aldeídos, os quais podem conferir uma sensação de adstringência. Essa sensação é mais perceptível em cachaças com destaque para a família aromática dos vegetais. Nas cachaças envelhecidas, os taninos são os principais responsáveis pela adstringência.

A adstringência pode ser desejável em níveis moderados, especialmente em cachaças envelhecidas, pois contribui para a complexidade e a estrutura da bebida.

AGUADA

Essa é a bebida "sem corpo". As cachaças aguadas podem até ser agradáveis no nariz, mas, durante uma análise gustativa e de retrogosto, desaparecem rapidamente (você notará isso ao fazer uma avaliação seguindo as orientações do capítulo 13).

São cachaças com baixa viscosidade e que não deixam vestígios logo após a ingestão. Essa sensação geralmente ocorre em cachaças muito diluídas em água ou na presença de partes indesejáveis da destilação, como a cauda.

Uma dose muito amarelada e viscosa na taça, mas sem corpo, pode significar adição de caramelo e glicerol, o que indica baixa presença de compostos naturalmente adquiridos durante o envelhecimento.

ALCOÓLICA

A sensação alcoólica é determinada pela percepção do etanol, principal álcool presente na cachaça. Se excessivo e com aroma enjoativo, pode estar relacionado a álcoois e aldeídos indesejáveis. Quando for provar uma cachaça, avalie, em uma primeira análise olfativa, se a presença do álcool não agride as narinas nem traz aroma de amêndoa amarga e que causa arrepios. Se incomodar, deixe a cachaça de lado, pois pode haver presença de metanol, álcool muito prejudicial à saúde.

Quando em equilíbrio, a presença do etanol deve funcionar como veículo de aromas agradáveis e se destaca como uma sensação fundamental para a harmonia da cachaça.

AMADEIRADA

Quando degustamos uma cachaça que passa por madeira, sentimos as sensações trazidas por ela. O envelhecimento promove diminuição significativa da sensação alcoólica e da queimação, contribuindo para outras notas positivas, que fazem referência direta ao tipo de madeira empregada, ao porte do barril, ao período de maturação e à presença ou à ausência de tostagem.

No entanto, a sensação de amadeirado não é bem-vinda quando acompanhada de adstringência e amargor excessivos e de pouco corpo. Essas percepções são ocasionadas quando a madeira é usada para mascarar defeitos resultantes, sobretudo, de uma fermentação e uma destilação malfeitas.

A apreciação verdadeira do amadeirado na cachaça é aquela que celebra a transformação que ocorre no barril, evidenciando a nobreza da madeira e a habilidade do mestre de adega, sem ofuscar a essência da bebida.

Cachaça envelhecida em madeira.

Crédito: Gabriela Barreto.

AMANTEIGADA

O teor amanteigado, quando em equilíbrio, é agradável no nariz e na boca, lembrando manteiga, com sensação sutilmente cremosa e ácida. É mais encontrada em cachaças puras, nas quais bactérias láticas promovem a formação do lactato de etila durante a fermentação. No entanto, também pode ser encontrada durante a maturação em barris, pois os ácidos graxos liberados no envelhecimento criam compostos aromáticos que lembram produtos lácteos.

AVELUDADA

Ao saborearmos uma cachaça com sensação descrita como aveludada, estamos nos referindo a uma experiência sensorial de suavidade e prazer excepcionais. Essa característica marcante traduz-se por uma passagem delicada e harmoniosa pela boca e pela garganta, sem qualquer sensação de agressão às narinas ou desprazer nas demais áreas sensíveis do olfato, do paladar e do retrogosto.

Nós percebemos que a sensação aveludada, em grande parte, é testemunho do tempo da cachaça maturando em madeira. As cachaças que passam mais de um ano envelhecendo em barris de madeira adquirem essa textura excepcionalmente macia, em especial se tiverem sofrido tosta média ou intensa. Esse processo de envelhecimento, frequentemente realizado em barris de carvalho, facilita a micro-oxigenação e a consequente suavização dos taninos, resultando em uma bebida que acaricia o paladar com seu corpo rico e viscoso.

A sensação aveludada é mais presente nas cachaças das famílias aromáticas dos torrados e florais.

No entanto, uma cachaça branca e que não tenha passado por madeira pode também ser aveludada quando tem baixa acidez. A sensação é de suavidade e conforto.

BOCA CHEIA

A sensação de boca cheia acontece quando há preenchimento de toda a boca e do nariz, com persistência dos aromas e sabores agradáveis por alguns segundos após a análise de retrogosto. Isso significa que, mesmo depois de engolir, a pessoa ainda continua sentindo os sabores e aromas da cachaça.

Uma cachaça com essa característica também provoca aumento da salivação, o que pode ajudar a realçar ainda mais os sabores e contribuir para a experiência sensorial geral.

ENCORPADA

Cachaças encorpadas proporcionam uma experiência gustativa rica e intensa, permanecendo no paladar por um tempo prolongado após a ingestão e oferecendo um retrogosto marcante e satisfatório. Essas bebidas se caracterizam pela viscosidade, deixando uma impressão sensorial duradoura e revelando uma personalidade forte e bem definida.

FRESCA

A sensação de frescor é caracterizada pela diminuição na temperatura da boca, similar à sensação de mascar hortelã ou à que temos após escovar os dentes. O frescor se destaca tanto no sabor inicial quanto no retrogosto.

Geralmente, essa característica é mais pronunciada em cachaças envelhecidas em madeiras que conferem aromas de especiarias, como o bálsamo, que contém eugenol. Além disso, o álcool presente na cachaça ajuda a baixar a temperatura do corpo, impulsionando a circulação sanguínea e intensificando a sensação de frescor.

Hortelã.

Crédito: MarcoFood – stock.adobe.com.

FECHADA

Uma cachaça fechada pode apresentar pouca volatilidade dos aromas, ou seja, não exalar facilmente suas nuances aromáticas quando servida. Isso pode ocorrer em razão de vários fatores, como o tipo de fermentação, a destilação cuidadosa para reter compostos mais pesados, ou até mesmo a maturação em tonéis de madeira que não liberam muitas substâncias aromáticas.

Os aromas que se destacam tendem a ser mais discretos e concentrados em notas mais sóbrias, como as de torrado (por exemplo, café e cacau) e nozes (amendoim, castanha etc.), que são mais sutis em comparação às notas frutadas ou florais encontradas em cachaças com maior abertura sensorial.

É importante ressaltar que uma cachaça sensorialmente fechada não é necessariamente uma bebida de qualidade inferior. Algumas podem ser bastante apreciadas por sua sofisticação e sua sutileza, especialmente quando harmonizadas com alimentos ou preparações que não "briguem" com o seu perfil fechado. Além disso, a percepção de fechamento ou de abertura sensorial pode ser influenciada pela temperatura de serviço, pois cachaça servida mais fria tende a parecer mais fechada.

Sementes de cacau.

Crédito: Valentina R. – stock.adobe.com.

FUNKY

Aqui estamos falando de cachaças oriundas principalmente de fermentação selvagem, com acidez mais acentuada e destaque para aromas e sabores das famílias vegetais e fermentados. A sensação funky é mais presente em cachaças puras, embora também seja encontrada em cachaças maturadas em madeiras de forma rústica, geralmente novas, em dornas de grande porte, que não passaram por tosta e usadas em muitos casos para estandardização.

METÁLICA

A sensação metálica é geralmente considerada indesejável, pois está associada ao sabor de metal ou ferrugem, o que pode ser desagradável e sinal de uma bebida de qualidade inferior.

A exposição ao oxigênio pode levar à oxidação de alguns componentes presentes na cachaça. Se uma garrafa de cachaça for armazenada incorretamente e perder álcool por causa da evaporação, a composição da bebida será alterada. O álcool protege os outros compostos da bebida, e sua perda pode concentrar outros componentes ou alterar o equilíbrio entre álcoois, ácidos e ésteres, levando ao surgimento da sensação metálica.

PICANTE

A sensação de picância é similar ao efeito moderado que se tem ao saborear uma pimenta de leve ardência. Quando bem balanceada, a sensação picante se revela extremamente prazerosa, com capacidade de permanecer presente por um intervalo prolongado, mesmo após a cachaça ser ingerida, contribuindo para um retrogosto agradável. Além disso, uma leve sensação de formigamento pode ser ocasionalmente percebida na língua, durando apenas alguns instantes.

Canela.

Crédito: Yeti Studio – stock.adobe.com.

Essa sensação picante é frequentemente associada a cachaças que passaram por um processo de envelhecimento em barris feitos de madeiras que remetem às especiarias, como amburana, carvalho, bálsamo, grápia e canela-sassafrás.

PLANA

Uma cachaça plana não é necessariamente ruim, mas ela se apresenta com falta de personalidade. A sensação plana é em geral usada para descrever uma cachaça que parece ter perdido seu caráter, sua complexidade ou seu vigor. Ela pode parecer monótona, pouco inspiradora ou sem as nuances de sabor e aroma que normalmente se esperariam de uma bebida espirituosa de excelência. Isso pode ser resultado de vários fatores, incluindo diluição excessiva, envelhecimento insuficiente, uso de barris de qualidade inferior e oxidação da bebida pelo armazenamento incorreto.

QUEIMAÇÃO

Uma cachaça de qualidade nunca pode queimar. Estamos falando de uma sensação desconfortável de calor e aspereza, perceptível durante os exames gustativo e de retrogosto, principalmente na língua e na garganta. Muitos relacionam o teor alcoólico à queimação, mas é a acidez elevada da cachaça a principal responsável por essa sensação, causada sobretudo por contaminações bacterianas durante a fermentação.

DEFEITOS

Assim como em outras bebidas e alimentos, também existem características sensoriais indesejáveis detectáveis na cachaça, relacionadas a falhas da produção. Enquanto alguns defeitos podem ser percebidos por meio dos sentidos, outros são identificados apenas em análise laboratorial. Dessa maneira, antes de promover o consumo da bebida, fique atento aos defeitos explicados a seguir.

TURBIDEZ

A cachaça deve ser sempre transparente e cristalina. Em uma cachaça que não passou por madeira, a turbidez dá cor esbranquiçada ao destilado, com aparência de água clorada. Causas:

- presença de cauda, parcela indesejável da destilação;
- falha na filtragem antes do engarrafamento.

PRESENÇA DE PARTÍCULAS SÓLIDAS SUSPENSAS

As partículas sólidas não favorecem a apresentação visual da bebida e devem ser evitadas. Causas:

- filtragem incorreta, especialmente em cachaças que passaram por barris de madeira;
- presença de minerais, células mortas de micro-organismos e adição de açúcar, especialmente em cachaças com baixo teor alcoólico.

PERCEPÇÃO RELATIVA À AMÊNDOA AMARGA

Nesse caso, sentimos aroma de amêndoa amarga, enjoativo. Causas:

- queima da cana-de-açúcar, presença de bagacilhos de cana durante a fermentação ou caramelização do açúcar presente no alambique que não passou por sanitização adequada;
- presença de furfural na cachaça pura (responsável também pelo hálito indesejável após a ingestão do destilado).

SENSORIAL QUE REMETE A ESMALTE DE UNHA

Aromas semelhantes aos de esmalte de unha e solventes, acompanhados de defeitos químicos nocivos à saúde. Causas:

- separação inadequada da cabeça durante a destilação em cachaça de alambique;
- alta concentração de acetato de etila e acetona.

AROMA E/OU SABOR DE VINAGRE

O ácido acético em excesso não é bem-vindo na composição da cachaça e é o principal responsável pelo gosto acre e pela sensação de queimação. O aparecimento de pequenas moscas (drosófilas) durante a fermentação indica excessiva formação do ácido. Causas:

- contaminação por bactérias láticas ou acéticas;
- maior presença de cauda na composição final da cachaça de alambique;
- uso de barris novos e de pequeno volume.

AROMA ENJOATIVO DE FRUTA

Nesse caso, temos a sensação de inalar algo podre, oxidado e extremamente enjoativo. É tão desagradável que causa arrepios. Causa:

- acetaldeído presente na cabeça do destilado.

AROMA DE OVO PODRE

Aqui, temos a percepção de aromas sulfurosos característicos de ovo cozido ou podre, extremamente acentuados. Causas:

- cana armazenada perto de estábulos ou locais de ordenha;
- contaminação da fermentação por bactérias acetobutílicas e sulfídricas, geralmente associadas a locais com baixo controle de assepsia.

A destilação em alambique de cobre pode favorecer a eliminação desse aroma indesejável. Algumas colunas de destilação de aço inoxidável possuem placas de cobre justamente para corrigir esse defeito.

PERCEPÇÃO RELACIONADA A FENO

Sentimos aromas que lembram estábulo e urina de cavalo. Causas:

- falhas no processo de armazenamento;
- envelhecimento em barris novos de madeiras como amburana e ariribá.

CARBAMATO DE ETILA

É um composto potencialmente cancerígeno. Não deve constar em quantidade superior a 210 μg/L. Causas:

- presença de compostos nitrogenados no canavial;
- graxa da moenda contaminando caldo de cana durante a extração;
- contaminação bacteriana na fermentação.

ÁLCOOL SEC-BUTÍLICO

Um dos principais contaminantes da cachaça, esse álcool é usado como referência de higiene no local de produção. Deve conter no máximo 10 mg/100 mL de álcool anidro. Causa:

- alambique com práticas precárias de produção e higiene.

COBRE

Esse metal pesado é prejudicial à saúde e pode estar presente no limite de 5 mg/L. Causa:

- azinhavre (carbonato de cobre) nas paredes internas do alambique.

A recomendação é manter o alambique e as serpentinas cheios de água entre uma destilação e outra, para evitar que essa substância se forme. Outra opção consiste em limpar o alambique com uma solução de ácido acético (vinagre).

METANOL

Esse álcool, prejudicial se consumido em excesso, pode estar presente no limite de 20 mg/100 mL. Causas:

- presença de bagacilhos de cana, fibra rica em pectina, durante a fermentação;
- não separação do coração durante o processo de destilação.

A concentração de metanol em aguardentes de cana é relativamente baixa, sendo mais comum em frutas com alto teor de pectina, como banana, maçã e abacaxi.

MAIS SOBRE A CACHAÇA

Como você acha que deve ser uma boa cachaça para preparar o mais famoso coquetel brasileiro? Com a palavra, a proprietária de restaurante Nina Bastos, reconhecida como autora de uma das melhores caipirinhas de São Paulo.

Com tantas possibilidades de aromas e sabores, não é fácil escolher um só tipo de cachaça, até para quem entende do assunto. Acompanhe o vídeo com o sommelier Luís Otávio Álvares Cruz.

11

FORMAS DE CONSUMO

Certas variações na maneira de consumir cachaça podem acentuar sabores e favorecer a experiência. Este capítulo apresenta algumas possibilidades.

"Chachaça", coquetel preparado com chá verde e cachaça Santo Mario Prata Amendoim.

Crédito: Gabriela Barreto.

DILUÍDA EM ÁGUA

É possível consumir a cachaça em temperatura ambiente ou adicionar um pouco de água para reduzir a percepção alcoólica e destacar os aromas e os sabores da bebida. Pode ser também uma maneira de desmascarar os defeitos de uma cachaça ruim, como os provenientes de um envelhecimento inadequado.

COM GELO

Também podemos consumir cachaça com pedras de gelo, assim como é feito com o uísque *on the rocks*. Mas, diferentemente da adição de água, que destaca os aromas da bebida, o gelo tende a diminuir rapidamente a temperatura do copo e tornar menos perceptíveis as características sensoriais do destilado na boca.

Além disso, quando o gelo derrete, a cachaça pode ficar muito aguada e sem graça. Por isso, a recomendação é adicionar poucas pedras grandes de gelo em cachaças bastante aromáticas, como as envelhecidas (premium e extra premium) em madeira.

Uma outra sugestão é apreciar cachaça envelhecida por mais de um ano em carvalho, jequitibá-rosa ou amendoim com gelo de água de coco. Também há os que apreciam cachaças puras, ou aquelas que tenham aromas de especiarias (como as envelhecidas em bálsamo), com gelo de chá preto.

COLOCADA NO CONGELADOR

Após uma noite no congelador, a cachaça fica mais encorpada, aveludada, refrescante, e a percepção alcoólica diminui no nariz e na boca. Uma dica é harmonizar uma boa cachaça pura gelada com frutos do mar, como lula frita – de preferência, com o pé na areia.

Por alterar a textura do destilado e deixá-lo com um sensorial mais licoroso, uma experiência recomendada é colocar no congelador uma boa cachaça envelhecida em amburana ou em carvalho para degustar após a refeição ou acompanhando a sobremesa.

PARA FLAMBAR

Flambar consiste na técnica de despejar uma bebida alcoólica no preparo de pratos ou coquetéis e atear fogo logo em seguida. Além do impacto visual das chamas, o uso do destilado traz novos aromas, sabores e texturas ao alimento ou à bebida. Ao flambar, todo o álcool é consumido, deixando apenas os sabores da bebida – então, pode pedir sua sobremesa flambada sem se preocupar com a Lei Seca.

Uma dose de cachaça extra premium envelhecida em carvalho é uma boa pedida para flambar uma carne nobre de cordeiro. Já uma cachaça envelhecida em amburana pode ser uma opção para flambar sobremesas feitas de maçã e banana. É possível também usar aguardentes compostas e licores feitos com base de cachaça.

Antes de colocar fogo na cachaça para flambar seus pratos, aqueça a bebida por alguns segundos, a fim de que os álcoois mais voláteis comecem a evaporar.

Flambagem no restaurante Casa do Fogo, em Paraty, que serve pratos flambados com cachaça.

Crédito: Rubens Kato.

HARMONIZAÇÃO COM ALIMENTOS E OUTRAS BEBIDAS

É possível – e muito apreciado – harmonizar cachaças com carnes, frutas, doces e até com charutos e cervejas. Dos aperitivos de entrada, passando pelos pratos principais até a sobremesa, diferentes cachaças podem valorizar um almoço ou jantar. A seguir, sugerimos como harmonizar sua próxima experiência gastronômica com excelentes cachaças de alambique.

TIRA-GOSTO

Almoços de domingo merecem começar com torresminho acompanhado de uma caipifruta. Para o preparo do drinque, recomendamos uma boa cachaça pura (que não tenha passado por madeira) e com teor alcoólico não muito elevado, entre 38% e 42%. Afinal, ainda é o primeiro prato. Sugestão: cachaça Santo Mario Prata Bidestilada.

1. Torresmo com caipifruta do restaurante Mocotó, elaborada com Jacuba Prata.

Crédito: Gustavo Maciel.

2. Croquete de carne de Janaína Torres harmonizado com cachaça prata servida em temperatura ambiente.

Crédito: Tadeu Brunelli.

QUEIJOS

Os tipos fortes e duros, como parmesão e pecorino, harmonizam bem com uma das receitas mais clássicas da coquetelaria brasileira, o rabo de galo. O coquetel também é um ótimo aperitivo e digestivo para quem gosta de bebidas amargas.

Queijos fortes e cremosos, como gorgonzola e roquefort, harmonizam com cachaças adocicadas e especiadas. Sugestão: cachaça Santa Terezinha Sassafrás.

PEIXES E FRUTOS DO MAR

Praia, calor, mar, e ostras frescas, lula à doré e peixes fritos acompanham uma boa cachaça pura recém-tirada do congelador. Escolha uma variedade leve, suave, com teor alcoólico ameno e notas minerais e vegetais. Na maioria das vezes, peixes e frutos do mar não harmonizam bem com cachaças muito envelhecidas (acima de um ano), pois os taninos presentes na madeira, combinados com o iodo dos frutos do mar, favorecem uma sensação metálica excessiva na boca. Sugestão: cachaça Encantos da Marquesa 42 Graus.

Uma cachaça pura recém-tirada do congelador harmoniza com **frutos do mar**, como lagostim.

Crédito: Tadeu Brunelli.

FRUTAS

As mais ácidas, como limão, abacaxi e acerola, harmonizam muito bem com cachaça pura ou armazenada em madeiras mais neutras, que agregam picância e potência alcoólica. Sugestão: cachaça Século XVIII Azul.

As cachaças envelhecidas em bálsamo ou amburana, que agregam especiarias, casam muito bem com o tradicional caju com sal grosso, que exalta a acidez da bebida, e o conjunto destaca a sensação de adstringência. Sugestão: cachaça Havaninha.

Caju com sal grosso, acompanhado de cachaça envelhecida em bálsamo.

Crédito: Rubens Kato.

Maçã, morango, jabuticaba e banana são frutas que harmonizam com amburana, sassafrás e carvalho, madeiras que geralmente aportam mais adocicado ao destilado. Sugestão: cachaça João Mendes Umburana.

CALDOS

Clássicos nacionais, como o caldinho de feijão, beneficiam-se da companhia de uma boa cachaça pura ou armazenada em madeiras neutras. A bebida abre o apetite e ajuda na digestão. Sugestão: cachaça Princesa Isabel Prata.

CARNES

Cachaças envelhecidas em carvalho (premium ou extra premium), encorpadas, mas com teor alcoólico ameno, sem saturar as papilas gustativas, são as mais indicadas para carnes. Sugestão: cachaça Dom Bré Extra Premum Carvalho.

Cachaças envelhecidas em bálsamo trazem picância e especiarias que harmonizam bem com carne de porco. Sugestão: cachaça Matriarca Bálsamo.

CERVEJAS

Nos Estados Unidos, é comum o consumo de uísque harmonizado com cerveja. Na Europa, praticam o chamado Kopstootje, quando harmonizam o fermentado com uma dose de genebra (bebida dos Países Baixos). Aqui no Brasil, com o crescimento do mercado de cerveja artesanal, aumentam também as possibilidades de combinar cachaça com cervejas de diversos estilos.

No geral, a harmonização entre as duas bebidas funciona bem quando em contraste. Indian Pale Ales lupuladas e frutadas harmonizam bem com cachaças mais adocicadas, envelhecidas, encorpadas e de teor alcoólico intermediário. A cachaça, nesse caso, funciona para contrabalançar o amargor e o frescor da cerveja. Sugestão: cachaça Companheira Extra Premium Carvalho 4 Anos.

Cervejas mais alcoólicas, adocicadas, tostadas e cremosas, como os estilos Porter e Stout, harmonizam bem com cachaças puras ou armazenadas em madeiras neutras, de teor alcoólico ameno, deixando o protagonismo de sabores para a cerveja. Sugestão: cachaça Engenho Nobre Cristal.

SOBREMESAS

A cachaça pode ser doce e delicada, especialmente quando envelhecida em amburana. No caso da cartola, tradicional receita nordestina com banana, sugerimos adicionar uma dose da bebida ao preparo, como uma calda, ou acompanhar bebendo golinhos entre uma e outra garfada. Sugestão: cachaça Da Quinta Amburana.

Para sobremesas com chocolate, a recomendação é uma versão mais amarga, que leve 70% de cacau, harmonizada com cachaças de acidez mais acentuada, com retrogosto longo, envelhecidas em garapeira que tragam especiarias, como erva-doce e pimentas. Sugestão: cachaça Mãe Santa.

SAIDEIRA

Para arrematar um jantar à perfeição, a dica é uma dose de cachaça envelhecida servida com uma pedra de gelo, acompanhada do charuto San Cristóbal de La Habana – procure cachaças que destaquem as famílias adocicados (mel, baunilha) e torrados (café, chocolate). Sugestão: cachaça Weber Haus Blend Extra Premium 7,5 anos.

1. Cartola elaborada por Rodrigo Oliveira, do restaurante Mocotó. A sobremesa pode ser tanto preparada com cachaça quanto acompanhada pelo destilado nacional.

Crédito: Gustavo Maciel.

2. Rosquinha de pinga.

Crédito: Gabriela Barreto.

3. Gelatina de pinga.

Crédito: Gabriela Barreto.

Colocar pinga na massa do pastel para deixá-la crocante ou flambar um prato com cachaça são usos já bem conhecidos desse destilado na cozinha. Mas ela pode fazer parte de muitos outros preparos culinários. O professor de gastronomia e proprietário de restaurante Cláudio Tibério Gil explica como, no vídeo.

E você já pensou em preparar um rabo de galo usando flores? A importadora e distribuidora de cachaça na Europa Letícia Nöbauer, conhecida como "Frau Cachaça", pensou e fez. A criação acabou levando o primeiro lugar no IV Concurso Nacional de Rabo de Galo. Acompanhe o vídeo.

12

COMO GUARDAR E CONSERVAR A CACHAÇA

Em pé e protegidas da luz e do calor: não é difícil manter as cachaças em ótima forma por muito tempo.

Crédito: Gabriela Barreto.

A cachaça é uma bebida não perecível, por ser destilada e possuir teor alcoólico elevado. Mas isso não significa que não precisemos ter alguns cuidados para guardar e conservar as cachaças favoritas.

- **Mantenha a garrafa longe de luz e calor:** estudos realizados por cientistas da Bacardi e apresentados em 2015 em um seminário no Tales of the Cocktails, um dos mais prestigiados encontros do mercado de bebidas destiladas, demostraram que calor e luz (natural e artificial) podem modificar propriedades sensoriais (cor e sabor) dos destilados.
- **Proteja a garrafa da umidade:** a umidade do ambiente não prejudicará a cachaça em uma garrafa fechada. Mas, assim como a luz intensa, a umidade excessiva pode danificar o rótulo e até mofá-lo.
- **Tenha atenção com tampinhas de metal:** garrafas com tampinhas de metal, como as de cerveja – muito comuns nas cachaças mineiras –, após abertas devem ser fechadas com rolha de cortiça ou de plástico.
- **Deixe a garrafa na vertical:** de preferência, mantenha suas garrafas armazenadas na vertical. Se guardadas na horizontal, o destilado poderá entrar em contato com a rolha de cortiça ou a tampinha de metal, o que eventualmente, ao longo de muitos anos, poderá contribuir para a deterioração do material. Isso poderá afetar sua cachaça e trazer resíduos sólidos, comprometendo o aspecto sensorial e causando sensações metálicas.
- **Considere o congelador ou a geladeira:** a cachaça pura ou a envelhecida podem ser guardadas no congelador ou no refrigerador. A cachaça, assim como outros destilados, congela, mas isso só acontece a temperaturas de -12 °C a -40 °C, dependendo do teor alcoólico. Ou seja, congela a temperaturas que nossos eletrodomésticos não são capazes de atingir.

TESOUROS ESCONDIDOS

No interior de São Paulo, era tradição enterrar garrafões ou barricas de madeira cheios de cachaça, gerando lendas de grandes tesouros etílicos. E a ciência hoje comprova que abrigar cachaça da luz pode ser benéfico para manter as qualidades do destilado.

O *HOBBY* DE ARMAZENAR CACHAÇA EM BARRIS

É cada vez mais comum que os apreciadores de cachaça adquiram barris de pequeno porte com o objetivo de envelhecer a bebida em casa. Para praticar bem esse *hobby*, é preciso atenção a alguns detalhes.

A primeira providência é escolher uma cachaça de qualidade. De nada adianta comprar um bom barril e não usar uma bebida boa. Coloque para envelhecer no seu barril uma cachaça que não passou por madeira, de um produtor formalizado e de confiança. Considere também armazenar cachaça com no mínimo 42% de teor alcoólico – o álcool ajudará na extração dos compostos fenólicos. Além disso, tenha em mente que, durante o envelhecimento, a bebida poderá perder graduação alcoólica.

O QUE PROCURAR EM UM BARRIL

- **Maior espessura:** a robustez e a espessura aumentam o contato do líquido com a madeira e tornam o barril mais resistente, evitando vazamento e amenizando choques físicos. Desconfie de barris com pouca espessura, porque eles podem ter vida útil curta. Além disso, a espessura indica quantas reformas o barril poderá receber – quanto mais grosso, mais anos de uso.
- **Certificação:** todas as madeiras para a produção de barris devem ter origem certificada e documentação dos órgãos competentes. Desconfie de quem oferece barris de madeiras protegidas, como amendoim e castanheira.
- **Artesão:** procure barris com bom acabamento e produzidos em uma tanoaria especializada e reconhecida pelo mercado. A profissão de tanoeiro no Brasil é artesanal e deve ser valorizada.
- **Ingredientes naturais:** no processo de produção do barril, a madeira não pode passar por qualquer tipo de tratamento químico. Alguns fabricantes usam cera de abelha, substância natural sem contaminantes, para impermeabilizar a madeira e reduzir as taxas de evaporação. Não compre barris com verniz ou cola.

COMO USAR O BARRIL

1. Com um funil, encha o barril completamente com água quente. Instale a torneirinha e deixe o barril em observação por 24 horas.

2. Se a água não estiver vazando do barril, esvazie-o. Mas, caso observe vazamentos, deixe o barril submerso em um tanque ou uma banheira por algumas horas. Esse procedimento é importante para barris novos e tem o propósito de inchar a madeira e evitar eventuais vazamentos. Observe se os vazamentos pararam.

3. Em seguida, com um funil, coloque a cachaça. É importante deixar uma pequena camada de ar na parte superior, a fim de favorecer o fluxo de oxigênio no interior do barril.

4. Feche a torneira e mantenha o barril tampado para evitar que poeira ou outros resíduos contaminem a cachaça.

5. Deixe a cachaça maturando pelo tempo que julgar necessário. Mantenha o barril em local arejado e longe da luz do sol.

6. Barris de 1 litro acabam influenciando a cachaça de 8 a 10 vezes mais rapidamente do que recipientes de 200 litros. Dessa forma, é possível acompanhar sua cachaça mudar de cor, aroma e sabor já nas primeiras semanas. Lembre-se de que cada madeira tem diferentes potenciais de envelhecimento.

7. Quando quiser provar sua cachaça, abra a torneira e despeje uma pequena quantidade em uma taça transparente.

8. Quando achar que sua cachaça está no ponto ideal, utilize uma garrafa de vidro para engarrafá-la. Nesse processo, use um filtro de café ou uma peneira fina para remover qualquer resíduo de madeira.

9. O tempo de armazenamento fica a seu critério. Quanto mais tempo ficar no barril, mais a cachaça apresentará características da madeira. A cachaça pode maturar por dias, semanas ou meses. Também é interessante misturar cachaças armazenadas em diferentes madeiras, criando seu próprio blend. Quando definir como quer sua cachaça, engarrafe e rotule. E dê um nome para a sua criação! Você tem agora uma bebida única, que pode ser consumida em ocasiões especiais.

10. Não deixe seu barril vazio. Logo após o esvaziar, encha-o novamente com cachaça. Caso não tenha outra cachaça de imediato, coloque água no barril por um breve período, para evitar a formação de bolor. É importante que o barril não fique seco, o que poderá resultar em vazamentos ou até mesmo em danos irreversíveis.

COTA DOS ANJOS

O barril esvaziou? Será que alguém está bebendo às escondidas? Não se esqueça da cota dos anjos – porcentagem de cachaça que acaba evaporando. Em barris condicionados em ambientes secos, existe a tendência de evaporação da água, aumentando o teor alcoólico do destilado. Em ambientes úmidos, a evaporação do álcool ocasiona a diminuição do teor alcoólico.

Quando for preciso limpar o barril, a recomendação é usar álcool 70% (e não absoluto, com 99,6%). O álcool 70% tem mais água e, por isso, maior efeito bactericida. A água facilita a entrada do álcool na bactéria e diminui o tempo de volatilização do destilado, permitindo maior tempo de contato com o microrganismo.

IMPORTANTE: COM O TEMPO DE USO, O BARRIL SE TORNA EXAURIDO E PERDE SEU POTENCIAL DE AGREGAR COR, AROMA E SABOR AO DESTILADO. A VIDA ÚTIL DE UM BARRIL DE 3 LITROS É DE SEIS ANOS DE USO INTENSO – APÓS ESSE PERÍODO, É POSSÍVEL RESTAURÁ-LO.

Existe momento certo para apreciar a cachaça? E café com cachaça, combina? Cachaça antes, depois ou junto do café? Acompanhe, no vídeo, as opiniões do consultor, professor e conferencista internacional Jairo Martins e da barista e bartender Mari Mesquita.

13

FAÇA VOCÊ UMA ANÁLISE SENSORIAL

Com o que você leu até aqui, é possível avaliar uma cachaça e descobrir o seu perfil, as suas qualidades e até eventuais defeitos. Para fazer a análise, principalmente as informações do capítulo 10 serão úteis, pois elas descrevem as diferentes características que você poderá detectar na sua avaliação sensorial.

Estas são as duas orientações básicas iniciais:

- utilize uma taça transparente com haste, para que os dedos ou as digitais não atrapalhem a análise visual da bebida. A taça deve ter parede lisa, espessura fina e capacidade entre 80 mL e 120 mL, além de estar livre de impurezas e odores;
- considere que uma degustação ideal deve ter no máximo cinco cachaças, em doses de 25 mL ou menos. Um número superior de análises poderá comprometer a sua capacidade de avaliação.

Apesar da diversidade de recipientes, para a análise sensorial o mais indicado é a **taça transparente com haste**.

Crédito: Rubens Kato.

ANÁLISE VISUAL

A primeira etapa consiste na análise visual. Considere a aparência do produto, a marca, a embalagem, a garrafa, a arte e outros detalhes comerciais. Informações no rótulo relacionadas ao processo de produção e à procedência também favorecem a análise da bebida.

Para avaliar as características visuais do líquido, examine:

- cor;
- limpidez, transparência e brilho;
- lágrimas e viscosidade; e
- rosário.

COR

Sirva a bebida na taça transparente, em local bem iluminado. Para a melhor avaliação, procure posicionar um papel branco atrás do recipiente. Dessa forma, é possível visualizar a tonalidade do líquido sem a interferência de objetos que possam estar no ambiente.

LIMPIDEZ, TRANSPARÊNCIA E BRILHO

Nessa etapa, observe limpidez, brilho, turbidez e a eventual presença de materiais em suspensão. Uma cachaça de qualidade precisa ser transparente, cristalina e não conter partículas sólidas.

Toda cachaça, tenha ou não passado por madeira, deve ser **transparente**. Turbidez é sinal de defeito.

Crédito: Rubens Kato.

LÁGRIMAS E VISCOSIDADE

Ao girar a taça, deve ocorrer a formação de lágrimas escorrendo pelas paredes do recipiente. Lágrimas mais lentas sugerem destilação ou envelhecimento feitos de forma adequada. Lágrimas muito rápidas podem significar diluição excessiva com água ou presença de partes indesejáveis da destilação. Espera-se também maior viscosidade em cachaças envelhecidas.

Alguns produtores utilizam glicerol para aumentar a viscosidade da cachaça de maneira artificial. Essa substância fornece característica adocicada e pode ser identificada em análises químicas laboratoriais. O envelhecimento em madeiras é uma fonte natural e desejável de glicerol.

As **lágrimas** que se formam nas paredes da taça ou do copo são indícios de qualidade.

Crédito: Rubens Kato.

ROSÁRIO

Esse é o nome dado às bolhas que se formam na superfície da taça logo após a cachaça ser servida – a formação lembra o rosário católico para oração ou um colar de pérolas. A persistência e o tamanho das bolhas estão associados ao teor alcoólico do destilado. Na avaliação visual, espere rosário mais intenso e persistente em cachaças com maior teor alcoólico.

Rosário em uma cachaça de alto teor alcoólico.

Crédito: Felipe P. C. Jannuzzi.

Marcadores da análise visual da cachaça

TRANSPARÊNCIA	Turva, com suspensão, clara, límpida.
VISCOSIDADE	Baixa (aguada), média (moderada), alta (pronunciada).
ROSÁRIO	Rápido, persistente, discreto, intenso.
INTENSIDADE	Opaca, meio brilhante, brilhante.
CORES PRINCIPAIS	Incolor, amarela pálida, palha, dourada (clara, escura, esverdeada, alaranjada), caramelo, âmbar, mogno.

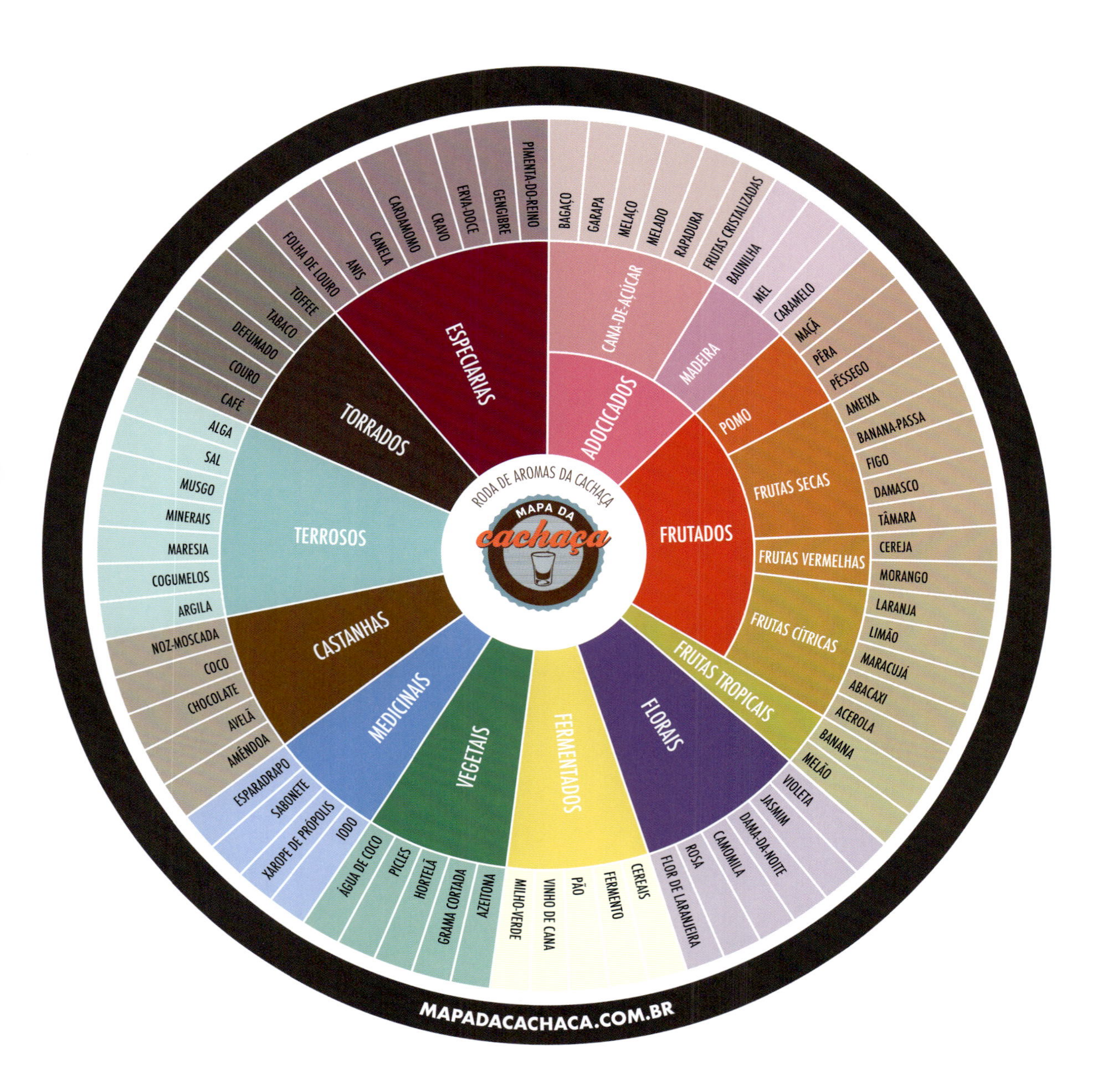

Famílias aromáticas
da cachaça e principais aromas percebidos.

Crédito: Mapa da Cachaça.

ANÁLISE OLFATIVA

Depois da análise visual, realize o exame olfativo. Durante a avaliação, consulte a roda de aromas da cachaça, que condensa as informações sobre famílias apresentadas no capítulo 10.

Para essa etapa, padronize uma distância de 3 cm a 4 cm entre a taça e o nariz. Em razão do teor alcoólico elevado, inalar um destilado muito de perto poderá ter efeito entorpecente sobre seus sentidos. É interessante também que haja pouca interferência de odores no ambiente.

AJUDA PARA O OLFATO

Caso a cachaça tenha um teor alcoólico muito elevado, deixe-a por alguns minutos respirando na taça, para a evaporação dos álcoois mais voláteis. Algumas gotas de água também ajudam a liberar mais os aromas, o que beneficia a análise olfativa.

Procure perceber os aromas da cachaça: os primários (provenientes da cana-de-açúcar), os secundários (advindos da fermentação) e os terciários (formados no processo de envelhecimento em barris de madeira, se for uma cachaça desse perfil).

Marcadores da análise olfativa da cachaça

QUALIDADE	Saudável; com defeitos (amêndoa amarga, esmalte de unha, vinagre, ovo podre, fumaça, feno, enjoativa etc.).
PERSISTÊNCIA	Rápida, moderada, longa.
DULÇOR	Neutro, leve, médio (-), médio, médio (+), pronunciado.
ÁLCOOL	Neutro, leve, médio (-), médio, médio (+), potente.
FAMÍLIA AROMÁTICA	Ver roda de aromas (p. 204).
DESCRITORES AROMÁTICOS	Ver roda de aromas (p. 204).
AMADEIRADO	Sem madeira, leve, médio (-), médio, médio (+), intenso.

ANÁLISE GUSTATIVA

Para avaliar as características gustativas, experimente uma pequena quantidade de cachaça e deixe-a envolver a língua e a boca. É importante sempre beber água mineral entre uma degustação e outra, a fim de limpar as impressões de cachaças distintas e manter a hidratação – o álcool causa ressecamento da boca.

"LIMPEZA" DOS SENTIDOS

É comum cheirar grãos de café e consumir pão para limpar o olfato e o paladar, respectivamente.

Embora prezemos cachaças refrigeradas, para fazer a análise é recomendado apreciá-las em temperatura ambiente.

Marcadores da análise gustativa da cachaça

QUALIDADE	Saudável; com defeitos (amêndoa amarga, esmalte de unha, vinagre, ovo podre, fumaça, feno, enjoativa etc.).
DULÇOR	Seco, leve, médio (-), médio, médio (+), intenso.
ÁLCOOL	Neutro, ameno, médio (-), médio, médio (+), potente.
CORPO	Sem corpo, rápido, leve, médio (-), médio, médio (+), intenso.
ACIDEZ	Baixa (suave, delicada), média (balanceada, fresca, viva, água na boca), alta (intensa, agressiva).
AMARGOR	Inexistente, leve, médio (-), médio, médio (+), intenso.
FAMÍLIA AROMÁTICA	Por exemplo, floral, frutado, nozes (ver roda de aromas na p. 204).
DESCRITORES DE SABOR	Por exemplo, frutado (maçã, banana, pêssego, figo, damasco). Ver roda de aromas (p. 204).
AMADEIRADO	Sem madeira, leve, médio (-), médio, médio (+), intenso.

ANÁLISE RETRO-OLFATIVA

Verifique o retrogosto procedendo desta forma: sem engolir a cachaça, inspire e segure o ar, engula o líquido e expire lentamente pela boca. Dessa maneira, é possível aumentar a percepção das sensações e dos sabores da bebida. As características agradáveis de uma boa cachaça se mantêm por mais tempo na boca mesmo após ser engolida.

Marcadores da análise retro-olfativa da cachaça

DURAÇÃO	Retrogosto curto, médio (-), médio, médio (+), longo.
QUALIDADE DO RETROGOSTO	Retrogosto neutro, simples, de alguma complexidade, muito complexo.
SENSAÇÃO EM DESTAQUE NO RETROGOSTO	Aberta, adocicada, adstringente, aguada, alcoólica, amadeirada, amanteigada, aveludada, boca cheia, encorpada, fechada, fresca, funky, metálica, picante, plana, queimação.

AVALIAÇÃO FINAL

Considere o "conjunto da obra". Uma boa cachaça depende de muitos fatores: o canavial e os tratos que ele recebeu, se a colheita foi feita no momento certo, o tempo que a cana levou entre o corte e a moagem, a qualidade da água para a preparação do mosto, a higiene e a qualidade da fermentação e a destilação criteriosa, além do uso adequado e equilibrado de madeira sem os subterfúgios para mascarar os defeitos originais da cachaça.

Como não é possível saber de todos os detalhes da produção, temos que confiar nos nossos sentidos, ou seja, temos que avaliar se a aparência, o odor e o sabor da cachaça se encaixam e o quanto isso nos agrada.

Portanto, no momento de fazer a avaliação final da cachaça que você degustou, considere a harmonia visual, olfativa e gustativa da bebida, bem como os possíveis indícios de qualidade do canavial, da colheita, da moagem, da fermentação, da destilação e do envelhecimento.

Marcadores da avaliação final da cachaça

ARGUMENTO	Equilíbrio, duração e intensidade, harmonia, complexidade, personalidade.
QUALIDADE	Ruim, regular, boa, muito boa, excelente.
SERVIÇO	Temperatura (refrigerada, no freezer, com gelo, pura).
HARMONIZAÇÃO	Pratos que potencialmente harmonizam com a cachaça.
IDENTIFICAÇÃO DO TERROIR	Identificação de região de produção por meio de características que refletem o território de origem.
IDENTIFICAÇÃO DE ESCOLAS	Identificação da filosofia de produção de cachaça, reconhecendo as nuances que revelam os métodos e princípios adotados em sua criação.

Avaliar uma cachaça pode ser prazeroso, mas também desafiador. Por quê? Acompanhe o vídeo com a sommelière e professora Bia Amorim.

Avaliação sensorial do Mapa da Cachaça no Senac São Paulo.

Crédito: Diego da Silveira

GUIA
DE
CACHAÇAS
PARTE IV

14

BASTIDORES E METODOLOGIA DAS AVALIAÇÕES

Ao longo de quase quinze anos, a equipe do Mapa da Cachaça visitou produtores e degustou rigorosamente – e com prazer – um número considerável de aguardentes de cana. Durante nossas pesquisas de campo e análises sensoriais, fomos descobrindo a riqueza e a complexidade do destilado brasileiro, assim como a necessidade de haver uma metodologia própria para avaliar e classificar a diversa produção de cachaça pelo Brasil.

Esse projeto se concretizou no final de maio de 2024. Durante três dias intensivos, das 7 horas às 17 horas, dez especialistas em avaliação sensorial estiveram reunidos na unidade Aclimação do Senac São Paulo para analisar e avaliar, minuciosamente, cachaças oriundas de todo o país.

Os especialistas avaliaram bebidas enviadas por produtores que foram convidados a inscrever suas cachaças pelos canais digitais do Mapa da Cachaça. As inscrições ocorreram até que fosse atingido o teto de 185 rótulos, para garantir variedade e diversidade entre as participantes.

Rodada de avaliação de cachaças no Senac Aclimação.

Crédito: Diego da Silveira.

CATEGORIZAÇÃO DAS BEBIDAS

Uma vez que a avaliação seria realizada às cegas, as cachaças inscritas foram organizadas em categorias.

Algumas dessas categorias seguiram critérios da legislação vigente, como as definições de premium e extra premium. Outras categorias foram mapeadas por nós para garantir uma avaliação mais justa. Um exemplo foi a separação, entre as cachaças brancas, das que passam por madeira e das que não passam.

A seguir, a descrição das categorias estabelecidas.

- **Branca sem madeira:** cachaça incolor que não passou por madeira.
- **Branca com madeira:** cachaça incolor ou com leve coloração que passou por madeira.
- **Armazenada em carvalho:** cachaça maturada por tempo indeterminado em dornas, barris ou tonéis de carvalho, de qualquer capacidade. Deveria ter coloração expressiva.
- **Armazenada em madeira brasileira ou exótica:** cachaça maturada por tempo indeterminado em dornas, barris ou tonéis de madeira brasileira ou exótica, de qualquer capacidade. Deveria ter coloração expressiva.
- **Envelhecida em carvalho:** cachaça em que no mínimo 50% do volume engarrafado envelheceu em barris ou dornas de carvalho, com capacidade máxima de 700 litros, por período não inferior a um ano.
- **Envelhecida em madeira brasileira ou exótica:** cachaça em que no mínimo 50% do volume engarrafado envelheceu em barris ou dornas de madeira brasileira ou exótica, com capacidade máxima de 700 litros, por período não inferior a um ano.
- **Premium carvalho:** 100% de cachaça envelhecida em recipientes de carvalho, de até 700 litros, por período não inferior a um ano.
- **Extra premium carvalho:** 100% de cachaça ou aguardente envelhecida em recipientes de carvalho, de até 700 litros, por período não inferior a três anos.

- **Blend armazenado:** mistura de cachaças envelhecidas por tempo indeterminado em dornas e barris de carvalho, bem como de madeira brasileira ou exótica, de qualquer capacidade. Não foram consideradas blends as cachaças envelhecidas exclusivamente em carvalhos, como o europeu e o americano. Consideraram-se blends as cachaças em que a madeira influenciou significativamente o perfil sensorial da bebida.
- **Blend envelhecido:** cachaça em que no mínimo 50% do volume engarrafado envelheceu em barris ou dornas de carvalho, bem como de madeira brasileira ou exótica, com capacidade máxima de 700 litros, por período não inferior a um ano. Não foram consideradas blends aquelas cachaças envelhecidas exclusivamente em carvalhos, como o europeu e o americano. Somente foram consideradas blends as cachaças em que a madeira influenciou significativamente o perfil sensorial da bebida.

AVALIADORES

O time de avaliadores foi composto por especialistas de segmentos diversos do mundo das bebidas, incluindo vinho, cachaça, café e cerveja, além de proprietários de bares e restaurantes, sommeliers, consultores e professores.

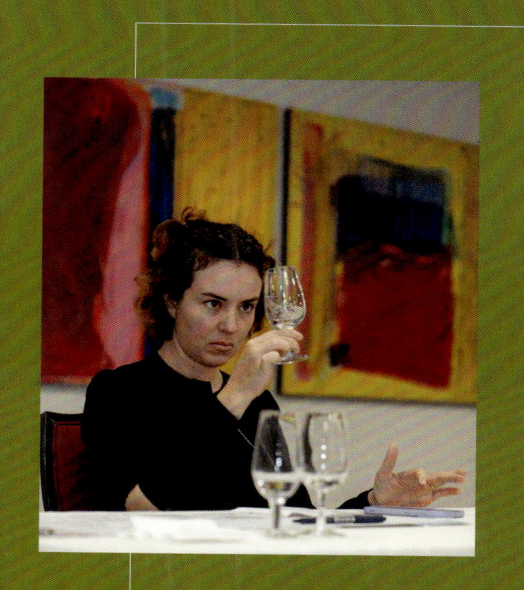

Bia Amorim
Consultora em sommelieria, marketing e eventos com experiência em hotelaria, educação e gerenciamento de operações. Fundadora da Por Obséquio Assessoria Gastronômica, *publisher* da *Farofa Magazine* e autora do *Guia da sommelieria de cervejas*. Colaboradora de veículos de mídia do setor de alimentos e bebidas e juíza em mais de trinta competições cervejeiras.

Crédito: Diego da Silveira.

Cláudio Tibério Gil
Formado em nutrição, tecnologia da gastronomia e gerontologia; especialista em vigilância sanitária e educação adulta. Docente no Senac São Paulo e proprietário do bar e restaurante Casa da Tia.

Crédito: Diego da Silveira.

Isadora Fornari ("Isadinha")
Profissional com atuação em pesquisa, desenvolvimento de mercado e consultoria de bebidas. Colunista e curadora da revista *Prazeres da Mesa* e única brasileira selecionada pela Camus Cognac para um programa de especialização em 2024.

Crédito: Jeisy Mendes.

Felipe P. C. Jannuzzi
Empreendedor no setor de alimentos e bebidas, criador do Mapa da Cachaça e autor do livro *Guia Mapa da Cachaça*. Também produtor do gim Virga, o primeiro do mundo a ter doses de cachaça na sua composição, e colaborador da BR-ME, empresa especializada em produtores brasileiros.

Crédito: Diego da Silveira.

Letícia Nöbauer ("Frau Cachaça")
Importadora e distribuidora de cachaça na Europa. Sommelière de vinhos e cachaça, campeã do IV Concurso Nacional de Rabo de Galo e idealizadora do podcast *The Frau Cachaça Show*.

Crédito: Diego da Silveira.

Luís Otávio Álvares Cruz
Sommelier profissional, vencedor do Concurso Brasileiro de Sommeliers 2023 e representante do Brasil no Best Sommelier of the World da ASI 2023, em Paris. Sommelier do Ano no Brasil, em 2023, pela Académie Internationale de la Gastronomie.

Crédito: Diego da Silveira.

Mari Mesquita
Bartender e barista com cursos de coquetelaria. Consultora para cafés e bares, avaliadora sensorial de destilados e juíza em competições de cachaça.

Crédito: Diego da Silveira.

Nina Bastos
Cofundadora do restaurante Jiquitaia, em São Paulo, e responsável pela pesquisa de cachaças e coquetéis.

Crédito: Diego da Silveira.

Patricia Brentzel
Sommelière, empresária e consultora nas áreas de educação e eventos. Nome reconhecido em vinho natural e apresentadora do podcast *Que Vinho foi Esse?*.

Crédito: Diego da Silveira.

Paulo Leite
Profissional de bar e agrônomo, pós-graduado em tecnologia da cachaça e consultor de fermentados e destilados.

Crédito: Diego da Silveira.

TREINAMENTOS PRÉVIOS

Antes da jornada de três dias de análises sensoriais, aconteceram encontros *on-line* voltados ao treinamento dos avaliadores, para que todos conhecessem as ferramentas e a metodologia de avaliação.

Nessas atividades, foram realizadas palestras de especialistas, como Aline Bortoletto (cientista de alimentos e pós-doutora em ciência e tecnologia de alimentos), Amanda de Andrade Marcondes Pereira (cientista de alimentos e doutoranda em ciência e tecnologia de bebidas), Luis Marcelo Nascimento (mestre alambiqueiro e especialista em cervejas artesanais) e Maurício Maia (cachacier), que abordaram temas cruciais, como fermentação, destilação, envelhecimento em madeiras e blendagem da cachaça.

Durante os treinamentos, os avaliadores aprimoraram conhecimentos específicos sobre cachaça e sobre os defeitos sensoriais que esse destilado pode apresentar. O processo incluiu o envio de diferentes estilos de cachaça a cada especialista, para que posteriormente fossem realizadas avaliações conjuntas dessas amostras, conduzidas por mim (Felipe P. C. Jannuzzi).

Esses encontros serviram também para aprimorar o aplicativo que seria utilizado pelos avaliadores, que colocariam ali as suas notas. Eles contribuíram com sugestões para tornar as análises mais ricas e detalhadas.

AVALIAÇÕES ÀS CEGAS

No primeiro dos três dias de análises sensoriais, na unidade Aclimação do Senac São Paulo, os avaliadores passaram por uma dinâmica de sensibilização: eles experimentaram amostras formuladas por Amanda de Andrade Marcondes Pereira para que reconhecessem diferentes sensações: metálica, pungente e aveludada. A amostra para despertar a sensação metálica foi preparada com água destilada e uma quantidade mínima de sulfato de ferro. A de sensação pungente (áspera na garganta) uniu água destilada e vinagre de álcool. E, para a sensação aveludada (que preenche a boca), a formulação contou com água destilada e CMC, um composto culinário utilizado principalmente na confeitaria. Dessa forma, os sentidos de todos ficaram alertas para as rodadas de degustação de cachaça que viriam a seguir, coordenadas por Amanda e Wagner Figueira (especialista em café, chef no departamento de pesquisa e desenvolvimento [P&D] do Grupo Capim

Santo e um dos desenvolvedores do aplicativo empregado nas avaliações).

A cada bateria de análise, os avaliadores degustaram cachaças com características próximas. Ou seja, houve baterias apenas de cachaças brancas sem madeira, ou somente de cachaças brancas com madeira, ou de cachaças armazenadas em carvalho, e assim por diante. E, embora em cada rodada as cachaças fossem as mesmas para todos os avaliadores, elas foram apresentadas em ordem variada. Por exemplo, se a rodada tinha quatro cachaças, a primeira para um avaliador seria a segunda para o avaliador ao lado, a terceira para o outro, e assim sucessivamente. Essa medida visou eliminar algum viés que pudesse influenciar a análise, permitindo que as cachaças fossem julgadas exclusivamente por suas características sensoriais.

Os avaliadores não sabiam qual cachaça estavam degustando, pois as amostras foram identificadas somente com um código. Eles foram informados apenas sobre a categoria das bebidas que estavam em análise, sem detalhes adicionais que pudessem influir em suas percepções.

Ao longo de todas as avaliações, cada avaliador teve, à sua disposição, água mineral, biscoito de água e sal e pão francês, para "limpar" o paladar sempre que necessário.

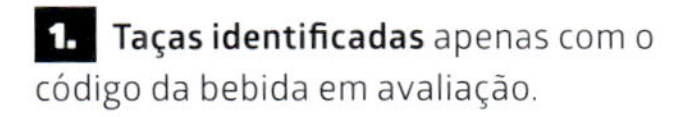

1. Taças identificadas apenas com o código da bebida em avaliação.

2. Notas e descritivos inseridos no aplicativo (à esquerda) e registrados em tempo real no painel de avaliação (à direita).

3. Amanda de Andrade, coordenadora das rodadas de avaliação, em uma das trocas de cachaças.

Crédito das imagens: Diego da Silveira.

PONTUAÇÕES

Cada cachaça participante começou com 100 pontos, que seriam descontados caso houvesse penalizações conforme os critérios de avaliação estabelecidos.

A cada cachaça degustada, os especialistas foram atribuindo notas no aplicativo instalado em seus celulares e apontando descrições sensoriais. Além do aplicativo, eles contaram com um "tapete de avaliação", de papel, em que puderam fazer anotações.

Para a pontuação final de cada cachaça, foi utilizada uma média winsorizada. Esse método estatístico é empregado para minimizar a influência de *outliers*, substituindo os valores extremos (tanto os mais baixos quanto os mais altos) por valores menos extremos. Isso ajuda a obter uma média que reflete mais fielmente a qualidade da cachaça, evitando distorções causadas por avaliações anormalmente altas ou baixas.

Tivemos 185 cachaças inscritas; no entanto, uma não nos foi entregue a tempo para a jornada de avaliações, e outra consistia em um projeto experimental que não foi classificado para este guia. Entre as 183 cachaças efetivamente avaliadas, oito não alcançaram 83 pontos e foram consideradas reprovadas na análise sensorial. Posteriormente, no universo de 175 restantes, houve o sorteio de 28 cachaças (16% do total) para a realização de análises físico-químicas. Nessa etapa, tivemos quatro reprovações.

Com base nessa metodologia, o capítulo 15 lista as 171 cachaças aprovadas nas avaliações de 2024, oriundas de diversas localidades do Brasil.

Pontuação das cachaças avaliadas

55 - 71	—
72 - 76	★
77 - 82	★★
83 - 88	★★★
89 - 94	★★★★
95 - 100	★★★★★

Descrição da pontuação das cachaças avaliadas

PONTOS	ESTRELAS	DESCRIÇÃO
55-71	0	Uma cachaça sem equilíbrio, sem personalidade e que apresenta defeitos graves de produção.
72-76	1	Uma cachaça que não é saborosa, não tem identidade e apresenta defeitos sensoriais.
77-82	2	Uma cachaça sem erros graves, mas que carece de personalidade e não proporciona uma experiência sensorial agradável.
83-88	3	Uma cachaça que segue boas práticas de produção, sem apresentar defeitos técnicos, e proporciona uma boa experiência sensorial.
89-94	4	Uma cachaça entre as melhores do mundo. Marcante e excepcional.
95-100	5	Uma cachaça espetacular, que se destaca pela qualidade técnica, pelo sensorial e, principalmente, por sua personalidade e sua identidade. Uma bebida que representa uma filosofia de produção, a qual se revela nitidamente na avaliação sensorial.

Uma das etapas mais trabalhosas do processo de avaliação consistiu na elaboração do formulário que foi preenchido pelos especialistas via aplicativo. Acompanhe o vídeo com Wagner Figueira.

Neste vídeo, Amanda de Andrade Marcondes Pereira detalha os cuidados que foram tomados durante as baterias de avaliação.

Mesmo que em uma análise sensorial a cachaça seja apenas degustada (e não ingerida), ela "não é água não", como diz a música. O processo exige bastante da visão, do olfato e do paladar dos avaliadores. Acompanhe o que disseram Cláudio Tibério Gil, Mari Mesquita e Luís Otávio Álvares Cruz em um dos intervalos das atividades.

15

CACHAÇAS, PONTUAÇÕES E ESTRELAS

★

★★

★★★

★★★★

★★★★★

3R

GUARAPARI/ESPÍRITO SANTO

A cachaça 3R leva as iniciais do nome de seu produtor, um promotor de justiça que adquiriu um alambique como projeto de aposentadoria. Com apoio da esposa, a professora Nilda, e da filha, a médica Renata, Renato Resende Ribeiro produz uma cachaça que valoriza a qualidade e a comunidade local.

Localizada nas montanhas de Guarapari, na região de Buenos Aires, Espírito Santo, a Destilaria 3R é parte de uma rota turística que atrai cerca de mil visitantes por mês. Os turistas têm a oportunidade de conhecer o processo de produção da cachaça, explorar a gastronomia local e apreciar o clima ameno e a linda vista, incluindo a Pedra do Elefante, que se estende até o mar.

A produção da 3R começou em 2019, com a primeira cachaça registrada lançada em 2023. A cana utilizada é fornecida por produtores locais, que recebem apoio da destilaria para o plantio. A 3R compra toda a produção, para promover a sustentabilidade e o desenvolvimento da agricultura familiar na região. Além de cachaça, são produzidos melado e rapadura.

Na fermentação, utilizam leveduras CA-11, com mosto diluído por água de poço artesiano. O alambique de cobre é aquecido a lenha. A 3R não é diluída com água, mantendo o "coração puro" da bebida. Após a destilação, a cachaça é envelhecida em barris de carvalho e madeiras brasileiras produzidos por uma tanoaria de São Roque do Canaã, também no Espírito Santo. A destilaria utiliza barris de menor volume, valorizando a prática do envelhecimento em vez da de armazenamento, algo pouco comum para a madeira brasileira amendoim.

3R ENVELHECIDA JEQUITIBÁ-ROSA

BRANCA COM MADEIRA

★★★

TEOR ALCOÓLICO	PONTUAÇÃO	SAFRA/LOTE
41%	**84,5** (3 ESTRELAS)	**2023**

Sobre a cachaça: inicialmente, permanece por três meses em tanques de aço inox e, em seguida, por um ano envelhecendo em dornas de 700 litros de jequitibá-rosa com tosta média.

Visual: palha claro, quase incolor, lágrimas moderadas.

Aroma: baunilha, alcaçuz, floral (sabonete), castanhas, cravo.

Corpo/sensação: de curto para médio; aveludada.

Paladar: cana, minerais, coco, frutas passas.

Retrogosto: curto, simples, floral.

3R
ENVELHECIDA AMENDOIM

ENVELHECIDA EM
MADEIRA BRASILEIRA OU EXÓTICA

TEOR ALCOÓLICO	PONTUAÇÃO	SAFRA/LOTE
41%	**85** (3 ESTRELAS)	**2023**

Sobre a cachaça: após ficar três meses em tanques de aço inox, é transferida para dornas novas de 700 litros de amendoim de tosta média, nas quais permanece por até um ano, sem padronização com água antes do engarrafamento.

Visual: dourado escuro para âmbar, lágrimas moderadas.

Aroma: medicinal, menta, castanha queimada.

Corpo/sensação: curto; metálica.

Paladar: folha de louro, castanha, noz-moscada.

Retrogosto: curto, simples, amargo, mentolado.

3R RESERVA DO PRESIDENTE CARVALHO EUROPEU

EXTRA PREMIUM CARVALHO

TEOR ALCOÓLICO	PONTUAÇÃO	SAFRA/LOTE
41%	**86,5** (3 ESTRELAS)	**2023**

Sobre a cachaça: após descansar em aço inox, envelhece por três anos em barris de 200 litros de carvalho europeu com tosta média da tanoaria Agulhas Negras. É o barril mais antigo da destilaria, resultando em uma cachaça extra premium.

Visual: entre amarelo e dourado, meio brilhante, lágrimas moderadas.

Aroma: castanhas, baunilha, banana-passa, panetone.

Corpo/sensação: médio; amendoada.

Paladar: castanhas, fruta-do-conde, baunilha.

Retrogosto: médio, com leve baunilha e castanhas.

ALMA DE GATO

OURINHOS/SÃO PAULO

Álvaro Barreto Peixoto, engenheiro agrônomo formado pela Esalq/USP, sempre esteve ligado ao setor sucroenergético. Em 2007, adquiriu um sítio perto de Ourinhos, no interior paulista, onde já havia um alambique. Inicialmente, elaborar cachaça era apenas um passatempo, mas o sonho de transformar essa paixão em um projeto de aposentadoria se ampliou, e em 2018 a produção se tornou oficial, com a entrada da Alma de Gato no mercado. Em 2021, a produção foi registrada na Receita Federal. Silvana, esposa de Álvaro, é sua parceira na vida e na cachaça e parte essencial do empreendimento.

No sítio Engenho Velho, onde a bebida é produzida, há um canavial de 4,5 alqueires, com variedades como a CTC 9001. Parte da cana é destinada à cachaça, enquanto o restante vai para a usina.

O processo de fermentação utiliza o CA-11 ou o fermento biológico Fleischmann, comum nas usinas vizinhas. As dornas de fermentação são de aço inox e fechadas, garantindo maior controle. O destilador, com capacidade de 1 mil litros, produz entre 8 mil e 10 mil litros por safra.

O nome Alma de Gato, inspirado no pássaro *Piaya cayana*, comum no Vale do Paranapanema, foi escolhido para refletir a conexão com a região e com a natureza. O compromisso com o meio ambiente é uma prioridade: a caldeira utiliza bagaço de cana, há um circuito fechado de água no processo de destilação, e o vinhoto e as cinzas são reaproveitados na lavoura e na horta.

Desde o início, a família esteve envolvida no projeto, ajudando a transformar o sítio em uma empresa dedicada à produção de cachaça de alambique. A cachaça Alma de Gato visa se destacar no interior de São Paulo, onde novas destilarias comprometidas com qualidade e sustentabilidade estão surgindo.

ALMA DE GATO PREMIUM

PREMIUM CARVALHO

TEOR ALCOÓLICO	PONTUAÇÃO	SAFRA/LOTE
39%	**91** (4 ESTRELAS)	**PR0124**

Sobre a cachaça: no sítio Engenho Velho, apenas a Alma de Gato Premium passa por um processo de bidestilação, ficando armazenada por um ano em barris de carvalho americano de 250 a 300 litros, muitos dos quais já estavam na propriedade quando o sítio foi adquirido.

Visual: ouro claro, meio brilhante, lágrimas moderadas.

Aroma: caramelo, chocolate com cereja, frutas vermelhas (framboesa), mofo, castanhas, coco.

Corpo/sensação: de curto para médio; aveludada.

Paladar: não tem a potência presente do carvalho americano, como em outras cachaças premium, mas o que falta em intensidade se apresenta em diversidade, com casca de mofo branco (presente em queijos), baunilha, creme, coco, amêndoa e leve toffee.

Retrogosto: de curto para médio. As barricas antigas podem trazer boas surpresas e complexidades.

BARRA GRANDE

ITIRAPUÃ/SÃO PAULO

A cachaça Barra Grande é produzida pela família Figueiredo desde 1860 em um dos alambiques mais antigos em operação no estado de São Paulo. Atualmente, Maurílio Figueiredo, mestre de alambique e mestre de adega, é o responsável pela produção. A Fazenda Barra Grande, onde a cachaça é elaborada, localiza-se na fronteira com Minas Gerais, a 850 metros de altitude, usufruindo do clima chuvoso e do solo barrento e argiloso, ideais para o cultivo da cana-de-açúcar.

A fazenda busca equilibrar aspectos sociais, econômicos e ambientais, utilizando energia alternativa e técnicas sustentáveis em suas lavouras. Além da cana e da cachaça, diversifica suas atividades com cafeicultura, pecuária, produção de madeira nobre e turismo rural.

Com 200 hectares, na Barra Grande são cultivadas cinco variedades de cana-de-açúcar, entre elas RB 7515, 1816, 3046, 5503 e java. Apenas 10% da cana plantada se destina à produção da cachaça, e o restante é vendido para usinas.

Após o corte, a cana é transportada e moída em até 48 horas. A garapa é extraída por uma moenda movida por uma roda-d'água inglesa do século XIX, cuja energia também movimenta o moinho que transforma milho em fubá, utilizado durante a fermentação. No início da safra, adota-se a receita do fermento caipira, que envolve a combinação de fubá de milho, farelo de arroz, extrato de soja e maisena triturada. A massa resultante é deixada em descanso por dois dias, enquanto se adiciona caldo de cana e se empregam aeradores para aumentar a oxigenação. A fermentação é realizada por leveduras selvagens, com o fermento sendo lavado semanalmente e a aplicação de ácido cítrico para controlar a acidez e a proliferação de bactérias.

A destilação ocorre em dois alambiques de cobre de 1 mil litros, aquecidos por fogo direto. Após a destilação, a cachaça passa por tonéis de jequitibá-rosa de 25 mil litros, para padronização. A cachaça é então transferida para tonéis de carvalho, bálsamo e amburana. No engarrafamento, retiram-se até 40% do conteúdo dos tonéis, e alguns são mantidos parcialmente preenchidos por mais de vinte anos.

Além da linha Barra Grande, os produtores mantêm parceria com a Natique Osborne e produzem as cachaças Santo Grau Itirapuã, Santo Grau Cinco Botas e Santo Grau P.X.

BARRA GRANDE RETRÔ

BLEND ARMAZENADO

★★★★

TEOR ALCOÓLICO	PONTUAÇÃO	SAFRA/LOTE
43%	**89,5**	**0010**
	(4 ESTRELAS)	

Sobre a cachaça: a Barra Grande Retrô traz em seu rótulo o *layout* adotado por Alceu Figueiredo, tio de Maurílio, em 1950, e é apresentada em uma garrafa no estilo da de cerveja. O blend traz 70% de jequitibá, 25% de carvalho francês e 5% de amburana. O carvalho francês, utilizado em barris de 200 a 250 litros que anteriormente armazenaram uísque, possui tosta intensa, conhecida como tosta crocodilo. Já a amburana é envelhecida em barris novos com leve tosta.

Visual: palha, brilhante, lágrimas moderadas.

Aroma: difícil definição das madeiras, apresenta castanhas, melado, banana, fundinho discreto de chocolate amargo, defumado.

Corpo/sensação: médio; plana, levemente adstringente.

Paladar: muito vegetal, com agave, melado, melão, pão, amêndoa.

Retrogosto: a tosta aparece no final da boca, trazendo torrados e amargor medicinal.

CARAÇUÍPE

CAMPO ALEGRE/ALAGOAS

A cachaça Caraçuípe homenageia a memória da família Coutinho, resgatando a tradição e a experiência no cultivo de cana-de-açúcar e na produção de cachaça de alambique em Alagoas. A história do Engenho Caraçuípe começou em 1933, quando Antônio e Benedito Coutinho adquiriram a propriedade de Campo Alegre. A partir de então, os irmãos conduziram uma série de empreendimentos açucareiros bem-sucedidos. O engenho simbolizava a união de pesquisa de campo e laços afetivos com a terra, buscando melhorias na qualidade da cana e de seus derivados, como mel de engenho e cachaça.

Renato Coutinho, neto de Antônio, decidiu seguir os passos de seus antecessores e, junto de sua esposa, Cristiane Dantas, dedica-se à produção de cachaça no Engenho Caraçuípe. Renato cresceu ouvindo histórias sobre o engenho, considerado o orgulho da família e a realização de um sonho. Esse legado impulsionou Renato a preservar e aprimorar as técnicas artesanais de produção, utilizando leveduras autóctones selecionadas na fermentação, sem adição de substratos naturais, e conservadas para uso contínuo entre as diferentes safras. A destilação ocorre em alambiques de cobre.

No envelhecimento, utilizam principalmente barris de carvalho francês, com blends premiados no Brasil e no exterior, mérito da colaboração com o mestre de adega Carlos Lisboa, um dos profissionais mais bem pontuados neste guia.

CARAÇUÍPE OURO

ENVELHECIDA EM CARVALHO

★★★★

TEOR ALCOÓLICO	PONTUAÇÃO	SAFRA/LOTE
40%	**90** (4 ESTRELAS)	**08/23 / L44**

Sobre a cachaça: a Caraçuípe Ouro é envelhecida em barris de carvalho francês entre 200 e 220 litros por dezoito meses, com blend de cachaças que passaram por três barris de diferentes tipos de tosta (tosta 1 Sweet 2, tosta 1 Spice, tosta 1 Smoke).

Visual: âmbar, brilhante, lágrimas moderadas.

Aroma: fechado, melado, figo seco, caramelo, com boa presença das tostas (coco queimado, couro).

Corpo/sensação: cachaça encorpada; aveludada.

Paladar: cereais maltados, caramelo, leve baunilha, coco queimado.

Retrogosto: de médio para longo, complexo, frutas secas, elementos torrados, leve cardamomo.

CARAÇUÍPE EXTRA PREMIUM

EXTRA PREMIUM CARVALHO

★★★★

TEOR ALCOÓLICO	FONTUAÇÃO	SAFRA/LOTE
40%	**90** (4 ESTRELAS)	**2019**

Sobre a cachaça: é envelhecida em barris de carvalho francês de 200 a 220 litros por cinco anos, com blend de cachaças que passaram por três barris de diferentes tipos de tosta (tosta 1 Sweet 2, tosta 1 Spice, tosta 1 Smoke).

Visual: âmbar com tons alaranjados, brilhante, lágrimas lentas.

Aroma: complexo, trazendo aromas de castanhas (noz-moscada, coco, avelã), floral (violeta), torrados (toffee).

Corpo/sensação: cachaça encorpada; aveludada.

Paladar: promete mais no nariz. O carvalho é sóbrio na boca, mais fechado, com avelã, baunilha, coco e toffee.

Retrogosto: longo. É possível "mastigar" a madeira por bons segundos.

CASA BUCCO

BENTO GONÇALVES/RIO GRANDE DO SUL

A Casa Bucco, localizada no Vale do Rio das Antas, em Bento Gonçalves, é uma destilaria familiar com raízes profundas no norte da Itália. A história da família Bucco começou com Basílio Romano Bucco, que emigrou de Údine em 1875. A tradição de produção de grapa foi adaptada à cultura local, resultando na elaboração de cachaça já em 1925.

Desde 1996 sob a direção de Moacir A. Menegotto, a Casa Bucco incorporou modernas tecnologias de fermentação e destilação, sendo um dos primeiros alambiques a adotar técnicas de bidestilação.

A propriedade, que abrange 56 hectares (11 dos quais dedicados ao cultivo orgânico de cana-de-açúcar), beneficia-se das características únicas do microclima local. O solo pedregoso de origem basáltica, o clima quente de verão, as chuvas abundantes e a proteção natural da neblina espessa, que impede a formação de geadas no inverno, proporcionam condições ideais para o crescimento da cana.

O caldo de cana é processado no mesmo dia da colheita e fermentado com leveduras selecionadas para realçar o perfil aromático. A destilação é realizada em alambique de cobre do tipo charantês (*charentais*), comum na destilação de conhaques.

As chuvas no Rio Grande do Sul no primeiro semestre de 2024 atingiram duramente a Casa Bucco, com prejuízos no canavial e na estrutura de armazenamento, além da trágica perda de dois membros da equipe. Desejamos que a dedicação e o legado da Casa Bucco inspirem um futuro de renovação e prosperidade.

CASA BUCCO AMBURANA

ENVELHECIDA EM MADEIRA BRASILEIRA OU EXÓTICA

TEOR ALCOÓLICO	PONTUAÇÃO	SAFRA/LOTE
38%	**93,5** (4 ESTRELAS)	**OUTUBRO 2023/0223**

Sobre a cachaça: a Casa Bucco Amburana envelhece em tonéis de *Amburana acreana* de 700 litros entre dezoito meses e dois anos, com tosta intensa. Ela é um exemplar do estilo gaúcho de envelhecer cachaça utilizando essa madeira brasileira.

Visual: dourado escuro, brilhante, lágrimas médias.

Aroma: cumaru, bombom com cereja, baunilha, caramelo, amêndoa, noz-moscada.

Corpo/sensação: de médio para intenso; macia, aveludada.

Paladar: coco queimado, avelã, baunilha, noz-moscada.

Retrogosto: médio. Apesar de amena e muito amadeirada, tem bom equilíbrio entre madeira e álcool. É uma cachaça aberta e pouco picante.

Sugestão de consumo: harmonizar com queijo gruyère. Comparar com João Mendes Umburana (ver p. 325), que segue um outro estilo de envelhecer cachaça nessa madeira brasileira (Escola da Amburana Gaúcha × Escola da Amburana Mineira).

CASA BUCCO 5 MADEIRAS

BLEND ENVELHECIDO

★★★★

TEOR ALCOÓLICO	PONTUAÇÃO	SAFRA/LOTE
40%	**90,5** (4 ESTRELAS)	**01/2022**

Sobre a cachaça: a Casa Bucco 5 Madeiras é um blend envelhecido por pelo menos cinco anos em tonéis de amburana de 700 litros com tosta intensa, bálsamo de 700 litros com tosta intensa, carvalho de 180 litros com tosta intensa, jequitibá-rosa de 700 litros com tosta leve para média e angico de aproximadamente 200 litros com tosta média. Apenas o tonel de jequitibá-rosa é de primeiro uso.

Visual: dourado, brilhante, lágrimas lentas.

Aroma: no nariz inicialmente aparecem caramelo, baunilha e frutas cristalizadas de panetone. Evolui para aromas torrados (toffee, leve tabaco, chocolate amargo), de especiarias (maçã com canela) e de noz-moscada.

Corpo/sensação: médio; fina.

Paladar: caramelo (pudim de leite), avelã, noz-moscada, leve fruta seca (ameixa), mentolado.

Retrogosto: de médio para longo. Cachaça elegante, com predomínio do carvalho, com boa presença de tosta e condimentos, sem deixar de ser delicada.

CAVACO

BRASÍLIA/DISTRITO FEDERAL

Cavaco nasceu do sonho de Josafá Teixeira Cavalcante, médico que sempre teve o desejo de fabricar sua própria cachaça. A ideia surgiu ao observar as mudas de cana-de-açúcar na fazenda de sua família, em Alagoas, na qual ele imaginava a transformação da cana em bebida. Esse desejo se concretizou em Brasília, onde Josafá e seus filhos, Igor, Diogo e Vítor, produziram a primeira cachaça 100% feita no Distrito Federal.

A produção do Engenho Cavaco é inteiramente própria, começando com a plantação de cana-de-açúcar em 15 hectares. A região onde está localizada é seca, com temperaturas elevadas, o que influenciou a adaptação das variedades de cana. Josafá adquiriu a propriedade em 2003, já com a intenção de produzir cachaça, honrando as raízes de sua família alagoana e a antiga propriedade do avô, que inspirou o nome da marca.

O processo de fermentação da Cavaco utiliza levedura selvagem. Antes de a fermentação ser iniciada, há um preparo de duas semanas do pé de cuba para multiplicar as leveduras, seguindo a tradicional receita de fermento caipira com fubá de milho. Em 2017, aconteceu a primeira produção, e em 2020 a cachaça foi oficialmente registrada no Ministério da Agricultura e Pecuária.

A destilação é feita em um alambique de cobre do tipo chapéu de padre, com capacidade de 700 litros, utilizando bagaço de cana como combustível. Todas as cachaças são monodestiladas. Na adega, há barris e dornas de amburana, carvalho europeu, carvalho americano e jequitibá-rosa.

CAVACO PRATA

BRANCA SEM MADEIRA

TEOR ALCOÓLICO	PONTUAÇÃO	SAFRA/LOTE
43%	**86,5** (3 ESTRELAS)	**01/2024**

Sobre a cachaça: a Cavaco Prata descansa em dornas de aço inox de 2.500 litros por no mínimo seis meses. É a primeira cachaça 100% produzida no Distrito Federal.

Visual: incolor, límpido, lágrimas lentas.

Aroma: melado, castanhas, cardamomo, banana madura.

Corpo/sensação: de médio para encorpado; amendoada.

Paladar: vegetal, leite de coco, castanhas, vinho de cana.

Retrogosto: médio, herbáceo.

COLOMBINA

ALVINÓPOLIS/MINAS GERAIS

Na pequena cidade de Alvinópolis, cerca de 160 quilômetros ao sul de Belo Horizonte, encontra-se a Fazenda do Canjica. Esse local, com suas terras úmidas e férteis, tornou-se o berço da Colombina, uma das mais tradicionais e respeitadas cachaças artesanais mineiras.

A história começou em 1920, quando José Acácio de Figueiredo, um comerciante de Santa Bárbara (cidade vizinha a Alvinópolis), começou a envasar e vender cachaça. Ele comprava a bebida de produtores locais e a transportava até Belo Horizonte, onde era padronizada e engarrafada sob o mesmo rótulo. Entre seus fornecedores, destacava-se o engenho da Fazenda do Canjica. A marca, inspirada na personagem Colombina, da Commedia Dell'Arte, rapidamente ganhou notoriedade, conquistando prêmios como o da Exposição do Centenário da Independência, no Rio de Janeiro, em 1922.

Na Fazenda do Canjica, o antigo engenho guarda memórias de uma época em que a moenda de cana era movida à água e grandes tanques de madeira, chamados de paróis, eram usados na fermentação e no armazenamento da cachaça. Esses paróis, feitos de madeira de jatobá, são raridades preservadas até hoje, conferindo à cachaça Colombina uma identidade própria. A produção segue o método artesanal com fermento caipira e destilação lenta a fogo direto, como nos primórdios da marca.

A Colombina chegou a ser descontinuada na década de 1950 e voltou ao mercado apenas nos anos 1990, graças aos esforços de Raul Mègre e sua esposa, Maria Elisa, filha do proprietário da Fazenda do Canjica na época. Com a morte de Raul, em 2004, Luciano Barbosa Souto, seu genro, assumiu a produção ao lado da esposa, Lívia Mègre Souto, preservando o legado da cachaça.

COLOMBINA CENTENÁRIO

BLEND ENVELHECIDO

TEOR ALCOÓLICO	PONTUAÇÃO	SAFRA/LOTE
40%	**91** (4 ESTRELAS)	**01/2023**

Sobre a cachaça: a cachaça é um blend assinado pelo mestre de adega Nelson Duarte. É envelhecida em tonéis de jatobá de 700 litros, produzidos pela tanoaria Anva, da cidade mineira de São Gonçalo do Rio Abaixo, sem tosta. E leva também mistura de cachaça que passa um ano em barris de amburana de primeiro uso produzidos pela tanoaria Del Rey, de Caetanópolis, também em Minas Gerais.

Visual: dourado acobreado, meio brilhante, lágrimas moderadas.

Aroma: pão de mel, casca de laranja, paçoca, móvel antigo, caramelo.

Corpo/sensação: de leve para médio; boca cheia, levemente adstringente.

Paladar: bastante verde na boca, do começo ao fim, com hortelã, madeira antiga, cardamomo, cereais, amendoim e couro.

Retrogosto: médio, com bastante frescor na boca, como chupar uma bala de hortelã, leve picância.

COMPANHEIRA

JANDAIA DO SUL/PARANÁ

Natanael Bonicontro, engenheiro químico e empreendedor, criou a cachaça Companheira em Jandaia do Sul, no Vale do Ivaí, Paraná, em 1994. O objetivo era produzir uma bebida artesanal de alta qualidade, distinta das aguardentes industrializadas da região. Inspirado por processos avançados de refino do petróleo e na produção de uísque, Natanael projetou um destilador contínuo exclusivo, utilizando cobre e técnicas que permitem a remoção das peças para limpeza periódica. Embora a teoria da destilação tenha sido aprendida na faculdade, foi na prática, como engenheiro de processamento na Petrobras, que ele adquiriu o conhecimento necessário para projetar seu próprio alambique.

O processo produtivo da cachaça Companheira é rigorosamente controlado, começando pela colheita manual da cana-de-açúcar, cultivada em seu próprio canavial, da variedade IAC 9500. Após a colheita e a moagem da cana, a fermentação é realizada utilizando leveduras comerciais (CA-11 e fermento de panificação), seguida pela destilação no equipamento inovador. O solo da região, enriquecido com minerais de origem vulcânica, contribui para a autenticidade e o sabor característico da cachaça. Contudo, é no uso cuidadoso das madeiras para o envelhecimento que as cachaças da família Bonicontro realmente se destacam.

Raquel, filha de Natanael, trabalha na empresa desde 2011, garantindo a continuidade do negócio familiar, que destila anualmente 100 mil litros, distribuídos em quatro tipos de cachaça, coquetéis alcoólicos e seis tipos de licores. Desde 2022, a empresa organiza o Festival da Cachaça de Jandaia do Sul, ajudando a posicionar a cidade como um dos principais polos de produção de cachaça no estado. Em 2023, Jandaia do Sul foi oficialmente reconhecida como a Capital Paranaense da Cachaça, consolidando ainda mais sua importância no cenário nacional.

O nome Companheira foi inspirado no pássaro joão-de-barro, que passa a vida toda ao lado da mesma parceira, como descrito na letra de Tonico e Tinoco: "O João de Barro pra ser feliz como eu/ Certo dia resolveu arranjar uma companheira/ Num vai e vem com o barro da biquinha/ Ele fez sua casinha lá no galho da paineira".

COMPANHEIRA
EXTRA PREMIUM CARVALHO

EXTRA PREMIUM CARVALHO

★★★★

TEOR ALCOÓLICO	PONTUAÇÃO	SAFRA/LOTE
40%	**91** (4 ESTRELAS)	**05/03/2024**

Sobre a cachaça: é envelhecida por quatro anos em barris de carvalhos americano e francês.

Visual: dourado com tons alaranjados.

Aroma: mel, caramelo, figo, guaraná, leve medicinal.

Corpo/sensação: cachaça macia, aveludada.

Paladar: avelã, baunilha, caramelo, xarope de bordo, ameixa.

Retrogosto: de curto para médio. Agradável, equilibrado e caramelado.

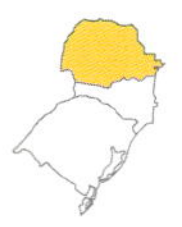

COMPANHEIRA GATINHA

BLEND ARMAZENADO

TEOR ALCOÓLICO	PONTUAÇÃO	SAFRA/LOTE
40%	**94,5** (4 ESTRELAS)	**21/02/24**

Sobre a cachaça: a Gatinha é um blend de cachaças envelhecidas por quatro anos em barris de carvalhos francês e americano, além de cachaça armazenada por três anos em tonel de amburana de 8 mil litros. Para padronizar o teor alcoólico, a mistura é finalizada com cachaça prata, armazenada em tanques de aço inox por um ano.

Visual: dourado claro, com brilho médio, lágrimas moderadas.

Aroma: primeiro impacto dos carvalhos, trazendo coco queimado, mel e caramelo. A amburana é delicada, com chiclete tutti-frutti.

Corpo/sensação: leve; aberta, redonda, doce.

Paladar: levemente vegetal, vindo da padronização com cachaça prata. O destaque vai para doce de coco, baunilha e caramelo dos carvalhos.

Retrogosto: médio, fresco, com mentolado da amburana.

Sugestão de consumo: alta bebabilidade, uma cachaça fácil, boa para quem quer começar a decifrar os blends de cachaça. Com uma proposta descontraída e despretensiosa, é uma cachaça que tem tudo para conquistar o mundo porque é versátil. Traz a familiaridade dos carvalhos, com o diferencial da madeira brasileira.

COMPANHEIRA DUETO

BLEND ENVELHECIDO

TEOR ALCOÓLICO	PONTUAÇÃO	SAFRA/LOTE
40%	**91,5** (4 ESTRELAS)	**11/03/24**

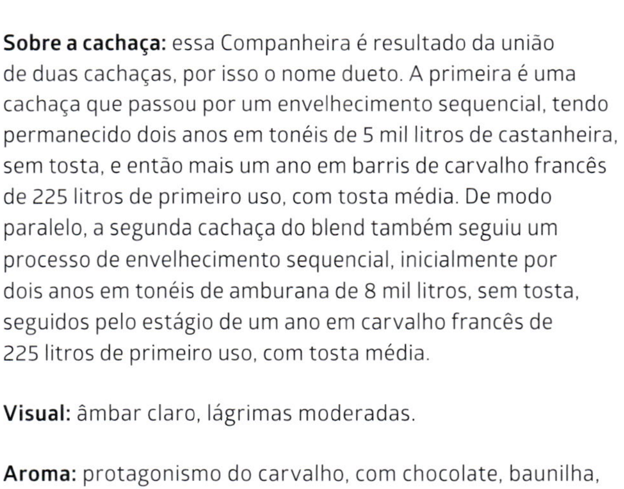

Sobre a cachaça: essa Companheira é resultado da união de duas cachaças, por isso o nome dueto. A primeira é uma cachaça que passou por um envelhecimento sequencial, tendo permanecido dois anos em tonéis de 5 mil litros de castanheira, sem tosta, e então mais um ano em barris de carvalho francês de 225 litros de primeiro uso, com tosta média. De modo paralelo, a segunda cachaça do blend também seguiu um processo de envelhecimento sequencial, inicialmente por dois anos em tonéis de amburana de 8 mil litros, sem tosta, seguidos pelo estágio de um ano em carvalho francês de 225 litros de primeiro uso, com tosta média.

Visual: âmbar claro, lágrimas moderadas.

Aroma: protagonismo do carvalho, com chocolate, baunilha, caramelo, mel e discreto couro; fundo de amburana, canela e cereja; além de frutas cristalizadas e creme.

Corpo/sensação: médio; fresca.

Paladar: doce do carvalho, avelã, chocolate e baunilha. A amburana é presente, mas muito delicada, trazendo especiarias e picância ao blend, com cravo e cardamomo.

Retrogosto: de médio para longo. Uma cachaça doce, agradável e equilibrada, com toque final de frescor mentolado.

Sugestão de consumo: para degustar pura.

COMPANHEIRA
48%

BRANCA SEM MADEIRA

TEOR ALCOÓLICO	PONTUAÇÃO	SAFRA/LOTE
48%	**86** (3 ESTRELAS)	**02/04/24**

Sobre a cachaça: após ser destilada em um equipamento único desenvolvido por Natanael Bonicontro, um híbrido entre coluna e alambique, a Companheira 48% é armazenada em dornas de aço inox de 9 mil litros.

Visual: incolor, lágrimas extremamente lentas.

Aroma: apesar da potência alcoólica, é delicada no nariz. Leite de coco, shoyu, mineral, bagaço, fermento (*sourdough*).

Corpo/sensação: leve; amanteigada.

Paladar: toda a intensidade alcoólica aparece na boca. Presença de bagaço, um pouco de melão, cereais, medicinal.

Retrogosto: direto e curto. Doce de cana, sem muita presença de frutas. Quente, mas sem arranhar a garganta e com pouca picância. Uma cachaça láctea e leve.

COQUEIRO

PARATY/RIO DE JANEIRO

Situada na Fazenda Cabral, a apenas 7 quilômetros do centro histórico de Paraty, a destilaria possui uma importância histórica e cultural incomparável, sendo a mais antiga da cidade, com registros que datam de 1803. A produção é liderada por Eduardo Mello e seu filho Dudu, preservando uma tradição familiar que já alcança a quarta geração. Em 1980, Eduardo adquiriu a marca de cachaça Coqueiro, existente desde 1940, e passou a engarrafar suas cachaças sob essa marca, que se tornou uma das mais icônicas e premiadas do Brasil.

O segredo do sucesso da cachaça Coqueiro reside na fiel manutenção das receitas ancestrais, que fizeram de Paraty sinônimo de cachaça de qualidade. Parte dessa herança está nas técnicas de fermentação com leveduras selvagens e no uso de ingredientes secretos na preparação do pé de cuba, resultando em uma bebida que capta os aromas e sabores únicos da região.

No primeiro semestre de 2024, as receitas tradicionais da cachaça de Paraty foram oficialmente reconhecidas com a concessão do selo de Denominação de Origem pelo Inpi, reforçando a identidade dos produtores que mantêm viva a tradição local de produção de cachaça.

Em 2024, ocorreu a trágica perda de Angelo Mello, filho de Eduardo. Angelo era um entusiasta da coquetelaria com cachaça e, ao preparar suas receitas com aguardentes e licores, valorizava uma tradição familiar. Sua avó e sua mãe produziam licores de cachaça, utilizando frutas e especiarias da estação. Devotas de São João, nas festas de família, ainda serviam o quentão feito de caramelo de açúcar, gengibre, cravo e canela. Indispensável nas festividades juninas, as aguardentes da família Mello se popularizaram em Paraty e inspiram uma nova geração de bartenders e apreciadores. Angelo representava essa nova geração, trazendo inovação ao centenário legado familiar.

COQUEIRO AMENDOIM

BRANCA COM MADEIRA

TEOR ALCOÓLICO
40%

PONTUAÇÃO
91
(4 ESTRELAS)

SAFRA/LOTE
2023

Sobre a cachaça: é armazenada no mínimo durante seis meses em dornas de amendoim de grande porte (7 mil, 10 mil, 12 mil, 13 mil e 20 mil litros).

Visual: leve palha, quase incolor, lágrimas lentas.

Aroma: é o autêntico terroir de Paraty, com destaque para cana e madeira em segundo plano. Bagaço, grama, castanhas, doce de banana, milho-verde, dama-da-noite.

Corpo/sensação: de médio para encorpado; amanteigada, fresca, macia.

Paladar: doce intenso, com bagaço, mel, floral, leve medicinal e iodo.

Retrogosto: de médio para longo, complexo, floral com algo medicinal e leve salgado no fim de boca.

DA QUINTA

CARMO/RIO DE JANEIRO

A Cachaça Da Quinta é produzida na Fazenda da Quinta, situada no município do Carmo, na região serrana do Rio de Janeiro. Localizada em um vale próximo ao rio Paraíba do Sul, a uma altitude de aproximadamente 220 metros, a propriedade tira proveito de solo, clima e microclima ideais para o cultivo da cana-de-açúcar, bem como para a fermentação e a elaboração de suas cachaças.

Em 1923, Francisco Lourenço Alves, um imigrante português, adquiriu a Fazenda da Quinta e implementou melhorias no processo de fabricação da cachaça já existente na propriedade. Seu filho, José Ramos Alves, deu continuidade ao aprimoramento da produção, mantendo a técnica original e especializando ainda mais o processo de fermentação, conquistando a preferência dos apreciadores.

No início do século XXI, José Ramos passou a propriedade e o conhecimento do processo tradicional para sua filha, Kátia Alves Espírito Santo. Combinando saberes tradicionais com tecnologias e conhecimentos contemporâneos, Kátia modernizou a fábrica e renovou a identidade visual da marca, as embalagens e a linha de produtos, atendendo aos padrões de qualidade internacional.

Na fazenda são plantadas atualmente quatro variedades de cana: duas SP e duas RB. As canas frescas são cortadas e moídas no mesmo dia, servindo de base para a propagação das leveduras nativas durante a fermentação. A cada ciclo de 24 horas, o ciclo fermentativo é completado, com as leveduras sendo alimentadas exclusivamente com o caldo de cana. O caldo fermentado segue, então, para o alambique de fogo indireto.

A produção anual da Fazenda da Quinta é de 100 mil garrafas, comercializadas em diversos estados brasileiros e no exterior. Além da linha de cachaças Da Quinta, o alambique produz e engarrafa as cachaças da marca Avuá, criada exclusivamente para exportação pelos norte-americanos Nate Whitehouse e Peter Nevenglosky.

Como diz a música dos Paralamas do Sucesso: "Cachaça *made in* Carmo dando a volta no planeta".

DA QUINTA BRANCA

BRANCA SEM MADEIRA

TEOR ALCOÓLICO
42%

PONTUAÇÃO
91
(4 ESTRELAS)

SAFRA/LOTE
2004/01

Sobre a cachaça: é armazenada por seis meses em tonéis de aço inox.

Visual: incolor, lágrimas moderadas.

Aroma: melado, abacaxi, casca de laranja, amêndoa.

Corpo/sensação: médio; boca cheia.

Paladar: vegetal, vivo, com personalidade, frutas cítricas, amêndoa e baunilha.

Retrogosto: médio, vegetal, amendoado.

DA QUINTA AMBURANA

ARMAZENADA EM
MADEIRA BRASILEIRA OU EXÓTICA

TEOR ALCOÓLICO	PONTUAÇÃO	SAFRA/LOTE
40%	**93,5** (4 ESTRELAS)	**2024/01**

Sobre a cachaça: utiliza tonéis de amburana de diversos tamanhos, incluindo opções de 3.500 litros, 700 litros e 200 litros. O processo de armazenamento é majoritariamente realizado sem aplicação de tosta, embora alguns tonéis sejam tostados.

Visual: dourado amarelado, brilho intenso, lágrimas moderadas.

Aroma: delicada, complexa, quentão (álcool, cravo e canela), flores brancas, baunilha, cereja e licor de amêndoa.

Corpo/sensação: médio; amendoada, fresca, aberta.

Paladar: baunilha, canela, cardamomo, amêndoas, floral, leve tabaco.

Retrogosto: de médio para longo, com castanhas; leve medicinal.

DA QUINTA CARVALHO

ENVELHECIDA EM CARVALHO

TEOR ALCOÓLICO	PONTUAÇÃO	SAFRA/LOTE
40%	**90** (4 ESTRELAS)	**2023/10**

Sobre a cachaça: é envelhecida em tonéis de 200 litros de carvalho francês, todos com tosta média. O tempo de permanência nos tonéis varia, e os lotes finais são compostos por misturas de cachaças com idades entre 1 ano e 3 anos.

Visual: dourado, brilhante, lágrimas lentas.

Aroma: baunilha, caramelo, maçã, avelã, amêndoa, toffee.

Corpo/sensação: de médio para intenso; amendoada.

Paladar: bom equilíbrio entre álcool e amadeirado. Na boca aparecem mais as especiarias (canela, cardamomo, leve cravo) em harmonia com adocicados e castanhas (mel, baunilha, caramelo, amêndoa, noz-moscada).

Retrogosto: longo e expansivo.

Sugestão de consumo: deliciosa. Para beber pura.

DA TULHA

MOCOCA/SÃO PAULO

A Fazenda São José do Mato Seco, situada em Mococa, São Paulo, é responsável pela produção da cachaça Da Tulha. A destilaria está instalada em uma propriedade do século XIX que, inicialmente, dedicava-se à produção de café. Em 1998, após adquirirem a fazenda, Veva e Guto Quintella investiram na estrutura de produção de cachaça, preservando as instalações originais. A antiga tulha, um galpão que armazenava grãos de café, foi adaptada para abrigar barris e dornas de jequitibá, carvalho, bálsamo e amburana, utilizados para envelhecer a bebida.

Toda a cana utilizada na produção da cachaça Da Tulha é cultivada na própria fazenda e colhida manualmente, sem queima, beneficiando o processo fermentativo, que é realizado com levedura selvagem, garapa e fubá de milho no preparo do pé de cuba. Em 2004, a marca lançou sua linha principal, com cachaças armazenadas em jequitibá e carvalho. Outras madeiras são utilizadas em experimentos que resultaram nas Edições Únicas, blends que foram inicialmente liderados pelo especialista em cachaça Erwin Weimann (falecido em 2019).

Desde 2007, as Edições Únicas são lançadas anualmente, com a colaboração de convidados na criação dos blends. Sob a liderança de Dudu Quintella, filho de Veva e Guto, os produtores estão construindo uma nova destilaria, a 8 quilômetros da original, com o objetivo de expandir e modernizar a produção.

DA TULHA EDIÇÃO 2023

BLEND ENVELHECIDO

★★★★

TEOR ALCOÓLICO	PONTUAÇÃO	SAFRA/LOTE
40%	**90,5** (4 ESTRELAS)	**2023**

Sobre a cachaça: é uma bela homenagem a Derivan Ferreira de Souza, defensor das bebidas típicas brasileiras e responsável pelo reconhecimento da caipirinha e do rabo de galo na International Bartender Association (IBA). Esse blend único, resultado da colaboração de Deborah Orr, Cassiano Rubi, Edu Passarelli e Ana Vera Toledo Piza, combina 30% de carvalho europeu (17 anos), 40% de carvalho americano (9 anos), 20% de bálsamo (23 anos) e 10% de jequitibá (14 anos). O blend teve supervisão de Dudu Quintella.

Visual: dourado escuro para âmbar, brilhante, lágrimas moderadas.

Aroma: menta, chocolate, artemísia, baunilha, banana-passa.

Corpo/sensação: médio; boca cheia, condimentada.

Paladar: bastante informativa, com biscoito de gengibre, noz-moscada, anis, castanha, baunilha, caramelo e frutas cristalizadas.

Retrogosto: médio, frutado, baunilha, especiarias, noz-moscada.

DIVINA CANA

TRÊS PONTAS/MINAS GERAIS

Lançada em 2024, a Divina Cana é elaborada em Três Pontas, cidade mineira famosa pela produção de café. No entanto, é com a cachaça que o casal Regina e Paulo Rodrigues busca se destacar na região. Compartilhando tanto a vida quanto os negócios, eles se dedicam à fabricação de bebidas artesanais com foco em saúde e sustentabilidade. Paulo gerencia a produção da cachaça, enquanto Regina administra a empresa.

A propriedade da Divina Cana, com uma área de 4 hectares, cultiva as variedades RB 7515 e CTC 9001. A colheita é manual e sem queima, ocorrendo de junho a outubro. O alambique está a 7 quilômetros do centro de Três Pontas. Utilizando uma levedura selecionada pelo especialista Cauré Portugal, da Smart Yeast, a fermentação é rica em aromas característicos, lembrando a fermentação caipira. Apesar do menor rendimento, o processo oferece um aroma suave e uma decantação mais eficiente, que agrada os produtores.

Durante a fermentação, a temperatura é mantida entre 29 °C e 31 °C, com dornas abertas. A destilação ocorre em alambiques da Santa Efigênia, utilizando uma panela com capacidade útil de 500 litros. A cachaça Divina Cana é monodestilada, garantindo sua identidade como uma autêntica branquinha mineira.

A energia usada na produção vem de fontes solares, e o bagaço da cana é reutilizado como combustível para os fornos. Além disso, a empresa possui um projeto de compostagem que reutiliza os resíduos, retornando o bagaço ao canavial.

DIVINA CANA NETUNO PRATA

BRANCA SEM MADEIRA

★★★

TEOR ALCOÓLICO	PONTUAÇÃO	SAFRA/LOTE
40%	**85**	**01202200**
	(3 ESTRELAS)	

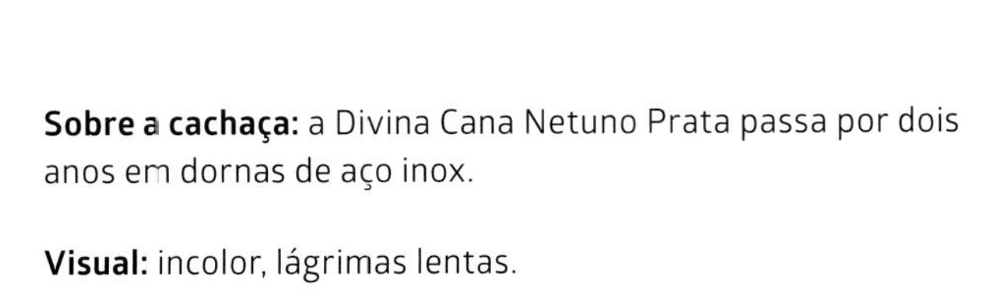

Sobre a cachaça: a Divina Cana Netuno Prata passa por dois anos em dornas de aço inox.

Visual: incolor, lágrimas lentas.

Aroma: caramelo, cereais maltados, melão.

Corpo/sensação: leve; amanteigada.

Paladar: melão, cogumelo, levemente amargo, medicinal.

Retrogosto: de curto para médio. Uma cachaça que começa doce e termina com leve amargor medicinal.

Sugestão de consumo: uma branquinha versátil e de alta bebabilidade. Leve para beber pura e para coquetéis cítricos.

DIVINA CANA FEBO

ARMAZENADA EM
MADEIRA BRASILEIRA OU EXÓTICA

TEOR ALCOÓLICO	PONTUAÇÃO	SAFRA/LOTE
40%	**84,5** (3 ESTRELAS)	**03202100**

Sobre a cachaça: a cachaça Divina Cana Febo passa por um processo de maturação de dois anos em recipientes de jequitibá-rosa com capacidade de 10 mil litros, sem tosta. Em seguida, é transferida para barris de 700 litros de amburana, também sem tosta, por mais dois anos.

Visual: dourado claro com tons esverdeados.

Aroma: erva-doce, medicinal, castanha. É uma amburana potente, o conhecido armário de vó.

Corpo/sensação: leve; picante.

Paladar: na boca aparecem especiarias (anis, cravo), erva-doce, feno.

Retrogosto: duração média, com boca melada de amburana. Medicinal, como um xarope de própolis.

ENCANTOS DA MARQUESA

INDAIABIRA/MINAS GERAIS

A cachaça Encantos da Marquesa, dos sócios José Roberto Corrêa e Eduardo Martins, foi criada pelos irmãos Edson Souza e Eduardo Martins e se destaca por sua essência derivada de uma seleção de diferentes variedades de cana-de-açúcar. Desde sua fundação, há mais de uma década, a marca investe em cachaças varietais e safradas, priorizando uma cana-de-açúcar que, mesmo produzindo menos álcool, enriquece a bebida com sua complexidade de sabores. Esse compromisso valoriza as características sensoriais da cachaça branca, ressaltando os sabores autênticos da cana, da fermentação e do terroir.

A Fazenda Marquesa, localizada em Indaiabira, no norte de Minas Gerais, foi uma descoberta providencial para os irmãos. Edson, técnico agrícola, e Eduardo, biólogo e ecologista, encontraram na microrregião de Salinas o ambiente ideal para plantar eucalipto e iniciar a produção de cachaça.

No canavial, utilizam técnicas sustentáveis, evitando insumos químicos e adubando o solo com uma mistura de vinhoto, esterco de vaca e pó de rocha. A cana é colhida manualmente e transportada por animais até o alambique, para evitar que ela se contamine com a fumaça dos veículos motorizados. A fermentação utiliza leveduras autóctones selecionadas, contribuindo para reforçar a identidade do terroir. Eles usam água da chuva com o objetivo de equilibrar o brix do mosto, pois a água do poço artesiano é muito rica em ferro.

Pioneiros no mercado, os produtores da Encantos da Marquesa lançaram, em 2011, o primeiro blend de cachaças brancas feito a partir de duas variedades regionais de cana-de-açúcar. Atualmente, utilizam três tipos de cana – java branca, java amarela e java preta – e planejam criar um jardim com mais de uma dezena de canas rústicas e regionais, preservando a história do destilado e explorando novas combinações.

Para o envelhecimento das cachaças, os barris são produzidos na tanoaria Dornas Havana. Entre os barris utilizados para armazenamento da Encantos da Marquesa está o bálsamo, madeira ícone da região.

ENCANTOS DA MARQUESA 42 GRAUS

BRANCA COM MADEIRA

★★★

TEOR ALCOÓLICO	PONTUAÇÃO	SAFRA/LOTE
42%	**86** (3 ESTRELAS)	**2010**

Sobre a cachaça: é uma seleção de canas, com java preta e java amarela. Ela ficou armazenada por dez anos em aço inox e, depois, blendada por um mês em dorna de jequitibá-rosa e mais dois anos no aço inox. Para chegar aos 42 graus foi padronizada com uma pequena porção de cachaça bidestilada.

Visual: incolor, lágrimas moderadas.

Aroma: picles, garapa, sal, vegetal, pitanga.

Corpo/sensação: leve; equilibrada, macia.

Paladar: azeitona, grama, frutada (maçã, pera, lima), alga marinha, leve feno.

Retrogosto: de curto para médio, simples, agradável, de picância delicada.

Sugestão de consumo: de perfil delicado, mas com boa potência alcoólica, ela se torna um curinga para preparo de coquetéis frutados.

ENCANTOS DA MARQUESA 2009

BRANCA SEM MADEIRA

★★★

TEOR ALCOÓLICO	PONTUAÇÃO	SAFRA/LOTE
40%	**87** (3 ESTRELAS)	**2009/P09-002 AGO17**

Sobre a cachaça: produzida na safra de 2009 com armazenamento de oito anos no aço inox.

Visual: incolor, lágrimas moderadas.

Aroma: melão, chá de camomila, fermento, frutas cítricas (tangerina), leve medicinal.

Corpo/sensação: leve; alta bebabilidade.

Paladar: grama cortada, melão, calda de açúcar, castanhas.

Retrogosto: de curto para médio, simples, agradável, amanteigado.

ENCANTOS DA MARQUESA Nº 1 BÁLSAMO

ARMAZENADA EM
MADEIRA BRASILEIRA OU EXÓTICA

TEOR ALCOÓLICO	PONTUAÇÃO	SAFRA/LOTE
39%	**85** (3 ESTRELAS)	**05/07/21 / L01/2500**

Sobre a cachaça: a cachaça é armazenada em dornas de bálsamo de 20 mil litros com tosta leve. O lote avaliado produziu 2.500 garrafas. Trata-se de uma versão mais delicada da Escola Anísio Santiago e é didática nesse sentido, mas não tem a mesma complexidade das envelhecidas de Salinas, especialmente no retrogosto.

Visual: dourado esverdeado típico do bálsamo de Salinas, lágrimas moderadas.

Aroma: flores brancas, anis, leve baunilha, leve cardamomo.

Corpo/sensação: cachaça encorpada; fresca.
Alta bebabilidade.

Paladar: erva-doce, folha de louro, hortelã, anis.

Retrogosto: médio, simples, com frescor e picância agradáveis.

ENGENHO D'OURO

PARATY/RIO DE JANEIRO

Localizada em Paraty, a Engenho D'Ouro é um autêntico testemunho da rica tradição cachaceira do litoral sul fluminense, com origens que remontam ao século XVII. O nome faz alusão ao Caminho do Ouro, rota pela qual metais preciosos eram transportados de Minas Gerais ao porto de Paraty. A proximidade do alambique com o marco inicial desse trajeto reforça a conexão da cachaçaria com a herança cultural e histórica da região.

Fundada por Francisco Carneiro, conhecido como Seu Chiquinho, a cachaçaria prosperou no começo dos anos 2000 sob a liderança de seu filho, Norival Carneiro. Inicialmente, Seu Chiquinho produzia cachaça para amigos e vizinhos, seguindo a tradição local. Norival, ao receber o legado do pai, decidiu profissionalizar a atividade, criando a empresa e a marca Engenho D'Ouro. Em 2024, Marcelo Andrade, casado com Adriana Carneiro, sobrinha de Norival, assumiu a administração da empresa.

A cachaça Engenho D'Ouro é produzida a partir de cana-de-açúcar da variedade mulatinha, uma espécie remanescente das primeiras mudas trazidas pelos portugueses. Cultivada em um canavial de 7 hectares nas encostas de Paraty, a cana é colhida manualmente. A fermentação é realizada com a levedura CA-11, iniciada com um pé de cuba contendo mosto e levedura selecionada, um processo que assegura consistência dos sabores durante as safras.

Embora profundamente enraizada na tradição, a Engenho D'Ouro não hesita em inovar. Norival, em parceria com o pesquisador e consultor de produção de destilados Ricardo Zarattini, introduziu a tecnologia de alambique a vácuo no processo de destilação em 2018, sendo a primeira cachaçaria a adotar essa metodologia.

Após a destilação, a cachaça pode maturar em dornas de aço inox, jequitibá e grápia e barris de carvalho europeu. Impulsionada pelo espírito de inovação, a Engenho D'Ouro se destaca como um dos poucos alambiques no Brasil a produzir o arak, uma aguardente de origem árabe à base de anis.

ENGENHO D'OURO VÁCUO PRATA

BRANCA SEM MADEIRA

TEOR ALCOÓLICO	PONTUAÇÃO	SAFRA/LOTE
43%	**86** (3 ESTRELAS)	**JANEIRO 2024**

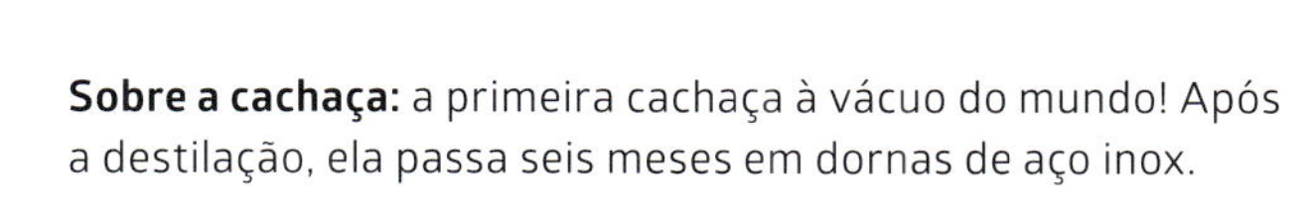

Sobre a cachaça: a primeira cachaça à vácuo do mundo! Após a destilação, ela passa seis meses em dornas de aço inox.

Visual: incolor, lágrimas lentas.

Aroma: amanteigada, frutas cristalizadas, amêndoa, pera.

Corpo/sensação: leve; macia.

Paladar: começa doce na boca e termina levemente amarga, salgada e picante. Erva cortada, pera, amêndoa.

Retrogosto: de curto para moderado, simples e de alta bebabilidade.

ENGENHO D'OURO VÁCUO OURO

PREMIUM CARVALHO

TEOR ALCOÓLICO	PONTUAÇÃO	SAFRA/LOTE
41%	**87** (3 ESTRELAS)	**JANEIRO 2024**

Sobre a cachaça: a cachaça passou dois anos em barril de 200 litros de carvalho francês com tosta média da tanoaria Mesacaza.

Visual: âmbar, brilhante, lágrimas lentas.

Aroma: caramelo, baunilha, mingau, toffee, noz-moscada, muito limpo e delicado.

Corpo/sensação: médio; boca cheia.

Paladar: limpo, pouca presença alcoólica, com nibs, toffee, baunilha e noz-moscada, levemente floral (violeta).

Retrogosto: de curto para moderado, deixando caramelo e baunilha na boca.

ENGENHO NOBRE

CRUZ DO ESPÍRITO SANTO/PARAÍBA

Murilo Coelho, engenheiro civil natural de Uberlândia, Minas Gerais, descobriu na Paraíba uma verdadeira paixão pela destilação e pela criação de misturas exclusivas. Em uma região onde predominam as cachaças brancas, geralmente armazenadas em aço inox ou freijó, o Engenho Nobre se destaca com seus blends de madeiras.

Fundado em 2017, o Engenho Nobre inicialmente era uma marca que planejava envelhecer cachaça adquirida de parceiros. No entanto, após produzir os primeiros 1 mil litros em Cruz do Espírito Santo, Murilo decidiu dominar completamente o processo produtivo. Por seu trabalho, ele conquistou o 3º lugar em "Destaque – mestre de adega" neste guia.

A cana-de-açúcar utilizada vem de produtores parceiros da região que seguem rigorosas boas práticas de manejo. Esse cuidado começa no campo e se estende até o alambique.

A arquitetura do Engenho Nobre é um espetáculo à parte, sendo o primeiro em bioconstrução na Paraíba. A estrutura, construída com eucaliptos da propriedade, telhas ecológicas e paredes de terra compactada, utiliza a técnica de hiperadobe, resultando em paredes de 40 cm de espessura. Essa construção não só é sustentável como também proporciona o conforto térmico essencial para o envelhecimento da cachaça.

A produção é de 5 mil litros anuais, com fermentação iniciada com um blend de leveduras nordestinas, que preparam o ambiente para as leveduras selvagens locais. O diferencial está nas dornas de fermentação, mais largas do que o comum, permitindo melhor controle do processo. A ventilação é feita por aberturas na parte baixa da sala, evitando a entrada excessiva de oxigênio e potencializando a produção de álcool. A destilação é realizada em alambique de cobre de fogo direto, queimando bagaço de cana e lenha.

Oferecendo uma variedade de blends e produtos destilados, como a aguardente de cana Intense e o Gin Nobre, o Engenho Nobre continua a inovar. Em 2024, os lançamentos da cachaça Nobre Sunset e da Nobre Cactus reforçam a aposta em edições limitadas, consolidando a marca como um ícone de inovação.

ARRETADA CORDEL

ENVELHECIDA EM CARVALHO

TEOR ALCOÓLICO	PONTUAÇÃO	SAFRA/LOTE
40%	**90** (4 ESTRELAS)	**03/04**

Sobre a cachaça: é um blend composto por cachaças envelhecidas por dois anos em barris de carvalhos distintos: europeu (barris exauridos de rum e uísque), francês (virgens com tosta média) e americano (virgens com tosta média e os únicos que levam cachaça bidestilada).

Visual: âmbar, brilhante, lágrimas moderadas.

Aroma: fechado, caramelo, chocolate amargo, cereais maltados, folha de louro.

Corpo/sensação: médio; boca cheia, levemente adstringente.

Paladar: complexo, com várias camadas. Com caramelo, baunilha, evoluindo para frescor de fruta, tutti-frutti, e surgindo as tostas da madeira com couro e chocolate amargo.

Retrogosto: médio, com maior presença de tosta.

NOBRE CRISTAL

BRANCA SEM MADEIRA

★★★★

TEOR ALCOÓLICO **42%**

PONTUAÇÃO **89,5** (4 ESTRELAS)

SAFRA/LOTE **02**

Sobre a cachaça: elaborada com leveduras selecionadas nordestinas, descansa oito meses no aço inox antes de ser engarrafada.

Visual: incolor, lágrimas moderadas.

Aroma: mexerica, melado, gengibre, frutas cristalizadas, com um fundo fermentado (feno).

Corpo/sensação: médio; fresca, aberta, boca cheia.

Paladar: cachaça deliciosa na boca; começa com fruta cítrica e evolui para fruta passada (banana). É viva, potente; grama cortada, terrosa, cardamomo.

Retrogosto: médio, complexo, leve picância (noz-moscada/cardamomo/anis).

NOBRE UMBURANA

ENVELHECIDA EM
MADEIRA BRASILEIRA OU EXÓTICA

TEOR ALCOÓLICO	PONTUAÇÃO	SAFRA/LOTE
42%	**91,5** (4 ESTRELAS)	**03**

Sobre a cachaça: é envelhecida por um ano em barris de amburana novos de 200 litros, sem padronização com cachaça branca.

Visual: palha, meio brilhante, lágrimas moderadas.

Aroma: tutti-frutti, alcaçuz, cereja, cravo, laranja, canela, acácia.

Corpo/sensação: médio; boca cheia.

Paladar: baunilha, caramelo, com especiarias (cravo, canela, cardamomo).

Retrogosto: médio, com doce de alcaçuz e bala de cereja no fim de boca.

Sugestão de consumo: surpreende por ter conseguido domar a amburana em um barril novo de baixa volumetria por um ano. Alta bebabilidade. Excelente para quem gosta de amburana e para o preparo de caipifruta de morango.

NOBRE SENSAÇÕES FREIJÓ

BRANCA COM MADEIRA

★★★

TEOR ALCOÓLICO	PONTUAÇÃO	SAFRA/LOTE
39%	**86,5** (3 ESTRELAS)	**01**

Sobre a cachaça: é um blend que combina jequitibá-rosa, freijó e cachaça armazenada em aço inox. A cachaça em freijó fica armazenada por quatro meses em dorna de 10 mil litros.

Visual: presença discreta de madeira, quase incolor, com tom esverdeado.

Aroma: grama, leve defumado que lembra mezcal, água de azeitona, tutti-frutti, dama-da-noite, animal (feno, estábulo, couro), amêndoa.

Corpo/sensação: de curto para médio; macia.

Paladar: doce e vegetal intensos. Tem uma base sólida das características típicas das cachaças brancas com presença do freijó (castanhas), enquanto a presença discreta do jequitibá-rosa adiciona complexidade (floral).

Retrogosto: de curto para médio, medicinal.

Sugestão de consumo: troque o gim do Dirty Martini pela cachaça, preparando-o com 1 colher (chá) de salmoura de azeitona, 70 mL de cachaça, 1 colher (chá) de vermute seco e batendo com gelo.

NOBRE
SUNSET EXTRA PREMIUM

EXTRA PREMIUM CARVALHO

★★★★

TEOR ALCOÓLICO	PONTUAÇÃO	SAFRA/LOTE
40%	**92,5** (4 ESTRELAS)	**01**

Sobre a cachaça: é envelhecida por um período de cinco anos, passando três anos em barris de carvalho europeu de 200 litros com tosta média e mais dois anos em barris de carvalho americano de 200 litros com tosta média.

Visual: âmbar, com tons avermelhados, inspirando o nome *sunset*, que significa "pôr do sol".

Aroma: destaque para o carvalho americano, com baunilha, chocolate ao leite e calda de caramelo. Em uma segunda camada, aparecem banana-passa, mel e coco queimado.

Corpo/sensação: de médio para intenso; com adstringência dos taninos.

Paladar: calda de caramelo, baunilha e chocolate levemente amargo, depois especiarias, que trazem frescor e boca cheia.

Retrogosto: longo, complexo. Uma cachaça fresca e agradável por bons segundos na boca.

NOBRE CACTOS

BLEND ENVELHECIDO

★★★★

TEOR ALCOÓLICO	PONTUAÇÃO	SAFRA/LOTE
40%	**91** (4 ESTRELAS)	**01**

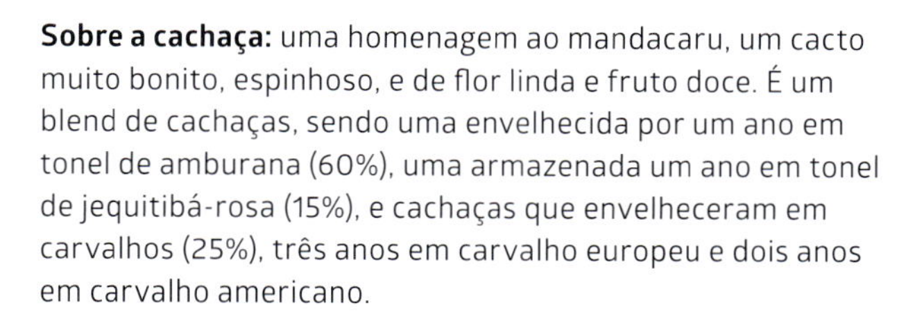

Sobre a cachaça: uma homenagem ao mandacaru, um cacto muito bonito, espinhoso, e de flor linda e fruto doce. É um blend de cachaças, sendo uma envelhecida por um ano em tonel de amburana (60%), uma armazenada um ano em tonel de jequitibá-rosa (15%), e cachaças que envelheceram em carvalhos (25%), três anos em carvalho europeu e dois anos em carvalho americano.

Visual: dourado escuro, brilhante, lágrimas moderadas.

Aroma: bastante complexo no nariz, com aromas frutados (abacaxi, pera, banana verde), adocicados (baunilha, caramelo), especiarias (cumaru, canela) e levemente tostados (toffee, defumado).

Corpo/sensação: de médio para encorpado; boca cheia, fresca.

Paladar: na boca, não é tão bem definida quanto no nariz, mas ainda se mostra complexa, com vegetais, hortelã, baunilha e frutas maduras.

Retrogosto: a cachaça começa doce e finaliza fresca, mentolada e frutada.

Sugestão de consumo: pela consistência e pela criatividade, Murilo Coelho é um dos principais mestres de adega do Brasil, e suas cachaças merecem ser contempladas puras e acompanhadas por um bom charuto.

ESTÂNCIA MORETTI

JANDAIA DO SUL/PARANÁ

Luiz Carlos Moretti, produtor da cachaça Estância Moretti, traz consigo uma herança familiar de paixão por bebidas. O amor pela cachaça foi cultivado por seu pai e seu avô, que compartilhavam o destilado em ocasiões especiais. Com o desejo de criar uma cachaça que refletisse suas preferências sensoriais, Luiz iniciou a produção da bebida em 2001, batizando-a em homenagem à família.

A cachaça Estância Moretti é produzida na destilaria da cachaça Companheira, localizada em Jandaia do Sul, Paraná. A cana-de-açúcar utilizada é colhida manualmente durante o inverno, período em que atinge seu ponto máximo de maturação. As variedades utilizadas são IAC 9500 e CTC 9300.

Rosangela, esposa de Luiz, também está profundamente envolvida no projeto, contribuindo com sua dedicação e seu trabalho. Juntos, eles estão construindo uma destilaria própria para os próximos lotes. O modelo de destilador utilizado na nova indústria será o mesmo atualmente usado, um desenho exclusivo de Natanael Bonicontro, da Companheira.

A meta de produção da Estância Moretti é de 20 mil litros por safra, demonstrando a ambição de Luiz e Rosangela em expandir e consolidar sua marca no mercado. Cada etapa do processo de produção, desde a colheita manual da cana até o envelhecimento cuidadoso, reflete o compromisso com a qualidade e o fortalecimento da presença das cachaças paranaenses no mercado da cachaça de alambique.

ESTÂNCIA MORETTI 4 MADEIRAS

BLEND ARMAZENADO

TEOR ALCOÓLICO	PONTUAÇÃO	SAFRA/LOTE
40%	**86,5** (3 ESTRELAS)	**122108 / 20/09/22**

Sobre a cachaça: a Estância Moretti 4 Madeiras é um blend armazenado por dois anos em amburana e castanheira de 5 mil litros e por quatro anos em barris de carvalhos francês e americano, com tosta média. O blend tem supervisão de Raquel Bonicontro.

Visual: dourado claro, brilhante, lágrimas moderadas.

Aroma: uva verde, pera, floral, frutas cristalizadas, cardamomo.

Corpo/sensação: médio; agreste, fresca.

Paladar: folha de louro, eucalipto, amêndoas. A cachaça é salivante e a mistura do blend é exótica, trazendo novos sabores a cada gole, com predomínio de ervas e especiarias.

Retrogosto: médio, medicinal.

FAZENDA SOLEDADE

NOVA FRIBURGO/RIO DE JANEIRO

Sob liderança da família Bastos Ribeiro, a Fazenda Soledade, em Nova Friburgo, Rio de Janeiro, é referência na produção de cachaças desde 1977, em razão das marcas Fazenda Soledade e Nêga Fulô. Desde o início, a Nêga Fulô foi produzida para a Diageo, projeto encerrado em novembro de 2021.

A produção na Fazenda Soledade se destaca pela bidestilação em alambiques de cobre, processo que confere uma sofisticação semelhante à do conhaque e à do uísque de malte. O método consiste em selecionar cachaças monodestiladas de destilarias parceiras. Após a seleção, a cachaça é diluída com água de montanha e submetida a uma nova destilação em pequenos lotes, nos alambiques de cobre da fazenda. O mestre de alambique e de adega, Vicente Bastos Ribeiro, com sua habilidade no blending dos diferentes lotes, garante a consistência e o equilíbrio das cachaças, permitindo a criação de produtos diferenciados.

Após a bidestilação, a cachaça é maturada em barris e dornas localizados em uma adega a mais de 900 metros de altitude, onde a umidade relativa do ar é semelhante à do interior da mata atlântica. A combinação de altitude e ar puro proporciona um ambiente ideal para o destilado repousar em temperaturas amenas, preservando sua qualidade, reduzindo as taxas de evaporação e contribuindo para a complexidade de sabor e aroma. Durante o período de descanso, que varia de um a três anos, a cachaça pode passar por barris e dornas de carvalho, jequitibá, ipê e pau-brasil.

Antes do engarrafamento, o líquido passa por uma filtragem a frio, quando atinge uma temperatura próxima a 0 °C e se apresenta mais viscoso. Nesse estado, é filtrado lentamente através de placas especiais para polimento de bebidas em um filtro prensa, ganhando brilho e limpidez sem alterar suas características originais.

A Fazenda Soledade também adota práticas sustentáveis, com dois terços de sua área protegidos por reservas particulares do patrimônio natural. A propriedade possui uma estação de tratamento de efluentes, para que os resíduos da produção sejam reintegrados ao meio ambiente da forma adequada.

FAZENDA SOLEDADE 5 MADEIRAS

BLEND ARMAZENADO

★★★

TEOR ALCOÓLICO	PONTUAÇÃO	SAFRA/LOTE
40%	**88** (3 ESTRELAS)	**L02-2023**

Sobre a cachaça: a Fazenda Soledade 5 Madeiras é um blend criado por Vicente Bastos Ribeiro e lançado em 2019. O processo de envelhecimento envolve emblemáticas e desafiadoras madeiras brasileiras: ipê, armazenado em dornas de 10 mil e 700 litros; bálsamo, em barris de 700 litros com tosta leve; amburana, com alguns barris de 700 e 100 litros levemente tostados; jequitibá, em volumes de 20 mil, 7 mil e 700 litros, e pau-brasil, armazenado em três barris de 700 litros, sendo um deles queimado. A safra de junho de 2023 atingiu uma maturidade significativa, refletindo a complexidade desse blend.

Visual: dourado, meio brilhante, lágrimas moderadas.

Aroma: inicialmente, destaque para as especiarias da amburana (baunilha e anis), evoluindo para folha de louro e marzipã.

Corpo/sensação: médio; adstringente.

Paladar: floral, madeira verde, casca de laranja, baunilha.

Retrogosto: depois da amburana doce, torna-se seco e medicinal, deixando lábios salgados. De médio para longo e levemente cítrico.

FILIPPINI

ERECHIM/RIO GRANDE DO SUL

Produzida às margens do rio Uruguai, em uma região gaúcha de microclima perfeito para a cana-de-açúcar, a cachaça Filippini é resultado de um legado familiar que remonta ao final do século XIX, quando o imigrante italiano Erasmo Filippini trouxe ao Brasil a tradição da elaboração do vinho e da grapa. Em meados de 1930, incentivado por seu filho, Ermelindo, Erasmo vislumbrou um futuro próspero com a cachaça, dando origem a uma paixão que já dura quatro gerações.

A cachaça da família Filippini foi elaborada artesanalmente por quase cinquenta anos até a década de 1980, quando os crescentes custos de produção e a concorrência com a cachaça de usina fizeram com que a família se rendesse à nova forma de industrialização. Em 1992, Assis Erasmo Filippini (neto do Erasmo fundador), ao lado de sua esposa, Lenir, e dos filhos, André e Romeu, investiu na criação de uma destilaria nova.

O coração do processo da cachaça Filippini está na fermentação, trabalho que Romeu, com experiência no mundo dos vinhos, traz para a produção dos seus destilados. Em uma região fria, a fermentação é realizada sob rigoroso controle de temperatura, entre 28 °C e 30 °C, e dura 48 horas, tempo ideal para obter a qualidade desejada. Foram testados mais de 20 tipos de leveduras, com a seleção de quatro cepas específicas: três da Lallemand e uma da Perdomini. Essa última, usada na fermentação de vinho tinto, suporta temperaturas mais elevadas e traz aromas evoluídos como banana, pera e maçã, além de uma acidez mais baixa, dominando o meio sem permitir o crescimento de leveduras indesejadas.

FILIPPINI CARVALHO OURO

ENVELHECIDA EM CARVALHO

★★★★

TEOR ALCOÓLICO	PONTUAÇÃO	SAFRA/LOTE
40%	**92** (4 ESTRELAS)	**0123**

Sobre a cachaça: a Filippini Carvalho Ouro é envelhecida no mínimo por três anos em barris de 225 a 400 litros de carvalho francês. Esses barris, utilizados anteriormente para armazenar de três a quatro safras de vinho, passam por raspagem e tostagem média antes de serem usados.

Visual: cobre, lágrimas lentas.

Aroma: caramelo, leve torrado (couro), cedro, frutas cristalizadas, chocolate, acácia.

Corpo/sensação: de leve para médio; aberta, fresca, levemente picante.

Paladar: chocolate, caramelo salgado, toffee, avelã, frutas cristalizadas.

Retrogosto: prevalência do carvalho, com destaque na boca para especiarias, caramelo salgado e avelã. Duração média, com final levemente picante.

Sugestão de consumo: pura, sem gelo.

FILIPPINI BLEND PREMIUM

BLEND ENVELHECIDO

★★★★

TEOR ALCOÓLICO	PONTUAÇÃO	SAFRA/LOTE
40%	**92** (4 ESTRELAS)	**05202255**

Sobre a cachaça: a Filippini Blend Premium é envelhecida em barris de carvalho francês de 225 litros com tosta média por pelo menos quatro anos e em dornas de amburana por dois anos, sem tosta.

Visual: cobre, lágrimas lentas.

Aroma: destaque para o carvalho, com banana-passa, mel e avelã. A amburana é discreta e aparece trazendo mais castanhas, fruta e frescor.

Corpo/sensação: médio; licorosa, fresca, boca cheia.

Paladar: baunilha, pão de mel, caramelo; a combinação do chocolate (influência do carvalho tostado) com o frutado (influência da amburana) lembra bombom com cereja.

Retrogosto: mais alcoólico no final de boca, com duração média. Deixa a boca cheia, com fruta madura.

Sugestão de consumo: para depois do jantar.

FLOR DAS GERAIS

FELIXLÂNDIA/MINAS GERAIS

A cachaça Flor das Gerais é produzida na Fazenda Mourões da Porteira, em Felixlândia, na região central de Minas Gerais. Sua história começou no início do século XX, com o engenho de madeira construído por Juvenil Teixeira em 1912. Em 1989, Adão Teixeira, neto de Juvenil, retomou a produção, dando origem à Flor das Gerais, oficialmente registrada nove anos depois.

Inicialmente, a Flor das Gerais era rotulada de forma artesanal, com palha de bananeira e rolhas de cortiça. Em 2004, a cachaça recebeu seu primeiro rótulo registrado. No início dos anos 2000, Daniel Duarte, filho de Adão, retornou à fazenda para colaborar em uma nova fase. Engenheiro agrônomo, Daniel cresceu observando seu pai produzir cachaça e teve contato com produtores de Januária e Salinas, no norte de Minas. Ele realizou experimentos de análise químico-física e buscou estratégias para diferenciar a Flor das Gerais no mercado, distanciando-a dos produtores informais e das grandes indústrias de coluna.

Como reconhecimento desse trabalho, a Flor das Gerais foi a primeira cachaça de Minas a obter o selo de certificação orgânica do Instituto Mineiro de Agropecuária (IMA), em 2009, sendo utilizada como modelo no projeto de certificação. No início da década de 2010, obteve certificações da Associação Nacional de Produtores de Cachaça de Qualidade (Anpaq) e do SisOrg. Durante essa década, a cachaça expandiu sua presença em mercados de outros estados e em redes de supermercados que vendem produtos orgânicos e diferenciados.

A produção da Flor das Gerais utiliza 7 hectares de cana orgânica cercados por mata nativa, adotando controle natural no cultivo. A variedade de cana, fornecida pela EPAMIG, está presente na região desde a década de 1980, originalmente de uma fazenda voltada para a produção de gado. A safra ocorre entre junho e agosto.

A fermentação é feita com levedura selvagem, sem o uso de fubá ou outros coadjuvantes, em razão da dificuldade de encontrar equivalentes orgânicos. A destilação ocorre em um alambique de fogo direto de formato cebolão. Uma curiosidade sobre a Flor das Gerais é que os rótulos são criados pela mãe de Daniel, artista plástica responsável pelas ilustrações.

FLOR DAS GERAIS PREMIUM JEQUITIBÁ

BRANCA COM MADEIRA

TEOR ALCOÓLICO	PONTUAÇÃO	SAFRA/LOTE
42%	**87,5** (3 ESTRELAS)	**101**

Sobre a cachaça: a Flor das Gerais Premium Jequitibá é envelhecida por 24 meses em barris de 700 litros de jequitibá-rosa, madeira brasileira raramente utilizada para envelhecimento, sendo mais comum no armazenamento da cachaça.

Visual: pouca influência da madeira, quase incolor, lágrimas moderadas.

Aroma: erva-doce, fruta madura, feno, fechado.

Corpo/sensação: leve; levemente adstringente.

Paladar: baunilha, hortelã, erva-doce, fermentado (pão, cereais).

Retrogosto: médio, simples, lácteo.

FLOR DAS GERAIS PREMIUM BLEND

BLEND ENVELHECIDO

★★★

TEOR ALCOÓLICO	PONTUAÇÃO	SAFRA/LOTE
42%	**88,5** (3 ESTRELAS)	**100**

Sobre a cachaça: a Flor das Gerais Premium Blend, criada por Adão Teixeira em 2007, é envelhecida por vinte e quatro meses em dornas de 700 litros de jequitibá-rosa e por vinte e quatro meses em dornas de 700 litros de amburana.

Visual: dourado, meio brilhante, lágrimas moderadas.

Aroma: erva-doce, caramelo, frutas amarelas, leve feno.

Corpo/sensação: de leve para médio; fresca.

Paladar: biscoito amanteigado, caramelo, madeira molhada, hortelã, canela.

Retrogosto: médio, com pimentas e ervas.

FLOR DAS GERAIS DORNA ÚNICA

ENVELHECIDA EM
MADEIRA BRASILEIRA OU EXÓTICA

TEOR ALCOÓLICO	PONTUAÇÃO	SAFRA/LOTE
40%	**85,5** (3 ESTRELAS)	**MAIO 2023**

Sobre a cachaça: a Flor das Gerais Dorna Única é uma criação de Daniel Duarte, que visava lançar uma extra premium envelhecida em amburana, uma raridade no mercado, já que a madeira é geralmente utilizada para armazenar a bebida. Em barris de amburana novos, sem tosta, com capacidade de 700 litros, a cachaça foi envelhecida por quatro anos. A Flor das Gerais Dorna Única obteve o 3º lugar em "Design – destaque" neste guia.

Visual: dourado escuro com tons alaranjados, brilhante, lágrimas moderadas.

Aroma: canela, baunilha, paçoca, caramelo, própolis.

Corpo/sensação: médio; fresca.

Paladar: castanhas, mel, canela, remédio amargo, eucalipto, hortelã.

Retrogosto: médio, simples, medicinal.

GEEST

VARGEM GRANDE DO SUL/SÃO PAULO

A palavra *geest* é neerlandesa e significa "espírito", "força vital" – uma referência às bebidas destiladas, também conhecidas como espirituosas. A Geest Destilaria foi fundada por Marcelo de Abreu Maaz e Marcelo Moukarzel Maaz com o objetivo de valorizar a produção artesanal e autoral. Nos seus mais de sete anos de existência, ela se destaca entre as novas produtoras de destilados artesanais do interior de São Paulo.

Inicialmente, a Geest operava sem uma destilaria própria, realizando experimentos e produções terceirizadas. Após a construção da microdestilaria em Vargem Grande do Sul, os produtores se dedicaram a desenvolver pequenos volumes e experiências diferenciadas, sempre atentos à comunidade ao seu redor e ao universo dos destilados.

A entrada de Luís Marcelo Nascimento, mestre alambiqueiro e especialista em cervejas artesanais, reforçou a equipe e trouxe novas receitas. Atualmente, a Geest é reconhecida pela produção de cachaças e outros destilados de forma artesanal, como gim, moonshine, vodca e bitter.

Os lotes de cachaça disponíveis no mercado são elaborados pela empresa a partir de um blend de cachaças adquiridas de alambiques parceiros, padronizadas e misturadas com caldo de cana fresco fermentado na própria fábrica. Atualmente, a empresa não possui um fornecedor fixo de cana nem plantio próprio, adquirindo a matéria-prima conforme a oferta de fornecedores locais.

A destilaria utiliza técnicas variadas de fermentação, incluindo leveduras selecionadas (CanaMax, CA-11, be123, be256) e selvagens, sem adição de substratos ao pé de cuba. A fermentação é realizada em tanques fechados com controle de temperatura, e a destilação ocorre em alambique de cobre com capacidade de 250 litros, alimentado por vapor gerado por caldeira.

Cada lote é armazenado separadamente em tanques de aço inox ou barris de madeira, conforme o tipo de levedura utilizada, compondo blends específicos para atingir o sabor e o aroma desejados.

VAPOR

ARMAZENADA EM
MADEIRA BRASILEIRA OU EXÓTICA

TEOR ALCOÓLICO	PONTUAÇÃO	SAFRA/LOTE
39%	**83** (3 ESTRELAS)	**0003/ 29/02/2024**

Sobre a cachaça: a Vapor descansa em barril de bálsamo de 200 litros no mínimo por seis meses. A cachaça não segue um padrão fixo de aroma e sabor; são produzidos dois lotes anuais de 500 garrafas cada. Para esta edição do guia, o blend corresponde a 10% de cachaça envelhecida em bálsamo.

Visual: dourado muito esverdeado (lembra absinto verde), brilhante, lágrimas rápidas.

Aroma: azeitona, anis, uva, feno.

Corpo/sensação: de curto para médio; condimentada.

Paladar: azeitona, grama cortada, eucalipto, feno.

Retrogosto: curto, neutro.

GOGÓ DA EMA

SÃO SEBASTIÃO/ALAGOAS

A cachaça Gogó da Ema é produzida na Fazenda Recanto, em São Sebastião, agreste alagoano. A região tem terras férteis localizadas a 200 metros de altitude, com características climáticas propícias para o cultivo de fumo, laranja, mandioca, amendoim e cana-de-açúcar. Além da agricultura e da pecuária, São Sebastião é famosa pelo artesanato em renda de bilros.

O alambique foi fundado em 2002 por Waldir Tenório Ferreira, após sua especialização em tecnologia da cachaça na Universidade Federal de Lavras (Ufla). Em 2008, seu filho Henrique Tenório assumiu a produção, tornando-se o mestre alambiqueiro responsável por qualidade e inovação das cachaças Gogó da Ema.

A família, com mais de cinquenta anos de experiência no cultivo de cana-de-açúcar, decidiu produzir uma cachaça que representasse Alagoas. O nome Gogó da Ema homenageia o coqueiro torto na praia de Ponta Verde, em Maceió. As variedades de cana-de-açúcar (RB 867515 e outra, localmente conhecida como roxinha) são cultivadas utilizando adubo orgânico. A cana é cortada manualmente durante a safra, que ocorre de setembro a fevereiro.

Na fermentação, a Gogó da Ema inova com a utilização de três diferentes tipos de leveduras selecionadas da linha DistilaMax, da Lallemand (CN, RM e SR), usadas mundialmente para produção de tequila e uísque. Durante a maturação, as cachaças passam por aço inox, bálsamo e jequitibá-rosa.

GOGÓ DA EMA BÁLSAMO

ARMAZENADA EM
MADEIRA BRASILEIRA OU EXÓTICA

TEOR ALCOÓLICO	PONTUAÇÃO	SAFRA/LOTE
40%	**86,5** (3 ESTRELAS)	**2022/07**

Sobre a cachaça: a Gogó da Ema Bálsamo fica de doze a dezoito meses armazenada em barris dessa madeira de 3.200 litros, adquiridos de tanoarias de Salinas, norte de Minas Gerais.

Visual: palha escuro com tons esverdeados, meio brilhante.

Aroma: erva-doce, amêndoa, grama cortada, acácia.

Corpo/sensação: médio; picante, fresca, levemente adstringente.

Paladar: toranja, erva-doce, medicinal (iodo, salgado).

Retrogosto: começa doce e termina com salgado medicinal. Vegetal e floral que agradam, mas é curto e carece de complexidade, com álcool se sobressaindo.

GOUVEIA BRASIL

TURVOLÂNDIA/MINAS GERAIS

Há mais de cem anos, em um pequeno sítio em Turvolândia, sul de Minas Gerais, os Gouveia Vieira se reuniam para prosear e celebrar a vida. Uma bebida de produção própria acompanhava essas rodas e acompanha a história da família até hoje: a cachaça de alambique.

De pai para filho, o destilado, ainda sem nome, era elaborado com cuidado, mantendo sua qualidade ao longo de décadas. Na terceira geração da família, o publicitário e músico Roberto Brasil Vieira transformou a tradição em marca, com a intenção de criar uma grife no mercado de destilados de alto nível. A marca que leva o nome da família foi formalizada em 2013.

Atualmente, a quarta geração (Beto e Ana Flávia Yamaniski Vieira, filhos de Roberto) faz a gestão da empresa. Com o apoio do diretor de operações, Elmin Siqueira, pretendiam destilar 15 mil litros de cachaça Gouveia Brasil em 2024.

A nova gestão traz novidades, como uma linha de licores especiais focada no público jovem, e mudanças no processo de produção. A partir do final de 2021, começaram a usar levedura selecionada da Lallemand (CanaMax) em vez de leveduras selvagens. No entanto, mantêm a identidade da casa, que tem no envelhecimento em carvalho americano sua principal assinatura, trabalho iniciado por Armando Del Bianco, mestre de adega com trabalhos premiados em todo o Brasil.

PORTO DO VIANNA PRATA

BRANCA SEM MADEIRA

TEOR ALCOÓLICO	PONTUAÇÃO	SAFRA/LOTE
40%	**89** (4 ESTRELAS)	**03/2023 PDVP/1**

Sobre a cachaça: a Porto do Vianna Prata descansa no mínimo seis meses no aço inox.

Visual: incolor, lágrimas moderadas.

Aroma: água de coco, amêndoa, creme, pisco, leve fruta cítrica.

Corpo/sensação: leve; macia.

Paladar: melado, amendoado, tutti-frutti, um doce inesperado para branquinhas.

Retrogosto: de curto para médio, simples; mas uma cachaça equilibrada e redonda.

Sugestão de consumo: para iniciantes. Alta bebabilidade.

PORTO DO VIANNA OURO

PREMIUM CARVALHO

TEOR ALCOÓLICO
40%

PONTUAÇÃO
87,5
(3 ESTRELAS)

SAFRA/LOTE
07/07/2021-02
PDVP/2021-02

Sobre a cachaça: depois de serem usados para envelhecer a linha Gouveia Brasil, os barris de carvalho americano seminovos são usados para envelhecer a Porto do Vianna Ouro. A cachaça fica envelhecida em barris de 200 litros por três anos.

Visual: palha escuro com tons esverdeados, lágrimas moderadas.

Aroma: amarena, tutti-frutti, camomila, discreta baunilha, leve couro.

Corpo/sensação: de leve para médio; amanteigada.

Paladar: baunilha, caramelo, erva-doce, fruta madura, floral.

Retrogosto: médio, delicado, floral, adocicado, um pouco picante.

GOUVEIA BRASIL EXTRA PREMIUM

BLEND ENVELHECIDO

TEOR ALCOÓLICO	PONTUAÇÃO	SAFRA/LOTE
40%	**90,5** (4 ESTRELAS)	**03/2021 - GBEP/2021/03**

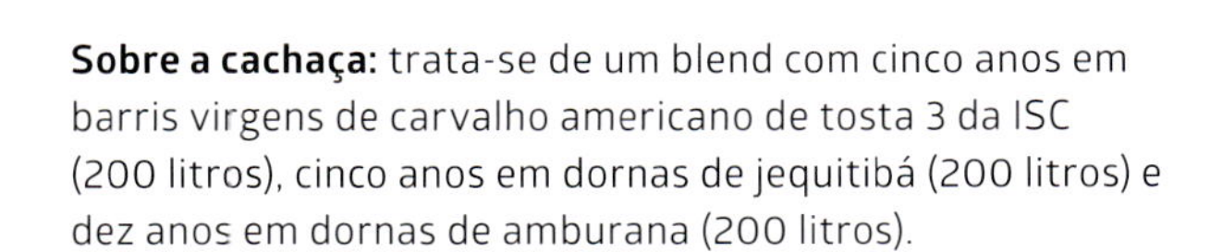

Sobre a cachaça: trata-se de um blend com cinco anos em barris virgens de carvalho americano de tosta 3 da ISC (200 litros), cinco anos em dornas de jequitibá (200 litros) e dez anos em dornas de amburana (200 litros).

Visual: dourado, meio brilhante, lágrimas moderadas.

Aroma: maior presença de carvalho, com baunilha, castanhas e torrados (couro). A amburana aparece com frescor e especiarias; folha de louro, erva-doce, algas marinhas.

Corpo/sensação: médio; amanteigada.

Paladar: é mais picante na boca, com erva-doce, baunilha, caramelo e castanhas.

Retrogosto: longo, complexo. As tostas aparecem no final de boca (leve couro e amargor).

GOUVEIA BRASIL 44

PREMIUM CARVALHO

TEOR ALCOÓLICO	PONTUAÇÃO	SAFRA/LOTE
44%	**92,5** (4 ESTRELAS)	**FEV. 2023/ GBPC/2023/01**

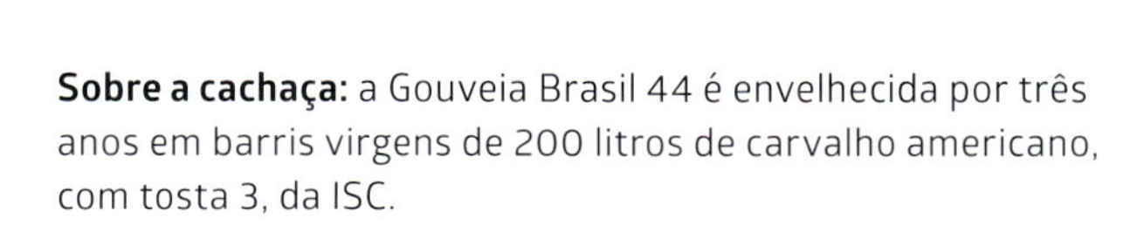

Sobre a cachaça: a Gouveia Brasil 44 é envelhecida por três anos em barris virgens de 200 litros de carvalho americano, com tosta 3, da ISC.

Visual: âmbar, brilhante, lágrimas lentas e volumosas.

Aroma: castanhas, baunilha, tabaco, banana-passa.

Corpo/sensação: intenso; amanteigada.

Paladar: boa harmonia entre madeira e álcool, com baunilha, mel, noz-moscada, banana-passa e couro.

Retrogosto: longo, complexo, muito agradável, doce do começo ao fim, com baunilha, castanhas e especiarias.

Sugestão de consumo: para os amantes de bourbon.

GREGÓRIO

ALAGOA GRANDE/PARAÍBA

O Engenho Gregório, em Alagoa Grande, no Brejo Paraibano, tem suas origens no século XIX. Fundado em 1896 por Manoel Lemos, o engenho recebeu seu nome em homenagem ao papa Gregório XVI. Desde o início, a propriedade se dedicou à produção de cachaça e rapadura a partir de sua própria cana-de-açúcar.

Após o falecimento de Manoel Lemos, seu filho, Fenelon, assumiu o comando do engenho, continuando a produção da cachaça, já bem conhecida na região. Ao longo do século XX, a cachaça Gregório foi vendida a granel, de modo ainda informal.

Em 2012, o engenho passou por um processo rigoroso de legalização, culminando com o registro oficial da Cachaça Gregório em junho de 2013 e seu lançamento no mercado em janeiro de 2014.

Hoje, Alexandre Lemos, representante da quinta geração da família, administra o engenho junto de seus sócios. A produção da cachaça é realizada com cana-de-açúcar cultivada sem adubos químicos, empregando métodos manuais e sustentáveis. A fermentação, um aspecto crucial do processo, utiliza levedura selvagem e um fermento caipira composto de farelo de trigo e farelo de milho.

A cachaça é envelhecida em grandes dornas de freijó, uma madeira característica da região, conferindo à bebida uma identidade local única.

GREGÓRIO FREIJÓ

BRANCA COM MADEIRA

★★★★

TEOR ALCOÓLICO	PONTUAÇÃO	SAFRA/LOTE
45%	**89,5** (4 ESTRELAS)	**007**

Sobre a cachaça: a Gregório Freijó é armazenada por um ano em dornas de freijó de 4.500, 5 mil e 20 mil litros.

Visual: incolor, lágrimas bem lentas.

Aroma: doce de cana, terrosa (cogumelo), fermentado (cereais), leve baunilha.

Corpo/sensação: de curto para médio; boca cheia, fresca.

Paladar: a boca enche de água, com presença de acácia, tomilho, pão torrado e frutas cítricas.

Retrogosto: de curto para médio. Apesar de sutil, a madeira é presente, dando complexidade para a cachaça.

Sugestão de consumo: pura, para conhecer uma típica cachaça paraibana. Um belo e potente exemplar que, embora privilegie os aromas primários da cana, tem o freijó presente.

GUARANI

GUARANI/MINAS GERAIS

Localizada em Guarani, Minas Gerais, e comandada por Geraldo Magela Neves e Seila Neves, a destilaria se destaca pelo empreendedorismo sustentável e integrado ao turismo regional. Há dez anos, a Fazenda Ouro Verde oferece aos visitantes uma visão da generosidade da Zona da Mata mineira. Emoldurada pela Serra do Relógio, suas montanhas verdes abrem espaço para um dos mais modernos alambiques da região. É nesse cenário, situado a 72 quilômetros de Juiz de Fora, a sede da cachaça Dom Bré e de sua irmã, a cachaça Costa Rica.

Geraldo e Seila, técnicos em laticínios, aplicam um rigoroso controle de qualidade à produção da cachaça, tratada como qualquer outro alimento. A cachaça Dom Bré possui várias certificações, incluindo o Selo de Qualidade Anpaq, o Certifica Minas e o selo kosher. A produção segue práticas sustentáveis, com a cana-de-açúcar plantada e colhida localmente e o bagaço usado para alimentar as caldeiras. O vinhoto, resíduo da fermentação, é empregado como adubo, fechando o ciclo sustentável.

No processo de fermentação, Magela aproveita a expertise na produção de iogurtes e queijos. Ele reconhece a importância desse processo para o padrão e a identidade das cachaças. Para Magela, uma cachaça autenticamente mineira deve ser fermentada por leveduras selvagens, com a adição de substratos naturais durante o preparo do pé de cuba. No caso da Dom Bré, é adicionado fubá de milho, garantindo uma cachaça que segue a Escola do Fermento Caipira.

O nome Dom Bré homenageia o percussionista Bré Rosário, amigo do casal. Já a cachaça Costa Rica faz referência a outra fazenda da família. A produção anual é de 40 mil litros, e o alambique integra a rota turística Via Liberdade, que conecta o Rio de Janeiro, Minas Gerais, Goiás e o Distrito Federal.

Os visitantes do Alambique Guarani podem conhecer desde a plantação da cana até os métodos de produção e envelhecimento da cachaça. O turismo representa de 25% a 30% do faturamento da destilaria.

DOM BRÉ JEQUITIBÁ-ROSA

BRANCA COM MADEIRA

TEOR ALCOÓLICO	PONTUAÇÃO	SAFRA/LOTE
40%	**86,5** (3 ESTRELAS)	**1123**

Sobre a cachaça: a cachaça Dom Bré Jequitibá-Rosa é armazenada em dornas de 15 mil litros no mínimo por três anos.

Visual: leve presença de madeira, quase incolor, lágrimas moderadas.

Aroma: frutas cristalizadas, vinho de cana, ameixa seca, casca de laranja.

Corpo/sensação: médio; fresca, macia.

Paladar: a madeira se revela na boca, trazendo mais adocicado, condimento e castanha, com ameixa seca, baunilha e casca de laranja.

Retrogosto: médio, amendoado. Alta bebabilidade.

DOM BRÉ AMBURANA

ARMAZENADA EM
MADEIRA BRASILEIRA OU EXÓTICA

TEOR ALCOÓLICO	PONTUAÇÃO	SAFRA/LOTE
40%	**89** (4 ESTRELAS)	**0923**

Sobre a cachaça: a Dom Bré Amburana é armazenada em dornas de 15 mil litros no mínimo por três anos.

Visual: palha, brilhante, lágrimas moderadas.

Aroma: vinho de cana, frutas amarelas, castanhas (marzipã, amêndoa), pimenta-rosa, baunilha e hortelã.

Corpo/sensação: médio; fresca.

Paladar: maior presença vegetal da cachaça branca (erva cortada, milho-verde), com a amburana temperando a cachaça com baunilha, menta e pimenta-rosa.

Retrogosto: médio. Cachaça bem equilibrada, fácil de beber, com boca levemente picante.

DOM BRÉ EXTRA PREMIUM CARVALHO

EXTRA PREMIUM CARVALHO

★★★

TEOR ALCOÓLICO	PONTUAÇÃO	SAFRA/LOTE
40%	**87,5** (3 ESTRELAS)	**1223**

Sobre a cachaça: a Dom Bré Extra Premium Caravlho é envelhecida em dois estágios distintos. Primeiro, é maturada em barris usados de carvalho francês de 200 litros por três anos. Em seguida, a cachaça é transferida para barris novos de carvalho francês, também de 200 litros, nos quais permanece por mais doze meses.

Visual: dourado, meio brilhante, lágrimas moderadas.

Aroma: baunilha, maçã do amor, ameixa, avelã, castanhas, tabaco.

Corpo/sensação: médio; boca cheia.

Paladar: caramelo, frutas cristalizadas, cereais, baunilha, avelã.

Retrogosto: médio, simples, com picância acima da média.

COSTA RICA AMBURANA

ARMAZENADA EM
MADEIRA BRASILEIRA OU EXÓTICA

TEOR ALCOÓLICO	PONTUAÇÃO	SAFRA/LOTE
40%	**88** (3 ESTRELAS)	**0923**

Sobre a cachaça: a Costa Rica Amburana é armazenada em tonéis de 1 mil litros no mínimo por um ano.

Visual: palha, meio brilhante, lágrimas moderadas.

Aroma: o vegetal prevalece (grama cortada, folha de louro), com tempero da amburana (jasmim, anis), leve terroso (alga marinha), medicinal e leve feno.

Corpo/sensação: leve; boca cheia.

Paladar: grama, hortelã, anis, eucalipto.

Retrogosto: curto, simples. Alta bebabilidade.

HARTMANN

PARECI NOVO/RIO GRANDE DO SUL

A cachaça Hartmann é resultado do trabalho de Israel e Tatiana Hartmann, seguindo uma tradição familiar que atravessa gerações. A família Hartmann encontrou sustento na terra, especialmente na cana-de-açúcar, como muitas outras famílias de imigrantes que habitaram Pareci Novo, no interior do Rio Grande do Sul. Seu Atalíbio Hartmann, avô de Israel, criou 13 filhos produzindo e vendendo chimia (geleia) e melado. A produção de cachaça também fazia parte da rotina da família, com Alberto Thomé, cunhado de Atalíbio e casado com Emma Hartmann, utilizando a cana plantada pela família para produzir a bebida.

Inspirado pelas histórias do avô e ao observar mudas de cana caiana ainda crescendo ao redor de sua casa, Israel decidiu retomar a tradição. Com o apoio da esposa, Tatiana, ele comprou um alambique pequeno e, após o sucesso inicial, ampliou a operação. Em 2019, formalizou a criação de uma indústria que controla todo o processo de produção da cachaça, do plantio ao envasamento.

As canas usadas são da mesma variedade que seu avô cultivava (caiana). O processo de produção utiliza leveduras selecionadas (CA-11) na fermentação, sem uso de substratos. A destilação é realizada em alambique de fogo direto a lenha. Além disso, o estilo da casa se caracteriza pelo uso de blends de barricas tostadas, como carvalho europeu, carvalho americano e amburana.

HARTMANN RESERVA

BLEND ENVELHECIDO

★★★

TEOR ALCOÓLICO	PONTUAÇÃO	SAFRA/LOTE
40%	**87,5** (3 ESTRELAS)	**25.04.23**

Sobre a cachaça: é um blend de cachaça envelhecida em barris de carvalho europeu de 225 litros de tosta média, barris de carvalho americano de tosta média e barris de amburana de 225 litros, também de tosta média.

Visual: de dourado escuro para âmbar, lágrimas moderadas.

Aroma: delicado no nariz, com folha de louro, caramelo, canela e figo.

Corpo/sensação: médio; amanteigada.

Paladar: é mais picante na boca, com presença de figo, cravo, canela, amêndoa e toffee.

Retrogosto: médio, doce, especiarias (canela).

HAVANINHA

SALINAS/MINAS GERAIS

Osvaldo Mendes Santiago é o produtor da Havaninha e filho de Anísio Santiago, criador das famosas cachaças Havana e Anísio Santiago. Desde a década de 1940, Osvaldo esteve envolvido na produção de cachaça na Fazenda Havana, situada na zona rural de Salinas, Minas Gerais. Após o falecimento de seu pai, em 2002, ele assumiu a produção e a comercialização das cachaças Havana e Anísio Santiago por onze anos, até 2013. Atualmente, é sócio-proprietário dessas marcas.

Osvaldo decidiu, então, lançar sua própria marca. A cachaça Havaninha segue a tradição familiar de produção artesanal e em pequena escala. Segundo Osvaldo, para uma cachaça boa "tem que deixar envelhecer, esperar o tempo dela, não ter ambição desmedida", um ensinamento de seu pai.

A Havaninha é produzida na Fazenda Piragibe, localizada na região da Serra dos Bois, também na zona rural de Salinas, a 9 quilômetros da Fazenda Havana. A produção da Havaninha segue o padrão da cachaça de Anísio Santiago: as variedades de cana utilizadas são java e uva, e a fermentação é feita por leveduras selvagens com adição de fubá de milho no pé de cuba. O alambique de cobre, do tipo tromba de elefante, tem capacidade de 500 litros, destilando cerca de 10 mil litros por safra.

Com a produção artesanal e o envelhecimento cuidadoso em dornas de bálsamo por muitos anos, a cachaça Havaninha reflete a dedicação de Osvaldo em manter o legado de seu pai e a tradição da cachaça genuína de Salinas.

HAVANINHA

ARMAZENADA EM
MADEIRA BRASILEIRA OU EXÓTICA

TEOR ALCOÓLICO	PONTUAÇÃO	SAFRA/LOTE
48%	**89,5**	**03/2017-2018**
	(4 ESTRELAS)	ENGARRAFADA EM 03/01/2023

Sobre a cachaça: a Havaninha é armazenada por oito anos em dornas de bálsamo, que variam de 5 mil a 10 mil litros.

Visual: leve dourado esverdeado, opaca, lágrimas e rosário intensos e bonitos.

Aroma: mexerica, anis, erva-doce, frutas cristalizadas.

Corpo/sensação: médio; muito fresca.

Paladar: cachaça potente e viva em boca, mas sem agredir. Muitas especiarias, como anis, cravo e erva-doce. Também eucalipto e medicinal.

Retrogosto: longo e condimentado, deixando os lábios doces e a boca fresca.

INDIAZINHA

ABAETETUBA/PARÁ

Fundada por Omilton Quaresma em 2015, a destilaria nasceu do sonho de empreender e de reviver a história da produção de cachaça na região Norte, que foi um importante polo de fabricação de aguardente no século XIX. Abaetetuba já produziu 5 milhões de litros de cachaça e contava com 70 alambiques, um legado evidenciado pelos ramalhetes de cana-de-açúcar presentes no brasão da cidade. Contudo, essa fama declinou a partir da década de 1970, com a abertura da rodovia Belém-Brasília, que trouxe cachaças industrializadas de outras partes do país.

Após alguns testes com cana caiana e varietais comerciais, os produtores da Indiazinha descobriram uma planta que se adaptou bem às condições climáticas locais, caracterizadas por alta umidade e calor, com chuvas abundantes durante todo o ano.

O corte da cana é manual, e a fermentação da cachaça ocorre por leveduras selvagens. A janela de colheita da matéria-prima na região amazônica é curta, durando apenas quatro meses, de agosto a dezembro, quando as chuvas diminuem e o sol predomina, permitindo a maturação da cana e a produção da cachaça. As condições climáticas da região afetam a produtividade, que é cerca de 10% menor em comparação à de outros produtores do país.

Com um portfólio diversificado que abrange cachaças brancas e armazenadas em amburana e carvalho, além de versões compostas com jambu, açaí e guaraná, a Indiazinha dedica-se a demonstrar que o norte do Brasil também é um local de excelência na produção de cachaça de alambique.

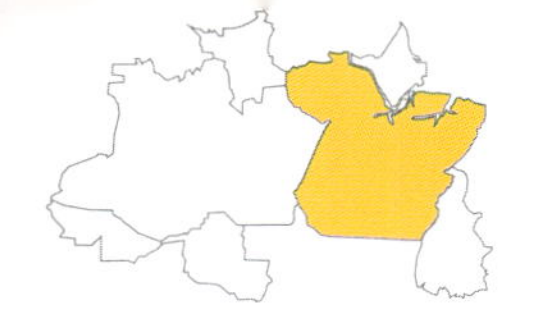

INDIAZINHA CARVALHO

ARMAZENADA EM CARVALHO

TEOR ALCOÓLICO	PONTUAÇÃO	SAFRA/LOTE
40%	**88** (3 ESTRELAS)	**2023**

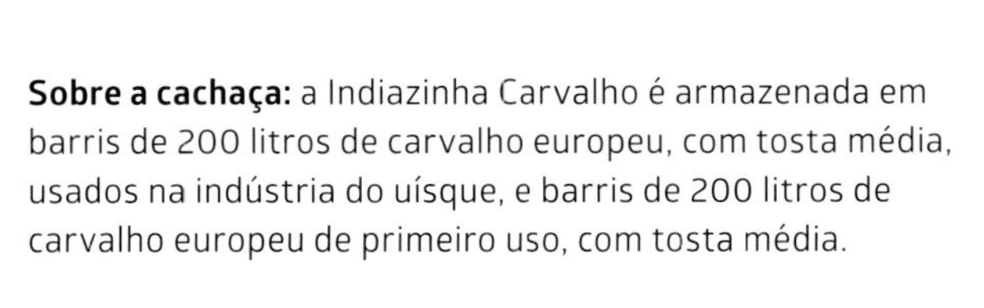

Sobre a cachaça: a Indiazinha Carvalho é armazenada em barris de 200 litros de carvalho europeu, com tosta média, usados na indústria do uísque, e barris de 200 litros de carvalho europeu de primeiro uso, com tosta média.

Visual: dourado, brilhante, lágrimas moderadas.

Aroma: toffee, baunilha, folha de louro, casca de laranja, pão de mel.

Corpo/sensação: médio; condimentada.

Paladar: baunilha, frutas cristalizadas, mais torrados e castanhas na boca (noz-moscada, toffee, couro).

Retrogosto: médio, final vegetal, leve amargor medicinal.

ISAURA

JEQUITIBÁ/MINAS GERAIS

A história da cachaça Isaura e da cachaça Duvido começou há mais de quarenta anos, na Fazenda dos Poções, no município de Jequitibá, Minas Gerais. Em 2009, ambas as cachaças saíram do mercado, mas retornaram em 2023, utilizando estoques antigos de cachaça envelhecida em carvalho, fundamentais para o blend atual da cachaça Isaura.

A Fazenda dos Poções possui canavial próprio, com canas que crescem há décadas na região. A fermentação é feita com leveduras selvagens, utilizando apenas fubá de milho e farelo de arroz. A destilação ocorre em três alambiques de cobre, cada um com capacidade útil de 700 litros, alimentados por caldeira.

A origem das cachaças está intimamente ligada à história da dona Luizinha, antiga proprietária de muitas terras na região. Na época em que ela viveu, os escravizados faziam a manutenção das fazendas e a mineração de ouro nos Poções, grandes poços usados para a lavagem do ouro do histórico do rio das Velhas. Ao falecer, dona Luizinha alforriou os escravizados e para um deles, chamado Eliseu, legou as terras dos Poções.

Eliseu, um mestre do alambique, produzia rapaduras e açúcar mascavo (subprodutos de uma cachaça de alambique) junto da esposa, Isaura. A casa colonial onde o casal morava, agora ilustrada no rótulo da cachaça Isaura, é conhecida como A Velha Fazenda.

Essas técnicas de produção foram preservadas e aprimoradas ao longo dos anos, resultando nas cachaças Isaura e Duvido, que hoje mantêm a tradição da bebida artesanal na Fazenda dos Poções.

DUVIDO

BRANCA COM MADEIRA

TEOR ALCOÓLICO	PONTUAÇÃO	SAFRA/LOTE
40%	**89,5** (4 ESTRELAS)	**0001/23**

Sobre a cachaça: a Duvido descansa por um ano em tonéis de jequitibá-rosa.

Visual: pouca presença de madeira, quase incolor, brilhante, lágrimas moderadas.

Aroma: garapa, menta, iodo, tomilho.

Corpo/sensação: médio; alegre, viva.

Paladar: doce agradável (com leve baunilha) e vegetal, com caldo de cana, caramelo, ora-pro-nóbis e fermentado (pão de milho). Na boca se revelam mais as características da fermentação caipira. Um autêntico exemplar da Escola do Fermento Caipira.

Retrogosto: médio. Cachaça com boa complexidade e fácil de beber.

ISAURA OURO

ARMAZENADA EM CARVALHO

TEOR ALCOÓLICO	PONTUAÇÃO	SAFRA/LOTE
40%	**86,5** (3 ESTRELAS)	**0001/23**

Sobre a cachaça: é armazenada por um ano em carvalho, e a padronização está a cargo do mestre de adega Hamilton Medeiros.

Visual: dourado com tons esverdeados, brilhante, lágrimas moderadas.

Aroma: caramelo, castanhas, baunilha, frutas cristalizadas, medicinal.

Corpo/sensação: de leve para médio; fechada, picante.

Paladar: folha de louro, vinho de cana, caramelo, frutas cristalizadas, baunilha.

Retrogosto: de curto para médio, simples, amadeirado.

ITUANA

ITU/SÃO PAULO

A cachaça Ituana é produzida na Fazenda Castelo, uma propriedade de mais de 30 hectares no interior de São Paulo dedicada à plantação de cana-de-açúcar. A gestão da terra é orgânica, e para a colheita, automatizada, utilizam-se equipamentos modernos. A destilaria foi construída em 2020 e lançou sua primeira cachaça em abril de 2023.

A Ituana utiliza as variedades de cana RB 8615, CTC 9001 e CTC 6156. Seguindo a Escola da Seleção de Leveduras (ver p. 155), o mosto é filtrado por carvão e pasteurizado antes da fermentação. As leveduras, fornecidas pela Lallemand, fermentam o mosto em dornas de aço inox fechadas e com controle de temperatura. A destilação a vácuo é um diferencial da Ituana, proporcionando um controle rigoroso das etapas de produção.

O sistema de destilação a vácuo é valorizado pelos produtores em razão de fatores como estabilidade, sanitização, economia e capacidade de preservar os componentes aromáticos da cana-de-açúcar. A fábrica, inteiramente em aço inox, garante a ausência de cobre e metais pesados no destilado.

Ítalo Lima, o produtor, destaca a importância da destilação a vácuo para alcançar a pureza desejada nas cachaças. No Brasil, apenas duas empresas utilizam essa tecnologia de produção: além da Ituana, a Engenho D'Ouro, de Paraty (ver p. 268), que foi a pioneira na implementação da destilação a vácuo, em 2018.

ITUANA JEQUITIBÁ

BRANCA COM MADEIRA

★★★

TEOR ALCOÓLICO	PONTUAÇÃO	SAFRA/LOTE
40%	**86,5** (3 ESTRELAS)	**2022/01**

Sobre a cachaça: é armazenada durante seis meses em dornas de jequitibá de 10 mil litros. Conquistou o 2º lugar em "Destaque – design" deste guia.

Visual: palha claro, quase incolor, lágrimas moderadas.

Aroma: limpo, vegetal, toranja, cereais, iogurte, terrosa, leve madeira (cedro).

Corpo/sensação: leve; aveludada.

Paladar: cereais, mel de agave, terroso, acácia.

Retrogosto: curto e neutro, com doce delicado e vegetal.

ITUANA AMBURANA

ARMAZENADA EM
MADEIRA BRASILEIRA OU EXÓTICA

TEOR ALCOÓLICO
40%

PONTUAÇÃO
87
(3 ESTRELAS)

SAFRA/LOTE
2022/01

Sobre a cachaça: é armazenada em dornas de amburana de 20 mil litros por um ano.

Visual: palha, brilhante, lágrimas moderadas.

Aroma: castanhas, fruta passada, feno, canela.

Corpo/sensação: médio; boca cheia, fresca.

Paladar: madeira em maior evidência na boca, com mais especiarias (canela) e castanhas (amêndoa, marzipã), além um pouco de baunilha e biscoito amanteigado.

Retrogosto: de curto para médio, simples, com amêndoa e frescor (hortelã).

Sugestão de consumo: caipifruta de abacaxi. A base é neutra, dando o protagonismo para doce, amendoado e especiarias da amburana, mas de forma delicada.
Boa bebabilidade.

ITUANA CARVALHO

BLEND ARMAZENADO

★★★

TEOR ALCOÓLICO	PONTUAÇÃO	SAFRA/LOTE
40%	**84,5** (3 ESTRELAS)	**2022/01**

Sobre a cachaça: é um blend com 15% de cachaça armazenada em amburana (dornas de 20 mil litros) e 85% de cachaça envelhecida por um ano em barris de carvalho americano de 180 litros, com tosta.

Visual: dourado, brilhante, lágrimas moderadas.

Aroma: vegetal, cereais maltados, fruta passada, castanhas, biscoito amanteigado.

Corpo/sensação: médio; picante.

Paladar: começa com caramelo e evolui para amadeirado com castanha, coco queimado, baunilha, canela e pimenta.

Retrogosto: de curto para médio, com especiarias (canela e pimenta).

JECEABA

JECEABA/MINAS GERAIS

O advogado Roger Sejas, motivado pelo desejo de criar uma cachaça autêntica, encontrou na fazenda de seu sogro, em Minas Gerais, o local ideal para concretizar seu sonho. Com apoio da família, ele fundou em 2003 a cachaça Jeceaba, com foco na qualidade e na regularização do produto. Desde 2022, Roger também atua como representante da Associação Nacional de Produtores de Cachaça de Qualidade (Anpaq).

A cana-de-açúcar, cultivada em 6 hectares da fazenda, é da variedade SP 80-3280, conhecida por seu alto teor de sacarose. A Jeceaba segue o método tradicional da Escola do Fermento Caipira, com pé de cuba alimentado com fubá e farelo de arroz. O alambique de cobre, com coluna do estilo capelo, é aquecido por fogo indireto pela queima de lenha.

Além do método tradicional, a Jeceaba adota inovações, como a micro-oxigenação, que melhora a qualidade da cachaça. Essa técnica consiste em adicionar pequenas quantidades controladas de oxigênio na cachaça recém-destilada, a fim de reproduzir os benefícios da oxidação que ocorre no envelhecimento em barris de madeira. Edições especiais da cachaça são envelhecidas em barris de carvalho americano de primeiro uso, revelando todo o potencial da madeira importada, enquanto blends em jequitibá-rosa, amburana e carvalho americano proporcionam assinaturas únicas aos apreciadores de destilados nobres.

JECEABA CLÁSSICA

BRANCA SEM MADEIRA

TEOR ALCOÓLICO	PONTUAÇÃO	SAFRA/LOTE
44%	**87,5** (3 ESTRELAS)	**10/04/2024**

Sobre a cachaça: a Jeceaba Clássica é armazenada de seis meses a um ano em tanques de aço inox.

Visual: incolor, lágrimas lentas.

Aroma: típica fermentação caipira. Cereal, fermentado, lácteo, feno, pera.

Corpo/sensação: médio; fresca.

Paladar: vegetal, garapa, mineral, medicina, levemente salino.

Retrogosto: de médio para curto, prevalecendo doce de cana.

Sugestão de consumo: pura. É um bom exemplo da tradição mineira de produzir branquinhas.

JECEABA MODERNA

BLEND ENVELHECIDO

★★★★

TEOR ALCOÓLICO	PONTUAÇÃO	SAFRA/LOTE
42%	**94** (4 ESTRELAS)	**01/09/2022**

Sobre a cachaça: a cachaça Jeceaba Moderna é uma edição especial para celebrar o centenário da Semana de Arte Moderna no Brasil, com uma tiragem exclusiva de apenas 320 unidades numeradas. Envelhecida por quatro anos, essa cachaça passou dois anos em tonéis de jequitibá e mais dois anos em barris de carvalho americano de primeiro uso com tosta 3.

Visual: âmbar, brilhante, lágrimas lentas.

Aroma: chocolate amargo, caramelo, avelã.

Corpo/sensação: cachaça encorpada. Tem começo duro, mas vai se soltando depois do primeiro gole.

Paladar: explode na boca o carvalho americano tostado, com couro, avelã, licor de amêndoa e baunilha.

Retrogosto: longo e agradável. Forte presença de tosta, com chocolate e condimentos, como pimenta-branca.

Sugestão de consumo: para quem gosta de tostas intensas.

JOÃO DEL REY

FRUTAL/MINAS GERAIS

Em 2004, João Del Rei da Costa fundou sua cachaçaria em Frutal, Minas Gerais. Antes disso, ele trabalhava como diretor de uma cooperativa de laticínios e era produtor agrícola. Com um canavial destinado às usinas de açúcar da região, decidiu destinar parte da cana-de-açúcar para a produção de cachaça. João vende parte da produção para usinas e utiliza as variedades de cana CTC 04, IAC 5503 e 5453, priorizando as de período médio a tardio e de fácil manejo para a produção de aguardente.

A região possui um clima bem definido de abril a outubro, com a safra ocorrendo entre julho e agosto. O canavial, de 29 hectares, é colhido manualmente, com a cana sendo despalhada à mão e sem tocar o chão após o corte.

A moagem ocorre em até 24 horas após a colheita, passando por filtros mecânicos de decantação. O mosto segue para a fermentação, que dura entre 24 e 36 horas. Utiliza-se a levedura CA-11, sem substratos adicionais, e há um projeto piloto com a Universidade do Estado de Minas Gerais (UEMG) para a seleção de leveduras autóctones. A destilação é realizada com fogo indireto, em alambiques de 700 litros, sem o uso de caldeira. João diferencia sua cachaça pelo uso de madeiras brasileiras, apostando em diversos blends para criar uma assinatura única.

JOÃO DEL REY EXTRA PREMIUM

BLEND ENVELHECIDO

TEOR ALCOÓLICO	PONTUAÇÃO	SAFRA/LOTE
40%	**90,5** (4 ESTRELAS)	**201020**

Sobre a cachaça: a João Del Rey Extra Premium é envelhecida em tonéis e barris de carvalho europeu de 200 litros, com tosta, e barris de 700 litros, restaurados e lixados, sem tosta, com cerca de seis anos de uso. Após aproximadamente três anos nesses barris, a cachaça é transferida para tonéis de madeiras brasileiras de 10 mil litros, compostos por canela-sassafrás, jatobá, freijó e grápia, em que é armazenada por mais cinco anos.

Visual: dourado escuro, brilhante, lágrimas moderadas.

Aroma: resina, couro, tabaco, melado e calda de açúcar para pudim.

Corpo/sensação: de médio para encorpado; fresca, condimentada.

Paladar: caramelo, cardamomo, anis, menta, pacová.

Retrogosto: médio. Final surpreendente, com destaque para alcatrão e amadeirado intenso.

Sugestão de consumo: pura. As madeiras brasileiras podem ser surpreendentes; deguste e tente decifrá-las.

JOÃO MENDES

PERDÕES/MINAS GERAIS

João Mendes iniciou sua trajetória na plantação de café, mas, nos anos 1980, ao perceber que a cultura cafeeira já não era viável, decidiu, junto de um vizinho, montar um pequeno alambique. Em 1983, João formalizou sua empreitada, fundando na cidade de Perdões o engenho que levaria seu nome e se tornaria sinônimo de cachaça mineira.

Com apoio da família, ele se dedicou a melhorar cada etapa da produção, desde o plantio da cana-de-açúcar até a embalagem da bebida. Reconhecendo a importância de um padrão de qualidade elevado, João buscou parcerias estratégicas, como a estabelecida com a Universidade Federal de Lavras (Ufla). Essa cooperação, que já dura mais de 35 anos, foi essencial para o desenvolvimento de técnicas e o aprimoramento contínuo.

No plantio, são cultivadas diversas variedades de cana-de-açúcar, como CTC 11, IAC 5000, RB 7515, IAC 9001 e IAC 9002, garantindo uma safra prolongada. O corte é feito de forma manual, e os defensivos são aplicados minimamente, utilizando vespas no controle de pragas. O caldo resultante da moagem passa por uma tripla filtragem antes de ser fermentado naturalmente com leveduras selecionadas, como a CA-11.

Com cinco alambiques de cobre, cada um com capacidade útil de 5 mil litros, a destilação é feita de forma criteriosa, com os alambiques higienizados diariamente e aquecidos a vapor por caldeira.

Após o falecimento de João Mendes, há catorze anos, seu filho, João Geraldo, assumiu a linha de frente da cachaçaria. Hoje, a cachaça João Mendes continua a ser um símbolo de tradição, levando os nomes de Perdões e Minas Gerais para além das fronteiras nacionais, com presença em Portugal, Espanha, Estados Unidos e Canadá.

JOÃO MENDES PRATA

BRANCA SEM MADEIRA

TEOR ALCOÓLICO	PONTUAÇÃO	SAFRA/LOTE
38%	**88** (3 ESTRELAS)	**2523 03/24**

Sobre a cachaça: a João Mendes Prata é armazenada por um ano em dornas de aço inox. Ela tem graduação alcoólica entre 44% e 45%, sendo posteriormente reduzida para 38% com o uso de água destilada proveniente de um poço artesiano.

Visual: incolor, lágrimas moderadas.

Aroma: azeitona, garapa, banana verde, castanha, alga marinha.

Corpo/sensação: médio; fresca.

Paladar: vivo, castanhas, fruta madura, terroso, feno.

Retrogosto: de curto para médio, simples, vegetal, amendoado.

JOÃO MENDES UMBURANA

ARMAZENADA EM
MADEIRA BRASILEIRA OU EXÓTICA

TEOR ALCOÓLICO
38%

PONTUAÇÃO
88,5
(3 ESTRELAS)

SAFRA/LOTE
0624 04/24

Sobre a cachaça: passa por um processo de maturação que começa em tonéis de jequitibá-rosa de 30 mil litros no mínimo por seis meses. Em seguida, a cachaça é transferida para barris de amburana de 700 litros, nos quais permanece por aproximadamente um ano antes de ser engarrafada e comercializada.

Visual: dourado claro, meio brilhante, lágrimas moderadas.

Aroma: castanhas, baunilha, feno, protetor solar, mais vegetal, madeira delicada.

Corpo/sensação: de curto para médio; fresca, macia, amanteigada.

Paladar: biscoito amanteigado, baunilha, caramelo, cereja, castanhas.

Retrogosto: de curto para médio, simples, vegetal, pimenta leve.

JOÃO MENDES CARVALHO

ARMAZENADA EM CARVALHO

TEOR ALCOÓLICO	PONTUAÇÃO	SAFRA/LOTE
38%	**87** (3 ESTRELAS)	**0424 04/24**

Sobre a cachaça: a João Mendes Carvalho é maturada inicialmente em tonéis de jequitibá-rosa de 30 mil litros no mínimo por seis meses. Depois, é transferida para barris de carvalho europeu de 200 a 250 litros, que passaram por uma leve tosta. Alguns desses tonéis são utilizados há mais de vinte anos. A cachaça permanece armazenada por pelo menos dois anos. Para a padronização, ocasionalmente é adicionada cachaça prata ao blend.

Visual: palha escuro para dourado, com tons esverdeados, meio brilhante, lágrimas moderadas.

Aroma: delicada presença de madeira, castanhas, milho-verde, caramelo, baunilha, vinho de cana, bagaço, madeira antiga, feno.

Corpo/sensação: médio; fresca, adstringente.

Paladar: vegetal, fruta verde, milho-verde, toranja, feno.

Retrogosto: curto, simples, com vegetal e leve amargor de casca cítrica e medicinal.

JP

ITUPEVA/SÃO PAULO

A cachaça JP é um produto tradicional de Itupeva, interior de São Paulo, cuja produção começou em 1890. Em 1925, Cyrineo Tonoli, um imigrante italiano, comprou a propriedade e interrompeu a atividade relacionada à cachaça para cultivar café. Com a crise da cultura cafeeira na década de 1940, seus filhos buscaram alternativas para sustentar a família, reativando a destilaria em 1948.

O nome JP é uma homenagem à Serra do Japi, onde a destilaria se localiza. O microclima da região apresenta-se ideal para o cultivo da cana-de-açúcar e a fermentação do mosto. A Serra do Japi é uma Reserva da Biosfera da Mata Atlântica pela Unesco e parte importante do patrimônio natural brasileiro, preservando uma das últimas grandes áreas de floresta contínua do interior paulista.

A destilaria utiliza uma ampla variedade de cana-de-açúcar, que matura em diferentes períodos do ano. A safra se concentra entre maio e agosto, os meses mais frios da região. A fermentação é feita com levedura selecionada CA-11, sem adição de substratos ao pé de cuba.

Desde 2016, as cachaças que passam por madeira da JP são redestiladas em alambique do tipo cebolão. O master blender da destilaria, Fernando Tonoli, supervisiona rigorosamente o processo de produção, gerando interesse do mercado exterior, com presença das cachaças na Bélgica e na Alemanha.

ITUPEVA
CRISTAL

BRANCA COM MADEIRA

TEOR ALCOÓLICO	PONTUAÇÃO	SAFRA/LOTE
40%	**85,5** (3 ESTRELAS)	**01/24**

Sobre a cachaça: é armazenada em tonéis de amendoim do campo de 7 mil litros por um ano. Em seguida, é novamente destilada, para padronização, e armazenada em aço inox.

Visual: incolor, lágrimas medianas.

Aroma: vegetal, manteiga, iogurte, fechada.

Corpo/sensação: de curto para médio. Embora não possua coloração, é uma cachaça macia, indicando passagem por madeira e bidestilação.

Paladar: a bidestilação deixa a cachaça menos vegetal e mais discreta na boca do que no nariz. Grama, biscoito, amendoado.

Retrogosto: curto, simples, amanteigado.

ITUPEVA UMBURANA

ARMAZENADA EM
MADEIRA BRASILEIRA OU EXÓTICA

TEOR ALCOÓLICO	PONTUAÇÃO	SAFRA/LOTE
39%	**88,5** (3 ESTRELAS)	**09/23**

Sobre a cachaça: a Itupeva Umburana é bidestilada, armazenada em barris de amburana de 200 litros por seis meses (barricas novas) até três anos (barricas exauridas). É feito um blend entre as cachaças para padronização.

Visual: dourado claro, brilhante.

Aroma: curral, pelo de animal suado, baunilha, melado, parafina, noz-moscada.

Corpo/sensação: curto; fresca.

Paladar: castanha, baunilha, erva-doce, frutas cristalizadas.

Retrogosto: de curto para médio, simples. Bom equilíbrio entre álcool e madeira.

ITUPEVA CARVALHO

ENVELHECIDA EM CARVALHO

TEOR ALCOÓLICO
39%

PONTUAÇÃO
88
(3 ESTRELAS)

SAFRA/LOTE
09/23

Sobre a cachaça: ela é bidestilada e envelhecida por dois anos em tonéis de carvalho europeu (ex-uísque Drury's) de 200 litros, comprados da tanoaria Santo Antônio, de Brodowski.

Visual: dourado escuro, lágrimas lentas.

Aroma: fruta verde, aloe vera, fermento, leve características do carvalho (baunilha, caramelo, defumado), fechado.

Corpo/sensação: leve; boca cheia.

Paladar: mais interessante na boca, com a madeira evoluindo e trazendo mais baunilha, caramelo e castanhas (noz-moscada, avelã, amêndoa).

Retrogosto: médio e simples, com leve amargor medicinal.

Sugestão de consumo: deixe descansar na taça para os aromas abrirem.

LEBLON

PATOS DE MINAS/MINAS GERAIS

Se o nome Leblon evoca imagens de um bairro globalmente famoso do Rio de Janeiro, a produção da cachaça de mesmo nome está bem distante das praias cariocas. É em Patos de Minas, no Alto Paranaíba, que os alambiques de cobre da cachaça Leblon transformam cana-de-açúcar em um destilado de qualidade desde 2005.

A cidade mineira foi escolhida para produzir mais de 350 mil litros por safra da cachaça Leblon, sob a supervisão atenta de Carlos Oliveira, diretor de produção, e Gilles Merlet, renomado mestre de adega francês, conhecido por seus conhaques e licores, e figura fundamental nos primórdios da marca. A combinação das técnicas europeias de blendagem com os talentos e ingredientes brasileiros resulta em uma cachaça que carrega a tradição do terroir do cerrado mineiro.

A visão estratégica da marca foi desenvolvida por Steve Luttmann, um norte-americano apaixonado pelo Brasil. Luttmann abraçou o desafio de tornar a cachaça apreciada globalmente, e não apenas uma versão de rum produzida no Brasil (até 2012, a cachaça era conhecida nos Estados Unidos como Brazilian Rum). Em 2015, a Bacardi reconheceu o potencial da marca e a adicionou ao seu portfólio, consolidando a Leblon como um *player* global. Com distribuição em mais de 35 países, a marca continua a expandir suas fronteiras e a promover a cachaça como um destilado sofisticado e representativo da cultura brasileira.

A cana-de-açúcar é cultivada nas proximidades da destilaria. Para a fermentação, utiliza-se uma combinação de leveduras selvagens e leveduras selecionadas, como a DistilaMax CN, da Lallemand. Durante o envelhecimento, a cachaça é armazenada em barris de carvalho francês de Limousin anteriormente usados para envelhecer conhaque.

LEBLON

BRANCA COM MADEIRA

TEOR ALCOÓLICO	PONTUAÇÃO	SAFRA/LOTE
40%	**88,5** (3 ESTRELAS)	**L23 258 SE100**

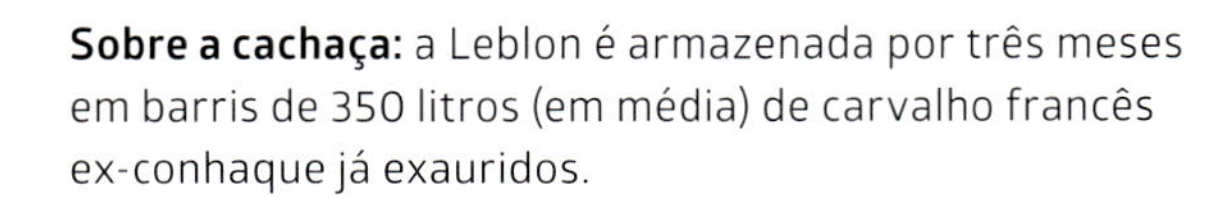

Sobre a cachaça: a Leblon é armazenada por três meses em barris de 350 litros (em média) de carvalho francês ex-conhaque já exauridos.

Visual: leve palha, quase incolor.

Aroma: grama, ora-pro-nóbis, medicinal, feno.

Corpo/sensação: médio; boca cheia, amanteigada.

Paladar: muita fruta e vegetal, com azeitona, garapa, pisco e erva-doce.

Retrogosto: a cachaça começa viva, remete ao frescor da cana, é picante mas com equilíbrio, com álcool também equilibrado ao conjunto. Retrogosto médio e final cremoso.

LIRA

AMARANTE/PIAUÍ

A história da cachaça Lira abrange mais de um século e é um marco tanto para a família quanto para o estado do Piauí. Francisco José Lira, nascido em 1864, iniciou sua trajetória na produção de cachaça e outros derivados da cana-de-açúcar em 1889. Em 1915, durante uma seca devastadora no sertão nordestino, Francisco transformou adversidade em oportunidade. Deixou sua antiga propriedade e fundou o Sítio Floresta, em Amarante, onde implementou práticas de sustentabilidade, preservação ambiental e uso racional de recursos naturais, princípios valorizados atualmente.

Os descendentes de Francisco mantiveram o empreendimento e perpetuaram suas valiosas lições como um patrimônio. Em 2016, essa herança possibilitou a criação do Lira Eco Parque, um refúgio ecológico em meio à natureza.

A cachaça Lira, produzida a partir de cana-de-açúcar cultivada organicamente, reflete a dedicação à qualidade e ao meio ambiente. A fermentação, realizada por leveduras selvagens, dura entre 24 e 30 horas, sem o uso de substratos. O alambique de cobre é do tipo cebolão, aquecido por caldeira. Nas suas adegas, a Lira utiliza exclusivamente a madeira de castanheira, uma espécie nacional muito apreciada para o armazenamento de cachaça.

A nova geração continua o trabalho iniciado há mais de cem anos, com a família assumindo o compromisso de levar a cachaça do Piauí para outros cantos do Brasil e do mundo. Esse compromisso é exemplificado pelo trabalho conduzido por Igor Lira, diretor comercial, que se dedica a expandir o alcance da cachaça Lira e a compartilhar sua rica história com novos mercados, solidificando a marca como um símbolo de excelência e tradição piauienses. A Lira dividiu, com a Werneck, o 3º lugar em "Destaque – produtor sustentável" neste guia.

LIRA

ARMAZENADA EM
MADEIRA BRASILEIRA OU EXÓTICA

TEOR ALCOÓLICO	PONTUAÇÃO	SAFRA/LOTE
40%	**85,5**	**LOTE 00024**
	(3 ESTRELAS)	ENVASE 2023

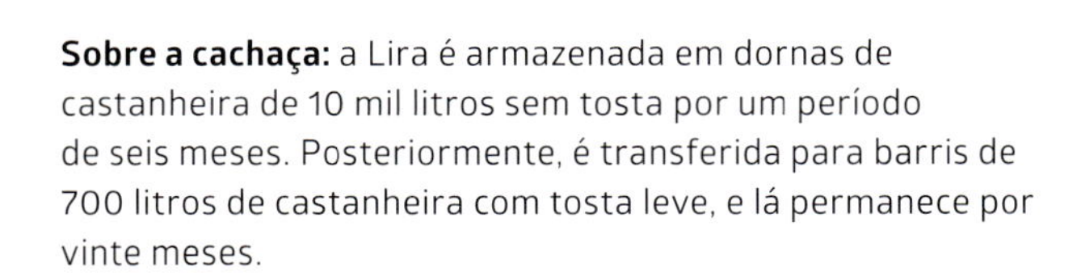

Sobre a cachaça: a Lira é armazenada em dornas de castanheira de 10 mil litros sem tosta por um período de seis meses. Posteriormente, é transferida para barris de 700 litros de castanheira com tosta leve, e lá permanece por vinte meses.

Visual: palha, meio brilhante, lágrimas moderadas.

Aroma: doce de cana combinado com especiarias (cravo, folha de louro), além de condimentos, leves castanhas (noz-moscada) e madeira molhada.

Corpo/sensação: leve; fresca.

Paladar: mais verde da madeira na boca, com caramelo, castanhas, cogumelos, madeira antiga e leve cravo.

Retrogosto: curto; leve mentolado resinoso.

MAGNÍFICA

VASSOURAS/RIO DE JANEIRO

A cachaça Magnífica foi criada pelo engenheiro João Luiz Coutinho de Faria em 1985 na Fazenda do Anil, no Vale do Café, Rio de Janeiro. O nome surgiu como uma homenagem à esposa de João, Clau, que era magnífica reitora da Universidade Santa Úrsula, do Rio de Janeiro.

Toda a cana-de-açúcar utilizada é cultivada na própria fazenda, que conta com 25 hectares de canavial. A maior parte é da variedade RB 867515, mas outras variedades também são cultivadas.

O canavial, intercalado com mata nativa, não necessita de pesticidas. A limpeza é realizada manualmente durante a entressafra, e a colheita, também manual, ocorre de maio até meados de novembro. Parte da adubação é feita com o vinhoto, um subproduto da própria produção.

Após a colheita, a cana é moída em no máximo 24 horas. A fazenda utiliza dois ternos para a moagem (cada terno consiste em um conjunto de três rolos usado para espremer a cana-de-açúcar e extrair seu caldo). A energia necessária é gerada pela queima do bagaço da cana, mas uma centenária locomotiva a vapor ainda é usada quando falta energia elétrica, sendo uma das atrações da destilaria.

A fermentação é iniciada com fermento de pão, mas rapidamente as leveduras selvagens assumem o processo. A cada duas semanas, o pé de cuba é renovado.

A destilação é realizada em um alambique de três corpos (tipo alegria), mesmo formato utilizado desde 1985. O alambique de três corpos permite que o corte na destilação seja feito de forma precoce. O que sobra é reinjetado no sistema, o que é possível a partir de uma manobra com o uso de uma panela extra. É como se a parte final do coração passasse por uma bidestilação; com isso, é eliminado qualquer elemento de cauda.

O portfólio da Magnífica inclui uma variedade de produtos que atendem a diferentes paladares, desde cachaças jovens (engarrafadas logo após a destilação) até o sistema de soleira mais antigo do país (envelhecendo cachaça desde 2002) e preciosos *single casks* envelhecidos em carvalho europeu.

Raul de Faria, filho de João Luiz, atualmente conduz a empresa com a irmã, Ana Luiza, com o propósito de manter a tradição e a qualidade da cachaça Magnífica.

MAGNÍFICA BICA DO ALAMBIQUE

BRANCA SEM MADEIRA

TEOR ALCOÓLICO	PONTUAÇÃO	SAFRA/LOTE
48%	**86,5** (3 ESTRELAS)	**2023-02**

Sobre a cachaça: lançada em novembro de 2018, é uma branca gourmet que visa proporcionar a experiência autêntica de cachaça fresca direto do alambique. Seu processo de produção minimiza a diluição e inclui um curto período em tanques de aço inox, com engarrafamento em lotes de um a dois meses para manter o frescor. Elk Barreto, produtora da cachaça Sanhaçu, é considerada a madrinha dessa cachaça.

Visual: incolor, rosário intenso, lágrimas lentas e volumosas.

Aroma: grama, erva-doce, anis, azeitona, caldo de cana.

Corpo/sensação: de médio para intenso; fresca, levemente adstringente, funky.

Paladar: vibrante, intenso, erva fresca, caramelo, anis, melado.

Retrogosto: longo, simples, com bastante presença de derivados de cana.

Sugestão de consumo: por seguir a Escola do Coração Bruto, traz a experiência de bebermos uma cachaça recém-destilada. É para apreciadores experientes, que gostam da "cachaça raiz".

MAGNÍFICA
IPÊ

BRANCA COM MADEIRA

TEOR ALCOÓLICO	PONTUAÇÃO	SAFRA/LOTE
40%	**86,5** (3 ESTRELAS)	**L24-02**

Sobre a cachaça: é armazenada em dornas de ipê de 50 mil litros por um a dois anos antes do engarrafamento. Quando as dornas chegam à metade de sua capacidade, são reabastecidas com cachaça nova.

Visual: palha muito claro, quase incolor, lágrimas moderadas.

Aroma: grama cortada, erva-doce, hortelã, amêndoa.

Corpo/sensação: médio; fresca.

Paladar: frutas cítricas (limão, uva verde), vivo, vegetal (grama cortada, hortelã).

Retrogosto: médio, fresco, vegetal.

Sugestão de consumo: excelente para caipirinha e para caipifrutas com frutas tropicais.

MAGNOLIA

NOVA FRIBURGO/RIO DE JANEIRO

Durante uma estadia em Paris, Marcelo Andrade e Camila de Faria notaram a falta de cachaças de alambique nos bares franceses, ainda que houvesse ali uma grande admiração pela cultura brasileira. De volta ao Brasil, decidiram criar a Magnolia, com a intenção de expandir a presença da cachaça de qualidade no exterior. Buscaram um parceiro que compartilhasse dessa visão e encontraram o mestre de alambique Vicente Bastos Ribeiro, da cachaça Fazenda Soledade.

A produção da Magnolia começa com a seleção de cachaças de diversas regiões. A seleção é então bidestilada em alambiques de cobre, técnica semelhante à usada em destilados como conhaque e uísque de malte. O processo é realizado lentamente e em pequenos lotes. Após a destilação, a cachaça fica armazenada em barris de carvalho, em uma adega a 900 metros de altitude.

Para ajustar a graduação alcoólica para 40%, utiliza-se água pura da montanha, proveniente de uma nascente a 1.200 metros de altitude e protegida por uma Reserva Particular do Patrimônio Natural. O processo de filtragem a frio, que resfria a cachaça a quase 0 °C antes da filtragem lenta, preserva o brilho, a limpidez, o sabor e o aroma da bebida.

O design da Magnolia busca fortalecer as mulheres brasileiras e recebeu elogios do New York Festivals, do White Square Advertising Festival e do prêmio da Associação Brasileira de Embalagens (Abre).

MAGNOLIA

BRANCA COM MADEIRA

★★★

TEOR ALCOÓLICO	PONTUAÇÃO	SAFRA/LOTE
40%	**85** (3 ESTRELAS)	**L01-22**

Sobre a cachaça: a Magnolia é bidestilada. É armazenada em barris de carvalho por até três meses e passa por processo de filtragem a frio.

Visual: incolor, lágrimas moderadas.

Aroma: caramelo, violeta, tomilho, lima.

Corpo/sensação: leve; fechada, alta bebabilidade.

Paladar: caramelo, folha de louro, castanhas.

Retrogosto: curto, simples, amendoado.

MARGÔ

SALES OLIVEIRA/SÃO PAULO

A cachaça Margô foi criada na zona rural de Sales Oliveira, no interior paulista, em 2015, com a formalização do primeiro produto em 2018. Essa história é marcada pela dedicação dos irmãos Fernando e Aluízio Margarido, que decidiram transformar a abundância de cana-de-açúcar da fazenda familiar em uma cachaça de qualidade. O nome também é uma homenagem à família, celebrando suas raízes.

A produção começa com a variedade de cana SP 80-3280. Após uma hora do corte, o mosto é alimentado nas dornas para fermentação, utilizando apenas o caldo de cana diluído em água. O fermento é lavado semanalmente para manter sua eficácia, e o pé de cuba dura até três meses. A fermentação inicial é realizada com a levedura CA-11, que pode ser superada pelas leveduras selvagens durante a safra.

A destilação dos 4 mil litros por safra ocorre em alambique de cobre com fogo direto, utilizando um deflagmador para separar os compostos. A cauda é reaproveitada como adubo nos canaviais.

O envelhecimento da cachaça ocorre em barris de carvalho americano de primeiro uso. Também é feito armazenamento em madeira teca, buscando oferecer novas experiências sensoriais.

A Margô é resultado de um trabalho familiar dedicado. Regina, esposa de Fernando, atua como zootecnista e contribui na avaliação das cachaças e no cumprimento das normas da legislação e da Receita Federal. Silvia, cunhada de Fernando e designer gráfica, é responsável pelo desenvolvimento do rótulo e pelo marketing visual.

MARGÔ OURO

ENVELHECIDA EM CARVALHO

TEOR ALCOÓLICO	PONTUAÇÃO	SAFRA/LOTE
40%	**88,5** (3 ESTRELAS)	**01/2019**

Sobre a cachaça: a Margô Ouro é maturada em barris de carvalho americano com capacidade de 200 litros, sendo seu segundo ciclo de uso. O período de maturação é de doze meses. Os barris utilizados passaram por tosta média.

Visual: âmbar claro, brilhante, lágrimas moderadas.

Aroma: baunilha, coco, caramelo, frutas cristalizadas. Presença de tosta suave, com toffee, coco e avelã.

Corpo/sensação: médio; boca cheia.

Paladar: maior presença de tosta na boca, com toffee, castanhas caramelizadas e baunilha.

Retrogosto: médio, conjunto harmonioso.

MARGÔ PREMIUM

PREMIUM CARVALHO

TEOR ALCOÓLICO	PONTUAÇÃO	SAFRA/LOTE
40%	**90** (4 ESTRELAS)	**06-2019**

Sobre a cachaça: a Margô Premium é maturada em barris de carvalho americano com capacidade de 200 litros. A cachaça que participou deste guia passou por processo de maturação ao longo de três anos e um mês, em barris virgens, com tosta média.

Visual: âmbar claro, brilhante, lágrimas moderadas.

Aroma: caramelo, baunilha, licor de amêndoa, leve guaraná, chocolate e couro.

Corpo/sensação: de médio para encorpado; boca cheia.

Paladar: mais tosta na boca do que no nariz, com gostosa presença do carvalho americano trazendo toffee, couro, baunilha, caramelo e amêndoas.

Retrogosto: de médio para longo, deixando final de boca condimentado (noz-moscada).

MARIA IZABEL

PARATY/RIO DE JANEIRO

Maria Izabel já desempenhou diversos papéis: pescadora, jardineira, vendedora de pães integrais e, desde 2000, dedica-se à produção da cachaça que leva seu nome. Em um encantador sítio à beira-mar, localizado a apenas 7,5 quilômetros do trevo de Paraty, no litoral do Rio de Janeiro, Maria Izabel destila suas criações guiada por uma filosofia de vida simples, porém rica em vivências e histórias. Seu alambique é um destino obrigatório para os apreciadores de cachaça artesanal. Os visitantes devem agendar um horário diretamente com Maria Izabel, que, se disponível, fornecerá as coordenadas e conduzirá uma incrível aula de degustação em um dos alambiques mais belos do Brasil.

O sítio de Maria Izabel é composto por quatro lotes de terra, totalizando 4,5 hectares dedicados ao cultivo da variedade de cana-de-açúcar conhecida localmente como mulatinha. Anualmente, uma área é replantada com cana nova, enquanto as demais descansam com leguminosas para preservar a fertilidade do solo. Maria Izabel pratica o rodízio de culturas, utilizando adubos de rocha e calcário, bem como bagaço de cana, vinhoto e matéria orgânica compostada.

Para a produção de sua cachaça, Maria Izabel segue receitas ancestrais e de amigos produtores, como Pedro Souza Peroca, da cachaça Peroca do Fundão. Durante a fermentação, utiliza grãos e fubá de milho, sem reduzir o brix do caldo da cana, que já é naturalmente baixo na região chuvosa. Ela aposta em leveduras selvagens, evitando fermentos comerciais, por acreditar que estes descaracterizam o terroir de Paraty. Suas cachaças são destiladas em um alambique de 500 litros, aquecido por fogo indireto. Após a destilação, passam por dornas de 1 mil litros de jequitibá-rosa e barris de 250 litros de carvalho francês.

A pedido da renomada editora Liz Calder, idealizadora da Festa Literária Internacional de Paraty (Flip), o rótulo da cachaça Maria Izabel foi criado pelo ilustrador Jeffrey Fisher, prestigiado na área editorial.

Em 2023, a fermentação de Maria Izabel alcançou uma eficiência excepcional, graças à adição de milho torrado e cana assada, que promoveram uma proliferação acelerada das leveduras. Esse ano também marcou a última safra em que Maria Izabel utilizou a tradicional serpentina para resfriamento, substituindo-a por um equipamento mais moderno e eficiente para a condensação dos vapores.

MARIA IZABEL PRATA

BRANCA SEM MADEIRA

TEOR ALCOÓLICO	PONTUAÇÃO	SAFRA/LOTE
44%	**90,5** (4 ESTRELAS)	**18/04/24**

Sobre a cachaça: a Maria Izabel Prata é armazenada por um ano, no máximo, em dornas de aço inox.

Visual: incolor, límpida, lágrimas extremamente lentas.

Aroma: delicado, com cana, mel, abacaxi e flor de laranjeira.

Corpo/sensação: médio; amanteigada.

Paladar: cachaça potente em álcool, mas delicada na boca, com melado, erva cortada, tomilho, toranja e pera.

Retrogosto: de médio para longo, elegante, adocicado, fresco, levemente picante.

Sugestão de consumo: beba pura essa típica cachaça de Paraty, viva, potente, mas ainda assim delicada.

MARIA IZABEL JEQUITIBÁ

ARMAZENADA EM
MADEIRA BRASILEIRA OU EXÓTICA

TEOR ALCOÓLICO	PONTUAÇÃO	SAFRA/LOTE
42%	**85** (3 ESTRELAS)	**13/11/23**

Sobre a cachaça: após a destilação, a cachaça é armazenada em dois tonéis de jequitibá-rosa, cada um com aproximadamente 5 mil litros, durante um ano no mínimo.

Visual: palha, opaco, lágrimas moderadas.

Aroma: cana, pera, baunilha, castanhas, cacau fresco (fruta), frutas cristalizadas.

Corpo/sensação: leve; plana, levemente adstringente.

Paladar: cachaça mais interessante no nariz. Na boca, tem acidez viva, frutas cristalizadas, castanhas e melado.

Retrogosto: de curto para médio, simples, amendoado.

MARIA IZABEL CARVALHO

PREMIUM CARVALHO

TEOR ALCOÓLICO
42%

PONTUAÇÃO
89
(4 ESTRELAS)

SAFRA/LOTE
07/12/23

Sobre a cachaça: é envelhecida por mais de um ano em barris antigos de carvalho francês de 250 litros.

Visual: dourado, meio brilhante, lágrimas moderadas.

Aroma: chá preto, fermentado (vinho de cana), leve floral, calda de açúcar, baunilha, leve toffee, avelã.

Corpo/sensação: médio; amanteigada.

Paladar: bala de caramelo, avelã, chocolate, condimentos (leve noz-moscada).

Retrogosto: médio, com baunilha e condimento. Alta bebabilidade.

MATO DENTRO

SÃO LUIZ DO PARAITINGA/SÃO PAULO

No Vale do Paraíba paulista, em São Luiz do Paraitinga, estância turística famosa pelas trilhas ecológicas e pelo animado carnaval de rua, declarada Patrimônio Cultural Brasileiro pelo Instituto do Patrimônio Histórico e Artístico Nacional (Iphan), encontra-se a destilaria da família Cembranelli, produtora da cachaça.

Fundada em 1980 pelo advogado aposentado Manoel Rômulo Cembranelli, a destilaria começou como uma desculpa de qualidade para reunir amigos e se transformou em uma das marcas mais respeitadas do país, com uma produção anual de 20 mil litros.

Utilizando leveduras selvagens alimentadas por fubá de milho durante a fermentação e um alambique de cobre aquecido por fogo direto, a destilaria mantém a autenticidade de seu processo artesanal seguindo a Escola Caipira. A expansão recente inclui novos blends envelhecidos em madeiras brasileiras e exóticas, como amendoim e jaqueira, além de versões premium envelhecidas em carvalho.

Rômulo e sua esposa, Apparecida, criaram um legado que continua vivo por meio dos filhos e netos. Após o falecimento do casal, o neto Daniel Cembranelli não apenas manteve a linha de produção original como também incorporou inovações no marketing e expandiu o portfólio com novas linhas de aguardentes.

Em junho de 2024, a perda precoce e inesperada de Daniel comoveu toda a comunidade que admirava tanto o profissional quanto o amigo. Daniel acreditava que produzir cachaça não se limitava a preservar práticas antigas e envolvia também buscar inovação em um mercado competitivo e em constante evolução. Os especialistas que contribuíram para o guia, nas avaliações às cegas, reconheceram que a linha da Mato Dentro exemplifica o equilíbrio entre as receitas tradicionais e a inovação trazida pelos blends de amadeirados. A destilaria obteve 2º lugar em “Destaque – mestre de adega”, em razão do trabalho de Aline Bortoletto.

MATO DENTRO PRATA

BRANCA COM MADEIRA

TEOR ALCOÓLICO	PONTUAÇÃO	SAFRA/LOTE
42%	**87,5** (3 ESTRELAS)	**2024**

Sobre a cachaça: a receita de cachaça dos litorais paulista e fluminense subiu a serra e influenciou os produtores do Vale do Paraíba, e a Mato Dentro captou à perfeição a essência dessas tradições. Utilizando um processo de fermentação caipira, a cachaça é destilada em alambique aquecido a lenha. Após a destilação, o coração é armazenado diretamente em uma dorna de amendoim de 4 mil litros, na qual repousa por quatro meses.

Visual: leve toque de madeira, quase incolor, lágrimas moderadas.

Aroma: frutado, vegetal e adocicado (bagaço de cana), fermentação (milho), cavalo suado.

Corpo/sensação: médio; funky.

Paladar: azeitona, picles, vinho de cana, castanhas. A cachaça, que nasceu para ser selvagem, é amaciada pela madeira, mas ainda com bastante presença da fermentação caipira.

Retrogosto: moderado, com certa complexidade.

Sugestão de consumo: ideal para compor coquetéis cítricos.

MATO DENTRO JAQUEIRA

ARMAZENADA EM
MADEIRA BRASILEIRA OU EXÓTICA

TEOR ALCOÓLICO	PONTUAÇÃO	SAFRA/LOTE
40%	**89,5** (4 ESTRELAS)	**ABRIL DE 2024**

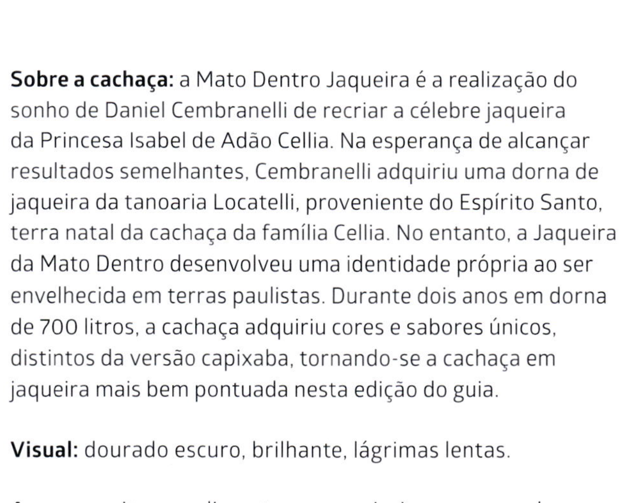

Sobre a cachaça: a Mato Dentro Jaqueira é a realização do sonho de Daniel Cembranelli de recriar a célebre jaqueira da Princesa Isabel de Adão Cellia. Na esperança de alcançar resultados semelhantes, Cembranelli adquiriu uma dorna de jaqueira da tanoaria Locatelli, proveniente do Espírito Santo, terra natal da cachaça da família Cellia. No entanto, a Jaqueira da Mato Dentro desenvolveu uma identidade própria ao ser envelhecida em terras paulistas. Durante dois anos em dorna de 700 litros, a cachaça adquiriu cores e sabores únicos, distintos da versão capixaba, tornando-se a cachaça em jaqueira mais bem pontuada nesta edição do guia.

Visual: dourado escuro, brilhante, lágrimas lentas.

Aroma: muitos condimentos e especiarias, como cardamomo, cúrcuma, gengibre e pacová. É também adocicada (mel e caramelo), com presença de casca de laranja e medicinal.

Corpo/sensação: médio; condimentada, fresca, amadeirada. Fica mais adstringente a cada gole.

Paladar: mais condimentos, em especial cúrcuma. Muita presença de seiva de madeira, elevando os sabores medicinais.

Retrogosto: longo, complexo, evoluindo do doce para o amargo, como a parte branca da casca da laranja.

Sugestão de consumo: pura, para conhecer uma jaqueira intensa.

MATO DENTRO RESERVA DO FUNDADOR HERANÇA

BLEND ENVELHECIDO

TEOR ALCOÓLICO	PONTUAÇÃO	SAFRA/LOTE
40%	**94** (4 ESTRELAS)	**26/04/2024**

Sobre a cachaça: Daniel Cembranelli e sua família criaram a Mato Dentro Reserva do Fundador Herança para encerrar, com chave de ouro, a trilogia em homenagem a Rômulo e Apparecida Cembranelli. Esta edição é a terceira da série, sucedendo a Origem (2020) e a Bodas (2021). Com o falecimento precoce de Daniel no primeiro semestre de 2024, a Herança também se tornou uma homenagem a ele, neto, filho e amigo que manteve com carinho e respeito os valores dos avós. Lançado em 2024 com apenas 350 unidades, esse blend sofisticado, com assinatura de Aline Bortoletto, é predominantemente envelhecido em barris de carvalho europeu com tosta leve que já foram usados para envelhecer vinho do porto, compondo 60% da mistura. Outros 15% vêm da amburana já exaurida; 13%, de carvalho americano ex-uísque com tosta leve; e 12%, de castanheira de segundo uso. O resultado é um equilíbrio rico e complexo após uma média de três anos de maturação em cada madeira.

Visual: âmbar escuro, brilhante, lágrimas lentas.

Aroma: complexo; canela, castanhas, chocolate amargo, milho-verde, feno, café, caramelo.

Corpo/sensação: cachaça encorpada, dá para "mastigar a madeira"; boca aberta, fresca, picante.

Paladar: apesar do amadeirado intenso, ainda tem uma ponta funky da base branca, com coco queimado, café, baunilha, toffee, pão torrado e marzipã.

Retrogosto: longo e complexo; amadeirado intenso, começa doce e termina condimentado e torrado.

MATRIARCA

CARAVELAS/BAHIA

A cachaça Matriarca surgiu nos anos 1990, nas cidades de Caravelas e Medeiros Neto, sul da Bahia. A região, historicamente marcada pela produção de cana-de-açúcar, motivou os empresários da Matriarca a instalarem um alambique na propriedade. Iniciado de forma modesta com uma moenda a tração animal, o projeto evoluiu para uma das produções mais dinâmicas do estado.

A marca, inspirada em Aracy Alves Pinto, matriarca da família, foi estabelecida por Adalberto Alves Pinto e sua sobrinha Sabrina Sedlmayer. A gestão atual conta com o envolvimento de Maria Eliane Pinto, esposa de Adalberto, suas filhas, Milla e Maíra, e o genro Lucas Di Loreto Kerr Maia. A família trabalha na Fazenda Cio da Terra, onde integra a produção de cachaça com atividades agrícolas, suinocultura e pecuária.

As atividades contemplam um ciclo sustentável: o esterco das vacas aduba o solo para o cultivo da cana, cujo bagaço retorna ao campo, enquanto as leveduras da fermentação alimentam o gado.

Lucas, que assumiu a direção de produção em 2017, trouxe melhorias para a fábrica e uma renovação na identidade visual da marca. A produção anual de cachaça varia entre 30 mil e 45 mil litros, com práticas como o uso de leveduras selecionadas (CA-11), a renovação do fermento três vezes por safra e um corte de cauda elevado na destilação para garantir a baixa acidez.

A Matriarca é uma das poucas cachaçarias que possuem sua própria tanoaria, gerida por Gildásio, tanoeiro que nasceu e trabalhou em Salinas, terra das cachaças em bálsamo. Não à toa, a Matriarca Bálsamo foi a mais bem pontuada nessa madeira no guia.

Além do bálsamo, marcam presença no portfólio o carvalho, a jaqueira, o jequitibá-rosa, o ipê, a castanheira e a amburana. Sob a responsabilidade de Leandro Marelli (1º lugar em "Destaque – mestre de adega"), os blends são cuidadosamente elaborados, resultando em lançamentos limitados, como a Matriarca Blend Tropical, envelhecida em goiabeira. A marca também prepara uma soleira brasileira com sete madeiras diferentes e planeja iniciar a produção de rum.

MATRIARCA CRISTAL

BRANCA SEM MADEIRA

TEOR ALCOÓLICO **42%**

PONTUAÇÃO **86,5** (3 ESTRELAS)

SAFRA/LOTE **MARÇO 2024/12**

Sobre a cachaça: após a destilação, a Matriarca Cristal é padronizada com água de poço artesiano. A cachaça descansa por doze meses em dornas de 2 mil litros de aço inox.

Visual: incolor, límpida, lágrimas moderadas.

Aroma: leve, cana-de-açúcar, discreto floral (jasmim), um pouco de folha de louro, tudo muito comportado.

Corpo/sensação: bastante leve; amendoada.

Paladar: caramelo, cana, leve picância de especiarias (anisado).

Retrogosto: curto e simples. Cachaça fresca e de alta bebabilidade.

MATRIARCA AMBURANA

ARMAZENADA EM
MADEIRA BRASILEIRA OU EXÓTICA

TEOR ALCOÓLICO	PONTUAÇÃO	SAFRA/LOTE
42%	**88,5** (3 ESTRELAS)	**MARÇO 2024/9**

Sobre a cachaça: a Matriarca Amburana é armazenada em dornas de amburana que variam entre 500 litros e 3.300 litros, sem tosta.

Visual: dourado, meio brilhante, lágrimas moderadas.

Aroma: azeitona, pimenta-da-jamaica, erva cortada, erva-doce, canela.

Corpo/sensação: médio; levemente picante, boca cheia.

Paladar: boa harmonia na boca entre doce e especiarias, com hortelã, cravo, canela, caramelo e licor de amêndoa.

Retrogosto: médio, doce, fresco, medicinal.

MATRIARCA BÁLSAMO

ENVELHECIDA EM
MADEIRA BRASILEIRA OU EXÓTICA

TEOR ALCOÓLICO	PONTUAÇÃO	SAFRA/LOTE
42%	**93** (4 ESTRELAS)	**DEZEMBRO 2023/8**

Sobre a cachaça: a cachaça Matriarca Bálsamo destaca-se pelo provável uso de dois tipos de madeira. A cachaça enviada para o guia foi envelhecida por mais de dez anos. Ela utiliza barris de 200 litros de bálsamo de Salinas e dorna de 5 mil litros de Salinas, e também uma dorna de cabreúva (muitas vezes confundida por bálsamo) de 8 mil litros.

Visual: dourado escuro, brilhante.

Aroma: fechado, fino, mel, leve tabaco, erva-doce, alcaçuz, anis.

Corpo/sensação: médio; fresca, amanteigada.

Paladar: amêndoa, gengibre, erva-doce, anis, cravo.

Retrogosto: médio, complexo, com doce amendoado e especiarias (cravo, em especial).

Sugestão de consumo: pura. A madeira é muito bem integrada. A cachaça não chega a ter a potência das especiarias das envelhecidas em bálsamo de Salinas, mas entrega bom equilíbrio entre doce, picância, acidez e álcool.

MATRIARCA JAQUEIRA

ARMAZENADA EM
MADEIRA BRASILEIRA OU EXÓTICA

TEOR ALCOÓLICO	PONTUAÇÃO	SAFRA/LOTE
42%	**86** (3 ESTRELAS)	**JAN 2024/13**

Sobre a cachaça: a Matriarca Jaqueira, lançada no início dos anos 2000, foi a primeira cachaça armazenada em jaqueira do mercado. A destilaria utiliza duas dornas de jaqueira de 5 mil litros e dornas de 200 litros de jaqueira, aplicando um envelhecimento sequencial que começa nas dornas mais antigas e é finalizado em dornas mais novas. Com a sustentabilidade na vanguarda do trabalho, os produtores já pensam na próxima geração de cachaças. Por isso, reflorestaram parte da fazenda com novas mudas de jaqueira, considerando reduzir os impactos da produção, sem perder de vista a madeira que a distingue.

Visual: amarelo ouro intenso e típico da jaqueira, brilhante, lágrimas moderadas.

Aroma: grama, mel, frutas amarelas (maracujá), floral.

Corpo/sensação: de leve para médio; adstringente, fresca.

Paladar: vegetal (grama, feno), com doce de fruta amarela, banana verde e leve floral, com a intensidade da madeira trazendo gosto amargo (medicinal).

Retrogosto: de curto para médio, simples, medicinal.

MATRIARCA 4 MADEIRAS BRASILEIRAS

ARMAZENADA EM
MADEIRA BRASILEIRA OU EXÓTICA

TEOR ALCOÓLICO	PONTUAÇÃO	SAFRA/LOTE
42%	**89,5** (4 ESTRELAS)	**ABRIL 2024 - 6**

Sobre a cachaça: a Matriarca 4 Madeiras Brasileiras é uma expressão que reflete a diversidade das madeiras utilizadas na tanoaria da cachaçaria baiana, passando por bálsamo, jaqueira e amburana, tradicionais na linha Matriarca. O diferencial aqui reside na inclusão do louro-canela, em que o destilado permanece por dois anos em uma dorna de 1 mil litros, compondo menos de 5% do blend final.

Visual: dourado escuro (a jaqueira dá um amarelado diferenciado), lágrimas lentas.

Aroma: folha de louro, garapa, canela, anis, alga marinha, erva-fresca, feno.

Corpo/sensação: médio; boca cheia, picante.

Paladar: complexa na boca, grama, folha de louro, baunilha, pimenta-do-reino.

Retrogosto: de curto para moderado, com destaque para pimentas.

Sugestão de consumo: pura. É uma prova de que conseguimos montar blends interessantes sem depender do carvalho.

MATRIARCA BLEND TROPICAL

BRANCA COM MADEIRA

★★★★

TEOR ALCOÓLICO
40%

PONTUAÇÃO
89,5
(4 ESTRELAS)

SAFRA/LOTE
NOVEMRO 2023 – 2

Sobre a cachaça: a Matriarca Blend Tropical é uma cachaça envelhecida por dois anos em uma dorna de 700 litros de goiabeira não tostada. É a primeira destilaria que conhecemos a usar essa madeira. Também utiliza jequitibá-rosa, em barris de 200 litros, e louro-canela, em barris de 1 mil litros. A produção é limitada, com lotes pequenos lançados a cada dois anos. A cachaça ficou em 3º lugar em "Destaque – design" deste guia.

Visual: muito leve amarelado, quase incolor na taça, lágrimas moderadas.

Aroma: pisco, abacaxi cozido, frutas cítricas, castanhas.

Corpo/sensação: médio; amanteigada, fresca.

Paladar: vegetal, uva verde, floral, castanhas.

Retrogosto: médio, com fruta, floral e castanhas.

MAXCANA

RIO DE JANEIRO/RIO DE JANEIRO

Fundada em 1987 em Barra de Guaratiba, zona oeste do Rio de Janeiro, a Destilaria MaxCana nasceu do desejo do engenheiro Antônio Augusto de criar uma cachaça com níveis excepcionalmente baixos de impurezas. Inspirado por suas visitas às destilarias de uísque na Escócia, Antônio desenhou e construiu um alambique único com capacidade de 1 mil litros, com base nos tradicionais destiladores escoceses.

A produção da MaxCana tem a *expertise* de Matheus Rodrigues Calixto, que utiliza tanto cana-de-açúcar própria quanto proveniente das regiões de Campos e Macaé, predominantemente da variedade conhecida como roxa. A destilaria dedica uma área significativa à conservação ambiental.

Na fermentação, a MaxCana usa leveduras selecionadas CA-11, alimentadas inicialmente com caldo de cana, sem a adição de substrato.

O envelhecimento é um processo curioso: os produtores utilizam música clássica para acompanhar o desenvolvimento do produto. A adega, inspirada nas escocesas e localizada a 1,5 metro do solo, proporciona um ambiente ideal para a maturação da cachaça. Os barris têm capacidade entre 180 e 210 litros, com uma idade mínima de envelhecimento de dois anos, podendo chegar a 27 anos. A manutenção e a torra dos barris são realizadas na própria destilaria. Em 2024, a MaxCana possuía 22 mil litros envelhecendo em sua adega.

MAXCANA PRATA

BRANCA SEM MADEIRA

★★★

TEOR ALCOÓLICO	PONTUAÇÃO	SAFRA/LOTE
40%	**84** (3 ESTRELAS)	**F3000424**

Sobre a cachaça: trata-se de uma edição comemorativa pelos 84 anos do fundador da destilaria. A MaxCana Prata é elaborada exclusivamente com cana-de-açúcar cultivada na propriedade da cachaçaria e é limitada a 1.400 litros por ano. Após a destilação, a bebida é armazenada em tanques de aço inox na adega, nos quais descansa por aproximadamente um ano antes de ser engarrafada.

Visual: incolor, lágrimas moderadas.

Aroma: fruta madura, água de coco, castanhas.

Corpo/sensação: de leve para médio; boca cheia, funky.

Paladar: fruta madura, lima, vinho de cana.

Retrogosto: de curto para médio, simples.

MAXCANA CARVALHO PREMIUM

PREMIUM CARVALHO

TEOR ALCOÓLICO
42%

PONTUAÇÃO
86,5
(3 ESTRELAS)

SAFRA/LOTE
L000 F060324

Sobre a cachaça: é envelhecida em barris entre 180 e 210 litros de carvalho americano ex-uísque por pelo menos dois anos.

Visual: dourado escuro, meio brilhante, lágrimas moderadas.

Aroma: folha de louro, banana, palmito, boldo.

Corpo/sensação: médio; cremosa, iogurte.

Paladar: bastante frutada com o carvalho em segundo plano, com folha de louro, caramelo, banana, cacau fresco e palmito.

Retrogosto: médio. Cachaça muito aveludada e bem-acabada.

MEIA LUA

SALINAS/MINAS GERAIS

A história da Meia Lua teve início em 1950, quando Deli Alves Rocha começou a produzir uma cachaça de nome Gameleira e rapadura. Posteriormente, seu genro, João Fernandes Sobrinho, expandiu a distribuição dos produtos na região, resultando em um aumento significativo da demanda e na criação da cachaça Lua Cheia, em 1972.

Em 1988, Ailton Fernandes, filho de João, formalizou a produção, estabelecendo a Meia Lua Destilaria e lançando as marcas Meia Lua e Lua Azul. Em 2019, Jovino Ferrari adquiriu a destilaria, trazendo consigo um projeto ambicioso de crescimento que incluiu a criação de linhas premium e o uso de barricas virgens de carvalho.

Localizada na Fazenda Meia Lua, em Salinas, no norte de Minas Gerais, a destilaria está inserida em uma região renomada pela produção de cachaça, graças ao clima e ao solo favoráveis ao cultivo da cana-de-açúcar e à presença de marcas que conquistaram reconhecimento nacional. A região recebeu o selo de Indicação de Procedência, certificando que as cachaças são produzidas conforme processos tradicionais. A Meia Lua honra esse prestígio, utilizando canas locais, leveduras selvagens e milho na fermentação.

UNNA WS

BLEND ENVELHECIDO

★★★★

TEOR ALCOÓLICO	PONTUAÇÃO	SAFRA/LOTE
40%	**91,5** (4 ESTRELAS)	**20/02/24 - L012**

Sobre a cachaça: é um blend com cachaça envelhecida no mínimo por três anos em barris de carvalho americano de primeiro e único uso, de 200 litros, com duas tostas diferentes da ISC (tosta 2 e tosta 4), e cachaça envelhecida no mínimo por dois anos em barris de primeiro e único uso de carvalho francês, amburana, eucalipto e canela-sassafrás. A cachaça é uma homenagem a Werner Schaper, sogro de Jovino Ferrari.

Visual: âmbar com tons avermelhados, brilhante, lágrimas moderadas.

Aroma: primeira camada com couro, café, chocolate amargo, coco queimado revelando as tostas. No fundo, aroma de especiarias (cravo), cereja e frutas secas. Aroma fechado; é necessário deixar evoluir na taça.

Corpo/sensação: médio; viva, boca cheia.

Paladar: não há predomínio de uma única madeira, trazendo bom equilíbrio de adocicados (baunilha, caramelo), castanhas (coco, avelã, noz-moscada) e especiarias (cravo, canela).

Retrogosto: médio. As especiarias sobram no fim de boca, especialmente o cravo.

Sugestão de consumo: depois do jantar, de preferência acompanhando um charuto.

MINAS UAI

GUARANÉSIA/MINAS GERAIS

Em 1986, Sérgio Ribeiro Monteiro decidiu abandonar a produção de leite e café para se dedicar à cachaça em Guaranésia, Minas Gerais. A produção seguiu até meados de 1996, quando foi interrompida. Em 2006, Victor, seu filho, assumiu o comando e passou a produzir cerca de 5 mil litros por safra, com Sérgio auxiliando a distância. Nesse período, já contavam com um alambique de aço inox e serpentina de cobre.

Reginaldo, um sócio investidor, entrou no projeto em 2013 com a intenção de modernizar o alambique e transformar a cachaça em um negócio lucrativo. Em 2016, o alambique foi completamente reformado, com a estrutura nova entrando em operação na safra de 2019. A modernização incluiu dois alambiques de cobre aquecidos por caldeira e controle de temperatura na fermentação, o que trouxe qualidade e consistência à produção. A Minas Uai se tornou uma referência em uma região repleta de produtores informais.

O canavial é tratado de maneira orgânica, sem queimadas em nenhuma etapa. A palha é picada e deixada no local para proteção do solo. O corte da cana ocorre de forma manual, e o transporte até a moenda é feito por trator.

As variedades de cana utilizadas incluem CV 7870, CV 0618 e, mais recentemente, RB 5014, CTC 9006, C 1064 e CTC 9001 BT. A propriedade conta com 13 hectares de cana plantada, garantindo autonomia na produção.

Após a extração, a garapa é diluída a 15 °Bx e aquecida a 28 °C. O fermento é criado com leveduras selvagens e quirera de milho, proporcionando nutrientes para o microrganismo e sustentando a fermentação por até seis meses de safra. O processo fermentativo dura no máximo 30 horas.

A destilação é realizada em duas panelas de cobre de 1.500 litros, aquecidas por caldeira, garantindo um processo controlado e eficiente. A assinatura da casa está na produção de cachaça com pouca intervenção de madeiras, apostando em branquinhas especiais e no uso de barris de amendoim no processo de envelhecimento.

O rótulo da cachaça foi criado por Tato, amigo da família, inspirado nas montanhas de Minas Gerais e na obra "O trenzinho do caipira" de Heitor Villa-Lobos, simbolizando união, amor e independência.

MINAS UAI
EXTRA PREMIUM AMENDOIM

ENVELHECIDA EM MADEIRA BRASILEIRA

TEOR ALCOÓLICO	PONTUAÇÃO	SAFRA/LOTE
40%	**89,5** (4 ESTRELAS)	**20/12/2022 / LOTE 15**

Sobre a cachaça: inicialmente, a cachaça é armazenada em tanques de aço inox e, após seis meses, transferida para barris de amendoim. Nesses barris de madeira brasileira, permanece por pelo menos dois anos. O processo inclui tosta interna, sem uso de parafina, o que contribui para o desenvolvimento do sabor. Uma dorna de 30 mil litros foi transformada em cinco barris de 700 litros cada, ajustando a capacidade para possibilitar a técnica de envelhecimento.

Visual: palha, brilhante, lágrimas lentas.

Aroma: pão torrado, amanteigado, pimentão amarelo cozido, amarena.

Corpo/sensação: médio; fresca, medicinal.

Paladar: folha de louro, castanhas, gengibre, vegetal.

Retrogosto: de médio para longo, licoroso, com castanhas e alcaçuz.

Sugestão de consumo: deguste pura e entenda que o amendoim, amplamente conhecido como uma madeira neutra, pode influenciar o sabor da bebida de maneira expressiva dependendo do tamanho do barril, do tempo de maturação e da presença de tosta.

MINAS UAI RESERVA ESPECIAL PRATA

BRANCA SEM MADEIRA

★★★★

TEOR ALCOÓLICO	PONTUAÇÃO	SAFRA/LOTE
40%	**89** (4 ESTRELAS)	**15/11/2022 - 11**

Sobre a cachaça: a Minas Uai Reserva Especial Prata é produzida a partir de canas selecionadas durante a safra de julho a agosto, consideradas pelo produtor de melhor qualidade. Após a destilação, a bebida é armazenada em tanques de aço inox no mínimo por um ano, conforme os ensinamentos que Victor adquiriu com a professora doutora Maria das Graças Cardoso, em Lavras. Segundo a professora, esse período de repouso é fundamental para a oxidação de alguns compostos, especialmente o acetaldeído, o que contribui para melhorar a qualidade sensorial da cachaça.

Visual: incolor, lágrimas moderadas.

Aroma: castanhas, anis, água de coco, melão.

Corpo/sensação: médio; boca cheia, amendoada.

Paladar: caramelo, água de coco, melão.

Retrogosto: médio, alta bebabilidade, leve picância.

MIPIBU

SÃO JOSÉ DE MIPIBU/RIO GRANDE DO NORTE

A cachaça Mipibu é produzida na histórica Fazenda Olho D'Água, situada em São José de Mipibu, Rio Grande do Norte. Fundada em 1773 por Miguel Ribeiro Dantas, a fazenda possui uma trajetória de 250 anos ligada à família Dantas e à produção de derivados de cana, como rapadura, mel de engenho e açúcar mascavo. A produção de cachaça começou em 1921, sob a liderança de João Berckmans de Sales Dantas, e passou por várias transformações até chegar à atual cachaça Mipibu. O nome em tupi significa "surgir subitamente".

Em 2019, Fábio Dantas, da sétima geração da família, modernizou a marca, que agora oferece 15 tipos de cachaça, divididos em quatro linhas: Tradição, Premium, Barricas Especiais e Madeiras Brasileiras.

A cana é cultivada em 14 hectares a 300 metros da destilaria, exclusivamente para a produção de cachaça. As cachaças enviadas para o guia foram produzidas em 2002, utilizando leveduras selvagens e fubá de milho na fermentação. A partir de 2021, leveduras selecionadas começaram a ser usadas no processo. A destilação é realizada em antigos alambiques de cobre de fogo direto.

A Fazenda Olho D'Água também é um ponto turístico, com museu e visitas diárias ao alambique e à adega, que conta com 177 barris de carvalho francês, carvalho americano e madeiras brasileiras, como castanheira, putumuju, grápia, bálsamo, jequitibá-rosa e jaqueira. Uma nova adega está sendo construída integrada a uma área gourmet e com 300 barris adicionais, o que aumentará a capacidade de produção e armazenamento e enriquecerá a experiência turística.

Anualmente, cerca de 10 mil turistas visitam a fazenda. Fábio Dantas os recebe de maneira descontraída, oferecendo moonshine, um uísque sem passagem por madeira. Os visitantes da Fazenda Olho D'Água frequentemente destacam que o destilado puro de cana é mais agradável do que a versão do uísque branco.

MIPIBU CASTANHEIRA

ARMAZENADA EM
MADEIRA BRASILEIRA OU EXÓTICA

TEOR ALCOÓLICO	PONTUAÇÃO	SAFRA/LOTE
38%	**87** (3 ESTRELAS)	**01/2023**

Sobre a cachaça: a Mipibu avaliada foi produzida em 2002 e ficou no aço inox até 2020 para depois ser armazenada em dornas de 1 mil litros de castanheira, de tosta leve, da tanoaria Locatelli, de São Roque do Canaã, Espírito Santo, por três anos.

Visual: dourado claro, brilhante.

Aroma: castanha, pinhão, pão, baunilha, frutas cristalizadas, ameixa seca.

Corpo/sensação: médio; amanteigada.

Paladar: fruta madura, baunilha, creme, ameixa seca, amêndoa.

Retrogosto: de curto para médio; amendoado. Excelente cachaça; gostaríamos que tivesse final mais prolongado.

MIPIBU EX-BOURBON

PREMIUM CARVALHO

★★★★

TEOR ALCOÓLICO	PONTUAÇÃO	SAFRA/LOTE
38%	**89,5** (4 ESTRELAS)	**01/2023**

Sobre a cachaça: a cachaça Mipibu ex-Bourbon foi produzida em 2002 e ficou no aço inox até 2019, quando foi envelhecida por quatro anos em barris de carvalho americano de 200 litros que antes envelheciam o uísque americano Buffalo Trace.

Visual: âmbar, brilhante, lágrimas moderadas.

Aroma: noz-moscada, baunilha, caramelo, mel, banana.

Corpo/sensação: médio; boca cheia.

Paladar: cachaça viva e bem mais interessante na boca, com bastante presença de baunilha, além de tabaco, fruta madura, floral e tomilho.

Retrogosto: de médio para longo, combinação da baunilha com condimentado (noz-moscada), trazendo breve e gostosa picância.

Sugestão de consumo: deguste com pedras de gelo; vai ajudar a abrir os aromas.

NHÁ DITA

MOGI GUAÇU/SÃO PAULO

O sítio Santo Antônio, localizado em Mogi Guaçu, São Paulo, ocupa cerca de 5 hectares e abriga a casa-grande, uma construção do final do século XIX, ainda do Ciclo do Café no Brasil. Após anos de abandono e divisão entre herdeiros, a propriedade foi adquirida em 2017 por José Godoi. Ele iniciou a reforma da sede e a revitalização do local.

A história da cachaça tem uma ligação pessoal com José Godoi. O logotipo foi inspirado em um sonho do proprietário, que visualizou a imagem de sua tataravó no rótulo. A foto que aparece nas garrafas é de Benedita Mendes da Silva, a Nhá Dita, e foi feita quando José, ainda criança, estava no colo dela. Nhá Dita nasceu em 3 de setembro de 1892 e viveu até os 88 anos. A cachaça que leva seu nome busca refletir o cuidado que ela dedicava à família.

A fermentação da cachaça ocorre em dornas abertas, utilizando levedura CA-11 sem uso de substratos. A destilação é feita em alambique de cobre estilo cebolão, aquecido por caldeira. A maturação é realizada em barris de freijó, carvalho francês e amburana, conferindo cores e sabores distintos. A adega, instalada parcialmente abaixo do nível do solo, oferece um clima adequado ao processo de envelhecimento.

NHÁ DITA
ENVELHECIDA EM FREIJÓ

ENVELHECIDA EM
MADEIRA BRASILEIRA OU EXÓTICA

TEOR ALCOÓLICO	PONTUAÇÃO	SAFRA/LOTE
38%	**88** (3 ESTRELAS)	**20/02/2024 / 01**

Sobre a cachaça: a Nhá Dita Envelhecida em Freijó destaca-se por duas raridades: a utilização do freijó por uma destilaria paulista, já que a madeira é tradicionalmente associada às cachaças do Brejo Paraibano, e o uso dessa madeira brasileira, normalmente destinada ao armazenamento em dornas de grande porte, para envelhecer por um ano em barril de apenas 200 litros, de primeiro uso, sem tosta.

Visual: palha escuro, brilhante, lágrimas lentas.

Aroma: vegetal, palo santo, madeira verde, medicinal, fechado.

Corpo/sensação: médio; mentolada.

Paladar: vegetal, engaço de uva, pisco, amêndoas.

Retrogosto: de curto para médio, com alguma complexidade. A cachaça, que começa suave, amendoada e cremosa, finaliza fresca e amadeirada.

OCTAVIANO DELLA COLLETA

TORRINHA/SÃO PAULO

Célia e Gustavo, naturais do interior de São Paulo, conheceram-se na capital e, unidos pela paixão pela culinária, decidiram estudar na renomada escola Le Cordon Bleu, na França. O casal viajou por diversos países, coletando receitas, sabores e memórias, equilibrando suas raízes caipiras com a vida urbana. Dessa parceria, surgiu o interesse em produzir um produto autenticamente brasileiro e que resgatasse suas origens: uma cachaça de alambique na cidade paulista de Torrinha, terra natal de Gustavo. A produção também homenageia os avós de Gustavo: Octaviano, um entusiasta da arte de produzir cachaça, e Alzira, que dá nome a uma das cachaças do portfólio.

Localizada na Fazenda Basalto, cujo nome é inspirado no solo fértil da região, a Destilaria Octaviano Della Colletta foi fundada em 2017 e desenvolve técnicas apuradas para alcançar objetivos sensoriais. Essa abordagem, possivelmente derivada dos estudos de gastronomia do casal, permite uma união harmoniosa de conceito e diversidade de sabores.

O canavial, de 9 hectares e manejado organicamente, fica a poucos metros da destilaria e utiliza as variedades de cana RB 867515, SP 323280 e IAC 974039. Em 2022, a safra resultou em 50 mil litros de cachaça.

Durante a fermentação, é utilizada a levedura CA-11 no pé de cuba apenas com o mosto, sem adição de substratos. Esse processo é realizado em dornas de fermentação com temperatura controlada e monitoradas digitalmente.

Na destilação, métodos distintos são implementados. O alambique simples, sem preaquecedor, mas convencional, utilizado por muitas destilarias no Brasil, produz uma cachaça rica em congêneres (compostos secundários como aldeídos, ácidos, ésteres, fenóis e alcoóis superiores, entre outros), com notas de cana, doçura e picância. Essa cachaça é armazenada em barris de amburana e dornas de jequitibá, resultando na Alzira. O alambique de três corpos, com maior rendimento e menor nível de congêneres, mas com maior concentração de dulçor e baixa acidez, produz a linha Ĉ.

As cachaças avaliadas tiveram a consultoria e a elaboração dos blends de Aline Bortoletto, que atuou na destilaria como mestre de adega até a safra de 2022. Por seu trabalho, Aline obteve o 2º lugar em "Destaque – mestre de adega" no guia. E, na pontuação geral, a Destilaria Octaviano Della Colleta ficou na 3ª colocação em Destaque – produtor".

ALZIRA

BLEND ARMAZENADO

TEOR ALCOÓLICO
41%

PONTUAÇÃO
90,5
(4 ESTRELAS)

SAFRA/LOTE
AL0622001/01 - 2018/2019

Sobre a cachaça: é destilada em um alambique simples e convencional, sem preaquecedor. A cachaça Alzira passa por um processo de maturação em dois tipos de madeira. Primeiro, em barris de amburana com capacidade de 220 litros por um período de doze meses, sem tosta. Em seguida, a cachaça é maturada em grandes recipientes de jequitibá-rosa com capacidade de 20 mil litros, também por doze meses e sem tosta.

Visual: âmbar claro, meio brilhante, lágrimas moderadas.

Aroma: amburana comportada e equilibrada no nariz, com folha de louro, gengibre, canela, coco, eucalipto e leve baunilha.

Corpo/sensação: médio; levemente picante.

Paladar: baunilha, castanhas, camomila, chá preto, medicinal.

Retrogosto: médio, amendoado e com leve picância da amburana no final de boca (canela), sem grande intensidade, o que agrada.

Sugestão de consumo: para iniciantes e iniciados beberem pura. A Alzira traz complexidade sem tanta intensidade, o que é bom quando se trata de amburana, madeira que em excesso é extremamente enjoativa.

Ĉ BLANC DE BLANCS

BRANCA SEM MADEIRA

★★★★

TEOR ALCOÓLICO	PONTUAÇÃO	SAFRA/LOTE
42%	**90,5** (4 ESTRELAS)	**C10422001/01 - 2020**

Sobre a cachaça: é destilada em alambique de três corpos. Celia, uma verdadeira amante de espumantes, encontrou inspiração no estilo Blanc de Blancs para a cachaça branquinha da Ĉ. Esse termo francês é usado para categorizar espumantes feitos exclusivamente de uvas brancas e reflete elegância e refinamento. Esses mesmos valores aprecem nos produtos da linha Ĉ.

Visual: incolor, lágrimas moderadas.

Aroma: maçã, leite de coco, castanhas, floral.

Corpo/sensação: médio; macia, amanteigada, amendoada.

Paladar: vegetal, castanhas, leve medicinal.

Retrogosto: médio, macio, fresco, amendoado.

Ĉ
DOUBLE WOOD

BLEND ENVELHECIDO

TEOR ALCOÓLICO	PONTUAÇÃO	SAFRA/LOTE
42%	**90,5** (4 ESTRELAS)	**C20923001/01 - 2018/2019**

Sobre a cachaça: ela é um blend de cachaças destiladas em alambiques de três corpos que passaram por um processo de envelhecimento de pelo menos três anos em barris de carvalho americano de 220 litros e tosta leve, de cachaça que passou em barris virgens de carvalho americano de 220 litros, com tosta mais intensa e carbonizada, e de cachaça envelhecida em barris de jequitibá-rosa de 220 litros, sem tosta, por três anos.

Visual: âmbar, brilhante, lágrimas moderadas.

Aroma: baunilha, maçã, doce de banana, coco, menta, torrados (chocolate amargo, couro, toffee).

Corpo/sensação: médio; boca cheia, aveludada.

Paladar: mais fechado na boca, com adocicado e presença das tostas bem evidentes (nibs de cacau, toffee e coco queimado); baunilha.

Retrogosto: complexo, untuoso e com presença de chocolate amargo.

Ĉ
TRIPLE WOOD

BLEND ENVELHECIDO

TEOR ALCOÓLICO	PONTUAÇÃO	SAFRA/LOTE
43%	**92** (4 ESTRELAS)	**C31023001/01 – 2018**

Sobre a cachaça: a Ĉ Triple Wood é um blend de cachaça que passou por barris de castanheira, de cachaça envelhecida por cinco anos em carvalho americano, virgem e com tosta intensa, e de cachaça que envelhece em barris de carvalho francês por cinco anos, virgens, com tosta 2.

Visual: âmbar, brilhante, lágrimas lentas.

Aroma: malte, biscoito amanteigado, couro, baunilha, toffee, castanhas.

Corpo/sensação: cachaça encorpada; boca cheia, aveludada.

Paladar: baunilha, toffee, melado, malte, café coado, pudim de leite. Excelente integração entre álcool e madeira.

Retrogosto: longo, muito complexo, amanteigado, baunilha, toffee.

PARATIANA

PARATY/RIO DE JANEIRO

A cachaça Paratiana tem suas raízes em 1996, quando Carlos José Gama Miranda (Casé) e o príncipe D. João de Orleans e Bragança começaram a produzir a cachaça Maré Alta em Paraty. Em 2003, com o término da sociedade, Casé e seu irmão, Paulo Eduardo Gama Miranda, inauguraram uma nova linha de cachaças, incluindo a Paratiana, no bairro da Pedra Branca. Esse alambique está situado em um antigo casario no coração da mata atlântica.

O local tornou-se um reconhecido destino turístico, oferecendo tours guiados pela produção, desde a moagem da cana, passando pela destilação em alambiques de cobre, até o armazenamento em barricas de madeira, como jequitibá, amendoim, amburana, carvalho e bálsamo. A estrutura inclui um museu da cachaça, onde são exibidos mais de 4 mil rótulo

Além da produção das cachaças renomadas como a Paratiana e a Labareda, o alambique se destaca pelas suas aguardentes compostas, especialmente a Gabriela e a Caramelada. A crescente demanda levou à utilização de canas de Caçapava, mas 20% da cana empregada é a cultivada na própria região. Esse cuidado garante a obtenção do selo de Denominação de Origem para as cachaças produzidas com canas cultivadas em Paraty, assegurando a autenticidade e a tipicidade.

A fermentação utiliza levedura DistilaMax CN, da Lallemand, e ocorre em dornas de aço inox de 3.500 litros, com um tempo de 16 a 18 horas. Utilizando serpentinas, a temperatura é regulada para não ultrapassar os 32 °C, sendo reduzida para 28 °C quando necessário. Além disso, a micro-oxigenação é aplicada na criação da levedura, garantindo um pé de cuba mais saudável e duradouro. O processo de destilação é realizado em alambiques de 700, 1 mil e 1.500 litros, destilando separadamente e posteriormente padronizado em tanques de aço inox.

PARATIANA TRADICIONAL

BRANCA SEM MADEIRA

★★★★

TEOR ALCOÓLICO	PONTUAÇÃO	SAFRA/LOTE
44%	**90,5** (4 ESTRELAS)	**F03/24L01**

Sobre a cachaça: a Paratiana Tradicional é armazenada por um período mínimo de seis meses em tanques de aço inox.

Visual: incolor, límpida, lágrimas moderadas.

Aroma: bagaço de cana, frutas amarelas (carambola), cereais e especiarias (leve cravo), leve amendoado.

Corpo/sensação: médio; boca cheia, amanteigada.

Paladar: cachaça mais intensa e complexa no nariz do que na boca. Vegetal (bagaço), tomate verde, caramelo, frutas cristalizadas.

Retrogosto: de curto para médio, fácil, simples, mas prazeroso.

PARATIANA OURO

ENVELHECIDA EM CARVALHO

TEOR ALCOÓLICO	PONTUAÇÃO	SAFRA/LOTE
42%	**88** (3 ESTRELAS)	**03/24 - L01**

Sobre a cachaça: a Paratiana Ouro é um blend que combina carvalho francês reformado pela Mesacaza, com torra leve, e carvalho europeu da Seagram's, mais exaurido. Armazenada em barris de 200 a 220 litros, a cachaça envelhece por um período entre dezoito meses e dois anos.

Visual: âmbar, brilhante, lágrimas moderadas.

Aroma: baunilha, doce de banana, avelã, pouca tosta (coco, pão e toffee), fechado.

Corpo/sensação: leve; boca cheia, levemente adstringente.

Paladar: cachaça mais interessante na boca do que no nariz, com vegetal, frutas cristalizadas, ameixa seca, cereais, noz moscada, coco, amêndoa e toffee.

Retrogosto: médio, simples, sem grande intensidade, com leve doce de caramelo.

PARATIANA 4 MADEIRAS

BLEND ARMAZENADO

TEOR ALCOÓLICO	PONTUAÇÃO	SAFRA/LOTE
40%	**88,5** (3 ESTRELAS)	**12/23**

Sobre a cachaça: a Paratiana 4 Madeiras foi criada para celebrar o aniversário de 20 anos da destilaria. Ela é um blend formado por cachaças que passam três anos em amendoim, em dornas de 1 mil e 2 mil litros, dois anos em dornas de 700 litros de jequitibá-rosa, dois anos em um antigo tonel de canela-sassafrás reformado com capacidade de 350 litros e dois anos em barris de 220 litros de amburana.

Visual: palha, meio esverdeado, lágrimas moderadas.

Aroma: vinho de cana, erva cortada, cupuaçu, chocolate amargo.

Corpo/sensação: médio; amanteigada.

Paladar: Paraty não é terra de blends muito amadeirados, e Casé é fiel aos princípios desse terroir ao desenvolver sua linha Paratiana. Apesar de levar quatro madeiras, as presenças delas são sutis (castanha, musgo, leve especiarias e chocolate amargo) e em harmonia com os aromas vegetais e frutados da cana.

Retrogosto: de curto para médio, com alguma complexidade.

Sugestão de consumo: purinha. Alta bebabilidade.

LABAREDA

BLEND ENVELHECIDO

★★★★

TEOR ALCOÓLICO	PONTUAÇÃO	SAFRA/LOTE
40%	**90,5** (4 ESTRELAS)	**01/23 - 013**

Sobre a cachaça: não segue a tipicidade de Paraty, talvez por isso Casé tenha decidido batizá-la com um nome diferente do da sua Paratiana. A cachaça Labareda é um resgate histórico de uma marca célebre que originalmente foi produzida na Fazenda Graúna na década de 1930, onde também se produzia a icônica cachaça Graúna. Ambas as marcas desapareceram na década de 1960, mas a Labareda foi repaginada em design e registro de marca, renascendo com um novo vigor. Em 2014, foi lançada exclusivamente envelhecida em barris de amburana, e, no ano seguinte, introduziu-se um blend composto por 30% jequitibá e 70% amburana. Os barris de amburana têm capacidade de 220 litros e tosta leve.

Visual: ouro, meio brilhante, lágrimas moderadas.

Aroma: amburana discreta, com aquele sutil "armário da vovó", folha de louro, frutas cristalizadas, doce de maçã, cravo, coco, toffee, licor de amêndoa, baunilha.

Corpo/sensação: de leve para médio; fresca.

Paladar: licor de amêndoa, pão de mel, baunilha, leve cravo.

Retrogosto: amburana mais comportada, com final curto, mas agradável.

PARDIN

NATIVIDADE DA SERRA/SÃO PAULO

Marcelo Pardin iniciou sua trajetória no mundo da cachaça administrando um bar junto de seu tio. Um cliente, que trabalhava como garapeiro e vendia pastéis em feiras, sugeriu que montassem um depósito de cana para atender aos feirantes de São Paulo. Seguindo essa recomendação, eles iniciaram o novo negócio e rapidamente perceberam que havia muita cana fora do padrão sendo descartada. Pardin decidiu transformar essa cana em rapadura e cachaça, optando por focar a produção da aguardente.

Pardin estudou e fez cursos para aprender a arte da produção de cachaça, com especial interesse no desenvolvimento de blends. Para isso, viajou ao exterior, visitando a Alemanha e a Escócia, onde aprendeu sobre diferentes métodos de produção de bebidas. Essa experiência abriu sua mente para o uso de carvalhos que já tinham envelhecido outras bebidas (como jerez, vinho e tequila) na finalização de aguardentes, aumentando sua complexidade.

Em 2017, Pardin lançou sua primeira cachaça, denominada 3 Madeiras, em parceria com o Alambique Quinta das Castanheiras, de Camanducaia, Minas Gerais. Em 2018, iniciou uma nova parceria com o Alambique Natividade da Serra, no interior de São Paulo, seu atual parceiro. No momento, Pardin está em processo de formalização de sua própria indústria em São Paulo.

PARDIN MADEIRAS

BLEND ENVELHECIDO

TEOR ALCOÓLICO	PONTUAÇÃO	SAFRA/LOTE
42%	**91** (4 ESTRELAS)	**EDIÇÃO 1**

Sobre a cachaça: é envelhecida por seis anos em barris de 200 litros, combinando diferentes tipos de madeira. O processo inclui carvalho americano novo com tosta, carvalho francês, jequitibá-rosa, bálsamo, eucalipto e amburana, sendo essa última utilizada em versões tostada e sem tosta.

Visual: âmbar acobreado, brilhante, lágrimas moderadas.

Aroma: presença mais nítida do carvalho americano, com baunilha, noz-moscada, caramelo, figo seco e leve couro.

Corpo/sensação: médio; aveludada, amendoada, fresca, picante.

Paladar: o álcool cresce na boca, trazendo licor de amêndoa, menta, eucalipto, chocolate amargo e madeira molhada.

Retrogosto: de médio para longo. Cachaça complexa; se no nariz aparecem as notas do carvalho americano, no final de boca surgem as notas frescas e apimentadas das outras madeiras.

PAVÃO

PIRASSUNUNGA/SÃO PAULO

A história da Pavão é um testemunho da resiliência de uma família de descendentes de italianos no Brasil e do desejo de um neto em honrar a tradição familiar de produzir cachaça. Tudo começou com Angelo Pavan, que emigrou da região do Vêneto, na Itália, para o Brasil, fugindo da guerra e da fome. Angelo chegou no Brasil em 1870 e, como muitos imigrantes da época, enfrentou inúmeros desafios trabalhando nas lavouras de café. Adaptando seu sobrenome para Pavão, a família se estabeleceu em Pirassununga, interior paulista.

Na década de 1950, José Pavão, conhecido como Zeca, filho de Angelo, iniciou a elaboração da cachaça em um pequeno sítio chamado São Manuel, no bairro de Santa Tereza, próximo à Academia da Força Aérea. Além da cachaça, o sítio produzia milho, rapadura, laranja e queijo, florescendo por várias décadas graças ao trabalho árduo e à paixão de Zeca pela destilação. A cachaça perdurou até a década de 1990, quando, após o falecimento de Zeca, a estrutura de produção foi vendida junto do sítio, interrompendo temporariamente a tradição familiar.

Diego Pavão, neto de Zeca, decidiu retomar o legado de seu avô, movido pela paixão pela história familiar e pela qualidade da cachaça que seu avô produzia. Para isso, ele se associou à família Foltran, também descendente de italianos estabelecidos em Pirassununga, e, com a ajuda do mestre alambiqueiro Gabriel Foltran, a cachaça Pavão começou a ser destilada nos alambiques de fogo indireto da Fazenda Guadalupe. Em 2021, a parceria entre as famílias Pavão e Foltran deu frutos com o lançamento da Pavão Prata, simbolizando a continuidade de uma tradição e a dedicação das novas gerações em manter viva a herança de seus antepassados.

PAVÃO PRATA

BRANCA SEM MADEIRA

TEOR ALCOÓLICO
42%

PONTUAÇÃO
91
(4 ESTRELAS)

SAFRA/LOTE
02/2022

Sobre a cachaça: os lotes da Pavão Prata são pequenos, com apenas 1 mil litros cada. Um dos diferenciais da cachaça Pavão é o uso de um blend de leveduras: Smart Yeast 09 e CA-11. Após a destilação, fica armazenada em aço inox por pelo menos um ano.

Visual: incolor, límpida, lágrimas moderadas.

Aroma: doce de caramelo, limpo, frutas cristalizadas, pão, terroso.

Corpo/sensação: médio; aveludada.

Paladar: o doce intenso no nariz é mais ameno na boca, com creme, coco e amêndoa; mineral.

Retrogosto: médio, complexo, mineral, castanhas, amanteigado.

PEDRA BRANCA

PARATY/RIO DE JANEIRO

O Alambique Pedra Branca começou a ser construído em 2007, inspirado nas tradicionais cachaças da região, com a produção iniciando em 2009, sob a gestão de Lúcio Gama Freire. Lúcio é um nome de peso no mundo da cachaça. Primo de Casé, produtor da Paratiana (ver p. 376), é coautor do livro *Mucungo* (que conta a história da aguardente no litoral do sudeste brasileiro) e um dos responsáveis pelo reconhecimento da Denominação de Origem de Paraty, ao lado dos demais membros da Associação dos Produtores e Amigos da Cachaça de Paraty (Apacap).

Localizado na Estrada da Pedra Branca, o alambique está situado em uma região preservada, com cachoeiras, vistas para o mar e a serra, além de cortada pela trilha da estrada da patrulha, parte do antigo Caminho do Ouro. Esse ambiente histórico e cultural, rodeado pela mata atlântica e pela baía de Paraty, oferece condições favoráveis à produção da cachaça.

Os canaviais do sítio estão distribuídos em oito áreas distintas, totalizando 6 hectares. A Universidade Rural do Rio de Janeiro colaborou na pesquisa de variedades de cana, resultando em cerca de 40 tipos diferentes analisados, incluindo a variedade RB 7515, que mostrou bom desempenho em razão das condições climáticas locais, como alta pluviosidade e inverno ameno. A pandemia de covid-19 afetou a mão de obra agrícola, levando à dependência de cana de Caçapava, no interior paulista. Em setembro de 2023, iniciou-se um viveiro para renovar o plantio com mudas locais.

A fermentação da cachaça Pedra Branca utiliza levedura selecionada, trabalhando com três tipos ao longo da safra: CanaMax, RM e CA-11. A fermentação ocorre em dornas de aço inox, com controle de temperatura e uso de água de nascente para ajustar o mosto. Além da cachaça branca, Lúcio trabalha com diferentes madeiras, especialmente o amendoim e o carvalho francês, e, seguindo a tradição de Paraty, também produz licores, destacando-se as receitas locais de Gabriela e Caramelada.

PEDRA BRANCA AMENDOIM

BRANCA COM MADEIRA

TEOR ALCOÓLICO	PONTUAÇÃO	SAFRA/LOTE
40%	**90,5** (4 ESTRELAS)	**12/23**

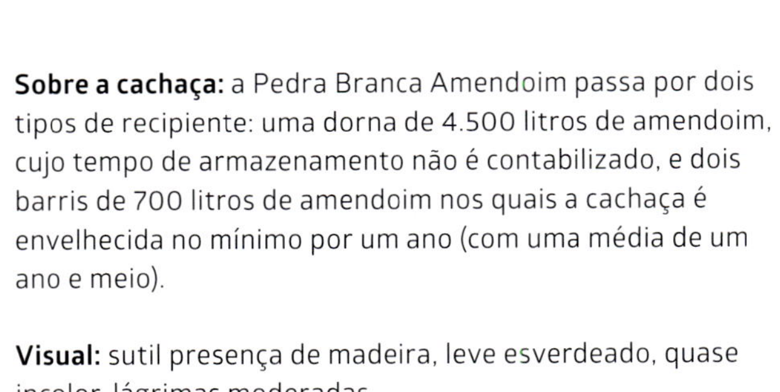

Sobre a cachaça: a Pedra Branca Amendoim passa por dois tipos de recipiente: uma dorna de 4.500 litros de amendoim, cujo tempo de armazenamento não é contabilizado, e dois barris de 700 litros de amendoim nos quais a cachaça é envelhecida no mínimo por um ano (com uma média de um ano e meio).

Visual: sutil presença de madeira, leve esverdeado, quase incolor, lágrimas moderadas.

Aroma: melado, caramelo, banana-passa.

Corpo/sensação: leve; amanteigada.

Paladar: na boca, surge fruta madura (pera), com amêndoas, fermentação (pão e cereais) e ervas (folha de louro e tomilho).

Retrogosto: cachaça doce do começo ao fim, com final levemente picante.

Sugestão de consumo: gelada.

PEDRA BRANCA OURO

ENVELHECIDA EM CARVALHO

TEOR ALCOÓLICO	PONTUAÇÃO	SAFRA/LOTE
40%	**88** (3 ESTRELAS)	**12/23**

Sobre a cachaça: ela utiliza barris de carvalho francês de 225 litros, da Mesacaza, que passaram por tosta leve entre 2009 e 2010. Em 2024, esses barris foram reformados pela tanoaria Michelon, com 23 barris lixados e tostados novamente.

Visual: dourado claro, meio brilhante, lágrimas moderadas.

Aroma: caramelo, baunilha, ameixa seca, avelã, um pouco de tostado (toffee, defumado).

Corpo/sensação: leve; picante.

Paladar: aparecem as especiarias do carvalho, como noz-moscada. Caramelo, coco, cereais e amêndoas.

Retrogosto: curto. A picância se sobressai.

PEDRA BRANCA RESERVA DA GRACE 8 ANOS

ENVELHECIDA EM CARVALHO

★★★★

TEOR ALCOÓLICO	PONTUAÇÃO	SAFRA/LOTE
40%	93 (4 ESTRELAS)	08/23

Sobre a cachaça: lançada em 2023, a Pedra Branca Reserva da Grace é uma cachaça comemorativa da destilaria. Envelhecida por oito anos em barris de carvalho americano, celebra os oito anos de casamento de Lúcio e Grace, além de comemorar os 40 anos de Grace. Produzida em um lote limitado de 400 garrafas, é a cachaça mais envelhecida já produzida por Lúcio.

Visual: âmbar, brilhante, lágrimas lentas.

Aroma: baunilha, caramelo, chocolate, leve couro, bolo de abacaxi.

Corpo/sensação: médio; aveludada.

Paladar: cachaça delicada na boca, com muita presença de baunilha e chocolate. Há uma leve presença de tostado (toffee e couro).

Retrogosto: de médio para longo, complexo, prazeroso.

Sugestão de consumo: cachaça deliciosa; para beber pura.

PINDORAMA

ENGENHEIRO PAULO DE FRONTIN/RIO DE JANEIRO

Produzida em Engenheiro Paulo de Frontin, no Vale do Café, Rio de Janeiro, a cachaça Pindorama é elaborada em um alambique histórico restaurado pela família Konder Braga, proprietária da Fazenda das Palmas. Desde sua fundação, em 1855, o alambique destacou-se por operar sem mão de obra escravizada, em contraste com a história de exploração humana nas antigas fazendas de café da região.

A propriedade está localizada em uma área de mais de 100 hectares de mata atlântica, dos quais 3 hectares são dedicados ao cultivo de cana-de-açúcar com variedades crioulas, presentes na região há mais de um século. Durante a safra, a cana é cortada diariamente e moída para a extração do caldo, que é então misturado com água e fermentado utilizando-se milho orgânico no pé de cuba. O caldo fermentado, ou vinho, é destilado em alambiques de cobre aquecidos por uma caldeira que utiliza o bagaço da cana como combustível.

Para garantir a padronização do destilado, a Pindorama utiliza água de uma fonte natural com um lençol freático a 90 metros de profundidade. No mercado, a marca oferece as versões Prata e Ouro, além da linha Cobra Coral.

A Pindorama investe em comunicação moderna sem abandonar os valores tradicionais da cachaça. Seus rótulos, criados pelo Oveja & Remi Studio, proporcionam sofisticação e autenticidade, colocando a Pindorama entre os rótulos mais bonitos do Brasil.

PINDORAMA PRATA

BRANCA SEM MADEIRA

TEOR ALCOÓLICO	PONTUAÇÃO	SAFRA/LOTE
40%	**86** (3 ESTRELAS)	**04/01/2023**

Sobre a cachaça: é fermentada com leveduras selvagens e uso de fubá de milho no pé de cuba. Ela repousa por doze meses em dornas de aço inox antes de ser engarrafada.

Visual: incolor, lágrimas moderadas.

Aroma: grama, milho-verde, pera, frutas cristalizadas, aberto.

Corpo/sensação: leve; amanteigada.

Paladar: suave na boca, com vegetal e leves condimentos (orégano, folha de louro); amêndoa amarga.

Retrogosto: de curto para médio, simples, macio.

PINDORAMA OURO AMBURANA

ARMAZENADA EM
MADEIRA BRASILEIRA OU EXÓTICA

TEOR ALCOÓLICO	PONTUAÇÃO	SAFRA/LOTE
42%	**86,5** (3 ESTRELAS)	**03/01/23**

Sobre a cachaça: é produzida a partir de um lote especial, que corresponde a um décimo da produção anual da marca. Essa cachaça é armazenada no mínimo por um ano em dornas de amburana com capacidade superior a 700 litros. A Pindorama Ouro Amburana conquistou o 1º lugar em "Destaque – design" do guia.

Visual: dourado claro, brilhante, leve esverdeado.

Aroma: anis, banana-passa, leve baunilha, cupuaçu, leve milho-verde.

Corpo/sensação: leve; fresca.

Paladar: cachaça mais interessante na boca, com castanhas, cardamomo, pimenta-branca, menta e leve baunilha.

Retrogosto: de curto para médio. Deixa a boca mentolada. Alta bebabilidade.

PITANGUI

PITANGUI/MINAS GERAIS

Em 1710, os bandeirantes paulistas chegaram à região do Arraial de Pitangui, em Minas Gerais, onde o ouro era abundante. Em 1715, o arraial tornou-se vila, dando início a conflitos com as autoridades portuguesas. A Rebelião da Cachaça, em 1720, é um episódio notável dessa época.

Pitangui já se destacava como um centro de produção da aguardente. O capitão-mor João Lobo de Macedo, representante de Portugal no vilarejo, determinou o estanco da caninha para construir uma igreja e um sobrado destinado ao governador da capitania. A medida revoltou os exploradores das minas, pois afetaria seus ganhos, já que a cachaça era bastante consumida pelos escravizados. O descontentamento levou à expulsão do capitão-mor.

A Red Oak, empresa de Hans Muller, criou a marca Pitangui para resgatar esse momento histórico, destacando como a produção da aguardente influenciou as estruturas de poder e as relações sociais da região. Para a produção de suas cachaças, Hans conta com a parceria do Alambique Santíssima, em Pitangui, Minas Gerais.

PITANGUI PRATA

BRANCA SEM MADEIRA

TEOR ALCOÓLICO
40%

PONTUAÇÃO
85,5
(3 ESTRELAS)

SAFRA/LOTE
LOT12. 09/2021

Sobre a cachaça: a Pitangui Prata é armazenada por seis meses em dornas de aço inox.

Visual: incolor, lágrimas moderadas.

Aroma: folha de louro, feno, medicinal, maçã.

Corpo/sensação: de leve para médio; macia.

Paladar: doce do começo ao fim, com leve picância (pimenta-rosa), folha de louro e vinho de cana.

Retrogosto: de curto para médio, simples, com água de coco. Alta bebabilidade.

PITANGUI
CARVALHO E BÁLSAMO

BLEND ARMAZENADO

TEOR ALCOÓLICO	PONTUAÇÃO	SAFRA/LOTE
40%	**88** (3 ESTRELAS)	**LOT04 07/2023**

Sobre a cachaça: blend com cachaça que envelhece por pelo menos dezoito meses em barris de carvalho francês de 225 litros, com tosta, e cachaça armazenada em barris e dornas de bálsamo com diferentes volumetrias (3 mil, mil, 700 e 200 litros).

Visual: dourado claro, lágrimas moderadas.

Aroma: complexo, com frutas cristalizadas, acácia, amêndoa, feno.

Corpo/sensação: médio; macia.

Paladar: folha de louro, frutas cristalizadas, coco, baunilha, medicinal.

Retrogosto: cachaça elegante e delicada. Mostra-se complexa no nariz, mas poderia entregar mais no retrogosto.

PORTO MORRETES

MORRETES/PARANÁ

A cachaça Porto Morretes é produzida no coração da mata atlântica, um dos biomas mais diversos do planeta. A cana-de-açúcar é cultivada aos pés das montanhas do Marumbi, no Paraná, sem herbicidas, pesticidas ou fertilizantes, garantindo sua certificação orgânica. A colheita é feita manualmente, sem o uso de máquinas ou fogo, preservando a qualidade do solo e evitando a contaminação ambiental.

A cidade de Morretes desfruta de um microclima quente e úmido, perfeito para o cultivo de uma cana-de-açúcar distinta, conhecida localmente como havaianinha. Registros históricos indicam que a produção de cachaça na região começou por volta de 1700, tornando Morretes uma referência nacional. Em seu auge, a cidade possuía mais de 50 engenhos de cana. Em 2023, a cachaça de Morretes recebeu a prestigiosa Indicação Geográfica, na categoria Indicação de Procedência.

A fermentação da Porto Morretes utiliza leveduras selvagens do próprio canavial, transformando o açúcar em vinho de cana em menos de 24 horas. No início da safra, é usado fermento caipira com a adição de farelo de arroz na formação do pé de cuba. A destilação é realizada em pequenos lotes, resultando em 130 litros da parte mais nobre da aguardente por batelada. O portfólio da Porto Morretes inclui cachaças envelhecidas em carvalho americano ex-bourbon de diferentes tostas, além de experimentar blends com madeiras nativas. A primeira safra foi produzida em 2004.

A equipe conta com Agenor Maccari Junior, que atua como mestre alambiqueiro e mestre de adega. Também integram a sociedade o fundador e presidente, Fulgêncio Torres, e o casal norte-americano Dragos e Emily Axinte, que desde 2010 produzem a marca Novo Fogo nos alambiques da Porto Morretes.

Os produtores estão agora investindo em uma nova destilaria, em Santa Terezinha de Itaipu, que terá capacidade para produzir 600 mil litros por ano, expandindo significativamente a produção e a distribuição da cachaça Porto Morretes.

PORTO MORRETES PREMIUM ORGÂNICA

PREMIUM CARVALHO

TEOR ALCOÓLICO	PONTUAÇÃO	SAFRA/LOTE
43%	**90** (4 ESTRELAS)	**23227**

Sobre a cachaça: é envelhecida por três anos em barris de carvalho americano de 200 litros com variados níveis de tosta (leve, média e intensa), que anteriormente maturaram bourbon.

Visual: âmbar, brilhante, lágrimas moderadas.

Aroma: baunilha, mel, caramelo, tostado (defumado, leve tabaco).

Corpo/sensação: intenso; boca cheia, aberta.

Paladar: baunilha, melado, gengibre. As tostas continuam leves na boca (toffee).

Retrogosto: longo e prazeroso. Bala de caramelo no fim de boca.

Sugestão de consumo: deliciosa, para beber pura. Os amantes de bourbon vão gostar. Recomendo também para preparar um old fashioned: 2 doses de cachaça, 3 pitadas de bitter Angostura, 1 colher (chá) de açúcar, 1 casca de laranja-baía.

PRINCESA ISABEL

LINHARES/ESPÍRITO SANTO

Na foz do rio Doce, a apenas 40 quilômetros do litoral e cercada pela Serra do Mar, no Espírito Santo, encontra-se a Fazenda Tupã, casa de um dos alambiques mais bonitos do Brasil. É lá que a cachaça Princesa Isabel é destilada. Adão Cellia e Maria Isabel de Moraes, produtores dedicados, são responsáveis pela produção de 40 mil litros por safra dessa cachaça capixaba.

No canavial da fazenda, são cultivadas as variedades RB 7515 e RB 5453, bem como um pequeno lote de cana caiana, resultando em uma produção limitada. A colheita, manual, segue os melhores padrões, sem queima, e a extração do caldo é realizada em no máximo doze horas após a colheita. A fermentação utiliza leveduras comerciais selecionadas (CA-11), com duração de 24 horas e sem o uso de substratos no pé de cuba. Após a destilação, a cachaça é armazenada em dornas de jequitibá-rosa, carvalho americano, grápia, carvalho europeu, bálsamo e jaqueira.

Adão Cellia, além de produtor de cachaça, é médico anestesista. Com o sonho de infância de ter seu próprio alambique, Adão comprou a Fazenda Tupã com o dinheiro da venda de um hospital. Junto de Isabel, ele buscou aprender sobre a diversidade e as diferentes receitas de produção de cachaça, mapeando os principais alambiques do Brasil. Durante essa jornada, o casal conheceu Leandro Marelli, especialista em pesquisa e tecnologia no setor de bebidas que se tornou consultor da marca.

A consultoria de Leandro Marelli e a assinatura dos blends por Adão resultaram em um portfólio diverso e com versões limitadas, apreciadas por uma comunidade crescente de entusiastas. Com o apoio dos filhos, Pedro e Gabriela, Adão e Isabel posicionaram a jovem marca Princesa Isabel entre as mais inovadoras e premiadas do mercado. Leandro obteve o 1º lugar em "Destaque – mestre de adega" do guia (ver p. 493), e na pontuação geral a Princesa Isabel ficou em 2º lugar como produtora que se destacou em 2024.

PRINCESA ISABEL PRATA

BRANCA SEM MADEIRA

TEOR ALCOÓLICO	PONTUAÇÃO	SAFRA/LOTE
42%	**89,5** (4 ESTRELAS)	**02/2023**

Sobre a cachaça: a Princesa Isabel Prata passa por pelo menos seis meses no aço inox.

Visual: incolor.

Aroma: pera, melado, floral.

Corpo/sensação: médio; boca cheia.

Paladar: frutas cristalizadas, pera, caramelo.

Retrogosto: médio e fresco. Cachaça delicada, com destaque para leve frutado.

PRINCESA ISABEL JEQUITIBÁ-ROSA

ARMAZENADA EM
MADEIRA BRASILEIRA OU EXÓTICA

TEOR ALCOÓLICO	PONTUAÇÃO	SAFRA/LOTE
40%	**91** (4 ESTRELAS)	**F/2023 L/39**

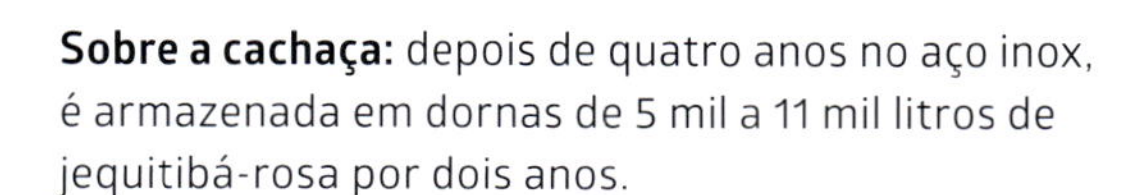

Sobre a cachaça: depois de quatro anos no aço inox, é armazenada em dornas de 5 mil a 11 mil litros de jequitibá-rosa por dois anos.

Visual: discreta presença de madeira, leve palha, brilhante, lágrimas moderadas.

Aroma: floral, cana-de-açúcar, caramelo, erva-doce. Cachaça muito aberta no nariz.

Corpo/sensação: médio; amanteigada.

Paladar: melado, baunilha, fruta madura, erva-doce. A madeira traz complexidade, com cedro e leve couro.

Retrogosto: médio. Cachaça fácil de beber; perfeito exemplar do uso do jequitibá-rosa para dar diferencial e harmonia.

PRINCESA ISABEL CARVALHO

BLEND ARMAZENADO

TEOR ALCOÓLICO	PONTUAÇÃO	SAFRA/LOTE
40%	**92,5** (4 ESTRELAS)	**2024 L/17**

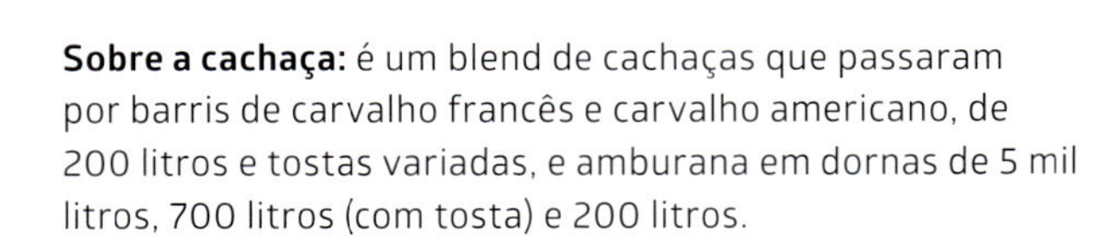

Sobre a cachaça: é um blend de cachaças que passaram por barris de carvalho francês e carvalho americano, de 200 litros e tostas variadas, e amburana em dornas de 5 mil litros, 700 litros (com tosta) e 200 litros.

Visual: âmbar escuro com tons avermelhados, brilhante, lágrimas moderadas.

Aroma: baunilha, casca de laranja, tabaco, terroso, biscoito amanteigado, lenha de fogueira, tutti-frutti.

Corpo/sensação: cachaça encorpada, aberta, fresca, amendoada.

Paladar: baunilha, casca de laranja, amanteigado, tabaco, paçoca, leve pimenta (dedo-de-moça), chocolate amargo.

Retrogosto: de médio para longo, complexo, com chocolate amargo e lenha de fogueira no fim de boca.

PRINCESA ISABEL AMBURANA

BLEND ARMAZENADO

TEOR ALCOÓLICO	PONTUAÇÃO	SAFRA/LOTE
45%	**91** (4 ESTRELAS)	**2024 L/20**

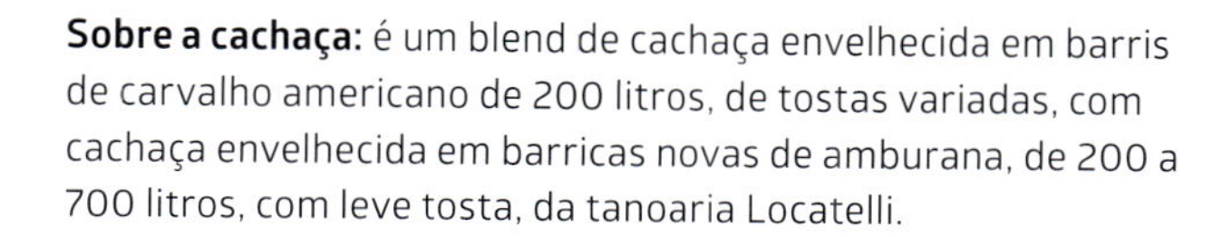

Sobre a cachaça: é um blend de cachaça envelhecida em barris de carvalho americano de 200 litros, de tostas variadas, com cachaça envelhecida em barricas novas de amburana, de 200 a 700 litros, com leve tosta, da tanoaria Locatelli.

Visual: âmbar com tons alaranjados, brilhante, lágrimas lentas.

Aroma: melado, noz-moscada, folha de louro, couro, mel, cúrcuma, licor de amêndoa.

Corpo/sensação: de médio para encorpado; aveludada.

Paladar: boa presença alcoólica em harmonia com doce e acidez. Baunilha, castanhas, cravo, caramelo, folha de louro.

Retrogosto: cachaça doce no começo. Final com chocolate amargo e leve frescor de especiarias.

Sugestão de consumo: a boa presença alcoólica e o amadeirado de médio para intenso da Princesa Isabel Amburana garantem um rabo de galo consistente e aromático: 50 mL de cachaça, 15 mL de vermute Carpano Clássico, 15 mL de Cynar. Coloque todos os ingredientes em um *mixing glass* com gelo e misture. Coe em um copo baixo com gelo e sirva com uma casca de limão-taiti.

PRINCESA ISABEL JAQUEIRA

ARMAZENADA EM
MADEIRA BRASILEIRA OU EXÓTICA

TEOR ALCOÓLICO	PONTUAÇÃO	SAFRA/LOTE
40%	**86,5** (3 ESTRELAS)	**2024 L/17**

Sobre a cachaça: é armazenada por dois anos em barricas de jaqueira de 5 mil litros e em algumas menores, com capacidade aproximada de 200 litros.

Visual: dourado amarelado, bem típico da jaqueira, brilhante, lágrimas moderadas.

Aroma: folha de louro, terroso, erva-doce, frutas amarelas, leve baunilha.

Corpo/sensação: médio; aberta, fresca.

Paladar: folha de louro, erva-doce, eucalipto, cravo, leve feno, medicinal.

Retrogosto: médio, simples, com amadeirado, agreste e medicinal.

MÃE SANTA GRÁPIA

ENVELHECIDA EM
MADEIRA BRASILEIRA OU EXÓTICA

★★★★

TEOR ALCOÓLICO	PONTUAÇÃO	SAFRA/LOTE
40%	**91** (4 ESTRELAS)	**2024 / L02**

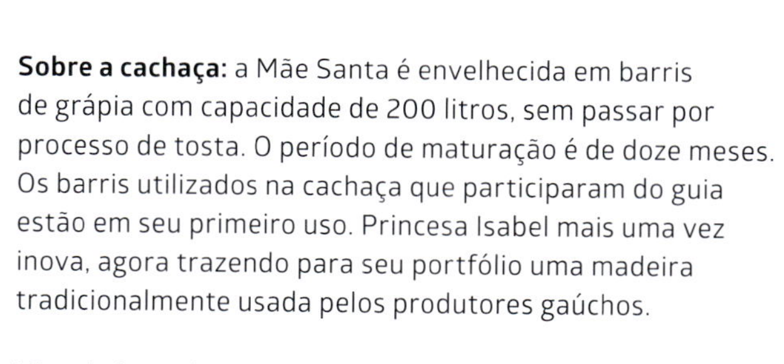

Sobre a cachaça: a Mãe Santa é envelhecida em barris de grápia com capacidade de 200 litros, sem passar por processo de tosta. O período de maturação é de doze meses. Os barris utilizados na cachaça que participaram do guia estão em seu primeiro uso. Princesa Isabel mais uma vez inova, agora trazendo para seu portfólio uma madeira tradicionalmente usada pelos produtores gaúchos.

Visual: dourado, brilhante, lágrimas moderadas.

Aroma: banana-passa, cupuaçu, vínico, pimenta-do-reino, castanha.

Corpo/sensação: médio; fresca.

Paladar: licor de amêndoa, caramelo, folha de louro, vermute, medicinal, leve chá de boldo.

Retrogosto: de médio para longo. Muito frescor vegetal, com picância e amargo de casca de laranja.

RECH

LUIZ ALVES/SANTA CATARINA

A história dessa destilaria começou em 1938 com Roberto Rech, que inicialmente produzia pequenas quantidades de aguardente. O mosto utilizado na destilação era formado por melado, um subproduto da produção de açúcar mascavo, principal produto fabricado pela família. Em Luiz Alves, Santa Catarina, a tradição das aguardentes é marcada pela elaboração a partir do melado, e não do caldo fresco da cana-de-açúcar (ver p. 91).

A produção para comercialização teve início em 1950, sob a liderança de Pedro Roberto Rech, filho de Roberto. Em 1975, com o aumento da demanda por aguardente, Osmar Rech, representando a terceira geração, assumiu os negócios. Nessa época, a Rech se destacou como uma das principais produtoras de aguardente da região.

Em julho de 2008, a família registrou a marca Sacca, derivada do latim *saccharum*, que se refere ao gênero da cana-de-açúcar. A Sacca é feita do caldo da cana e representa 30% da produção total da destilaria, enquanto os outros 70% são dedicados à aguardente de melado. Cerca de 20% da cana utilizada na produção é própria, e o restante é adquirido de fornecedores do Paraná e de cidades vizinhas.

A fermentação da cachaça Sacca é realizado utilizando leveduras selvagens e sem adição de substratos. O processo de destilação ocorre em um alambique de formato cebolão, aquecido por uma caldeira alimentada por bagaço de cana e eucalipto.

Por trabalhos como o da família Rech, que oferece produtos próprios do terroir de Luiz Alves, a cidade se estabelece como um dos principais polos de produção de cachaça. Em agosto de 2024, recebeu o reconhecimento de Denominação de Origem pelo Inpi.

SACCA OURO

ARMAZENADA EM CARVALHO

TEOR ALCOÓLICO	PONTUAÇÃO	SAFRA/LOTE
38%	**85,5** (3 ESTRELAS)	**0012**

Sobre a cachaça: após a destilação, a Sacca Ouro é armazenada em dornas de amendoim de mais de 35 mil litros por um período de seis meses a um ano. Posteriormente, é transferida para barris de carvalho francês de 200 a 250 litros, nos quais permanece de oito a doze meses. Em seguida, a cachaça é padronizada em dornas parafinadas de araribá, madeira que não interfere nas características sensoriais da bebida.

Visual: âmbar, lágrimas moderadas.

Aroma: folha de louro, fermentação (cereais maltados, vinho de cana), acácia, baunilha, noz-moscada.

Corpo/sensação: de leve para médio; picante.

Paladar: a cachaça começa doce (caramelo, baunilha) e termina com especiarias (pimenta-do-reino, noz-moscada).

Retrogosto: de curto para médio. O doce é intenso no nariz, mas não corresponde na boca, e a cachaça finaliza com muita picância (pimenta, gengibre).

REGUI BRASIL

CURITIBA/PARANÁ

Orlando Osmar Regis, empresário curitibano, transformou sua paixão pela cachaça em um empreendimento que inclui um museu e sua própria marca da bebida. Essa jornada teve início na década de 1970, quando ele passou a colecionar cachaças, acumulando um acervo de mais de 8 mil rótulos distintos e mais de 10 mil garrafas. Entre suas peças, destacam-se exemplares raros, como a Havana, a exclusivíssima Tonel 8 e antigas garrafas de Ypióca.

A coleção deu origem ao Templo da Cachaça, na capital paranaense, Paraná, onde são promovidos eventos, degustações e palestras. O espaço apresenta uma exposição com aproximadamente 9 mil rótulos e um museu com mais de 2 mil rótulos que narram a história da aguardente.

Além de ser uma das maiores lojas de cachaças do Brasil, com mais de 1 mil marcas disponíveis, o Templo se tornou um ponto turístico relevante para entusiastas do destilado brasileiro. Ele abriga não apenas o acervo de Orlando como também um minialambique para demonstração do processo de produção, além de barris e áreas dedicadas a cursos e *workshops* para apreciadores e profissionais do mercado.

Com o desejo de criar sua própria marca, Orlando e sua esposa, Lúcia Guidolin, uniram-se para produzir a cachaça Regui Brasil. O nome vem da junção de seus sobrenomes. Utilizando cachaça branca fornecida por alambiques selecionados, Orlando, como mestre de adega, faz blends em barris de diferentes madeiras, localizados no Templo da Cachaça, incluindo carvalho americano de diferentes tostas e jequitibá-rosa.

REGUI BRASIL

EXTRA PREMIUM CARVALHO

★★★★

TEOR ALCOÓLICO	PONTUAÇÃO	SAFRA/LOTE
40%	**91** (4 ESTRELAS)	**ABRIL 2024/1**

Sobre a cachaça: blend criado por Orlando Regis, composto por quatro barris de carvalho americano com tosta 2 ou 3. Dois desses barris são novos, com capacidade de 200 a 225 litros, e armazenam a cachaça por três anos. Os outros dois barris são de segundo uso, também com capacidade de 200 a 225 litros, e contêm a cachaça por quatro anos. O blend final é elaborado combinando o conteúdo dos quatro barris.

Visual: âmbar, brilhante, lágrimas moderadas.

Aroma: fechado, baunilha, coco, chocolate, avelã, toffee.

Corpo/sensação: de médio para encorpado; cremosa, boca cheia.

Paladar: cachaça deliciosa e mais complexa na boca, quando aparecem as tostas. É uma cachaça viva, com baunilha,castanhas (coco, avelã, chocolate), torrados (toffee, couro).

Retrogosto: a cachaça começa com doce de madeira e finaliza com especiarias e torrados da madeira, em especial couro e caramelo.

REMEDIN

BRASÍLIA/DISTRITO FEDERAL

A Remedin é produzida por Cid Faria e Claudia Gomes Chaves, casal de mineiros que vive em Brasília há duas décadas. Publicitários e donos de agência, decidiram criar sua própria marca de cachaça com o objetivo de sustentar o alambique localizado no Sítio Recanto da Paz, para que o negócio crescesse de forma sustentável.

A produção ocorre em uma propriedade de 48 hectares, dos quais 3 são dedicados ao cultivo de cana-de-açúcar. A fermentação da Remedin utiliza levedura selecionada comercial (CA-11), sem adição de substratos, mantendo a pureza do mosto. O alambique opera com fogo direto, preservando a tradição e permitindo um controle manual do processo.

A cachaça é envelhecida em diversos tipos de madeira, como carvalho francês, carvalho americano, amburana, jatobá-do-cerrado e jequitibá-rosa. Essa variedade de madeiras contribui para a criação de diferentes perfis de sabor e aroma. João Chaves, filho dos proprietários e presidente da Associação dos Produtores de Brasília, é o mestre de adega responsável por esse processo, além de organizar a produção local e promover o desenvolvimento da região.

A Remedin também se destaca pelo compromisso com a sustentabilidade e a responsabilidade social. A propriedade apoia a comunidade de caatingueiros e mantém parceria com o Instituto Brasileiro do Meio Ambiente e dos Recursos Naturais Renováveis (Ibama), além de participar de projetos como a Área de Soltura de Animais Silvestres (ASA) e a reintrodução de araras no cerrado, ajudando na adaptação desses animais à natureza.

REMEDIN JATOBÁ-DO-CERRADO

ENVELHECIDA EM MADEIRA BRASILEIRA

★★★

TEOR ALCOÓLICO	PONTUAÇÃO	SAFRA/LOTE
38%	**84** (3 ESTRELAS)	**2023**

Sobre a cachaça: trata-se de uma reserva especial da Remedin, integrando um portfólio de cachaças que valorizam as madeiras do cerrado. Essa versão é envelhecida de dez a doze doze meses em barris de jatobá-do-cerrado com capacidade de 200 a 220 litros, que passaram por tosta intensa. O jatobá utilizado provém de áreas de desmatamento autorizadas pelo estado, em projetos públicos com licenças para a extração de madeira.

Visual: vermelho rubi, brilhante.

Aroma: a cachaça é mais adocicada no nariz do que se imagina, trazendo caramelo, chocolate, baunilha e frutas cristalizadas. Evolui para gengibre, pimenta-do-reino, folha de louro e ameixa seca.

Corpo/sensação: de médio para encorpado; levemente adstringente, aumentando a cada gole.

Paladar: na boca, abrem-se as especiarias e ervas aromáticas, trazendo folha de louro, noz-moscada, cardamomo e canela. Mas também se revelam as características doces que encontramos no nariz, como baunilha, caramelo e ameixa seca.

Retrogosto: de médio para longo, com alguma complexidade. A cachaça começa doce, mas termina medicinal e amarga, trazendo as características típicas do jatobá.

Sugestão de consumo: pura, pois é a melhor forma de conhecer esse trabalho inédito com o jatobá, madeira raramente usada para envelhecer cachaça. Além disso, pelo nosso conhecimento, é o único jatobá tostado disponível no mercado.

GASTROZINHA

BLEND ENVELHECIDO

TEOR ALCOÓLICO	PONTUAÇÃO	SAFRA/LOTE
38%	**89,5** (4 ESTRELAS)	**2023**

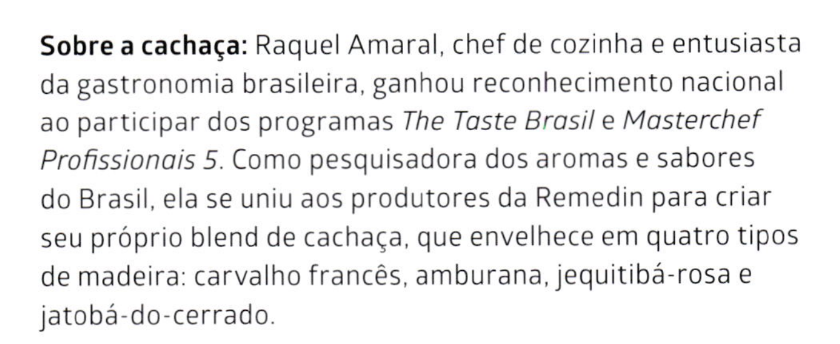

Sobre a cachaça: Raquel Amaral, chef de cozinha e entusiasta da gastronomia brasileira, ganhou reconhecimento nacional ao participar dos programas *The Taste Brasil* e *Masterchef Profissionais 5*. Como pesquisadora dos aromas e sabores do Brasil, ela se uniu aos produtores da Remedin para criar seu próprio blend de cachaça, que envelhece em quatro tipos de madeira: carvalho francês, amburana, jequitibá-rosa e jatobá-do-cerrado.

Visual: dourado escuro, lágrimas moderadas.

Aroma: cúrcuma, abacaxi cozido, avelã, caramelo, toffee e especiarias (noz-moscada, canela e cravo). A cachaça tem o protagonismo da amburana, mas evolui com o tempo, dando abertura para a contribuição das outras madeiras.

Corpo/sensação: médio; boca cheia, aberta, aveludada.

Paladar: vivo, com presença de fruta madura. Especiarias como noz-moscada, canela e cravo ainda mais presentes na boca. Aparecem também avelã, amêndoa, baunilha e caramelo.

Retrogosto: de médio para longo. Tem delicadeza e complexidade.

Sugestão de consumo: para flambar banana. Sirva com uma bola de sorvete de creme e finalize com meia dose de Gastrozinha.

RESERVA DO NOSCO

RESENDE/RIO DE JANEIRO

Em 2007, Marcelo Nordskog deixou o mercado financeiro para se dedicar à produção de cachaça artesanal em Engenheiro Passos, distrito do município de Resende, Rio de Janeiro. O nome é uma homenagem ao avô Erick Nordskog, que, ao chegar da Noruega ao Brasil, ficou conhecido como "seu Nosco".

Na Fazenda Valparaíso, uma antiga propriedade cafeeira adquirida por seu Nosco em 1916, Marcelo produz cachaça com cana-de-açúcar cultivada na própria fazenda e fermentada com leveduras selvagens, adicionando fubá de milho e farelo de arroz ao pé de cuba. O alambique é aquecido por uma caldeira que queima o bagaço da cana e eucalipto de reflorestamento. O vinhoto resultante aduba o canavial, garantindo um ciclo sustentável. A produção anual chega a 4 mil litros de cachaça.

A estrutura original da fazenda, uma antiga tulha usada para armazenar sacas de café, foi restaurada por Marcelo para abrigar o alambique e a área de envelhecimento da cachaça. Essa tulha possui características únicas, como um porão ventilado e paredes de pedra construídas no século XIX. As colunas de tijolos e as vigas de madeira do telhado são originais e foram reaproveitadas na reconstrução. Nesse espaço, há um compartimento secreto onde Marcelo guarda algumas cachaças especiais em garrafões de vidro.

O trabalho meticuloso de Marcelo, aliado ao foco em um portfólio enxuto, com poucas opções de cachaças, contrasta com a abordagem de muitos produtores que lançam novidades a cada safra. Com uma produção limitada, ele busca a excelência de cada lote, o que tem sido recompensado: suas cachaças estão entre as mais premiadas do Brasil, consolidando a Reserva do Nosco como uma referência no mundo do alambique.

RESERVA DO NOSCO ENVELHECIDA

ENVELHECIDA EM CARVALHO

★★★★

TEOR ALCOÓLICO	PONTUAÇÃO	SAFRA/LOTE
42%	**93,5** (4 ESTRELAS)	**2007/08-23**

Sobre a cachaça: essa Reserva do Nosco envelhece por 17 anos em antigos barris de carvalho de 500 litros antes utilizados no brandy espanhol Pedro Domecq. São engarrafadas apenas 120 unidades por ano.

Visual: âmbar, brilhante, lágrimas lentas.

Aroma: baunilha, caramelo, frutas secas (figo seco, damasco, uva-passa), melado, fermentados e terrosos (pão, cogumelos, mofo), noz-pecã.

Corpo/sensação: de médio para encorpado.

Paladar: biscoito amanteigado, castanhas, melado, frutas secas, especiarias (canela), leve couro.

Retrogosto: médio, com frutas secas (uva-passa, principalmente) e leve picância.

SALINÍSSIMA

TAIOBEIRAS/MINAS GERAIS

A Fazenda Matrona, situada em Taiobeiras, na microrregião de Salinas, é o berço da cachaça Saliníssima, onde Olímpio Mendes de Oliveira dedicou-se a cultivar cana-de-açúcar e produzir a bebida, além de rapadura. No início, a produção era modesta, com as cachaças engarrafadas manualmente e vendidas na própria casa da família, enquanto as rapaduras eram comercializadas na cidade, transportadas em carro de boi.

Com a morte de Olímpio, em 2003, o neto José Lucas assumiu a responsabilidade de continuar a tradição. Motivado pelo crescimento do mercado, Lucas investiu na construção de uma nova destilaria, com produção anual que varia entre 250 mil e 300 mil litros de cachaça. Ele adota a receita tradicional da Escola Anísio Santiago, utilizando leveduras selvagens e milho para a fermentação. Após a destilação, a aguardente é armazenada em barricas de bálsamo, seguindo a escola de Anísio, ou em dornas de amburana, de acordo com a Escola da Amburana Mineira.

Hoje, a Fazenda Matrona prossegue nas mãos da família Mendes, consolidando-se como uma das principais produtoras de cachaça da região de Salinas. A marca Saliníssima faz parte do portfólio da Natique Osborne, empresa que possui também a Santo Grau e a Espírito de Minas. Além disso, a Natique produz vodca, steinhäger e gim nacionais.

SALINÍSSIMA AMBURANA

ARMAZENADA EM
MADEIRA BRASILEIRA OU EXÓTICA

TEOR ALCOÓLICO	PONTUAÇÃO	SAFRA/LOTE
42%	**88** (3 ESTRELAS)	**SALA2309**

Sobre a cachaça: a Saliníssima Amburana é um exemplar da Escola da Amburana Mineira, destacando-se por seguir práticas tradicionais que utilizam essa madeira brasileira para o armazenamento. A produção emprega métodos de fermentação natural a partir da própria cana-de-açúcar e do fubá de milho, seguidos de uma maturação em grandes dornas de amburana. A bebida é armazenada em dornas com capacidades de 15 mil e 10 mil litros, nas quais permanece entre um e dois anos.

Visual: palha, brilhante, lágrimas moderadas.

Aroma: cumaru, baunilha, feno e anis.

Corpo/sensação: leve; fresca, funky, picante.

Paladar: especiarias, cravo, gengibre, leve defumado, discreto terroso.

Retrogosto: de médio para curto, levemente picante e funky. Álcool ameno e amadeirado leve.

Sugestão de consumo: pura, para conhecer a Escola da Amburana Mineira, embora essa versão seja menos alcoólica do que suas vizinhas de Januária.

SALINÍSSIMA BÁLSAMO

ARMAZENADA EM
MADEIRA BRASILEIRA OU EXÓTICA

TEOR ALCOÓLICO	PONTUAÇÃO	SAFRA/LOTE
42%	**84** (3 ESTRELAS)	**SA67155**

Sobre a cachaça: é armazenada em dornas de bálsamo com capacidades de 25 mil e 3 mil litros, sem tosta, nas quais permanece entre um e dois anos.

Visual: palha escuro, brilhante, lágrimas rápidas.

Aroma: erva-doce, camomila, erva cortada, feno, folha de louro e mel de laranjeira.

Corpo/sensação: médio; picante, refrescante.

Paladar: bálsamo típico de Salinas, com especiarias (cravo, gengibre, pimenta-do-reino) e menta; mineral.

Retrogosto: de curto para médio, deixando a boca brevemente mentolada.

SAN BASILE

TUIUTI/SÃO PAULO

Renato Chiappetta, herdeiro do tradicional Empório Chiappetta, do Mercado Municipal de São Paulo, sempre foi fascinado pelos licores vendidos no negócio de sua família. Após quase uma década de estudos da arte da destilação, ele fundou, em 2019, a San Basile, destilaria artesanal localizada em Tuiuti, a 110 quilômetros da capital. A propriedade é dedicada à produção de gim, licor, absinto, bitter, uísque e cachaça utilizando ingredientes naturais, sem corantes ou conservantes.

O nome San Basile é uma homenagem à cidade que preserva a cultura bizantina, crucial para o desenvolvimento das técnicas de destilação na Europa. Da mesma forma, a Destilaria San Basile desempenha um papel de relevo no mercado brasileiro, disponibilizando bebidas clássicas que, até então, eram inacessíveis em razão dos preços elevados ou da falta de importadores. Com essa iniciativa, a destilaria contribui para o amadurecimento tanto do mercado profissional quanto do consumidor. A linha de produtos chega em um momento oportuno, atendendo ao crescente mercado de destilados e à demanda dos bares e restaurantes por ingredientes para a coquetelaria.

Uma menção especial vai para as embalagens dos produtos, inspiradas na Belle Époque e no movimento art nouveau, estilos predominantes na Europa entre 1890 e 1920.

SAN BASILE EX-ABSINTO

EXTRA PREMIUM CARVALHO

TEOR ALCOÓLICO	PONTUAÇÃO	SAFRA/LOTE
40%	**91,5** (4 ESTRELAS)	**2022**

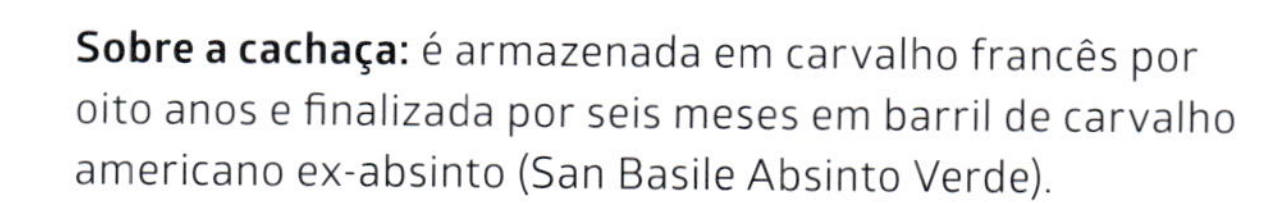

Sobre a cachaça: é armazenada em carvalho francês por oito anos e finalizada por seis meses em barril de carvalho americano ex-absinto (San Basile Absinto Verde).

Visual: dourado escuro, lágrimas lentas.

Aroma: muita presença de losna (absinto), boldo, flor de laranjeira, alcaçuz, mel e anis.

Corpo/sensação: de médio para encorpado; metálica.

Paladar: diferente de tudo o que já tomamos. É um carvalho francês incrementado com os condimentos e especiarias do absinto. A combinação é interessante, com primeiro impacto de losna, folha de louro, boldo e uma segunda camada com mel, baunilha e caramelo.

Retrogosto: de médio para longo, complexo, condimentado, final com amargo de casca de laranja.

Sugestão de consumo: pura, para conhecer um exemplar da Escola Crossing. Desejamos que Renato Chiappetta se aventure mais pelos blends de cachaça.

SANHAÇU

CHÃ GRANDE/PERNAMBUCO

A cachaça Sanhaçu é produzida pela família Barreto Silva na zona da mata pernambucana, em Chã Grande, situada a 85 quilômetros de Recife e a 15 quilômetros de Gravatá, cidade turística conhecida por sua arquitetura secular e as lojas de móveis e artesanato.

A história da Sanhaçu remonta aos anos 1990, quando Moacir Barreto Silva, após deixar a Marinha, mudou-se para o interior de Pernambuco com sua esposa, Glória. Lá, adquiriram um sítio e foram pioneiros no movimento de agricultura orgânica no estado. Eles se dedicaram ao reflorestamento da propriedade com mata nativa e árvores frutíferas, transformando-a em um refúgio para a fauna local, incluindo animais como teju, sagui, raposa e lebre, além de diversas aves. Sanhaçu é o pássaro que inspirou o nome da cachaça.

Em 2006, os filhos do casal, Max, Oto e Elk, decidiram investir na produção de uma cachaça artesanal que refletisse a filosofia de sustentabilidade dos pais. Essa dedicação foi reconhecida com o selo do Instituto Biodinâmico (IBD) para cachaças orgânicas e o certificado Carbono Zero. Em 2015, placas solares foram instaladas para gerar energia à unidade produtiva.

A produção da Sanhaçu ocorre em uma área de 5 hectares com topografia bastante acidentada. Utilizando a variedade de cana RB 7515, a safra começa em outubro e vai até janeiro. A fermentação é realizada com leveduras selvagens ao som de música erudita, chorinho e bossa-nova. Esse processo tem um tempo de 20 a 22 horas e envolve a guarda das leveduras de um ano para o outro.

O vinho de cana é destilado em alambiques de cobre do tipo cebolão aquecidos por caldeira. Após a destilação, as cachaças são armazenadas em dornas de freijó, jequitibá-rosa, carvalho e bálsamo.

SANHAÇU UMBURANA

ARMAZENADA EM
MADEIRA BRASILEIRA OU EXÓTICA

TEOR ALCOÓLICO	PONTUAÇÃO	SAFRA/LOTE
40%	**89** (4 ESTRELAS)	**14U**

Sobre a cachaça: ela passa cerca de dois anos em dornas de freijó de 10 mil litros, uma madeira icônica entre os produtores da Paraíba e uma das primeiras a integrar o portfólio dessa produção pernambucana. As dornas foram habilmente montadas por Chicão, tanoeiro de Campina Grande, onde o freijó é amplamente usado. Após esse período inicial, a cachaça é armazenada por mais de dois anos em barris de 200 a 330 litros de amburana. A bebida leva a assinatura de Jairo Martins.

Visual: dourado acobreado com leve tom esverdeado, meio brilhante, lágrimas moderadas.

Aroma: erva-doce, caramelo, cravo, noz-moscada.

Corpo/sensação: médio; condimentada.

Paladar: baunilha, cumaru, canela, caramelo, pão, gengibre.

Retrogosto: médio, gostosa presença de caramelo e balinha de canela da infância.

SANHAÇU
3 MADEIRAS

BLEND ARMAZENADO

TEOR ALCOÓLICO	PONTUAÇÃO	SAFRA/LOTE
40%	**85,5** (3 ESTRELAS)	**OUTUBRO DE 2023**

Sobre a cachaça: a Sanhaçu 3 Madeiras surgiu do projeto realizado pelo Senac Recife, durante o curso de sommelier de cachaça da turma de novembro de 2022/2023. Trata-se de um blend armazenado em três madeiras brasileiras. A maior parte da maturação ocorre em jequitibá-rosa, por um período de dois anos, correspondendo a 70% do blend. A amburana é responsável por 5% da composição, enquanto o bálsamo representa os 25% restantes.

Visual: dourado claro, brilhante, lágrimas moderadas.

Aroma: floral (flor branca), tutti-frutti, erva cortada, erva-doce, arruda seca, leve feno.

Corpo/sensação: médio; um pouco funky, plana.

Paladar: folha de louro, cana-de-açúcar, madeira verde, arruda seca.

Retrogosto: de curto para moderado, picante, levemente adstringente.

SANHAÇU SOLEIRA

ENVELHECIDA EM CARVALHO

TEOR ALCOÓLICO
42%

PONTUAÇÃO
90,5
(4 ESTRELAS)

SAFRA/LOTE
OUTUBRO DE 2023

Sobre a cachaça: é inicialmente armazenada por dois anos em dornas de freijó. Em seguida, é transferida para barris de carvalho americano da ISC, com tosta 3, nos quais permanece por mais três anos. No processo de soleira, a cachaça é acomodada em quatro andares com seis tonéis cada, totalizando 24 barris. Durante esse período, uma porcentagem da cachaça é retirada dos barris mais próximos ao solo para depois serem finalizadas em barris de 200 litros de carvalho americano virgem com tosta intensa, nos quais repousa por mais seis meses. O mestre de adega, Oto Barreto, supervisiona todo o processo.

Visual: âmbar com tons avermelhados, brilhante, lágrimas moderadas.

Aroma: baunilha, coco, chocolate, avelã, toffee, couro.

Corpo/sensação: cachaça encorpada, cremosa, macia.

Paladar: baunilha, xarope de bordo, caramelo, maçã, coco, chocolate amargo, toffee. Álcool, acidez e picância bem delicados.

Retrogosto: de médio para longo, com notas de carvalho tostado (toffee, chocolate amargo), biscoito amanteigado e leve medicinal, o que dá complexidade.

SANTA CAPELA

SANTA BÁRBARA D'OESTE/SÃO PAULO

A Santa Capela, de Santa Bárbara d'Oeste, interior paulista, foi lançada em 2022. Sob direção de Paulo Romi e gerência de Lucas Benatti, a destilaria produz 60 mil litros de cachaça anualmente em alambiques de cobre, empregando tecnologia avançada e práticas modernas.

O processo começa com o cultivo da cana-de-açúcar em 5 hectares. A matéria-prima é de seis variedades, cada uma colhida no momento ideal de maturação. O corte e a despalha são feitos manualmente, e tratores realizam o transporte do canavial à destilaria.

Durante a fermentação, é utilizada a levedura CA-11 com controle de temperatura entre 30 °C e 32 °C. As dornas abertas ficam em uma sala fechada, e o processo dura de 24 a 26 horas. O mosto é preparado para ser totalmente limpo, passando por decantadores, peneiras e filtros sob pressão.

A destilação ocorre em dois alambiques de cobre, de 750 litros e 950 litros, ambos no formato cebolão e alimentados por bagaço de cana. Paulo Romi, o master blender, é responsável por manter o padrão do produto.

Os visitantes da destilaria podem também apreciar a gastronomia do restaurante local e conhecer a cadela que aparece estilizada no rótulo da cachaça. Durante a construção da destilaria, uma cadelinha chamada Pipoca conquistou o coração de todos os colaboradores. Para surpresa de todos, Pipoca estava esperando um filhotinho, e foi assim que nasceu Capelinha, a mascote da destilaria.

SANTA CAPELA CLÁSSICA

BRANCA SEM MADEIRA

TEOR ALCOÓLICO	PONTUAÇÃO	SAFRA/LOTE
40%	**86** (3 ESTRELAS)	**L2023/0017**

Sobre a cachaça: a Santa Capela Clássica descansa por um ano em dornas de aço inox.

Visual: incolor, lágrimas moderadas.

Aroma: delicado e bastante floral, com cana, violeta, acácia, lavanda e lima.

Corpo: leve; macia, boca cheia.

Paladar: frutas cristalizadas, amêndoas, floral (rosa, violeta), leve pimentão.

Retrogosto: médio, simples, mas muito fino e agradável, amendoado.

SANTA CAPELA BÁLSAMO

ARMAZENADA EM
MADEIRA BRASILEIRA OU EXÓTICA

TEOR ALCOÓLICO	PONTUAÇÃO	SAFRA/LOTE
39%	**86,5** (3 ESTRELAS)	**L2023**

Sobre a cachaça: é armazenada em uma dorna de 3 mil litros de bálsamo produzida pelas Dornas Havana. O lote que participou do guia maturou por sete meses na madeira.

Visual: dourado para âmbar com leve esverdeado, meio brilhante, lágrimas moderadas.

Aroma: mel, maçã verde, anis, erva-doce, pimenta-branca.

Corpo/sensação: médio; melada, fresca.

Paladar: bastante presença de anis e hortelã na boca, com mel e leve pimenta.

Retrogosto: médio, anis bem presente. Parece um arak mais comportado.

SANTA CRUZ

SACRAMENTO/MINAS GERAIS

A cachaça Santa Cruz, desenvolvida por Silvana Carminati e seu marido, Anderson, nasceu de uma mudança de direção inspirada pelo cunhado português. Com formação em design de interiores, Silvana não tinha planos de criar sua própria marca de cachaça até que, incentivada pelo marido e pelo cunhado, decidiu investir no segmento. Assim surgiu a Santa Cruz, uma marca luso-brasileira com o objetivo de conquistar novos apreciadores dentro e fora do Brasil.

A produção da Santa Cruz ocorre na fazenda Boa Sorte, em Sacramento, Minas Gerais, em parceria com os criadores da cachaça Batista. A distribuição é feita a partir de São Paulo. Inicialmente, o plano era montar uma loja de cachaças, mas a pesquisa de mercado levou Silvana e Anderson a desenvolverem sua própria marca. Sem legado familiar na produção de destilados, eles buscaram cursos e visitaram alambiques para entender a indústria. Fundaram a Santa Cruz em 2021 como um empreendimento familiar, incluindo dois primos.

A variedade de cana utilizada é a RB 867515, e a fermentação, com leveduras selvagens, segue o método criado pelo fundador da cachaça Batista, José Batista, sem uso de aditivos químicos. Realizada em tanques de aço inox, a fermentação ocorre por bateladas, em ciclos de 24 horas, para garantir homogeneidade dos produtos ao longo da safra. A destilação é feita em alambiques de cobre do tipo cebolão.

O nome e o rótulo da cachaça foram criados por Silvana, inspirados nas navegações portuguesas e na história do Brasil. Além de cachaça, a destilaria expandiu sua produção para o gim, com o Gin Crux London Dry, destilado de cereais e botânicos nativos e regionais. Nos primeiros anos, a Santa Cruz focou o marketing boca a boca, estabelecendo contatos para levar seus produtos a países como Austrália, Portugal e Alemanha.

SANTA CRUZ
EXTRA PREMIUM

BLEND ENVELHECIDO

★★★

TEOR ALCOÓLICO
40%

PONTUAÇÃO
88,5
(3 ESTRELAS)

SAFRA/LOTE
05.01.2022 /010

Sobre a cachaça: é um blend envelhecido por três anos no carvalho francês e dois anos na amburana.

Visual: dourado acentuado, brilhante, lágrimas moderadas.

Aroma: destaque para a amburana no nariz, com maçã verde, amarena, noz-moscada e baunilha.

Corpo/sensação: de curto para médio; picante das especiarias.

Paladar: eucalipto, castanhas, toffee, pão torrado, especiarias (pimenta-rosa, canela).

Retrogosto: médio; doce, especiarias e um pouco medicinal.

SANTA TEREZINHA

MARECHAL FLORIANO/ESPÍRITO SANTO

A cachaça Santa Terezinha, com raízes que remontam a 1943, foi fundada por Artêmio Menegatti em São Roque do Canaã, Espírito Santo, e hoje se destaca como um símbolo de tradição e inovação. Em 2005, Adwalter Menegatti, filho de Artêmio, assumiu a produção e transferiu a fábrica para Marechal Floriano, um município com grande potencial turístico.

Adwalter Menegatti enfrentou desafios significativos, incluindo uma forte chuva em 2013 que danificou os tanques e galpões de produção. Com resiliência e criatividade, ele manteve a produção em uma destilaria parceira, a 10 quilômetros do canavial, utilizando canas da variedade mulatinha.

Durante o processo de fermentação, as cachaças são fermentadas com fubá de milho e leveduras selvagens. Mas o grande destaque de Adwalter está no seu trabalho inovador com diferentes madeiras. Esse talento fica evidente nas técnicas únicas de tosta e de envelhecimento em soleira.

Adwalter também diversificou o portfólio da Santa Terezinha, incluindo cachaças envelhecidas em uma variedade de madeiras, como amburana, carvalho americano, jequitibá-rosa, castanheira, carvalho europeu e canela-sassafrás. Além disso, desenvolveu aguardentes compostas utilizando ingredientes como café, jenipapo e anis, trazendo novos sabores e aromas ao mercado.

Para os entusiastas e apreciadores das criações de Adwalter, a loja conceito da Santa Terezinha, situada no Hortomercado de Vitória, oferece mais de 180 itens ligados à bebida brasileira, desde *souvenirs* até as mais raras cachaças produzidas pela sensibilidade desse mestre de adega.

SANTA TEREZINHA SASSAFRÁS

ARMAZENADA EM
MADEIRA BRASILEIRA OU EXÓTICA

TEOR ALCOÓLICO	PONTUAÇÃO	SAFRA/LOTE
38%	**93,5**	**LOTE 03/15**
	(4 ESTRELAS)	SAFRA 2011/2012

Sobre a cachaça: é armazenada em barris antigos de canela-sassafrás de 1 mil litros por quatro anos. Os barris tiveram suas paredes raspadas, queimadas e pintadas com essência natural de frutas e álcool, uma técnica semelhante à utilizada no envelhecimento de jerez. Essa cachaça é a primeira tosta em madeira brasileira conduzida por Adwalter Menegatti, no início dos anos 2000, quando pouco se falava sobre queima de barril. Em 2007, reafirmando o pioneirismo, Adwalter lançou a Santa Terezinha Série Gourmet Sassafrás, que surpreendeu o mercado com sua aplicação inovadora de cachaça na gastronomia.

Visual: âmbar escuro com tons alaranjados, lágrimas moderadas.

Aroma: caramelo, frutas secas (figo, uva-passa), condimentos, madeira velha, cachimbo.

Corpo: médio; aveludada.

Paladar: doce acima da média, com caramelo, figo seco, flor de laranjeira, castanhas (avelã, amêndoa), tabaco e leve couro.

Retrogosto: rápido para moderado, complexo. A cachaça começa bastante doce e termina com toque salgado e umami, além de condimentada e com amargor medicinal.

Sugestão de consumo: para flambar carne de porco, como cobertura de sorvete de creme, para acompanhar queijos fortes ou mesmo para tomar com pedras de gelo de água de coco. É uma cachaça incrivelmente versátil e gastronômica.

SANTA TEREZINHA CRAFTED

BRANCA SEM MADEIRA

★★★★

TEOR ALCOÓLICO	PONTUAÇÃO	SAFRA/LOTE
43%	**92,5** (4 ESTRELAS)	**01/2023**

Sobre a cachaça: é destilada e, em seguida, filtrada no bagaço da cana.

Visual: sutil amarelado do bagaço da cana, quase incolor.

Aroma: bagaço, garapa, fermentados.

Corpo/sensação: de médio para encorpado, amendoada, fresca.

Paladar: doce acima da média, com bagaço, baunilha, fruta amarela, fermento e licor de amêndoa. Terroso.

Final: de médio para longo. A cachaça começa com doce de cana bem equilibrado com picância e finaliza com leve amargor.

SANTA TEREZINHA ORIGEM

BRANCA SEM MADEIRA

TEOR ALCOÓLICO	PONTUAÇÃO	SAFRA/LOTE
45%	**88** (3 ESTRELAS)	**2021 / 07 / 2021**

Sobre a cachaça: é um autêntico exemplar da Escola do Fermento Caipira, com leveduras selvagens e destilação em alambique de fogo direto.

Visual: incolor, lágrimas lentas.

Aroma: garapa, vinho de cana, hortelã, leve tomilho, leve baunilha.

Corpo/sensação: médio; aberta, boca cheia, amendoada.

Paladar: gengibre, garapa, castanhas, noz-moscada.

Retrogosto: doce e vegetal do começo ao fim, com adstringência e frescor no final da boca.

SANTO GRAU

CORONEL XAVIER CHAVES/MINAS GERAIS, PARATY/RIO DE JANEIRO, ITIRAPUÃ/SÃO PAULO

O conceito da Santo Grau valoriza o terroir, considerando não apenas o local de produção mas também a tradição transmitida de uma geração para outra. A marca mantém parceria com três engenhos no Brasil que refletem esses valores, preservados pelos mestres alambiqueiros e suas famílias ao longo dos anos.

No engenho de Coronel Xavier Chaves, em Minas Gerais, a produção está ativa desde 1755, atualmente sob a liderança da nona geração da família Chaves, com o mestre, Nando Chaves, e seus filhos, João e Francisco. O engenho de Paraty é gerido pela família Mello desde 1803, com Eduardo Mello no comando. E, em Itirapuã, o engenho preserva uma tradição artesanal desde 1860, sob a gestão da família Figueiredo Cristófani, agora na quinta geração, com Maurílio Cristófani.

As cachaças Santo Grau são produzidas seguindo processos artesanais específicos de cada engenho. Todas as etapas, desde o plantio, a colheita e a moagem da cana-de-açúcar, são realizadas com canas próprias e corte manual. A fermentação utiliza leveduras selvagens com adição de substratos naturais (Escola do Fermento Caipira), e a destilação ocorre em alambiques de cobre, aquecidos por fogo direto.

A Natique Osborne, detentora da marca Santo Grau, foi fundada nos anos 1990 por Luis Henrique Munhoz e Renato Almeida Prado. Em 2013, a Natique associou-se ao grupo espanhol Osborne, conhecido pelos rótulos de jerez. A parceria trouxe inovações e técnicas que fortaleceram a produção e o portfólio da Natique, permitindo a expansão com destilados importados. O intercâmbio com a Europa possibilitou a importação de barris de carvalho que anteriormente envelheceram outras bebidas, como jerez, brandy e vinho, diversificando o processo de envelhecimento das cachaças da Santo Grau.

SANTO GRAU
CORONEL XAVIER CHAVES

BRANCA SEM MADEIRA

TEOR ALCOÓLICO	PONTUAÇÃO	SAFRA/LOTE
40%	**90,5** (4 ESTRELAS)	**CXC 11144**

Sobre a cachaça: é fermentada com leveduras selvagens e fubá de milho. Uma típica branquinha mineira, seguindo a Escola do Fermento Caipira.

Visual: incolor, lágrimas moderadas.

Aroma: frutas cristalizadas, milho-verde, figo seco, bagaço, flor de laranjeira.

Corpo/sensação: médio; fresca.

Paladar: tem certa picância e álcool aparente, mas em equilíbrio, com vegetal, castanhas e lima. Medicinal.

Retrogosto: médio, salivante, amendoado.

Sugestão de consumo: por ser uma versão mais amena da Escola Caipira, sugere-se para quem está começando a beber e quer conhecer o estilo.

SANTO GRAU PEDRO XIMENES

ENVELHECIDA EM CARVALHO

TEOR ALCOÓLICO	PONTUAÇÃO	SAFRA/LOTE
39%	**85** (3 ESTRELAS)	**SGPX1123**

Sobre a cachaça: é envelhecida por dois anos em Itirapuã, São Paulo, no sistema de soleira, em barris de carvalho anteriormente utilizados no envelhecimento do jerez espanhol Pedro Ximenes. Nos lotes anteriores, a borra seca e cristalizada nas paredes do barril adoçava naturalmente a cachaça, que continha 9 g/L de açúcar. Na versão avaliada para o guia, os barris, já mais exauridos, não transferiram tanto açúcar ao destilado, tanto que a cachaça deixou de ser classificada como adoçada.

Visual: palha escuro esverdeado, brilhante, lágrimas moderadas.

Aroma: fechado, madeira discreta, folha de louro, acácia, noz-moscada, castanhas.

Corpo/sensação: médio; fresca.

Paladar: madeira mais presente na boca, com folha de louro, figo seco, castanhas e leves especiarias.

Retrogosto: curto para médio, com frescor e sutil uva-passa.

Sugestão de consumo: busque um lote anterior, quando ainda era cachaça adoçada, para comparação. Será um belo exercício sensorial. Qual P.X. você prefere?

SANTO GRAU
VELHA GUARDA RESERVA PARATY

ENVELHECIDA EM CARVALHO

TEOR ALCOÓLICO	PONTUAÇÃO	SAFRA/LOTE
41%	**88,5** (3 ESTRELAS)	**PARVG1908**

Sobre a cachaça: a Santo Grau Velha Guarda Reserva Paraty é armazenada por dezoito meses em tonéis de carvalho francês de até 240 litros.

Visual: palha, meio brilhante, lágrimas moderadas.

Aroma: maior presença vegetal, fermentado e adocicado da cachaça branca, com frutas cristalizadas, vinho de cana, melado, tangerina, flor de laranjeira, pão e fruta madura. A madeira traz banana-passa e terrosos (maresia, cogumelo).

Corpo/sensação: médio; boca cheia, amendoada, levemente adstringente.

Paladar: um pouco mais de presença de madeira do que no nariz, mas ainda sutil. Com leve baunilha, caramelo, castanha, argila.

Retrogosto: médio, doce vegetal, com leve presença de amadeirado. Paraty não perde sua essência de destacar os aromas e sabores da cana; é sua vocação.

SANTO GRAU SOLERA ALVARINHO

ENVELHECIDA EM CARVALHO

★★★★

TEOR ALCOÓLICO	PONTUAÇÃO	SAFRA/LOTE
40%	**89** (4 ESTRELAS)	**SGSA2312**

Sobre a cachaça: a Santo Grau Alvarinho é envelhecida em média por dois anos em Coronel Xavier Chaves utilizando o sistema de soleira em barris de 300 litros que anteriormente armazenaram vinho da uva alvarinho. Essa variedade é cultivada na região norte de Portugal e na Galícia, na Espanha, onde é conhecida como albariño, sendo utilizada na produção de vinhos brancos e verdes.

Visual: dourado, brilhante, lágrimas moderadas.

Aroma: fechado, com baunilha, vegetal, floral, milho-verde, caju.

Corpo/sensação: médio; adstringente.

Paladar: mais interessante na boca, com flor de laranjeira, erva-doce, pão torrado e caramelo.

Retrogosto: médio, mineral, frutado, média picância.

SANTO GRAU RESERVA AMONTILLADO

ENVELHECIDA EM CARVALHO

TEOR ALCOÓLICO	PONTUAÇÃO	SAFRA/LOTE
40%	**86** (3 ESTRELAS)	**CXCR2309**

Sobre a cachaça: é envelhecida em Coronel Xavier Chaves por uma média de dois anos em barris de 500 litros de carvalho americano que anteriormente armazenaram amontillado (um estilo de jerez).

Visual: palha para dourado, meio brilhante, lágrimas moderadas.

Aroma: pouca presença da madeira, com folha de louro, frutas cristalizadas, maçã, avelã, leve cravo e feno.

Corpo/sensação: leve; boca cheia.

Paladar: folha de louro, gengibre, erva-doce, amêndoas, cravo e canela.

Retrogosto: curto para médio, simples, com picância (canela) e castanhas, mas muito sutil.

SANTO MARIO

CATANDUVA/SÃO PAULO

A Destilaria Santo Mario possui uma rica história, iniciada com chegada de Baptista Seghese ao Brasil no início do século XX. Fugindo das dificuldades causadas pela Primeira Guerra Mundial na região de Bérgamo, no norte da Itália, Baptista e sua família embarcaram em uma jornada que os levou às plantações de cana-de-açúcar no interior de São Paulo. Lá, ele descobriu a cachaça, uma bebida que lhe lembrava a grapa italiana e que despertou sua paixão por destilados.

Com determinação e criatividade, Baptista começou a produzir cachaça usando equipamentos improvisados e coletando a cana-de-açúcar que caía dos caminhões nas estradas de Piracicaba. O trabalho árduo e o talento o transformaram em um mestre alambiqueiro autodidata.

O legado de Baptista foi assumido por seu filho, Mario Seghese, que nos anos 1980 consolidou o Engenho Santo Mario em Catanduva, São Paulo. O local, além de ser uma destilaria famosa na região, abriga o Museu da Cachaça, um verdadeiro tesouro para os amantes de destilados. O museu, iniciado por Mario, conta com uma coleção impressionante de cinco mil garrafas, incluindo a raríssima Caninha Pelé.

A fermentação da cachaça Santo Mario é realizada com levedura autóctone selecionada. Amostras da fermentação caipira, feita com fubá de milho plantado, foram enviadas para a *start-up* Smart Yeast, do especialista Cauré Portugal, que realizou a seleção e a padronização das leveduras. Esse processo propicia uma fermentação consistente e traz as características do terroir do interior paulista.

As cachaças da Santo Mario são destiladas em um alambique de três corpos carinhosamente apelidado de Alambique Jandira. O nome é uma homenagem à esposa de Mario Seghese, que o ajudou no início da produção. Enquanto ele destilava as cachaças, Jandira preparava licores que ainda hoje fazem parte do portfólio da destilaria.

Hoje, sob a liderança de Sérgio e Fábio Seghese, filho e neto de Mario, o Engenho Santo Mario é um exemplo marcante do trabalho dos imigrantes italianos na produção de cachaça no interior de São Paulo. A destilaria prossegue em seu caminho, sendo continuamente aprimorada e, ao mesmo tempo, preservando a tradição da cachaça de alambique paulista.

SANTO MARIO AMENDOIM DO CAMPO

BRANCA COM MADEIRA

TEOR ALCOÓLICO	PONTUAÇÃO	SAFRA/LOTE
40%	**90** (4 ESTRELAS)	**62/04 - 10/22**

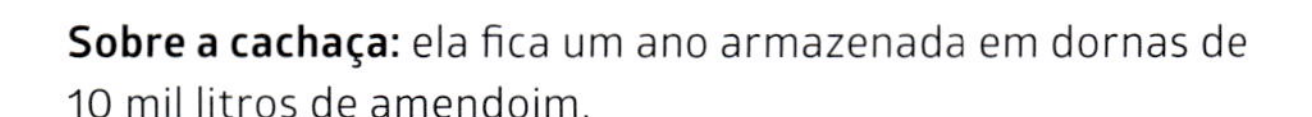

Sobre a cachaça: ela fica um ano armazenada em dornas de 10 mil litros de amendoim.

Visual: incolor, límpida, lágrimas moderadas.

Aroma: amanteigado, castanhas, leite de coco.

Corpo/sensação: de curto para médio; cremosa, boca cheia.

Paladar: melado, água de coco, castanhas.

Retrogosto: médio, com doce e castanhas.

Sugestão de consumo: a base pura já é delicada, mas o amendoim ajuda a arredondar a cachaça e deixá-la macia, redonda e com alta bebabilidade. A presença de castanhas (coco) nos faz pensar em uma releitura de piña colada: 50 g de abacaxi, 30 mL de leite de coco, 60 mL de água de coco e 60 mL de Santo Mario Amendoim do Campo. Bata em uma coqueteleira com gelo e faça uma dupla coagem em copo longo com gelo.

SANTO MARIO AMBURANA

ARMAZENADA EM
MADEIRA BRASILEIRA OU EXÓTICA

TEOR ALCOÓLICO	PONTUAÇÃO	SAFRA/LOTE
40%	**85,5** (3 ESTRELAS)	**64/06 - 10/23**

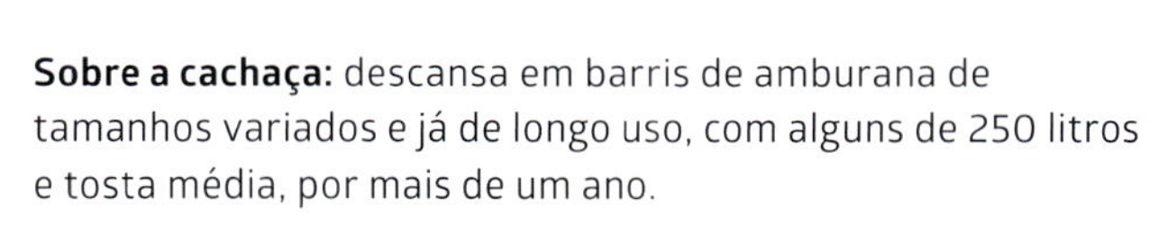

Sobre a cachaça: descansa em barris de amburana de tamanhos variados e já de longo uso, com alguns de 250 litros e tosta média, por mais de um ano.

Visual: dourado escuro com tons alaranjados, brilhante, lágrimas moderadas.

Aroma: apresenta-se como uma amburana mais sóbria no nariz (fechado), com sabonete, frutas cristalizadas, flor de laranjeira, cardamomo e eucalipto. Medicinal.

Corpo/sensação: de médio para encorpado; licorosa (resina de madeira), fresca.

Paladar: cachaça mais complexa na boca, com frutas cristalizadas, especiarias (cravo, cardamomo), castanhas (noz-moscada), torrados (toffee, coco queimado) e terrosos (puxuri, cumaru).

Retrogosto: médio, deixando boca mentolada e medicinal.

SANTO MARIO
5 MADEIRAS NOBRES

BLEND ENVELHECIDO

TEOR ALCOÓLICO	PONTUAÇÃO	SAFRA/LOTE
40%	**88,5** (3 ESTRELAS)	**67/03 - 02/22**

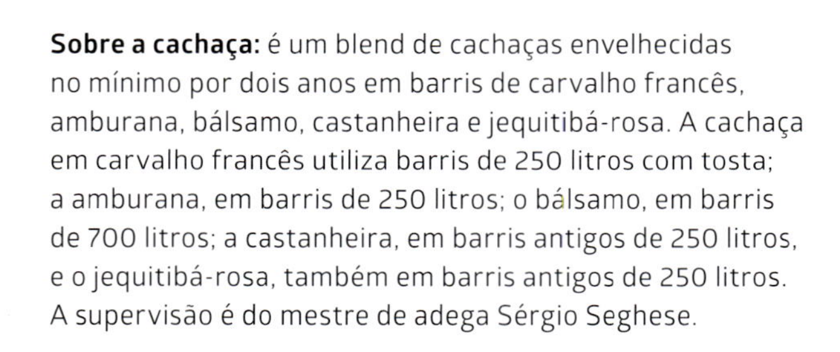

Sobre a cachaça: é um blend de cachaças envelhecidas no mínimo por dois anos em barris de carvalho francês, amburana, bálsamo, castanheira e jequitibá-rosa. A cachaça em carvalho francês utiliza barris de 250 litros com tosta; a amburana, em barris de 250 litros; o bálsamo, em barris de 700 litros; a castanheira, em barris antigos de 250 litros, e o jequitibá-rosa, também em barris antigos de 250 litros. A supervisão é do mestre de adega Sérgio Seghese.

Visual: âmbar claro, brilhante, lágrimas lentas.

Aroma: baunilha, frutas cristalizadas, pera, noz-moscada, medicinal (iodo).

Corpo/sensação: leve; macia.

Paladar: cachaça mais complexa na boca; em um primeiro momento, tem gostosa presença do doce amadeirado do carvalho francês, combinando com as especiarias da amburana e o floral do jequitibá. O bálsamo é delicado, trazendo um pouco de frescor ao blend. A cachaça tem caramelo salgado, pera, noz-moscada, coco, amêndoa.

Retrogosto: médio, bastante floral no final de boca, sabonete.

SAPUCAIA

PIRASSUNUNGA/SÃO PAULO

Fundada em 1933 por Cícero da Silva Prado, a Sapucaia nasceu em Pindamonhangaba, uma importante cidade do leste de São Paulo. O conhecido Dr. Cícero, fazendeiro de perfil empreendedor, era também um influente cultivador de arroz às margens do rio Paraíba e sócio do conde Matarazzo. Sua atuação foi crucial para transformar Pindamonhangaba na "capital agrícola do Vale do Paraíba".

Inspirado pelo belo pé de sapucaia que crescia em sua fazenda, ele investiu na criação de sua cachaça de alambique, já idealizando embalagens inovadoras e buscando o mercado exterior. Essas iniciativas contribuíram para fazer da Sapucaia uma referência no Vale do Paraíba.

Após a morte do Dr. Cícero, em 1969, e a falência de alguns de seus empreendimentos, a cachaça Sapucaia enfrentou um período de desafios. Em 2008, a marca foi adquirida por Alexandre Bertin, que revitalizou a produção e transferiu a sede para Pirassununga, cidade com histórico em cachaça. Pirassununga alcançou essa fama em razão das empresas engarrafadoras que canalizaram a produção dos alambiques de pequenos produtores e levaram o produto rotulado ao mercado. Com o tempo, essas grandes engarrafadoras passaram a produzir cachaças de forma industrial. Desde 2015, a produção da Sapucaia é feita em Pirassununga, em uma propriedade perto das terras onde familiares do atual produtor destilam cachaça há mais de cem anos.

Bertin mantém o compromisso com o método artesanal, utilizando técnicas tradicionais, mas também vem modernizando o processo com inovações como a bidestilação. A produção atual combina cachaças envelhecidas, remanescentes de Pindamonhangaba, e novas, produzidas a partir de cana-de-açúcar de terceiros e fermentadas com leveduras selecionadas. Um dos destaques da Sapucaia sob a gestão de Bertin é a restauração das antigas dornas de amendoim, madeira valorizada para o armazenamento. Quase centenária, a Sapucaia mantém vivas a história e a cultura da cachaça artesanal no interior de São Paulo.

SAPUCAIA REAL

EXTRA PREMIUM CARVALHO

TEOR ALCOÓLICO
40%

PONTUAÇÃO
89,5
(4 ESTRELAS)

SAFRA/LOTE
220922

Sobre a cachaça: a cachaça Sapucaia Real é envelhecida desde 1990 em barris de carvalho europeu de 300 litros.

Visual: âmbar escuro, brilhante, lágrimas moderadas.

Aroma: baunilha, caramelo, frutas cristalizadas, ameixa seca, canela, castanhas (avelã), couro, tabaco.

Corpo/sensação: médio; aveludada, macia.

Paladar: doce e amadeirado acima da média, com adocicados (caramelo, baunilha), castanhas (noz-moscada, avelã, amêndoa) e terrosos (musgo).

Retrogosto: longo, complexo, equilibrado, com frutas secas e baunilha, além de leve pimenta-da-jamaica.

SAPUCAIA
ARMAZENADA EM AMENDOIM

ARMAZENADA EM
MADEIRA BRASILEIRA OU EXÓTICA

TEOR ALCOÓLICO	PONTUAÇÃO	SAFRA/LOTE
38%	**88,5** (3 ESTRELAS)	**LT231201**

Sobre a cachaça: Alexandre Bertin dedicou-se à restauração das antigas dornas de amendoim da época do Dr. Cícero Prado. Essas dornas, originalmente com capacidades de 10 mil, 30 mil e 40 mil litros, foram transformadas em modelos menores de 700 litros, uma volumetria raramente usada para essa madeira brasileira. Em 2023, após a restauração, elas receberam cachaça branca produzida na destilaria de Pirassununga.

Visual: palha, opaco, lágrimas moderadas.

Aroma: vinho de cana, folha de louro, grama cortada, amêndoa.

Corpo/sensação: leve; macia.

Paladar: se no nariz é muito vegetal, na boca o amendoim ajuda a amaciar a cachaça e a equilibra, mas ainda deixando o protagonismo para os derivados de cana (grama cortada, frutas cristalizadas). Há também leve pimenta-do-reino.

Retrogosto: leve e simples. Começa doce e termina com gostosa picância.

SARACURA

BRASÍLIA/DISTRITO FEDERAL

A cachaça Saracura é produzida em Brasília por Hélio Gregório desde 2004. Hélio sempre teve um profundo interesse por cachaça, aprimorando seu paladar ao longo dos anos e fazendo cursos de especialização como mestre de adega. Durante uma visita a uma destilaria em São Simão, no interior de São Paulo, ele ficou impressionado com a qualidade da cachaça local e decidiu levar a ideia para Brasília.

Com o tempo, Hélio adquiriu barris de carvalho europeu ex-uísque dessa destilaria paulista e passou a desenvolver seus próprios blends na capital federal.

Hélio compra a base pura de alambiques parceiros formalizados em Goiás e Minas Gerais, bem como de produtores de Brasília. Ele envelhece as cachaças em seus 40 barris de 200 e 250 litros de carvalho, alocados em uma adega subterrânea que ajuda a conservar a temperatura e evitar a evaporação excessiva do líquido (a cota dos anjos). No calor de Brasília, Hélio comenta que pode perder até 5% do volume da cachaça no barril por ano.

SARACURA EXTRA PREMIUM

EXTRA PREMIUM CARVALHO

TEOR ALCOÓLICO	PONTUAÇÃO	SAFRA/LOTE
41%	**88** (3 ESTRELAS)	**08/2022 - 19**

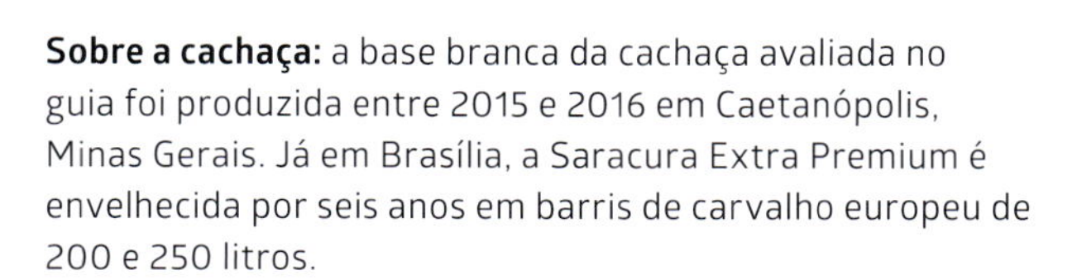

Sobre a cachaça: a base branca da cachaça avaliada no guia foi produzida entre 2015 e 2016 em Caetanópolis, Minas Gerais. Já em Brasília, a Saracura Extra Premium é envelhecida por seis anos em barris de carvalho europeu de 200 e 250 litros.

Visual: dourado, brilhante, lágrimas moderadas.

Aroma: fechado, vinho de cana, frutas cristalizadas, melado, caramelo, baunilha, leve abacaxi cozido, leve hortelã.

Corpo/sensação: médio; picante, tânica.

Paladar: mais verde na boca, baunilha, mingau, biscoito de gengibre, caramelo.

Retrogosto: médio, simples, trazendo baunilha e leve amargor (boldo).

SÉCULO XVIII

CORONEL XAVIER CHAVES/MINAS GERAIS

A Século XVIII, produzida no Engenho Boa Vista, é um verdadeiro símbolo da preservação das tradições artesanais brasileiras. Fundado em 1755, esse alambique é administrado por Luiz Fernando Silva de Resende Chaves, mais conhecido como Nando Chaves, representante da oitava geração de sua família na produção de cachaça.

Localizado em Coronel Xavier Chaves, perto das cidades históricas mineiras de Tiradentes e São João del-Rei, o Engenho Boa Vista mantém a atmosfera bucólica do século XVIII. A propriedade, com sua construção de pedra, guarda a essência de uma época passada. Segundo a lenda, o mártir Tiradentes, nascido nas proximidades, pediu uma dose da cachaça do engenho como seu último desejo antes de ser executado, em um gesto simbólico de resistência contra a Coroa portuguesa.

A cana-de-açúcar é plantada às margens do rio Mosquito, em solos férteis naturalmente irrigados pelas cheias sazonais. A cana utilizada no Engenho Boa Vista é a CO 421, introduzida no Brasil em 1930, vinda da Índia. O manejo é orgânico, e a colheita é realizada manualmente com facão, como faziam os antepassados.

Para o processo de fermentação, utiliza-se milho plantado na própria lavoura, seco ao sol e moído no moinho de pedra próximo ao alambique. As paredes do engenho, com séculos de história, são cobertas por fungos que abrigam as cepas das leveduras selvagens.

A destilação é realizada com fogo direto, utilizando o bagaço da cana como combustível. A produção se limita a 30 mil litros por ano, preservando o caráter artesanal. O resultado é uma cachaça que representa não apenas um produto de excelência como também uma viagem no tempo.

A tradição da cachaça Século XVIII será mantida com os filhos de Nando Chaves, João Fernando e Francisco José, que já estão se especializando no tema, com pesquisas científicas em produção e fermentação. Eles seguem convictos da importância de manter o processo tradicional, como era realizado pelos seus ancestrais.

SÉCULO XVIII

BRANCA SEM MADEIRA

★★★★

TEOR ALCOÓLICO	PONTUAÇÃO	SAFRA/LOTE
48%	**90,5** (4 ESTRELAS)	**29 FEV. 2024**

Sobre a cachaça: a amostra enviada para o guia foi produzida em outubro de 2023 e engarrafada após dois meses. A cachaça é feita segundo os preceitos das Escolas do Fermento Caipira e do Coração Bruto.

Visual: incolor, rosário volumoso e longo, lágrimas abundantes e vagarosas.

Aroma: potente, caramelo, bagaço, água de coco, bolo de fubá com erva-doce, baunilha, mineral, leve feno.

Corpo/sensação: cachaça encorpada, boca cheia.

Paladar: fruta madura, caramelo, bagaço, terroso (mineral, alga), feno, quinino.

Retrogosto: cachaça doce do começo ao fim, vegetal e complexa.

Sugestão de consumo: pura. Essa autêntica branquinha, com teor alcoólico no máximo permitido pela legislação e sem diluição com água, é uma verdadeira explosão de sabores, descrita por Nando como "esquenta peito". É para quem quer conhecer uma autêntica cachaça raiz.

SEGREDO DE ARAXÁ

ARAXÁ/MINAS GERAIS

A cachaça Segredo de Araxá é produzida na Fazenda Asa Branca, situada na cidade mineira. O projeto teve início em 1998, quando Paulino Corrêa Chicrala deixou o Banco do Brasil para se dedicar à produção do destilado. Em 1999, a primeira safra foi lançada, e hoje a produção anual é de 25 mil litros.

A fazenda, localizada a 6 quilômetros de Araxá, destaca-se pela preservação ambiental e pelas boas práticas agrícolas. A cana-de-açúcar é cultivada em uma área de 4 hectares, a 930 metros de altitude. As variedades plantadas são RB 966928, IAC 9001 e SP 1011. A colheita ocorre nos meses de julho, agosto e setembro, com manejo manual realizado por até três pessoas.

A fermentação ocorre em seis dornas de aço inox, utilizando a levedura CA-11 desde 2010. O processo dispensa o uso de substratos adicionais, com a levedura substituindo-se a cada 45 dias. A destilação é feita em um alambique de cobre com capacidade de 1.200 litros, aquecido a vapor. Cada destilação produz, em média, 230 litros de cachaça.

A Segredo de Araxá é armazenada em barris de diferentes tipos de madeira, incluindo amendoim, carvalho e jequitibá. Os visitantes da fazenda podem experimentar cachaças envelhecidas em até dez tipos de madeira.

SEGREDO DE ARAXÁ DIAMOND

ARMAZENADA EM CARVALHO

★★★

TEOR ALCOÓLICO	PONTUAÇÃO	SAFRA/LOTE
40%	**83,5** (3 ESTRELAS)	**25741160**

Sobre a cachaça: ela passa por dornas de jequitibá de 22 mil e 50 mil por três anos e, depois, é envelhecida por nove anos em barris de carvalho europeu de 200 litros que vieram da Seagram's do Brasil, utilizados anteriormente para envelhecimento de uísque de malte. A produção é de 900 garrafas por ano.

Visual: dourado com leve esverdeado.

Aroma: frutas cristalizadas, feno, madeira molhada, borracha, caramelo, noz-moscada, medicinal, pinhão.

Corpo/sensação: leve; pouco picante, plana.

Paladar: os barris antigos contribuem para maior presença vegetal e medicinal, com o carvalho temperando com um pouco de especiarias (cardamomo) e noz-moscada).

Retrogosto: curto e medicinal.

SEGREDO REAL

UBERABA/MINAS GERAIS

A Cachaçaria Segredo Real, localizada em Uberaba, na ponta do Triângulo Mineiro, teve seu início na década de 1970. Em 2008, a marca e a produção foram formalizadas, sob a liderança de Giovanna Mendes, mestre alambiqueira. A empresa se destaca pelo cultivo sustentável da cana-de-açúcar em 3 hectares destinados exclusivamente à produção de cachaça.

Há três anos, a Segredo Real adota práticas de agricultura regenerativa, utilizando insumos biológicos no lugar de defensivos químicos. Esses insumos, compostos por fungos, bactérias e extratos naturais, contribuem para o controle biológico e a nutrição das plantas, promovendo um crescimento saudável e mitigando estresses ambientais.

O canavial é estruturado com as variedades RB 5156, RB 7515 e CTC 9001. A fermentação utiliza leveduras selvagens e fubá de milho para a formação do pé de cuba, durando entre 24 e 26 horas.

A destilação ocorre em alambique de cobre de 1 mil litros, aquecido por fogo direto, com uma produção anual de 15 mil litros, com a expectativa de alcançar 25 mil litros em 2024. Após a destilação, a cachaça é armazenada por seis meses em barris de aço inox, antes de ser transferida para tonéis de madeira como jequitibá-rosa, carvalho americano, bálsamo, amburana, ipê, castanheira e peroba.

SEGREDO REAL CARVALHO

ENVELHECIDA EM CARVALHO

★★★

TEOR ALCOÓLICO	PONTUAÇÃO	SAFRA/LOTE
40%	**85,5** (3 ESTRELAS)	**240220**

Sobre a cachaça: a Cachaça Segredo Real Carvalho passa um ano envelhecendo em barris de carvalho americano de 200 litros, já de longo uso, antes de ser padronizada com cachaça armazenada em jequitibá-rosa de 5 mil litros. O blend, elaborado pela mestre de adega Giovanna Mendes, consiste em uma proporção de 23% de jequitibá e 77% de carvalho.

Visual: palha com leve esverdeado, lágrimas moderadas.

Aroma: cupuaçu, baunilha, bacuri, marzipã.

Corpo/sensação: médio; boca cheia, adstringente.

Paladar: bem mais vegetal na boca, com licor de amêndoa e boldo.

Retrogosto: curto, com amargor da madeira.

SERRA DAS ALMAS

RIO DE CONTAS/BAHIA

Em 1998, o catarinense Marcos Vaccaro, inspirado pela tradição baiana de aguardente artesanal, decidiu se mudar para a cidade histórica de Rio de Contas, na Chapada Diamantina. Lá, ele começou a empreender nas áreas de turismo rural, agricultura orgânica e produção de cachaça. Em 2000, Vaccaro lançou a Serra das Almas. Dois anos depois, em 2002, sua cachaça recebeu o selo de produto orgânico pelo IBD, tornando-se a primeira cachaça certificada do Brasil.

O compromisso de Vaccaro com processos sustentáveis e a colaboração com pequenos produtores familiares resultaram em diversos reconhecimentos. Em 2003, ele recebeu o prêmio de melhor projeto ambiental da Bahia e, em 2014, o de melhor projeto social do estado. No cultivo de sua cana, ele utiliza a variedade localmente conhecida como maria bonita. O clima ameno e a altitude elevada da região, perto do Pico da Serra, o ponto mais alto do Nordeste, favorecem o processo de produção da cachaça.

A fermentação é realizada com leveduras selvagens, e o pé de cuba usa pequenas quantidades de farelo de trigo, arroz e milho moído. A destilação é feita em alambique de formato cebolão com aquecimento por caldeira. Anualmente, a destilaria de Vaccaro produz 50 mil litros de cachaça. Essa produção passa por estágios em tanques de aço inox e em barris de carvalho e garapeira. Essa última madeira, muito utilizada na fabricação de barricas pelos produtores de vinho no sul do Brasil, é uma tradição que Vaccaro trouxe de sua terra natal e adaptou à produção da aguardente.

Para exportação, a cachaça da Fazenda Vaccaro leva outro nome: Abelha. Essa diferenciação é uma estratégia para conquistar mercados internacionais, mantendo a qualidade e a essência da cachaça baiana.

SERRA DAS ALMAS PRATA

BRANCA SEM MADEIRA

★★★★

TEOR ALCOÓLICO	PONTUAÇÃO	SAFRA/LOTE
39%	**90,5** (4 ESTRELAS)	**2023/63**

Sobre a cachaça: a Serra das Almas Prata é armazenada por três anos em dornas de aço inox de 2 mil litros.

Visual: incolor.

Aroma: frutas cristalizadas, frutas cítricas (limão, laranja), amêndoas.

Corpo/sensação: médio; fresco, amanteigado.

Paladar: na boca, é menos cítrica do que no nariz, trazendo mais vegetais, ervas e especiarias (tomilho e gengibre), bem como adocicados (baunilha) e castanhas (amêndoas).

Retrogosto: o começo é doce e vegetal, mas termina com agradável amendoado e leve picância.

SERRA DAS ALMAS OURO

ARMAZENADA EM
MADEIRA BRASILEIRA OU EXÓTICA

TEOR ALCOÓLICO	PONTUAÇÃO	SAFRA/LOTE
39%	**87,5** (3 ESTRELAS)	**2021/74**

Sobre a cachaça: a Serra das Almas Ouro é armazenada por quatro anos em barris de 250 litros de garapeira, madeira brasileira também conhecida como grápia e amplamente utilizada no sul do país para o armazenamento de vinho.

Visual: dourado, brilhante, lágrimas moderadas.

Aroma: baunilha, caramelo, flores secas, pão.

Corpo/sensação: médio; metálica.

Paladar: o doce do nariz é mais modesto na boca, com pouca baunilha, mix de castanhas, e com maior destaque para amargor medicinal (chá de boldo).

Retrogosto: médio, com presença doce, amarga e salgada no fim de boca.

SERRA DAS ALMAS RESERVA ESPECIAL

EXTRA PREMIUM CARVALHO

★★★★

TEOR ALCOÓLICO	PONTUAÇÃO	SAFRA/LOTE
40%	**89,5** (4 ESTRELAS)	**2016/64**

Sobre a cachaça: ela é envelhecida por oito anos em barris de carvalho europeu de 180 litros, sem processo de tosta interna.

Visual: dourado escuro, meio brilhante.

Aroma: caramelo, pão, couro, castanha-do-pará.

Corpo/sensação: médio; adstringente.

Paladar: pão, leve couro, caramelo, melado e boldo (medicinal).

Retrogosto: de curto para médio, com leve amargor.

SETE CANCELAS

BRASÍLIA/DISTRITO FEDERAL

Carlosmagnum Nunes é o fundador da primeira loja virtual de Brasília especializada em comercializar cachaças e aguardentes produzidas no Centro-Oeste. Aproveitando o fato de Brasília ser o terceiro maior comprador de cachaças pela internet no país, Carlosmagnum decidiu lançar sua própria marca, a Sete Cancelas, em 2021.

Apreciador das cachaças do Alambique Orizona, localizado na cidade homônima de Goiás, ele adquire cachaças que são envelhecidas em barris de carvalhos americano e europeu dessa destilaria goiana. As bebidas são então enviadas para a unidade de produção da cachaça Saracura, em Brasília, onde Carlosmagnum realiza os processos de blendagem e padronização, criando a identidade única da Sete Cancelas.

Como diferencial, a Sete Cancelas não utiliza água para padronizar o teor alcoólico de suas cachaças, pois Carlosmagnum acredita que essa medida prejudica o potencial aromático das madeiras. Em vez disso, ele deixa a cachaça volatilizar, girando-a dentro da dorna e aproveitando o calor de Brasília para evaporar o álcool e reduzir naturalmente o teor alcoólico. Essa técnica preserva a complexidade e a riqueza dos aromas, resultando em cachaças distintas.

SETE CANCELAS JOYOSA BLEND DOIS BARRIS

BLEND ENVELHECIDO

★★★

TEOR ALCOÓLICO	PONTUAÇÃO	SAFRA/LOTE
41%	**88** (3 ESTRELAS)	**001/2017**

Sobre a cachaça: lançada em 2022, é um blend composto de cachaças que envelheceram por seis anos em carvalho europeu e dez anos em carvalho americano, ambos de 220 litros e tosta 3.

Visual: âmbar, brilhante, lágrimas moderadas.

Aroma: baunilha, biscoito amanteigado, tabaco, anis, medicinal.

Corpo/sensação: médio; licorosa, amanteigada.

Paladar: chocolate, biscoito amanteigado, baunilha, frutas cristalizadas, especiarias (canela, anis).

Retrogosto: médio, presença de notas lácteas. Tem complexidade, mas o álcool sobra um pouco.

SETE ENGENHOS

QUISSAMÃ/RIO DE JANEIRO

Quissamã, situada no litoral norte do estado do Rio de Janeiro, carrega três séculos de tradição na produção de açúcar e aguardente. Nesse contexto histórico, a trajetória da família de Haroldo Carneiro da Silva, proprietário da Sete Engenhos, entrelaça-se com a da cidade.

Haroldo é descendente de portugueses que chegaram à Baía de Guanabara no século XVI, onde seus antepassados já produziam aguardente e cana-de-açúcar na antiga Ilha dos Sete Engenhos, atualmente chamada de Ilha do Governador.

Já em Quissamã, José Caetano Carneiro de Silva fundou, em 1858, o Engenho São Miguel, que se tornou um dos sete engenhos que se uniriam para formar o Engenho Central de Quissamã em 1877, o primeiro desse tipo no Brasil. Com o encerramento das atividades do engenho em 2002, Haroldo decidiu criar sua marca de cachaça, a Sete Engenhos, em homenagem aos seus antepassados. Em 2010, formalizou a bebida, preservando a herança familiar em produzir derivados de cana. É a família mais longeva fazendo cachaça no Brasil.

A produção da Sete Engenhos utiliza cana-de-açúcar orgânica, cortada manualmente, das variedades SP 1842, SP 1816, SP 5089 RB 7515. A safra vai de junho a novembro. A fermentação ocorre em um período de 24 a 36 horas em seis dornas de fermentação com o uso de leveduras comerciais selecionadas (CA-11), sem adição de substratos ao pé de cuba. Após a destilação, a cachaça é maturada em aço inox e barricas de carvalho americano, bálsamo, amburana ou amendoim.

SETE ENGENHOS ESPECIAL

BLEND ENVELHECIDO

★★★

TEOR ALCOÓLICO	PONTUAÇÃO	SAFRA/LOTE
40%	**88** (3 ESTRELAS)	**06-24**

Sobre a cachaça: a Sete Engenhos Especial é um blend composto por 60% de cachaça envelhecida por seis anos em barris de carvalho americano com tosta leve. Outros 15% são envelhecidos por um ano em barris de cerejeira de 700 litros sem tosta e com três safras de uso. Além disso, 10% são armazenados em bálsamo em dornas de 60 mil litros, e os 15% restantes passam seis meses em dornas de 2 mil litros de amendoim.

Visual: palha, meio brilhante, lágrimas moderadas.

Aroma: caqui verde, casca de coco seco, palha de milho, leve anis, frutas cristalizadas, baunilha, leve presença de tosta.

Corpo/sensação: de médio para longo; amanteigada.

Paladar: muitas camadas de sabores, com caramelo, baunilha, biscoito, anis, gengibre e menta.

Retrogosto: começa doce e termina com fruta madura na boca, com longa e prazerosa duração.

SETE ENGENHOS CEREJEIRA

ARMAZENADA EM
MADEIRAS BRASILEIRAS OU EXÓTICAS

TEOR ALCOÓLICO	PONTUAÇÃO	SAFRA/LOTE
39%	**83,5** (3 ESTRELAS)	**04-2024**

Sobre a cachaça: a Sete Engenhos Cerejeira é armazenada em barris de 700 litros por um ano, sem tosta. Os barris estão na terceira safra de utilização.

Visual: palha, brilhante, lágrimas moderadas.

Aroma: vegetal, amêndoas, menta, água de coco, garapa, fechado.

Corpo/sensação: de leve para médio; picante, plana.

Paladar: grama, folha de louro, erva-doce, leve baunilha, casca de coco seco.

Retrogosto: doce do começo ao fim, com amendoado e picância acima da média no final de boca.

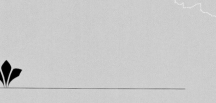

SÔZÉ

BATATAIS/SÃO PAULO

A cachaça SôZé é uma produção da Spinagro, localizada em Batatais, interior paulista. Laura Vicentini e Rodrigo Spina, ambos engenheiros agrônomos formados pela Unesp de Jaboticabal, são os fundadores. Inicialmente dedicada à produção de mudas de cana-de-açúcar, a empresa decidiu aproveitar os resíduos da cana para criar a cachaça SôZé, com um foco claro em sustentabilidade.

Na Spinagro, o reaproveitamento é uma prática constante. Resíduos da plantação são reutilizados de diversas formas: a água da chuva é coletada para a limpeza das instalações, a energia provém de painéis fotovoltaicos e as folhas de cana transformam-se em adubo. O controle de pragas e a produção de adubos são feitos com bioinsumos, evitando o uso de inseticidas químicos. Pelo compromisso socioambiental, a empresa conquistou o 1º lugar em "Destaque – produtor sustentável" (ver p. 487).

A empresa cultiva sua cana-de-açúcar em 15 hectares de forma orgânica. A maior parte da cana é reservada para a produção de gemas, enquanto apenas o colmo é utilizado para a cachaça. A fazenda cultiva 42 variedades de cana-de-açúcar, escolhidas conforme o período, a idade, a cor do caldo, o rendimento e o brix. A safra ocorre entre abril e dezembro.

Para a fermentação da cachaça SôZé, utiliza-se a levedura CA-11, sem adição de substratos. O processo de fermentação ocorre com temperatura controlada e é monitorado pela consultora Valdirene Neves. A destilação é realizada em dois alambiques da Santa Efigênia, com produção anual de 60 mil litros de cachaça.

SÔZÉ
SILVER

BRANCA SEM MADEIRA

TEOR ALCOÓLICO
40%

PONTUAÇÃO
85
(3 ESTRELAS)

SAFRA/LOTE
2023

Sobre a cachaça: a cachaça SôZé é conhecida por ser a primeira feita a partir de resíduos de cana-de-açúcar, especificamente os toletes, que antes eram destinados à alimentação do gado. O uso desses resíduos marca um diferencial no aproveitamento integral da matéria-prima, contribuindo para a redução de desperdícios e promovendo uma prática mais consciente na indústria de bebidas.

Visual: incolor, lágrimas moderadas.

Aroma: é notável o processo de extração do caldo, com uma maior presença vegetal nos aromas da SôZé, com grama cortada, figo seco, banana madura e vinho de cana.

Corpo/sensação: de curto para médio; fresca, metálica.

Paladar: vegetal; cachaça mais cítrica na boca, com limão, grama cortada e medicinal.

Retrogosto: médio, simples, com boca levemente amarga; medicinal, cítrico (casca de limão).

TIÊ

AIURUOCA/MINAS GERAIS

Fundado em 2012 na cidade de Aiuruoca, Minas Gerais, o alambique da Tiê está localizado a 1.200 metros de altitude, na Serra da Mantiqueira. Esse ambiente, de solo fértil e clima ameno, é ideal para o cultivo da cana-de-açúcar e a produção de cachaça.

O nome homenageia o pássaro que habita as Reservas Particulares do Patrimônio Natural, conhecidas como nascentes do Aiuruoca I e II. Essas reservas foram criadas pelos proprietários para preservar a biodiversidade da região.

Mestre Otacílio cuida do alambique há mais de trinta anos na Fazenda Guapiara. Quando Arnaldo Ramoska e Antonio Carlos Castellani adquiriram as terras e o engenho, montaram uma estrutura moderna que possibilitou a produção de cachaça. Otacílio e seu filho, Tobias, lideram o processo.

O canavial, próprio, utiliza as variedades CTC 9001, CTC 9004, RB 1816, RB 7515 e, mais recentemente, CTC 2994. Em 2021, a fermentação empregou levedura selvagem, sem adição de substratos ao pé de cuba. A partir de 2023, as cachaças passaram a ser produzidas com leveduras selecionadas do próprio canavial.

A destilação é realizada em alambique de fogo direto, alimentado por lenha e bagaço de cana. A destilaria possui uma capacidade produtiva anual de 30 mil litros, e de lá saem as cachaças Tiê Prata, Tiê Ouro (carvalho), Tiê Bálsamo, Tiê Amburana e Tiê Jequitibá, além da aguardente composta Tiê Canelinha e, em breve, da cachaça Tiê Castanheira.

Em 2015, a destilaria inaugurou um centro de visitação, disponível o ano todo. São feitas visitas guiadas ao alambique para os interessados acompanharem todo o processo produtivo até a sala de degustação, onde podem comparar as diferentes características sensoriais das cachaças Tiê.

TIÊ
PRATA

BRANCA SEM MADEIRA

TEOR ALCOÓLICO	PONTUAÇÃO	SAFRA/LOTE
42%	**89,5** (4 ESTRELAS)	**01202100**

Sobre a cachaça: a Tiê Prata fica armazenada por seis meses em aço inox.

Visual: incolor, límpido.

Aroma: vinho de cana, melão, eucalipto, feno.

Corpo/sensação: médio; leve funky, boca cheia.

Paladar: doce de cana do começo ao fim em equilíbrio com álcool e acidez, com vegetal, amêndoas, melão, frutas cristalizadas e fermentados (feno).

Retrogosto: de médio para longo, complexo, amendoado, com boca salivando e pedindo o próximo gole.

TIÊ JEQUITIBÁ

BRANCA COM MADEIRA

TEOR ALCOÓLICO **40%**

PONTUAÇÃO **89** (4 ESTRELAS)

SAFRA/LOTE **06202300**

Sobre a cachaça: é armazenada por 24 meses em dornas de 700 litros de jequitibá-rosa.

Visual: amarelo pálido, quase incolor, límpido, lágrimas moderadas.

Aroma: destaque para amendoado e feno da cachaça pura, contrastando com a presença floral do jequitibá (rosa), além de chá de casca de banana e leve tutti-frutti.

Corpo/sensação: de curto para médio; fresca, amendoada, aveludada.

Paladar: caramelo, vinho de cana, banana madura, floral.

Retrogosto: de curto para médio, com alguma complexidade e prazeroso.

VALE DO PIRANGA

PIRANGA/MINAS GERAIS

Desde 1975, a Fazenda Boa Vista se dedica à produção de cachaça artesanal em alambiques de cobre. Inicialmente, o engenho era movido a tração animal, mas evoluiu com o tempo para equipamentos mais modernos. Há seis anos, em parceria com um sócio, a cachaçaria expandiu suas operações para incluir um alambique com pousada na Fazenda Pirapetinga, onde é produzida a linha orgânica da cachaça Vale do Piranga. Ambas as fazendas estão situadas no vale do rio Piranga, na zona da mata mineira, uma região beneficiada por solos férteis e clima ameno, propícios à elaboração de cachaça.

A produção anual da cachaçaria é de aproximadamente 50 mil litros, variando conforme a disponibilidade de mão de obra e a demanda do mercado. Seis anos atrás, a maior parte da produção, cerca de 40 mil litros, era vendida diretamente na fazenda, especialmente para visitantes da pousada. Atualmente, a cachaçaria oferece 15 produtos diferentes, sob a responsabilidade do sócio da marca e mestre de adega Sérgio Maciel.

A fermentação é um aspecto crucial do processo de produção. Nos últimos seis anos, a cachaçaria passou a utilizar exclusivamente levedura selvagem, abandonando o uso de fubá de milho e farelo de arroz. O pé de cuba é preparado apenas com mosto (caldo + água), e a multiplicação das leveduras inicia-se em cinco dias.

A destilação é realizada em um alambique de cobre com capacidade de 1.600 litros, produzindo cerca de 250 litros por batelada. O equipamento utilizado é do tipo cebolão da Santa Efigênia, equipado com preaquecedor e aquecimento por caldeira. Após a destilação, a cachaça é armazenada em dornas de aço inox e em barris de madeiras como jequitibá, carvalhos francês e americano, amburana e canela-sassafrás. A cachaça possui um selo de certificação de envelhecimento sustentável, garantindo que as madeiras utilizadas no processo sejam replantadas ou preservadas na natureza por reposição.

VALE DO PIRANGA TRADICIONAL

BRANCA SEM MADEIRA

TEOR ALCOÓLICO
39%

PONTUAÇÃO
87
(3 ESTRELAS)

SAFRA/LOTE
01.02.24

Sobre a cachaça: a Vale do Piranga Tradicional passa um ano em tonel de aço inox antes de ser padronizada e envasada.

Visual: incolor.

Aroma: grama, pera, limão, acácia, frutas cristalizadas, leve medicinal e animal.

Corpo/sensação: médio; picante.

Paladar: grama, maçã verde, acácia, leve condimentado. Lembra pisco.

Retrogosto: de curto para médio, simples, com doce vegetal de cana e leve picância.

VALE DO PIRANGA OURO

BLEND ENVELHECIDO

TEOR ALCOÓLICO	PONTUAÇÃO	SAFRA/LOTE
39%	**91,5** (4 ESTRELAS)	**01.02.24**

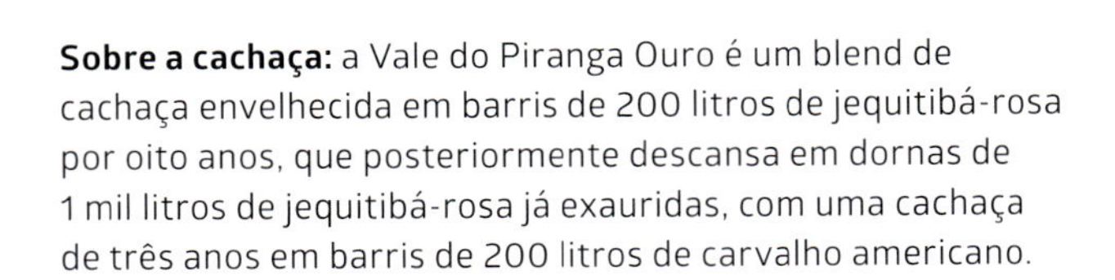

Sobre a cachaça: a Vale do Piranga Ouro é um blend de cachaça envelhecida em barris de 200 litros de jequitibá-rosa por oito anos, que posteriormente descansa em dornas de 1 mil litros de jequitibá-rosa já exauridas, com uma cachaça de três anos em barris de 200 litros de carvalho americano.

Visual: âmbar, brilhante, lágrimas moderadas.

Aroma: fechado, vegetal, caramelo, chocolate, creme, argila, noz-moscada, couro.

Corpo/sensação: médio; aveludada.

Paladar: na boca, tem boa evolução do carvalho, com mais baunilha e caramelo, mas é um amadeirado fechado, sóbrio, herbal e condimentado, com pimenta-da-jamaica, cravo, anis e folha de louro.

Retrogosto: médio, com leve baunilha.

VANDERLEY AZEVEDO

ITUIUTABA/MINAS GERAIS

Em 1940, Sérgio José de Araújo se estabeleceu em Ituiutaba, Minas Gerais, enquanto procurava diamantes no rio Tijuco, no Triângulo Mineiro. Para atender às necessidades dos garimpeiros e moradores locais, ele abriu uma loja geral na região.

Em 1968, Vanderley Azevedo começou a trabalhar com seu avô, Sérgio, na loja. Durante esse período, Vanderley observou um vendedor ambulante que deixava alguns barris de cachaça e retornava quinze dias depois para buscá-los. Daí veio seu interesse pela bebida, que marcou o início de sua jornada na produção da aguardente.

Em 1984, Vanderley e seu irmão decidiram levar essa paixão adiante, adquirindo uma fazenda própria para começar a elaboração artesanal de cachaça. Desde então, Vanderley se dedica ao método tradicional, com uma produção, hoje, de cerca de 50 mil litros por ano.

O canavial possui cerca de 10 hectares, e a fermentação é feita com leveduras selvagens, sem uso de substratos. A aguardente é destilada em alambiques de cobre aquecidos a vapor gerado na caldeira. No envelhecimento, traz madeiras brasileiras e carvalho, utilizando métodos de envelhecimento sequencial em soleira.

VANDERLEY AZEVEDO ARENITO

BLEND ARMAZENADO

TEOR ALCOÓLICO	PONTUAÇÃO	SAFRA/LOTE
40%	**84,5** (3 ESTRELAS)	**VA202020**

Sobre a cachaça: ela passa por armazenamento sequencial pelo método de soleira em três tipos de madeira, por pelo menos dois anos: começa em dornas de jequitibá-rosa de grande porte (38 mil litros), vai para dornas de bálsamo de 3 mil litros e é finalizada em barris de carvalho francês, com tosta, de 200 litros.

Visual: palha escuro meio esverdeado, brilhante, lágrimas moderadas.

Aroma: milho-verde, cana, orégano, frutas passas, água de azeitona.

Corpo/sensação: médio; condimentada.

Paladar: doce e vegetal na boca, com guaraná, erva-doce, azeitona, grama, milho-verde e menta.

Retrogosto: de curto para médio, doce, vegetal, levemente picante.

VANDERLEY AZEVEDO PREMIUM

PREMIUM CARVALHO

★★★★

TEOR ALCOÓLICO	PONTUAÇÃO	SAFRA/LOTE
40%	**90,5** (4 ESTRELAS)	**402016**

Sobre a cachaça: é envelhecida por seis anos em barril de carvalho francês de 200 litros, com tosta.

Visual: âmbar, brilhante, lágrimas lentas.

Aroma: fechado, baunilha, calda de pudim, frutas cristalizadas, coco, avelã, ameixa.

Corpo/sensação: médio; amanteigada.

Paladar: baunilha, frutas cristalizadas, creme, coco, avelã, toffee.

Retrogosto: médio, simples, com destaque para as características doces da madeira (baunilha, avelã, toffee), trazendo pouca especiaria.

WEBER HAUS

IVOTI/RIO GRANDE DO SUL

A Weber Haus, destilaria situada em Ivoti, a aproximadamente uma hora de Porto Alegre, foi fundada por descendentes de alemães que chegaram ao Rio Grande do Sul em 1824. O nome homenageia a família, traduzindo-se como "Casa dos Weber".

Os ancestrais da família trouxeram práticas tradicionais europeias, como a destilação de batata-inglesa para a produção do schnaps. Foi apenas em 1948 que Hugo Weber começou a utilizar cana-de-açúcar para produzir cachaça, lançando a marca Primavera, em homenagem à estação favorita dos germano-brasileiros.

Evandro Weber, filho de Hugo e atual responsável pela destilaria, supervisiona 24 hectares de plantação de cana-de-açúcar orgânica em Ivoti e mais 32 hectares em Presidente Lucena, todos dedicados à produção de cachaça. São cultivadas diversas variedades, incluindo a tradicional cana crioula, plantada desde os primórdios da marca. A adubação é feita organicamente, utilizando cana, vinhoto e calcário. Buscando práticas sustentáveis, em 2006 a Weber Haus lançou a primeira cachaça com certificado orgânico do Rio Grande do Sul. A destilaria ficou no 2º lugar em "Destaque – produtor sustentável" (ver p. 487) e conquistou o 1º lugar como produtora de destaque.

A fermentação combina tradição e tecnologia. Utilizam-se leveduras selecionadas diretamente do canavial de Ivoti, desenvolvidas e liofilizadas em um laboratório na Alemanha. A fermentação ocorre em um sistema com controle rigoroso de temperatura, que não ultrapassa os 30 °C.

Evandro Weber também introduziu a tosta das barricas de madeira brasileira, um processo que confere uma doçura única às cachaças envelhecidas da marca. Essa inovação, aliada à fermentação controlada e ao uso de leveduras autóctones, contribuiu para a criação da identidade das cachaças da Weber Haus.

Com suas práticas inovadoras em técnicas de produção e sustentabilidade, a Weber Haus não apenas se destaca como uma das principais destilarias de cachaça do país como também influencia outros produtores do Rio Grande do Sul, colocando o estado como referência em cachaça de alambique.

WEBER HAUS AMBURANA

ARMAZENADA EM
MADEIRA BRASILEIRA OU EXÓTICA

★★★★

TEOR ALCOÓLICO	PONTUAÇÃO	SAFRA/LOTE
38%	**89** (4 ESTRELAS)	**0248 - 10/2023**

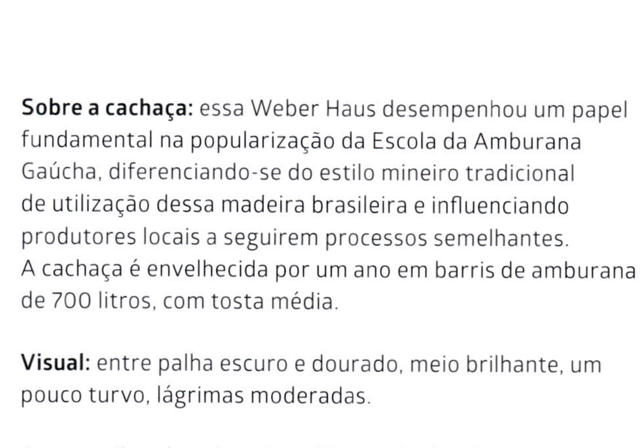

Sobre a cachaça: essa Weber Haus desempenhou um papel fundamental na popularização da Escola da Amburana Gaúcha, diferenciando-se do estilo mineiro tradicional de utilização dessa madeira brasileira e influenciando produtores locais a seguirem processos semelhantes. A cachaça é envelhecida por um ano em barris de amburana de 700 litros, com tosta média.

Visual: entre palha escuro e dourado, meio brilhante, um pouco turvo, lágrimas moderadas.

Aroma: nibs, chocolate, baunilha, amêndoa, leve cumaru.

Corpo/sensação: leve; fresca, amendoada, mentolada.

Paladar: cardamomo, coco queimado, vegetal, chocolate com amêndoas.

Retrogosto: de curto para moderado; deixa a boca fresca com cardamomo; levemente picante.

Sugestão de consumo: fácil, amena, para quem está começando a conhecer cachaça. Degustar pura para conhecer a Escola da Amburana Gaúcha. Alta bebabilidade.

LEANDRO BATISTA

BLEND ENVELHECIDO

TEOR ALCOÓLICO	PONTUAÇÃO	SAFRA/LOTE
38%	**93,5** (4 ESTRELAS)	**01/17 - 08/2020**

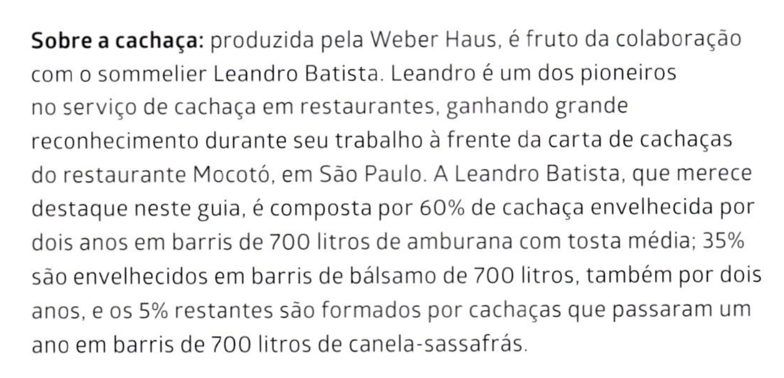

Sobre a cachaça: produzida pela Weber Haus, é fruto da colaboração com o sommelier Leandro Batista. Leandro é um dos pioneiros no serviço de cachaça em restaurantes, ganhando grande reconhecimento durante seu trabalho à frente da carta de cachaças do restaurante Mocotó, em São Paulo. A Leandro Batista, que merece destaque neste guia, é composta por 60% de cachaça envelhecida por dois anos em barris de 700 litros de amburana com tosta média; 35% são envelhecidos em barris de bálsamo de 700 litros, também por dois anos, e os 5% restantes são formados por cachaças que passaram um ano em barris de 700 litros de canela-sassafrás.

Visual: âmbar claro, brilhante, lágrimas moderadas.

Aroma: licor de amêndoa, avelã, noz-moscada, baunilha, amarena, leve canela.

Corpo/sensação: médio; aveludada, fresca, boca cheia.

Paladar: começa doce (baunilha, mel, amêndoa, chocolate) e levemente picante; termina com frescor de especiarias (canela, cravo, pimenta-do-reino).

Retrogosto: de médio para longo, com alguma complexidade, trazendo cravo e baunilha.

Sugestão de consumo: pura. Cachaça deliciosa, feita apenas com madeiras brasileiras, que revela ser possível um blend equilibrado mesmo dando protagonismo à amburana (o segredo está na tosta e na mistura de madeiras mais condimentadas e que aportam menor dulçor).

WEBER HAUS
BLEND EXTRA PREMIUM 7,5 ANOS

BLEND ENVELHECIDO

★★★★

TEOR ALCOÓLICO	PONTUAÇÃO	SAFRA/LOTE
40%	**93,5** (4 ESTRELAS)	**01/75 - 08/23**

Sobre a cachaça: trata-se de uma edição comemorativa dos 75 anos do CNPJ da Weber Haus, completados em 2023. Esse requintado blend passou por um processo de envelhecimento sequencial cuidadosamente planejado. Inicialmente, a cachaça foi envelhecida durante seis anos em barris de carvalho americano virgem, com diferentes níveis de tosta: leve, média e intensa. Em seguida, a bebida passou um ano em barris de amburana que já haviam sido utilizados quatro vezes. Por fim, a cachaça foi finalizada por seis meses em barris de 225 litros de jerez, usados pela primeira vez, totalizando sete anos e seis meses de envelhecimento. A cachaça é um dos destaques nas avaliações deste guia.

Visual: âmbar com tons alaranjados, lágrimas lentas.

Aroma: delicada fava de baunilha, cereja, pão de mel, amora, castanhas (coco, amêndoa).

Corpo/sensação: médio para intenso; aveludada.

Paladar: mais baunilha na boca, toffee, biscoito amanteigado, cereja em calda, uva-passa.

Retrogosto: médio; bastante presença de uva-passa.

Sugestão de consumo: deliciosa, equilibrada. Para beber pura.

WERNECK

RIO DAS FLORES/RIO DE JANEIRO

A cachaça Werneck é produzida em Rio das Flores, no Vale do Café, região com tradição em destilar aguardente de cana desde o século XVIII. A iniciativa partiu do casal Cilene e Eli Werneck, que em 2008 comprou um sítio e decidiu implementar práticas sustentáveis na produção de cachaça artesanal, resgatando a história secular da família nessa região fluminense. Eli é tetraneto de Francisco Lacerda Werneck, barão de Paty do Alferes.

No canavial, utilizam cana orgânica da variedade IAC 873399, certificada pela Associação de Agricultores Biológicos (Abio). Para evitar a monocultura, também plantam milho, feijão, mandioca e frutas diversas. Cilene é responsável pela receita do fermento, usando apenas água e garapa, além de leveduras comerciais selecionadas para a fermentação. Eli, engenheiro de formação, projetou a estrutura da destilaria e cuida da gestão da empresa.

O alambique, de fogo indireto, é alimentado com bagaço e lenha, com capacidade de 450 litros, produzindo 60 litros de coração e cortando a cauda a 40%. Na adega, trabalham com barris de jequitibá, carvalho europeu, carvalho americano e amburana e com dornas de aço inox. A Werneck dividiu, com a Lira, o 3º lugar em "Destaque – produtor sustentável" deste guia.

WERNECK ÂMBAR EXTRA PREMIUM

BLEND ENVELHECIDO

★★★★

TEOR ALCOÓLICO	PONTUAÇÃO	SAFRA/LOTE
39%	**91,5** (4 ESTRELAS)	**EDIÇÃO LIMITADA – 194/880**

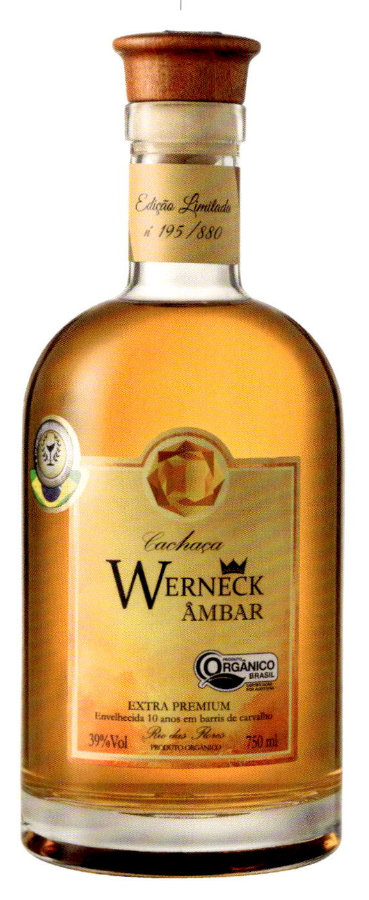

Sobre a cachaça: a Werneck Âmbar Extra Premium é envelhecida por pelo menos dez anos em barris de carvalhos americano e francês. A destilaria utiliza barris de 200 litros de carvalho americano reformados do Rio Grande do Sul (Mesacaza), apresentando tosta média, e barris de 200 litros de carvalho francês, com tosta leve.

Visual: dourado, brilhante, lágrimas moderadas.

Aroma: destaque para baunilha e coco. Com pera, mel, amêndoa e frutas cristalizadas.

Corpo/sensação: médio; licorosa, aveludada.

Paladar: na boca aparecem as tostas, com chocolate e tabaco, além de baunilha, mel e especiarias, lembrando folha de louro.

Retrogosto: de moderado para longo, com prazeroso amendoado.

Sugestão de consumo: para beber pura e aproveitar a excelente harmonia entre os carvalhos.

WERNECK RESERVA ESPECIAL

BLEND ARMAZENADO

★★★

TEOR ALCOÓLICO	PONTUAÇÃO	SAFRA/LOTE
40%	**87,5** (3 ESTRELAS)	**0010-2023-11**

Sobre a cachaça: a Werneck Reserva Especial passa um ano em um tonel de jequitibá-rosa com capacidade de 7.500 litros, construído sob encomenda em 2008. Esse tonel recebe uma tosta de média para forte. Após esse estágio, a cachaça é transferida para barris exauridos de carvalho francês de 200 litros, nos quais permanece por mais seis meses.

Visual: palha com esverdeado, brilhante, lágrimas moderadas.

Aroma: biscoito amanteigado, leve fermentado (pão, cereais, vinho de cana), erva-doce, floral.

Corpo/sensação: médio; amanteigada.

Paladar: explode em sabor na boca de forma muito agradável, abrindo para características da família das castanhas (amêndoa), além de adocicado de cana e madeira (baunilha).

Retrogosto: a cachaça começa cremosa e termina com leve amargor medicinal.

Sugestão de consumo: belo trabalho com o jequitibá-rosa. Merece ser degustada pura.

WIBA!

TORRE DE PEDRA/SÃO PAULO

Originário de uma família mineira, Wilson Barros desenvolveu o gosto pela cachaça por influência de seu pai. À medida que sua curiosidade e a pesquisa sobre a produção artesanal aumentavam, ele sentiu a necessidade de criar a própria marca. Esse sonho se concretizou com o lançamento da cachaça Wiba!, em 2014.

A Wiba! é produzida em Torre de Pedra, cidade do interior de São Paulo que leva o nome de uma formação rochosa notável na região. A produção é comandada por Wilson, que atua como mestre de adega.

O processo começa com a colheita da cana-de--açúcar cultivada nos 12 hectares da propriedade, garantindo que a moagem ocorra em até 24 horas para evitar oxidação. Após a moagem, o caldo segue para a fermentação. A cachaça enviada para o guia foi fermentada com levedura selecionada CA-11, mas a partir de 2023 passaram a utilizar as leveduras selecionadas da Lallemand.

A destilação é realizada em alambiques de cobre, com capacidade total de 850 litros cada, em um ambiente controlado, arejado e protegido contra insetos. Os primeiros 10 litros do destilado, ricos em acetaldeído e responsáveis pela ressaca, são descartados. A parte nobre (o coração) é reservada, enquanto os últimos 15 litros são novamente descartados em razão dos componentes indesejáveis. Além da versão em aço inox, a Wiba! possui uma versão envelhecida em carvalho e outra, armazenada em amburana.

WIBA!
BLEND DE CARVALHOS PREMIUM

PREMIUM CARVALHO

TEOR ALCOÓLICO
40%

PONTUAÇÃO
90
(4 ESTRELAS)

SAFRA/LOTE
23/06/20 - 01/02

Sobre a cachaça: é um blend de cachaças envelhecidas por três anos em barris de carvalho americano de 200 litros. Metade desses barris possui tosta nível 1, enquanto a outra metade é de tosta nível 4.

Visual: dourado para âmbar, brilhante, lágrimas moderadas.

Aroma: baunilha, coco, avelã, toffee, castanhas.

Corpo/sensação: médio; amanteigada.

Paladar: cachaça mais aberta na boca, trazendo gostosa doçura e reforçando o que encontramos no nariz, com baunilha, caramelo, coco e avelã.

Retrogosto: longo, com tostas trazendo os taninos e um final com leve amargor.

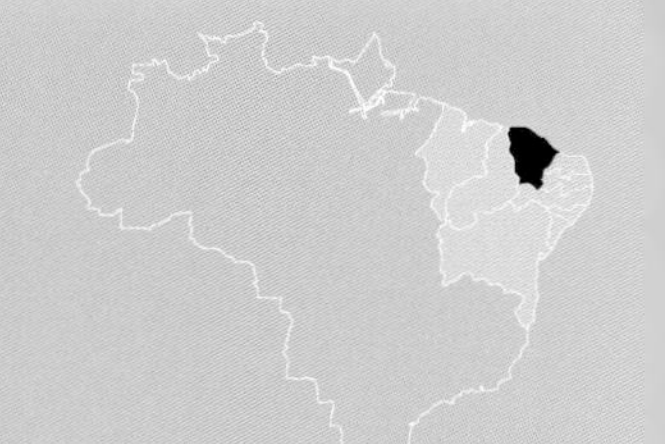

YPIÓCA

FORTALEZA/CEARÁ

A história da Ypióca teve início em 1843, quando Dario Telles de Menezes e sua família chegaram ao Ceará e adquiriram uma propriedade ao pé da Serra de Maranguape, conhecida como Ypióca, que em tupi-guarani significa "terra roxa". Com o intuito de diversificar a renda, Dario usou um pequeno alambique trazido de Portugal para produzir cachaça. Em 1846, destilou o primeiro litro de Ypióca.

Em 1895, a propriedade foi transferida para seu filho, Dario Borges Telles, que modernizou a produção ao introduzir uma moenda horizontal de ferro e começou a envasar a cachaça em garrafas de vidro. Sua esposa, dona Eugênia, desenvolveu o primeiro rótulo da Ypióca, contendo o brasão ainda utilizado hoje.

Paulo Campos Telles, filho mais velho de Dario e Eugênia, assumiu a empresa e implementou várias inovações, atingindo a marca de 120 mil litros produzidos nos anos de 1930. Ele ampliou a distribuição da cachaça, introduziu o envelhecimento em tonéis de bálsamo e lançou a embalagem em garrafas de litro revestidas com palha de carnaúba, que até hoje adorna as unidades de Ypióca Prata e Ypióca Ouro.

Em 1968, a Ypióca realizou a primeira exportação oficial de cachaça, enviando o produto para a Alemanha. Em 1970, Everardo Ferreira Telles, filho de Paulo, assumiu a empresa, diversificando suas atividades. Na década de 1990, implantou uma fábrica de papel e papelão, utilizando bagaço de cana e papel reciclado, além de uma empresa de engarrafamento de água mineral.

Em 2012, o Grupo Ypióca foi vendido para a multinacional Diageo, que iniciou uma nova fase para a empresa, expandindo a produção de cachaça de forma industrial pelo país. Com sua rica história, a Ypióca cresce como uma marca reconhecida globalmente.

Atualmente, a Ypióca é produzida em uma unidade em Fortaleza, onde a destilação é realizada em colunas de aço inox, em um processo de destilação contínua.

YPIÓCA 150

BLEND ENVELHECIDO

TEOR ALCOÓLICO	PONTUAÇÃO	SAFRA/LOTE
39%	**88,5** (3 ESTRELAS)	**L3296 13004**

Sobre a cachaça: é envelhecida em barris de carvalho europeu de até 250 litros de capacidade, com e sem tosta, e armazenada em barris de bálsamo com 700 litros de capacidade, com e sem tosta.

Visual: dourado, brilhante, lágrimas moderadas.

Aroma: folha de louro, melaço, figo, feno, medicinal, defumado (lembra mezcal), banana-passa, resina.

Corpo/sensação: leve; fresca, amadeirada.

Paladar: é mais verde e doce na boca, com eucalipto, baunilha e menta, além de reforçar folha de louro, melaço, figo e bastante alcatrão.

Retrogosto: médio, medicinal, vegetal.

ZULUZÊRA

CARAVELAS/BAHIA

A cachaça Zuluzêra é uma criação do mixologista Laércio Zulu, um dos principais nomes da coquetelaria brasileira. Ele queria um destilado que fosse a base perfeita para seu drinque assinatura, o banzeiro. Produzida na Fazenda Cio da Terra, no sul da Bahia, a Zuluzêra se destaca em coquetéis, equilibrando o frescor da cana-de-açúcar com notas de flores amarelas, castanhas cruas e especiarias da amburana.

Zulu escolheu a Fazenda Cio da Terra, localizada entre Caravelas, Lajedão e Medeiros Neto, por ser baiano e pela qualidade reconhecida de suas cachaças. A fazenda já tem fama pela produção da premiada cachaça Matriarca, com destaque para o uso de madeiras brasileiras em sua linha de produção. O compromisso com a qualidade, desde o cultivo da cana até o produto final, foi crucial para Zulu. Ele procurava uma destilaria que investisse em pesquisa e aprimoramento, resultando em uma cachaça que mantivesse sua personalidade mesmo quando diluída em coquetéis.

Banzeiro combina cachaça com limão, açúcar, um float de vinho tinto e espuma de gengibre. Criado em 2017 para a comemoração dos 50 anos do Terraço Itália, em São Paulo, o drinque rapidamente se tornou um sucesso nos bares. Apenas na capital paulistana, mais de 50 estabelecimentos reproduzem a receita, consolidando o banzeiro como um novo clássico brasileiro.

ZULUZÊRA AMBURANA

ARMAZENADA EM
MADEIRA BRASILEIRA OU EXÓTICA

TEOR ALCOÓLICO	PONTUAÇÃO	SAFRA/LOTE
42%	**86** (3 ESTRELAS)	**FEV 2024/1**

Sobre a cachaça: a Zuluzêra Amburana, armazenada em dornas de 500 e 3.300 litros de amburana não tostadas, apresenta um perfil suave em razão da menor presença de madeira nova e da maior porcentagem de amburana já exaurida.

Visual: palha, brilhante, lágrimas moderadas.

Aroma: mais presença da base branca. A madeira aparece para dar uma sutil temperada, com grama cortada, água de coco, flores brancas, erva-doce, castanhas.

Corpo/sensação: médio; levemente picante.

Paladar: vegetal, castanhas, caramelo, leves especiarias (pimenta).

Retrogosto: médio, com doce da amburana; leve medicinal, especiarias.

Sugestão de consumo: a cachaça foi elaborada pensando no coquetel banzeiro, então vamos a ele: 50 mL de Zuluzêra, 15 mL de xarope de açúcar, 20 mL de sumo de limão, 10 mL de vinho tinto seco e 40 mL de espuma de gengibre. Bata a cachaça com o limão e o xarope de açúcar em uma coqueteleira e sirva em copo médio com gelo. Adicione o vinho em camada fina e finalize com espuma de gengibre.

16

DESTAQUES DAS AVALIAÇÕES

A participação dos produtores e as análises sensoriais neste guia permitiram que estabelecêssemos os destaques em alguns quesitos que, pela sua relevância, merecem um reconhecimento à parte: produtor sustentável, design, mestre de adega e produtor.

PRODUTOR SUSTENTÁVEL

Os produtores que tiveram pelo menos uma de suas cachaças com pontuação igual ou superior a 83 tornaram-se elegíveis para obter o reconhecimento "Destaque – produtor sustentável". O objetivo foi valorizar as boas práticas relacionadas a ESG e os profissionais que buscam alinhar sua produção aos conceitos de preservação ambiental, responsabilidade social e governança.

Para essa avaliação, foram convidados os especialistas Jairo Martins e Carolina Oda.

Carolina Oda tem quase vinte anos de experiência na cena gastronômica. Foi aluna de gastronomia do Senac São Paulo e hoje é referência em bebidas e hospitalidade. Ela defende a igualdade entre comida e bebida na gastronomia e acredita que a hospitalidade interna se reflete no atendimento ao cliente. Carolina tem artigos para o caderno "Paladar", de *O Estado de S. Paulo*, tornou-se multiplicadora do Sistema B Brasil e é cofundadora da consultoria A/C – Aos Cuidados, além de embaixadora do Bar Convent São Paulo.

Jairo Martins, já citado no capítulo 14, é engenheiro eletrônico pelo Instituto Tecnológico de Aeronáutica (ITA), com especialização em gestão empresarial pela Duke University. Autor, consultor, professor e conferencista internacional com foco em destilados, especialmente cachaça, é membro de entidades como a Câmara Setorial da Cachaça do Ministério da Agricultura e Pecuária, o Instituto Brasileiro da Cachaça e a Associação Pernambucana dos Produtores de Aguardente de Cana e Rapadura (Apar). Atualmente, Jairo preside a Academia Brasileira da Qualidade (ABQ). Pela Editora Senac São Paulo, publicou o livro *Cachaça: história, gastronomia e turismo*.

Carolina e Jairo avaliaram as inscrições de forma independente, analisando e pontuando as respostas apresentadas pelos produtores em um questionário *on-line*. Nesse questionário, os produtores destacaram como suas ações são relevantes, criativas e inovadoras no âmbito socioambiental.

Ao final, ocuparam os dez primeiros lugares:

- 1º: Spinagro (ver p. 461);
- 2º: Weber Haus (ver p. 472);
- 3º: Lira (ver p. 333) e Werneck (ver p. 476);
- 4º: Barra Grande (ver p. 236) e Flor das Gerais (ver p. 285);
- 5º: MaxCana (ver p. 358) e Vale do Piranga (ver p. 466);
- 6º: Vanderley Azevedo (ver p. 469);
- 7º: Da Quinta (ver p. 255);
- 8º: Ituana (ver p. 314), Octaviano Della Colleta (ver p. 371), Pindorama (ver p. 389) e Fazenda Soledade (ver p. 280);
- 9º: Minas Uai (ver p. 363);
- 10º: Companheira (ver p. 248) e Segredo de Araxá (ver p. 448).

SÔZÉ

A Spinagro, produtora da SôZé, está localizada no interior de São Paulo. Fundada por Rodrigo Spina e Laura Vicentini, a fazenda foca o cultivo de cana-de-açúcar e a produção de mudas pré-brotadas (MPBs).

A preocupação com o meio ambiente esteve presente desde o início das atividades. Laura, especialista em manejo integrado de pragas, implementou o uso de produtos biológicos no controle de pragas no canavial, reduzindo significativamente o emprego de nutrição química. Além disso, resíduos da criação de frangos da propriedade vizinha são utilizados como adubo, promovendo a economia circular e reduzindo o impacto ambiental.

As práticas ambientais na produção da SôZé incluem a redestilação de resíduos dos cortes da destilação, como cabeça e cauda, para produzir etanol (utilizado nos carros da propriedade), o que diminui a dependência de combustíveis fósseis. As palhas e o bagaço da cana são empregados como fontes renováveis para alimentar as caldeiras do alambique ou como compostos na nutrição dos canaviais. A vinhaça, rica em potássio, é usada para irrigar e nutrir as áreas recém-colhidas.

O sistema fechado de torre de resfriamento de água permite o reaproveitamento da água utilizada no resfriamento das serpentinas durante a destilação. A empresa também adota um sistema de lavagem dos pisos e equipamentos com água da chuva. A preocupação ambiental se reflete até nas embalagens: a garrafa da SôZé é de vidro reciclado, e sacolas de presente são feitas com banners reutilizados, praticando o *upcycling*.

No âmbito social, a Spinagro procura promover a inclusão de gênero: 60% da mão de obra é feminina, e 75% das posições de liderança são ocupadas por mulheres. A empresa atua com contratação formal de todos os trabalhadores e participa de projetos comunitários, como o "Escola no Campo", em parceria com a Associação Brasileira do Agronegócio (Abag).

No aspecto da governança, a empresa informa que ocorrem auditorias regulares e participação em órgãos e eventos que promovem a produção sustentável e a agricultura regenerativa.

Em reconhecimento a essas práticas, a cachaça SôZê é certificada por entidades como SGS Bonsucro e Today 2030, IBA (agricultura regenerativa) e IBD (agricultura orgânica), garantindo a rastreabilidade e a origem de seus produtos.

DESIGN

Para esse tema, foram convidados Ana Laura Guimarães, Néli Pereira e Renato Figueiredo.

Ana Laura Guimarães é especialista em cachaça, com formação em produção, análise sensorial e qualidade. Ela atua como jurada em concursos, integra a Comissão de Avaliação de Qualidade (CAQ) da Associação Nacional de Produtores de Cachaça de Qualidade (Anpaq) e é fundadora da Confraria Convida – Mulheres da Cachaça.

Néli Pereira é pesquisadora de plantas e receitas de coquetéis e misturas autenticamente brasileiras. É também a mente criativa por trás do Espaço Zebra, um bar com galeria de arte em São Paulo, onde serve suas receitas com catuaba, jurubeba, urucum e milome. Autora do livro *Da botica ao boteco*, Néli valoriza os ingredientes nacionais, apresentando uma pesquisa extensa acompanhada de receitas que refletem uma coquetelaria brasileira moderna.

Renato Figueiredo é publicitário e mestre em comunicação pela USP. Lançou o livro *De marvada a bendita*, colaborou com o Mapa da Cachaça e coordenou um projeto de branding para cachaça na Oz Estratégia + Design. Atua há mais de quinze anos com estratégia de marca.

O processo de escolha do "Destaque – design" consistiu em duas etapas: seleção dos finalistas e avaliação técnica adicional.

A etapa de seleção dos finalistas teve início depois que foram tabulados os dados das análises sensoriais. Os jurados que haviam participado dessas rodadas da análise avaliaram as embalagens e os rótulos das cachaças que obtiveram pontuação igual ou superior a 83 e escolheram as 10 que se destacaram em aspectos como estética, originalidade e inovação.

Na segunda etapa, Laura, Néli e Renato realizaram uma avaliação técnica adicional, a fim de verificar se as embalagens estavam em conformidade com as normas e regulamentações vigentes. Além disso, analisaram:

- design visual, ou seja, a estética do rótulo (cores, tipografia, imagens, harmonia visual e atratividade para o consumidor);
- originalidade e a criatividade, isto é, quão único é o rótulo em comparação com outros no mercado e se ele apresenta elementos criativos que o distingam;
- reflexo da marca e do produto, isto é, a efetividade do rótulo em comunicar a identidade da marca e a história da cachaça, refletindo seus valores, sua origem e sua qualidade;
- sustentabilidade, ou seja, fatores como o uso de materiais recicláveis ou sustentáveis na produção do rótulo.

Considerando os aspectos técnicos e os estéticos, estes foram os dez primeiros lugares:

- 1º: Pindorama Ouro Amburana (ver p. 391);
- 2º: Ituana Jequitibá (ver p. 315);
- 3º: Flor das Gerais Dorna Única (ver p. 288);

- 4º: Santa Terezinha Crafted (ver p. 429);
- 5º: Sete Cancelas Joyosa Blend Dois Barris (ver p. 457);
- 6º: Ĉ Blanc de Blancs (ver p. 373);
- 7º: Matriarca Blend Tropical (ver p. 357);
- 8º: Magnolia (ver p. 339);
- 9º: Sanhaçu Soleira (ver p. 421);
- 10º: Filippini Carvalho Ouro (ver p. 283).

PINDORAMA OURO AMBURANA

Criado pelo Oveja & Remi Studio, especializado em embalagens de vinhos e destilados para empresas ao redor do mundo, o rótulo vencedor homenageia a história e a cultura brasileiras sem ufanismos. Com um design moderno e sofisticado, a marca busca ressignificar a imagem da cachaça, mantendo sua essência tradicional. Nota-se a intenção de valorizar o patrimônio cultural, adaptando a cachaça para o mercado atual.

Além disso, o rótulo da Pindorama Amburana oferece informações técnicas claras e detalhadas sobre o produto, incluindo suas características sensoriais e o método produtivo. O rótulo equilibra bem o cuidado gráfico, o design e as informações, honrando a tradição da cachaça enquanto a moderniza.

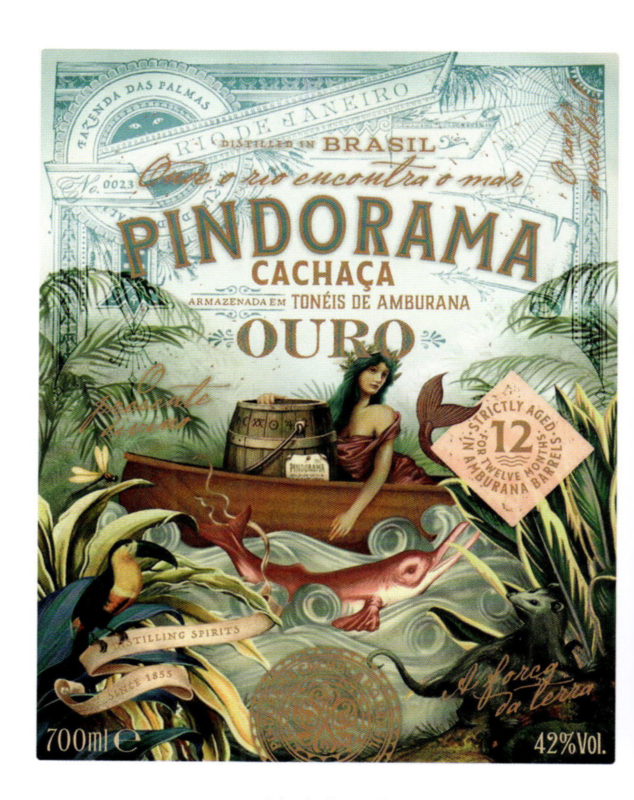

Rótulo da Pindorama Amburana: presença das informações técnicas e design diferenciado.

Crédito: Divulgação/Pindorama.

MESTRE DE ADEGA

O processo também foi dividido em duas etapas: a seleção dos finalistas e a avaliação final.

Na etapa de seleção, com base nas análises sensoriais, levamos em conta as 10 melhores cachaças nas categorias que mais refletem o trabalho de um mestre de adega:

- "Blend armazenado";
- "Blend envelhecido";
- "Envelhecida em carvalho";
- "Envelhecida em madeira brasileira ou exótica";
- "Premium carvalho";
- "Extra premium carvalho".

Para cada categoria, o mestre de adega responsável pela cachaça que alcançou a primeira colocação recebeu 10 pontos; o segundo colocado, 9 pontos, e assim sucessivamente até o décimo colocado. Com base nessas pontuações, foram selecionados os mestres de adega com as 10 maiores somas para a avaliação final.

Na etapa final, os jurados avaliaram os mestres de adega utilizando uma planilha *on-line*. Os critérios incluíram a qualidade técnica do trabalho, a capacidade de inovação e o impacto do profissional na elevação da categoria. A média das notas atribuídas por esses especialistas teve peso 2 e foi somada à pontuação técnica obtida na primeira etapa. O mestre de adega com a maior pontuação geral seria reconhecido como o destaque de 2024.

Em caso de empate na pontuação final, o critério de desempate consistiria na maior pontuação na etapa 1. Caso o empate persistisse, o vencedor seria o mestre cuja cachaça tivesse obtido a melhor posição no ranking geral, independentemente da categoria.

Com base desses critérios, chegamos a este resultado:

- 1º: Leandro Marelli (Matriarca e Princesa Isabel; ver pp. 351 e 397);
- 2º: Aline Bortoletto (Mato Dentro e Octaviano Della Colleta; ver pp. 347 e 371);
- 3º: Murilo Coelho (Engenho Nobre; ver p. 271);
- 4º: Natanael Bonicontro e Raquel Bonicontro (Companheira e Estância Moretti; ver pp. 248 e 278);
- 5º: Armando Del Bianco (Gouveia Brasil; ver p. 293);
- 6º: Marcelo Nordskog (Reserva do Nosco; ver p. 411);
- 7º: Carlos Lisboa (Caraçuípe; ver p. 238);

- 8º: Renato Chiappetta (San Basile; ver p. 416);
- 9º: Lúcio Gama (Pedra Branca; ver p. 385);
- 10º: Moacir A. Menegotto (Casa Bucco; ver p. 241).

LEANDRO MARELLI

Leandro Marelli é um biólogo com ampla experiência e especialização em tecnologia de alimentos. Doutor pela Universidade Estadual do Norte Fluminense Darcy Ribeiro (UENF), ele se dedicou à pesquisa na área de tecnologia de bebidas e seguiu aprimorando sua formação com um pós-doutorado no mesmo tema na Esalq/USP.

A trajetória de Leandro é marcada por um forte compromisso com o avanço do conhecimento e a inovação no setor de cachaça e bebidas. Atuando em diversos alambiques espalhados pelo Brasil, ele se tornou um dos profissionais mais prolíficos da cachaça, contribuindo para o surgimento de novas indústrias e garantindo a qualidade de marcas em crescimento.

Neste guia, Leandro obteve a maior pontuação técnica em razão, sobretudo, do trabalho com os produtores da Matriarca, da Bahia, e da Princesa Isabel, do Espírito Santo. Na Matriarca, ele colabora com a utilização de madeiras não convencionais, como goiabeira e jaqueira, impulsionando sua adoção por outros produtores no país. Na Princesa Isabel, seus blends, desenvolvidos em parceria com o produtor Adão Cellia, deram uma nova identidade à cachaça capixaba, explorando uma diversidade de combinações com madeiras nacionais como amburana, bálsamo e grápia. Além disso, Leandro tem contribuído para a criação de lotes limitados que combinam carvalhos tostados com madeiras nacionais, destacando-se pela inovação e pela qualidade.

PRODUTOR

Finalmente, a análise das cachaças apresentadas permitiu identificar os produtores que mais se destacaram. O processo também teve duas etapas: a seleção dos finalistas e a pontuação, ambas realizadas pelos jurados que participaram das análises sensoriais.

Os finalistas selecionados (primeira etapa) vieram dos seguintes grupos:

- os produtores das 10 melhores em cada categoria específica (por exemplo, “Branca com madeira”, “Armazenada em carvalho” etc.);

- os produtores que ocuparam as 10 primeiras posições conforme o questionário *on-line* sobre temas de sustentabilidade;
- os produtores das cachaças que ocuparam os 10 primeiros lugares em design.

O produtor da primeira colocada entre as 10 melhores cachaças em cada categoria das avaliações sensoriais ganhou 10 pontos; o da segunda colocada ganhou 9 pontos, e assim sucessivamente até o produtor da décima colocada.

O mesmo na sustentabilidade (ou seja, os 10 melhores produtores nesse grupo foram pontuados de 10 a 1) e para o design (os produtores das 10 melhores receberam pontos de 10 a 1).

Assim, os produtores com as 10 maiores pontuações totais foram selecionados como finalistas.

A partir daí, teve início a segunda etapa, a de pontuação desses finalistas. Com base em seu conhecimento e nos argumentos apresentados pelos próprios produtores em defesa de suas ações para o crescimento do mercado, cada jurado atribuiu uma pontuação a cada um dos produtores com as 10 melhores notas. Essa pontuação teve peso 2.

A média simples das notas dos 10 jurados determinou a classificação final dos produtores. Em caso de empate, seria levada em conta a maior nota na etapa 1; persistindo empate, seria considerada a melhor nota com a cachaça no ranking geral.

Contemplando todos esses critérios, obtivemos os 10 produtores mais bem pontuados neste guia:

- 1º: Weber Haus (ver p. 472);
- 2º: Princesa Isabel (ver p. 397);
- 3º: Destilaria Octaviano Della Colleta (ver p. 371);
- 4º: Da Quinta (ver p. 255);
- 5º: Matriarca (ver p. 351);
- 6º: Santa Terezinha (ver p. 427);
- 7º: Engenho Nobre (ver p. 271);
- 8º: Mato Dentro (ver p. 347);
- 9º: Companheira (ver p. 248);
- 10º: Flor das Gerais (ver p. 285).

UMA HISTÓRIA SENDO CONSTRUÍDA

Em quase quinze anos, empreendemos uma busca incansável para desvendar o que torna uma cachaça verdadeiramente especial. Para responder a essa questão, desenvolvemos ferramentas de avaliação sensorial e uma metodologia para analisar cachaças, produtores e mestres de adega.

Alcançar esse nível de excelência exigiu o treinamento rigoroso de uma equipe de especialistas, a definição clara do que constitui um defeito e a identificação dos elementos que expressam a verdadeira identidade de uma cachaça (que denominamos de "território" e "escola").

No último ano, aplicamos todo esse conhecimento em nosso sistema de pontuação, refletindo nas páginas deste guia descrições detalhadas das principais cachaças do Brasil.

Entretanto, este livro pretende ir além da avaliação dos líquidos em si: compreendemos que um mercado saudável é impulsionado por pessoas. Por isso, nossa metodologia também reconhece os profissionais que contribuem para o crescimento da categoria, com atenção especial à sustentabilidade, à comunicação e ao posicionamento da cachaça no lugar de destaque que ela merece.

Esperamos que esta publicação auxilie o mercado a se fortalecer, dando voz aos diferentes estilos de produção e promovendo a diversidade. Também desejamos que ela incentive a profissionalização de outros agentes essenciais para o sucesso do setor, como bartenders, sommeliers, mestres de adega, mestres de alambique, chefs, vendedores e importadores.

Por fim, que esta obra inspire tanto os apreciadores experientes quanto os novos consumidores a se encantarem com a qualidade e a complexidade de um dos maiores patrimônios nacionais: a cachaça.

Medard
(gerada com IA)

Crédito: stock.adobe.com.

REFERÊNCIAS

AL-HASSAN, A. Y. **Transfer of Islamic Science to the West**. Manchester: TSTC Limited, 2006.

ALCARDE, A. R. **Cachaça**: ciência, tecnologia e arte. São Paulo: Blucher, 2014.

ALCARDE, A.; SOUZA, P.; BELLUCO, A. Aspectos da composição química e aceitação sensorial da aguardente de cana-de-açúcar envelhecida em tonéis de diferentes madeiras. **Ciência, Tecnologia e Alimentos**, n. 30, supl.1, maio 2010.

ALMEIDA, F. O. A arqueologia dos fermentados: a etílica história dos tupi-guarani. **Estudos Avançados**, v. 29, n. 83, jan.-abr. 2015.

AMADO, J. **Tenda dos milagres**. São Paulo: Companhia das Letras, 2010.

ANDRADE, O. **Obras completas**. Rio de Janeiro: Civilização Brasileira, 1971.

AVELAR, L. E. B. **A moderação em excesso**: estudo sobre a história das bebidas na sociedade colonial. 2010. Dissertação (Mestrado) – Faculdade de Filosofia, Letras e Ciências Humanas, Universidade de São Paulo (USP), São Paulo.

BARBOSA, J. **Cultura de engelho de cana na Paraíba**: por uma sociologia da cachaça. 2010. Tese (Doutorado) – Centro de Ciências Humanas, Letras e Artes, Universidade Federal da Paraíba (UFPB), João Pessoa.

BARBOSA, R. B. **Chemical composition of and quantification of PAHs in cachaças commercialized in pet bottles and in cachaças aged in oak (Quercus sp.) casks with different thermal treatments**. 2012. Dissertação (Mestrado) – Universidade Federal de Lavras (UFLA), Lavras.

BATTAGLIA, R. Quem inventou a caipirinha? **Superinteressante**, São Paulo, 20 abr. 2023.

BAUM-BAICKER, C. The Psychological Benefits of Moderate Alcohol Consumption: A Review of the Literature. **Drug and Alcohol Dependence**, v. 15, n. 4, 1985.

BEATO, M. **Cachaça**. São Paulo: TerraBrasil, 2011.

BERTONCELLO, A. G.; SILVA, K. F. R.; GODINHO, A M. M. Indicação Geográfica Protegida: agrega valor ao produto e induz ao desenvolvimento regional? O caso da cachaça de Paraty, **Desafio Online**, Campo Grande, v. 1, n. 1, abr. 2016.

BEZERRA, C. W. B. **Caracterização química da aguardente de cana-de-açúcar**: determinação de álcoois, ésteres e dos íons Li+, Ca+2, Mg+2, Cu+2 e Hg+2. 1995. Dissertação (Mestrado) – Instituto de Química de São Carlos, Universidade de São Paulo (USP), São Carlos.

BORTOLETTO, A. M. **Influência da madeira na qualidade química e sensorial da aguardente de cana envelhecida**. 2016. Tese (Doutorado) – Escola Superior de Agricultura "Luiz de Queiroz" (Esalq), Universidade de São Paulo (USP), Piracicaba.

BOSCOLO, M.; LIMA NETO, B. dos S.; FRANCO, D. W. Envelhecimento de aguardente de cana-de-açúcar em tonéis de madeira. **Engarrafador Moderno**, v. 6, n. 41, 1995.

BOZA, Y.; HORII, J. Influência da destilação sobre a composição e a qualidade sensorial da aguardente de cana-de-açúcar. **Food Science and Technology**, v. 18, n. 4, out. 1998.

BRASIL. Ministério da Agricultura, Pecuária e Abastecimento. Instrução Normativa nº 13, de 29 de junho de 2005, **Diário Oficial da União**, Brasília, 30 jun. 2005.

BRASIL. Ministério do Meio Ambiente. Portaria MMA nº 148, de 7 de junho de 2022, **Diário Oficial da União**, Brasília, 8 jun. 2026.

BROADHURST, C. L.; DUKE, J. A. Oil of Cloves: The Benefits of Eugenol. **Mother Earth Living**, 1 maio 1997. Disponível em: https://www.motherearthliving.com/plant-profile/eugenol. Acesso em: 5 nov. 2024.

BUENO, E. **Brasil**: uma história. São Paulo: Leya, 2021.

BULLOCK, T. **The Mezcal Experience**: A Field Guide to the World's Best Mezcals and Agave Apirits. Dover: Jacqui Small, 2017.

CÂMARA, M. **Cachaça**: bebendo e aprendendo. Rio de Janeiro: Mauad X, 2006.

CÂMARA, M. **Cachaça**: prazer brasileiro. Rio de Janeiro: Mauad, 2004.

CÂMARA CASCUDO, L. da. **Prelúdio da cachaça**. 2. ed. São Paulo: Global, 2006.

CAMPOS, M. Historiador de Paraty afirma que cidade inventou caipirinha. **O Globo**, Rio de Janeiro, 28 jan. 2014.

CAVALCANTI, A. F. **Bidestilação em alambiques contendo dispositivos de prata e cobre e sua influência na qualidade da cachaça**. Dissertação (Mestrado) – Faculdade de Ciências Farmacêuticas, Universidade Estadual Paulista "Júlio de Mesquita Filho" (Unesp), Araraquara, 2009.

CERQUEIRA, P. da S. *et al.* **A importância da denominação de origem para o desenvolvimento regional e inclusão social**: o caso do território da cachaça de Abaíra. I Encontro de Economia Baiana, Salvador, set. 2005.

CISA. **Álcool**: origem e composição, 7 jul. 2004. Disponível em: https://cisa.org.br/pesquisa/artigos-cientificos/artigo/item/74-alcool-origem-e-composicao. Acesso em: 5 nov. 2024.

COLECÇÃO SUMARIA das proprias Leis, Cartas Regias, Avisos e Ordens que se acham nos livros da Secretaria do Governo desta Capitania de Minas Geraes, deduzidas por ordem a titulos separados. **Revista do Arquivo Público Mineiro**, Belo Horizonte, jan./jun. 1911.

CPT. **Cana de açúcar**: principais variedades, qualidade e rendimento, 26 jul. 2023. Disponível em: https://www.cpt.com.br/cursos-agroindustria/artigos/cana-de-acucar-principais-variedades-qualidade-e-rendimento. Acesso em: 6 nov. 2024.

CURTIS, W. **And a Bottle of Rum**: A History of the New World in Ten Cocktails. Portland: Broadway Books, 2007.

DIAS, S. M. B. C. **Efeito de diferentes tipos de madeira sobre a composição química da aguardente de cana envelhecida**. 1997. Dissertação (Mestrado) – Faculdade de Farmácia, Universidade Federal de Minas Gerais (UFMG), Belo Horizonte.

EICHENBERGER, M. L. G; GHIRARDELLO, N.; SALCEDO, R. F. O patrimônio agroindustrial de Paraty: os engenhos de cana-de-açúcar como testemunhos na paisagem cultural. **Cidades Verdes**, v. 10, n. 28, dez. 2022.

FARIA, J. B. **Determinação dos compostos responsáveis pelo defeito sensorial das aguardentes de cana (Saccharum ssp) destiladas na ausência de cobre**. 2000. Tese (Livre Docência). Faculdade de Ciências Farmacêuticas, Universidade Estadual Paulista "Júlio de Mesquita Filho" (Unesp), Araraquara, 2000.

FATSECRET BRASIL. **Banco de dados de alimentos e contador de calorias**, [20--?]. Disponível em: http://www.fatsecret.com.br/calorias-nutrição/genérico/cachaça. Acesso em: 5 de nov. 2024.

FEITOSA, P. C. L. **A cachaça como identidade cultural**. 2005. Monografia (Especialização) – Centro de Excelência em Turismo, Universidade de Brasília (UnB), Brasília.

FERREIRA, J. L. M. **Cachaça, o espírito mineiro**. Belo Horizonte: Edição do Autor, 2013.

GIESBRECHT, H. O. *et al.* **Indicações geográficas brasileiras**. Brasília: Sebrae, Inpi, 2014.

GOLDBERG, D. M.; SOLEAS, G. J.; LEVESQUE, M. Moderate Alcohol Consumption: The Gentle Face of Janus. **Clinical Biochemistry**, v. 32, n. 7, 1999.

GÓMEZ, S. **Rum Aroma Descriptive Analysis**. Ciudad de México: Universidad La Salle, dez. 2002.

INSTITUTO DO AÇÚCAR E DO ÁLCOOL. **Documentos para a história do açúcar**. Vol. II. Engenho Sergipe do Conde. Livro de Contas (1622-1653). Rio de Janeiro: Serviço Especial de Documentação Histórica, 1956.

IPANEMA, C. M. de. **História da Ilha do Governador**. 2. ed. Rio de Janeiro: Mauad X, 2013.

JACKSON, M. **O guia do malt whisky**. São Paulo: Publifolha, 2012.

JACKSON, M. **Whisky**: o guia mundial definitivo. São Paulo: Editora Senac São Paulo, 2010.

JÚNIOR, D. Cana-de-açúcar: conheça a terceira maior cultura do país e fonte de energia limpa, **O Estado de S. Paulo**, 14 jun. 2024.

KLADSTRUP, D.; KLADSTRUP, P. **Vinho & guerra**: os franceses, os nazistas e a batalha pelo maior tesouro da França. Rio de Janeiro: Zahar, 2002.

KRAUS, P. Kitab ikhraj ma fi al-quwwa ila al-fi`l. **Mukhtarat rasa'il Jabir ibn Hayyan**, Cairo, 1935.

LLCHIN, F. R. India: The Ancient Home of Distillation? **Man New Series**, v. 14, n. 1, mar. 1979.

LORENZI, H. **Árvores brasileiras**: manual de identificação e cultivo de plantas arbóreas nativas do Brasil. v. 1. 6. ed. São Paulo: Instituto Plantarum de Estudos da Flora, 2014.

LUCCOCK, J. **Notas sobre o Rio de Janeiro e partes meridionais do Brasil**. Belo Horizonte: Itatiaia, 1975.

MACHADO, A. M. de R. *et al.* **Avaliação da acroleína em cachaça acondicionada em recipientes de vidro e de plástico**. 33ª Reunião Anual da Sociedade Brasileira de Química, Águas de Lindóia, 2010.

MAGNANI, B. D. **Estudo comparativo das características sensoriais do rum e da cachaça**. 2009. Dissertação (Mestrado) – Faculdade de Ciências Farmacêuticas, Universidade Estadual Paulista "Júlio de Mesquita Filho", Araraquara.

MAIA, A. B. R. de A. **Tecnologia da cachaça de alambique**. Belo Horizonte: Sebrae/Sindbebidas, 2005.

MAIOR, M. S. **Cachaça**. Recife: Instituto do Açúcar e do Álcool, 1970.

MARANHO, M. F. **O moinho e o engenho**: São Paulo e Pernambuco em diferentes contextos e atribuições no Império Colonial Português – 1580-1720. 2006. Tese (Doutorado) – Faculdade de Filosofia, Letras e Ciências Humanas, Universidade de São Paulo (USP), São Paulo.

MARIN, F. R. Cana: variedades. **Empresa Brasileira de Pesquisa Agropecuária**, Brasília, 21 fev. 2022. Disponível em: https://www.embrapa.br/agencia-de-informacao-tecnologica/cultivos/cana/pre-producao/caracteristicas/variedades. Acesso em: 6 nov. 2024.

MARQUES, C. M. **Dimensões de um patrimônio**: significados e silenciamentos na história da cachaça – Paraty, fins do século XVIII a meados do XIX. 2017. Tese (Doutorado) – Fundação Getulio Vargas (FGV), Rio de Janeiro.

MEIRA, E. D. **A cachaça morretiana**: uma tradição inventada? 2010. Trabalho de Conclusão de Curso (Graduação) – Universidade Federal do Paraná (UFPR), Curitiba.

MINISTÉRIO DA AGRICULTURA E PECUÁRIA (Mapa). **Anuário da cachaça 2024**. Brasília: Mapa, 2024.

MOSELEY-WILLIAMS, S. Cachaça's New Age: Barrel Ageing and Blends Creating New Export Opportunities for Brazil's Cane Spirit. **Drinks International**, set. 2022.

MOURA, C. F. **Dom Antônio Rolim de Moura, Primeiro Conde de Azambuja**: biografia. Cuiabá: Universidade Federal de Mato Grosso (UFMT) – Imprensa Universitária, 1982.

ODA, C. É rabo de galo, mas pode chamar de cocktail, **O Estado de S. Paulo**, São Paulo, 20 jul. 2016.

OLIVEIRA, E. R.; RIBEIRO, E. M. **Indústria rural, agricultura familiar e desenvolvimento local: o caso da produção de cachaça artesanal em Salinas – Minas Gerais**. X Seminário sobre a Economia Mineira, Diamantina, 2002.

PACCOLA, F. **Lençóis Paulista, forte produtor de cachaça**: história e tradição. 2. ed. São Paulo: Novo Mundo, 2005.

PEELE, S.; BRODSKY, A. Exploring Psychological Benefits Associated with Moderate Alcohol Use: A Necessary Corrective to Assessments of Drinking Outcomes? **Drug and Alcohol Dependence**, v. 60, n. 3, 2000.

PINHEIRO, S. H. M. **Avaliação sensorial das bebidas aguardente de cana industrial e cachaça de alambique**. 2010. Tese (Doutorado) – Universidade Federal de Viçosa (UFV), Viçosa.

PRCEU USP. **Monumento Nacional Ruínas Engenho São Jorge dos Erasmos**, 2003. Disponível em: http://www.engenho.prceu.usp.br/historia/. Acesso em: 5 nov. 2024.

QUINTAS, F. (org.). **A civilização do açúcar**. Recife: Sebrae/Fundação Gilberto Freyre, 2007.

REYES, A. Árvores úteis: jequitibá-branco. **Trilhas da Esalq**, 2012. Disponível em: https://www.esalq.usp.br/trilhas/uteis/ut16.php. Acesso em: 5 nov. 2024.

RIBEIRO, J. C. G. M. **Fabricação artesanal da cachaça mineira**. 2. ed. Belo Horizonte: O Lutador, 2002.

ROSA, J. G. **Sagarana**. 71. ed. Rio de Janeiro: Nova Fronteira, 2001.

SANTIAGO, W. *et al.* **Comparação de técnicas para a determinação de fenólicos totais em cachaças armazenadas em diferentes madeiras**. 33ª Reunião Anual da Sociedade Brasileira de Química, Universidade Federal de Lavras (Ufla), Lavras, 2009.

SCHWARTZ, S. B. **Sugar Plantations in the Formation of Brazilian Society Bahia, 1550–1835**. Cambridge: Cambridge University Press, 1986.

SEABRA, M. C. T. C. de. Cachaça: cultura, origem, variações. **Estudos Linguísticos e Literários**, Salvador, n. 52, ago.-dez. 2015.

SEGNIT, N. **Dicionário de sabores**: combinações, receitas e ideias para uma cozinha criativa. Rio de Janeiro: Casa da Palavra, 2014.

SERAFIM, F.; RECHE, R.; FRANCO, D. Chemical Typification of the Sugarcane Spirits Produced in São Paulo State. **Journal of Food Science**, v. 8, n. 10, 2015.

SERAFIM, F. A. T.; PEREIRA-FILHO, E. R.; FRANCO, D. W. Chemical Data as Markers of the Geographical Origins of Sugarcane Spirits. **Food Chemistry**, n. 196, 2016.

SERVIÇO BRASILEIRO DE APOIO ÀS MICRO E PEQUENAS EMPRESAS. **Carta de cachaças do Estado do Rio de Janeiro**. Rio de Janeiro: Sebrae, 2014.

SERVIÇO BRASILEIRO DE APOIO ÀS MICRO E PEQUENAS EMPRESAS. **Produção de cachaça no Brasil ainda tem muito potencial econômico**, 7 abr. 2022. Disponível em: https://sebrae.com.br/sites/PortalSebrae/artigos/producao-de-cachaca-no-brasil-ainda-tem-muito-potencial-economico,578ed967936ef710VgnVCM100000d701210aRCRD. Acesso em: 6 nov. 2024.

SMITH, G. D.; RIDLEY, N. **Vamos falar de whisky**: um guia completo. São Paulo: Marco Zero, 2015.

SOUZA, L. M. *et al*. **Produção de cachaça de qualidade**. Piracicaba: Esalq/Casa do Produtor Rural, 2013.

STADEN, H. **Duas viagens ao Brasil**. Séc. XVI. Belo Horizonte/São Paulo: Itatiaia/Edusp, 1974.

TRINDADE, A. G. **Cachaça**: um amor brasileiro. São Paulo: Melhoramentos, 2006.

UNITED NATIONS EDUCATIONAL, SCIENTIFIC AND CULTURAL ORGANIZATION. **The African Slave Trade from the Fifteenth to the Nineteenth Century**. Paris: Unesco, 1978.

VARGAS, A. (org.). **Medicina popular**. Projeto de digitalização do acervo da divisão de folclore desenvolvido pelo departamento de apoio a projetos de preservação cultural. Rio de Janeiro: [*s. n.*], 2005.

VENTURA, S.; GIRALDEZ, R. **Cachaça, cultura e prazer do Brasil**. São Paulo: Queen Books, 2006.

WEIMANN, E. **Cachaça, a bebida brasileira**. 2. ed. São Paulo: Terceiro Nome, 2009.

WISHART, D. **Whisky classificado**. São Paulo: Larousse do Brasil, 2010.

WONDRICH, D. **Imbibe!** From Absithe Cocktail to Whiskey Smash, a Salute in Stories and Drinks to "Professor" Jerry Thomas, Pioneer of the American Bar. New York: TarcherPerigee, 2015.

ÍNDICE DE PRODUTORES

ÍNDICE DE CACHAÇAS

ÍNDICE GERAL

English version

MAPA DA CACHAÇA

GUIDE

EDITOR'S NOTE

In all areas of Senac's activities, its work ends up having a continuous impact: by improving the qualifications of professionals, it helps to improve the market. And the market, more mature, begins to demand more qualified people.

In this sense, in the food and beverage sector this contribution has made a major difference – a field in which values such as entrepreneurship, creativity and innovation stand out.

When it comes to cachaça, innovation does not regard only developing methods of producing the cane distillate. It is also at the service of tradition, bringing more consistency and control to artisanal processes. Indeed, centuries-old processes have been conducted in an increasingly structured way but without de-characterizing *pinga*.[1]

This book reaffirms the commitment to improving the market through knowledge and helping professionals, educating consumers, and promoting the country's symbol drink with the meticulous work of Mapa da Cachaça, which underpinned the content and carried out the sensory analyses presented here.

FOREWORD

Tradition and innovation are complementary and interdependent concepts. Contrary to common sense, the act of innovating does not eliminate our ancestral heritage but rather challenges it and makes it evolve. If we look closely, we can see that tradition is an innovation that has worked. Someone, for example, brought the first sugarcane seedlings to Brazil. That is how our first sugarcane plantation, the first sugar mill, the first fermentation and the first distillation were born. We knew what was good and perpetuated it over time, in a lengthy process of learning and evolution. Today, the Brazilian spirit has the color, taste, and fragrance of our land. It also has a name: *cachaça*.

The country's symbol drink has been with us for a long time and has been the fuel for events and heroes that have changed our history. Since then, the role of cachaça in the market and in society has also changed, and the work of Felipe P. C. Jannuzzi, in his *Mapa da Cachaça Guide*, shows the face of this new ethylic Brazil. Without any caricatures or fear of questioning the *status quo*, in this book Felipe takes a fresh look at cachaça, covers its history and, in a pioneering way, projects the drink's role in the contemporary beverages market.

With each sip, the reader will appreciate the best in cachaça literature and learn about its origins, production and tasting. Regarding the latter (what would be the point of talking so much without getting the words wet?!), the thirsty reader will have at his/her disposal a valuable tasting chart, which will increase the pleasure of each sip. He or she will finally discover why cachaça is synonymous with passion in Brazilian Portuguese.

Through Felipe's sensitive eye, you will be introduced to the best of the rich and diverse world of cachaça. With this map in hand, get ready for a surprising journey through the corners, stories, knowledge and flavors of Brazil.

Rodrigo Oliveira
Mocotó Restaurant

ACKNOWLEDGEMENTS

To my partners at Mapa da Cachaça, Eduardo Martins and Gabriela Barreto; to the project coordinators, Amanda de Andrade Marcondes Pereira, Wagner Figueira and Vanessa Oliveira; to the Senac São Paulo team, Gabriela Manchim Favaro, Jorge Cury Junior, Marcela Abila Gonçalves, Paloma Marques Santos, Vanessa Rodrigues Silva and Luís Américo Tousi Botelho, publisher of Editora Senac São Paulo.

To the photographer friends who have collaborated with pictures taken over the years: Gustavo Maciel Santos, João Lucas Leme, Rubens Kato, Leo Bosnic, Leo Feltran, Tadeu Brunelli and Bruno Fernandes.

I am also grateful to the experts who accepted the challenge of using our methodology to evaluate and describe Brazil's main cachaças: Ana Laura Guimarães, Bia Amorim, Carolina Oda, Isadora Fornari, Jairo Martins, Letícia Nöbauer, Luís Otávio Álvares Cruz, Mari Mesquita, Néli Pereira, Nina Bastos, Patricia Brentzel, Paulo Leite, Renato Figueiredo and Cláudio Tibério Gil, as well as to the professionals who helped us with the training sessions: Luis Marcelo Nascimento, Maurício Maia and Aline Bortoletto.

I would also like to express my gratitude to the team that helped us with the physical and chemical analysis: Professor André Alcarde and the entire team of the Laboratory of Beverage Technology and Quality at the "Luiz de Queiroz" School of Agriculture at the University of São Paulo (Esalq/USP).

PRESENTATION

When we created Mapa da Cachaça in 2012, we set out to travel around Brazil to map stills. However, as we progressed on this journey, we came across the immense complexity and richness of cachaça, which made our motivations evolve step by step. What began as an informal adventure among recent university graduates turned into a life project.

Throughout this journey, achievements such as the recognition of the Ministry of Culture and the Brazilian International Tourism Promotion Agency (Embratur) have given us the strength to continue. After all, cachaça is more than just a drink: it is an integral part of Brazilian culture and tourism. We traveled around the country and the world, sharing our research, and with each discovery, we fell more in love with the sensory diversity of our distillate. So, we began to create a guide. After all, every map needs a compass - a reference to guide us through the fascinating and complex universe of cachaça.

Cachaça's unique sensory diversity is shaped by several types of sugarcane, different yeasts, and a wide variety of Brazilian woods used for storage and aging. What started as a map of geographical points has evolved into a map of Brazilian flavors. Cachaça from the North of Minas, for example, is completely different from that produced in Brejo Paraibano, which in turn is different from cachaças from Serra Gaúcha. This diversity is boosted by distinct cultural preferences of producers and consumers, which influence the production styles. The wealth of ingredients and recipes reflects the greatness of our distillate.

In recent years, we have developed tools to help us identify techniques and styles, such as an evaluation methodology, a definition of cachaça schools, an aroma wheel, and a specific vocabulary to describe the colors, aromas, flavors, and sensations of the cachaças we evaluate. This book is the result of the knowledge we have accumulated using the tools we have created.

With this publication, we aim to go beyond simply providing a guide to the country's major distilleries. We wish to capture and portray the current market, identify emerging trends, highlight what stands out, and understand the changes that are taking place. We seek to honor tradition while keeping pace with the innovations that emerge with each new vintage.

In our opinion, recording the most outstanding aspects of the sector is essential to recognize the professionals who stand out for their exemplary work – be they producers, cellar masters, still masters, sommeliers, designers, and others. Furthermore, we help the market understand the paths that have already been taken and those still to come.

After years of research and tasting, I can state that we have one of the best spirits in the world and deserve to be on the top shelves. Maybe we need a dose of pride and self-knowledge. May our guide help us achieve this recognition!

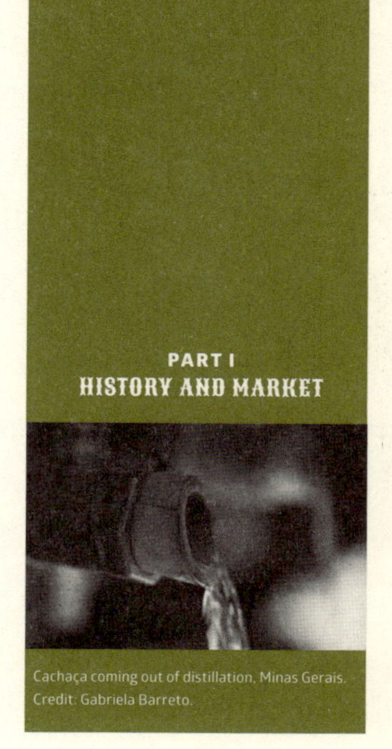

PART I
HISTORY AND MARKET

Cachaça coming out of distillation, Minas Gerais.
Credit: Gabriela Barreto.

CHAPTER 1

"WHERE A MILL GRINDS, AN ALEMBIC DISTILLS."

The title of this chapter is a phrase used by the Brazilian historian and sociologist Luís da Câmara Cascudo in his book *Prelúdio da cachaça*, first published in 1968. The phrase shows the direct relationship between the production of sugar and the production of sugarcane spirit, and Câmara Cascudo wanted to emphasize the economic and social role of this duo – the sugar mill and the alembic – in colonial Brazil.

But to understand the creation of cachaça, we need to go back even further to the ancient origins of sugarcane cultivation and distillation. This was the starting point for the history of cachaça, a history marked by European colonialism. Many centuries passed before the drink ceased to be a bargaining chip and became an elixir of celebration.

There is evidence of distillate production dating back to 500 BC at Taxila, an archaeological site in Pakistan. As the region is rich in sugarcane, some historians believe that the first distillate may have been a rudimentary form of cachaça.

Regardless of knowing exactly when cachaça began to be produced, it is important to understand the factors that led to the increasing in production and in economic and cultural expression.

A good clue to discovering the origin of the drink lies in the historical analysis of two fundamental elements in its manufacture: sugarcane, as the source of sugar for fermentation, and the alembic, which separates and concentrates the alcohol in the distillation process. It is interesting to note that both sugarcane and distillation techniques have the same source of origin: the Arabs.

Sugarcane originated on the island of New Guinea in Oceania and was widely used in Asia. From Asia, it went to Egypt (in Africa) and then spread to Europe with the Arab occupation, especially in the south, where the warm climate was more conducive to its tropical nature. From Europe, in the 15th century, sugarcane made its way to the Atlantic islands – the Canaries, Madeira and the Azores – and then to the New World.

Distillation, on the other hand, was considered the most important physicochemical manipulation technique by Arab alchemists from the 10th and 11th centuries. One of the most important of them, Jabir ibn Hayyan (known as Geber), lived in the 8th to the 9th centuries and already described in his works the alcohol obtained from wine by distillation, emphasizing its medicinal power. From the Arabs, the European alchemists mastered the techniques of distillation, and there are texts from the 14th century describing the process in detail.

Drawing and description of the alchemist Geber's still in the 8th century.
Credit: Jabir ibn Hayyan, public domain, via Wikimedia Commons.

The oldest citation found on the distillation of sugarcane ferment is from the second half of the 16th century, by Al-Antaki, an alchemist from Cairo, when he mentions the manufacture of "araq from sugarcane and grape". *Araq* means "perspiration" in Arabic and is used as a synonym for distillate.

There is no concrete proof that sugarcane distillate was produced in Europe or in the Atlantic islands, but it is possible to be sure that sugarcane and distillation coexisted for many years. Under these circumstances, it is reasonable to assume that when sugarcane was introduced in Brazil, the Portuguese had already mastered the distillation of cane wine.

SUGARCANE ON BRAZILIAN SOIL

In 1502, the first sugarcane seedlings arrived in Brazil, brought by the navigator and explorer Gonçalo Coelho. In Pernambuco, between 1516 and 1526, the first sugar mill was set up in the trading post of Itamaracá. In the first decades of the Portuguese presence, the number of sugar mills in Brazil multiplied rapidly.

Some hypotheses suggest that the first Brazilian sugarcane spirit was distilled between 1516 and 1532 in a mill on the coast. Among them, we highlight three:

- in Pernambuco, in the factories of Itamaracá, Igarassu and Santa Cruz, between 1516 and 1526. There are records of Pernambuco sugar sent to Lisbon in 1526, which strengthens this version;
- in Porto Seguro, Bahia, in 1520, where there is evidence of the existence of a sugar mill at that time;
- on the coast of São Paulo, around 1534, at the São Jorge dos Erasmos sugar mill, also known as Engenho do Governador, a venture by four Portuguese (including Martim Afonso de Souza) and the Flemish merchant Johan van Hielst.

The São Jorge dos Erasmos Sugar Mill was donated to the University of São Paulo (USP) in 1958. It is located on the border between the municipalities of Santos and São Vicente, on the coast of São Paulo. It is the oldest surviving physical evidence of Portuguese colonization in Brazil.
Credit: Mike Peel, CC BY-SA 4.0, via Wikimedia Commons.

Despite signs of sugarcane spirit production in the 16th century, the first document with more information about the origins of the national distillate is from the 17th century, in Bahia. The book *Documentos para a história do açúcar*, which presents the accounting book of Nossa Senhora da Purificação de Sergipe do Conde Mill (in the Recôncavo Baiano)[2], shows that between June 21 1622 and May 21, 1623, "Hua canada [1 canada = 2.662 liters] de augoa ardente para os negros da levada" [2.6662 liters of spirit for the black from the stream] was reported in the calculation of expenses. The spirit, synonymous with distillate, was acquired in this mill for the consumption of the enslaved Africans.

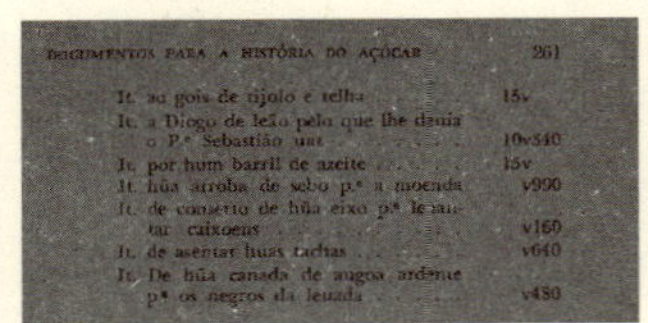

DOCUMENTOS PARA A HISTÓRIA DO AÇÚCAR 261

It. ao gois de tijolo e telha	15v
It. a Diogo de leão pelo que lhe dauia o P.e Sebastião uaz	10v540
It. por hum barril de azeite	15v
It. hũa arroba de sebo p.a a moenda	v990
It. de conserto de hũa eixo p.a le ua-tar caixoens	v160
It. de asentar huas tachas	v640
It. De hũa canada de augoa ardente p.a os negros da leuada	v480

Extract from the book that recalls the activities of the old mill of Sergipe do Conde. On the last line, the record of a transaction with sugarcane spirit.

Source: Institute of Sugar and Alcohol 1956.

Even though the date of the first distillation in Brazil is imprecise, it is possible to state that cachaça was the first distillate in the Americas to be made on a large scale and to have economic relevance.

The success of this industry was based on the colonialist perspective and the economy tied to the labor of the enslaved. With the increase in demand for workers for the sugarcane plantations in the Portuguese colonies, the slave trade became an important source of income for European slavers. At the end of the 16th century and throughout the 17th century, in a period of currency shortages, the slave trade on the African coast was conducted by bartering for sugar, tobacco, cloth, wine and, above all, spirits such as brandy, rum and cachaça.

Unlike beer and wine, which were spoiled during long sea voyages, spirits were preserved due to their high alcohol content. This high alcohol content brought another advantage as it meant transporting more alcohol while occupying less space on ships.

Map of Pernambuco made by European cartographers during the Dutch invasions of Brazil in the 17th century. At the top of the map there are details depicting a mill (with boiler house and mills) and the *casa-grande*, the family home of the owner of large rural estates in colonial Brazil.

Credit: Cornelis Golijath and Georg Marcgraf, public domain, via Wikimedia Commons.

In the captaincy of Pernambuco alone, the growth in the number of sugar mills was substantial, also requiring an increase in enslaved labor on the plantations: from 23 mills in 1570 to 77 in 1608. Although the numbers and records of enslaved people are inaccurate, this data is useful for understanding the role of cachaça at that historical moment. According to estimates, in the last decades of the 16th century between 10,000 and 15,000 enslaved people arrived in Brazil every year. They were brought mainly from the region where Equatorial Guinea, the Republic of Congo and Angola are currently located. It is no wonder that Father Antônio Vieira, who lived in Brazil in the 17th century, said: "Whoever says sugar says Brazil, and whoever says Brazil says Angola".

At the end of the 17th century, the hegemony of Brazilian sugar was shaken by the production of a cheaper and better-quality product in Central America, controlled by the Dutch who had been expelled from the Pernambuco coast. The Dutch introduced distillation techniques to the region and contributed to the emergence of the Caribbean cane brandy industry, which evolved into what we call rum today.

The Brazilian sugar crisis reoriented the mills towards the production of cachaça, which was used for domestic consumption and for the slave trade in Angola. Between 1710 and 1830, it is estimated that around 310,000 liters of cachaça were sent to Luanda every year and that 25% of this volume was exchanged for slaves.

Thus, it is possible to state that the sugarcane spirit industry has become consolidated in the Americas because of its role in obtaining enslaved labor, mostly for sugar production.

ANHANGUERA, THE OLD DEVIL

Bandeirante[3] Bartolomeu Bueno da Silva, born in 1672, earned his famous nickname because of his ambition and the sugarcane spirit he carried during his expeditions. Once, when he arrived at an Indian community, he noticed that some of the women were wearing pieces of gold and wanted to know where the ore came from. To intimidate the Indians and get the secret of the gold mine from them, Bartolomeu set fire to the spirit he was carrying in a gourd. Since they didn't know the technology of distillation, the native Indians believed it was some kind of magic, and the bandeirante became known as Anhanguera,

O *Anhanguera*, Theodoro Braga (1930). Bartolomeu Bueno da Silva was given this name after he set fire to a gourd containing spirit much to the amazement of the Goiazes natives.

Credit: Paulista Museum.

Sugar was replaced economically by the Gold Cycle, when minerals were discovered in Minas Gerais, Bahia, Goiás, and Mato Grosso. The precious metal sparked a real race and allowed cachaça production to expand in the interior of Brazil. In the 18th century, Brazil's population grew tenfold, from 300,000 to 3 million.

The wealth of gold increased the number of towns, making cachaça the most widely consumed alcoholic drink. Minas Gerais is the state with the largest number of production units thanks to the historical tradition of producing cachaça on small family rural properties. In the colonial period these ranches supplied the flourishing urban population that was trying to make a fortune from mining.

Engenho Boa Vista, in the Minas Gerais town of Coronel Xavier Chaves, the oldest working mill in the country. According to Alessandra Trindade, in *Cachaça: a Brazilian love*, at the end of the 17th century, during the Gold Cycle, men went out to the mines while women produced cachaça in small stills in the fields.

Credit: Promotion/Santo Grau.

UPS AND DOWNS OF CACHAÇA

From 1850 onwards, with the reduction in the trade in enslaved Africans, the production of cachaça lost the economic relevance of old times. In addition, the intensification of another activity, coffee production, led to the emergence of a new social sector in Brazil.

Fleeing from rural habits and seeking to identify itself with European products, the Brazilian elite rejected cachaça as worthless and destined for the poor and uneducated.

In reaction, intellectuals, artists, and scholars appeared with a commitment to reviving Brazilian values, ironizing the incorporation of foreign culture and customs. Throughout the 20th century, names such as Mário de Andrade, Oswald de Andrade, Luís da Câmara Cascudo, Gilberto Freyre, Mário Souto Maior and Carlos Drummond de Andrade studied and disseminated the importance of cachaça for Brazil's culture, economy, and history.

Although sugarcane has taken over large estates to produce ethanol, the Brazilian Cachaça Institute (Ibrac) estimates that there are more than 40,000 small producers spread across every state, making this distillate one of the main assets of our gastronomy and culture.

After centuries of marginalization, the history of Brazilian spirit took a new turn with Decree No. 4.062 of December 21, 2001. The decree defined the terms "cachaça" and "cachaça do Brasil" as geographical indicators, legitimizing the drink as a typical national product and paving the way for it to conquer the international market.

Ministry of Agriculture and Livestock's *Cachaça Yearbook 2024, reference year 2023*, listed 1,217 *cachaçarias*, 5,998 registered cachaças and 10,526 brands.

Credit: Gabriela Barreto.

CHRONOLOGY OF CACHAÇA

500 BC. – Evidence of distillate production in Pakistan, a region rich in sugarcane.

722-804 AD. – First documented reference to "inflammable vapors" containing boiling wine and salt in *Kitab ikhraj mafi al-quwwa ila al-fi`l*, by the alchemist Jabir ibn Hayyan, also known by the Latinized name of Geber.

The ancient alchemists believed that distillation released the essence, the spirit of a substance. Therefore, in English distilled spirits are called spirit.

Credit: Domenico Beccafumi, public domain, via Wikimedia Commons.

1394-1460 – The voyages of Prince Henry the Navigator led to the cultivation of sugarcane from Asia in the Portuguese colonies, especially on the island of Madeira.

1502 – Portuguese explorer Gonçalo Coelho brings the first sugarcane seedlings to Brazil.

1516 – With the crisis of trade in the Eastern Asia, mainly in India, and the enormous expenses to maintain the Portuguese Empire, King Manuel I of Portugal encourages the creation of sugar mills in Brazil. Pero Capico, a Portuguese colonial administrator in the trading post of Itamaracá, Pernambuco (Northeast), built the first recorded sugar mill in Brazil.

1520 – This is the probable date of the installation of a mill on the outskirts of Porto Seguro. Researchers from the Federal University of Bahia (UFBA) found its ruins.

1532 – Martim Afonso de Souza's expedition founds the town of São Vicente, on the coast of São Paulo, and begins planting sugarcane. Construction of Madre de Deus, Governador, and São João sugar mills.

Second half of the 16th century – Al-Antaki, an alchemist from Cairo, mentions the manufacture of "sugarcane and grape araq".

1585 – A total of 192 mills are recorded in Brazil.

1622 – Year of the oldest known document in Brazil that mentions cachaça. It is the account book of Nossa Senhora da Purificação Mill, in Sergipe do Conde, Bahia.

1629 – The number of mills spreads along the Brazilian coast and reaches 349 throughout the country.

1635 – Portugal issues a decree banning the sale of cachaça in Bahia as it affects the market for *bagaceira* (a Portuguese grape distillate).

1649 – Competition with bagaceira led the Portuguese Crown to ban the production and sale of sugarcane brandy, allowing its production only in Pernambuco and free consumption by the enslaved population.

1660-1661 – The Cachaça Rebellion takes place in Rio de Janeiro. Outraged by taxes imposed by the Crown and persecuted for selling the distillate, Rio de Janeiro's cachaça producers and mill owners seized power for five months in one of the first national insurrections.

1719 - Cachaça Rebellion or Pinga Revolt, due to the legal monopoly on cachaça held by Captain Major João Lobo de Macedo, Portugal's representative in Pitangui, Minas Gerais. Only the Crown could sell the spirit. The measure would affect profits from gold mining since cachaça enslaved people were great consumers of cachaça. During the conflicts, the captain-major ended up being expelled.

1729 – Beginning of the uprising in Vila Rica, now Ouro Preto, Minas Gerais. Abusive taxes on cachaça contributed to the uprising, led by Filipe dos Santos. In 1729, the village of Pitangui emerges victorious, overturning a Crown veto on the introduction of cachaça into the mining region.

1743 – On February 24, a royal decree bans the production of aguardente in the captaincy of Bahia. The ban encourages production in the captaincy of Minas Gerais.

1745 – On November 18 of that year, the Crown forbade the installation of new sugar mills in São Paulo and Minas Gerais, "because it was found that their multiplication would cause irreparable damage to the Royal Service".

1750-1770 – The extraction and export of gold became Brazil's main economic activities in the Gold Cycle, which lasted until the end of the 18th century.

1755 – A major earthquake devastates Lisbon and a new tax on cachaça is charged in 1756 to rebuild the city.

A 1757 depiction of the ruins of Lisbon Cathedral after the earthquake. The city's rebuilding required revenues obtained from cachaça.

Credit: Jacques-Philippe Le Bas, public domain, via Wikimedia Commons.

1772 – Introduction of a "literary subsidy" on the sale of sugarcane brandy and fresh meat. The revenue obtained with the tax will be used to pay teachers.

1786 – First use of the word "cachaça" in Tomás Antônio Gonzaga's *Cartas chilenas*, or *Chilean Letters* (letters in the format of satirical poems).

1789 – Year of the French Revolution and the *Inconfidência Mineira*[4] The story goes that in 1792, the *inconfidente* Joaquim José da Silva Xavier, known as *Tiradentes*, asked for a dose of cachaça from his family's still in Coronel Xavier Chaves before he died. The gesture was a symbol of resistance against the Portuguese Crown.

1790 – Towards the end of the Gold Cycle, Paraty has 87 stills.

1808 – The Portuguese court arrives in Brazil at a time when cachaça is still one of the main products of our economy. However, it began to lose ground to a drink considered more noble: coffee.

1889 – Establishment of the Republic in Brazil. Cachaça is discriminated against as a symbol of the now fallen Imperial past.

1922 – Modern Art Week takes place.[5] With the modernist movement, cachaça begins to regain its status as a national symbol, alongside samba, caipirinha, carnival and feijoada.

1995 – At the International Bartenders Association (IBA) congress in Canada, *caipirinha* joins the list of official world drinks.

THE ORIGINS OF CAIPIRINHA

Ice, sugar, lemon, and cachaça. Where does Brazil's face recipe come from?

Credit: Rubens Kato.

One version of the origin of caipirinha says that the painter Tarsila do Amaral, who was born in Capivari (a town in the interior of São Paulo, near Piracicaba), prepared the Brazilian cocktail for her guests when she lived in Paris. Another version says that the drink appeared in Piracicaba at the beginning of the 20th century, served by farmers as an alternative to imported wines and whiskeys. A third version claims that the cocktail originated in Paraty, for medicinal purposes. In an 1856 document about the measures taken because of a cholera epidemic in the region, there is a letter from civil engineer João Pinto Gomes Lamego with the following passage: "I have ruled that necessity has forced us to give this ration of aguardente flavored with water, sugar and lemon, in order to prohibit them from drinking plain water".

2001 – Decree 4.062/01 defines the terms "cachaça" and "cachaça do Brasil" as geographical indications of exclusively Brazilian origin and use.

2012 – As of April 11, the United States recognizes cachaça as a "genuinely Brazilian" product, and no longer as Brazilian Rum.

2024 – The *rabo de galo* cocktail (cachaça, vermouth, bitter) is now included in the IBA list.

Made with ingredients that are more accessible outside Brazil than caipiriñha (it's not so easy to find suitable limes abroad), rabo de galo may help promote cachaça internationally.

Credit: Rubens Kato.

2024 – Paraty (Rio de Janeiro) and Luiz Alves (Santa Catarina) have become Designations of Origin (DO) for cachaça. According to the National Institute of Industrial Property (Inpi), due to natural and human factors, the sugarcane brandy from these towns has "its own unique sensory characteristics".

MORE ABOUT CACHAÇA

"This is a story the world wants Brazilians to tell." Felipe P. C. Jannuzzi, author of the book, talks about the current state of cachaça and its prospects. All videos in this book are also available on the Senac São Paulo YouTube channel: https://www.youtube.com/@senacsaopaulo.

CHAPTER 2

WHAT DEFINES CACHAÇA

"Do you think cachaça is water? Cachaça is not water." The verses of a popular song jokingly say what *it is not*, but, in a nutshell, what characterizes cachaça?

- **Produced in Brazil:** as is the case with Tequila in Mexico and Champagne in France, the first requirement for a drink to be called cachaça is that it must be produced in Brazil.
- **Must have an alcohol content between 38% v/v and 48% v/v at 20°C:** the word "alcohol" is of Arabic origin (*al-kuhul*) and refers to a fine powder obtained by distilling antimony and used as eye make-up. In the Middle Ages, alchemists began to use the term for all distilled products. The alcoholic strength of a drink is the percentage of ethanol in the solution. In addition to ethanol, cachaça contains water and other components such as esters, alcohols, aldehydes, acids and ketones. For comparison, beer in Brazil has an average alcohol content of 5% whisky can reach 54%, and in Russia it is possible to find vodkas with an alcohol content of over 90%.
- **Contains sugarcane juice:** Cachaça has sugarcane as its raw material and must be made from fresh juice extracted from sugarcane, also called sugarcane juice or *garapa*.
- **It is fermented and then distilled:** the sugarcane juice is filtered, and water is added after extraction. With the action of yeasts, this juice is fermented, resulting in sugarcane wine. The wine is then distilled. Cachaça is therefore a fermented distilled beverage.
- **Contains up to 6 g/L of sugar:** sugarcane distillate can be called cachaça even if it has no sugar.

TYPES OF CACHAÇAS

The family of *caninhas* is large, and this diversity is achieved through the technical choices made by the producers, which give them peculiar sensory characteristics. Welcome to the wonderful world of cachaças!

The phase of distilling the fermented must from the sugarcane juice can take place in stainless steel columns, copper stills or by a mixture of different distillation methods.

ALEMBIC CACHAÇA – This type of cachaça can only be made in copper alembics, which are batch distillation devices. It is usually associated with artisanal producers who preserve the drink's tradition.

Cachaça Patrimônio, from the city of Pirassununga in São Paulo, highlights the copper alembic distillation method on its label.

Credit: Beard Studio.

STORED CACHAÇA – This cachaça is matured for an indefinite period in vats, barrels or wooden casks of any size. It may or may not be colored, depending on the wood, the length of storage and the size of the container.

Cachaça do Barão Prata, produced in the interior of São Paulo and stored in jequitibá-rosa [pink jequitibá], the symbol tree of the states of São Paulo and Espírito Santo.

Credit: Beard Studio.

SILVER CACHAÇA – Unstored cachaça or cachaça that remains colorless even when stored or aged in stainless steel or wood can be called silver, classic or traditional.

Cachaça Princesa Isabel Prata (Silver Princess Isabel) Special Edition Pedra Azul without wood passage.

Credit: Promotion/Princesa Isabel.

GOLD CACHAÇA – This type refers to stored cachaça whose color was altered.

Werneck Ouro (Werneck Gold), stored in wood.

Credit: Beard Studio.

AGED – In this type, at least 50% of the cachaça or aguardente is aged in an appropriate wooden container, with a maximum capacity of 700 liters, for a period of no less than one year.

Aged Sapucaia. Depending on the conditions of the barrel or vat (dimensions, age of the container and type of wood), aged cachaça doesn't necessarily have much color.

Credit: Beard Studio.

PREMIUM AGED – Refers to 100% cachaça or aguardente aged in appropriate wooden containers of up to 700 liters for a period of no less than one year.

Barra Grande Premium 150 Years, produced in Itirapuã, in the state of São Paulo, is 100% aged in 200-liter European oak barrels, with a small percentage of cachaça aged in balsam.

Credit: Beard Studio.

EXTRA PREMIUM AGED– Refers to 100% cachaça or aguardente aged in appropriate wooden casks, up to 700 liters, for a minimum of three years.

Weber Haus Extra Premium, from the southern state of Rio Grande do Sul, is a balanced blend of cachaça aged for five years in European oak and a year in balsam, totaling six years.

Credit: Beard Studio.

CACHAÇA PACKAGED WITH WOOD FRAGMENTS – In December 2022, the then Ministry of Agriculture, Livestock and Supply defined new identity and quality standards for sugarcane spirit and cachaça. One of the major innovations was the authorization and regulation for using wood fragments to flavor the drink.

This packaging method allows cachaça to acquire new sensory notes from the wood fragments immersed in the liquid, without the product being labeled or perceived as aged. The aim of this process is to give the cachaça sensory characteristics specific to the wood used. The fragments can be used in their natural state or subjected to the roasting process, if they have not undergone combustion.

The addition of wood fragments to cachaça, especially with the help of micro-oxygenation equipment, can produce results in a short period of time, comparable to those of months or years of aging in vats and barrels. However, producers using this method must indicate it on the label.

The regulation of this practice and its control is aimed at making the use of wood more sustainable and accessible, especially endangered national species. Whisky, wine and rum producers already use chips linked to traditional barrel aging to improve the quality of the drink and reduce costs.

Engenho Nobre Xaxado, aged in amburana barrels and finished in French oak chips with intense toast.

Credit: Disclosure/Engenho Nobre.

SWEETENED CACHAÇA – We can add up to 6 grams of sugar per liter and still call the distillate cachaça. However, when the addition is higher than 6 g/L and lower than 30 g/L, the distillate should be classified as sweetened cachaça. Generally, this practice is associated with industrial production – an example is the well-known Velho Barreiro, whose label bears the information "Cachaça Adoçada" (Sweetened Cachaça"). However, there are some alembic cachaças classified as sweetened because they acquire sugar naturally during ageing in barrels.

Santo Grau P.X., aged in barrels previously used to produce Pedro Ximenes Jerez. For the 2012 vintage, the barrels naturally added sugar to the distillate.

Credit: Disclosure/Santo Grau.

SPECIAL RESERVE – The term "special reserve" may appear on the label when the cachaça has sensory characteristics different from those of the other cachaças produced by the producer, provided that these characteristics are duly demonstrated.

The Leblon Signature Merlet special reserve, a blend of cachaças aged in new 250-liter Limousin oak barrels for two to three years, signed by Frenchman Gilles Merlet.
Credit: Beard Studio.

EVERY CACHAÇA IS AN AGUARDENTE, BUT NOT EVERY AGUARDENTE IS A CACHAÇA

If you have understood the words "cachaça" and "aguardente" to be synonymous all your life, now it is time to discover the truth. No, they are not the same thing (although they can be equally delicious).

The word "aguardente" comes from the Latin words *ăqua* and *ardens - entis*, meaning "water of fire", and refers to alcoholic drinks that have been fermented and then distilled. You can find brandies made from different raw materials besides sugarcane, such as grapes, bananas, oranges, corn, rice, barley, potatoes, beet and manioc, among others.

Many countries have their own aguardente, representing the local gastronomic culture and history. France is known for producing Cognac. Germany for its schnaps. Scotland is famous for its Scotch. Peruvians and Chileans have pisco. The Koreans have soju. And cachaça is the typically Brazilian spirit, made from sugarcane.

Some older brands of cachaça make a point of emphasizing on the label that they are aguardentes. In the past, this was a way of differentiating the artisanal product from the industrialized one. Maria da Cruz was produced in Pedras de Maria da Cruz, Minas Gerais, by former Vice-President José Alencar.
Credit: Beard Studio.

WHAT ABOUT VODKA AND GIN?

Russians and Poles have yet to agree on which country invented vodka. Vodka is a neutral distillate with a subtle aroma and flavor, usually multi-distilled in a stainless steel column, and can be made anywhere in the world from wheat, potatoes, grapes, and even sugarcane. So, vodka, like cachaça, can be a sugarcane spirit. One example is Tiiv, Brazil's first organic vodka. It is made from sugarcane and distilled 10 times. This process results in a very different product from cachaça.

Gin, a distillate typical of the Netherlands, is usually made from grains and flavored with botanical ingredients (the main one being juniper, which is always present in any gin). The alcohol content in Brazil varies between 35% and 54%, and unlike our *caninha*, which can only be called cachaça if it is produced in Brazilian territory, gin is produced in many countries around the world.

Virga, Brazil's first artisanal gin, is made from sugarcane, as opposed to the European practice of using grain distillate.
Credit: Promotion/Virga.

Distillates made from raw materials other than sugarcane (e.g. bananas, jabuticaba, mangoes, cashews, etc.) cannot be called cachaça. In other words, a cashew distillate can be called cashew spirit but not cashew cachaça. The confusion arises because some informal producers label their spirits as cachaça. In these cases, be careful because distillates not registered with the Ministry of Agriculture and Livestock may contain impurities that are harmful to health, as well as high levels of methanol, especially in distillates made from fruits with a high pectin content, such as oranges, lemons and apples.

Summary of the differences between cachaça and brandy/aguardente

CACHAÇA	AGUARDENTE
It is produced by distilling the fermented must of sugarcane juice.	It is a distillate that can be based on grapes, cereals, corn, rice, potatoes, sugarcane... When made from sugarcane, it can be obtained from the simple alcoholic distillate or from the distillation of the fermented must of sugarcane juice.
All cachaça is an aguardente.	Not every aguardente is a cachaça.
Its alcohol content is between 38% and 48%.	In Brazil, the alcohol content is between 38% and 54%.
It is the exclusive name for Brazilian sugarcane spirit.	It can be produced anywhere in the world.

BLENDED CANE SPIRIT – When cane distillate with an alcoholic strength of 38% to 54% is mixed with other ingredients of vegetable or animal origin, it cannot be marketed as either cachaça or cane distillate. For example, a drink containing lemon and honey mixed with sugarcane distillate should be classified as an "aguardente composta" (or blended spirit).

TIQUIRA: THE MANIOC SPIRIT – Before the Portuguese arrived, the indigenous peoples of Brazil drank a fermented manioc drink called *cauim*, also known as *chicha de yuka* and *massato* by ancient Amazonian peoples. According to the German adventurer Hans Staden's account *Duas viagens ao Brasil* [Two Journeys to Brazil] (published in 1557), after cooking the manioc in large pots, the women chewed it, grinding it with their teeth and rolling it around the roof of their mouths. They chewed the cassava with a lot of saliva and spat it out into a clay pot filled with water. This mixture fermented with the help of bacteria in the saliva, resulting in a cloudy, thick drink with a taste like whey. The drink was consumed by both men and women during communal feasts and was part of the cannibal ritual before the great feasts. With the arrival of the Europeans came the stills, and the fermented cauim, after distillation, became the *tiquira* – originally from the Tupi word *tikira*, which means "liquid that drips".

The spirit is produced in several towns in Maranhão and is also popular in Tianguá, Ceará. Tiquira is originally colorless, but some producers add tangerine leaves or flowers during the distillation process, giving it a bluish color that tends to lighten over time. Other informal producers add a toxic dye called crystal violet (methyl violet), which gives the liquor a vivid purplish-blue color.

Tiquiras that are heavily colored with dyes or have crabs or other animals dipped in them are informal and won't kill you in one gulp, but they can give a massive headache the next day and serious health problems if consumed over a long period of time.
Credit: Beard Studio.

The more conservative say that Tiquira is the true Brazilian spirit, because manioc is truly national. To strengthen this identity and protect this heritage, producers in Maranhão are seeking a Geographical Indication (GI), which guarantees the origin and special qualities linked to the place of origin recognized by Inpi.

In Brazil, among the drinks distilled from manioc, only tiquira has its own legislation. It must be obtained from the distillation of the fermented must of this tuber and have an alcoholic content between 38% and 54%. One of the first formalized tiquiras on the market is Guaaja.

CATAIA: THE "CAIÇARA WHISKY"

Cataia seedlings in Ilha Comprida, São Paulo. The mixture with cachaça is popular on the southern coast of São Paulo and on the northern coast of Paraná.
Credit: Felipe P. C. Jannuzzi.

Very common on the northern coast of Paraná and the southern coast of São Paulo, this is a spirit based on the infusion of cachaça with dried cataia leaves. We found two distinct species, although sensorially similar, called cataia and used to prepare the recipe: *Pimenta pseudocaryophyllus* and *Drimys brasiliensis*. The first "caiçara whisky" was probably produced in 1985, when Rubens Muniz, owner of an inn and restaurant in Barra do Ararapira, a small fishing community near Cardoso Island in São Paulo, had the idea of adding this plant and sugar to a bottle of cachaça.

With medicinal attributes still being studied, cataia is popularly used to treat heartburn and poor digestion, heal wounds and cure sexual impotence. It is known that the two Brazilian species used in the recipe are rich in eugenol, an antiseptic and anesthetic substance widely used in the manufacture of toothpaste and present in some Brazilian woods used to age cachaça. The leaf of the cataia resembles laurel and has a flavor reminiscent of mate and clove. Cataia in Tupi-Guarani means "leaf that burns" and is also known as acataia, pimenta-d'água, capiçoba, capetiçoba, erva-de-bicho and pimenta-do-brejo.

"CACHAÇA DE JAMBU": THE NEW SYMBOL OF PARÁ – This blended spirit was popularized by Leodoro Porto, owner of the Meu Garoto bar in Belém. Inspired by his father and his cachaças blended with cinnamon, cloves, ibiriba and Amazonian plants, Porto has been experimenting with cachaça infusions for many years, and the one with jambu is his most successful creation. Jambu (*Acmella oleracea*) is a plant typical of the northern region of Brazil and plays a central role in the cuisine of Pará, where it can be found in delicacies such as tacacá and pato no tucupi (duck in tucupi).

With just one sip, the lips, tongue and roof of the mouth feel numb, thanks to spilanthol, a substance found in the plant. At the same time, there is a salty taste and a sensation of freshness, a very rich sensory experience that has ensured the success of the drink.

LARANJINHA CELESTE: SPECIAL REQUEST FOR PORTUGAL – Laranjinha Celeste, or Azuladinha, is a blended sugarcane spirit typical of Paraty and protected by Inpi with the Geographical Indication seal. The name refers to the slightly bluish final color, acquired by the addition of tangerine leaves or flowers during distillation in the copper alembic. The presence of the tangerine also lends subtle aromas and citrus flavors to the drink, as in the production of some tiquiras in Maranhão.

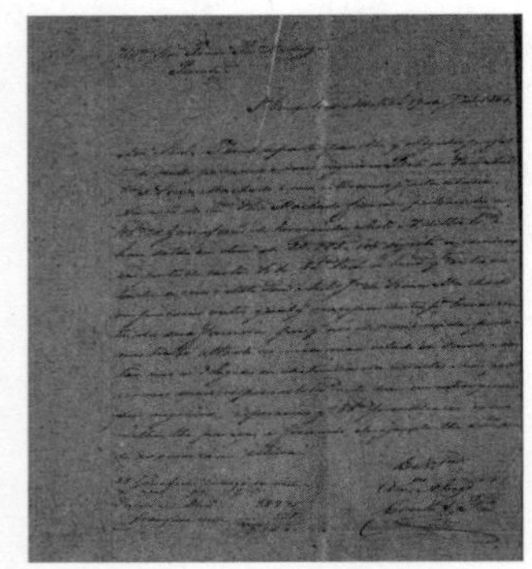

In the distillery of the producer Maria Izabel, in Paraty, we found a letter dated January 19, 1866, in which the stock of a drink called Laranjinha Celeste to be sent to Portugal is reported and the age of the recipe of the spirit is revealed. At the end of the letter, there is a request for 28 jugs of Laranjinha Celeste.

Credit: Rubens Kato.

PAU DO ÍNDIO AND THE PERNAMBUCO CARNIVAL – Olinda's Carnival would not be the same without Pau do Índio, the drink invented by Antônio Cardoso da Silva more than forty years ago, which has become the symbol of the Pernambuco city's revelers. In the 1970s, "Seu Cardoso" began to handcraft a mixture of 32 ingredients, including cachaça, herbs, honey, barley, spices, roots and guaraná.[6] "Pau do Índio" refers to the popular name for the guaraná stick added grated in the preparation of the drink. To fuel the legend, Cardoso is said to have dreamed of an indigenous man who taught him how to prepare the famous mixture. With a bitter and strong taste, high alcohol content (it contains cachaça with more than 45% alcohol) and consumed chilled in 200 ml or 500 ml bottles, the drink is said to have aphrodisiac and tonic properties, justifying its success among the revelers who go through the hillsides behind the carnival blocks.

CACHAÇA AND RUM: RELATED AND DIFFERENT

Although they share sugarcane as a raw material, rum and cachaça have their own production characteristics, origins and sensory aspects.

Rum is made from molasses, a by-product of the sugar industry that was once considered waste. Cachaça, on the other hand, is made from fresh sugarcane juice. Because of these differences, different esters, aldehydes and higher alcohols are formed during the fermentation process, changing the chemical composition and resulting in different distillates. Unlike molasses, which can be stored, garapa (sugarcane juice) must be used immediately after grinding to make cachaça.

It is important to note that sugarcane syrup should not be confused with molasses. The sugarcane syrup is dehydrated sugarcane juice, often used to sweeten desserts and coffee; in some parts of Brazil, it is consumed with manioc flour and ginger. Molasses, as mentioned above, is a byproduct of sugar production.

Cuba-libre with cachaça? The recipe, which calls for Coca-Cola, rum, ice and a slice of lemon, has a Brazilianized version with cachaça instead of rum, called the Samba in Berlin (or just Samba). Some say the cocktail is a tribute to Brazilians who fought in World War II.

Credit: Rubens Kato.

According to Brazilian law, cachaça can have an alcohol content between 38% and 48%. Rum, on the other hand, has different limits in Brazil and can have an alcohol content between 35% and 54%. Another important difference between the two spirits is the aging process. Both cachaça and rum can be consumed in a version that does not pass through wood, and for both drinks there are versions that are aged in barrels. But in addition to the fact that cachaça and rum behave differently during the aging process, cachaça is one of the few alcoholic beverages that is not aged exclusively in oak. Rum, on the other hand, is usually aged in oak barrels outside Brazil, and it is rare to find versions aged in other types of wood.

Despite the differences between the two spirits, until recently cachaça was known in the United States as Brazilian rum. In 2012, the Alcohol and Tobacco Tax and Trade Bureau (TTB), the U.S. government agency that regulates alcohol and tobacco commerce, recognized cachaça as a typically Brazilian beverage. Even so, there are still some restrictions for the drink to be marketed as cachaça in the country, such as a minimum alcohol content of 40% and some restrictions on the use of cornmeal in the fermentation process.

CACHAÇA, GRANDMOTHER OF RUM?

According to researcher Wayne Curtis in *And a Bottle of Rum: A History of the New World in Ten Cocktails*, this distillate would have appeared in the British Caribbean colonies in the 17th century. Probably in the mid-1640s in Barbados. The Caribbean rum industry grew out of the efforts of the Dutch, who were already producing sugar and spirit in Pernambuco and would have taken their sugarcane seedlings and distillation technology to Central America after being expelled from northeastern Brazil by the Portuguese.

Thus, the sugarcane distillate industry in Brazil is at least half a century older than the Caribbean brandy industry, making cachaça the "grandmother of rum".

In the Caribbean, in French colonized countries such as Guadeloupe, Martinique and Haiti, there is a special type of rum called rhum agricole, made from sugarcane juice. Although the Caribbean version has garapa as its raw material, it has important differences from cachaça, such as the alcohol content, which can reach 70%.

Summary of the differences between cachaça and rum

CACHAÇA	RUM
It is made from sugarcane juice.	It is made from cane molasses - except for rum Agricole, which can also be made from the juice.
It is produced only in Brazil.	It is produced anywhere in the world.
It is the first spirit in the Americas, produced on the Brazilian coast between 1516 and 1532.	There is evidence of production in Barbados, in the Caribbean, in the 17th century.
The alcohol content is between 38% and 48%.	In Brazil, the alcohol content ranges from 35% to 54%. In other parts of the world, it may be higher.
In addition to oak, it can be matured in various types of wood native to Brazil and exotic woods such as eucalyptus and jackfruit.	Traditionally aged in oak.

MORE ABOUT CACHAÇA

Why is cachaça unique? Sommelier Luís Otávio Álvares Cruz explains the characteristics that set cachaça apart from other spirits in the world.

CHAPTER 3

WHO MAKES THE CACHAÇA MARKET?

In addition to dedicated connoisseurs, the world of cachaça brings together more professionals than you might think. With their seriousness, research and commitment to promoting the cultural value of the drink, they all contribute in their own way to making the market more structured. Are they the perfect definition of those who have turned their passion into a profession?

CACHAÇÓFILO, CACHAÇÓFILA

A person who enjoys drinking quality cachaça, whether alone, sharing a shot with friends, or pairing the drink with a good meal. They don't overdo it, they don't embarrass themselves, and they don't swallow the drink in one gulp – they enjoy each sip, not least because cachaça evolves in the glass, changing its aroma and flavor over time, making each sip a new experience.

CACHAÇÓLOGO, CACHAÇÓLOGA

A university graduate, usually with a degree in agronomy, whose specialty is cachaça. He or she can study the production chain, the chemical and sensory qualities of the drink, marketing, the historical, cultural, gastronomic and anthropological aspects of the drink... This is the person who plays the role of oenologist in the world of wine.

There are some higher education and extension courses dedicated to cachaça at the Federal University of Lavras, in the state of Minas Gerais; at the Federal Agrotechnical School of Salinas, also in Minas Gerais; and at the Luiz de Queiroz School of Agriculture of the University of São Paulo (Esalq/USP), in the city of Piracicaba (São Paulo state).

CACHACISTA, CACHACIER, CACHAÇA SOMMELIER/ SOMMELIÈRE

A *cachacista* is a professional who can identify the sensory characteristics of different cachaças by sight, smell and taste. They are also called cachacier and sommelier (or sommelière) of cachaça.

Using their repertoire and knowledge of cachaça and other drinks, this person is responsible for selecting, purchasing and tasting the cachaça before it is served to the customer. One of their tasks is to create menus, usually divided by region of production or by the wood used to age the drink.

The profession of sommelier was regulated in Brazil by Law No. 12.467 of August 26, 2011, recognizing the importance of this work in an increasingly professional sector.

CACHACEIRO? CACHACEIRA?

In common sense, with a pejorative connotation, a cachaceiro is someone who consumes alcoholic beverages to excess, whether it is sugarcane spirit or any other alcoholic beverage, distilled or not. There is a movement in the market, led by Bruno Videira of Viva Cachaça, to associate the term with the producer of the distillate.

MESTRE ALAMBIQUEIRO OR ALEMBIC MASTER

The master distiller, or alembic master, oversees the entire production process of distilled alcoholic beverages such as cachaça, whisky, rum, gin and vodka. In the whisky world, they are also known as the distillery stillman. This person is responsible for the selection of raw materials and quality control throughout the production process. They are also responsible for creating and maintaining recipes for the drink.

Master Distillers or Alembic Masters are also responsible for maintaining the distillery facilities and equipment. They also train employees in production techniques. They are experts in distillation and have in-depth technical and creative knowledge to create new drinks or improve the quality of existing ones.

In the cachaça market, the alembic master oversees the entire cachaça production process, especially the final stage of distilling the cane wine. In artisanal distillation, which takes place in a copper alembic still, the *mestre alambiqueiro* (alembic master) is responsible for separating the desirable from the undesirable fractions of the spirit.

Gabriel Foltran, alembic distiller, or alembic master of Patrimônio and Engenho Pequeno cachaças, from Pirassununga, São Paulo.
Credit: Leo Feltran.

CELLAR MASTER OR MASTER BLENDER

Cellar masters are the market professionals who master the aging of spirits, especially the influence of different woods on the sensory characterization of the drink. Generally, they oversee signing blends, which are mixtures of cachaças aged in different barrels that make up a new batch.

The role of the cellar master or master blender is to create an identity for the cachaça, inventing combinations between different types of wood and maintaining balance, harmony and, above all, standard between different batches and vintages.

In the cachaça market, cellar masters are professionals who are gaining recognition for the discovery of new techniques using Brazilian woods, such as barrel toasting and aging techniques such as soleira.

The work of the master blender is crucial to produce quality cachaças and requires a combination of technical skill and creativity, as well as a thorough knowledge of the aging process in wooden casks.

STANDARDIZERS AND BOTTLERS

Many cachaça brand owners don't carry out all the stages of production and buy cachaça from suppliers. They don't need sugarcane plantation, fermentation vats, distillation or aging facility. Generally, these cachaças are redistilled in copper stills and bottled in the production unit of the standardizer.

The standardizer is the professional usually installed in regions with several small production units, organized in cooperatives, which centralize stills for redistillation and bottling machinery in one place. In other cases, cachaça can also be made to order, with the owners of the brand responsible for promoting the drink.

COOPER

Some professionals in the cachaça market are finding more opportunities as consumers' palates become more sophisticated and cellar masters more demanding. The aging of spirits in wooden barrels can account for more than 90% of the sensory characteristics of the drink, so it's not hard to understand the growing importance of the cooper in the cachaça market.

This professional is responsible for making and restoring barrels, vats and wooden containers. The craft originated in Europe, where it was professionalized to meet the demand for barrels for the wine aging process. In the 19th century, some of these artisans migrated to Brazil and began making containers for storing cachaça.

It is possible to find cooperages all over the country with different levels of professionalism, but the art has developed mainly in the Atlantic Forest region,[7] due to the greater use of wood from this biome in the creation of casks, vats and barrels for aging cachaça.

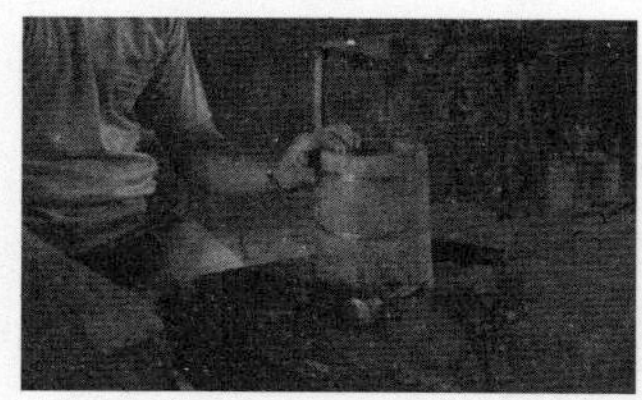

The Dornas Havana cooperage in northern Minas Gerais produces barrels and vats from Brazilian wood.

Credit: Felipe P. C. Jannuzzi.

DISTRIBUTOR

After all the stages of cachaça production, the distributor comes into play, responsible for marketing the drink. In most cases, they have a commercial relationship and buy the cachaça directly from the production unit and resell it to bars, stores, restaurants, supermarkets and online stores.

In addition to knowing the main brands, the distributor needs to be acquainted with the details of taxation, legislation, logistics and foreign trade. Due to the lack of information about cachaça in the market, they also play an important role in educating consumers about the qualities of the drink and the differences between the various cachaças available.

BARTENDER

Bartenders are market professionals who work in bars and other establishments where alcoholic beverages are served. They play an important role in the chain, as they are the market professionals in direct contact with the consumer. They encourage the conscious consumption of cachaça by being innovative in mixing different ingredients with the cane spirit.

For many years, cachaça has been losing ground to other drinks in the cocktail world. Even the caipirinha is made with vodka, rum or even sake. It is up to the bartender to show consumers the spirit potential as a base for traditional cocktails and to create new recipes that consolidate cachaça as a fundamental ingredient in Brazilian cocktails.

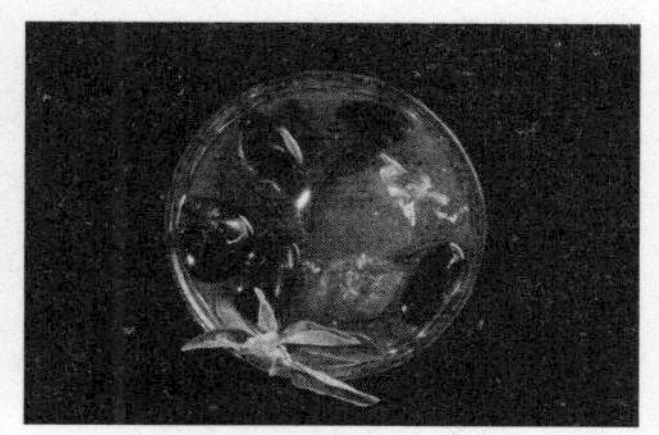

Jabuticaba *caipifruta* (fruit caipirinha) prepared with Santo Mario Ouro cachaça.

Credit: Gustavo Maciel.

Morena flor, cocktail with cashews and Princesa Isabel Prata cachaça, by bartender Adriana Pino.

Credit: Rubens Kato.

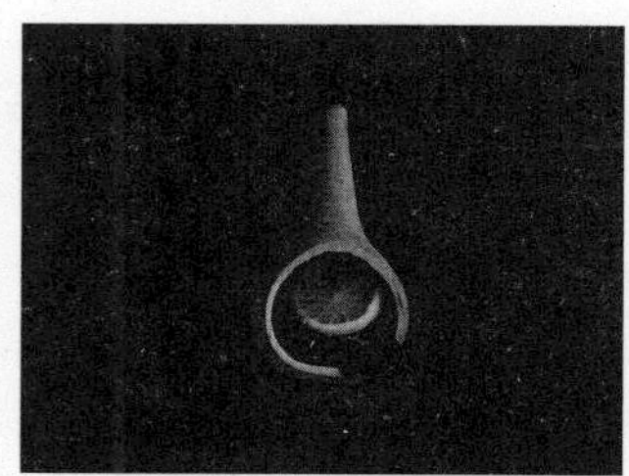

Santo Grog with Santa Terezinha Sassafrás cachaça, by Laércio Zulu.

Credit: Gustavo Maciel.

MORE ABOUT CACHAÇA

In this video, Felipe P. C. Jannuzzi explains how the cachaça market has developed in recent years, even though the drink has been around for five centuries.

In this video, consultant Isadora Fornari, known as Isadinha, discusses cachaça's profit potential in gastronomy.

CHAPTER 4

NAMES, NICKNAMES AND SYNONYMS FOR CACHAÇA

Throughout history, we have come across different names for the sugarcane spirit produced in Brazil. For example, *augoa ardente* (document from Bahia, 1622), *agoardente* (document also from Bahia, 1643), *aguardente da terra* (document from Bahia, 1646), *jeritiba* (document from Bahia, 1689), *geritiba* (document from Luanda, Angola, 1688), *pinga* (document from São Paulo, 1860) and *caninha* (document from São Paulo, 1867).

There are several hypotheses as to why the term cachaça was made official as the name of the Brazilian sugarcane distillate, all of which refer to a drink born with an inferiority complex.

The first mention of the word "cachaça" is in a letter written by the Portuguese poet Sá de Miranda to Antônio Pereira in the 16th century. But the poet was referring to an inferior grape spirit, not the distillate produced in Brazil: *Ali não mordia a graça./ Eram iguais os juízes./ Não vinha nada da praça./ Ali, da vossa cachaça! Ali, das vossas perdizes!.*[8]

In *Cartas Chilenas* (late 18th century), the poet and lawyer Tomás Antônio Gonzaga first mentions the word "cachaça" as a product of Brazilian origin: Outros mais sortimentos, que não fossem/ Os queijos, a cachaça, o negro fumo./ [...]/ Pois a cachaça ardente, que o alegra,/ Lhe tira as forças dos robustos membros.[9]

Other terms of different origins may also have influenced these names:

- "Cachaza" or "cachaça", the name given to the grape spirit produced in Portugal and Spain. The word would refer to the bunch of grapes, just as the word "bagaceira" (another grape brandy popular in Portugal) is associated with the berry of the fruit.
- "Cagaça", "cagassa" or "caxaça" were terms that referred to the sugarcane juice used to feed the animals in the feeding trough. They also referred to the foam produced by the first boiling of the garapa.
- "Cacher" came from the French verb cacher, which means "to hide". During many centuries of persecution and prohibition, cachaça was produced and consumed in secret.
- "Cachaço" was the name given to the wild pig; its female was the cachaça. The animal's tough meat was tanned in aguardente.

THE REASONS BEHIND NICKNAMES

Over time, the Brazilian people have created and incorporated various terms to designate the famous national spirit. Some of these words were coined to circumvent Portuguese controls when cachaça was forbidden in colonial lands. Others are regional ways of affectionately portraying the drink. Some have been lost over time, others have become part of our culture, and many are still in dictionaries and books, in a universe of more than 700 names.

AGUARDENTE DA TERRA (HOMELAND SPIRIT) – In colonial Brazil, cachaça was called aguardente da terra, or Homeland spirit, while bagaceira, a grape distillate produced in Portugal, was called aguardente do Reino (Kingdom spirit).

BENDITA (BLESSED) – When we talk about sipping cachaça, we're reminded of a nickname that comes from São Benedito. An Italian descendant of slaves, he was adopted as the patron saint of cachaça.

BREJEIRA – This is the name of the artisanal drink in Paraíba, referring to the small producers of alambic cachaça in Brejo Paraibano, the traditional production region of the state.

CACHAÇA DE CABEÇA (HEAD CACHAÇA) – Cabeça is the distillation fraction of cachaça that has a high alcohol content and components that are harmful to health. Consuming it is not considered safe, although in many regions of Brazil informal stills sell this cachaça de cabeça. The name has caught on but avoid drinking it because it doesn't indicate a quality product.

CAFÉ-BRANCO (WHITE COFFEE) – As we have seen, cachaça was banned from production and consumption on several occasions. To fool the authorities, it was consumed at the counter, in coffee cups. Just go up and ask for a café-branco. They would say that the cup came with a saucer, but without the little spoon for stirring.

CAIANA OR CAYANA – These names refer to varieties of the sugarcane species Saccharum officinarum, characterized by its high sugar content and low fibre content. It is also sensitive to disease and demanding in terms of climate and soil. The association between the raw material and the product was soon established, and caiana became synonymous with cachaça.

JANUÁRIA – In the middle of the 20th century, Januária was the main benchmark for artisanal cachaça in the north of Minas Gerais. But increasing demand and falling quality meant that the city lost its title as the cachaça capital to Salinas. The synonym, however, is still valid.

MARTELO OR MARTELINHO (LITTLE HAMMER) – Cachaça is also sometimes called by the names given to the 60 mL glass (martelo, martelinho > hammer, little hammer) usually used for drinking in bars and pubs. It is customary to bang the glass on the table after pouring a shot - the reinforced base can withstand the "hammering".

Martelinho (little hammer) is also known as *olé*.
Credit: Rubens Kato.

MARVADA (NAUGHTY) – A good cachaça should not burn the throat or harm the drinker. However, some products of dubious quality have given the drink a reputation for being bad. From there, it was only a step to *Marvada*.

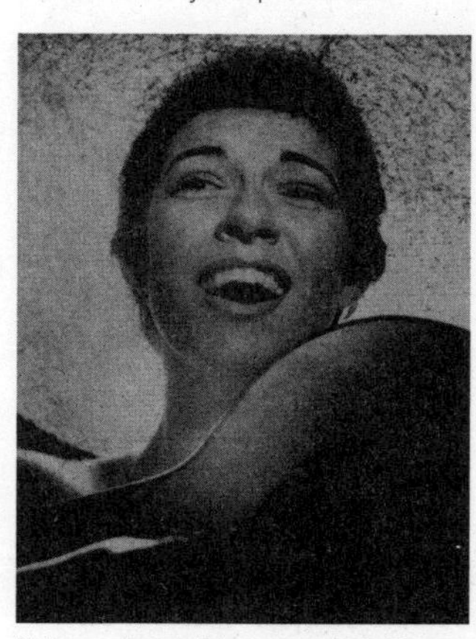

"Co'a marvada pinga é que eu me atrapaio/ Eu entro na venda e já dô meu taio/ Pego no copo e dali num saio/ Ali memo eu bebo, ali memo eu caio/ Só pra carregar é queu dô trabaio, oi lá!".[10] "Moda da pinga" is a pearl of popular songs. It was recorded in 1953 by singer-songwriter Inezita Barroso.
Credit: National Archives, public domain, via Wikimedia Commons.

MÉ – The word would refer to sugarcane honey or "from the houses where honey was baked", as the sugar and aguardente mills were called. The synonym was popularized by the comedian Mussum, from *Os Trapalhões*, in the 1970s and 1980s. Another reference for the word would be the home remedies called *mezinhas*. Some of these popular remedies contained cachaça.

MORRETIANA – This cachaça's nickname comes from Morretes, a municipality in the State of Paraná that used to be an important center for producing sugar and distilled sugarcane. Its reputation as a producer of quality cachaça was not limited to Brazil, but reached Argentina, Uruguay and Chile. There are records of exports to these countries dating back to the 19th century. The few remaining brands in the city honor Morretes history by producing excellent alambic cachaças cachaças.

PARATY – The fame of this Rio de Janeiro town as a producer of cachaça has grown so much that it has become synonymous with the drink. Official documents show that Paraty's distillate was already highly regarded in colonial times. "The passage through it to Minas and the quantity of sugarcane spirit produced there give it its well-known opulence", wrote D. Antônio Rolim de Moura, Count of Azambuja, governor of Goiás and Mato Grosso, in 1750.

John Luccock, an English merchant, noted in 1818 that Paraty "has a considerable trade with the capital; its spirit is widely accepted".

After that, in 20th century, mentions of Paraty as a synonym for cachaça appeared in popular culture: *Farinha de Suruí/ Pinga de Parati/ Fumo de Baependi/ É comê bebê pitá e caí*[11] wrote the modernist writer Oswald de Andrade in *Relicário* (1924). In the 1934 carnival song *História do Brasil* (History of Brazil), Lamartine Babo wrote: *Ceci amou Peri/ Peri beijou Ceci/ Ao som.../ Ao som do Guarani!/ Do Guarani ao guaraná/ Surgiu a feijoada/ E mais tarde o Paraty.*[12]

"He put on a striped shirt and went out/Instead of drinking tea with toast he drank parati", sang Carmen Miranda in the famous samba 'Camisa listada', by Assis Valente, in 1937.
Credit: author unknown, public domain, via Wikimedia Commons.

PINGA – The word "pinga" refers to the distillation in a copper alembic, where the sugarcane is heated in a pot and its steam is cooled and slowly condensed, coming out in drops. In cities like Paraty and in the interior of Minas Gerais, pinga is synonymous with quality cachaça. Elsewhere – in the state of São Paulo, for example – the name is associated with an inferior or industrialized spirit, taking on a pejorative meaning. It is not for nothing that in the composition of Inezita Barroso, a native of São Paulo, it was called "Marvada", or "Naughty".

According to the book *Maurício ou os paulistas em São João del-Rei* (1877), in the 18th and 19th centuries, the word "pinga" indicated a measure corresponding to a dose. At that time, a person would drink "uma pinga de vinho", in other words, a glass of wine. In warehouses and taverns, cachaça was sold, and gradually the word "pinga" became a synonym.

Coqueiro Distillery, one of the oldest in Paraty. In this Rio de Janeiro town, pinga is synonymous with quality artisanal cachaça.

Credit: Rubens Kato.

SALINAS – The fame of local production in Salinas, in the north of Minas Gerais, led to the city becoming synonymous with artisanal cachaça in the 1940s. The Salinas World Cachaça Festival is held every year to celebrate this important economic activity in the municipality.

CELEBRATIONS

With so many names and so many stories, it is no wonder that cachaça is celebrated on two different dates. National Cachaça Day, celebrated on September 13, refers to the Cachaça Revolt, a conflict that took place in Rio de Janeiro between producers and the Portuguese government. The reason for the revolt was the Portuguese colonizers' prohibition of the cachaça trade, which was detrimental to their interests. The choice of date is no coincidence: it refers to the Royal Charter of September 13, 1649, which made this restriction official, allowing production only for the consumption of enslaved people. The cachaça revolt marked an important episode of resistance, highlighting the economic and cultural role of the drink in colonial Brazil. And on May 21, Cachaça Mineira Day is celebrated, as Minas Gerais has the highest number of producers of the beverage. The date was chosen because it marks the beginning of the sugarcane harvest in the state.

MORE ABOUT CACHAÇA

Professionals involved in the business of cachaça are working hard to dispel its reputation as a "naughty drink". Join consultant Isadora Fornari and restaurant owner (and caipirinha expert) Nina Bastos.

CHAPTER 5

CACHAÇA, HEALTH AND RELIGION IN POPULAR CULTURE

As we saw at the beginning of this book, the word "spirit" was first used to describe spirits in the Middle Ages, to extol their invigorating properties. The terms *aqua vitae* (Latin), *eau de vie* (French), and *uisce beatha* (Gaelic) are also derived from the word, meaning "water of life". Alchemists believed that distillates held the secret of immortality.

It is known that in the 19th century, imperial troops and enslaved people were given doses of cane spirit as a tonic for its caloric potential and its intoxicating and sedative effects. A bugle call would announce the arrival of the drink.

Use the QR Code to access the video with Leo Bosnic playing the cane spirit ad.

THE TRADITION OF GARRAFADAS

In urban markets throughout the country there are the so-called *garrafadas* – mixtures of cachaça with fruits, roots, herbs or even crabs, insects, bats and fish fins. In the context of popular culture, they are considered treatments for physical, mental and spiritual ailments and are part of the knowledge heritage of indigenous and African peoples. In some cases, the indications for mixtures find support in the field of phytotherapy. However, it should be noted that there is no scientific proof of the efficacy of garrafadas, and care should be taken with the origin of the ingredients used.

According to popular belief, drinking cachaça with snakes or venomous scorpions can confer immunity to their poisons. In the photo, some of these infusions at the Jannuzzi family still, in Caçapava, São Paulo.

Credit: Rubens Kato.

At the Cachaça Museum in Paty do Alferes, in the interior of Rio de Janeiro, you will find cachaças with various herbs and barks infused.

Credit: Felipe P. C. Jannuzzi.

Religious rituals

The relationship between cachaça and religiosity has generated various practices related to the drink, as well as "sanctified" or "demonized" nicknames, such as devil's urine, saint's urine, blessed and holy water.

FECHA CORPO FROM MONTE ALEGRE DO SUL[13]

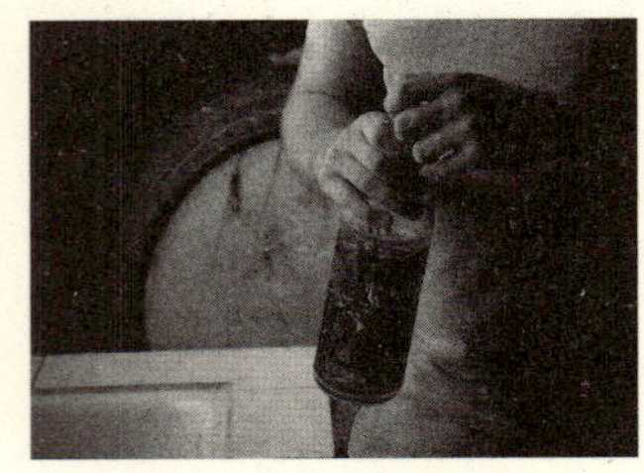

Many cachaça producers in the interior of São Paulo offer their versions of Fecha Corpo with cachaça, guiné and rue for free during Holy Week.

Credit: João Lucas Leme.

In this small town in São Paulo, 130 kilometers from the capital, every Good Friday hundreds of visitors take advantage of the religious holiday to participate in the Fecha Corpo ritual. Zezé Valente, a long-time resident, pioneered the practice more than seventy years ago, when he learned from the descendants of enslaved people the recipe for a mixture of cachaça tanned in Guinea and rue picked the night before. The magic lies in taking the mixture on an empty stomach, in odd doses, to guarantee protection from the evil eye, envy and disease for at least a year.

Zezé's relatives still follow the tradition, as do the city's shops and local cachaça producers, each with their own variation on the recipe.

DOSE PARA O SANTO OR A SIP TO THE SAINT

One of the most traditional customs with cachaça is to "give a sip to the saint". It is inspired by the Libatio ritual, a gesture practiced by the Greeks over two thousand years ago, when they poured water, wine or perfumed oil on the floor or altar as an offering to the gods.

In Brazil, the custom was brought by the Jesuits and adopted by the enslaved, who drank aguardente to fight the cold in the sugarcane fields and even as a stimulant or medicine. Among the saints honored is São Benedito, the patron saint of cachaça.

With the popularization of the drink in Brazil, cachaça began to be used as an offering in African religions, such as candomblé, to ask for the protection of the *orixás*.[14] *Onilê*, whose name is composed of *oni* ("lord" in Yoruba) and *ilê* ("house", "yard"), is the *orixá* known as the guardian of the planet, Mother Earth. To ask for liberation and protection, a shot of cachaça is poured to please *Onilé*. In the book *Tenda dos Milagres* [Tent of Miracles], Jorge Amado wrote: *Cheiro de folhas de pitanga e uma cachaça envelhecida em barrilete de madeira perfumada. Num canto da mansarda, uma espécie de altar, [...] em lugar de imagens; o peji de Exu com seu fetiche, seu irá. Para Exu, o primeiro gole da cachaça.*[15]

SÃO JORGE

In syncretism, Saint George corresponds to *Ogum*, the companion of *Iansã*, who had to get him drunk to escape with *Xangô*, his brother. For this reason, altars dedicated to São Jorge, or Saint George, often have alcoholic beverages next to the image.

RIO VERMELHO RITUAL

In the small district of Morro Vermelho, in Caeté, Minas Gerais, a ritual more than two hundred years old is celebrated every Ash Wednesday. Devout men (women and children are not allowed) gather at the Matriz de Nossa Senhora de Nazaré to wash the image of Senhor dos Passos with cachaça. The 1.85-meter wooden sculpture is stripped naked and bathed in cachaça brought by the participants. The liquid that drips from Christ's head, hands, arms, legs and feet is collected and, since it is considered sacred, consumed to cure illnesses and wounds. It is also believed that the cachaça helps to preserve the image, the only sacred piece in the church not eaten by termites.

MORE ABOUT CACHAÇA

The traditions surrounding cachaça abroad are part of a much larger context of interest to lovers of the Brazilian spirit. Join us in the video with international consultant, professor and lecturer Jairo Martins and cachaça importer and Europe distributor Letícia Nöbauer, known as "Frau Cachaça".

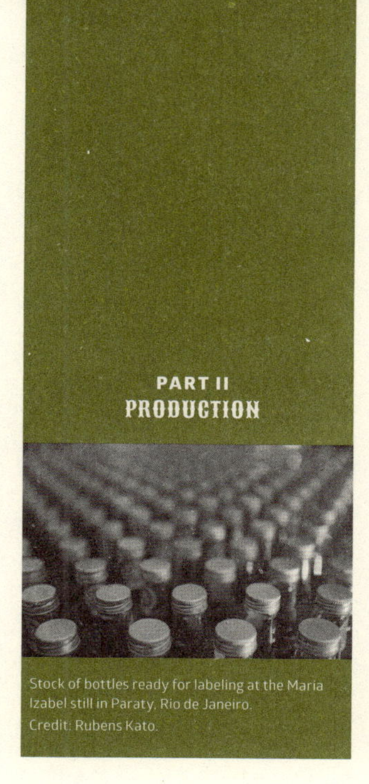

Stock of bottles ready for labeling at the Maria Izabel still in Paraty, Rio de Janeiro.
Credit: Rubens Kato.

CHAPTER 6

CACHAÇA REGIONS

Brazil has several cachaça regions. These places renowned for producing sugarcane distillate didn't settle by chance. Their features say a lot about the drinks they produce.

Like great wines, beers and whiskeys, some cachaças have an intimate relationship with their place of origin. The sensory experience becomes even richer when we learn to identify the regional characteristics present in a good sip of pinga. Confirming this idea, in 2016, researchers from the Federal University of São Carlos (UFSCar) and USP demonstrated that it is possible to develop scientific methods to identify the geographical origin of cachaças based on chemical markers with up to 86% accuracy. With the help of science, it is possible to define for cachaça something like the concept of terroir applied to French wines or Mexican mezcal, where climatic, historical and cultural factors impart unique characteristics to the drink. In contrast to industrialized cachaça production, which is aimed at large volumes, some artisanal producers give their drink a way of expressing traditions, revealing aromas and flavors, and teaching us more about the local culture.

With so many brands on the market, the challenge is to evaluate those special cachaças that not only have their own identity, but also somehow represent their place of origin. In the process of mapping the producers, we tried to identify three aspects that help decipher the terroir, or as we prefer, the territory of each cachaça: the physical, the cultural and the political.

PHYSICAL

Climate, topography, soil, rainfall, sunlight, sugarcane variety, altitude, water profile and cellar aging conditions are all factors that influence production.

We can also consider the role of yeasts and autochthonous bacteria - natural environmental microorganisms responsible for fermentation. The physical aspects become even more relevant for cachaça because it is, in most cases, a mono-distilled drink. In other words, distillation does not compromise the role of the raw material and fermentation in defining the sensory profile of the drink, as happens with vodka, a multi-distilled drink.

From top to bottom, a view of the Maria Izabel sugarcane plantation in Paraty (on the coast of Rio de Janeiro), the Mato Dentro distillery in São Luiz do Paraitinga (in the interior of São Paulo) and the Salinas savannah (in Minas Gerais). Different territories, different cachaças.

Credits: Rubens Kato (Paraty) and Gabriela Barreto (São Luiz do Paraitinga and Salinas).

CULTURAL

The French have been very successful in combining the terroir of wine with a local culture of production, the so-called savoir-faire. In different parts of Brazil, we also find traditional customs and recipes that influence a whole palette of colors, aromas, flavors and sensations for some regions.

Among the specific cultural aspects, it is possible to highlight the use and cultivation techniques of certain varieties of sugarcane, the addition of substrates for natural yeasts during fermentation (cornmeal, rice bran, soy or cassava), the selection of certain types of yeast, the knowledge of aging techniques in wood according to local customs or conventions, the use of stills of different sizes and shapes and the definition of the alcohol content of cachaça.

In Southern Brazil, for example, cachaça is milder, with an alcohol content between 38% and 40%. In the Northeast, the cultural preference is for a stronger cachaça, over 44%.

Throughout Brazil, we see a new generation using modern technology to improve the recipes of their ancestors and enhance the value of the distillate, without losing the tradition.

POLITICAL

While there is the physical aspect of the land and the cultural aspect of practices passed from father to son, there is also the political aspect within the concept of territory. Political organization is established when environmental, historical and economic factors favor the creation of clusters of small and medium producers in the same region. Important centers for the movement of people and goods in past centuries are still important hubs to produce artisanal cachaça.
It is the association of these regional producers, linked to cultural identity and without necessarily committing to a national division, that strengthens the identification of a territory. It is the organization of these producers in defense and appreciation of their local identity that contributes to the diversity of *Cachaça de Alambique*.

PARATY, RIO DE JANEIRO

Paraty has always been one of the country's main cachaça production centers. Since the 16th century, sugarcane was brought to the coast of Rio de Janeiro, where the Azoreans spread the technique of distilling molasses and fermented cane juice. With the help of enslaved Africans and indigenous Guaianás, sugarcane was planted in the hills of the Serra do Mar. The rugged geography and numerous rivers favored the construction of water wheels for milling and extracting the juice.

A report from the Paraty Public Collection states that in 1790 there were already records of 87 distilleries. In 1778, 1,554 barrels (1 barrel = 490 liters) of cachaça were produced. According to the City Council, 6,000 barrels were produced in 1869 and 1870. However, the opening of the D. Pedro II Railroad (1870), the abolition of slavery (1888) and the coffee crisis (at the end of the 19th century) led to the collapse of the local industry. The revival began in the 1970s with the construction of the Rio-Santos highway, which brought visitors from all over the world. Today, encouraged by tourism, six stills produce cachaça in the city: Pedra Branca, Paratiana, Coqueiro, Corisco, Engenho D'Ouro and Maria Izabel.

Traditional Paraty production uses the Mulatinha variety of sugarcane, which has grown in the region's hills for centuries. The constant rains of the Serra do Mar wash the cane, resulting in a low sucrose content in the garapa. Unlike other regions of Brazil, where the by-products of sugar production (such as molasses) were used to make spirits, Paraty has always used sugarcane juice (garapa) directly in the production of its spirit. This use of sugarcane juice has given Paraty a reputation for producing excellent spirits, making the city's name synonymous with cachaça.

Fermentation is done with wild yeasts propagated with cornmeal, although some producers use modern practices such as selected commercial yeasts. Aging is traditionally done in amendoim, jequitibá-rosa and European oak barrels. Recently, to cater to tourists from all over Brazil and the world looking for cachaça profiles other than the traditional Paraty, some producers have begun to use unconventional woods from the region, such as balsam and amburana. Storage near the sea gives some of the region's cachaças a salty taste, adding another layer of complexity to their unique flavors.

In the first half of 2024, Inpi recognized Paraty's cachaça as the first Brazilian distillate to receive the seal Denomination of Origin.

The high quality of the drink is reflected in the sweetness of the sugarcane, the fruity aromas, the strong presence of bagasse and molasses, and the warm, refreshing sensation that each sip evokes.

On Engenho D'Água beach in Paraty, there is an old water wheel covered by the Atlantic Forest. The wheel, more than 5 meters in diameter, reveals the city's historical importance as a sugarcane spirit producer.

Credit: Felipe P. C. Jannuzzi.

GABRIELA, CRAVO E CANELA: A CLASSIC OF PARATY

In 1982, the movie version of Jorge Amado's book *Gabriela, Cravo e Canela*, in English *Gabriela, Clove and Cinnamon*, was filmed in Paraty. Although the story takes place in Ilhéus, Bahia, the historic center of the city was the ideal setting for the plot of the title character, Gabriela, played by Sonia Braga. During the months of filming, such an intense bond was formed between the crew and the people of Paraty that the locals decided to pay homage to the work: the creation of a spirit made with cloves and cinnamon, called Gabriela. Locals say that the first version of Gabriela was invented by Antônio Carlos di Conti. Having had a great success, it was added to the portfolio of almost every cachaça producer in the city. The first bottle was made by the Mello family, producers of the traditional Coqueiro cachaça.

Jorge Amado drink, made with lemon, passion fruit, sugar and Gabriela cachaça.

Credit: Rubens Kato.

MORRETES, PARANÁ

Located on the coast of Paraná, the city of Morretes is surrounded by the Atlantic Forest and the Marumbi Mountain Range. In 1991, the United Nations Educational, Scientific and Cultural Organization (UNESCO) recognized the region as a Biosphere Reserve of the Atlantic Forest, due to its ecological heritage. Its importance in the past as a producer of cachaça, sugarcane syrup, *rapadura*[16] and sugar was such that, by order of King Pedro II, the city now has the Engenho Central, inaugurated on June 2, 1878. In 1914, it was sold to the Malucelli family and became known as the Engenho dos Malucelli. Today it is abandoned, degraded by time and overgrown by weeds, to the detriment of both local and national history.

There are records dating back to 1842 of cachaça from Morretes being exported to Argentina, Uruguay and Chile. But in the last decades of the 20th century, excessive taxation led to the closure of dozens of distilleries set up by Portuguese and Italian immigrants along the Estrada do Anhaia. Along this road, you'll find a 12-meter diameter water wheel no longer in operation, as well as the ruins of 19th century mills and wooden casks with a capacity of more than 15,000 liters. After Anhaia, you can also visit the Engenho do Diquinho, which has been in operation since 1948.

Morretes cachaças are made from sugarcane, locally known as havaianinha. The fermentation process uses natural yeasts found in the must or baker's yeasts, as well as selected strains with high fermentation efficiency. After fermentation, the cachaças are aged in European and American oak barrels.

The cachaças have a mild alcohol content and a yellowish color that varies between golden and dark caramel. Aging in oak gives them sweet notes of vanilla and honey, as well as a fruity profile reminiscent of bananas and dried fruit. Spicy aromas complement the palate, resulting in a velvety, fresh texture. These sensory characteristics make Morretes cachaças stand out on the national scene, especially the premium and extra premium varieties aged in oak.

In 2023, the city won the Geographical Indication for its cachaça, after years of efforts to regularize and organize the producers.

The old Malucelli mill in Morretes, one of the first central mills in Brazil. Central mills were able to process large quantities of sugarcane more quickly and produce sugar, molasses and cachaça.

Credit: Felipe P. C. Jannuzzi.

BREJO PARAIBANO, PARAÍBA (NORTHEAST)

Cachaça production in Brejo Paraibano dates to the 18th century. Traditional production techniques, preserved since colonization, are still used today, with some innovations. The culture of the mills is a central element of regional identity, influencing customs and the economy.

Paraíba inherited the Pernambuco tradition of planting sugarcane and building sugar mills to produce rapadura and cachaça. Sugarcane seedlings crossed Itamaracá at the end of the 16th century and reached the floodplains of Paraíba's rivers. Initially, the sugarcane culture was established on the coast, and with the advance of the migrants, also in the interior of the state, with small and medium mills producing sugarcane by-products in the Paraibano Agreste.

According to the book *Capítulos de geografia agrária da Paraíba*, in the early 1990s, sugarcane accounted for 45.7% of the state's agricultural production, making the state the fourth largest producer in the country. At the end of that decade, the sugarcane economy, which depended on public resources, went into crisis, and important mills (such as Santa Maria and Santa Helena) declared bankruptcy. The crisis in the sugar mill sector encouraged investment in the aguardente mills of Agreste Paraibano, especially in the Brejo Paraibano micro-region, where more than sixty cachaça-producing mills distil millions of liters per year.

Thanks to the high altitude, the proximity of the Atlantic Forest and the high rainfall, the mild climate makes Brejo Paraibano an ideal region to produce cachaça. These conditions are particularly favorable for the fermentation of sugarcane wine. In addition, local producers maintain the tradition of using wild yeasts during the process, although some larger producers prefer indigenous yeast selection techniques.

A distinctive feature of the Paraíba distilleries is the aging of the cachaça in large Freijó barrels, a Brazilian wood that helps preserve the color, aromas and purity of the drink, as well as the vegetal, fruity and sweet characteristics of the spirit, which is often bottled at high alcohol content. European oak barrels are used to age cachaças, and in recent years new experiments have been made with blends of Brazilian woods, such as amburana.

WATER CIRCUIT AND MOUNTAIN TOWNS, SÃO PAULO (SOUTHEAST)

The State of São Paulo is known to produce industrial cachaças, but the Circuito das Águas (Water Circuit) region and mountain towns have been producing artisanal cachaças for many years. Towns such as Monte Alegre do Sul, Amparo, Socorro, Bragança Paulista, Serra Negra and Lindoia are home to family estates that began this activity in the first half of the 20th century, impelled by the coffee crisis in 1929.

Fertile land, a favorable climate and terrain, excellent river water and the labor of European immigrant families all contributed to the popularization of cachaça mills in the state. However, with the arrival of large ethanol and sugar mills beginning in the 1950s, leasing land or supplying sugarcane to the industry proved more profitable for these small cachaça producers. The favorable economy for ethanol production and the high taxes for cachaça production were the main factors that led to the disappearance and to a high level of informal production of São Paulo's distilleries. According to our mapping, there are more than 120 producers in this area, and many of them do not have any prospect of getting out of informal production.

São Paulo's artisanal cachaças are made with genetically modified sugarcane. (The abundance of sugarcane found in the hinterland of São Paulo is mainly used for ethanol and sugar production). The yeasts used for fermentation are wild, and in most cases caipira[17] yeast is used. However, despite this tradition, the most prominent brands in the market opt for selected yeasts. Storaged is mainly done in jequitibá-rosa and amendoim barrels.

Most producers prefer to age in old European oak barrels, while new producers are now investing in new American oak barrels with toast. As a result, the profile of this region is changing, with a variety of flavors. The cachaças are generally milder, and the producers have a diverse portfolio to appeal to different audiences.

LUIZ ALVES, SANTA CATARINA (SOUTH)

The production of artisanal sugarcane spirit in Santa Catarina began with the Azorean colonization of the coast, in cities such as Laguna and Araranguá, and intensified with the arrival of Europeans in the Itajaí Valley, especially in Luiz Alves, known as the national capital of cachaça. The tradition of producing sugarcane spirits, distilled in copper stills in Luiz Alves, began in the 1930s with German, Dutch and Italian families.

Initially, sugarcane was mainly grown to produce sugarcane syrup, and the surplus was used to make aguardente. Although the law of 2005 stipulates that cachaça can only be made from the fermented must of sugarcane juice, tradition and the preference of the region's consumers have led the state's producers to prioritize spirit made from sugarcane syrup, even though this method is more laborious and expensive. Cachaça made from sugarcane juice is also produced by local distilleries, but it accounts for only 30% of total production.

In the middle of the 20th century, sugarcane cultivation was an important activity in Santa Catarina. Many small farmers produced brown sugar, sugarcane syrup and cachaça and sold cane to Usati, the largest sugar refinery in the south of the country, responsible in the 1980s for almost half a million tons of sugar a year. But the incentives to industrialize ethanol in large mills with Proálcool (the federal government's program to reduce the dependence of cars on petroleum fuel) at the end of the 1970s, and the strong competition from sugar from the Southeast and Northeast, meant that growing cane became an expensive activity for Santa Catarina's producers. As a result, the cultivation of sugar, sugarcane syrup and cachaça was replaced by other, more profitable crops.

The end of the sugar cycle in the state and competition with cheaper cachaças from other regions affected Santa Catarina's production. Luiz Alves, which in the 1960s had 100 stills, now has 10 formalized producers, producing 58 cachaças, the highest concentration in the state. In São Pedro de Alcântara, a town 32 kilometers from the state capital, Florianópolis, with a tradition of making aguardente, there were 50 stills in the 1960s; today, there are only 10, most of them informal producers. The National Cachaça Festival (Fenaca), organized by the Luiz Alves town hall, aims to revive this tradition and value the economic importance of the distillate.

In August 2024, the Inpi recognized the Designation of Origin for the cachaça of Luiz Alves, highlighting the region for quality production and with unique local characteristics.

As said before, the raw material stands out in the aguardente from Luiz Alves. Sugarcane syrup (from a variety of sugarcane called havaiana) is used for fermentation, rather than fresh sugarcane juice. Small producers still ferment wild yeasts, and the use of selected yeasts is not widespread. After distillation, the aguardente is aged for many years in oak barrels, mostly European.

Luiz Alves' white cachaças have a distinctive sensory profile, with notes of candied fruit, light smokiness, sugarcane syrup and vanilla. In the aged versions, banana, chestnut and toasted aromas stand out.

ESTRADA REAL, MINAS GERAIS (SOUTHEAST)

During the 18th century, Brazil's sugar economy began to decline and was gradually replaced by gold mining in Minas Gerais. In this context, with the beginning of the interiorization of Brazil – that is, the advance of expeditions, such as the *bandeiras*, through the interior of the country – travelers passing through the *Estrada Real*[18] [Royal Road] carried wooden barrels filled with cachaças produced in São Paulo, Bahia and Rio de Janeiro. As the cachaça traveled it encountered the wood, which gave it a yellowish color and distinct aromas and flavors. It is believed that this led to the habit and appreciation of aging cachaças in wooden barrels in the interior of Minas Gerais. This explains why producers along the Estrada Real choose to age their cachaças in wooden barrels, as opposed to coastal cities such as Paraty, where pure white cachaças are produced, highlighting the primary and secondary aromas.

However, producers in cities like São João del-Rei, Coronel Xavier Chaves and Ouro Preto, places with high demand and consumption of cachaça since the Gold Cycle, traditionally don't age their spirits. There are indications that in Ouro Preto, in the mid-19th century, production exceeded 17,000 liters of spirit per month and annual consumption reached 15.3 liters per inhabitant. In other words, the demand for consumption did not leave enough time for aging.

Along the Estrada Real, from the north to the south of the state, there are producers who grow their own sugarcane and ferment it with caipira yeast and wild yeasts. Another common feature is that the cachaças are stored in barrels made of Brazilian wood. In the 1980s, the government of Minas Gerais encouraged the production of cachaça by making regulations and taxes more flexible. Initially, these subsidies led to the growth of hundreds of legalized producers and many more informal ones. Historical tradition combined with production facilities and local consumer demand.

To replace the lack of stainless steel barrels, large vats (over 10,000 liters) made of native woods have proven ideal for containing high evaporation rates and have come to influence the sensory palette of cachaças in much of the state. In the Estrada Real, aging is mainly done in amendoim, amburana and jequitibá barrels, while used European oak barrels are a common option for aging. In the last decade, the arrival of new or first-use oak barrels, with or without toasting, has redefined the profile of these Minas Gerais cachaças, bringing with it the sweeter characteristics of imported wood, with notes of nuts, spices and toast.

Século XVIII, from Coronel Xavier Chaves, has been following the tradition of cachaça purinha from Minas Gerais for eight generations.
Credit: Bruno Fernandes.

JANUÁRIA, MINAS GERAIS (SOUTHEAST)

In the north of Minas Gerais, on the banks of the São Francisco River, you will find Januária, a town that once had sugar and cachaça as its main source of income. The Brejo do Amparo region is traditionally known for its brandy production and is home to about 60 producers. With an average annual temperature of 26°C and naturally humid soil enriched by fertilizers from the surrounding rock formations, sugarcane grows vigorously, favoring the production of cachaça.

The productivity of cachaça in Januária varies between 5,000 and 60,000 liters per year per producer. Small producers, with average estates of 10 hectares, depend on cachaça production as their main source of income. The region's tradition is maintained through production techniques handed down from generation to generation, preserving the authenticity of the process.

In the past, Januária stood out in the production of cachaça, taking advantage of the favorable climate for growing sugarcane, which was introduced to the region in the 18th century with seedlings from the Recôncavo Baiano, the region located around Todos-os-Santos Bay, in Bahia (Northeast Brazil). The importance of the São Francisco River in the transportation of goods and the unique identity of local cachaças, stored in amburana barrels, contributed to the success of Januarense's production. The fame of the city was recorded in the work of Guimarães Rosa. In the short story "Minha gente" [My people] (from the book *Sagarana*), the Minas Gerais writer wrote: *Saltem um cálice de branquinha potabilíssima de Januária, que está com um naco de umburana macerando no fundo da garrafa!...*[19]

However, factors such as increased demand favoring quantity over quality, competition from other production centers, counterfeiting, lack of incentives, and the loss of importance as a commercial center at the end of the 1960s, led to a decline in Januária's recognition as the land of cachaça in northern Minas Gerais. The city eventually lost its importance to other regions, such as Salinas, which is now considered the capital of cachaça.

Despite this, small producers continue to collaborate with large bottling companies, maintaining the tradition of standardized cachaças, stored in old, large amburana casks.

Januária's cachaças are known for their strong flavor, predominantly sweet and with vegetal notes from the sugarcane, with a spicy touch and spices from the Brazilian wood.

Wooden mill located in the north of Minas Gerais.
Credit: Gabriela Barreto.

SALINAS, MINAS GERAIS (SOUTHEAST)

Salinas, known as the World Cachaça Capital, rose to prominence by taking over the title previously held by Januária, its neighbor to the north of Minas Gerais. This city has become an important hub due to its economic importance and the fame of local brands such as Havana by Anísio Santiago and Piragibana by Nei Corrêa, which have influenced new productions since the 1940s and 1950s.

According to the *Cachaça Yearbook 2024*, Salinas is the Brazilian city with the largest number of producers, with 24 establishments, representing 4.8% of the producers in Minas Gerais. In addition, the municipality has 202 registered cachaças, representing 9.4% of the state's cachaças.

The quality of Salinas cachaças is widely recognized, due to the favorable climate and the local practice of aging the drink in Brazilian woods, especially amburana and balsam. The region uses traditional sugarcane varieties such as uva, java and caiana, which have a high sucrose content due to the semi-arid climate with low humidity and rainfall.

In fermentation, caipira and wild yeasts predominate. For distillation, stills of different shapes are used, and it is common to find one popularly known as the priest's hat. Aging takes place in balsam barrels of 10,000 to 20,000 liters, of which about 20% is removed each year for bottling.

The brandies spend many years in the wood, and each harvest the barrels are replenished with the annual production of new cachaça, ensuring standardization due to the intense contribution of balsam and the large amount remaining in the barrels. These techniques give the traditional cachaças of Salina a fresh, herbaceous and spicy character.

Some more commercial brands are moving away from the artisanal tradition, producing on an industrial scale without the complexity of their compatriots. These brands buy cachaça from other producers in the Salinas micro-region and redistill it in copper stills in their production units. To meet demand and promote standardization, some producers use accelerated aging practices, adding fragments of amburana to the sugarcane spirit. These cachaças are more affordable, have a milder alcohol content and an intense woodiness.

SERRA GAÚCHA E REGIÃO METROPOLITANA DE PORTO ALEGRE, RIO GRANDE DO SUL (SOUTH)

The history of cachaça in Rio Grande do Sul dates to the 18th century, with the arrival of immigrants from the Azores. In 1773, Domingos Fernandes Lima brought sugarcane seedlings from the island of Madeira and established the production of cachaça in the Osório region, with the first documented reference dating back to 1778. With the beginning of German colonization in 1824, sugarcane became essential for the survival of the settlers, both for their own consumption and for trade. In 1829, there are records of the first distillations made by German immigrants in Colônia São Pedro. From 1875, Italian colonization and, in 1886, Polish colonization also contributed to the expansion of sugarcane cultivation and cachaça production in the state.

Few people know that Rio Grande do Sul not only has a solid tradition in the production of alembic cachaça but is also the fourth state with the highest number of registered cachaças. According to the

Cachaça Yearbook 2024, Rio Grande do Sul has 420 registered products, after Rio de Janeiro, São Paulo and Minas Gerais. Each production unit in the state produces an average of 85,000 liters of cachaça per harvest, reinforcing the economic importance of this activity for the region.

The diversity of terroirs, the influence of immigrants from different regions of Europe and the growing economic importance of cachaça production mean that Rio Grande do Sul has a wide variety of products and potentially different geographical identifications. Researchers Antonio Silvio Hendges and Leomar de Bortoli propose dividing the state into seven territories: Alto Jacuí and Alto Uruguai, Litoral Gaúcho, Missões and Noroeste, Rota Romântica, Serra Gaúcha, Vale dos Rios Caí and Taquari, and Vale Vêneto.

Despite the diversity of the different regions, there is a unity in the way they approach the cachaça market. The Serra Gaúcha, the Vale dos Rios Caí and Taquari and the Rota Romântica stand out. The cachaças from these regions are among the most awarded in Brazil. Part of this success is due to the organization of artisanal producers into associations that monitor the quality of local production. The Association of Producers of Sugarcane and its Derivatives in the State of Rio Grande do Sul (Aprodecana) has contributed to the recognition of the Rio Grande do Sul cachaça territory by promoting its institutionalization, investing in communication and encouraging the search for a quality standard for the state's cachaças.

Another factor that benefited cachaça production in Rio Grande do Sul was the structure set up by the grape and wine industry and trade in the first half of the 20th century. Famous for its wines and sparkling wines, the Rio Grande do Sul wine industry facilitated the spread of knowledge, techniques and inputs for cachaça production. Producers in Rio Grande do Sul pioneered the use of selected yeasts for fermentation, a common practice among winemakers. In the ageing process, the wine industry provided access to European and American oak barrels, as well as the spread of techniques for ageing drinks, such as blending, barrel restoration and toasting by local cooperages. Of note is the use of toasted amburana barrels, which give a unique character to aged cachaças from Rio Grande do Sul. In addition to amburana barrels, cachaças from Rio Grande do Sul stand out for their oak blends with national woods such as balsam, cabreúva and grápia.

Stainless steel vats at the Flor do Vale distillery in Canela, Rio Grande do Sul.
Credit: Felipe P. C. Jannuzzi.

ABAÍRA, BAHIA (NORTHEAST)

This area includes the towns of Abaíra, Jussiape, Mucugê, Rio de Contas, Piatã and Ibicoara, located in the heart of the Chapada Diamantina, a region with records of cachaça production dating back to the 17th century. Abaíra's spirit trade was initially promoted by travelers who passed through the region and founded small towns. The area's strategic location favored its development as a depot for those traveling from Goiás and the north of Minas Gerais to Salvador. The colonization of the region was also driven by agricultural activity and diamond mining.

For more than two hundred years, the favorable climatic conditions of the micro-region have facilitated the cultivation of sugarcane as a complement to cattle raising and as an alternative to feeding cattle during the dry season. Over time, the settlers increased their family income through the artisanal production of rapadura, sugarcane syrup, brown sugar and cachaça, which became the region's main economic activity.

Until the 1980s, Abaíra's cachaça was processed in rustic mills and fermented in wooden vats. There was no controlled separation during distillation in an alembic, which made standardization difficult and did not guarantee consumer safety. In 1996, the Associação dos Produtores de Aguardente da Microrregião de Abaíra [Association of Producers of Aguardente of the Microregion of Abaíra] (Apama) was created to organize producers, improve processes and make local cachaça more competitive on the market. Producers were instructed to use specific sugarcane varieties and to work with yeasts selected from the sugarcane fields for fermentation. For standardization and bottling, much of Abaíra's production is standardized in copper stills located at the headquarters of the Cooperative of Sugarcane Producers and their Derivatives of the Abaíra Microregion (Coopama). The cachaças are aged in stainless steel tanks or European oak barrels for three, five and twelve years.

In 2015, cachaça producers in the Abaíra region were awarded the Geographical Indication seal by Inpi, ensuring that the product is recognized as distinctive and characteristic of the locality.

VIÇOSA DO CEARÁ, CEARÁ (NORTHEAST)

The process of cachaça production in Viçosa do Ceará began around the 17th century. Over the years, the municipality of Ceará has become a local benchmark for brandies and liqueurs. As early as the 1800s, cachaça was produced in stills that separated the noblest fraction of the distillation. It was aged in barrels made of different types of wood derived from Brazilian trees, such as balsam, pau d'arco, aroeira, sabiá and amburana.

These techniques and traditions, handed down from generation to generation, are the cultural wealth of the community and the source of income for many families. It's no coincidence that Viçosa do Ceará received its Geographical Indication from Inpi in 2024.

The climate of the Serra da Ibiapaba, where Viçosa do Ceará is located, is characterized by mild temperatures and high humidity, ideal conditions for growing sugarcane. The region's fertile soil, combined with practices that avoid the use of chemical fertilizers and pesticides, results in high quality sugarcane.

In 2023, according to the *Cachaça Yearbook 2024*, the city had 16 registered producers, representing 47.1% of the state's cachaçarias. In addition, Viçosa do Ceará registered 53 cachaça brands, making it one of the Brazilian municipalities with the highest number of registered brands. However, many producers still operate informally, which represents a significant challenge for the development of the category in the region.

VALE DO CAFÉ, RIO DE JANEIRO (SOUTHEAST)

The Coffee Valley, located in the south of Rio de Janeiro, plays a crucial historical role. At the height of the coffee cycle, the region supplied approximately 75% of the beverage consumed worldwide. In the 18th and 19th centuries, the valley's towns became one of Brazil's main coffee production centers, attracting farmers and investors who transformed the landscape with luxurious estates. This wealth was built on the labor of enslaved people, with more than a million people forced to work on the coffee plantations.

The opulence of the estates and the inadequate exploitation of the soil led to the exhaustion of the land and left deep marks in the history of the valley, whose economy declined with the migration of coffee production to São Paulo.

On our visits to the region's historic estates, we found evidence of a past marked by the violence of slavery and the construction of luxurious mansions by the coffee barons. On these estates there are reminders of old and abandoned mills.

A few distilleries began producing aguardente in the 19th century, and old coffee plantations adapted to produce cachaça at the beginning of the 20th century, sparking a renaissance based on tourism and the sale of the distillate, cheese and high-quality coffee.

Cachaça production in the Vale do Café is carried out by small units that adopt sustainable models, integrating the cultivation of sugarcane with the conservation of the Atlantic Forest. The high-altitude tropical climate, with hot, humid summers and mild winters, favors the growth of sugarcane, resulting in a raw material rich in sugar. The production is diversified, including silver cachaças and versions aged in oak and Brazilian woods such as jequitibá and amburana.

Fazenda Rochinha, in Barra Mansa, in Rio de Janeiro's Coffee Valley, preserves the characteristics of its late 18th century architecture. Since 1902, the farm has been known for producing Rochinha cachaça.

Credit: Leo Bosnic.

MORE ABOUT CACHAÇA

Every taste and smell are different. In Brazil, there are cachaças of different flavors and colors, from different origins. But all this variety also makes room for some rivalries. Watch the video with international consultant, professor and lecturer Jairo Martins.

CHAPTER 7

TYPES OF PRODUCTION

Brazilian legislation does not make a formal distinction between the industrial and artisanal processes of cachaça production, but it is possible to say that, sensorially, each of them produces drinks with different characteristics. Knowing more about the details of each process helps to understand these differences.

INDUSTRIAL CACHAÇA FROM A COLUMN

Former sugarcane bagasse processing unit for Ypióca cachaça, in Maranguape, Ceará. The bagasse is used to make cardboard boxes.

Credit: Felipe P. C. Jannuzzi.

With a volume of more than 1 billion liters per year, this type of production has turned cachaça the third most consumed distillate in the world, according to 2022 data from IWSR, a reference in research on the subject.

In industrial production, the sugarcane may come from the company's own plantations or be bought from third parties. It is harvested mechanically. Fertilizers and insecticides are applied to the crop. The variety of sugarcane is chosen based on output, with genetically improved varieties being the rule.

In fermentation, ammonium sulfate and antibiotics are sometimes used to control the proliferation of bacteria. The yeasts used in fermentation are standardized, in part to provide high yields in the production of cane wine.

Distillation is done in a stainless steel column, although some brands place copper plates in the column to eliminate unwanted compounds that impart a sulfur flavor. Some large industries buy ready-made cachaças from third parties, redistill them in stainless steel columns and standardize them in the production park.

Among industrialized cachaças, pure cachaça predominates, but there are also barrel-aged, wood-flavored and sweetened versions. Although there is standardization and quality control, there is a loss of sensory diversity. Aged column cachaças are increasingly present in the market, trying to occupy space in the premium category.

ARTISANAL CACHAÇA FROM ALEMBIC

The alembic where Maria Izabel, from Paraty, is produced.
Credit: Rubens Kato.

Alembic production varies, but rarely exceeds 200,000 liters per year. Most of the distilleries are located between Minas Gerais, São Paulo, Rio Grande do Sul and Rio de Janeiro.

In most cases, producers use their own cane, harvested by hand without burning the sugarcane field. Some are formalized and work with local sugarcane that has been present in the region for hundreds of years.

They use wild yeast and a mixture of cornmeal and lemon, although standardized yeast has gained many fans in recent years. No chemical additives are used in the fermentation process.

But the big difference between artisanal and industrial cachaça is the distillation in copper stills. This process favors the creation and selection of important compounds that add aromas and flavors to the drink. When it comes to aging, there is usually a great variety not only in the types of wood used, but also in the possibilities of combining them in different blends.

Summary of the differences between artisanal and industrial cachaças

ARTISANAL	INDUSTRIAL
It was the artisanal production that made cachaça stand out as a Brazilian distillate at the beginning of the 16th century.	Industrial production is more recent and consolidated between the 1950s and 1980s.
Between 5,000 and 200,000 liters of cachaça are produced each year in thousands of production units throughout the country, following different recipes that are classified into different types of cachaça.	It is produced in large quantities (over 1 billion liters per year), mainly in the states of São Paulo, Ceará and Pernambuco.
Selected cane is used, harvested by hand and without burning.	It is used sugarcane grown in large areas and harvested by machine.
Fermentation is done with selected or wild yeasts, and no chemicals are added. The process lasts between 24 and 36 hours.	Chemicals such as ammonium sulphate and antibiotics are used during fermentation. The process lasts between 8 and 16 hours.
Yeast nutrients such as corn, rice, soy and cassava are added during the fermentation process.	No other natural ingredients are used during fermentation, just water and sugarcane juice.
Distillation takes place in copper alembics.	Distillation takes place in stainless steel columns.
During the distillation process, the undesirable fractions (head and tail) are separated and the heart, the noble part of quality artisanal cachaça, is preserved.	There is no separation of head, heart and tail. We can say that the cachaça comes out of distillation with the undesirable fractions already separated.
They are usually aged in different types of wood, and blends of different national woods are common.	They are generally not aged. When this is done, oak is the main wood.
Sugar is rarely added.	Sugar is added to improve flavor and make the drink more palatable. The word "sweetened" must appear on the label if there is more than 6 grams of sugar per liter.
When made with quality, it is complex and full of colors, aromas and flavors.	It is standardized and controlled but loses sensory diversity.

STANDARDIZED ALEMBIC CACHAÇA

Producers of standardized alembic cachaça deal with large volumes, reaching millions of liters per year, based on data from the *Cachaça Yearbook 2024*. Most of the production consists of the purchase, redistillation and standardization of drinks made by small producers, whether formal or informal. According to the legislation, these cachaças must be labeled: "Standardized product".

When regulated and prioritizing the quality of the cachaça, standardization can be an interesting way to encourage small local family production.

The model of purchasing from different suppliers makes quality control and standardization a challenge for the producer. In the distillery of the standardizer, it is possible to redistill the cachaça purchased in copper stills to reach the standard.

It is interesting to note that in this category, the drink is rarely sold in its pure version, but always aged in wood, a process that also facilitates the standardization of aromas and flavors. Combining large volumes with low production costs and the identity of the artisan, they occupy a large part of the market, with competitive prices and a good profit margin.

INFORMAL CACHAÇA

Informal cachaça production in the interior of São Paulo (p. 539) and in the north of Minas Gerais (above).

Credit: Felipe P. C. Jannuzzi.

Informal cachaça, also known as "curraleira" or "clandestine", is produced by small family producers in precarious conditions, who usually sell it in bulk at small sales. It is called informal because it is not duly registered with the Ministry of Agriculture and Livestock.

Informal *cachaceiros*[20] offer their products to local consumers and to industrial and standardized brands. From informal sources, cachaça spreads throughout Brazil with formalized labels and compliance seals.

According to the Brazilian Cachaça Institute, informality in the sector is significant: 89% of producers are not registered. The 2017 Brazilian Institute of Geography and Statistics (IBGE, a federal government agency) Agricultural Census showed 11,023 establishments dedicated to cachaça production. According to the Brazilian Cachaça Institute, (Instituto Brasileiro da Cachaça – Ibrac), the cachaça production chain employs more than 600,000 workers directly and indirectly, highlighting the economic and social importance of cachaça in the country. Among the reasons for their continued informality are the lack of inspection, the lack of public policies for professionalization and high taxation, which does not encourage entry into the formal market.

These producers have small sugarcane plantations maintained with family labor. Fermentation takes place out in the open, in plastic containers such as makeshift water tanks. In the pursuit of subsistence and to increase yields, many producers do not separate the cane during distillation and include the head and tail portions. This practice results in drinks that are unsuitable for consumption because they can contain undesirable and dangerous elements such as methanol, copper and ethyl carbamate. With little storage capacity, they are pressured to sell their production during the harvest season, when the price is lower.

ORGANIC CACHAÇA

In addition to the quality of the drink, a significant proportion of consumers are concerned about the impact of cachaça production on the environment. Origin has become an important value for this public, which is looking for organic cachaças, i.e. those obtained from the fermentation and distillation of organic sugarcane juice. Brands of this type of cachaça can be identified by organic product seals that are printed on or attached to the label. The most common is that of the Biodynamic Institute (IBD).

Production is carried out without the use of pesticides, chemical fertilizers or other synthetic products. It also considers sustainable practices such as respect for the local flora and fauna, the use of ecological management techniques and the conservation of natural resources. These practices seek to address the three pillars of ESG: environmental, social and governance, as explained below.

ENVIRONMENTAL

- **Use of deforested areas:** growers plant sugarcane in previously deforested areas, voiding the clearing of new areas.
- **Harvesting without burning:** sugarcane is harvested without burning to reduce the emission of polluting gases and preserve the soil.
- **Water reuse:** the water used to irrigate the cane and cool the vapors during distillation is reused. Some distilleries reuse up to 90% of the water used.
- **Reduced emissions:** motorized vehicles are avoided in cane cutting and transportation, reducing the burning of fossil fuels.
- **Sustainable transportation:** the use of ox carts to transport sugarcane is encouraged, reducing the carbon footprint (the total amount of greenhouse gases produced by human activities).
- **Organic pest control:** natural predators and plants such as neem are used to control pests, replacing chemical pesticides.
- **Organic ingredients:** only organic ingredients are used in production and fermentation, such as corn for the pé de cuba (the dense liquid made from yeast, water and sugarcane juice).
- **Renewable energy:** solar energy is used to generate electricity to power the mill and other equipment. In addition, traditional water wheels are still used, harnessing the power of water to drive the mills that process the sugarcane.
- **Waste reuse:** sugarcane bagasse is reused as fertilizer and boiler fuel, or even to make cardboard boxes. Bagasse ash is used to enrich the soil.
- **By-product recycling:** vinasse is treated and reused as fertilizer or animal feed. Distillation head and tail are redistilled to produce fuel alcohol.
- **Recycling of packaging:** the recycling of packaging is promoted and methods for reusing glass bottles are studied.
- **Tracking of wood used for storage:** only suitable wood is used to produce kegs and barrels, with preference given to suppliers who operate in a sustainable manner, including replanting trees, especially endangered native species.

Cachaçaria in Minas Gerais using gravity to avoid the use of pumps during the cachaça production process. A simple practice for energy conservation.

Credit: Felipe P. C. Jannuzzi.

SOCIAL

- **Working conditions:** the aim is to improve working conditions in the field by providing suitable tools for manual cutting and avoiding burning, which may cause respiratory problems.
- **Community and employment:** producers strive to employ local labor, strengthening the economy of the surrounding community. Some growers work with cooperatives to produce differentiated packaging using materials such as carnauba straw and banana leaves.
- **Education and training:** investments are made to train workers in sustainable practices and workplace safety.
- **Animal welfare:** non-invasive and respectful methods are used in the biological control of pests and in the transportation of sugarcane.

GOVERNANCE

- **Transparency and accountability:** producers strive to maintain transparent practices regarding natural resource use and environmental impact and publish sustainability reports.
- **Certifications and standards:** organic and sustainable production certifications are sought to ensure compliance with strict standards.
- **Stakeholder engagement:** ongoing dialogue with all stakeholders, including suppliers, customers and local communities, to ensure fair and sustainable practices.
- **Sustainable innovation:** investments in research to improve production processes, minimize environmental impact and optimize the use of resources.

UT CACHAÇA

Sommelier Patricia Brentzel, an enthusiast of artisanal drinks, highlights the importance of the public appreciating ancestrally produced cachaça.

CHAPTER 8

STAGES OF ARTISANAL PRODUCTION

The care taken in the artisanal production of cachaça makes the eyes of an ardent cachaça connoisseur shine. The attention to detail, the alchemy in the selection of yeasts for fermentation and wood for aging, as well as the care in the final presentation of the product, make it worth what you pay to enjoy our cachaça. Learn more about the seven stages of cachaça production.

I. PLANTING AND HARVESTING

Over the centuries, cachaça has been produced in Brazil from various sugarcane derivatives: molasses, molasses lees, sugarcane honey, sugarcane syrup and rapadura. However, since 2005, cachaça can only be made from fresh sugarcane juice.

Sugarcane is a tropical plant that grows well in temperatures between 18°C and 35°C. Since the beginning of colonization, it has spread throughout Brazil and established itself as one of the country's most important agricultural crops. Today, sugarcane is still economically and socially important and, according to the Brazilian Agricultural Research Company (Embrapa), Brazil is the world's largest producer.

TYPES OF SUGARCANE USED TO PRODUCE CACHAÇA – Several varieties of sugarcane (Saccharum officinarum) are used to make cachaça, including some that have been found in traditional production areas for hundreds of years. Popular names such as java-amarela, java-preta, uva, caiana, branquinha, crioula, roxinha, havaianinha and mulatinha are found throughout the country. Another option for sugarcane growers is to plant genetically improved varieties in the cane field, which are the result of crossbreeding between different species in search of resistance to pests and high yields for ethanol production, including SP 801842, RB 765418, SP 791011, RB 855156 and CTC 5, according to Embrapa.

Few producers consider that sugarcane plays an important role in the sensory characteristics of their cachaça, the so-called primary aromas (i.e. those that come from raw material). In a market with thousands of brands, few producers identify the variety of sugarcane on their labels. For most, the main criterion for choosing the raw material is the alcohol yield, which is why they prefer varieties developed in research centers.

Producers cannot ignore that sugarcane stalks vary as much in their composition as any other vegetable, so focusing on ethanol yield does little to help us understand the role of sugarcane in the sensory richness of cachaça.

Famous canes include the java, a variety still found in the north of Minas Gerais and native to the island of Java; the crioula or mirim, from the first seedlings brought to Bahia from the island of Madeira and then introduced to the northeast by the Dutch; and the caiana or bourbon (photo above, taken in Paraty, Rio de Janeiro), which arrived in Brazil from French Guiana at the end of the 17th century.

Credit: Rubens Kato.

The famous Havana cachaça from Salinas has used the same type of sugarcane (uva and java) since the 1940s. If you taste the garapa of the two canes, you will notice considerable differences. While the uva juice is dense, metallic and earthy, the java juice is sweet, citrusy and floral. Since Havana is aged in balsam barrels for 12 years, the aromas of the wood predominate. However, producers believe it is important to use both types of sugarcane in the recipe created by Anísio Santiago.

Credit: Beard Studio.

HARVESTING SUGARCANE – Harvesting can take place from May to December, when the sugarcane reaches its peak of ripeness, with brix between 18 °Bx and 24 °Bx. To extend the cachaça production period, many grow three varieties of cane with different ripening periods: early, harvested in May and June; medium, harvested between July, August and September; and late, harvested between October, November and December.

2. MILLING AND FILTERING

After harvesting, the sugarcane must be stored away from sunlight and heat to prevent the proliferation of bacteria, which can affect the quality of the cachaça. During the first 24 hours after harvesting, the sugarcane juice, or garapa, is crushed in mills of different sizes, efficiencies and powers, separating the bagasse from the juice.

After milling, the juice is filtered and decanted, leaving behind bagasse and solid residues.

Extraction of sugarcane juice at Engenho Pequeno, in Pirassununga, São Paulo.

Credit: Leo Feltran.

A water wheel at Coqueiro, in Paraty, used to generate energy for the distillery and move the sugarcane extraction mills.

Credit: Rubens Kato.

3. REDUCING BRIX

Brix is a numerical scale created by Adolf Ferdinand Wenceslaus Brix which is used in the food industry to measure the amount of sugar in liquid solutions such as fruit juices and wines.

After filtering, the sugarcane juice goes into a stainless steel vat, where it is diluted with drinking water without chlorine. This procedure aims to reduce the brix to 15 °Bx. The diluted juice ready for fermentation is called must.

A must with a brix above 15 °Bx can result in an increase in the alcohol content during fermentation, damaging the activity of the yeasts.

Some producers pasteurize the sugarcane juice before reducing the brix in order to sterilize it and avoid contamination.

Brix reduction at cachaça distillery in Minas Gerais to prepare the must for fermentation.

Credit: Gabriela Barreto.

4. FERMENTATION

This is the process by which microscopic fungi known as yeasts convert simple sugars into alcohol and carbon dioxide. The main microorganism responsible for alcoholic fermentation, whether in the production of bread, beer, wine, sake or cachaça, is *Saccharomyces cerevisiae*.

To make cachaça, the sugar in the sugarcane must first be converted into sugar wine. During this fermentation process, many of the compounds that give the drink its aromas and flavors, the secondary aromas, are also created. The chemical and sensory profile of cachaça is directly related to fermentation and therefore to the yeast strains involved in the process.

Representation of a sugar mill in colonial Brazil. Records from the 17th century describe how slaves in Bahia deliberately fermented the by-products of sugar production to make sugarcane wine for consumption. In Paraty, it is still customary for the elderly to drink the fermented sugarcane juice, called mucungo, a word of African origin.

Credit: Henry Koster, public domain, via Wikimedia Commons.

Before the actual fermentation takes place, the producer must cultivate his yeasts and create the ideal conditions for these microorganisms to reproduce.

The first step is to decide which yeasts to use, as each type influences the fermentation process in its own way and imparts different sensory characteristics to the final distillate.

Most producers use wild or autochthonous yeasts – those found in the cane field, in the air and on the production site. Others use fresh organic yeast (the same used in baking). Since the early 2000s, many producers have switched to selected yeasts grown in specialized laboratories, including CA-11, CanaMax, CAT-1 and BG-1.

For the microorganisms to multiply, a dense liquid composed of yeast and sugarcane juice, called pé de cuba, is produced. The liquid takes its name from the fact that it is formed at the bottom of the vats, where the yeasts are fed daily with sugarcane juice for five to seven days under conditions of intense aeration. At this stage, microorganisms use the energy obtained from sugars to reproduce rather than to produce alcohol.

CAIPIRA YEAST

Most artisan producers have a regional recipe for making their pé de cuba. These recipes usually consist of sugarcane juice and yeast feed, such as cornmeal, rice bran, cassava or soy. Lemon and sour orange are also often used to correct acidity. These substrates enrich the must and provide nutrients for the yeasts to multiply.

Once the pé de cuba is formed and the yeast culture is well developed, the sugarcane juice with a brix of 15 °Bx is added to the fermentation tanks. In an oxygen-free setting, with a pH between 4.0 and 4.5 and temperatures ranging from 28 °C to 32 °C, the yeasts can begin to transform the sugars into cane wine.

In the production of artisanal cachaça, the process takes between 14 and 24 hours and must be entirely natural, without the addition of chemical compounds to eliminate unwanted bacteria or speed up the activity of the yeasts. When the yeasts have finished converting all the sugar in the must into alcohol, the cachaça reaches an alcohol content of between 7% and 12%.

Fermentation room at the Maria Izabel cachaça still in Paraty.
Credit: Rubens Kato.

Bacterial fermentation can be harmful, resulting in very acidic cachaças with undesirable flavors such as vinegar (acetic bacteria) and rotten egg (sulfide bacteria). However, some bacteria can positively influence the sensory characteristics of cachaça, adding fruit and buttery flavors (lactic acid bacteria).

Coqueiro's production house fermentation room in Paraty.
Credit: Rubens Kato.

SELECTED INDIGENOUS YEASTS – Some visionary producers have selected yeasts from their own sugarcane fields. They are taken to the laboratory, isolated, cloned and tested to find those with the greatest fermentation potential. In this way, cachaças acquire a regional identity thanks to the use of indigenous yeasts. In addition, the use of the same yeast strain from harvest to harvest allows for greater quality control and standards.

Summary of differences between indigenous and commercial yeasts

INDIGENOUS YEASTS	COMMERCIAL YEASTS
These are natural yeasts from the place of production. They can be either wild or selected in the laboratory.	They are those found in nature, selected in the laboratory and packaged for sale.
In most of the samples, cachaças fermented with indigenous yeasts have a higher concentration of esters, the compounds responsible for the pleasant aromas. The presence of acetic acid is also higher.	They generally reduce contamination, shorten fermentation times and increase alcohol yields. Selected yeasts are more tolerant to temperature variations and high alcohol levels.
During the formation of pé de cuba, producers who use wild indigenous yeasts use caipira yeast. In the case of selected indigenous yeasts, they pasteurize the juice.	Some producers pasteurize the sugarcane juice before adding the commercial yeasts.
Fermentation using indigenous yeasts justifies the concept of territory for cachaça by highlighting the environment's own characteristics, bringing typicality and distinct sensory attributes to each region.	Commercial yeasts simplify standardization and ensure greater control of the fermentation process.

Cornmeal used to prepare pé de cuba in the region of Salinas, Minas Gerais.
Credit: Gabriela Barreto.

5. DISTILLATION

To make artisanal cachaça, sugarcane wine is distilled in a copper alembic. Distillation consists of heating the sugarcane wine by applying heat directly or indirectly to the alembic.

Since the boiling point of ethanol (78°C) is lower than that of water (100°C), the alcohol evaporates, leaving the water behind. In this process, other compounds such as esters, aldehydes, ketones, alcohols, acids, and other substances are also separated from the water. The vapors of all these compounds rise the neck of the alembic, where they are cooled by coils of cold water and condense, returning to liquid form.

The resulting liquid is a sugarcane spirit, with an alcohol content up to six times higher than that of the wine at the beginning of the distillation process. To be consumed and called cachaça, it needs to be divided into three parts: head, heart and tail.

The head is the first fraction of condensed alcohol vapors. It has a high alcohol content (60%) and a higher presence of methanol. This fraction is not suitable for consumption.

The heart, the noble part of the distillate, is suitable for consumption. This is the fraction that should be bottled and called cachaça.

The tail, the last fraction of the distillation, has an alcohol content of 14%. It is also known as tail or weak water and has a viscous, whitish appearance. Like the head, it is not suitable for consumption.

The head corresponds to 1% of the cane wine added to the still to be distilled, the heart to 16% and the tail to about 2% to 4%. The rest is called *vinhoto*, the undistilled fraction left in the still.

THE IMPORTANCE OF COPPER – The alembic consists of a copper pot made by craftsmen who have mastered the technique of working with this metal. In addition to being malleable, copper is ideal for the distillation process because it is an excellent conductor of heat. It also adds flavor to the distillate and eliminates the unpleasant odors of sulfur compounds (rotten eggs) that are common in beverages distilled in columns or stainless steel pots. This is why copper plates are installed in steel columns for distilling industrial cachaças.

DOUBLE DISTILLATION – As the name suggests, it is a double distillation. The more the drink goes through this process, the more neutral it becomes. In other words, the aromas from the raw material (primary aromas) and the fermentation process (secondary aromas) become less noticeable.

This technique is widely used in the production of whisky, Cognac and brandy, which are traditionally aged in oak barrels and emphasize wood (tertiary aromas).

Vodka, on the other hand, is a lighter, neutral distillate and can be distilled four times or more. The European and North American markets are not used to single-distilled drinks that don't go through wood, which makes pure cachaça a unique universe of aromas and flavors for these consumers.

The stills have "nicknames" in the cachaça world, depending on their shape, such as *cebolão* [big onion], *alegria* [joy] and *chapéu de padre* [priest hat].

Cebolão type alembic still. In general, alembic stills with long, narrow necks tend to produce lighter, more aromatic cachaças, while those with short, wide necks result in fuller-bodied, oily distillates.

Credit: Felipe P. C. Jannuzzi.

A model of a 3-body alembic still installed at Esalq/USP in Piracicaba, São Paulo. This is an example of the *alegria* type.

Credit: Felipe P. C. Jannuzzi.

Chapéu de padre still style at the Havana cachaça distillery in Salinas.

Credit: Felipe P. C. Jannuzzi.

Different ways of heating the still: by burning bagasse and wood, as at the Engenho Pequeno distillery in Pirassununga, São Paulo (above); by a gas boiler, as at the Encantos da Marquesa distillery in Indaiabira, Minas Gerais (below).

Credit: Leo Feltran (Pirassununga) and Gustavo Maciel (Indaiabira).

VACUUM ALEMBIC – Vacuum distillation has emerged as an innovative method in the cachaça production scene, due to its peculiarities that favor the preservation of the aromas and flavors of the Brazilian distillate. Gradually, vacuum stills are gaining ground among Brazilian distillers, following the trend already seen abroad, especially among gin producers, a segment that is also growing in Brazil. This movement signals a possible expansion of this technique among cachaça distillers soon.

The use of vacuum during the distillation process allows the sugarcane to be cooked at lower temperatures than traditional methods. This technical aspect is crucial, as it allows for a better preservation of the volatile components responsible for the primary and secondary aromas of cachaça, fundamental for the sensory profile of the drink. The primary aromas, derived from the raw material (sugarcane), and the secondary aromas, developed during fermentation, are better preserved.

Currently in Brazil, the highlights are Engenho D'Ouro cachaça, from Paraty, and Ituana, from Itu, whose productions have already adopted vacuum distillation, placing them at the forefront of this process.

Vacuum still at the Engenho D'Ouro cachaça distillery in Paraty, next to the traditional copper still (*cebolão*).
Credit: Felipe P. C. Jannuzzi.

THE STAINLESS STEEL COLUMN – The stainless steel distillation column is a crucial vertical structure in the continuous distillation process, often used in the production of distillates such as gin, vodka and industrial cachaças. This technology stands out for its efficiency and ability to process large volumes of fermented liquid, producing a distillate of high purity and high alcohol concentration.

The distillation column is usually made of stainless steel, a material chosen for its durability, resistance to corrosion and easy cleaning. The column is made up of several sections or plates, each of which plays a role in separating the components of the cane wine.

The cane wine resulting from the fermentation process of sugarcane juice is introduced at some point along the column. The bottom of the distillation column is heated, causing the most volatile components of the wine to evaporate. And as the vapor passes through the liquid in these plates, a process of condensation and re-evaporation takes place which increases the purity of the rising vapor, dividing the alcohol from the water and other less volatile substances. At the top of the column, the vapor, with its high alcohol content, is condensed back into a liquid state by the cooler. Thus, during the process, the various fractions of distillate (such as head, body and tail), which contain different compounds, are already separated continuously.

Ypioca's distillation column in Maranguape, Ceará, currently deactivated.
Credit: Felipe P. C. Jannuzzi.

Some producers of cachaça de alambique [alembic cachaça] also have a small stainless steel column for redistilling the head and tail, considered undesirable parts of the distillation process. The resulting alcohol is used to clean the distillery and even as fuel.
Credit: Gabriela Barreto.

6. STORAGE AND AGING

After distillation, it is not mandatory, but cachaça can be aged in stainless steel tanks or, according to the rules, stored or aged in wooden barrels.

Most cachaças on the market are aged in stainless steel tanks for at least three months. This period not only serves as a storage container but also contributes to the oxidation of certain compounds, especially acetaldehyde, which improves the sensory quality of the cachaça.

On the other hand, storing and aging cachaça in wooden barrels deliberately and significantly changes the characteristics of the distillate, depending on factors such as the quality and alcohol content of the drink, the size of the barrel used, the type of wood, the state of preservation of the barrel (or even whether it has been toasted), the aging period and the environmental conditions of the cellar.

Summary of the differences between storage and aging of cachaça in wood

STORED	AGED
The cachaça is stored in wooden casks for an indefinite period.	50% of the bottled cachaça must be aged for at least one year in wooden casks with a maximum capacity of 700 liters.
The wooden container can be of any size. It is usually large (10,000 liters).	The wooden container has a maximum capacity of 700 liters.
In general, the wooden container has little effect on the colors and flavors of the distillate.	In general, the wooden container adds new characteristics to the cachaça. Oak is the most common wood used for aging. Among the Brazilian woods, amburana is the most used.

Aging alcoholic beverages in wood has been practiced for over two thousand years. Initially, wooden containers were used to transport and preserve the drink, but once it was understood that this container could add different and much appreciated flavors to fermented and distilled products, the practice became common in the production process of alcoholic beverages. It makes it possible to enhance the perception of the aromas and flavors of cachaça, which in many cases account for more than 65% of its sensory characteristics. A distillate that is already appreciated in its pure, unwooded version can gain economic and sensory value after passing through barrels or vats.

During the aging process of artisanal cachaça, the alcohol extracts compounds from the wood, and the oxygen circulating through the pores of the barrel contributes to the formation of acids, esters and aldehydes that modify the drink. While other spirits are aged in European or American oak barrels, cachaça stands out because it can undergo this process in more than forty types of Brazilian wood, such as jequitibá-rosa, jequitibá-branco, balsamo, amendoim, ipê, amburana, grápia, ariribá, jatobá, freijó and canela-sassafrás, giving identity and authenticity to the national spirit.

Oak barrels in Minas Gerais.
Credit: Felipe P. C. Jannuzzi.

THE DIFFERENCES BETWEEN BARRELS AND VATS – Both barrels and wooden vats are containers used to age drinks such as cachaça, wine, whisky or beer. However, there are significant differences between them.

- **Shape:** cylindrical in shape, barrels are made up of several planks of wood juxtaposed and firmly held in place by metal rings. Traditionally, they are positioned horizontally. Vats, on the other hand, are wider containers, similar in shape to a tank, and are arranged upright.
- **Capacity:** barrels generally have a smaller capacity, ranging from a few liters to a few hundred liters. Vats can hold thousands of liters.
- **Use:** barrels are often used to age drinks on a smaller scale, giving the liquid a characteristic flavor and aroma from the interaction with the wood. Vats are usually used in large distilleries, where the storage process is carried out in large volumes.
- **Time:** because of their smaller size, liquids generally reach their desirable point more quickly in barrels. Large-volume vats allow cachaça to mature for many years.
- **Exchange of flavors:** barrels provide greater interaction between the cachaça and the wood, enabling better extraction of aromatic compounds, especially when toasted. Because they are smaller, barrels are also easier to restore, so they have a longer useful life and can influence the cachaça sensorially. The vats, because they have a smaller contact surface with the cachaça, allow for less exchange of flavors.
- **Regions of use:** the use of wooden barrels, especially oak barrels, is on the rise in the cachaça sector, with the aim of enhancing the quality and status of the national distillate, as part of the trend towards premiumization of the product. Barrels with a maximum capacity of 300 liters are strategically used to mature cachaças classified as premium or extra premium, adding complexity and sophistication to the sensory profile. Since the beginning of the 21st century, the South and Southeast regions have been gaining notoriety for their barrel-aged cachaças, a trend that has been adopted by other regions of the country. Wooden barrels, on the other hand, stand out as the primary containers for storing cachaça, especially in areas where production is high and the use of alternatives such as stainless steel barrels is not as widespread. In well-known producing regions such as Salinas and Januária (Minas Gerais), Paraíba and São Paulo, vats made of native woods – including castanheira, jequitibá, amburana, freijó and balsam – are fundamental to the development of these local markets. Native woods have proven to be ideal for storage, thanks to their resistance, low porosity (which reduces evaporation) and low ability to affect the sensory properties of the drink, thus preserving the main characteristics of pure cachaça. The use of these woods in barrels not only makes it possible to store cachaças on a large scale but is also essential for defining the organoleptic characteristics of cachaças.

Amendoim vats with a capacity of 10,000 liters at the Coqueiro still in Paraty.
Credit: Rubens Kato.

THE GIANT VAT

The largest wooden vat for storing cachaça is located at the Ypióca factory in Maranguape. Registered in the Guinness Book of Records, it is 8 meters high, 7.85 meters in diameter and can hold 374,000 liters of cachaça. With its contents, we could serve more than 7 million shots of cachaça!
Credit: Felipe P. C. Jannuzzi.

WOOD FOR STORING AND AGING CACHAÇA

– **Amburana (*Amburana cearensis*):** also called imburana, umburana, cerejeira, cumaru-do-ceará, imburana-de-cheiro and cumaru-de-cheiro. The seeds are used in folk medicine to treat asthma, cough and bronchitis, as well as in perfumery and gastronomy. Amburana is widely used in the production of barrels and casks of various volumes and is most used in the north of Minas Gerais and Rio Grande do Sul. This wood imparts a golden or crystalline amber color to cachaça in small volume barrels after one year. In the traditional regions where amburana is used, such as Januária, where old, high-volume barrels are generally used, the cachaças have a pale-yellow color. The wood is rich in coumarin, a compound with vanilla-like sensory characteristics. In some cachaças, aromas of cloves, cinnamon and other spices are also common, depending on the volume, aging time and whether the barrel has been toasted.

Amendoim (*Pterogyne nitens Tul.*): popularly known as amendoim-bravo, madeira-nova, viraró, pau-de-amendoim, óleo-branco, carne-de-vaca, vassourinha, sucupira and vilão. This is not the edible peanut, but a large Brazilian tree. Its wood was once widely used to make barrels for storing cachaça, as it was a good alternative to stainless steel barrels, but because it is endangered, its use for making new barrels has been limited. Wood is generally used for storage, and it is rare to find small barrels (less than 700 liters) for aging. Distillate stored in amendoim preserves the characteristics of pure cachaça, adding quality and making it velvetier. When aged, it takes on a pale-yellow color and a slightly sweet taste, as well as a full mouthfeel that encourages salivation and the perception of a pleasant acidity. It is most used by producers in São Paulo, Paraty and Minas Gerais.

Araribá (*Centrolobium tomentosum*): also known as araribá-vermelha, araribá-rosa, araruva and potumuju. In aged cachaça it gives a pale-yellow color and a light floral and vegetal bouquet. When toasted, it brings red fruit aromas (strawberry). It is one of the woods that gives the most oiliness to the distillate, as it is rich in glycerin, a desirable natural component. It is most used for aging barrels in southern Brazil, where some producers have introduced interesting blends that mix araribá with European oak. According to the National Center for Flora Conservation, the species is unlikely to become extinct under current conditions.

Balsam (*Myroxylon peruiferum*): also called balsam wood, cabriúva, balsam-caboriba, oilwood and black cabriúna. Balsamwood occurs naturally in several regions of Brazil, mainly in the states of Minas Gerais and Bahia. It became famous as a wood for aging after the success of Salinas cachaças, especially those of the Anísio Santiago school. With its high phenolic potential, Balsam imparts a lot of color, aroma and flavor to the drink, but it can be difficult to work with, making the cachaça unpalatable in the hands of the untrained. In new barrels, the cachaça takes on reddish amber tones and woody and vegetal aromas. In cachaças aged for many years in old, large-volume barrels, the drink takes on a golden-green color and intense aromas, with herbaceous and spicy notes such as anise, cloves and fennel, as well as a sensation of spiciness and astringency. It is widely used in Minas Gerais and in blends with oak in southern Brazil. According to the Mapa da Cachaça records, balsam is the fourth most used wood for cachaça aging, after jequitibá, amburana and oak.

European Oak (*Quercus petraea*) and American Oak (*Quercus alba*): according to Mapa da Cachaça records, European Oak is the most used wood for aging Brazilian distillates. The cachaças vary in color from pale yellow to mahogany and have more subtle, spicy aromas reminiscent of almonds and sweet aromas that contribute to the texture and astringency. American oak, on the other hand, tends to give the distillate more pronounced flavors, usually bringing coconut and vanilla. In addition to European and American oak, many cachaça producers specify the use of French oak on their labels. Most come from the Limousin region of France (*Quercus pedunculata*), giving the drink a more refined character. Considering that most of the oak used to age cachaça comes from reconditioned or used barrels, the use of caramel can be used to achieve a stronger color. In the early 2020s, cachaças aged in virgin or first-use barrels began to appear, highlighting the characteristics of the Crossing School more clearly.

Oak barrels that were previously used in the production of Scotch whisky (above) and American whisky (below).
Credit: Gabriela Barreto (above) and Felipe P. C. Jannuzzi (below).

Brazil nut tree (*Bertholletia excelsa*): also known as Brazil nut, Amazon nut, Bolivian nut, tocari and tururi. The Brazil nut tree has been used for many generations as a source of income and food; its seed, the Brazil nut, is eaten and used as a raw material for other products. In cachaça, the wood adds intense yellowish tones and aromas and flavors like those of European oak. When the barrel is toasted intensely, the cachaça has a significant sweetness. According to the Ministry of the Environment, the chestnut tree is in a vulnerable situation.

Freijó (*Cordia goeldiana*): also called freijó, frei-jorge, freijó-branco, freijó-preto, freijó-rajado, freijó-verdade and louro freijó, it is widely used by producers in the North and Northeast, especially in Paraíba, as a substitute for stainless steel vats for aging spirits. In storage, it preserves the characteristics of pure cachaças without adding color or flavor. Most of the vats are large and have little or no coloration.

Grápia (*Apuleia leiocarpa*): known as amarelinho, garapeira, gema-de-ovo, jataí-amarelo and muirajuba. Cachaças aged in grápia have an intense color, as it is one of the woods that gives the most color to the distillate. It has been used by winemakers in southern Brazil since the 20th century. In cachaça, it is most used in blends with other woods, adding sweetness and earthy tones. According to the Ministry of the Environment, grápia is in a vulnerable situation.

Jequitibá-branco (*Cariniana estrellensis*): also known as pau-jequitibá-rei, estopeiro, estopa, cachimbeiro, coatinga, bingueiro and mussambê, it is widely used in the manufacture of large barrels or vats for storing cachaça. This wood is widely used by producers in the Southeast, especially in the states of Minas Gerais and São Paulo (where it is the state tree). Like amendoim, it doesn't add color, aroma or distinctive flavor to the distillate, so it's rarely used in barrels for aging cachaça. Before aging in oak, many cachaças are aged in white jequitibá barrels.

Jequitibá-rosa (*Cariniana legalis*): also known as Jequitibá-vermelho, Jequitibá-cedro, estopa, Jequitibá-grande, pau-caixão, pau-carga, congolo-de-porco and caixão. In contrast to white jequitibá, pink jequitibá brings pronounced color, aromas and flavors to the distillate. Due to the presence of vanillin, which adds vanilla notes to the cachaça, it is considered the national wood most akin to American oak. Like jequitibá-branco, it is more commonly used by cachaça producers in the Southeast. According to the Ministry of the Environment, jequitibá-rosa is in danger of extinction.

Cachaça ouro from Minas Gerais before labeling. The drink is aged in wood.
Credit: Gabriela Barreto

BURNING THE BARREL

Barrel toasting is a process widely used by the most important cooperages around the world, especially when it comes to making oak barrels. In this process, fire is used inside the container and cold water is used on the outside to form and bend the staves that make up the barrel. After this stage, the barrel undergoes an additional heat treatment known as *bousinage* or final firing. The aim is to promote the thermal decomposition of wood components to eliminate undesirable compounds and generate aromatic molecules that give the drink its quality.

During the roasting process, the cask is heated in a controlled manner, usually with fire or steam. The intensity and duration of the heating can vary, resulting in different levels of toasting.

Roasting the cask helps to caramelize the natural sugars in the wood, giving the cachaça notes of vanilla, toffee and caramel. It also releases aromatic compounds such as lactones, phenols and aldehydes, which add to the complexity of the flavors.

Cooperages usually categorize burns into light, medium or intense, and there may be variations within these classifications. In foreign cooperages, these categories are known as light toast and light long toast, medium toast and medium long toast, and high toast and high long toast, indicating the temperature and duration of the burn. In many cases, however, there is no set standard for the process because the toasting is done by hand. Some examples of these toasting levels are explained below.

Light toast: the barrel is heated for a short time (usually 20 minutes). This method can be used for barrels that will be filled with distillates and where the intention is to obtain a lighter colored cachaça without an intense flavor from the wood.

Medium toast: medium toast barrels are used for red wines and spirits that require a little more color and flavor development than a drink aged in a light toast barrel.

Intense toast: when you think of wood flavors, you probably think of caramel and vanilla, right? This is because barrels with intense toast release these flavors when used to age spirits.

BARREL CARBONATION

Barrel carbonation and toasting are distinct and potentially complementary processes used to age beverages such as wine, whisky, rum and, more recently, cachaça.

Carbonation involves exposing the inside of the barrel to high temperatures, which causes the wood to partially burn and form a layer of charcoal. This charcoal can filter out impurities and give the drink greater softness and smoothness.

Carbonation also helps to enrich the vanilla and caramel flavors that develop in the distillate. In addition, charred barrels can promote the formation of fruity notes through a process called esterification (the acids present in the wood and the alcohols in the stored beverage result in the formation of esters, compounds responsible for aromatic notes such as fruit).

The carbonation process involves directly heating the keg to temperatures between 260°C and 315°C for 30 to 60 seconds. The cask is then sprayed with cold water. The degree of carbonation depends on the desired flavor.

Level 1: just above an intense roast. It is ideal for drinks that will be aged quickly, as it doesn't impart as much woody flavor as other carbonation levels. To achieve stage 1 carbonation, the keg is heated for 15 seconds.

Level 2: this is achieved by burning the cask for 30 seconds. The flavor is subtly caramelized.

Level 3: to achieve level 3 carbonation, the barrel must be burned for 35 seconds. This level is commonly used in the production of bourbons and North American whiskies. The result is a spicier, earthier flavor with a deep brown color.

Level 4: level 4 is reached after 55 seconds of heating when the cask begins to crack and peel. Stage 4 carbonation produces an intense deep brown color and an enhanced, spicy, smoky and sweeter flavor. The goal here is to extract as much flavor from the wood as possible.

7. BOTTLING AND LABELING

After aging in stainless steel or wood, cachaça can be standardized by adding water or more cachaça to reduce or increase the alcohol content. The legislation also allows the addition of sugar (as we have seen, up to 6 grams per liter) and caramel (to standardize the color of cachaças aged in wood). The drink is then filtered to remove solid residues from the aging process. Some producers use copper filters to reduce the metal content to the legal limit (5 milligrams per liter). At the end of the process, the cachaça is bottled and labeled in glass or ceramic containers of no more than 1 liter.

Bottling in clay jars is not recommended as it is not economically viable due to high evaporation rates. In addition, clay containers can give the liquor an earthy taste.

Some informal producers use plastic drums and PET containers to sell the drink. Studies have shown that spirits stored in these containers can contain high levels of polycyclic aromatic hydrocarbons (PAHs), which are carcinogenic pollutants.

Handmade labeling at Maria Izabel, in Paraty.
Credit: Rubens Kato.

MORE ABOUT CACHAÇA

Diversity of wood, different types of toasting, the possibility of blending. In the video, bartender and agronomist Paulo Leite talks about the aging of cachaça, one of the most fascinating aspects of the production of the national spirit.

What strikes you about a bottle of cachaça? Its shape? The color of the liquid? The label? The presentation of the product is part of the experience of drinking a quality cachaça. Follow the opinion of Renato Figueiredo, publicist and master of communication.

CHAPTER 9

SCHOOLS OF CACHAÇA

Just as in the world of beer, where the idea of brewing schools – philosophies that guide and influence producers in defining their styles – is well established, it is possible to identify some lines of thought in cachaça production that characterize a style of the drink. The use of ingredients and methods of making cachaças from the same school help us to understand the complexity and diversity of the Brazilian distillate.

ANÍSIO SANTIAGO SCHOOL

In the 1940s, Anísio Santiago created Havana Cachaça in Salinas, Minas Gerais, one of the most prestigious brands on the market. Its fame made it synonymous with *cachaça de alambique* or alembic cachaça and helped the city become a center of production. Many local producers – some of them relatives of Anísio Santiago – make drinks that follow the school of the Salinas master, as well as *cachaceiros* from other states and regions who have taken Santiago's teachings into their stills.

For the most part, these cachaças use local varieties of sugarcane, ferment wild with the addition of cornmeal, and are distilled in small stills, some of which are shaped like a priest's hat.

The great secret of the Anísio Santiago school lies in the aging of the drink, which takes place in large, used balsam barrels, where the cachaça is aged for many years. In this way, the drink acquires the color that defines the school, a bright greenish gold, and aromas and flavors of spices, especially anise and cloves. In the mouth, it is spicy and refreshing. These cachaças are also generally strong, with an alcohol content between 44% and 48%.

Visual identity makes use of amber-colored bottles and labels, in which the style of typography and the choice of colors present a constant pattern. Some of these producers emphasize on the label that they produce sugarcane spirit, a common expression in the middle of the last century to distinguish artisanal from industrial production. Examples of this school, besides Anísio Santiago and Havana, are Piragibana, Canarinha, Mato Dentro Bálsamo, Tabúa Flor de Ouro and Encantos da Marquesa Bálsamo.

The Canarinha, an example from the Anísio Santiago School, has been produced for over twenty years in Salinas by Noé Santiago, the master's nephew.

Credit: Rubens Kato.

CROSSING SCHOOL

Inevitably, producers have been influenced by other beverages produced outside Brazil, proposing a crossover between cachaça and other spirits and fermented products, such as wine, whisky, cognac, grappa, rum and vodka. Adopting the practices of producers of other beverages, the cachaceiros began to bring cachaça into an internationally recognized quality standard, while preserving the distinctiveness of Brazilian spirit.

The cachaças identified in the Crossing School (a term coined by gastronomic journalist Rafael Tonon) have their main signature in aging, using oak barrels that have contained other drinks, sill techniques for aging, and even the creation of blends signed by cellar masters with experience in other drinks. The most significant influence of this school is the aging in oak barrels that have been toasted, especially first use barrels, which gives the Brazilian distillate smoky, caramel, honey and vanilla characteristics usually associated with whiskies and bourbons.

Since 1850, Distillerie Merlet & Fils has been producing cognac and is a benchmark in spirits and liqueurs. In 2005, Gilles Merlet became involved in the Leblon cachaça project and shared his knowledge and techniques to create blends of cachaça aged in Limousin oak barrels.

Credit: Felipe P. C. Jannuzzi.

These cachaças are usually aged for more than a year in oak barrels with medium to intense toasting and have a mild alcohol content. In many cases, the similarity to other beverages goes beyond the liquid and inspires the creation of the visual identity of the bottle and product label. Examples include Gouveia Brasil 44, Leblon Signature Merlet, Magnífica Reserva Soleira and Santo Grau Pedro Ximenes.

AMBURANA MINEIRA SCHOOL

Cachaças from different batches or even producers are standardized by re-distilling and/or aging the cachaça in wooden barrels, mainly in old, large Amburana casks. The *cachaceiro* obtains part or all his production by buying cachaças produced by third parties. Cachaças from this school usually carry the label "Standardized and Bottled", like Claudionor from Januária, Minas Gerais.

The great merit of this school of cachaças is the consistency from one vintage or batch to another, achieved through standardization techniques using barrels and vats.

In the sensory evaluation, cachaças from this school have little woodiness, with a subtle presence of amburana, which resists the aroma and taste of pure cachaça.

AMBURANA GAUCHA SCHOOL

In the early 2000s, a new way of aging cachaça in Amburana, a wood popular with producers in Minas Gerais, especially in the north of the state, became popular in Rio Grande do Sul.

Unlike producers from Minas Gerais, who traditionally store cachaça in large Amburana barrels as a means of standardization, producers from Rio Grande do Sul began using the Brazilian wood in smaller barrels (up to 700 liters), with toasting, and making premium cachaças that are aged for at least a year in the barrel. The result is a drink with more intense color, aroma and flavor, as well as greater sweetness and lower alcohol content.

The Amburana Gaúcha School has spread to practically all producers in Rio Grande do Sul, especially Weber Haus, Casa Bucco, Harmonie Schnaps and Velho Alambique.

YEAST SELECTION SCHOOL

Producers who follow this school explore the potential of different selected yeast strains and fermentation techniques to achieve complexity and standardization in the sensory profile of their cachaças. The selection can be done using commercialized strains that are already widely available on the market, such as CanaMax and CA-11, or by purchasing and using yeasts used in beer, wine and other distillates.

Another trend is the isolation and selection of indigenous yeasts, which also brings with it the discourse of valuing the terroir. The sensory perception of this school is clearer when tasting pure cachaças, with an emphasis on the drink's secondary aromas. To encourage the development of selected yeasts, many cachaça makers pasteurize the must before fermentation and use state-of-the-art technology, such as closed stainless steel vats with temperature control. Most cachaças from this school don't use substrates (such as cornmeal), have a mild alcohol content, and are aged in stainless steel or neutral wood barrels. Examples include Ituana Jequitibá, Weber Haus Prata, Gogó da Ema Nox, and Abaíra Prata.

SCHOOL OF THE RAW HEART

During the distillation process, the liquid that condenses in the copper alembic is divided into three parts: head, heart, and tail. The heart, as we have seen, is the noble fraction of the distillate and the one suitable for consumption. The producers of Escola do Coração Bruto have a production philosophy of bottling their cachaças pure, with as little interference as possible with the heart of the cachaça.

After distillation, the spirit may spend a few months in stainless steel vats, but unlike other pure spirits, Coração Bruto cachaças suffer little or no dilution with water or other spirits, which favors a high alcohol content, most of the time reaching the maximum allowed for cachaça (48%). As a result, the drink has pronounced characteristics of primary and secondary aromas, revealing its aromatic complexity in the glass after the intense alcohol has evaporated. Representatives of this school include Magnífica Bica do Alambique, Reserva do Nosco Prata, Sanhaçu Origem and 1000 Montes Bruta.

CAIPIRA YEAST SCHOOL

Present in different regions of Brazil, this school follows the tradition of spontaneous fermentation, using caipira yeast, wild indigenous yeasts and substrates in the preparation of pé de cuba, mainly cornmeal. The cachaça is generally single-distilled, with the heart separated for bottling.

Most of the producers who follow this school have pure cachaças or cachaças aged in used oak barrels or barrels made of large-volume Brazilian woods, mainly jequitibá-branco, jequitibá-rosa, amendoim, freijó and amburana. Examples are Mato Dentro Prata, Maria Izabel Jequitibá, Jeceaba Prata and Coqueiro Prata.

VARIETAL SCHOOL

It emphasizes the importance of sugarcane in defining the sensory characteristics of pure or new cachaças, those that do not go through wood. Currently, very few producers assume and identify the variety of sugarcane on the label. Cachaças are generally single-distilled and may or may not be diluted with water after distillation. Fermentation is done with indigenous yeasts (wild or selected).

In addition to highlighting the variety of sugarcane varieties, these producers also emphasize the concept of the harvest, indicating the year of production on the label. Examples of this school are Encantos da Marquesa Blend de Cana, Tabaroa Caiana, Fascinação Cana Caiana and Princesa Isabel Cana-caiana.

In a market with thousands of labels, only a few recognize and highlight the contribution of sugarcane to the sensory identity of cachaça. Credit: Rubens Kato.

MORE ABOUT CACHAÇA

The schools of cachaça reflect the complexity of this distillate: different production methods produce drinks with very different profiles. And other schools may emerge as new research and experimentation takes place among producers. Watch Felipe P. C. Jannuzzi's presentation.

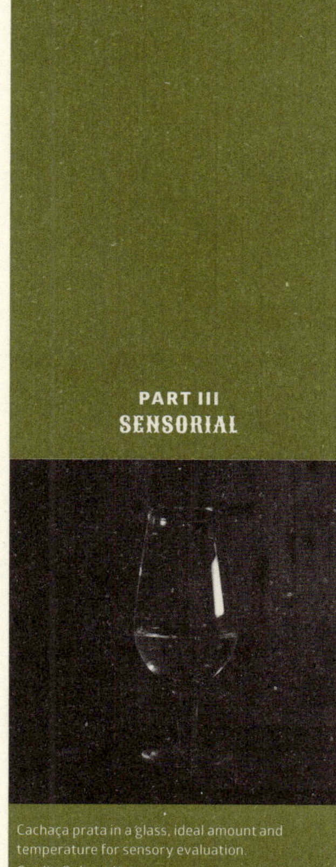

PART III
SENSORIAL

Cachaça prata in a glass, ideal amount and temperature for sensory evaluation. Credit: Rubens Kato.

CHAPTER 10

COLORS, AROMAS AND FLAVORS OF CACHAÇA

COLOR POSSIBILITIES

Cachaça not aged in wood is colorless, while those that have aged in wood come in a variety of colors. The main ones are defined as mahogany, amber, caramel, gold, straw and pale yellow. Other color nuances, intermediate to these ranges, can also be observed.

White jequitibá, freijó and amendoim barrels generally impart little color to the cachaça. In the case of cachaças aged in used barrels of jequitibá-rosa, oak, louro-canela, cinnamon, guava or amburana, some may be colorless.

Size, barrel age and aging time can influence the color: the smaller and younger the barrel, the more intense the color. Larger barrels require a longer aging period to effectively contribute to the color of the drink.

Colorless, pale yellow, straw, gold and greenish gold are some of the colors found in cachaça.
Credit: Rubens Kato.

AROMATIC DIVERSITY

During all stages of cachaça production, chemical compounds are formed that ultimately shape its bouquet. The aromas are classified according to their origin:

- Primary aromas come from sugarcane;
- Secondary aromas come from fermentation;
- Tertiary aromas are those produced during the aging process of cachaça in wooden barrels.

Taste, on the other hand, is a complex sensory perception that derives from the combination of tastes perceived by the tongue (acid, bitter, sweet, salty and umami) and the sense of smell, which detects the aromas released by the drink. Factors such as body, texture, temperature, spiciness and freshness also contribute to the sensory experience of tasting cachaça.

AROMATIC FAMILIES

The most common flavors in cachaças can be organized into families. We have highlighted ten. They are described in detail below.

Sweet – In this family are the sweet aromas of sugarcane (in the case of cachaças that have not undergone wood treatment) and the sweet aromas of wood.

If we are to appreciate cachaça in its pure form, without having passed through wood, we are expected to identify sweet aromas that are reminiscent of its primary components, which come from sugarcane and its by-products. These are, for example, the aromas of

- bagasse;
- garapa (sugarcane juice);
- molasses;
- sugarcane syrup;
- rapadura (a traditional unrefined sugar made from sugarcane juice);
- candied fruit.

Rapadura, a sweet made of raw brown sugar.
Credit: Luis Echeverri Urrea - stock.adobe.com.

The sweetness of the wood, on the other hand, comes from the aging process in barrels, giving sweet nuances influenced by the type of wood used and the toasting treatment undergone by the barrel's inside. These are aromas such as

- vanilla;
- honey;
- caramel.

Fruity – The esters formed during fermentation are molecules that play an important role in the creation of fruity flavors. Ethyl acetate is the most common ester. It accounts for about 80% of the esters found in cachaça and is largely responsible for aromas reminiscent of pome fruits (especially apples and pears) and tropical fruits (such as bananas and melons).

The presence of lactic acid bacteria during fermentation promotes the formation of ethyl lactate, resulting in fruity and lactic aromas that can be like red or tropical fruits.

During barrel aging, wood components, oxidation and esterification reactions contribute to the formation of fruity aromas, depending on the context of use and concentration. Cachaça can have buttery nuances due to the lactic acid, which adds a subtle creamy note to the aromatic profile. The fatty acids released during barrel aging are also aromatic and reminiscent of dairy products.

The aromas of the fruity family can be represented as follows:

- pome (apple, pear, peach);
- dried fruit (plum, banana, fig, apricot, date);
- red fruits (cherry, strawberry);
- citrus fruits (orange, lemon, passion fruit, pineapple, acerola);
- tropical fruits (banana, melon).

Acerola.
Credit: Kanlaya - stock.adobe.com.

Floral – The floral aromas present in cachaça come mainly from esters and aldehydes. These aromatic elements are produced during fermentation.

The variety of esters and their concentration can be influenced by factors such as the yeast strain used and the fermentation temperature and time. The composition of the must also influences this process. In the case of aldehydes, although they can produce floral aromas, some end up contributing undesirable notes when present in high concentrations.

Wood aging expands the aromatic spectrum of cachaça, introducing floral, woody, vanilla and spicy notes. Woods such as amburana, oak, ariribá and jequitibá-rosa are known to add floral complexity to the distillate.

The floral aromas usually perceived in a cachaça tasting are:

- violet;
- jasmine;
- lady-of-the-night;
- chamomile;
- rose;

Fermented – The aromas of this family are most noticeable in productions using caipira yeast (using substrates such as corn, cassava and rice) and baker's yeast. These include:

- cereals;
- yeast;
- bread;
- cane wine;
- green corn.

Vegetable – Vegetable flavors are particularly noticeable in white cachaça and can come from the raw material itself, the sugarcane. Cane that has not reached its ideal point of ripeness tends to have a greener, more herbaceous profile, which can be transferred to the drink during the milling and extraction of the juice. In addition, over-milling of the cane can result in a greater release of plant compounds, resulting in a more intense perception of flavors reminiscent of grass or fresh vegetables.

Fermentation, especially wild fermentation, produces ketones and aldehydes, organic compounds that can add vegetal notes.

The vegetable aromas perceived in cachaças are those of:

- coconut water;
- pickles;
- mint;
- chopped grass;
- olive.

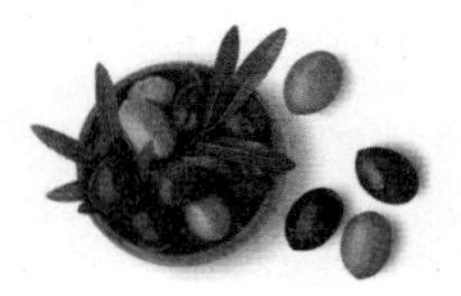

Olive.
Credit: Yeti Studio - stock.adobe.com.

Medicinal – Maturation in wood can help produce medicinal aromas, especially in the case of new barrels and cachaças that have been aged for more than a year. But medicinal characteristics can also result from fermentation and distillation. Producers generally try to avoid overly medicinal aromas, as they can become unpleasant. However, a slight phenolic character can be an acceptable or even desirable characteristic in certain styles, such as extra premium cachaças with high levels of tannins.

These aromas include:

- adhesive plaster;
- soap;
- propolis syrup;
- iodine.

Chestnuts – Such aromas are noted mainly in cachaças aged in barrels and oak dorns. Native woods, such as jequitibá-rsa, amburana, amendoim and castanheira, also contribute, depending on their volume, the time of aging and whether or not they have passed through medium to intense toast. The aromas usually detected are those of:

- nutmeg;
- coconut;
- chocolate;
- hazelnut;
- almond.

Nutmeg
Credit: nata777_7 – stock.adobe.com.

Earthy – Sugarcane can bring with it compounds that contribute to the earthy aromatic profile. Some of these compounds are formed in the plant itself as a response to environmental and soil conditions and are inherent to its own variety.

Some producers associate earthy aromas and flavors with dark-shelled sugarcane (such as the variety called cane uva, present in the region of Salinas). The isoamyl alcohol, one of the most present in cachaça, has an aroma that reminds earth, mushrooms and truffles.

But it is the woods like balsam, grápia, ipê and amendoim that bring more mineral and earthy characteristics to the distillate, especially when the barrels are exhausted and conditioned in humid environments. In coastal regions like Paraty, the atmosphere of the warehouse can transfer earthy flavors to the distillate.

The aromas classified as earthy generally perceived in the cachaças are those of:

- algae;
- salt;
- musk;
- minerals;
- sea;
- clay;
- mushrooms.

Roasted – The aromas of this family are related to the aging of cachaça in barrels that have suffered internal toast, especially European and American oak. The native wood toast is still uncommon, but it is coming to market quickly, especially amburana.

Such aromas include those of:

- toffee;
- tobacco;
- smoked;
- leather;
- coffee.

Spices – The aging of cachaça in wooden barrels, mainly oak, balsam, grápia and amburana, contributes to the perception of aromas of spices. Wood contributes eugenol (clove), coumarin (cinnamon), cinnamaldehyde (cinnamon) and syringaldehyde (spices), which reinforce the aromas of this family. In a milder way, some of these aromas can also be present in the pure cachaça, when formed during the fermentation process.

The spicy aromas usually present in cachaças are from:

- black pepper;
- ginger;
- fennel;
- crout;
- cardamom;

- cinnamon;
- anise
- bay leaf.

Cardamom.
Credit: New Africa – stock.adobe.com.

TASTES

The taste buds in the tongue are responsible for translating the tastes of acid, bitter, sweet, salty and umami. Different cachaças have different sensory profiles, highlighting one or more tastes.

ACID – The main acid in cachaça is acetic (vinegar), the result of fermentation of the must by yeasts. Another source of acidity can be lactic fermentation, caused by *Lactobacillus* spp. bacteria.

Fermentation with a high level of contamination can increase the acidity of the drink in an undesirable way. Cachaças that are too acidic may also have a higher presence of tail (the last part of the distillation process that should be discarded).

During aging, the reaction of alcohol with wood contributes to the formation of acids (e.g., syringic, vanillic), which increase the perceived flavor. It should be noted that acidity is not harmful, if it is balanced. A balanced acidity contributes to the liveliness of the cachaça, increases the perception of sweetness and gives it the pleasant characteristics of fresh fruit. In the mouth, it can be noticed by increased salivation.

BITTER – The bitter taste can be associated with both pure and aged cachaças. Many cachaças start sweet in the mouth and end with a pleasant bitterness (e.g. green tea, black tea, bitter chocolate, quinine, fruit peels).

Chocolate 70%.
Credit: dule964 – stock.adobe.com.

The intense bitter taste, with a very medicinal presence (like a bitter medicine), is associated with excessive crushing of the cane or the presence of certain tannins during the aging process, usually accompanied by an intense woodiness and a feeling of astringency.

The addition of caramel in the color standardization, if unbalanced, also artificially contributes to the bitter taste.

SWEET – All cachaças should have a slightly sweet taste. However, its presence may be associated with the addition of sugar above the legal limit (6 g/l). To improve the taste of the drink, some industrial spirits are classified as sweetened cachaças precisely because of the addition of sugar above the maximum limit. The addition of glycerin to the distillate also gives it an artificial sweet taste.

In pure cachaças, in addition to the characteristic taste of sugarcane, it is common to find the perception of candied fruit. Aging in wooden barrels such as oak, amburana, jequitibá-rosa and castanheira is another way to add sweetness to the drink.

SALTY – The salty taste can be related to the formation of certain compounds during the fermentation process. The aging process can also give a salty taste, due to the characteristics of the wood or the presence of units near the coast, where the sea air and winds carry the salts present in the seawater and interact with the cachaças in wooden barrels.

To correct excessive acidity, some producers add sodium bicarbonate to the distillate, which reduces the burning sensation and increases the salty taste.

UMAMI – Discovered in the early 20th century by Japanese scientist Kikunae Ikeda, umami is the fifth sensory taste, and the word means "tasty" or "delicious" in Japanese. The main representative of this taste is glutamic acid, which is found in foods such as cheese, vegetables, fish, and mushrooms.

After eating foods with this characteristic, salivation increases, and the taste lasts for a few minutes. For this reason, umami is also known as a taste stimulant. Its presence in cachaça is mainly related to lactic fermentation and drinks with aromatic perceptions in the vegetable and earthy families.

BODY, TEXTURE AND SENSATIONS

These factors contribute to the sensory diversity of cachaça and explain why the Brazilian distillate is complex and surprising.

OPEN – An open cachaça has a wide range of aromatic notes from two or more families. For some connoisseurs, these cachaças are livelier because they have mainly floral and fruity notes. When tasting cachaça, the "open" sensation is noticeable in the olfactory, gustatory and aftertaste analyses.

SWEET – This is the main sensation we expect when we enjoy cachaça. As we said, the sweet taste comes mainly from the raw material, sugarcane, and generally refers to its derivatives (molasses, sugarcane syrup, sugar, caramel, garapa). The perception of candied fruit, especially citrus fruit such as orange jam, also contributes to the sweet sensation.

In the case of stored or aged cachaças, the sweet sensation in the mouth is caused by the breakdown of lignin by the alcohol, with the perception of vanilla, toffee, honey, caramel, chocolate and other flavors.

Candied fruits.
Credit: Oleksandr Blishch – stock.adobe.com.

ASTRINGENT – In this case, the cachaça does not stimulate salivation and the mouth becomes dry, like when you eat a green banana. Astringency in cachaça is a tactile sensation, not a taste. It is caused by the interaction of certain compounds in the drink with salivary proteins and the cells of the oral mucosa, resulting in a sensation of dryness, roughness or bitterness in the mouth.

White cachaças, which are not normally aged in wood, may exhibit astringency due to the presence of components derived from the raw material (sugarcane) and compounds formed during fermentation and distillation. These compounds can include phenolic acids and aldehydes, which can create a sensation of astringency. This sensation is more pronounced in cachaças with an emphasis on the aromatic vegetable family. In aged cachaças, tannins are primarily responsible for the astringency.

Astringency can be desirable in moderate amounts, especially in aged cachaças, as it contributes to the complexity and structure of the drink.

AGUADA OR WATERY – This is the drink "without body". *Aguada* or watery cachaças may be pleasant when smelled, but they quickly disappear in a taste and aftertaste analysis (you will notice this when you make an evaluation according to the guidelines in chapter 13).

These are low-viscosity cachaças that leave no trace immediately after drinking. This sensation usually occurs in cachaças that are very diluted with water or in the presence of undesirable parts of the distillation, such as the tail.

A very yellowish and viscous dose in the glass, but without body, may mean the addition of caramel and glycerin, which indicates the low presence of compounds naturally acquired during the aging process.

ALCOHOLIC – The alcoholic sensation is determined by the perception of ethanol, the main alcohol in cachaça. If it is excessive and has a cloying aroma, it may be related to undesirable alcohols and aldehydes. When tasting a cachaça, make an initial olfactory assessment to make sure the presence of alcohol doesn't sting your nostrils or give off a bitter, chilly almond aroma. If it bothers you, leave the cachaça aside, as it may contain methanol, an alcohol that is very harmful to health.

In balance, the presence of ethanol should act as a vehicle for pleasant aromas and stand out as a fundamental sensation for the harmony of cachaça.

WOODY – When we taste a cachaça aged in wood, we feel the sensations it brings. Aging significantly reduces the alcoholic and burning sensations and contributes to other positive notes directly related to the type of wood used, the size of the barrel, the aging period and the presence or absence of toasting.

Cachaça aged in wood.
Credit: Gabriela Barreto.

However, the woody sensation is not welcome when it is accompanied by excessive astringency and bitterness and little body. These perceptions are created when wood is used to mask flaws that result mainly from poor fermentation and distillation.

The true appreciation of woodiness in cachaça is one that celebrates the transformation that takes place in the barrel, highlighting the nobility of the wood and the skill of the cellar master without overshadowing the essence of the drink.

BUTTERY – The buttery content, when balanced, is pleasant on the nose and in the mouth, reminiscent of butter, with a subtle creamy and acidic sensation. It is most common in pure cachaças, where lactic acid bacteria promote the formation of ethyl lactate during fermentation. It can also be found in barrels, where the fatty acids released during the aging process create aromatic compounds reminiscent of dairy products.

VELVETY – When we taste a cachaça with a sensation described as velvety, we are referring to a sensory experience of exceptional softness and pleasure. This remarkable characteristic translates into a delicate and harmonious passage through the mouth and throat, without any sensation of aggression in the nostrils or displeasure in the other sensitive areas of smell, taste and aftertaste.

We realized that the velvety sensation was largely a testament to the time the cachaça spent in wood. Cachaças aged in wood for more than a year acquire this exceptionally smooth texture, especially if they have undergone medium or intense toasting. This aging process, often carried out in oak barrels, facilitates micro-oxygenation and the consequent softening of the tannins, resulting in a drink that caresses the palate with its rich, viscous body.

The velvety sensation is more present in cachaças from the toasted and floral aromatic families.

However, a white cachaça that has not gone through wood can also be velvety if it has low acidity. The sensation is one of softness and comfort.

FULL MOUTH – The sensation of a full mouth occurs when the entire mouth and nose are filled, with pleasant aromas and flavors lingering for a few seconds after the aftertaste analysis. This means that even after swallowing the cachaça, the person still feels the flavors and aromas of the cachaça.

A cachaça with this characteristic also causes increased salivation, which can help to further enhance the flavors and contribute to the overall sensory experience.

FULL-BODIED – Full-bodied cachaças offer a rich and intense flavor experience that lingers on the palate for a long time after drinking, with a striking and satisfying aftertaste. Characterized by their viscosity, these drinks leave a lasting sensory impression and reveal a strong, well-defined personality.

FRESH – The sensation of freshness is characterized by a decrease in the temperature of the mouth, like the sensation we get when chewing mint or after brushing our teeth. Freshness is present in both the initial taste and the aftertaste.

In general, this characteristic is more pronounced in cachaças aged in woods that give off spicy aromas, such as balsam, which contains eugenol. In addition, the alcohol in cachaça helps to lower body temperature, increase blood circulation, and intensify the sensation of freshness.

Mint.
Credit: MarcoFood – stock.adobe.com.

CLOSED – A closed cachaça may have a low volatility of aromas, i.e. it may not easily release its aromatic nuances when served. This can be due to several factors, such as the type of fermentation, careful distillation to retain heavier compounds, or even aging in wooden barrels that don't release many aromas.

The aromas that do stand out tend to be more discreet and concentrated on more sober notes, such as roasted notes (coffee and cocoa, for example) and nuts (peanuts, chestnuts, etc.), which are more subtle compared to the fruity or floral notes found in cachaças with greater sensory openness.

Cocoa seeds.
Credit: Valentina R. – stock.adobe.com.

It is important to note that a sensory closed cachaça is not necessarily an inferior drink. Some can be highly appreciated for their refinement and subtlety, especially when paired with foods or preparations that don't "fight" with their closed profile. In addition, the perception of closure or sensory openness can be influenced by the serving temperature, as cachaças served colder tend to be more closed.

FUNKY – Here we are talking about cachaças that come mainly from wild fermentation, with more pronounced acidity and an emphasis on aromas and flavors from the vegetable and fermented families. The funky sensation is more present in pure cachaças, although it can also be found in cachaças aged in wood in a rustic way, usually new, in large, unroasted vats, often used for standardization.

METALLIC – The metallic sensation is generally considered undesirable because it is associated with the taste of metal or rust, which can be unpleasant and a sign of a lower quality drink.

Exposure to oxygen can cause some of the components in cachaça to oxidize. If a bottle of cachaça is improperly stored and loses alcohol through evaporation, the composition of the drink will change. Alcohol protects the other compounds in the drink, and its loss can concentrate other components or alter the balance between alcohols, acids and esters, leading to a metallic sensation.

SPICY – The sensation of spiciness is like the moderate effect you get when tasting a mildly burning pepper. When well balanced, the spicy sensation is extremely pleasurable, with the ability to remain present for a long time, even after the cachaça has been drunk, contributing to a pleasant aftertaste. There is also a slight tingling sensation on the tongue that lasts only a few moments.

This spicy sensation is often associated with cachaças that have been aged in barrels made of woods reminiscent of spices, such as amburana, oak, balsam, grápia and canela-sassafrás.

Cinnamon.
Credit: Yeti Studio – stock.adobe.com.

FLAT – A flat cachaça is not necessarily bad, but it lacks personality. Flat is generally used to describe a cachaça that seems to have lost its character, complexity or vitality. It may seem monotonous, uninspiring, or lacking in the nuances of flavor and aroma that you would normally expect from a premium spirit. This can be the result of several factors, including excessive dilution, insufficient aging, use of inferior barrels, and oxidation of the spirit due to improper storage.

BURNING – Quality cachaças should never burn. We're talking about an unpleasant sensation of heat and roughness, which is noticeable during taste and aftertaste tests, especially on the tongue and throat. Many attribute the burning sensation to the alcohol content, but it is the high acidity of cachaça that is mainly responsible for this sensation, caused mainly by bacterial contamination during fermentation.

FLAWS

As with other beverages and foods, cachaça has undesirable sensory characteristics related to production defects. While some imperfections can be detected by the senses, others can only be identified through laboratory analysis. Therefore, before promoting the consumption of the drink, be aware of the defects explained below.

TURBIDITY – Cachaça should always be transparent and crystal clear. In a cachaça that has not passed through wood, turbidity will give the distillate a whitish color. It will have the appearance of chlorinated water. Causes:

- presence of tails, an undesirable part of distillation;
- failure to filter before bottling.

PRESENCE OF SUSPENDED SOLIDS – Solid particles are not conducive to the visual presentation of the beverage and should be avoided. Causes:

- incorrect filtering, especially in cachaças that have passed through wooden barrels;
- presence of minerals, dead cells of microorganisms and added sugar, especially in cachaças with low alcohol content.

BITTER ALMOND PERCEPTION – In this case we smell a bitter, cloying almond aroma. Causes:

- burning of the cane, presence of cane bagasse during fermentation, or caramelization of the sugar present in the alembic not properly sanitized;
- the presence of furfural in pure cachaça (also responsible for bad breath after drinking the distillate).

SENSORY LIKE NAIL POLISH – Aromas similar to nail polish and solvents, accompanied by chemical flaws harmful to health. Causes:

- incorrect separation of the head during distillation in alembic cachaça;
- high concentration of ethyl acetate and acetone.

VINEGARY AROMA AND/OR FLAVOR – Excessive acetic acid is undesirable in the composition of cachaça and is mainly responsible for the sour taste and burning sensation. The appearance of small flies (drosophilae) during fermentation indicates excessive acid formation. Causes:

- contamination by lactic or acetic bacteria;
- greater presence of tails in the final composition of alembic cachaça;
- use of new barrels of small volume.

NAUSEATING FRUIT AROMA – In this case, we have the sensation of inhaling something rotten, oxidized, and extremely disgusting. It is so unpleasant that it sends shivers down your spine. Cause:

- acetaldehyde in the head of the distillate.

ROTTEN EGG AROMA – Here we have the perception of sulfurous aromas characteristic of boiled or rotten eggs, extremely accentuated. Causes:

- cane stored near stables or milking places;
- contamination of fermentation by acetobutyl and sulfhydryl bacteria, usually associated with poorly controlled aseptic conditions.

Distillation in copper stills can help eliminate this unwanted aroma. Some stainless steel distillation columns have copper plates to correct this deficiency.

HAY-RELATED PERCEPTIONS – It occurs when we smell aromas reminiscent of stables and horse urine. Causes:

- storage errors;
- aging in new barrels made of woods such as amburana and ariribá.

ETHYL CARBAMATE – A potentially carcinogenic compound. It should not be present at levels above 21 μg/L. Causes:

- presence of nitrogen compounds in the cane field;
- grease from the mill contaminating the cane juice during extraction;
- bacterial contamination during fermentation.

SEC-BUTYL ALCOHOL – One of the main contaminants in cachaça, this alcohol is used as a benchmark for hygiene at the production site. It should contain no more than 10 mg/100 ml of anhydrous alcohol. Cause:

- still poor production and hygiene practices.

COPPER – This heavy metal is harmful to health and may be present at a limit of 5 mg/L. Cause:

- verdigris (copper carbonate) on the inside walls of the still.

It is recommended to keep the still and the coils filled with water between distillations to prevent the formation of this substance. It is also possible to clean the still with a solution of acetic acid (vinegar).

METHANOL – Harmful if consumed in excess, this alcohol may be present at a level of 20 mg/100 mL. Causes:

- presence of sugarcane bagasse, a fiber rich in pectin, during fermentation;
- failure to separate the heart during distillation.

The concentration of methanol in sugarcane spirits is relatively low and is more common in fruits with a high pectin content, such as bananas, apples and pineapples.

MORE ABOUT CACHAÇA

How do you think a good cachaça should be used to make Brazil's most famous cocktail? Restaurant owner Nina Bastos, recognized as the author of one of the best caipirinhas in São Paulo, has her say.

With so many possible aromas and flavors, it is not easy to choose just one type of cachaça, even for those who understand the subject. Check out the video with sommelier Luís Otávio Álvares Cruz.

CHAPTER 11

TYPES OF CONSUMPTION

Certain variations in the way cachaça is consumed can accentuate flavors and enhance the experience. This chapter introduces some possibilities.

"Chachaça", a cocktail made with green tea and Santo Mario Prata Amendoim Cachaça.
Credit: Gabriela Barreto.

DILUTED WITH WATER

You can drink cachaça at room temperature or add a little water to reduce the alcoholic perception and enhance the aromas and flavors of the drink. It can also be a way to expose the flaws of a bad cachaça, such as those caused by improper aging.

ON THE ROCKS

You can also drink cachaça on the rocks, just like whiskey on the rocks. But unlike the addition of water, which brings out the aromas of the drink, ice tends to quickly lower the temperature of the glass and make the sensory characteristics of the distillate less noticeable in the mouth.

In addition, as the ice melts the cachaça can become very watery and dull. For this reason, it is recommended to add a few large ice cubes to very aromatic cachaças such as those aged in wood (premium and extra premium).

Another suggestion is to enjoy cachaças aged for more than a year in oak, jequitibá-rosa or amendoim with coconut water ice. There are also those who enjoy pure cachaças or those with spicy aromas (such as those aged in balsam) with black tea ice.

PLACED IN THE FREEZER

After a night in the freezer, the cachaça becomes fuller-bodied, velvety and refreshing, and the alcoholic perception in the nose and mouth decreases. One tip is to pair a good pure cachaça chilled with seafood, such as fried squid, preferably with your feet in the sand.

Since it changes the texture of the distillate and leaves it with a more liqueur-like sensation, a recommended experiment is to put a good cachaça aged in amburana or oak in the freezer to enjoy after a meal or with dessert.

ABOUT FLAMBÉ

Flambéing is the technique of pouring an alcoholic beverage into food or cocktails and then setting them on fire. In addition to the visual impact of the flames, the use of distillate brings new aromas, flavors and textures to the food or drink. Flambéing consumes all the alcohol, leaving only the flavors of the drink, so you can order your flambéed dessert without worrying about prohibitions.

A shot of extra premium, oak-aged cachaça is a good choice for flambéing prime lamb. On the other hand, cachaça aged in amburana can be used to flambé desserts made with apples and bananas. You can also use compound spirits and liqueurs made from cachaça.

Before lighting the cachaça to flambé your dishes, heat the drink for a few seconds so that the more volatile alcohols begin to evaporate.

Flambéing at the Casa do Fogo restaurant in Paraty, which serves dishes flambéed with cachaça.
Credit: Rubens Kato.

PAIRING WITH FOOD AND OTHER BEVERAGES

It is possible and much appreciated to pair cachaças with meats, fruits, sweets, and even cigars and beers. From appetizers to main courses to desserts, different cachaças can enhance a lunch or dinner. Below, we suggest how to harmonize your next gastronomic experience with excellent alembic cachaças.

TASTE – Sunday lunch deserves to start with a Torresminho accompanied by a Caipifruta. To prepare this drink, we recommend a good pure cachaça (one that has not passed through wood) with an alcohol content not too high, between 38% and 42%. After all, it is the first course. Suggestion: Santo Mario Prata Bidestilada Cachaça.

Torresmo with caipifruta from the Mocotó restaurant, made with Jacuba Prata.
Credit: Gustavo Maciel.

Janaína Torres' beef croquette paired with cachaça prata served at room temperature.
Credit: Tadeu Brunelli.

CHEESE – Strong, hard cheeses such as parmesan and pecorino go well with one of the most classic Brazilian cocktail recipes, the *rabo de galo* [rooster tail]. The cocktail is also a great aperitif and digestif for those who like bitter drinks.

Strong, creamy cheeses such as Gorgonzola and Roquefort go well with sweet and spicy cachaças. Suggestion: Santa Terezinha Sassafrás Cachaça.

FISH AND SEAFOOD – The beach, the heat, the sea and fresh oysters, squid and fried fish go well with a good pure cachaça straight from the freezer. Choose a light, smooth cachaça with a mild alcohol content and mineral and vegetal notes. Most of the time, fish and seafood don't go well with very aged cachaças (over a year) because the tannins present in the wood, combined with the iodine in the seafood, favor an excessive metallic sensation in the mouth. Suggestion: Encantos da Marquesa 42 Graus Cachaça.

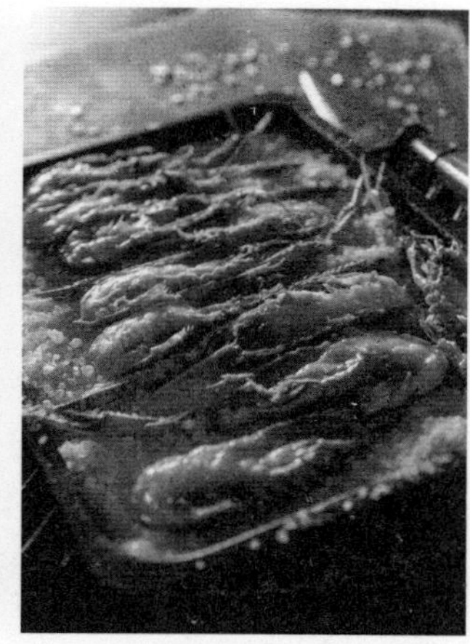

A pure cachaça fresh from the freezer pairs well with seafood such as crayfish.
Credit: Tadeu Brunelli.

FRUITS – The most acidic fruits, such as lemon, pineapple and acerola, go well with pure cachaça or cachaça aged in more neutral woods, which add spice and alcoholic strength. Suggestion: Século XVIII Azul Cachaça.

Cachaças aged in balsam or amburana, which add spice, go very well with the traditional cashew with coarse salt, which enhances the acidity of the drink and the whole thing highlights the sensation of astringency. Suggestion: Havaninha Cachaça.

Apple, strawberry, *jabuticaba* [Brazilian berry] and banana harmonize with amburana, sassafras and oak, woods that generally give more sweetness to the distillate. Suggestion: João Mendes Umburana Cachaça.

Cashew with coarse salt, accompanied in the photo by cachaça aged in balsam.
Credit: Rubens Kato.

CALDOS [BROTHS] – National classics like caldinho de feijão (bean broth) benefit from the company of a good pure or neutral wood-aged cachaça. The drink whets the appetite and aids digestion. Suggestion: Princesa Isabel Prata Cachaça.

MEAT – Oak-aged cachaças (premium or extra premium), full-bodied but with a mild alcohol content, without saturating the taste buds, are best with meat. Suggestion: Dom Bré Extra Premum Carvalho Cachaça.

Cachaças matured in balsamic vinegar have a spicy character that goes well with pork. Suggestion: Matriarca Bálsamo Cachaça.

BEERS – In the United States, it is common to drink whiskey with beer. In Europe, the so-called Kopstootje is practiced, where the fermented drink is paired with a shot of genever (a drink from the Netherlands). The growth of the craft beer market in Brazil is increasing the possibilities of pairing cachaça with beers of different styles.

In general, the two drinks pair well when contrasted. Hoppy and fruity Indian pale ales go well with sweeter, aged, full-bodied cachaças with a medium alcohol content. In this case, the cachaça acts as a counterbalance to the bitterness and freshness of the beer. Suggestion: Companheira Extra Premium Carvalho 4 Anos Cachaça.

More alcoholic, sweet, toasty and creamy beers, such as porters and stouts, go well with pure cachaças or cachaças aged in neutral woods, with a mild alcohol content, leaving the main flavors to the beer. Suggestion: Engenho Nobre Cristal Cachaça.

DESSERTS – Cachaça can be sweet and delicate, especially when aged in amburana. In the case of *cartola*, a traditional Northeastern recipe with bananas, we suggest adding a shot of the drink during preparation, like a syrup, or accompanying it with sips between bites. Suggestion: Da Quinta Amburana Cachaça.

Cartola prepared by Rodrigo Oliveira of the Mocotó Restaurant. The dessert can be prepared with cachaça or be accompanied with the national spirit.
Credit: Gustavo Maciel.

For desserts with chocolate, the recommendation is a more bitter version, with 70% cocoa, paired with cachaças with a more pronounced acidity, with a long aftertaste, aged in *garapeira* and with spices such as fennel and peppers. Suggestion: Mãe Santa Cachaça.

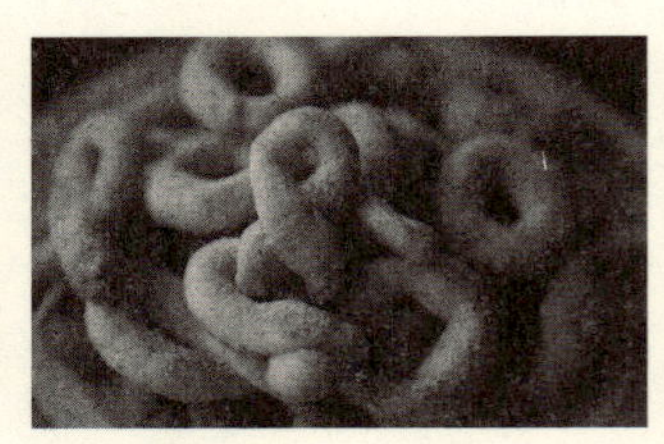

Cachaça donut.
Credit: Gabriela Barreto.

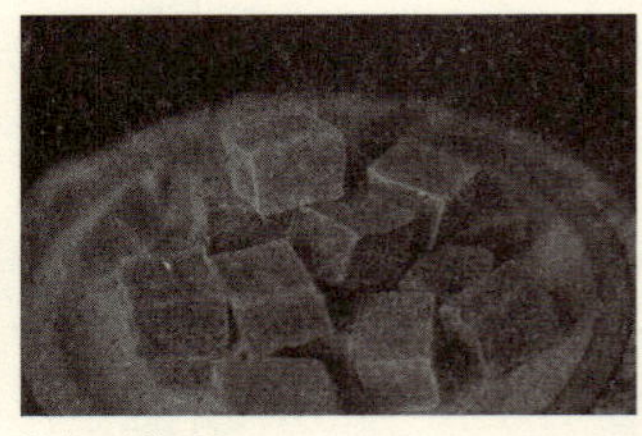

Cachaça jelly.
Credit: Gabriela Barreto.

LAST DRINK – A shot of aged cachaça served with an ice cube and a San Cristóbal de La Habana cigar is the perfect way to round off a dinner – look for cachaças that highlight the sweet (honey, vanilla) and roasted (coffee, chocolate) families. Suggestion: Weber Haus Blend Extra Premium 7.5 years Cachaça.

MORE ABOUT CACHAÇA

Adding pinga to pastry dough to make it crispy or flambéing a dish with cachaça are well-known uses of this spirit in the kitchen. But it can be part of many other culinary preparations. Gastronomy teacher and restaurateur Cláudio Tibério Gil explains how in this video.

Have you ever thought of making a *rabo de galo* [rooster tail] with flowers? Cachaça importer and distributor in Europe Letícia Nöbauer, known as "Frau Cachaça", thought of it and made it. Her creation won first place in the IV National Rooster Tail Competition. Watch the video.

CHAPTER 12

HOW TO STORE AND PRESERVE CACHAÇA

Cachaça is a non-perishable drink because it is distilled and has a high alcohol content. But that doesn't mean we shouldn't take care to store and preserve our favorite cachaças.

Upright and protected from light and heat: it is not difficult to keep cachaças in great shape for a long time.
Credit: Gabriela Barreto.

- **Keep the bottle away from light and heat:** studies conducted by Bacardi scientists and presented in 2015 during a seminar at Tales of the Cocktails, one of the most prestigious meetings in the spirits market, have shown that heat and light (natural and artificial) can modify the sensory properties (color and flavor) of spirits.
- **Protect the bottle from humidity:** environmental humidity does not affect cachaça in a sealed bottle. However, just like intense light, excessive humidity can damage the label and even cause it to become moldy.
- **Beware of metal caps:** bottles with metal caps, such as beer caps - very common in Minas Gerais cachaças – should be closed with a cork or plastic stopper after opening.
- **Keep the bottle upright:** the best way to store your bottles is upright. If they are stored horizontally, the distillate can encounter the cork or metal cap, which can eventually contribute to the deterioration of the material over many years. This can affect your cachaça and lead to solid residues that affect the sensory aspect and bring out metallic sensations.
- **Consider the freezer or refrigerator:** pure or aged cachaça can be stored in the freezer or refrigerator. Cachaça, like other spirits, freezes, but only at temperatures between -12°C and -40°C, depending on the alcohol content. In other words, it freezes at temperatures that our household appliances cannot reach.

HIDDEN TREASURES

In the interior of São Paulo, the tradition of burying wooden bottles or barrels full of cachaça has given rise to legends of great ethyl treasures. And science now proves that protecting cachaça from light can be beneficial in preserving the distillate's qualities.

THE HOBBY OF STORING CACHAÇA IN BARRELS

It is becoming more and more common for cachaça lovers to buy small barrels to age the drink at home. To practice this hobby properly, you need to pay attention to a few details.

The first step is to choose quality cachaça. There is no point in buying a good barrel and not using a good drink. Put in the barrel cachaça not aged in wood, from a formalized and reliable producer. Also consider storing cachaça with at least 42% alcohol: it will help extract the phenolic compounds. Also keep in mind that the drink may lose alcoholic strength as it ages.

WHAT TO LOOK FOR IN A BARREL

- **Greater thickness:** sturdiness and thickness increase the contact between the liquid and the wood, making the barrel more resistant, preventing leaks and softening physical shocks. Beware of barrels that are too thin, as they may have a short lifespan. In addition, the thickness indicates how many refinements the barrel can receive – the thicker it is, the more years of use it will have.
- **Certification:** all wood used to make barrels must have a certified origin and documentation from the appropriate bodies. Be wary of anyone offering barrels made from protected wood such as amendoim and castanheira.
- **Craftsman:** look for barrels with a good finish, made in a specialized cooperage recognized by the market. The profession of cooper in Brazil is artisanal and should be appreciated.
- **Natural ingredients:** in the process of making barrels, the wood may not undergo any kind of chemical treatment. Some manufacturers use beeswax, a natural substance with no contaminants, to waterproof wood and reduce evaporation rates. Don't buy barrels with varnish or glue.

HOW TO USE THE BARREL

1. Fill the barrel completely with hot water using a funnel. Install the tap and let the kettle stand for 24 hours.

2. If no water leaks out of the kettle, empty it. If there are leaks, submerge the keg in a tank or bathtub for a few hours. This is important for new barrels to swell the wood and prevent leaks. Check to see if the leaks have stopped.

3. Pour the cachaça into the barrel using a funnel. It is important to leave a small layer of air at the top to encourage the flow of oxygen inside the barrel.

4. Close the tap and keep the barrel covered to prevent dust or other debris from contaminating the cachaça.

5. Allow the cachaça to age for as long as you deem necessary. Keep the cask in an airy place away from sunlight.

6. 1-liter barrels impact the cachaça 8 to 10 times faster than 200-liter barrels. In this way you can watch your cachaça change color, aroma and taste within the first few weeks. Keep in mind that each wood has a different aging potential.

7. When you are ready to taste your cachaça, turn on the tap and pour a small amount into a clear glass.

8. When you think your cachaça is at the ideal point, use a glass bottle to bottle it. Use a coffee filter or a fine sieve to remove any wood residue.

9. The storage time is up to you. The longer it stays in the barrel, the more the cachaça will show the characteristics of the wood. Cachaça can be aged for days, weeks or months. It is also interesting to mix cachaças aged in different woods to create your own blend. Once you have decided how you want your cachaça, it's time to bottle and label it. And name your creation! You now have a unique drink to enjoy on special occasions.

10. Do not leave your barrel empty. As soon as you empty it, refill it with cachaça. If you don't have more cachaça immediately, put water in the barrel for a short time to prevent mold. It is important that the barrel doesn't dry out, which could lead to leaks or even to irreversible damage.

Important: over time, the barrel becomes exhausted and loses its potential to add color, aroma, and flavor to the distillate. The life of a 3-liter barrel is six years of heavy use, after which it can be rebuilt.

ANGEL'S QUOTA

Is the barrel empty? Is someone sneaking a sip? Don't forget the angel's share – the percentage of cachaça that ends up evaporating. In barrels conditioned in dry environments, the water tends to evaporate, increasing the alcohol content of the distillate. In humid environments, the evaporation of alcohol causes alcohol content to decrease.

If you need to clean the barrel, the recommendation is to use 70% alcohol (not absolute alcohol, which is 99.6%). 70% alcohol contains more water and therefore has a stronger bactericidal effect. Water makes it easier for alcohol to enter the bacteria and reduces the volatilization time of the distillate, allowing more contact time with the microorganism.

MORE ABOUT CACHAÇA

Is there a right time to drink cachaça? Does coffee go well with cachaça? Cachaça before, after or with coffee? Watch the video to hear the opinions of international consultant, professor and lecturer Jairo Martins, and barwoman and bartender Mari Mesquita.

CHAPTER 13

PERFORMING A SENSORY ANALYSIS YOURSELF

With what you have read so far, you will be able to evaluate a cachaça and discover its profile, its qualities and even its flaws. To carry out the analysis, the information in Chapter 10 will be useful, as it describes the different characteristics that you will be able to detect in your sensory evaluation.

These are the two basic initial guidelines:

- use a clear glass with a stem so that your fingers or fingerprints don't interfere with your visual analysis of the beverage. The glass should be smooth walled, thin, have a capacity between 80 ml and 120 ml, and be free of impurities and odors;

- remember that an ideal tasting should include a maximum of five cachaças, in portions of 25 mL or less. A higher number of analyses could compromise your evaluation capacity.

The most suitable container for sensory analysis is a clear glass with a stem, despite the variety of containers available.
Credit: Rubens Kato.

VISUAL ANALYSIS

The first step is visual analysis. Consider the appearance of the product, the brand, the packaging, the bottle, the artwork and other commercial details. Information on the label about the production process and origin will also help with the analysis of the beverage.

To evaluate the visual characteristics of the liquid, examine

- color;
- clarity, transparency and brightness;
- tears and viscosity; and
- rosary.

COLOR – Serve the drink in a clear glass in a well-lit area. For the best evaluation, try placing a piece of white paper behind the container. This will allow you to see the color of the liquid without interference from objects in the room.

CLEANLINESS, TRANSPARENCY AND BRIGHTNESS – At this stage, look for clarity, brightness, cloudiness and the possible presence of suspended solids. A quality cachaça must be transparent, crystal clear and free of solid particles.

All cachaça, whether aged in wood or not, should be transparent. Cloudiness is a sign of defect.
Credit: Rubens Kato.

TEARS AND VISCOSITY – When you swirl the glass, there should be tears running down the walls of the container. Slower tears indicate proper distillation or aging. Very fast tears may indicate excessive dilution with water or the presence of unwanted parts of the distillation. Higher viscosity is also expected in aged cachaças.

Tears that form on the walls of a cup or glass are an indication of quality.
Credit: Rubens Kato.

Some producers use glycerin to artificially increase the viscosity of cachaça. This substance imparts a sweet characteristic and can be identified in laboratory chemical analyses. Aging in wood is a natural and desirable source of glycerin.

ROSARY – This is the name given to the bubbles that form on the surface of the glass shortly after cachaça is served – the formation is reminiscent of a Catholic rosary or a string of pearls. The persistence and size of the bubbles are related to the alcohol content of the distillate. Visually, expect a more intense and persistent rosary in cachaças with a higher alcohol content.

A rosary in a high-alcohol cachaça.
Credit: Felipe P. C. Jannuzzi.

Indicators for cachaça visual analysis

Transparency	Cloudy, with suspension, clear, limpid.
Viscosity	Low (watery), medium (moderate), high (pronounced).
Rosary	Fast, persistent, discreet, intense.
Intensity	Opaque, medium-bright, bright.
Main colors	Colorless, pale yellow, straw, golden (light, dark, greenish, orange), caramel, amber, mahogany.

OLFACTORY ANALYSIS

Once the visual analysis is complete, carry out the olfactory analysis. Use the Cachaça Aroma Wheel, which summarizes the information about the families presented in Chapter 10, to guide your evaluation.

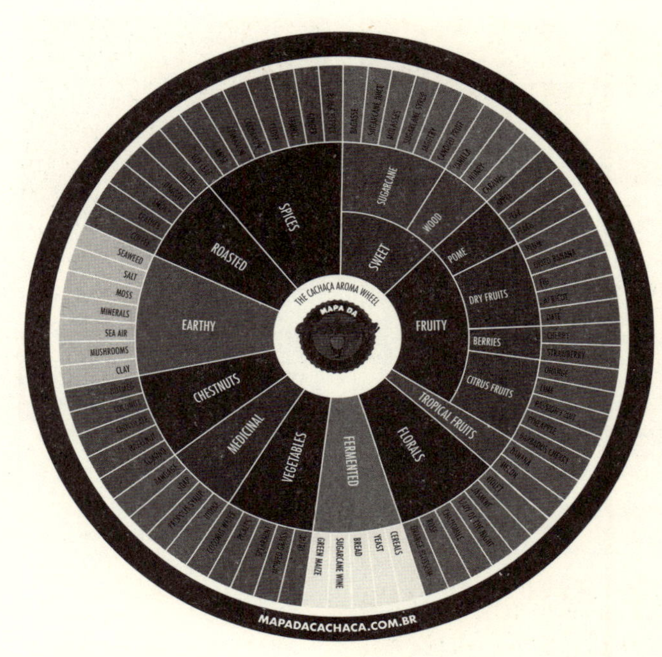

Aromatic families of cachaça and the main aromas perceived.
Credit: Mapa da Cachaça.

For this stage, the standard distance between the glass and your nose is 3 to 4 cm. Because of the high alcohol content, inhaling a distillate too close can have a numbing effect on your senses. It is also important that there is little interference from odors in the room.

Try to perceive the cachaça's scents: primary (from the sugarcane), secondary (from fermentation) and tertiary (from aging in wooden barrels, if it is a cachaça with this profile).

A LITTLE HELP FOR THE SENSE OF SMELL

If the cachaça has a very high alcohol content, leave it in the glass for a few minutes to allow the more volatile alcohols to evaporate. A few drops of water will also help to release more aromas, which will benefit the olfactory analysis.

Indicators for cachaça olfactory analysis

Quality	Healthy; with flaws (bitter almonds, nail polish, vinegar, rotten eggs, smoke, hay, cloying, etc.).
Persistency	Fast, moderate, long.
Sweetness	Neutral, light, medium (-), medium, medium (+), pronounced.
Alcohol	Neutral, light, medium (-), medium, medium (+), powerful.
Aromatic family	See the aroma wheel.
Aromatic descriptors	See the aroma wheel.
Woody	Without wood, light, medium (-), medium, medium (+), intense.

TASTE ANALYSIS

To evaluate the flavor characteristics, taste a small amount of cachaça and allow it to envelop your tongue and mouth. It is important to drink mineral water between tastings to cleanse the palate of different cachaças and to maintain hydration - alcohol tends to dry out the mouth.

Although we appreciate chilled cachaças, we recommend enjoying them at room temperature for analysis purposes.

"CLEANING" THE SENSES

It is common to sniff coffee beans and eat bread to purify the sense of smell and taste, respectively.

Indicators for cachaça taste analysis

Quality	Healthy; with defects (bitter almonds, nail polish, vinegar, rotten eggs, smoke, hay, cloying, etc.).
Sweetness	Dry, light, medium (-), medium, medium (+), intense.
Alcohol	Neutral, soft, medium (-), medium, medium (+), strong.
Body	Bodyless, fast, light, medium (-), medium, medium (+), intense.
Acidity	Low (soft, delicate), medium (balanced, fresh, lively, mouthwatering), high (intense, aggressive).
Bitterness	Not present, light, medium (-), medium, medium (+), intense.
Aromatic family	For example, floral, fruity, nutty (see the aroma wheel).
Taste descriptors	For example, fruity (apple, banana, peach, fig, apricot). See the aroma wheel.
Woody	Without wood, light, medium (-), medium, medium (+), intense.

AFTERTASTE ANALYSIS

Check the aftertaste by doing the following: without swallowing the cachaça, inhale and hold your breath, swallow the liquid and exhale slowly through your mouth. In this way, you can increase your perception of the sensations and flavors of the drink. The pleasant characteristics of a good cachaça remain in the mouth longer, even after it has been swallowed.

Indicators for cachaça retro-olfactory analysis

Duration	Short, medium (-), medium, medium (+), long aftertaste.
Aftertaste quality	Neutral, simple, with some complexity, very complex aftertaste.
Sensation highlighted in the aftertaste	Open, sweet, astringent, watery, alcoholic, woody, buttery, velvety, mouthfilling, full-bodied, closed, fresh, funky, metallic, spicy, flat, burning.

FINAL EVALUATION

Consider the "big picture". A good cachaça depends on many factors: the sugarcane plantation and its treatment, whether it was harvested at the right time, the time the cane took between cutting and milling, the quality of the water used to prepare the mash, the hygiene and quality of the fermentation and careful distillation, as well as the appropriate and balanced use of wood, without using tricks to hide the cachaça's original flaws.

Since it is impossible to know all the details of production we must rely on our senses. In other words, we have to judge whether the cachaça looks, smells and tastes right and how much we like it.

Therefore, when making your final assessment of the cachaça you have tasted, consider the visual, olfactory and gustatory harmony of the drink, as well as any indications of the quality of the sugarcane plantation, harvesting, milling, fermentation, distillation and aging.

Indicators for the final evaluation of cachaça

Scenario	Balance, length and intensity, harmony, complexity, personality.
Quality	Poor, fair, good, very good, excellent.
Service	Temperature (chilled, in the freezer, with ice, pure).
Harmonization	Dishes that potentially go well with cachaça.
Identification of terroir	Identification of the region of production by means of characteristics that reflect the area of origin.
Identification of school	Identification of the cachaça production philosophy, recognizing nuances revealing the methods and principles of its creation.

MORE ABOUT CACHAÇA

Evaluating cachaça can be enjoyable but also challenging. Why? Watch the video with sommelière and teacher Bia Amorim.

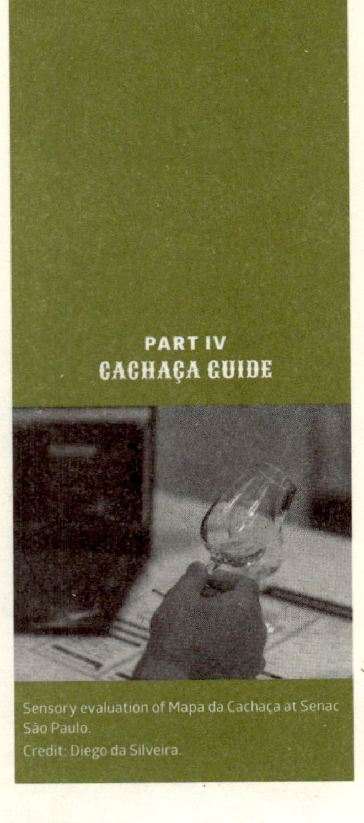

Sensory evaluation of Mapa da Cachaça at Senac São Paulo.
Credit: Diego da Silveira.

CHAPTER 14

BEHIND THE SCENES AND EVALUATION METHODOLOGY

Over the course of almost fifteen years, the Mapa da Cachaça [Cachaça Map] team has visited producers and rigorously tasted a considerable number of sugarcane spirits. Through our field research and sensory analysis, we discovered the richness and complexity of the Brazilian spirit, as well as the need for a methodology to evaluate and classify the diverse production of cachaça throughout Brazil.

This project came to fruition at the end of May 2024. For three intensive days, from 7 a.m. to 5 p.m., ten experts in sensory evaluation gathered at Senac São Paulo's Aclimação unit to thoroughly analyze and evaluate cachaças from all over the country.

The experts evaluated drinks sent by producers who were invited to submit their cachaças through the Mapa da Cachaça digital channels. Submissions were accepted until the limit of 185 labels was reached to ensure variety and diversity among participants.

Cachaça evaluation session at Senac Aclimação.
Credit: Diego da Silveira.

DRINKS CATEGORIZATION

Since the evaluation would be blind, the cachaças submitted were divided into categories.

Some of these categories followed the criteria of current legislation, such as the definitions of premium and extra premium. Other categories were created by us to ensure a fairer evaluation. An example of this is the separation of white cachaças into those that go through wood and those that do not.

Below there is a description of the categories created:

- **White without wood:** colorless cachaça that has not undergone wood treatment.
- **White with wood:** colorless or slightly colored cachaça that has undergone wood treatment.
- **Stored in oak:** cachaça aged for an indefinite period in oak casks, barrels or barriques of any capacity. It should have an expressive color.
- **Stored in Brazilian or exotic wood:** cachaça aged for an indefinite period in Brazilian or exotic wood vats, barrels or casks of any capacity. It should have an expressive color.
- **Aged in oak:** cachaça in which at least 50% of the bottled volume has been aged in oak casks or barrels, with a maximum capacity of 700 liters, for a period of not less than one year.
- **Aged in Brazilian or exotic wood:** cachaça in which at least 50% of the bottled volume has been aged in Brazilian or exotic wood barrels or casks, with a maximum capacity of 700 liters, for a period of no less than one year.
- **Premium oak:** 100% cachaça aged in oak casks of up to 700 liters for a minimum of one year.
- **Extra premium oak:** 100% cachaça or aguardente de cana aged in oak casks of up to 700 liters for a minimum of three years. White without wood: colorless cachaça that has not undergone wood treatment.
- **Stored blend:** a mixture of cachaças stored for an indefinite period in oak, Brazilian or exotic wood barrels or vats, of any capacity. Cachaças aged exclusively in oak casks, such as European and American cachaças, were not considered blends. Blends were considered cachaças in which the wood significantly influenced the drink sensory profile.
- **Aged blend:** cachaça in which at least 50% of the bottled volume had been aged in oak, Brazilian or exotic wood barrels or vats, with a maximum capacity of 700 liters, for a period of no less than a year. Blends of cachaças aged exclusively from oak, such as European and American oak, were not considered. Only cachaças in which the wood significantly influenced the drink sensory characteristics were considered blends.

THE PANEL OF EVALUATORS

The judging team was made up of experts from various segments of the world of drinks, including wine, cachaça, coffee and beer, as well as bar and restaurant owners, sommeliers, consultants and educators.

Bia Amorim. Sommelière, marketing and events consultant with experience in hospitality, training and operations management. Founder of Por Obséquio Gastronomic Consultancy, editor of *Farofa Magazine* and author of *Guia da sommelieria de cervejas* [Beer Sommeliere Guide]. She collaborates with food and beverage media and has been a judge in more than 30 beer competitions.
Credit: Diego da Silveira.

Cláudio Tibério Gil. Holds a degree in nutrition, gastronomy technology and gerontology; specialist in health surveillance and adult education. Lecturer at Senac São Paulo and owner of the bar and restaurant Casa da Tia [Aunt's House].
Credit: Diego da Silveira.

Felipe P. C. Jannuzzi. Entrepreneur in the food and beverage sector, creator of Mapa da Cachaça [Cachaça Map] and author of the book *Mapa da Cachaça Guide*. He also produces Virga gin, the first in the world to have doses of cachaça in its composition, and collaborates with BR-ME, a company specialized in Brazilian products.
Credit: Diego da Silveira.

Isadora Fornari ("Isadinha"). Professional working in research, market development and beverage consultancy. She is a columnist and curator for *Prazeres da Mesa* magazine, and the only Brazilian selected by Camus Cognac for a specialization program in 2024.

Credit: Jeisy Mendes.

Letícia Nöbauer ("Frau Cachaça"). Importer and distributor of cachaça in Europe. Wine and cachaça sommelière, winner of the IV National Rabo de Galo Competition and creator of the podcast *The Frau Cachaça Show*.

Credit: Diego da Silveira.

Luís Otávio Álvares Cruz. Professional sommelier, winner of the Brazilian Sommelier Competition 2023 and Brazil's representative at the ASI Best Sommelier of the World 2023 in Paris. Sommelier of the Year in Brazil 2023 by the Académie Internationale de la Gastronomie.

Credit: Diego da Silveira.

Mari Mesquita. Bartender and barista with cocktail courses. Consultant for cafés and bars, sensory evaluator of spirits and judge in cachaça competitions.

Credit: Diego da Silveira.

Nina Bastos. Co-founder of the Jiquitaia restaurant in São Paulo and responsible for cachaça and cocktail research.

Credit: Diego da Silveira.

Patricia Brentzel. Sommelière, businesswoman and consultant in education and events. Recognized name in natural wine and host of the podcast *Que vinho foi esse?*.

Credit: Diego da Silveira.

Paulo Leite. A professional in the bar industry and agronomist, post-graduate in cachaça technology and consultant in fermented and distilled products.

Credit: Diego da Silveira.

PRE-TRAINING

Prior to the three-day sensory analysis, online meetings were held to train the evaluators and familiarize them with the evaluation tools and methodology.

During these activities, specialists such as Aline Bortoletto (food scientist and postdoctoral researcher in Food Science and Technology), Amanda de Andrade Marcondes Pereira (food scientist and PhD candidate in Beverage Science and Technology), Luis Marcelo Nascimento (master distiller and craft beer specialist) and Maurício Maia (*cachacier*) gave lectures on key topics such as fermentation, distillation, wood aging and cachaça blending.

During the training sessions, the evaluators improved their specific knowledge of cachaça and the sensory defects that this distillate can present. As part of the process, different types of cachaça were sent to each expert to be evaluated together by me (Felipe P. C. Jannuzzi).

These meetings were also used to improve the application that would be used by the evaluators who would enter their scores. They provided suggestions to make the analysis richer and more detailed.

THE BLIND EVALUATIONS

On the first of the three days of sensory analysis at Senac São Paulo's Aclimação unit, the evaluators went through a sensitization dynamic: they tried samples formulated by Amanda de Andrade Marcondes Pereira to recognize different sensations: metallic, pungent and velvety. The metallic sensation sample was prepared with distilled water and a minimal amount of ferrous sulfate. The one for the pungent sensation (rough on the throat) combined distilled water and spirit vinegar. And for the velvety sensation (which fills the mouth), the formulation relied on distilled water and CMC, a culinary compound used mainly in confectionery. In this way, everyone's senses were prepared for the following rounds of cachaça tasting, coordinated by Amanda and Wagner Figueira (coffee specialist, chef in the research and development [R&D] department of the Capim Santo Group and one of the developers of the app used in the evaluations).

In each analysis battery, the evaluators tasted cachaças with similar characteristics. In other words, there were batteries of only white cachaças without wood, or only white cachaças with wood, or cachaças aged in oak, and so on. And although the cachaças in each round were the same for all the tasters, they were presented in a different order. For example, if there were four cachaças in the round, the first cachaça for one taster would be the second for the next taster, the third for the next, and so on. This measure aimed to eliminate any bias that could influence the analysis, allowing the cachaças to be judged solely on their sensory characteristics.

The evaluators did not know which cachaça they were tasting, as the samples were only identified by a code. They were only informed about the category of the drinks they were analyzing, without any additional details that could influence their perceptions.

Throughout the evaluations, each evaluator was provided with mineral water, crackers and French bread to "cleanse" the palate whenever necessary.

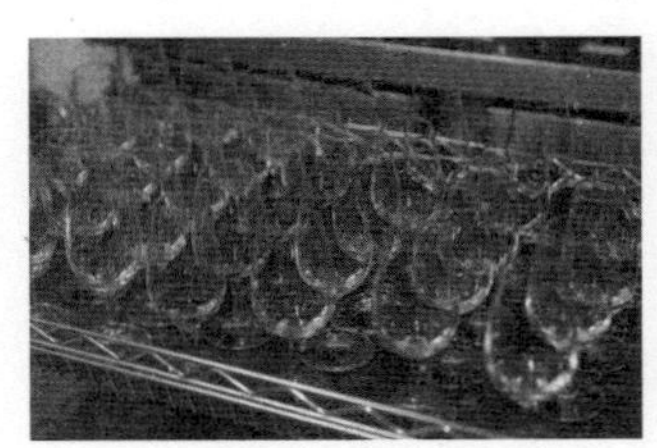

Cups identified only by the code of the beverage being evaluated.
Credit: Diego da Silveira.

Notes and descriptions registered in the app (above) and recorded in real time on the scoreboard (below).
Credit: Diego da Silveira.

Amanda de Andrade, coordinator of the evaluation sessions, at one of the cachaça exchanges.
Credit: Diego da Silveira.

THE SCORES

Each participating cachaça started with 100 points, which would be deducted if there were penalties according to the established evaluation criteria.

For each cachaça tasted, the experts assigned scores using the app installed on their mobile phones and provided sensory descriptions. In addition to the app, they had a paper "evaluation mat" on which they could make notes.

The final score for each cachaça was a Winsorized average. This statistical method is used to minimize the influence of *outliers* by replacing the extreme values (both the lowest and the highest) with less extreme values. This helps to obtain an average that more accurately reflects the quality of the cachaça and avoids bias caused by abnormally high or low scores.

Description of the scores for the cachaças evaluated

SCORES	STARS	DESCRIPTION
55-71	0	A cachaça with no balance, no personality and serious production defects.
72-76	1	A cachaça that has no taste, no identity and sensory defects.
77-82	2	A cachaça with no serious errors, but which lacks personality and doesn't provide a pleasant sensory experience.
83-88	3	A cachaça with good production practices, no technical defects and a good sensory experience.
89-94	4	A cachaça among the best in the world. Remarkable and extraordinary.
95-100	5	A spectacular cachaça that stands out for its technical and sensory qualities, and above all for its personality and identity. A drink that represents a production philosophy that is clear in the sensory evaluation.

We had 185 cachaças registered, but one was not delivered in time for the evaluation day and another was an experimental project that was not classified for this guide. Of the 183 cachaças evaluated, eight did not reach 83 points and were considered to have failed the sensory analysis. Then, from the remaining 175, 28 cachaças (16% of the total) were randomly selected for physical and chemical analysis. At this stage, we had four failures.

Based on this methodology, chapter 15 lists the 171 cachaças approved in the 2024 evaluations, from different parts of Brazil.

MORE ABOUT CACHAÇA

One of the most laborious stages of the evaluation process was drawing up the form that the experts filled using the app. Watch the video with Wagner Figueira.

In this video, Amanda de Andrade Marcondes Pereira describes the precautions taken during the evaluation sessions.

Although cachaça is only tasted (and not ingested) in a sensory analysis, it is "not water", as the song goes. The process demands a lot of the evaluators' sight, smell and taste. Here is what Cláudio Tibério Gil, Mari Mesquita and Luís Otávio Álvares Cruz had to say during a break in the activities.

CHAPTER 15

CACHAÇAS, SCORES AND STARS

Image credits: Jeisy Mendes, Beard Studio (Encantos da Marquesa 2009 - p. 576), Guarani (Dom Bré Jequitibá-Rosa - p. 584 / Costa Rica Amburana - p. 585), Margô (Margô Premium - p. 593), Octaviano Della Colleta (Ĉ Blanc de Blancs - p. 600), Saliníssima (Saliníssima Bálsamo - p. 610), Santo Grau (Santo Grau Solera Alvarinho / Santo Grau Reserva Amontillado - p. 615)

3R

GUARAPARI/ESPÍRITO SANTO

Cachaça 3R takes its initials from the name of its producer, a public prosecutor who bought a distillery as a retirement project. With the support of his wife, Nilda, a teacher, and his daughter, Renata, a doctor, Renato Resende Ribeiro produces a cachaça that values quality and the local community.

Located in the mountains of Guarapari, in the Buenos Aires region of Espírito Santo, the 3R Distillery is part of a tourist route that attracts about a thousand visitors a month. Tourists can learn about the cachaça production process, explore the local gastronomy and enjoy the mild climate and beautiful views, including the Pedra do Elefante, which stretches down to the sea.

Production at 3R began in 2019, with the first registered cachaça released in 2023. The sugarcane used is supplied by local producers, who receive support from the distillery for planting. 3R buys all the production to promote sustainability and the development of family farming in the region. In addition to cachaça, they also produce sugarcane syrup and jaggery.

They use CA-11 yeasts for fermentation, with must diluted with water from an artesian well. The copper still is heated by wood. The 3R is not diluted with water, maintaining the "pure heart" of the drink. After distillation, the cachaça is aged in oak and Brazilian wood barrels produced by a cooperage in São Roque do Canaã, also in Espírito Santo. The distillery uses barrels with a smaller volume, valuing the practice of ageing over storage, which is unusual for Brazilian amendoim wood.

3R Aged Jequitibá-Rosa [Pink Jequitibá]
White with wood

Alcohol content: 41%.
Vintage/batch: 2023.
Score: 84.5 (3 stars).
About the cachaça: it is aged for three months in stainless steel tanks and then for a year in 700-liter medium toasted jequitibá-rosa vats.
Visual: light straw color, almost colorless, moderate tears.
Aroma: vanilla, licorice, floral (soap), nuts, cloves.
Body/mouthfeel: short to medium; velvety.
Taste: sugarcane, minerals, coconut, raisins.
Aftertaste: short, simple, floral.

3R Aged Amendoim
Aged in Brazilian or exotic wood

Alcohol content: 41%.
Vintage/batch: 2023.
Score: 85 (3 stars).
About the cachaça: after three months in stainless steel tanks, it is transferred to new 700-liter vats of medium roasted amendoim, where it remains for up to a year, without standardizing with water before bottling.
Visual: dark gold to amber, with moderate crystals.
Aroma: medicinal, mint, burnt chestnut.
Body/mouthfeel: short, metallic.
Taste: bay leaf, chestnut, nutmeg.
Aftertaste: short, simple, bitter, mint.

3R European Oak Reserva do Presidente [President's Reserve]
Extra premium oak

Alcohol content: 41%.
Vintage/batch: 2023.
Score: 86.5 (3 stars).
About the cachaça: after resting in stainless steel, the cachaça is aged for three years in 200-liter medium toasted European oak barrels from the Agulhas Negras cooperage. These are the oldest barrels of the distillery, resulting in an extra premium cachaça.
Visual: between yellow and gold, medium brightness, moderate tears.
Aroma: nuts, vanilla, banana, panettone.

Body/mouthfeel: medium; almond.
Taste: nuts, berries, vanilla.
Aftertaste: medium, with light vanilla and nuts.

ALMA DE GATO

OURINHOS/SÃO PAULO

Álvaro Barreto Peixoto, an agronomist with a degree from Escola Superior de Agricultura (Esalq) [Agriculture College], University of São Paulo, has always been involved in the sugar-energy sector. In 2007, he bought a farm near Ourinhos, in the state of São Paulo, which already had a distillery. Initially, making cachaça was just a hobby, but the dream of turning this passion into a retirement project grew, and in 2018, production became official, with Alma de Gato entering the market. In 2021, the production was registered with the Federal Revenue Agency. Álvaro's wife Silvana is his partner in life and in cachaça, and an essential part of the company.

At Engenho Velho ranch, where the drink is produced, there is a 4,35-hectare cane field, with varieties such as CTC 9001.

The fermentation process uses CA-11 or Fleischmann biological yeast, which is common in neighboring ethanol sugar plants. The fermenters are made of stainless steel and are closed for better control. The distiller, with a capacity of 1,000 liters, produces between 8,000 and 10,000 liters per harvest.

The name Alma de Gato, inspired by the *Piaya cayana* bird rather common in the Paranapanema Valley, was chosen to reflect the link with the region and nature. The commitment to the environment is a priority: the boiler uses sugarcane bagasse, there is a closed water circuit in the distillation process, and the vinasse and ash are reused in the fields and in the vegetable garden.

The family has been involved in the project from the beginning, helping to transform the farm into a company dedicated to the production of alembic cachaça. Alma de Gato cachaça aims to stand out in the state of São Paulo, where new distilleries are emerging, committed to quality and sustainability.

Alma de Gato Premium
Premium oak

Alcohol content: 39%.
Vintage/batch: PR0124.
Score: 91 (4 stars).
About the cachaça: at Engenho Velho, only Alma de Gato Premium undergoes a double distillation process and is aged for one year in 250-to-300-liter American oak barrels, many of which were already on the property when it was purchased.
Visual: pale gold, medium brightness, moderate sheen.
Aroma: caramel, chocolate with cherries, red fruits (raspberries), musty, nuts, coconut.
Body/mouthfeel: short to medium; velvety.
Taste: lacks the power of American oak found in other premium cachaças, but what it lacks in intensity it makes up for in diversity, with a white moldy rind (present in cheese), vanilla, cream, coconut, almonds and light toffee.
Aftertaste: short to medium. Old barrels can bring good surprises and complexity.

BARRA GRANDE

ITIRAPUÃ/SÃO PAULO

Outstanding – Design seal

Barra Grande cachaça has been produced by the Figueiredo family since 1860 in one of the oldest stills in operation in the State of São Paulo. Maurílio Figueiredo, still master and cellar master, is currently in charge of production. Fazenda Barra Grande, where the cachaça is made, is located on the border with Minas Gerais, at an altitude of 850 meters, with a rainy climate and clayey soil, ideal for growing sugarcane.

The farm seeks to balance social, economic and environmental aspects, using alternative energy and sustainable techniques in its crops. In addition to sugarcane and cachaça, it diversifies its activities with coffee, cattle, hardwoods and rural tourism.

Barra Grande has 200 hectares and grows five varieties of sugarcane, including RB 7515, 1816, 3046, 5503 and Java. Only 10% of the sugarcane planted is used to produce cachaça, the rest is sold to mills.

Once cut, the cane is transported and crushed within 48 hours. The garapa, or sugarcane juice, is crushed in a mill powered by a 19th century English water wheel, whose energy also drives the mill that turns the corn into cornmeal, which is used in the fermentation process. At the beginning of the harvest, the recipe for caipira yeast is adopted, which includes a combination of cornmeal, rice bran, soy extract and crushed cornstarch. The resulting dough is left to rest for two days while sugarcane juice is added, and aerators are used to increase oxygenation. Fermentation is done with wild yeast, which is washed weekly, and citric acid is added to control acidity and bacterial growth.

Distillation takes place in two 1,000-liter copper stills heated by direct fire. After distillation, the cachaça passes through 25,000-liter jequitibá-rosa barrels for standardization. The cachaça is then transferred to oak, balsam and amburana barrels. During the bottling process, up to 40% of the cask's content is removed, and some are kept partially filled for more than twenty years.

In addition to cachaça Barra Grande, the producers have a partnership with Natique Osborne and make Santo Grau Itirapuã, Santo Grau Cinco Botas and Santo Grau P.X. cachaças.

Barra Grande Retrô
Stored blend

Alcohol content: 43%.
Vintage/batch: 0010.

Score: 89.5 (4 stars).
About the cachaça: Barra Grande Retrô's label features the layout adopted by Alceu Figueiredo, Maurílio's uncle, in 1950, and is presented in a beer-style bottle. The blend contains 70% jequitibá, 25% French oak and 5% amburana. The French oak, used in 200-to-250-liter barrels that previously stored whisky, has an intense toast known as crocodile toast. Amburana, on the other hand, is aged in new barrels with a light toast.
Visual: straw, shiny, moderate tears.
Aroma: difficult to define wood; there are chestnuts, sugarcane syrup, banana, a discreet background of bitter chocolate, smoked.
Body/mouthfeel: medium; flat, slightly astringent.
Taste: very vegetal, with agave, sugarcane syrup, melon, bread, almonds.
Aftertaste: the toast appears at the end of the mouth, bringing toast and medicinal bitterness.

CARAÇUÍPE
CAMPO ALEGRE/ALAGOAS

Outstanding – Master Blender seal

Caraçuípe cachaça is a tribute to the memory of the Coutinho family, reviving their tradition and experience in the cultivation of sugarcane and the production of cachaça de alambique in Alagoas. The history of Engenho Caraçuípe began in 1933, when Antônio and Benedito Coutinho purchased a property in Campo Alegre. From then on, the brothers ran a series of successful sugar companies. The sugar mill symbolized the union of field research and emotional ties to the land, seeking to improve the quality of sugarcane and its by-products, such as sugarcane honey and cachaça.

Renato Coutinho, Antônio's grandson, decided to follow in the footsteps of his predecessors and, together with his wife Cristiane Dantas, has dedicated himself to the production of cachaça at Engenho Caraçuípe. Renato grew up hearing stories about the mill, which was the pride of the family and the realization of a dream. This legacy has driven Renato to preserve and improve the artisanal production techniques, using indigenous yeasts selected for fermentation, without the addition of natural substrates, and preserved for continuous use between harvests. Distillation takes place in copper stills.

They mainly use French oak barrels for ageing, with blends that have won awards in Brazil and abroad, thanks to their collaboration with cellar master Carlos Lisboa, one of the highest-scoring professionals in this guide.

Caraçuípe Ouro [Caraçuípe Gold]
Aged in oak

Alcohol content: 40%.
Vintage/batch: 08/23 / L44.
Score: 90 (4 stars).
About the cachaça: Caraçuípe Ouro [Caraçuípe Gold] is aged for eighteen months in French oak barrels of between 200 and 220 liters, with a blend of cachaças that have passed through three barrels of different toasts (Toast 1 Sweet 2, Toast 1 Spice, Toast 1 Smoke).
Visual: amber, shiny, moderate tears.
Aroma: closed, sugarcane syrup, dried fig, caramel, with a good presence of toast (burnt coconut, leather).
Body/mouthfeel: full-bodied, velvety cachaça.
Taste: malted cereals, caramel, light vanilla, burnt coconut.
Aftertaste: medium-to-long, complex, dried fruit, toasted elements, light cardamon.

Caraçuípe Extra Premium
Extra premium oak

Alcohol content: 40%.
Vintage/batch: 2019.
Score: 90 (4 stars).
About the cachaça: it is aged for five years in 200-to-220-liter French oak barrels, with a blend of cachaças that have passed through three barrels of different toasts (Toast 1 Sweet 2, Toast 1 Spice, Toast 1 Smoke).
Visual: amber with orange tones, glossy, slow tears.
Aroma: complex, with nutty (nutmeg, coconut, hazelnut), floral (violet) and toasted (toffee) aromas.
Body/mouthfeel: full-bodied, velvety cachaça.
Taste: the nose promises more. The oak is sober in the mouth, more closed, with hazelnut, vanilla, coconut and toffee.
Aftertaste: long. You can "chew" the wood for a few seconds.

CASA BUCCO
BENTO GONÇALVES/
RIO GRANDE DO SUL

Outstanding – Master Blender seal

Casa Bucco, or Bucco House, located in the Rio das Antas Valley in Bento Gonçalves, is a family-run distillery with deep roots in northern Italy. The Bucco family history began with Basilio Romano Bucco, who emigrated from Udine in 1875. The tradition of grapa production was adapted to the local culture, resulting in the production of cachaça as early as 1925.

Since 1996, under the direction of Moacir A. Menegotto, Casa Bucco has incorporated modern fermentation and distillation technologies and was one of the first stills to adopt bi-distillation techniques.

The property, which covers 56 hectares (11 of which are dedicated to organic sugarcane cultivation), benefits from the unique characteristics of the local microclimate. The stony soil of basaltic origin, the hot summer climate, the abundant rainfall and the natural protection of the thick fog, which prevents frosts from forming in winter, provide ideal conditions for the growth of the cane.

The sugarcane juice is processed on the same day as the harvest and fermented with selected yeasts to enhance the aromatic profile. Distillation is carried out in a copper still of the *charentais* type, common in the distillation of cognacs.

The rains in Rio Grande do Sul in the first half of 2024 hit Casa Bucco hard, with damage to the sugarcane plantation and the storage structure, as well as the tragic loss of two members of staff. We hope that Casa Bucco's dedication and legacy will inspire a future of renewal and prosperity.

Casa Bucco Amburana
Aged in Brazilian or exotic wood

Alcohol content: 38%.
Vintage/batch: October 2023/0223.
Score: 93.5 (4 stars).
About the cachaça: Casa Bucco Amburana is aged in 700-liter amburana barrels between eighteen months and two years, with intense toasting. It is an example of the *gaúcho* (from Rio Grande do Sul) style of aging cachaça using this Brazilian wood.
Visual: dark gold, shiny, medium tears.
Aroma: cumaru, cherry bonbon, vanilla, caramel, almond, nutmeg.
Body/mouthfeel: medium to intense; soft, velvety.
Taste: burnt coconut, hazelnut, vanilla, nutmeg.
Aftertaste: medium. Despite being mild and very woody, it has a good balance between wood and alcohol. It is an open, slightly spicy cachaça.
Serving suggestion: pair with gruyère cheese. Compare with João Mendes Umburana, which follows a different style of aging cachaça in this Brazilian wood (Gaúcha Amburana Style × Mineira Amburana Style).

Casa Bucco 5 Madeiras
Aged blend

Alcohol content: 40%.
Vintage/batch: 01/2022.
Score: 90.5 (4 stars).
About the cachaça: Casa Bucco 5 Madeiras is a blend aged for at least five years in 700-liter amburana barrels with strong toast, 700-liter balsam barrels with strong toast, 180-liter oak barrels with strong toast, 700-liter jequitibá-rosa barrels with weak to medium toast and approximately 200-liter angico barrels with medium toast. Only the jequitibá-rosa vat was used for the first time.
Visual: golden, shiny, slow tears.
Aroma: the nose initially shows caramel, vanilla and candied panettone fruit. It develops into toasted aromas (toffee, light tobacco, dark chocolate), spices (apple with cinnamon) and nutmeg.
Body/mouthfeel: medium; fine.
Taste: caramel (milk pudding), hazelnut, nutmeg, light dried fruit (plum), menthol.
Aftertaste: medium to long. Elegant cachaça, with a predominance of oak, with a good presence of toast and spices, while remaining delicate.

CAVACO

BRASÍLIA/FEDERAL DISTRICT

Cavaco was born from the dream of Josafá Teixeira Cavalcante, a doctor who had always wanted to make his own cachaça. The idea came when he saw the sugarcane seedlings on his family's farm in Alagoas, where he imagined turning the cane into a drink. This wish came true in Brasília, where Josafá and his sons, Igor, Diogo and Vítor, produced the first 100% cachaça in Brasília/ Federal District.

The production at Engenho Cavaco is entirely in-house, starting with the planting of sugarcane on 15 hectares. It is in a dry region with high temperatures, which has influenced the adaptation of the sugarcane varieties. Josafá bought the estate in 2003 with the intention of making cachaça, paying homage to his family's roots in Alagoas and his grandfather's old estate that inspired the brand's name.

Cavaco's fermentation process uses wild yeast. Before fermentation begins, there is a two-week preparation of the vat foot to multiply the yeasts, following the traditional recipe of caipira yeast with cornmeal. The first production took place in 2017, and in 2020 the cachaça was officially registered with the Ministry of Agriculture and Livestock.

Distillation takes place in a copper alembic of the priest's hat type, with a capacity of 700 liters, using sugarcane bagasse as fuel. All the cachaças are single distilled. In the cellar, there are barrels and vats of amburana, European oak, American oak and jequitibá-rosa.

Cavaco Prata
White without wood

Alcohol content: 43%.
Vintage/batch: 01/2024.
Score: 86.5 (3 stars).
About the cachaça: Cavaco Prata rests in 2,500-liter stainless steel vats for at least six months. It is the first cachaça 100% produced in Brasília/ Federal District.
Visual: colorless, clear, slow tears.
Aroma: sugarcane syrup, chestnuts, cardamon, ripe banana.
Body/mouthfeel: medium to full-bodied; almondy.
Taste: vegetal, coconut milk, nuts, cane wine.
Aftertaste: medium, herbaceous.

COLOMBINA

ALVINÓPOLIS/MINAS GERAIS

Fazenda do Canjica is in the small town of Alvinópolis, about 160 kilometers south of Belo Horizonte. This place, with its humid and fertile land, has become the birthplace of Colombina, one of the most traditional and respected artisanal cachaças in Minas Gerais.

The story begins in 1920, when José Acácio de Figueiredo, a merchant from Santa Bárbara (a neighboring town of Alvinópolis), began bottling and selling cachaça. He bought the drink from local producers and transported it to Belo Horizonte, where it was standardized and bottled under the same label. Among his suppliers was the Fazenda do Canjica mill. The brand, inspired by the character Colombina from the Commedia Dell'Arte, quickly gained fame, winning awards such as the Centenary of Independence Exhibition in Rio de Janeiro in 1922.

At the Fazenda do Canjica, the old sugar mill is a reminder of a time when the cane mill was powered by water and large wooden vats, called *paróis*, were used to ferment and store the cachaça. These *paróis*, made of jatobá wood, are rarities that have been preserved to this day, giving Colombina cachaça its own identity. It is produced using the same artisanal method as in the brand's early days, with caipira yeast and slow distillation over direct heat.

Colombina was discontinued in the 1950s and only returned to the market in the 1990s, thanks to the efforts of Raul Mègre and his wife, Maria Elisa, daughter of the then owner of Fazenda do Canjica. When Raul died in 2004, his son-in-law, Luciano Barbosa Souto, together with his wife, Lívia Mègre Souto, took over production, thus preserving the legacy of the cachaça.

Colombina Centenário [Colombina Centennial] Aged blend

Alcohol content: 40%.
Vintage/batch: 01/2023.
Score: 91 (4 stars).
About the cachaça: the cachaça is a blend signed by cellar master Nelson Duarte. It is aged in 700-liter jatobá barrels, produced by Anva Tanoaria, in the Minas Gerais town of São Gonçalo do Rio Abaixo, without toasting. It also contains a blend of cachaça that spends a year in first-use amburana barrels produced by the Del Rey cooperage in Caetanópolis, also in Minas Gerais.
Visual: coppery gold, medium-bright, moderate tears.
Aroma: honey bread, orange peel, *paçoca*,[21] old furniture, caramel.
Body/mouthfeel: light to medium; full mouthfeel, slightly astringent.
Taste: quite green in the mouth, from start to finish, with mint, old wood, cardamom, cereals, peanuts and leather.
Aftertaste: medium, with plenty of freshness in the mouth, like sucking on a mint candy, slightly spicy.

COMPANHEIRA

JANDAIA DO SUL/PARANÁ

Outstanding – Producer seal
Outstanding – Sustainable Producer seal
Outstanding – Master Blender seal

Natanael Bonicontro, a chemical engineer and entrepreneur, founded Companheira Cachaça in 1994 in Jandaia do Sul, in the Ivaí Valley, Paraná. The goal was to produce a high-quality artisanal beverage, different from the industrialized spirits of the region. Inspired by the advanced processes of oil refining and whisky production, Natanael designed a unique continuous distiller, using copper and techniques that allow the removal of parts for periodic cleaning. Although he studied the theory of distillation at university, it was in practice, as a process engineer at Petrobras, that he acquired the knowledge necessary to design his own still.

The production process for Companheira Cachaça is strictly controlled, starting with the manual harvesting of the IAC 9500 sugarcane, grown in his own cane field. Once the cane is harvested and crushed, fermentation is carried out with commercial yeasts (CA-11 and baker's yeast), followed by distillation in innovative equipment. The soil of the region, enriched with minerals of volcanic origin, contributes to the authenticity and characteristic taste of the cachaça. However, it is in the careful use of wood for aging that the cachaças of the Bonicontro family really stand out.

Raquel, Natanael's daughter, has been working in the company since 2011, ensuring the continuity of the family business, which distills 100,000 liters per year, divided into four types of cachaça, alcoholic cocktails and six types of liqueurs. Since 2022, the company has organized the Jandaia do Sul Cachaça Festival, helping to position the city as one of the main cachaça production centers in the state. In 2023, Jandaia do Sul will be officially recognized as the Cachaça Capital of Paraná, further consolidating its importance on the national scene.

The name *Companheira* [Companion] was inspired by the João de Barro[22] [John of Clay] bird, which spends its entire life with the same mate, as described in the lyrics of Tonico and Tinoco: *"O João de Barro pra ser feliz como eu/ Certo dia resolveu arranjar uma companheira/ Num vai e vem com o barro da biquinha/ Ele fez sua casinha lá no galho da paineira"*.[23]

Companheira Extra Premium Carvalho Extra premium oak

Alcohol content: 40%.
Vintage/batch: 05/03/2024.
Score: 91 (4 stars).
About the cachaça: aged for four years in American and French oak barrels.
Visual: golden with orange tones.
Aroma: honey, caramel, fig, guaraná, slightly medicinal.
Body/mouthfeel: soft, velvety cachaça.
Taste: hazelnut, vanilla, caramel, maple syrup, plum.
Aftertaste: short to medium. Pleasant, balanced and caramelized.

Companheira Gatinha
Stored blend

Alcohol content: 40%.
Vintage/batch: 21/02/24.
Score: 94.5 (4 stars).
About the cachaça: Gatinha is a blend of cachaças aged for four years in French and American oak barrels, as well as cachaça aged for three years in an 8,000-liter Amburana vat. To standardize the alcohol content, the blend is finished with silver cachaça aged for one year in stainless steel vats.
Visual: light golden color, medium gloss, moderate tears.
Aroma: the first impact of the oak brings burnt coconut, honey and caramel. The Amburana is delicate, with tutti-frutti gum.
Body/mouthfeel: light, open, round, sweet.
Taste: slightly vegetal, from the standardization with silver cachaça. The highlights are coconut jam, vanilla and oak caramel.
Aftertaste: medium, fresh, with menthol from the Amburana.
Serving suggestion: very drinkable, an easy cachaça, good for those who want to start deciphering cachaça blends. With a relaxed and unpretentious proposal, this cachaça has got everything to conquer the world for it is versatile. It brings the familiarity of oak with the distinctiveness of Brazilian wood.

Companheira Dueto
Aged blend

Alcohol content: 40%.
Vintage/batch: 11/03/24.
Score: 91.5 (4 stars).
About the cachaça: this Companheira is produced through the union of two cachaças, hence the name duet. The first is a cachaça that has undergone a sequential aging process, spending two years in 5,000-liter chestnut barrels, without toasting, and then another year in 225-liter first-use French oak barrels, with medium toasting. In parallel, the second cachaça in the blend also underwent a sequential aging process, first for two years in 8,000-liter Amburana barrels, without toasting, followed by one year in 225-liter first-use French oak barrels, with medium toasting.
Visual: light amber, moderate tears.
Aroma: oak takes center stage, with chocolate, vanilla, caramel, honey and discreet leather; background of amburana, cinnamon and cherry; plus candied fruit and cream.
Body/mouthfeel: medium; fresh.
Taste: sweet oak, hazelnut, chocolate and vanilla. The amburana is present, but very delicate, bringing spice and piquancy to the blend, with cloves and cardamom.
Aftertaste: medium to long. A sweet, pleasant and balanced cachaça, with a final touch of minty freshness.
Serving suggestion: to drink neat.

Companheira 48%
White without wood

Alcohol content: 48%.
Vintage/batch: 02/04/24.
Score: 86 (3 stars).
About the cachaça: after being distilled in unique equipment developed by Natanael Bonicontro, a hybrid between a column and an alembic, Companheira 48% is stored in 9,000-liter stainless steel vats.
Visual: colorless, extremely slow tears.
Aroma: despite its alcoholic power, it is delicate on the nose. Coconut milk, shoyu, mineral, pomace, yeast (sourdough).
Body/mouthfeel: light; buttery.
Taste: all the alcoholic intensity comes through in the mouth. Presence of pomace, a little melon, cereals, medicinal.
Aftertaste: direct and short. Sugarcane sweetness, without too much fruit presence. Hot, but without scratching the throat and with little spiciness. A light, milky cachaça.

COQUEIRO

PARATY/RIO DE JANEIRO

Located in Fazenda Cabral, just 7 kilometers from the historic center of Paraty, the distillery has an incomparable historical and cultural importance, being the oldest in the city, with records dating back to 1803. Production is managed by Eduardo Mello and his son Dudu, maintaining a family tradition that is now in its fourth generation. In 1980, Eduardo acquired the Coqueiro cachaça brand, which had existed since 1940, and began bottling his cachaças under this brand, which has become one of the most iconic and awarded in Brazil.

The secret of Coqueiro's success lies in its adherence to the ancestral recipes that have made Paraty synonymous with quality cachaça. Part of this heritage lies in the wild yeast fermentation techniques and the use of secret ingredients in the preparation of pé de cuba, resulting in a drink that captures the unique aromas and flavors of the region.

In the first half of 2024, Paraty's traditional cachaça recipes were officially recognized with the granting of the Denomination of Origin seal by INPI[24], strengthening the identity of the producers who keep the local tradition of cachaça production alive.

In 2024 the tragic loss of Angelo Mello, Eduardo's son, occurred. Angelo was an aficionado of cachaça cocktails, and in preparing his recipes with brandies and liqueurs, he cherished a family tradition. His grandmother and mother made cachaça liqueurs with seasonal fruits and spices. Devotees of St. John, they also served *quentão* at family celebrations, a drink made with caramel, ginger, cloves and cinnamon. Indispensable to the June festivities, the Mello family's brandies became popular in Paraty, inspiring a new generation of bartenders and connoisseurs. Angelo represented this new generation, bringing innovation to the century-old family legacy.

Coqueiro Amendoim
White with wood

Alcohol content: 40%.
Vintage/batch: 2023.
Score: 91 (4 stars).
About the cachaça: it is stored for at least six months in large amendoim vats (7,000, 10,000, 12,000, 13,000 and 20,000 liters).
Visual: light straw, almost colorless, slow tears.
Aroma: this is the authentic Paraty terroir, with sugarcane and wood in the background. Bagasse, grass, chestnuts, banana jam, green corn, nightshade.
Body/mouthfeel: medium to full-bodied; buttery, fresh, soft.
Taste: intensely sweet, with pomace, honey, floral, slightly medicinal and iodine.
Aftertaste: medium to long, complex, floral with something medicinal and slightly salty at the end.

DA QUINTA

CARMO/RIO DE JANEIRO

Outstanding – Producer seal
Outstanding – Sustainable Producer seal

Cachaça Da Quinta is produced at Fazenda da Quinta, Carmo municipality, in the mountainous region of Rio de Janeiro. Placed in a valley near the Paraíba do Sul River, at an altitude of approximately 220 meters, the property enjoys the ideal soil, climate and microclimate for growing sugarcane, as well as for fermenting and producing its cachaças.

In 1923, Francisco Lourenço Alves, a Portuguese immigrant, purchased Fazenda da Quinta and improved the cachaça production process already in place on the property. His son, José Ramos Alves, continued to improve production, maintaining the original technique and further specializing in the fermentation process, winning the preference of connoisseurs.

At the beginning of the 21st century, José Ramos passed on the ownership and knowledge of the traditional process to his daughter, Kátia Alves Espírito Santo. Combining traditional knowledge with modern technology and know-how, Kátia has modernized the factory, renewing the brand's visual identity, packaging and product line to meet international quality standards.

The plant currently grows four varieties of sugarcane: two SP and two RB. The fresh cane is cut and milled the same day and serves as a base for the propagation of native yeasts during fermentation. Every 24 hours, the fermentation cycle is completed, with the yeasts fed exclusively on the cane juice. The fermented juice is then transferred to the indirect fire still.

Fazenda da Quinta produces 100,000 bottles per year, which are sold in various Brazilian states and abroad. In addition to the Da Quinta line of cachaças, the distillery produces and bottles cachaças under the Avuá brand, created exclusively for export by Americans Nate Whitehouse and Peter Nevenglosky.

As the song by Paralamas do Sucesso, a Brazilian rock group, says: Cachaça made in Carmo goes around the planet.

Da Quinta Branca
White without wood

Alcohol content: 42%.
Vintage/batch: 2004/01.
Score: 91 (4 stars).
About the cachaça: aged for six months in stainless steel barrels.
Visual: colorless, moderate tears.
Aroma: sugarcane syrup, pineapple, orange peel, almonds.
Body/mouthfeel: medium; full mouthfeel.
Taste: vegetal, lively, with personality, citrus, almonds and vanilla.
Aftertaste: medium, vegetal, almond.

From Quinta Amburana
Stored in Brazilian or exotic wood

Alcohol content: 40%.
Vintage/batch: 2024/01.
Score: 93.5 (4 stars).
About the cachaça: it uses amburana casks of various sizes, including 3,500-liter, 700 liter and 200-liter options. The storage process is mostly carried out without toasting, although some barrels are toasted.
Visual: yellowish gold, intense shine, moderate tears.
Aroma: delicate, complex, hot toddy (alcohol, cloves and cinnamon), white flowers, vanilla, cherry and almond liqueur.
Body/mouthfeel: medium; almondy, fresh, open.
Taste: vanilla, cinnamon, cardamom, almonds, floral, light tobacco.
Aftertaste: medium to long, with chestnuts; slightly medicinal.

Da Quinta Carvalho
Aged in oak

Alcohol content: 40%.
Vintage/batch: 2023/10.
Score: 90 (4 stars).
About the cachaça: it is aged in 200-liter French oak barrels, all of which are medium toasted. The length of stay in the barrels varies, and the final batches

are made up of blends of cachaças aged between 1 and 3 years.
Visual: golden, glossy, slow to break.
Aroma: vanilla, caramel, apple, hazelnut, almond, and toffee.
Body/mouthfeel: medium to intense; almond.
Taste: good balance between alcohol and wood. The palate is spicier (cinnamon, cardamom, light clove) in harmony with sweetness and nuts (honey, vanilla, caramel, almond, nutmeg).
Aftertaste: long and expansive.
Serving suggestions: delicious. To drink neat.

DA TULHA

MOCOCA/SÃO PAULO

Fazenda São José do Mato Seco, located in Mococa, São Paulo, is responsible for the production of Da Tulha cachaça. The distillery is in a 19th century estate originally dedicated to coffee production. After purchasing the farm in 1998, Veva and Guto Quintella invested in the cachaça production structure, preserving the original facilities. The old tulha, a shed used to store coffee beans, was adapted to house the barrels and vats of jequitibá, oak, balsam and amburana used to age the drink.

All the sugarcane used in the production of Da Tulha cachaça is grown on the farm and harvested by hand, without burning, to aid the fermentation process, which is carried out with wild yeast, sugarcane juice (garapa) and cornmeal in the preparation of pé de cuba. In 2004, the brand launched its main line, with cachaças aged in jequitibá and oak. Other woods were used in the experiments that led to the Edições Únicas, blends initially led by cachaça specialist Erwin Weimann (who died in 2019).

Since 2007, the Edições Únicas have been launched annually, with the participation of guests in the creation of the blends. Under the direction of Dudu Quintella, son of Veva and Guto, the producers are building a new distillery, 8 kilometers from the original, with the aim of expanding and modernizing production.

Da Tulha 2023 Edition
Aged blend

Alcohol content: 40%.
Vintage/batch: 2023.
Score: 90.5 (4 stars).
About the cachaça: it is a beautiful tribute to Derivan Ferreira de Souza, defender of typical Brazilian drinks and responsible for the recognition of Caipirinha and Rabo de Galo in the International Bartender Association (IBA). This unique blend, the result of the collaboration of Deborah Orr, Cassiano Rubi, Edu Passarelli and Ana Vera Toledo Piza, combines 30% European oak (17 years old), 40% American oak (9 years old), 20% Balsam (23 years old) and 10% Jequitibá (14 years old). The blend was supervised by Dudu Quintella.
Visual: dark gold to amber, glossy, moderate tears.
Aroma: mint, chocolate, mugwort, vanilla, banana paste.
Body/mouthfeel: medium; full, spicy mouthfeel.
Taste: quite informative, with gingerbread, nutmeg, anise, chestnut, vanilla, caramel and candied fruit.
Aftertaste: medium, fruity, vanilla, spices, nutmeg.

DIVINA CANA

TRÊS PONTAS/MINAS GERAIS

Launched in 2024, Divina Cana is produced in Três Pontas, a town in Minas Gerais famous for its coffee production. But it is with cachaça that Regina and Paulo Rodrigues want to stand out in the region. Sharing both their lives and their business, they are dedicated to producing artisanal drinks with a focus on health and sustainability. Paulo manages the cachaça production, while Regina runs the business.

The Divina Cana estate, with an area of 4 hectares, grows the RB 7515 and CTC 9001 varieties. Harvesting is done manually, without burning, from June to October. The distillery is located 7 kilometers from the center of Três Pontas. Using a yeast selected by smart yeast specialist Cauré Portugal, the fermentation is rich in characteristic aromas, reminiscent of caipira fermentation. Despite the lower yield, the process offers a smoother aroma and more efficient settling, which is appreciated by producers.

During fermentation, the temperature is maintained between 29°C and 31°C in open vats. Distillation takes place in stills of Santa Efigênia, using a pot with a useful capacity of 500 liters. Divina Cana cachaça is single distilled, which guarantees its identity as an authentic branquinha from Minas Gerais.

The energy used in production comes from solar sources, and the sugarcane bagasse is reused as fuel for the ovens. In addition, the company has a composting project that reuses the waste and returns the bagasse to the cane field.

Divina Cana Netuno Prata
White without wood

Alcohol content: 40%.
Vintage/batch: 01202200.
Score: 85 (3 stars).
About the cachaça: Divina Cana Netuno Prata is aged for two years in stainless steel vats.
Visual: colorless, slow tears.
Aroma: caramel, malted cereals, melon.
Body/mouthfeel: light; buttery.
Taste: melon, mushroom, slightly bitter, medicinal.
Aftertaste: short to medium. A cachaça that starts sweet and ends with a light medicinal bitterness.
Serving suggestion: a versatile, highly drinkable branquinha. Light to drink neat and for citrus cocktails.

Divina Cana Febo
Stored in Brazilian or exotic wood

Alcohol content: 40%.
Vintage/batch: 03202100.
Score: 84.5 (3 stars).
About the cachaça: Divina Cana Febo cachaça is aged for two years in 10,000-liter jequitibá-rosa vats, without toasting. It is then transferred to 700-liter Amburana barrels, also without toasting, for another two years.
Visual: pale gold with greenish reflections.
Aroma: fennel, medicinal, chestnut. It is a powerful Amburana, the famous grandmother's wardrobe, or durable wardrobe.
Body/mouthfeel: light, spicy.
Taste: spices (anise, cloves), fennel, hay.
Aftertaste: medium length, with a honeyed Amburana aftertaste. It's medicinal, like a propolis syrup.

ENCANTOS DA MARQUESA

INDAIABIRA/MINAS GERAIS

Encantos da Marquesa cachaça, by partners José Roberto Corrêa and Eduardo Martins, was created by brothers Edson Souza and Eduardo Martins, and stands out for its essence, derived from a selection of different varieties of sugarcane. Since its creation more than a decade ago, the brand has invested in the varieties and harvests of its cachaças, giving priority to sugarcane that, although it produces less alcohol, enriches the drink with its complexity of flavors. This commitment enhances the sensory characteristics of white cachaça, highlighting the authentic flavors of the cane, fermentation and terroir.

Fazenda Marquesa, located in Indaiabira, in northern Minas Gerais, was a providential discovery for the brothers. Edson, an agricultural technician, and Eduardo, a biologist and ecologist, found the ideal environment in Salinas micro-region to plant eucalyptus and start producing cachaça.

In the sugarcane fields they use sustainable techniques, avoiding chemical inputs and fertilizing the soil with a mixture of vinhoto, cow manure and rock dust. The sugarcane is harvested by hand and transported to the distillery by animals to avoid contamination from motorized vehicle fumes. Fermentation is done with selected indigenous yeasts, which help to reinforce the identity of the terroir. They also use rainwater to balance the Brix of the must, as the water from the artesian well is very rich in iron.

Pioneers in the market, the producers of Encantos da Marquesa launched the first blend of white cachaças made from two regional sugarcane varieties in 2011. They currently use three types of sugarcane – java white, java yellow and java black – and plan to create a garden with more than a dozen rustic and regional sugarcane varieties, preserving the history of the distillate and exploring new combinations.

The barrels used to age the cachaças are made at the Cooperage Dornas Havana. The barrels used to age Encantos da Marquesa are made of balsam, the region's emblematic wood.

Encantos da Marquesa 42 Graus
White with wood

Alcohol content: 42%.
Vintage/batch: 2010.
Score: 86 (3 stars).
About the cachaça: it is a selection of canes, with black and yellow java. It was aged for ten years in stainless steel and then blended for one month in a jequitibá-rosa vat and another two years in stainless steel. To reach 42 degrees, it was standardized with a small portion of double-distilled cachaça.
Visual: colorless, moderate tears.
Aroma: pickles, garapa, salt, vegetal, Surinam cherry, (pitanga).
Body/mouthfeel: light, balanced, soft.
Taste: olive, grass, fruity (apple, pear, lime), seaweed, light hay.
Aftertaste: short to medium, simple, pleasant, slightly spicy.
Serving suggestions: with its delicate profile and good alcohol content, it is a great choice for fruity cocktails.

Encantos da Marquesa 2009
White without wood

Alcohol content: 40%.
Vintage/batch: 2009/P09-002 AG017
Score: 87 (3 stars).
About the cachaça: produced in the 2009 vintage with eight years' storage in stainless steel.
Visual: colorless, moderate tears.
Aroma: melon, chamomile tea, yeast, citrus fruit (tangerine), slightly medicinal.
Body/mouthfeel: light; highly drinkable.
Taste: cut grass, melon, sugar syrup, chestnuts.
Aftertaste: short to medium, simple, pleasant, buttery.

Encantos da Marquesa Nº1 Bálsamo
Stored in Brazilian or exotic wood

Alcohol content: 39%.
Vintage/batch: 05/07/21 / L01/2500.
Score: 85 (3 stars).
About the cachaça: the cachaça is stored in 20,000-liter balsam barrels with light toasting. The batch evaluated produced 2,500 bottles. This is a more delicate version of the Anísio Santiago School and is didactic in that sense, but it doesn't have the same complexity as the

Salinas aged cachaças, especially in the aftertaste.
Visual: greenish gold typical of Salinas balsam, moderate tears.
Aroma: white flowers, aniseed, slight vanilla, slight cardamom.
Body/mouthfeel: full-bodied, fresh cachaça. High drinkability.
Taste: fennel, bay leaf, mint, aniseed.
Aftertaste: medium, simple, with pleasant freshness and spiciness.

ENGENHO D'OURO

PARATY/RIO DE JANEIRO

Located in Paraty, Engenho D'Ouro is an authentic testimony to the rich cachaça tradition on the south coast of Rio de Janeiro, with origins dating back to the 17th century. The name alludes to Caminho do Ouro [Gold Trail], the route used to transport precious metals from Minas Gerais to the port of Paraty. The proximity of the distillery to the first landmark of this route strengthens the links of this *cachaçaria*, a cachaça production house, to the region's cultural and historical heritage.

Founded by Francisco Carneiro, known as *Seu* Chiquinho, the cachaçaria flourished in the early 2000s under the leadership of his son, Norival Carneiro. Initially, Seu Chiquinho made cachaça for friends and neighbors, following the local tradition. Upon receiving his father's legacy, Norival decided to professionalize the activity, creating the company and the Engenho D'Ouro brand. In 2024, Marcelo Andrade, married to Adriana Carneiro, Norival's niece, took over the company's management.

Engenho D'Ouro cachaça is made from *mulatinha* sugarcane, a species left over from the first seedlings brought by the Portuguese. Cultivated in a 7-hectare plantation on the slopes of Paraty, the cane is harvested by hand. Fermentation is carried out with CA-11 yeast, starting with a foot of vat containing must and selected yeast, a process that ensures consistency of flavors throughout the harvest.

Although deeply rooted in tradition, Engenho D'Ouro does not hesitate to innovate. In partnership with researcher and distillate production consultant Ricardo Zarattini, Norival introduced vacuum alembic technology to the distillation process in 2018, making it the first cachaçaria to adopt this methodology.

After distillation, the cachaça can mature in stainless steel, jequitibá and grápia vats and European oak barrels. Driven by a spirit of innovation, Engenho D'Ouro stands out as one of the few stills in Brazil to produce arak, an aniseed-based spirit of Arab origin.

Engenho D'Ouro Vácuo Prata
White without wood

Alcohol content: 43%.
Vintage/batch: January 2024.
Score: 86 (3 stars).
About the cachaça: the world's first vacuum cachaça! After distillation, it spends six months in stainless steel vats.
Visual: colorless, slow tears.
Aroma: buttery, candy fruit, almond, pear.
Body/mouthfeel: light; soft.
Taste: starts sweet in the mouth and ends slightly bitter, salty and spicy. Chopped grass, pear, almond.
Aftertaste: short to moderate, simple and highly drinkable.

Engenho D'Ouro Vácuo Ouro
Premium oak

Alcohol content: 41%.
Vintage/batch: January 2024.
Score: 87 (3 stars).
About the cachaça: the cachaça spent two years in a 200-liter French oak barrel with medium toast from the Mesacaza cooperage.
Visual: amber, shiny, slow tears.
Aroma: caramel, vanilla, porridge, toffee, nutmeg, very clean and delicate.
Body/mouthfeel: medium; full mouthfeel.
Taste: clean, little alcohol presence, with nibs, toffee, vanilla and nutmeg, slightly floral (violet).
Aftertaste: short to moderate, leaving caramel and vanilla in the mouth.

ENGENHO NOBRE

CRUZ DO ESPÍRITO SANTO/PARAÍBA

Outstanding – Producer seal;
Outstanding – Master Blender seal.

Murilo Coelho is a civil engineer from Uberlândia, Minas Gerais. He discovered his passion for distilling and creating exclusive blends in Paraíba. In a region dominated by white cachaças, usually aged in stainless steel or freijó, Engenho Nobre stands out for its wood-aged blends.

Founded in 2017, Engenho Nobre was initially a brand that planned to age cachaças acquired from partners. However, after producing the first 1,000 liters in Cruz do Espírito Santo, Murilo decided to completely master the production process. For his work, he was awarded 3rd place in the "Outstanding – Master Blender" category in this guide.

The sugarcane used comes from partner producers in the region who follow strict good management practices. This care begins in the field and extends to the still.

The architecture of Engenho Nobre is a spectacle, being the first bioconstruction in Paraíba. The structure, built with eucalyptus trees from the property, ecological roof tiles and compacted earth walls, uses the hyper adobe technique, resulting in 40 cm thick walls. This construction is not only sustainable, but also provides the thermal comfort necessary for the aging of the cachaça.

Production is 5,000 liters per year, with fermentation starting with a blend of northeastern yeasts that prepare the environment for local wild yeasts. The difference lies in the fermentation vats, which are wider than usual, allowing for better control of the process. Ventilation takes place through openings in the lower part of the room, which prevents excessive oxygen from entering and increases alcohol production. Distillation takes place in a direct-fired copper alembic, burning sugarcane bagasse and firewood.

Offering a variety of blends and distilled products, such as Intense cane aguardente and Nobre Gin, Engenho Nobre continues to innovate. In 2024, the launch of Nobre Sunset Cachaça and Nobre Cactus reinforces the commitment to limited editions and consolidates the brand as an icon of innovation.

Arretada Cordel
Aged in oak

Alcohol content: 40%.
Vintage/batch: 03/04.
Score: 90 (4 stars).
About the cachaça: this is a blend of cachaças aged for two years in different oak barrels: European (used rum and whisky barrels), French (virgin medium toasted barrels) and American (virgin medium toasted barrels and the only ones with double distilled cachaça).
Visual: amber, glossy, moderate tears.
Aroma: closed, caramel, bitter chocolate, malty cereals, bay leaf.
Body/mouthfeel: medium; full mouthfeel, slightly astringent.
Taste: complex, with several layers. With caramel, vanilla, evolving into fruity freshness, tutti-frutti, and the toastiness of the wood with leather and bitter chocolate.
Aftertaste: medium, with a greater presence of toast.

Nobre Cristal
White without wood

Alcohol content: 42%.
Vintage/batch: 02.
Score: 89.5 (4 stars).
About the cachaça: made with selected northeastern yeasts, it rests in stainless steel for eight months before being bottled.
Visual: colorless, moderate tears.
Aroma: tangerine, sugarcane syrup, ginger, candied fruit, with a fermented background (hay).
Body/mouthfeel: medium; fresh, open, mouthful.
Taste: delicious cachaça in the mouth; starts with citrus fruit and evolves to dried fruit (banana). It's lively, powerful; cut grass, earthy, cardamom.
Aftertaste: medium, complex, slightly spicy (nutmeg/cardamom/anise).

Nobre Umburana
Aged in Brazilian or exotic woods

Alcohol content: 42%.
Vintage/batch: 03.
Score: 91.5 (4 stars).
About the cachaça: aged for one year in new 200-liter Amburana barrels, not standardized with white cachaças.
Visual: straw yellow, medium light, moderate tears.
Aroma: tutti-frutti, licorice, cherry, clove, orange, cinnamon, acacia.
Body/mouthfeel: medium; full mouthfeel.
Taste: vanilla, caramel, with spices (cloves, cinnamon, cardamom).
Aftertaste: medium, with licorice jam and cherry candy at the end.
Serving suggestion: it is surprising that the Amburana has managed to be tamed for a year in a new, low-volume cask. Very drinkable. Excellent for those who like Amburana and for making strawberry *caipifruta*, or fruit *caipirinha*.

Nobre Sensações Freijó
White with wood

Alcohol content: 39%.
Vintage/batch: 01.
Score: 86.5 (3 stars).
About the cachaça: it is a blend of Jequitibá-Rosa, Freijó and cachaça aged in stainless steel. The Freijó cachaça is aged for four months in a 10,000-liter vat.
Visual: discreet presence of wood, almost colorless, with a greenish tinge.
Aroma: grass, light smokiness reminiscent of mezcal, olive water, tutti-frutti, nightshade, animal (hay, stable, leather), almond.
Body/mouthfeel: short to medium; smooth.
Taste: intense, sweet and vegetal. It has a solid base of the typical characteristics of white cachaças with the presence of freijó (chestnut), while the discreet presence of jequitibá-rosa adds complexity (floral).
Aftertaste: short to medium, medicinal.
Serving suggestion: replace the gin in the Dirty Martini with Cachaça, prepared with 1 teaspoon of olive brine, 70 ml of Cachaça, 1 teaspoon of dry vermouth and shake with ice.

Nobre Sunset Extra Premium
Extra premium oak

Alcohol content: 40%
Vintage/batch: 01.
Score: 92.5 (4 stars).
About the cachaça: the cachaça is aged for a period of five years, spending three years in 200-liter medium-toasted

European oak barrels and another two years in 200-liter medium-toasted American oak barrels.
Visual: amber, with reddish tones, which inspired the name Sunset.
Aroma: the American oak stands out, with vanilla, milk chocolate and caramel syrup. A second layer of banana paste, honey and burnt coconut emerges.
Body/mouthfeel: medium to intense, with astringent tannins.
Taste: caramel syrup, vanilla and slightly bitter chocolate, then spices that bring freshness and a full mouth.
Aftertaste: long, complex. A fresh and pleasant cachaça that lingers in the mouth for a few seconds.

Nobre Cactos
Aged blend

Alcohol content: 40%.
Vintage/batch: 01.
Score: 91 (4 stars).
About the cachaça: a tribute to the mandacaru, a beautiful thorny cactus with a beautiful flower and sweet fruit. It is a blend of cachaças aged one year in Amburana barrels (60%), one year in jequitibá-rosa barrels (15%) and cachaças aged in oak barrels (25%), three years in European oak and two years in American oak.
Visual: dark gold, glossy, moderate sheens.
Aroma: quite complex, with fruity (pineapple, pear, green banana), sweet (vanilla, caramel), spicy (*cumaru*, cinnamon) and slightly toasted (toffee, smoked) aromas.
Body/mouthfeel: medium to full-bodied; full, fresh mouthfeel.
Taste: not as defined in the mouth as in the nose, but still complex, with vegetables, mint, vanilla and ripe fruit.
Aftertaste: the cachaça starts sweet and finishes fresh, minty and fruity.
Serving suggestion: Murilo Coelho is one of Brazil's leading master blender due to his consistency and creativity, and his cachaças deserve to be enjoyed neat and accompanied by a good cigar.

ESTÂNCIA MORETTI
JANDAIA DO SUL/PARANÁ

Outstanding – Master Blender seal

Luiz Carlos Moretti, producer of Estância Moretti cachaça, brings with him a family heritage of passion for drinks. His love for cachaça was nurtured by his father and grandfather, who shared the spirit on special occasions. With the desire to create a cachaça that reflected his sensory preferences, Luiz began producing the spirit in 2001, naming it after his family.

Estância Moretti cachaça is produced at the Companheira cachaça distillery, located in Jandaia do Sul, Paraná. The sugarcane used is harvested by hand during the winter, when it is at its most ripe. The varieties used are IAC 9500 and CTC 9300.

Luiz's wife Rosangela is also deeply involved in the project, working and dedicating herself to help. Together they are building their own distillery for the next batches. The distiller used in the new industry will be the same as the one currently in use, an exclusive design by Natanael Bonicontro, from Companheira.

Estância Moretti's production target is 20,000 liters per harvest, demonstrating Luiz and Rosangela's ambition to expand and consolidate their brand in the market. Every stage of the production process, from the manual harvesting of the sugarcane to the careful aging, reflects their commitment to quality and to strengthening the presence of Paraná cachaças in the still cachaça market.

Estância Moretti 4 Madeiras
Stored blend

Alcohol content: 40%.
Vintage/batch: 122108 / 20/09/22.
Score: 86.5 (3 stars).
About the cachaça: Estância Moretti 4 Madeiras is a blend stored for two years in 5,000-liter Amburana and chestnut barrels and for four years in French and American oak barrels. The blend was supervised by Raquel Bonicontro.
Visual: pale gold, glossy, moderate tears.
Aroma: green grape, pear, floral, candied fruit, cardamom.
Body/mouthfeel: medium; harsh, fresh.
Taste: bay leaf, eucalyptus, almonds. The cachaça is salty, and the blend is exotic, bringing new flavors with each sip, with a predominance of herbs and spices.
Aftertaste: medium, medicinal.

FAZENDA SOLEDADE
NOVA FRIBURGO/RIO DE JANEIRO

Outstanding – Sustainable Producer seal

Under the leadership of the Bastos Ribeiro family, Fazenda Soledade, located in Nova Friburgo, Rio de Janeiro, has been a reference in the production of cachaças since 1977, under the brands Fazenda Soledade and Nêga Fulô. From the beginning, Nêga Fulô was produced for Diageo, a project that will end in November 2021.

The production at Fazenda Soledade is characterized by its bidistillation in copper stills, a process that gives it a refinement like that of cognac and malt whisky. The method consists of selecting single-distilled cachaças from partner distilleries. After selection, the cachaça is diluted with mountain water and re-distilled in small batches in the company's copper stills. The distiller and cellar master, Vicente Bastos Ribeiro, with his skill in blending the different batches, guarantees the consistency and balance of the cachaças, allowing the creation of differentiated products.

After the double distillation, the cachaça is aged in barrels and vats located in a cellar at an altitude of over 900 meters, where the relative humidity is like that of the interior of the Atlantic Forest. The combination of altitude and clean air provides an ideal environment for the distillate to rest at mild temperatures, preserving its quality, reducing evaporation rates and contributing to the complexity of the flavors and aromas. During the resting period, which varies from one to three years, the cachaça may pass through oak, jequitibá, ipê and pau-brasil [brazilwood] barrels and vats.

Before bottling, the liquid undergoes cold filtration, when it reaches a temperature close to 0°C and becomes more viscous. In this state, it is slowly filtered through special plates for polishing drinks in a filter press, gaining brightness and clarity without altering its original characteristics.

Fazenda Soledade is also committed to sustainable practices, with two-thirds of its land protected by private nature reserves. The property has a wastewater treatment plant, so that production waste is properly reintegrated into the environment.

Fazenda Soledade 5 Madeiras
Stored blend

Alcohol content: 40%.
Vintage/batch: L02-2023.
Score: 88 (3 stars).
About the cachaça: Fazenda Soledade 5 Madeiras is a blend created by Vicente Bastos Ribeiro and launched in 2019. The aging process involves emblematic and challenging Brazilian woods: ipê, stored in 10,000 and 700-liter vats; balsam, in 700-liter barrels with light toasting; amburana, with some lightly toasted 700 and 100 liter barrels; jequitibá, in volumes of 20,000, 7,000 and 700 liters, and pau-brasil, stored in three 700-liter barrels, one of which is burned. The June 2023 vintage has reached significant maturity, reflecting the complexity of this blend.
Visual: golden, medium-bright, moderate tears.
Aroma: initially, the amburana spices (vanilla and aniseed) stand out, evolving into bay leaf and marzipan.
Body/mouthfeel: medium; astringent.
Taste: floral, green wood, orange peel, vanilla.
Aftertaste: after the sweet amburana, it becomes dry and medicinal, leaving salty lips. Medium to long and slightly citric.

FILIPPINI

ERECHIM/RIO GRANDE DO SUL

Produced on the banks of the Uruguay River, in a region of the state of Rio Grande do Sul with the perfect microclimate for sugarcane, Filippini Cachaça is the result of a family legacy that dates to the late 19th century, when Italian immigrant Erasmo Filippini brought the tradition of wine and grapa making to Brazil. In the mid-1930s, with the encouragement of his son Ermelindo, Erasmo envisioned a prosperous future in cachaça, sparking a passion that has spanned four generations.

The Filippini family's cachaça was handcrafted for almost fifty years, until the 1980s, when rising production costs and competition from industrially produced cachaça forced the family to embrace the new form of industrialization. In 1992, Assis Erasmo Filippini (grandson of the founder Erasmo), together with his wife Lenir and sons André and Romeu, invested in the construction of a new distillery.

The heart of the Filippini cachaça process lies in fermentation, a job that Romeu, with experience in the world of wine, brings to the production of his spirits. In a cold region, fermentation is carried out under strict temperature control, between 28 °C and 30 °C, and lasts 48 hours, the ideal time to obtain the desired quality. More than 20 types of yeast were tested, with the selection of four specific strains: three from Lallemand and one from Perdomini. The latter, used in red wine fermentation, can withstand higher temperatures and brings evolved aromas such as banana, pear and apple, as well as lower acidity, dominating the medium without allowing unwanted yeasts to grow.

Filippini Carvalho Ouro
Aged in oak

Alcohol content: 40%.
Vintage/batch: 0123.
Score: 92 (4 stars).
Outstanding – Design seal
About the cachaça: Filippini Carvalho Ouro is aged for at least three years in 225-to-400-liter French oak barrels. These barrels, previously used to store three to four vintages of wine, undergo scraping and medium toasting before being used.
Visual: copper, slow tears.
Aroma: caramel, light toast (leather), cedar, candied fruit, chocolate, acacia.
Body/mouthfeel: light to medium; open, fresh, slightly spicy.
Taste: chocolate, salted caramel, toffee, hazelnut, candied fruit.
Aftertaste: prevalence of oak, with spices, salted caramel and hazelnuts in the mouth. Medium length, with a slightly spicy finish.
Serving suggestion: neat, without ice.

Filippini Blend Premium
Aged blend

Alcohol content: 40%.
Vintage/batch: 05202255.
Score: 92 (4 stars).
About the cachaça: Filippini Blend Premium is aged in 225-liter French oak barrels with medium toast for at least four years and in amburana vats for two years, without toast.
Visual: copper, slow tears.

Aroma: the oak stands out, with banana paste, honey and hazelnuts. The amburana is discreet and appears to bring more nuts, fruit and freshness.
Body/mouthfeel: medium; liquorish, fresh, mouth-filling.
Taste: vanilla, gingerbread, caramel; the combination of chocolate (influence of toasted oak) and fruit (influence of amburana) reminds cherries candies.
Aftertaste: more alcoholic at the end of the mouth, with a medium finish. Leaves the mouth full, with ripe fruit.
Serving suggestion: after dinner.

FLOR DAS GERAIS

FELIXLÂNDIA/MINAS GERAIS

Outstanding – Producer seal

Flor das Gerais cachaça is produced on the Mourões da Porteira farm in Felixlândia, in the central region of Minas Gerais. Its history began at the beginning of the 20th century, with the wooden mill built by Juvenil Teixeira in 1912. In 1989, Adão Teixeira, Juvenil's grandson, took over production, giving rise to Flor das Gerais, which was officially registered nine years later.

Initially, Flor das Gerais was labeled by hand, using banana straw and cork stoppers. In 2004, the cachaça received its first registered label. In the early 2000s, Daniel Duarte, Adão's son, returned to the farm to collaborate in a new phase. An agronomist, Daniel grew up watching his father produce cachaça and had contact with producers in Januária and Salinas, in the north of Minas Gerais. He carried out chemical-physical analysis experiments and looked for strategies to differentiate Flor das Gerais on the market, distancing it from informal producers and large column industries.

In recognition of this work, Flor das Gerais was the first cachaça from Minas to obtain the organic certification seal from the Minas Gerais Agricultural Institute (IMA) in 2009 and was used as a model in the certification project. At the beginning of the 2010s, it obtained certifications from the National Association of Quality Cachaça Producers (Anpaq) and SisOrg. During this decade, the cachaça has expanded its presence in markets in other states and in supermarket chains that sell organic and differentiated products.

Flor das Gerais' production uses 7 hectares of organic sugarcane surrounded by native forest, adopting natural control in cultivation. The cane variety, supplied by Empresa de Pesquisa Agropecuária de Minas Gerais – EPAMIG, [Minas Gerais Agricultural Research Company], has been present in the region since the 1980s, originally in a farm used for cattle production. The harvest takes place between June and August.

Fermentation is carried out with wild yeast, without the use of cornmeal or other additives, due to the difficulty of finding organic equivalents. Distillation takes place in a direct-fired alembic still in the shape of an onion. A curious fact about Flor das Gerais is that the labels are designed by Daniel's mother, the artist responsible for the illustrations.

Flor das Gerais Premium Jequitibá
White with wood

Alcohol content: 42%.
Vintage/batch: 101.
Score: 87.5 (3 stars).
About the cachaça: Flor das Gerais Premium Jequitibá is aged for 24 months in 700-liter jequitibá-rosa barrels, a Brazilian wood rarely used for aging and more commonly employed for storing cachaça.
Visual: little influence from the wood, almost colorless, moderate tears.
Aroma: fennel, ripe fruit, hay, closed.
Body/mouthfeel: light; slightly astringent.
Taste: vanilla, mint, fennel, fermented (bread, cereals).
Aftertaste: medium, simple, milky.

Flor das Gerais Premium Blend
Aged blend

Alcohol content: 42%.
Vintage/batch: 100.
Score: 88.5 (3 stars).
About the cachaça: Flor das Gerais Premium Blend, created by Adão Teixeira in 2007, is aged for twenty-four months in 700-liter jequitibá-rosa vats and twenty-four months in 700-liter amburana vats.
Visual: golden, medium-bright, moderate tears.
Aroma: fennel, caramel, yellow fruit, light hay.
Body/mouthfeel: light to medium; fresh.
Taste: buttery cookies, caramel, wet wood, mint, cinnamon.
Aftertaste: medium, with peppers and herbs.

Flor das Gerais Dorna Única
Aged in Brazilian or exotic wood

Alcohol content: 40%.
Vintage/batch: May 2023.
Score: 85.5 (3 stars).

Outstanding – Design seal

About the cachaça: Flor das Gerais Dorna Única is the brainchild of Daniel Duarte, who wanted to launch an extra premium cachaça aged in amburana, a rarity in the market, as the wood is usually used to store the drink. The cachaça was aged for four years in new, untasted amburana barrels with 700-liters capacity. Flor das Gerais Dorna Única was awarded 3rd place for "Outstanding – Design" in this guide.
Visual: dark gold with orange tones, shiny, moderate tears.

Aroma: cinnamon, vanilla, paçoca, caramel, propolis.
Body/mouthfeel: medium; fresh.
Taste: nuts, honey, cinnamon, bitter medicine, eucalyptus, mint.
Aftertaste: medium, simple, medicinal.

GEEST

VARGEM GRANDE DO SUL/ SÃO PAULO

The word *Geest* is Dutch and means "spirit", "vital force" – a reference to distilled beverages, also known as spirits. Geest Distillery was founded by Marcelo de Abreu Maaz and Marcelo Moukarzel Maaz with the aim of promoting artisanal and authorial production. In its more than seven years of existence, it stands out among the new producers of artisanal spirits in the state of São Paulo.

Initially, Geest operated without its own distillery, experimenting and outsourcing production. After the construction of the micro-distillery in Vargem Grande do Sul, the producers dedicated themselves to the development of small quantities and differentiated experiments, always attentive to the community around them and the world of spirits.

The arrival of master distiller and craft beer specialist Luís Marcelo Nascimento in the team strengthened it and brought new recipes. Today, Geest is known for its handcrafted cachaças and other spirits such as gin, moonshine, vodka and bitters.

The batches of cachaça available on the market are made by the company from a blend of cachaças purchased from partner distilleries, standardized and mixed with fresh cane juice fermented at the factory. Currently, the company does not have a fixed supplier of sugarcane or its own plantations and buys its raw materials from local suppliers according to availability.

The distillery uses a variety of fermentation techniques, including selected yeasts (CanaMax, CA-11, be123, be256) and wild yeasts, with no substrates added to the bottom of the vat. Fermentation takes place in closed, temperature-controlled tanks, and distillation in a 250-liter copper alembic still powered by steam from a boiler.

Each batch is stored separately in stainless steel tanks or wooden barrels, depending on the type of yeast used, creating specific blends to achieve the desired flavor and aroma.

Vapor
Aged in Brazilian or exotic wood

Alcohol content: 39%.
Vintage/batch: 0003/29/02/2024.
Score: 83 (3 stars).
About the cachaça: Vapor rests in a 200-liter balsam barrel for at least six months. The cachaça doesn't follow a fixed pattern of aroma and flavor; two annual batches of 500 bottles each are produced. For this edition of the guide, the blend corresponds to 10% cachaça aged in balsam.
Visual: very greenish gold (reminiscent of absint), shiny, quick tears.
Aroma: olive, aniseed, grape, hay.
Body/mouthfeel: short to medium; spicy.
Taste: olive, cut grass, eucalyptus, hay.
Aftertaste: short, neutral.

GOGÓ DA EMA

SÃO SEBASTIÃO/ALAGOAS

Gogó da Ema cachaça is produced at the Fazenda Recanto, in São Sebastião, in the Agreste region of Alagoas. The region has fertile land at an altitude of 200 meters, with climatic characteristics conducive to the cultivation of tobacco, oranges, cassava, peanuts and sugarcane. In addition to agriculture and cattle raising, São Sebastião is famous for its bobbin lace.

The distillery was founded in 2002 by Waldir Tenório Ferreira, after specializing in cachaça technology at the Federal University of Lavras (UFLA), in Minas Gerais. In 2008, his son Henrique Tenório took over production, becoming the master distiller responsible for the quality and innovation of Gogó da Ema's cachaças.

The family, with over fifty years of experience in sugarcane cultivation, decided to make a cachaça that represented Alagoas. The name Gogó da Ema pays homage to the crooked coconut tree on Ponta Verde beach in Maceió. The sugarcane varieties (RB 867515 and another locally known as Roxinha) are grown with organic fertilizers. The cane is cut by hand during the harvest season, which lasts from September to February.

In the fermentation process, Gogó da Ema innovates with the use of three different types of yeast selected from Lallemand's DistilaMax line (CN, RM and SR). These are used worldwide in the production of tequila and whisky. The cachaças are aged in stainless steel, balsam and jequitibá-rosa.

Gogó da Ema Bálsamo
Aged in Brazilian or exotic wood

Alcohol content: 40%.
Vintage/batch: 2022/07.
Score: 86.5 (3 stars).
About the cachaça: Gogó da Ema Bálsamo is stored for twelve to eighteen months in 3,200-liter barrels of this wood, purchased from cooperages in Salinas, in the north of Minas Gerais.
Visual: dark straw with greenish tones, medium-bright.
Aroma: fennel, almonds, cut grass, acacia.
Body/mouthfeel: medium; spicy, fresh, slightly astringent.
Taste: grapefruit, fennel, medicinal (iodine, salty).
Aftertaste: starts sweet and ends with medicinal saltiness. Vegetal and floral are pleasant, but it is short and lacks complexity, with alcohol standing out.

GOUVEIA BRASIL

TURVOLÂNDIA/MINAS GERAIS

Outstanding – Master Blender seal

More than a hundred years ago, the Gouveia Vieira family gathered on a small farm in Turvolândia, in the south of Minas Gerais, to chat and celebrate life. A drink produced by the Gouveia Vieira family accompanied these gatherings and is still part of the family's history today: *cachaça de alambique* [alembic cachaça].

From father to son, the still unnamed distillate was made with care, maintaining its quality over the decades. In the third generation of the family, the publicist and musician Roberto Brasil Vieira transformed the tradition into a brand, with the intention of creating a brand in the top-level distillates market. The brand bearing the family name was formalized in 2013.

Currently, the fourth generation (Beto and Ana Flávia Yamaniski Vieira, Roberto's children) is running the company. With the support of Operations Director Elmin Siqueira, they aim to distil 15,000 liters of Gouveia Brasil cachaça by 2024.

The new management brings new features, such as a line of specialty liqueurs aimed at young people, and changes to the production process. By the end of 2021, they began using selected Lallemand yeast (CanaMax) instead of wild yeast. However, they maintained the identity of the house, which has as its main signature the aging in American oak, an activity started by Armando Del Bianco, master blender cellar with award-winning works throughout Brazil.

Porto do Vianna Prata
White without wood

Alcohol content: 40%.
Vintage/batch: 03/2023 PDVP/1.
Score: 89 (4 stars).
About the cachaça: Porto do Vianna Prata rests in stainless steel for at least six months.
Visual: colorless, moderate tears.
Aroma: coconut water, almonds, cream, pisco, light citrus fruit.
Body/mouthfeel: light; soft.
Taste: sugarcane syrup, almondy, tutti-frutti, an unexpected sweetness for whites.
Aftertaste: short to medium, simple, but a balanced, round cachaça.
Serving suggestion: for beginners. Highly drinkable.

Porto do Vianna Ouro
Premium oak

Alcohol content: 40%.
Vintage/batch: 07/07/2021-02 PDVP/2021-02.
Score: 87.5 (3 stars).
About the cachaça: after being used to age the Gouveia Brasil line, the semi-new American oak barrels are used to age Porto do Vianna Ouro. The cachaça is aged in 200-liter barrels for three years.
Visual: dark straw with greenish tones, moderate tears.
Aroma: amarena, tutti-frutti, chamomile, discreet vanilla, light leather.
Body/mouthfeel: light to medium; buttery.
Taste: vanilla, caramel, fennel, ripe fruit, floral.
Aftertaste: medium, delicate, floral, sweet, a little spicy.

Gouveia Brasil Extra Premium
Aged blend

Alcohol content: 40%.
Vintage/batch: 03/2021 - GBEP/2021/03.
Score: 90.5 (4 stars).
About the cachaça: this is a blend with five years in virgin American oak barrels with ISC toast 3 (200 liters), five years in jequitibá vats (200 liters) and ten years in amburana vats (200 liters).
Visual: golden, medium-bright, moderate tears.
Aroma: greater presence of oak, with vanilla, nuts and toasted (leather). Amburana appears with freshness and spices; bay leaf, fennel, seaweed.
Body/mouthfeel: medium; buttery.
Taste: spicier in the mouth, with fennel, vanilla, caramel and nuts.
Aftertaste: long, complex. Toast[25] appears at the end of the mouth (slight leather and bitterness).

Gouveia Brasil 44
Premium oak

Alcohol content: 44%.
Vintage/batch: feb. 2023/GBPC/2023/01.
Score: 92.5 (4 stars).
About the cachaça: Gouveia Brasil 44 is aged for three years in virgin 200-liter American oak barrels, with ISC toast 3.
Visual: amber, shiny, slow and voluminous tears.
Aroma: nuts, vanilla, tobacco, banana.
Body/mouthfeel: intense; buttery.
Taste: good harmony between wood and alcohol, with vanilla, honey, nutmeg, banana and leather.
Aftertaste: long, complex, very pleasant, sweet from start to finish, with vanilla, nuts and spices.
Serving suggestion: for Bourbon lovers.

GREGÓRIO

ALAGOA GRANDE/PARAÍBA

Engenho Gregório, in Alagoa Grande, in the Brejo Paraibano, has its origins in the 19th century. Founded in 1896 by Manoel Lemos, the mill was named after Pope Gregory XVI. From the outset, the property was dedicated to producing cachaça and *rapadura*[26] from its own sugarcane.

After the death of Manoel Lemos, his son Fenelon took over the mill and continued producing the cachaça, which was already well known in the region. Throughout the 20th century, Gregório cachaça was sold in bulk, still informally.

In 2012, the mill underwent a rigorous legalization process that culminated in the official registration of Cachaça Gregório in June 2013 and its launch in January 2014.

Today, Alexandre Lemos, representing the fifth generation of the family, runs the mill with his partners. The cachaça is produced with sugarcane grown without chemical fertilizers, using manual and sustainable methods. Fermentation, a crucial aspect of the process, uses wild yeast and a caipira yeast made from wheat and corn bran.

The cachaça is aged in large vats of freijó, a wood characteristic of the region, giving the drink a unique local identity.

Gregório Freijó
White with wood

Alcohol content: 45%.
Vintage/batch: 007.
Score: 89.5 (4 stars).
About the cachaça: Gregório Freijó is stored for a year in freijó vats of 4,500, 5,000 and 20,000 liters.
Visual: colorless, very slow tears.
Aroma: cane jam, earthy (mushroom), fermented (cereals), light vanilla.
Body/mouthfeel: short to medium; full, fresh mouthfeel.
Taste: mouthwatering, with acacia, thyme, toasted bread and citrus fruits.
Aftertaste: short to medium. Although subtle, the wood is there and adds complexity to the cachaça.
Serving suggestion: neat, it has a taste of a typical cachaça from Paraíba. A beautiful and potent specimen. Although it favors the primary aromas of sugarcane, freijó wood is present.

GUARANI
GUARANI/MINAS GERAIS

Located in Guarani, Minas Gerais, and run by Geraldo Magela Neves and Seila Neves, the distillery stands out for its sustainable entrepreneurship and integration with regional tourism. For ten years, Fazenda Ouro Verde has offered visitors a glimpse of the richness of the Zona da Mata of Minas Gerais. Framed by the Serra do Relógio, its green mountains give way to one of the most modern distilleries in the region. It is in this setting, 72 kilometers from Juiz de Fora, that Dom Bré Cachaça and its sister, Costa Rica Cachaça, are located.

Geraldo and Seila, dairy technicians, apply strict quality controls to the production of cachaça, which is treated like any other food. Dom Bré cachaça has several certifications, including the Anpaq Quality Seal, Certifica Minas and the Kosher seal. The production follows sustainable practices: the sugarcane is planted and harvested locally, and the bagasse is used to feed the boilers. Vinhoto, the fermentation residue, is used as fertilizer, completing the sustainable cycle.

In the fermentation process, Magela draws on his expertise in yogurt and cheese production. He recognizes the importance of this process for the standard and identity of cachaças. For Magela, an authentic cachaça from Minas Gerais should be fermented by wild yeasts, with the addition of natural substrates during the preparation of the pé de cuba. In the case of Dom Bré, cornmeal is added to guarantee a cachaça that follows the Caipira yeast school.

The name Dom Bré is a tribute to the percussionist Bré Rosário, a friend of the couple. Costa Rica Cachaça refers to another family business. Annual production is 40,000 liters and the distillery is part of the Via Liberdade [Freedom Path] tourist route, which connects Rio de Janeiro, Minas Gerais, Goiás and the Federal District.

Visitors to Alambique Guarani, or Guarani Alembic, can learn about everything from sugarcane planting to cachaça production and ageing methods. Tourism accounts for 25% to 30% of the distillery's revenue.

Dom Bré Jequitibá-Rosa
White with wood

Alcohol content: 40%.
Vintage/batch: 1123.
Score: 86.5 (3 stars).
About the cachaça: Dom Bré Jequitibá-Rosa cachaça is stored in 15,000-liter vats for at least three years.
Visual: slight presence of wood, almost colorless, moderate tears.
Aroma: candied fruit, cane wine, dried plum, orange peel.
Body/mouthfeel: medium; fresh, soft.
Taste: the wood reveals itself in the mouth, bringing more sweetness, spice and nuts, with dried plums, vanilla and orange peel.
Aftertaste: medium, almondy. Highly drinkable.

Dom Bré Amburana
Stored in Brazilian or exotic wood

Alcohol content: 40%.
Vintage/batch: 0923.
Score: 89 (4 stars).
About the cachaça: Dom Bré Amburana is stored in 15,000-liter vats for at least three years.
Visual: straw, shiny, moderate tears.

Aroma: cane wine, yellow fruit, nuts (marzipan, almonds), pink pepper, vanilla and mint.
Body/mouthfeel: medium; fresh.
Taste: greater vegetal presence of the white cachaça (cut grass, green corn), with the amburana seasoning the cachaça with vanilla, mint and pink pepper.
Aftertaste: medium. Well-balanced cachaça, easy to drink, with a slightly spicy aftertaste.

Dom Bré Extra Premium Carvalho
Extra premium oak

Alcohol content: 40%.
Vintage/batch: 1223.
Score: 87.5 (3 stars).
About the cachaça: Dom Bré Extra Premium Carvalho is aged in two distinct stages. First, it is matured in used 200-liter French oak barrels for three years. Then the cachaça is transferred to new 200-liter French oak barrels, where it remains for another twelve months.
Visual: golden, medium-bright, moderate tears.
Aroma: vanilla, candy apple, plum, hazelnut, chestnut, tobacco.
Body/mouthfeel: medium; full mouthfeel.
Taste: caramel, candied fruit, cereals, vanilla, hazelnuts.
Aftertaste: medium, simple, with above-average spiciness.

Costa Rica Amburana
Stored in Brazilian or exotic wood

Alcohol content: 40%.
Vintage/batch: 0923.
Score: 88 (3 stars).
About the cachaça: Costa Rica Amburana is stored in 1,000-liter barrels for at least a year.
Visual: straw, medium-bright, moderate tears.
Aroma: vegetal prevails (cut grass, bay leaf), with amburana spice (jasmine, aniseed), light earthy (seaweed), medicinal and light hay.
Body/mouthfeel: light; mouthful.
Taste: grass, mint, aniseed, eucalyptus.
Aftertaste: short, simple. High drinkability.

HARTMANN

PARECI NOVO/RIO GRANDE DO SUL

Hartmann Cachaça is the result of the work of Israel and Tatiana Hartmann, following a family tradition that spans generations. The Hartmann family, like many other immigrant families living in Pareci Novo, in inland Rio Grande do Sul, made their living from the land, especially from sugarcane. Atalíbio Hartmann, Israel's grandfather, raised 13 children producing and selling chimia (jam) and sugarcane syrup. The production of cachaça was also part of the family routine: Alberto Thomé, Atalíbio's brother-in-law, married to Emma Hartmann, used the sugarcane cultivated by the family to make the drink.

Inspired by his grandfather's stories and seeing cayana saplings still growing around his house, Israel decided to take up the tradition again. With the support of his wife Tatiana, he purchased a small distillery and, after initial success, expanded the operation. In 2019, he formalized the creation of an industry that controls the entire cachaça production process, from planting to bottling.

The sugarcane used is the same same variety that his grandfather grew (cayana). The production process uses selected yeasts (CA-11) for fermentation, without the use of substrates. Distillation takes place in a wood-fired alembic still. In addition, the style adopted in the production uses blends of toasted barrels, such as European oak, American oak and amburana.

Hartmann Reserva
Aged blend

Alcohol content: 40%.
Vintage/batch: 25.04.23.
Score: 87.5 (3 stars).
About the cachaça: it is a blend of cachaça aged in 225-liter European oak barrels of medium toast, American oak barrels of medium toast and 225-liter amburana barrels, also of medium toast.
Visual: dark gold to amber, moderate tears.
Aroma: delicate on the nose, with bay leaf, caramel, cinnamon and figs.
Body/mouthfeel: medium; buttery.
Taste: spicier on the palate, with figs, cloves, cinnamon, almonds and toffee.
Aftertaste: medium, sweet, spicy (cinnamon).

HAVANINHA

SALINAS/MINAS GERAIS

Osvaldo Mendes Santiago is the producer of Havaninha and the son of Anísio Santiago, the creator of the famous Havana and Anísio Santiago cachaças. Since the 1940s, Osvaldo has been involved in cachaça production at Fazenda Havana, located in rural Salinas, Minas Gerais. After the death of his father in 2002, he took over the production and marketing of Havana and Anísio Santiago cachaças for eleven years, until 2013. He is currently the owner of these brands.

Osvaldo then decided to create his own brand. Havaninha cachaça follows the family tradition of small-scale, artisanal production. According to Osvaldo, for a good cachaça, "you have to let it age, take its time, don't be too ambitious", as his father taught him.

Havaninha is produced at Fazenda Piragibe, located in the Serra dos Bois region, also in the rural area of Salinas, 9 kilometers from Fazenda Havana. The production of Havaninha follows the pattern of Anísio Santiago's cachaça: the sugarcane varieties used are java and uva, and the fermentation is done with wild yeasts with the addition of cornmeal in the vat. The elephant-trunk copper still has a capacity of 500 liters, distilling about 10,000 liters per harvest.

With its artisanal production and careful stored in balsam vats for many years, Havaninha cachaça reflects Osvaldo's dedication to maintaining his father's legacy and the tradition of genuine Salinas cachaça.

Havaninha
Stored in Brazilian or exotic wood

Alcohol content: 48%.
Vintage/batch: 03/2017-2018. Bottled on 03/01/2023.
Score: 89.5 (4 stars).
About the cachaça: Havaninha is stored for eight years in balsam vats, ranging from 5,000 to 10,000 liters.
Visual: light greenish gold, opaque, intense and beautiful tears and rosary.
Aroma: tangerine, aniseed, fennel, candied fruit.
Body/mouthfeel: medium; very fresh.
Taste: powerful and lively cachaça on the palate, but not overpowering. Lots of spices, such as aniseed, cloves and fennel. Eucalyptus and medicinal.
Aftertaste: long and spicy, leaving the lips sweet and the mouth fresh.

INDIAZINHA

ABAETETUBA/PARÁ

Founded in 2015 by Omilton Quaresma, the distillery was born out of an entrepreneurial dream to revive the history of cachaça production in the northern region, which was an important center for aguardente production in the 19th century. At one time, Abaetetuba produced 5 million liters of cachaça and had 70 stills, a legacy evidenced by the bouquets of sugarcane on the city's coat of arms. However, this fame began to decline in the 1970s with the opening of the Belém-Brasília highway, which brought industrialized cachaças from other parts of the country.

After some tests with caiana cane and commercial varieties, the producers of Indiazinha discovered a plant that adapted well to the local climatic conditions, characterized by high humidity and heat, with abundant rainfall throughout the year.

The cane is cut by hand, and the cachaça is fermented with wild yeasts. The harvest window for the raw material in the Amazon region is short, only four months, from August to December, when the rains decrease and the sun prevails, allowing the cane to mature and the cachaça to be produced. The region's climatic conditions affect productivity, which is about 10% lower than that of other producers in the country.

With a diversified portfolio that includes white cachaças, cachaças aged in amburana and oak barrels, as well as versions made with jambu, açaí and guaraná, Indiazinha wants to demonstrate that the north of Brazil is also a place of excellence in the production of *cachaça de alambique*.

Indiazinha Carvalho
Stored in oak

Alcohol content: 40%.
Vintage/batch: 2023.
Score: 88 (3 stars).
About the cachaça: Indiazinha Carvalho is stored in 200-liter medium-toast European oak barrels used in the whisky industry and 200-liter first-use medium-toast European oak barrels.
Visual: golden, shiny, moderate tears.
Aroma: toffee, vanilla, bay leaf, orange peel, gingerbread.
Body/mouthfeel: medium; spicy.
Taste: vanilla, candied fruit, more toast and nuts in the mouth (nutmeg, toffee, leather).
Aftertaste: medium, vegetal finish, slight medicinal bitterness.

ISAURA

JEQUITIBÁ/MINAS GERAIS

The history of Cachaça Isaura and Cachaça Duvido began more than forty years ago at the Fazenda dos Poções, in the municipality of Jequitibá, Minas Gerais. In 2009, both cachaças went out of business, but they returned in 2023, using old stocks of cachaça aged in oak barrels, which are fundamental to the current blend of Isaura cachaça.

Fazenda dos Poções has its own sugarcane plantation, using cane that has been grown in the region for decades. Fermentation is conducted with wild yeasts, using only cornmeal and rice bran. Distillation takes place in three copper stills, each with a capacity of 700 liters, heated by a boiler.

The origin of cachaças is closely linked to the story of Dona Luizinha, a former owner of many estates in the region. When she lived, the enslaved people worked on the farms and extracted gold in the poções, large wells used to wash gold from the historic Rio das Velhas [das Velhas River]. When she died, Dona Luizinha freed the enslaved people and bequeathed the Poções lands to one of them, named Eliseu.

Eliseu, an alembic master, produced rapaduras and brown sugar (by-products of alembic cachaça) with his wife, Isaura. The colonial house where the couple lived, now featured on the label of Isaura's cachaça, is known as *A Velha Fazenda* [The Old Farm].

These production techniques have been preserved and improved over the years, resulting in the Isaura and Duvido cachaças, which today continue the tradition of artisanal spirits at Fazenda dos Poções.

Duvido
White with wood

Alcohol content: 40%.
Vintage/batch: 0001/23.
Score: 89.5 (4 stars).
About the cachaça: Duvido rests in jequitibá-rosa barrels for one year.
Visual: little presence of wood, almost colorless, shiny, moderate tears.
Aroma: garapa, mint, iodine, thyme.
Body/mouthfeel: medium, cheerful, lively.
Taste: pleasantly sweet (with a hint of vanilla) and vegetal, with cane juice, caramel, *ora-pro-nóbis*[27] and fermented (corn bread). In the mouth, the characteristics of the caipira fermentation are more evident. An authentic example of the caipira fermentation school.
Aftertaste: medium. Cachaça with good complexity and easy to drink.

Isaura Ouro
Stored in oak

Alcohol content: 40%.
Vintage/batch: 0001/23.
Score: 86.5 (3 stars).
About the cachaça: it is stored for a year in oak, and standardization is the responsibility of master blender Hamilton Medeiros.
Visual: golden with greenish tones, shiny, moderate tears.
Aroma: caramel, nuts, vanilla, candied fruit, medicinal.
Body/mouthfeel: light to medium; closed, spicy.
Taste: bay leaf, cane wine, caramel, candied fruit, vanilla.
Aftertaste: short to medium, simple, woody.

ITUANA
ITU/SÃO PAULO

Outstanding – Sustainable Producer seal

Ituana cachaça is produced at Fazenda Castelo, a 30-hectare estate in the interior of São Paulo dedicated to sugarcane plantations. The land is managed organically, and modern equipment is used for automated harvesting. The distillery was built in 2020 and launched its first cachaça in April 2023.

Ituana uses the sugarcane varieties RB 8615, CTC 9001 and CTC 6156. Following the yeast selection school, the must is filtered through charcoal and pasteurized before fermentation. The yeasts supplied by Lallemand ferment the must in closed, temperature-controlled stainless steel vats. Vacuum distillation is one of Ituana's distinguishing features, allowing strict control of the production stages.

The vacuum distillation system is appreciated by producers for its stability, sanitization, economy and ability to preserve the aromatic components of sugarcane. The plant, made entirely of stainless steel, guarantees the absence of copper and heavy metals in the distillate.

Ítalo Lima, the producer, emphasizes the importance of vacuum distillation in achieving the desired purity in cachaças. In Brazil, only two companies use this production technology: Ituana and Engenho D'Ouro, from Paraty, which pioneered the use of vacuum distillation in 2018.

Ituana Jequitibá
White with wood

Alcohol content: 40%.
Vintage/batch: 2022 /01.
Score: 86.5 (3 stars).

Outstanding – Design seal

About the cachaça: it is stored for six months in 10,000-liter jequitibá vats. Ituana Jequitibá has won 2nd place in this guide for "Outstanding – Design".
Visual: light straw, almost colorless, moderate tears.
Aroma: clean, vegetal, grapefruit, cereals, yogurt, earthy, light wood (cedar).
Body/mouthfeel: light; velvety.
Taste: cereal, agave honey, earthy, acacia.
Aftertaste: short and neutral, with delicate sweetness and vegetal.

Ituana Amburana
Stored in Brazilian or exotic wood

Alcohol content: 40%.
Vintage/batch: 2022/01.
Score: 87 (3 stars).
About the cachaça: stored in 20,000-liter amburana vats for a year.
Visual: straw, shiny, moderate tears.
Aroma: nuts, dried fruit, hay, cinnamon.
Body/mouthfeel: medium; full mouth, fresh.
Taste: wood more evident in the mouth, with more spices (cinnamon) and nuts (almonds, marzipan), plus a little vanilla and buttery cookie.
Aftertaste: short to medium, simple, with almonds and freshness (mint).
Serving suggestion: pineapple caipifruit, that is, pineapple fruit *caipirinha*, the famous Brazilian cocktail prepared with cachaça. The base is neutral, with sweet, almond and amburana spices taking center stage, but in a delicate way. Very drinkable.

Ituana Carvalho
Stored blend

Alcohol content: 40%.
Vintage/batch: 2022/01.

Score: 84.5 (3 stars).
About the cachaça: it is a blend of 15% cachaça stored in amburana (20,000- liter vats) and 85% cachaça aged for a year in 180-liter American oak barrels, with toast.
Visual: golden, shiny, moderate tears.
Aroma: vegetal, malted cereals, dried fruit, nuts, buttery cookies.
Body/mouthfeel: medium; spicy.
Taste: starts with caramel and develops into wood with chestnut, burnt coconut, vanilla, cinnamon and pepper.
Aftertaste: short to medium, with spices (cinnamon and pepper).

JECEABA

JECEABA/MINAS GERAIS

Lawyer Roger Sejas, motivated by the desire to create an authentic cachaça, found the ideal place to realize his dream on his father-in-law's farm in Minas Gerais. With the support of his family, he founded Jeceaba Cachaça in 2003, focusing on the quality and regularization of the product. Since 2022, Roger has also been a representative of the National Association of Quality Cachaça Producers (Anpaq).

The farm has 6 hectares of sugarcane plantations of the SP 80-3280 variety, known for its high sucrose content. Jeceaba follows the traditional method of the *Escola do Fermento Caipira* [*Caipira* Yeast School] with a pé de cuba fed with cornmeal and rice bran. The copper alembic still, with a capelo-style column, is heated by indirect fire from burning wood.

In addition to the traditional method, Jeceaba uses innovations such as micro-oxygenation to improve the quality of the cachaça. This technique consists of adding small, controlled amounts of oxygen to the freshly distilled cachaça to reproduce the benefits of the oxidation during aging in wooden barrels. Special editions of cachaça are aged in first use American oak barrels, revealing the full potential of the imported wood, while blends in Jequitibá Rosa, Amburana and American oak offer unique signatures for connoisseurs of fine spirits.

Jeceaba Clássica
White without wood

Alcohol content: 44%.
Vintage/batch: 10/04/2024.
Score: 87.5 (3 stars).
About the cachaça: Jeceaba Clássica is stored for six months to a year in stainless steel vats.
Visual: colorless, slow tears.
Aroma: typical caipira fermentation. Grain, fermented, milky, hay, pear.
Body/mouthfeel: medium; fresh.
Taste: vegetal, sugarcane juice, mineral, medicinal, slightly salty.
Aftertaste: from medium to short, prevailing cane sweet.
Serving suggestion: neat. It is a good example of the *mineira* [from Minas Gerais state] tradition of producing cachaças.

Jeceaba Moderna
Aged blend

Alcohol content: 42%.
Vintage/batch: 01/09/2022.
Score: 94 (4 stars).
About the cachaça: Jeceaba Moderna cachaça is a special edition to celebrate the centenary of the Modern Art Week in Brazil, with an exclusive run of just 320 numbered units. Aged for four years, this cachaça spent two years in jequitibá barrels and a further two years in first-use American oak barrels with toast 3.
Visual: amber, shiny, slow tears.
Aroma: dark chocolate, caramel, light glaze, hazelnut.
Body/mouthfeel: full-bodied cachaça. It starts off hard but loosens up after the first sip.
Taste: toasted American oak explodes in the mouth, with leather, hazelnut, almond liqueur and vanilla.
Aftertaste: long and pleasant. Strong presence of toast, chocolate and spices such as white pepper.
Serving suggestion: for those who like intense toasts.

JOÃO DEL REY

FRUTAL/MINAS GERAIS

In 2004, João Del Rei da Costa founded his cachaçaria in Frutal, Minas Gerais. Before that, he was the director of a dairy cooperative and an agricultural producer. With a sugarcane plantation destined for the sugar mills in the region, he decided to use part of the sugarcane to produce cachaça. João sells part of his production to sugar mills and uses the CTC 04, IAC 5503 and 5453 varieties of sugarcane, preferring those with a medium to late ripening period and that are easy to handle to produce cachaça.

The region has a well-defined climate from April to October, with the harvest taking place between July and August. The 29-hectare sugarcane field is harvested manually, with the cane being stripped by hand and not touching the ground after cutting.

Within 24 hours of harvesting, the cane is crushed and passed through mechanical decanting filters. The must is then fermented for 24 to 36 hours. CA-11 yeast is used, without additional substrates, and there is a pilot project with the State University of Minas Gerais (UEMG) to select indigenous yeasts. Distillation is done by indirect fire, in 700-liter stills, without the use of a boiler. João differentiates his cachaças using Brazilian woods, betting on different blends to create a unique signature.

João Del Rey Extra Premium
Aged blend

Alcohol content: 40%.
Vintage/batch: 201020.

Score: 90.5 (4 stars).
About the cachaça: João Del Rey Extra Premium is aged in 200-liter European oak casks and barrels, with toasting, and 700-liter barrels, restored and sanded, without toasting, with around six years of use. After about three years in these barrels, the cachaça is transferred to 10,000-liter barrels made of Brazilian wood, consisting of canela-sassafrás, jatobá, freijó and grápia, where it is stored for another five years.
Visual: dark gold, shiny, moderate tears.
Aroma: resin, leather, tobacco, sugarcane syrup and sugar syrup for pudding.
Body/mouthfeel: medium to full-bodied; fresh, spicy.
Taste: caramel, cardamom, aniseed, mint, *pacová*.[28]
Aftertaste: medium. Surprising finish, with an emphasis on tar and intense woodiness.
Serving suggestion: neat. Brazilian woods can be surprising; taste and try to decipher them.

JOÃO MENDES

PERDÕES/MINAS GERAIS

João Mendes began his career planting coffee, but in the 1980s, when he realized that coffee growing was no longer viable, he decided, together with a neighbor, to set up a small still. In 1983, João formalized his venture, founding a mill in the town of Perdões that would bear his name and become synonymous with cachaça from Minas Gerais.

With the support of his family, he dedicated himself to improving every stage of production, from planting the sugarcane to packaging the drink. Recognizing the importance of a high standard of quality, João sought out strategic partnerships, such as the one established with the Federal University of Lavras (UFLA). This cooperation lasts more than 35 years and has been essential for the development of techniques and continuous improvement.

Several varieties of sugarcane are grown for planting, such as CTC 11, IAC 5000, RB 7515, IAC 9001 and IAC 9002, guaranteeing a long harvest. Cutting is done manually, and pesticides are applied minimally, using wasps to control pests. The juice resulting from the milling goes through triple filtration before being naturally fermented with selected yeasts, such as CA-11.

With five copper stills, each with a useful capacity of 5,000 liters, distillation is carried out carefully, with the stills sanitized daily and heated with steam by a boiler.

After João Mendes passed away fourteen years ago, his son, João Geraldo, took over the front line of the cachaçaria. Today, João Mendes cachaça continues to be a symbol of tradition, taking the names of Perdões and Minas Gerais beyond national borders, with a presence in Portugal, Spain, the United States and Canada.

João Mendes Prata
White without wood

Alcohol content: 38%.
Vintage/batch: 2523 03/24.
Score: 88 (3 stars).
About the cachaça: João Mendes Prata is stored for a year in stainless steel vats. Its alcohol content varies between 44% and 45%, being later reduced to 38% with the use of distilled water from an artesian well.
Visual: colorless, moderate tears.
Aroma: olive, garapa, green banana, nut, seaweed.
Body/mouthfeel: medium; fresh.
Taste: strong, nuts, ripe fruit, earthy, hay.
Aftertaste: short to medium, plain, vegetal, almond.

João Mendes Umburana
Stored in Brazilian or exotic wood

Alcohol content: 38%.
Vintage/batch: 0624 04/24.
Score: 88.5 (3 stars).
About the cachaça: the maturation process starts in jequitibá-rosa 30,000-liter barrels for at least six months. The cachaça is then transferred to 700-liter barrels of amburana, in which it remains for approximately one year before being bottled and marketed.
Visual: light golden, medium bright, moderate tears.
Aroma: chestnuts, vanilla, hay, sunscreen, more vegetable, delicate wood.
Body/mouthfeel: short to medium; fresh, soft, buttery.
Taste: buttery biscuit, vanilla, caramel, cherry, chestnuts.
Aftertaste: short to medium, simple, vegetable, light pepper.

João Mendes Carvalho
Stored in oak

Alcohol content: 38%.
Vintage/batch: 0424 04/24.
Score: 87 (3 stars).
About the cachaça: João Mendes Carvalho is initially matured in 30,000-liter jequitibá-rosa barrels for at least six months. It is then transferred to European oak barrels of 200 to 250 liters, which have been lightly toasted. Some of these barrels have been used for over twenty years. The cachaça remains in storage for at least two years. For standardization, silver cachaça is occasionally added to the blend.
Visual: dark straw to gold, with greenish tones, medium-bright, moderate tears.
Aroma: delicate presence of wood, chestnuts, green corn, caramel, vanilla, cane wine, bagasse, old wood, hay.
Body/mouthfeel: medium; fresh, astringent.
Taste: vegetal, green fruit, green corn, grapefruit, hay.
Aftertaste: short, simple, with vegetables and a slight bitterness of citrus and medicinal peel.

JP

ITUPEVA/SÃO PAULO

JP cachaça is a traditional product from Itupeva, in the state of São Paulo, whose production began in 1890. In 1925 the Italian immigrant Cyrineo Tonoli bought the property and quit the cachaça business to grow coffee. With the crisis in coffee agriculture in the 1940s, his sons looked for alternatives to support the family, reactivating the distillery in 1948.

The name JP is a tribute to Serra do Japi, where the distillery is located. The region's microclimate is ideal for growing sugarcane and fermenting the mash. Serra do Japi is a United Nations Educational, Scientific and Cultural Organization (Unesco) Atlantic Forest Biosphere Reserve and an important part of Brazil's natural heritage, preserving one of the last large areas of continuous forest in the state of São Paulo.

The distillery uses a wide variety of sugarcane, which ripens at different times of the year. The harvest is concentrated between May and August, the coldest months in the region. Fermentation is carried out with selected CA-11 yeast without the addition of substrates to the *pé de cuba*.

Since 2016, JP's wood-aged cachaças have been redistilled in a cebolão-type still. The distillery's master blender, Fernando Tonoli, strictly supervises the production process and has been calling the attention from the foreign market, with cachaças being sold in Belgium and Germany.

Itupeva Cristal
White with wood

Alcohol content: 40%.
Vintage/batch: 01/24.
Score: 85.5 (3 stars).
About the cachaça: it is stored in 7,000-liter field amendoim barrels for a year. It is then distilled again for standardization and stored in stainless steel.
Visual: colorless, medium tears.
Aroma: vegetal, butter, yogurt, closed.
Body/mouthfeel: short to medium. Although it has no coloring, it is a soft cachaça, indicating that it has been through wood and bidistillation.
Taste: double distillation makes the cachaça less vegetal and more discreet in the mouth than on the nose. Grassy, biscuity, almondy.
Aftertaste: short, simple, buttery.

Itupeva Umburana
Stored in Brazilian or exotic wood

Alcohol content: 39%.
Vintage/batch: 09/23.
Score: 88.5 (3 stars).
About the cachaça: Itupeva Umburana is double-distilled, stored in 200-liter amburana barrels for six months (new barrels) to three years (exhausted barrels). A blend is made between the cachaças for standardization.
Visual: light golden, shiny.
Aroma: barnyard, sweaty animal hair, vanilla, sugarcane syrup, paraffin, nutmeg.
Body/mouthfeel: short; fresh.
Taste: chestnut, vanilla, fennel, candy fruit.
Aftertaste: short to medium, simple. Good balance between alcohol and wood.

Itupeva Carvalho
Aged in oak

Alcohol content: 39%.
Vintage/batch: 09/23.
Score: 88 (3 stars).
About the cachaça: it is double-distilled and aged for two years in 200-liter European oak barrels (ex-Drury's whiskey), bought from the Santo Antônio cooperage in Brodowski, in the state of São Paulo.
Visual: dark gold, slow tears.
Aroma: green fruit, aloe vera, yeast, slight oak characteristics (vanilla, caramel, smoked), closed.
Body/mouthfeel: light; full mouthfeel.
Taste: more interesting in the mouth, with the wood evolving and bringing more vanilla, caramel and nuts (nutmeg, hazelnut, almond).
Aftertaste: medium and simple, with a slight medicinal bitterness.
Serving suggestion: let it rest in the glass for the aromas to open.

LEBLON

PATOS DE MINAS/MINAS GERAIS

While the name Leblon conjures up images of a globally famous neighborhood in Rio de Janeiro, the production of a cachaça with the same name is a long way from Rio's beaches. It is in Patos de Minas, in Alto Paranaíba, that the copper stills of Leblon cachaça have been transforming sugarcane into a quality distillate since 2005.

The town in Minas Gerais was chosen to produce more than 350,000 liters per harvest of Leblon cachaça, under the close supervision of Carlos Oliveira, production director, and Gilles Merlet, renowned French cellar master, known for his cognacs and liqueurs, and a key figure in the brand's beginnings. The combination of European blending techniques with Brazilian talents and ingredients results in a cachaça that carries the tradition of the Cerrado Mineiro[29] terroir.

The brand's strategic vision was developed by Steve Luttmann, an American with a passion for Brazil. Luttmann embraced the challenge of making cachaça appreciated globally, and not just a version of rum produced in Brazil (until 2012, cachaça was known in the United States as Brazilian Rum). In 2015, Bacardi recognized the brand's potential and added it to its portfolio, consolidating Leblon as a global player.

The brand continues to expand its borders and promote cachaça as a sophisticated distillate representative of Brazilian culture, with distribution in more than 35 countries.

The sugarcane is grown close to the distillery. A combination of wild yeasts and selected yeasts, such as Lallemand's DistilaMax CN, are used for fermentation. During ageing, the cachaça is stored in French Limousin oak barrels previously used to age cognac.

Leblon
White with wood

Alcohol content: 40%.
Vintage/batch: L23 258 SE100.
Score: 88.5 (3 stars).
About the cachaça: Leblon is stored for three months in exhausted 350-liter French oak barrels (on average).
Visual: light straw, almost colorless.
Aroma: grass, ora-pro-nóbis, medicinal, hay.
Body/mouthfeel: medium; full, buttery mouthfeel.
Taste: lots of fruit and vegetables, with olives, garapa, pisco and fennel.
Aftertaste: The cachaça starts lively, reminiscent of the freshness of sugarcane, it is spicy but balanced, the alcohol also balances the whole. Medium aftertaste and creamy finish.

LIRA

AMARANTE/PIAUÍ

Outstanding – Sustainable Producer seal

The history of Lira cachaça spans more than a century and is a milestone for both the family and the state of Piauí. Francisco José Lira, born in 1864, began his career in the production of cachaça and other sugarcane derivatives in 1889. In 1915, during a devastating drought in the northeastern hinterland, Francisco turned adversity into opportunity. He left his old property and founded Sítio Floresta, in Amarante, state of Piauí, where he implemented sustainability practices, environmental preservation and the rational use of natural resources, principles valued nowadays.

Francisco's descendants maintained the enterprise and perpetuated its valuable lessons as a heritage. In 2016, this heritage made it possible to create Lira Eco Parque, an ecological refuge in the middle of nature.

Lira cachaça, produced from organically grown sugarcane, reflects dedication to quality and the environment. Fermentation, carried out by wild yeasts, lasts between 24 and 30 hours, without the use of substrates. The copper alembic is of the Cebolão-type, heated by a boiler. In its cellars, Lira uses only chestnut wood, a national species much appreciated for storing cachaça.

The new generation continues the work started over a hundred years ago, with the family taking on the commitment to take the cachaça produced in Piauí state to other corners of Brazil and the world. This commitment is exemplified by the work carried out by Igor Lira, commercial director, who is dedicated to expanding the reach of Lira cachaça and sharing its rich history with new markets, solidifying the brand as a symbol of excellence and tradition from Piauí. Lira shared 3rd place with Werneck in "Outstanding – Sustainable Producer" in this guide.

Lira
Stored in Brazilian or exotic wood

Alcohol content: 40%.
Vintage/batch: Lote 00024 Envase 2023.
Score: 85.5 (3 stars).
About the cachaça: Lira is stored in 10,000-liter chestnut barrels without toasting for six months. Afterwards, it is transferred to 700-liter chestnut barrels with light toasting and remains there for twenty months.
Visual: straw, medium-bright, moderate tears.
Aroma: sweet cane combined with spices (clove, bay leaf), as well as condiments, light nuts (nutmeg) and wet wood.
Body/mouthfeel: light; fresh.
Taste: more green wood in the mouth, with caramel, chestnuts, mushrooms, old wood and light cloves.
Aftertaste: short; light resinous menthol.

MAGNÍFICA

VASSOURAS/RIO DE JANEIRO

Magnífica cachaça was created by engineer João Luiz Coutinho de Faria in 1985 at Fazenda do Anil, in Vale do Café, Rio de Janeiro. The name came about as a tribute to João's wife, Clau, who was Magnificent Dean of Santa Úrsula University in Rio de Janeiro.

All the sugarcane used is grown in 25 hectares of sugarcane fields in the farm. Most of it is of the RB 867515 variety, but other varieties are also grown.

The cane field, interspersed with native forest, does not require pesticides. Cleaning is carried out by hand during the off-season, and harvesting, also by hand, takes place from May to mid-November. Part of the fertilization is done with vinasse, a by-product of the production.

After harvesting, the cane is milled in no more than 24 hours. The farm uses two milling suits (each suit consists of a set of three rollers used to squeeze the sugarcane and extract its juice). The energy needed is generated by burning the sugarcane bagasse, but a century-old steam locomotive is still used when electricity is lacking and is one of the distillery's attractions.

Fermentation begins with bread yeast, but wild yeasts quickly take over. Every two weeks, the pé de cuba is renewed.

Distillation takes place in a 3-body alembic (alegria type), the same format used since 1985. The 3-body still allows the distillation to be cut off early. What's left over is reinjected into the system, which is made possible by a maneuver using an extra pot. It is as if the final part of the heart goes through a bidistillation; this eliminates any tail element.

Magnífica's portfolio includes a variety of products that cater to different tastes, from young cachaças (bottled soon after distillation) to the oldest soleira system in the country (aging cachaça since 2002) and precious single casks aged in European oak.

Raul de Faria, João Luiz's son, currently runs the company with his sister, Ana Luiza, to maintain the tradition and quality of Magnífica cachaça.

Magnífica Bica do Alambique
White without wood

Alcohol content: 48%.
Vintage/batch: 2023-02.
Score: 86.5 (3 stars).
About the cachaça: launched in November 2018, it is a gourmet white aimed to provide the authentic experience of fresh cachaça straight from the still. Its production process minimizes dilution and includes a short period in stainless steel tanks, with bottling in batches of one to two months to maintain freshness. Elk Barreto, producer of Sanhaçu cachaça, is considered the godmother of this cachaça.
Visual: colorless, intense rosary, slow and voluminous tears.
Aroma: grass, fennel, aniseed, olive, sugarcane juice.
Body/mouthfeel: medium to intense; fresh, slightly astringent, funky.
Taste: vibrant, intense, fresh grass, caramel, aniseed, sugarcane syrup.
Aftertaste: long, simple, with plenty of cane derivatives.
Serving suggestion: as it follows the School of the Raw Heart, it brings the experience of drinking a freshly distilled cachaça. It is for experienced connoisseurs who like "cachaça roots".

Magnífica Ipê
White with wood

Alcohol content: 40%.
Vintage/batch: L24-02.
Score: 86.5 (3 stars).
About the cachaça: it is stored in 50,000-liter ipê vats for one to two years before bottling. When the vats reach half their capacity, they are refilled with new cachaça.
Visual: very light straw, almost colorless, moderate teardrops.
Aroma: cut grass, fennel, mint, almonds.
Body/mouthfeel: medium; fresh.
Taste: citrus fruits (lemon, green grapes), lively, vegetal (cut grass, mint).
Aftertaste: medium, fresh, vegetal.
Serving suggestion: excellent for caipirinha and caipifrutas with tropical fruit.

MAGNOLIA

NOVA FRIBURGO/RIO DE JANEIRO

During a stay in Paris, Marcelo Andrade and Camila de Faria noticed the lack of *cachaças de alambique* in French cocktail bars, even though there was great admiration for Brazilian culture there. Back in Brazil, they decided to create Magnolia, with the intention of expanding the presence of quality cachaça abroad. They looked for a partner who shared their vision and found the master still maker Vicente Bastos Ribeiro, of Fazenda Soledade cachaça.

Magnolia's production begins with a selection of cachaças from different regions. The selection is then double distilled in copper stills, a technique like that used in spirits such as cognac and malt whisky. The process is carried out slowly and in small batches. After distillation, the cachaça is stored in oak barrels in a cellar at an altitude of 900 meters.

To adjust the alcohol content to 40%, pure mountain water is used, coming from a spring at an altitude of 1,200 meters and protected by a Private Natural Heritage Reserve. The cold filtration process, which cools the cachaça to almost 0 °C before slow filtration, preserves the brightness, clarity, taste and aroma of the drink.

Magnolia's design seeks to empower Brazilian women and has received praise from the New York Festivals, the White Square Advertising Festival and the Brazilian Packaging Association (Abre) award.

Magnolia
White with wood

Alcohol content: 40%
Vintage/batch: L01-22.
Score: 85 (3 stars).

Outstanding – Design seal

About the cachaça: Magnolia is double-distilled. It is stored in oak barrels for up to three months and undergoes a cold filtering process.
Visual: colorless, moderate tears.
Aroma: caramel, violet, thyme, lime.
Body/mouthfeel: light; closed, highly drinkable.
Taste: caramel, bay leaf, chestnuts.
Aftertaste: short, simple, almondy.

MARGÔ

SALES OLIVEIRA/SÃO PAULO

Margô cachaça was created in the rural area of Sales Oliveira, in the state of São Paulo, in 2015, with the first product being formalized in 2018. This story is shaped by the dedication of brothers Fernando and Aluízio Margarido, who decided to turn the family farm's abundant sugarcane into a quality cachaça. The name is also a tribute to the family, celebrating its roots.

Production begins with the SP 80-3280 cane variety. An hour after being cut, the must is fed into the fermentation vats with just the sugarcane juice diluted with water. The yeast is washed weekly to maintain its effectiveness, and the vats last up to three months. The initial fermentation is carried out with CA-11 yeast, which can be overtaken by wild yeasts during the harvest.

The distillation of the 4,000 liters per harvest takes place in a copper alembic with direct fire, using a deflagrator to separate the compounds. The tail is reused as fertilizer in the sugarcane fields.

The cachaça is aged in first-use American oak barrels. It is also stored in teak wood, with the aim of offering new sensory experiences.

Margô is the result of a dedicated family effort. Regina, Fernando's wife, works as a zootechnician and contributes to evaluating the cachaças and complying with legislation and Federal Revenue Service standards. Silvia, Fernando's sister-in-law and graphic designer, is responsible for developing the label and visual marketing.

Margô Ouro
Aged in oak

Alcohol content: 40%.
Vintage/batch: 01/2019.
Score: 88.5 (3 stars).
About the cachaça: Margô Ouro is matured in 200-liter American oak barrels, its second cycle of use. The maturation period is twelve months. The barrels used have undergone medium toasting.
Visual: light amber, shiny, moderate tears.
Aroma: vanilla, coconut, caramel, candied fruit. Presence of soft toast, with toffee, coconut and hazelnut.
Body/mouthfeel: medium; full mouthfeel.
Taste: greater presence of toast in the mouth, with toffee, caramelized nuts and vanilla.
Aftertaste: medium, harmonious.

Margô Premium
Premium oak

Alcohol content: 40%.
Vintage/batch: 06-2019.
Score: 90 (4 stars).
About the cachaça: Margô Premium is matured in 200-liter American oak barrels. The cachaça featured in this guide was matured for three years and one month in virgin barrels, with a medium toast.
Visual: light amber, shiny, moderate tears.
Aroma: caramel, vanilla, almond liqueur, light guarana, chocolate and leather.
Body/mouthfeel: medium to full-bodied; full mouthfeel.
Taste: more toast in the mouth than on the nose, with a pleasant presence of American oak bringing toffee, leather, vanilla, caramel and almonds.
Aftertaste: medium to long, leaving a spicy aftertaste (nutmeg).

MARIA IZABEL

PARATY/RIO DE JANEIRO

Maria Izabel has played many roles: fisherwoman, gardener, seller of whole meal bread and, since 2000, she has dedicated herself to producing the cachaça that bears her name. In a charming ranch by the sea, just 7.5 kilometers from the Paraty junction, on the coast of Rio de Janeiro, Maria Izabel distils her creations guided by a simple philosophy of life, but rich in experiences and stories. Her alembic still is a mandatory destination for lovers of artisanal cachaça. Visitors are advised to book an appointment directly with Maria Izabel, who, if available, will give them directions and lead an incredible tasting class in one of Brazil's most beautiful stills.

Maria Izabel's property consists of four plots of land, totaling 4.5 hectares dedicated to growing the variety of sugarcane known locally as *mulatinha*. Every year, one area is replanted with new cane, while the others are rested with legumes to preserve the soil's fertility. Maria Izabel practices crop rotation, using rock fertilizers and limestone, as well as sugarcane bagasse, vinhoto and composted organic matter.

To produce her cachaça, she follows ancestral recipes and those of fellow producers, such as Pedro Souza Peroca, of Peroca do Fundão cachaça. During fermentation, she uses grains and cornmeal, without reducing the brix of sugarcane juice, which is already naturally low in the rainy region. She relies on wild yeasts, avoiding commercial ferments, believing that these de-characterize Paraty's terroir. Her cachaças are distilled in a 500-liter still, heated by indirect fire. After distillation, they go through 1,000-liter jequitibá-rosa vats and 250-liter French oak barrels.

At the request of renowned publisher Liz Calder, creator of the Paraty International Literary Festival (Flip), the label for Maria Izabel cachaça was created by Jeffrey Fisher, a prestigious illustrator in the publishing industry.

In 2023, Maria Izabel's fermentation achieved exceptional efficiency, thanks to the addition of roasted corn and cane, which promoted accelerated yeast proliferation. That year was also the last vintage in which Maria Izabel used the traditional cooling coil, replacing it with more modern and efficient equipment for condensing the vapors.

Maria Izabel Prata
White without wood

Alcohol content: 44%.
Vintage/batch: 18/04/24.
Score: 90.5 (4 stars).
About the cachaça: Maria Izabel Prata is stored for a maximum of one year in stainless steel vats.
Visual: colorless, clear, extremely slow tears.

Aroma: delicate, with cane, honey, pineapple and orange blossom.
Body/mouthfeel: medium; buttery.
Taste: powerful cachaça in alcohol, but delicate in the mouth, with sugarcane syrup, cut grass, thyme, grapefruit and pear.
Aftertaste: medium to long, elegant, sweet, fresh, slightly spicy.
Serving suggestion: enjoy this typical Paraty cachaça pure, lively, powerful, but still delicate.

Maria Izabel Jequitibá
Stored in Brazilian or exotic wood

Alcohol content: 42%.
Vintage/batch: 13/11/23.
Score: 85 (3 stars).
About the cachaça: after distillation, the cachaça is stored in two jequitibá-rosa casks, each holding approximately 5,000 liters, for at least a year.
Visual: straw, opaque, moderate tears.
Aroma: cane, pear, vanilla, nuts, fresh cocoa (fruit), candied fruit.
Body/mouthfeel: light; flat, slightly astringent.
Taste: more interesting cachaça on the nose. In the mouth, it has lively acidity, candied fruit, nuts and sugarcane syrup.
Aftertaste: short to medium, simple, almondy.

Maria Izabel Carvalho
Premium oak

Alcohol content: 42%.
Vintage/batch: 07/12/23.
Score: 89 (4 stars).
About the cachaça: aged for over a year in old 250-liter French oak barrels.
Visual: golden, medium-bright, moderate tears.
Aroma: black tea, fermented (cane wine), light floral, sugar syrup, vanilla, light toffee, hazelnut.
Body/mouthfeel: medium; buttery.
Taste: toffee, hazelnut, chocolate, spices (light nutmeg).
Aftertaste: medium, with vanilla and spice. Highly drinkable.

MATO DENTRO

SÃO LUIZ DO PARAITINGA/SÃO PAULO

Outstanding – Producer seal
Outstanding – Master Blender seal

In São Paulo's Paraíba Valley, in São Luiz do Paraitinga, a tourist resort famous for its ecological trails and lively street carnival, declared a Brazilian Cultural Heritage Site by the National Institute of Historical and Artistic Heritage (Iphan), is the Cembranelli family distillery, producer of cachaça.

Founded in 1980 by retired lawyer Manoel Rômulo Cembranelli, the distillery began as a quality excuse to meet friends and has grown into one of the most respected brands in the country, with an annual production of 20,000 liters.

Using wild yeasts fed with cornmeal during fermentation and a copper still heated by direct fire, the distillery maintains the authenticity of its artisanal process following the Caipira school. Recent expansions include new blends aged in Brazilian and exotic woods such as amendoim and jackfruit, as well as premium versions matured in oak.

Rômulo and his wife, Aparecida, created a legacy that lives on through their children and grandchildren. After the couple's death, grandson Daniel Cembranelli not only maintained the original production line, but also introduced marketing innovations and expanded the portfolio with new lines of brandies.

In June 2024, Daniel's untimely and unexpected loss moved the entire community that admired both the professional and his friend. Daniel believed that making cachaça was not limited to preserving old practices, but also involved seeking innovation in a competitive and constantly evolving market. The experts who participated in the Guide's blind tastings recognized that Mato Dentro's line exemplifies the balance between traditional recipes and the innovation brought by wood blends. The distillery was awarded 2nd place for "Outstanding – Master Blender", thanks to the work of Aline Bortoletto.

Mato Dentro Prata
White with wood

Alcohol content: 42%.
Vintage/batch: 2024.
Score: 87.5 (3 stars).
About the cachaça: the cachaça recipe from the coasts of São Paulo and Rio de Janeiro has made its way up into the mountains and influenced the producers of the Paraíba Valley, and Mato Dentro has captured the essence of these traditions perfectly. Using a caipira fermentation process, the cachaça is distilled in a wood-fired still. After distillation, the heart is stored directly in a 4,000-liter amendoim vat, where it rests for four months.
Visual: slight hint of wood, almost colorless, moderate tears.
Aroma: fruity, vegetal and sweet (sugarcane bagasse), fermentation (corn), sweaty horse.
Body/mouthfeel: medium; funky.
Taste: olives, pickles, cane wine, chestnuts. The cachaça, born to be wild, is softened by the wood, but there is still plenty of caipira fermentation present.
Aftertaste: moderate, with a certain complexity.
Serving suggestion: ideal for citrus cocktails.

Mato Dentro Jaqueira
Stored in Brazilian or exotic wood

Alcohol content: 40%.
Vintage/batch: April 2024.
Score: 89.5 (4 stars).
About the cachaça: Mato Dentro Jaqueira is the fulfillment of Daniel Cembranelli's dream of recreating Adão Cellia's famous Princess Isabel jackfruit. In the hope of achieving similar results, Cembranelli bought a jackfruit vat from the Locatelli cooperage, from Espírito Santo, the birthplace of the Cellia family's cachaça. However, Jaqueira do Mato Dentro developed its own identity when it was aged in São Paulo. Aged for two years in a 700-liter vat, the cachaça acquired unique colors and flavors, distinct from the Espírito Santo version, making it the highest-scoring jaqueira cachaça in this edition of the guide.
Visual: dark gold, shiny, slow tears.
Aroma: lots of condiments and spices, such as cardamom, turmeric, ginger and pacová. It's also sweet (honey and caramel), with orange peel and medicinal notes.
Body/mouthfeel: medium; spicy, fresh, woody. It gets more astringent with each sip.
Taste: more spices, especially turmeric. Lots of wood sap present, heightening the medicinal flavors.
Aftertaste: long, complex, evolving from sweet to bitter, like the white part of an orange peel.
Serving suggestion: neat, to get to know an intense jackfruit.

Mato Dentro Reserva do Fundador Herança
Aged blend

Alcohol content: 40%.
Vintage/batch: 26/04/2024.
Score: 94 (4 stars).
About the cachaça: Daniel Cembranelli and his family created Mato Dentro Reserva do Fundador Herança to complete the trilogy in honor of Rômulo and Aparecida Cembranelli. This edition is the third in the series, following Origem (2020) and Bodas (2021). With Daniel's untimely death in the first half of 2024, Herança also became a tribute to him, a grandson, son and friend who lovingly and respectfully upheld the values of his grandparents. Launched in 2024 with only 350 bottles, this sophisticated blend, signed by Aline Bortoletto, is aged primarily in lightly toasted European oak barrels that have been used to age Port, which accounts for 60% of the blend. Another 15% comes from used amburana, 13% from lightly toasted American oak and 12% from used chestnut. The result is a rich and complex balance after an average of three years in each wood.
Visual: dark amber, shiny, slow tears.
Aroma: complex; cinnamon, chestnuts, dark chocolate, green corn, hay, coffee, caramel.
Body/mouthfeel: full-bodied cachaça, you can "chew the wood"; open mouth, fresh, spicy.
Taste: despite the intense woodiness, it still has a funky edge from the white base, with burnt coconut, coffee, vanilla, toffee, toasted bread and marzipan.
Aftertaste: long and complex; intensely woody, starts sweet and ends spicy and toasted.

MATRIARCA

CARAVELAS/BAHIA

Outstanding – Producer seal
Outstanding – Master Blender seal

Matriarca Cachaça was born in the 1990s in the cities of Caravelas and Medeiros Neto, southern Bahia. The region, historically known for sugarcane production, has driven Matriarca's entrepreneurs to install an alembic on the property. Starting out modestly with an animal-drawn mill, the project has evolved into one of the most dynamic productions in the state. From a modest beginning with an animal-powered mill, the project has grown into one of the most dynamic productions in the state.

The brand, inspired by Aracy Alves Pinto, the family's matriarch, was founded by Adalberto Alves Pinto and his niece Sabrina Sedlmayer. The current management includes Maria Eliane Pinto, Adalberto's wife, their daughters Milla and Maíra, and son-in-law Lucas Di Loreto Kerr Maia. The family works at *Cio da Terra* Farm, where they integrate the production of cachaça with agricultural activities, pig farming and cattle breeding.

The activities are part of a sustainable cycle: the cows' manure fertilizes the soil for growing sugarcane, whose bagasse is returned to the fields, while the yeast from the fermentation process feeds the cattle.

Lucas, who took over as production manager in 2017, has brought improvements to the factory and a revamp of the brand's visual identity. The annual production of cachaça varies between 30,000 and 45,000 liters, with practices such as the use of selected yeasts (CA-11), the renewal of the yeast three times per harvest and a high tail cut in distillation to ensure low acidity.

Matriarca is one of the few cachaçarias that has its own cooperage, run by Gildásio, a cooper who was born and worked in Salinas, the land of balsam cachaças. It is no coincidence that Matriarca Bálsamo was the highest-scoring cachaça in the guide.

In addition to balsam, the portfolio also includes oak, jackfruit, jequitibá-rosa, ipê, chestnut and amburana. Under the responsibility of Leandro Marelli (1st prize in "Outstanding – Master Blender"), the blends are carefully crafted, resulting in limited releases such as Matriarca Blend Tropical, aged in guava trees. The brand is also preparing a method of barrel relay with seven different Brazilian woods and plans to start producing rum.

Matriarca Cristal
White without wood

Alcohol content: 42%.
Vintage/batch: março 2024/12.
Score: 86.5 (3 stars).
About the cachaça: after distillation, Matriarca Cristal is standardized with artesian well water. The cachaça rests for twelve months in 2,000-liter stainless steel vats.
Visual: colorless, clear, moderate tears
Aroma: light, sugarcane, discreet floral (jasmine), a little bay leaf, all very well behaved.
Body/mouthfeel: quite light; almondy.
Taste: caramel, sugarcane, slight spiciness (aniseed).
Aftertaste: short and simple. Fresh, highly drinkable cachaça.

Matriarca Amburana
Aged in Brazilian or exotic wood

Alcohol content: 42%.
Vintage/batch: March 2024/9.
Score: 88.5 (3 stars).
About the cachaça: Matriarca Amburana is stored in amburana vats ranging from 500 liters to 3,300 liters, without toasting.
Visual: golden, medium-bright, moderate tears
Aroma: olive, allspice, cut grass, fennel, cinnamon.
Body/mouthfeel: medium; slightly spicy, full mouthfeel.
Taste: good harmony in the mouth between sweet and spicy, with mint, cloves, cinnamon, caramel and almond liqueur.
Aftertaste: medium, sweet, fresh, medicinal.

Matriarca Bálsamo
Aged in Brazilian or exotic wood

Alcohol content: 42%.
Vintage/batch: December 2023/8
Score: 93 (4 stars).
About the cachaça: Matriarca Bálsamo cachaça stands out for its probable use of two types of wood. The cachaça sent in for the guide has been aged for over ten years. It uses 200-liter barrels of Salinas balsam and a 5,000-liter vat of Salinas, as well as an 8,000-liter vat of Cabreúva (often confused with Bálsamo).
Visual: dark golden, shiny.
Aroma: closed, fine, honey, light tobacco, fennel, licorice, aniseed.
Body/mouthfeel: medium; fresh, buttery.
Taste: almond, ginger, fennel, aniseed, clove.
Aftertaste: medium, complex, with almondy sweetness and spices (cloves in particular).
Serving suggestion: neat. The wood is very well integrated. The cachaça doesn't have the power of the spices of those aged in Salinas balsam, but it delivers a good balance between sweetness, spiciness, acidity and alcohol.

Matriarca Jaqueira
Stored in Brazilian or exotic wood

Alcohol content: 42%.
Vintage/batch: January 2024/13.
Score: 86 (3 stars).
About the cachaça: Matriarca Jaqueira, launched in the early 2000s, was the first jaqueira-stored cachaça on the market. The distillery uses two 5,000-liter jackfruit vats and 200-liter jackfruit vats, applying sequential aging that begins in the older vats and ends in the newer vats. With sustainability at the forefront of their work, the producers are already thinking about the next generation of cachaças. That's why they have reforested part of the farm with new jackfruit saplings, with a view to reducing the impact of production, without losing sight of the wood that distinguishes it.
Visual: intense golden yellow typical of the jackfruit tree, shiny, moderate tears.
Aroma: grass, honey, yellow fruit (passion fruit), floral.
Body/mouthfeel: light to medium; astringent, fresh.
Taste: vegetal (grass, hay), with yellow fruit jam, green banana and light floral, with the intensity of the wood bringing a bitter (medicinal) taste.
Aftertaste: short to medium, simple, medicinal.

Matriarca 4 Madeiras Brasileiras
Stored in Brazilian or exotic wood

Alcohol content: 42%.
Vintage/batch: April 2024 - 6.
Score: 89.5 (4 stars).
About the cachaça: Matriarca 4 Madeiras Brasileiras, or Matriarca 4 Brazilian Woods, is an expression that reflects the diversity of woods used in the cooperage of cachaçaria from Bahia, including balsam, jackfruit and amburana, traditional in the Matriarca line. The difference here is the inclusion of louro-canela, in which the distillate is aged for two years in a 1,000-liter vat, making up less than 5% of the final blend.
Visual: dark gold (the jackfruit gives it a distinctive yellowish color), slow tears.
Aroma: bay leaf, garapa, cinnamon, anise, seaweed, fresh grass, hay.
Body/mouthfeel: medium; full mouthfeel, spicy.
Taste: complex in the mouth, grass, bay leaf, vanilla, black pepper.
Aftertaste: short to medium, with an emphasis on pepper.

Serving suggestion: neat. It proves that we can make interesting blends without relying on oak.

Matriarca Blend Tropical
White with wood

Alcohol content: 40%.
Vintage/batch: November 2023 - 2.
Score: 89.5 (4 stars).

Outstanding – Design seal

About the cachaça: Matriarca Blend Tropical is aged for two years in a 700-liter vat of unroasted guava. It is the first distillery we know of to use this wood. It also uses jequitibá-rosa, in 200-liter barrels, and laurel-cinnamon, in 1,000-liter barrels. Production is limited, with small batches released every two years. The cachaça came 3rd in this guide's "Distinction - design".
Visual: very light yellow, almost colorless in the glass, moderate tears.
Aroma: pisco, cooked pineapple, citrus fruits, nuts.
Body/mouthfeel: medium; buttery, fresh.
Taste: vegetal, green grapes, floral, nuts.
Aftertaste: medium, with fruit, floral and nuts.

MAXCANA

RIO DE JANEIRO/RIO DE JANEIRO

Outstanding – Sustainable Producer seal

Founded in 1987 in Barra de Guaratiba, in the west area of Rio de Janeiro municipality, MaxCana Distillery was born out of engineer Antônio Augusto's desire to create a cachaça with exceptionally low levels of impurities. Inspired by his visits to whisky distilleries in Scotland, Antônio designed and built a unique still with a capacity of 1,000 liters, based on traditional Scottish distillers.

MaxCana's production has the expertise of Matheus Rodrigues Calixto, who uses both his own sugarcane and sugarcane from the Campos and Macaé regions, predominantly of the variety known as roxa. The distillery dedicates a significant area to environmental conservation.

For fermentation, MaxCana uses selected CA-11 yeasts, initially fed with sugarcane juice, without the addition of any substrate.

Aging is a curious process: the producers use classical music to accompany the evolution of the product. The cellar, inspired by Scottish cellars, is 1.5 meters above the ground and provides an ideal environment for the cachaça to mature. The barrels have a capacity of between 180 and 210 liters and are aged for a minimum of two years, and up to 27 years. The barrels are maintained and toasted in-house. In 2024, MaxCana had 22,000 liters aging in its cellar.

MaxCana Prata
White without wood

Alcohol content: 40%.
Vintage/batch: F3000424.
Score: 84 (3 stars).
About the cachaça: this is a commemorative edition for the 84th birthday of the distillery's founder. MaxCana Prata is made exclusively from sugarcane grown on the cachaçaria's property and is limited to 1,400 liters per year. After distillation, the drink is stored in stainless steel tanks in the cellar, where it rests for about a year before being bottled.
Visual: colorless, moderate tears.
Aroma: ripe fruit, coconut water, nuts.
Body/mouthfeel: light to medium; full, funky mouthfeel.
Taste: ripe fruit, lime, cane wine.
Aftertaste: short to medium, simple.

MaxCana Carvalho Premium
Premium oak

Alcohol content: 42%.
Vintage/batch: L000F060324.
Score: 86.5 (3 stars).
About the cachaça: it is aged in 180-to-210-liter American oak barrels for at least two years.
Visual: dark gold, medium-bright, moderate tears.
Aroma: bay leaf, banana, heart of palm, boldo.
Body/mouthfeel: medium; creamy, yogurt.
Taste: quite fruity with the oak in the background, with bay leaf, caramel, banana, fresh cocoa and heart of palm.
Aftertaste: medium. Very velvety, well-finished cachaça.

MEIA LUA

SALINAS/MINAS GERAIS

The history of Meia Lua began in 1950, when Deli Alves Rocha began to produce a cachaça called Gameleira and Padura. Later, his son-in-law, João Fernandes Sobrinho, expanded the distribution of the products throughout the region, resulting in a significant increase in demand and the creation of Lua Cheia Cachaça in 1972.

In 1988, Ailton Fernandes, João's son, formalized the production, creating the Meia Lua Distillery and launching the Meia Lua and Lua Azul brands. Jovino Ferrari acquired the distillery in 2019 bringing with him an ambitious growth project that included the creation of premium lines and the use of virgin oak barrels.

The distillery is located on the Meia Lua farm in Salinas, in northern Minas Gerais. The region is known for its cachaça production thanks to the climate and soil favorable to sugarcane cultivation, and the presence of brands that have gained national recognition. It has been awarded the Denomination of Origin seal certifying that the cachaças are produced according to traditional methods. Meia Lua honors this prestige by using local sugarcane, wild yeasts and corn in the fermentation process.

Unna WS
Aged blend

Alcohol content: 40%.
Vintage/batch: 20/02/24 - L012.
Score: 91.5 (4 stars).
About the cachaça: is a blend of cachaça aged for at least three years in 200-liter first and only use American oak barrels, with two different ISC toasts (Toast 2 and Toast 4), and cachaça aged for at least two years in first and only use French oak, amburana, eucalyptus and cinnamon sassafras barrels. The cachaça is a tribute to Werner Schaper, Jovino Ferrari's father-in-law.
Visual: amber with reddish tones, shiny, moderate tears.
Aroma: first layer with leather, coffee, bitter chocolate, burnt coconut revealing the toasts. In the background, aromas of spices (cloves), cherries and dried fruit. Closed aroma; you need to let it evolve in the glass.
Body/mouthfeel: medium; lively, full in the mouth.
Taste: there is no predominance of a single wood, bringing a good balance of sweetness (vanilla, caramel), nuts (coconut, hazelnut, nutmeg) and spices (cloves, cinnamon).
Aftertaste: medium. The spices come through in the aftertaste, especially the cloves.
Serving suggestion: after dinner, preferably with a cigar.

MINAS UAI

GUARANÉSIA/MINAS GERAIS

Outstanding – Sustainable Producer seal

In 1986, Sérgio Ribeiro Monteiro decided to abandon milk and coffee production to focus on cachaça in Guaranésia, Minas Gerais. Production continued until mid-1996, when it was discontinued. In 2006, his son Victor took over and started producing about 5,000 liters per harvest, with Sérgio helping from afar. At that time, they already had a stainless steel alembic still with a copper coil.

Reginaldo, an investor partner, joined the project in 2013 with the intention of modernizing the still and turning cachaça into a profitable business. In 2016, the still was completely renovated, with the new structure coming online for the 2019 harvest. The modernization included two copper stills heated by a boiler and temperature control during fermentation, bringing quality and consistency to production. Minas Uai has become a benchmark in a region full of informal producers.

The cane field is treated organically, without burning at any stage. The straw is chopped and left in place to protect the soil. The cane is cut by hand and transported to the mill by tractor. The varieties used are CV 7870, CV 0618 and more recently RB 5014, CTC 9006, C 1064 and CTC 9001 BT. The property has 13 hectares of sugarcane, which guarantees autonomy in production.

After extraction, the garapa is diluted to 15 °Bx and heated to 28 °C. The yeast is created with wild yeasts and corn meal, which provides nutrients to the microorganism and sustains the fermentation for up to six months of the harvest. The fermentation process takes a maximum of 30 hours.

Distillation takes place in two 1,500-liter copper pots heated by a boiler, which guarantees a controlled and efficient process. The signature of the house is the production of cachaça with little use of wood, relying on special *branquinhas* and the use of amendoim barrels in the aging process.

The cachaça label was created by Tato, a friend of the family, inspired by the mountains of Minas Gerais and the composition *O trenzinho do caipira* by Heitor Villa-Lobos, symbolizing unity, love and independence.

Minas Uai Extra Premium Amendoim
Aged in Brazilian wood

Alcohol content: 40%.
Vintage/batch: 20/12/2022 /Batch 15.
Score: 89.5 (4 stars).
About the cachaça: initially it is stored in stainless steel tanks. After six months it is transferred to amendoim barrels where it remains for at least two years. The process includes internal toasting without the use of paraffin, which contributes to the development of the flavor. A 30,000-liter vat was transformed into five barrels of 700 liters each, adjusting the capacity to make the aging technique possible.
Visual: straw, shiny, slow tears.
Aroma: toasted bread, buttery, cooked yellow bell pepper, amarena.
Body/mouthfeel: medium; fresh, medicinal.
Taste: bay leaf, chestnuts, ginger, vegetable.
Aftertaste: medium-to-long, liqueur-like, with chestnuts and licorice.
Serving suggestion: taste neat and understand that amendoim, widely known as neutral wood, can influence the taste of the drink significantly depending on the size of the cask, the maturation time and the presence of toast.

Minas Uai Reserva Especial Prata
White without wood

Alcohol content: 40%.
Vintage/batch: 15/11/2022 - 11.
Score: 89 (4 stars).
About the cachaça: Minas Uai Reserva Especial Prata is produced from canes selected during the July-August harvest, which the producer considers to be the best quality. After distillation, the drink is

stored in stainless steel tanks for at least a year, as Victor learned from Professor Maria das Graças Cardoso, in Lavras, Minas Gerais. According to the professor, this resting period is essential for the oxidation of some compounds, especially acetaldehyde, contributing to improve the sensory quality of cachaça.
Visual: colorless, moderate tears.
Aroma: nuts, aniseed, coconut water, melon.
Body/mouthfeel: medium; full mouthfeel, almondy.
Taste: caramel, coconut water, melon.
Aftertaste: medium, highly drinkable, slightly spicy.

MIPIBU

SÃO JOSÉ DE MIPIBU/
RIO GRANDE DO NORTE

Mipibu Cachaça is produced at the historic Olho D'Água farm in São José de Mipibu, Rio Grande do Norte. Founded in 1773 by Miguel Ribeiro Dantas, the farm has a 250-year history associated with the Dantas family and the production of sugarcane by-products such as rapadura, sugar mill honey and brown sugar. The production of cachaça began in 1921, under the direction of João Berckmans de Sales Dantas, and went through several transformations to become the current Cachaça Mipibu. The name means "to appear suddenly" in Tupi.

In 2019, Fábio Dantas, the seventh generation of the family, modernized the brand, which now offers 15 types of cachaças divided into four lines: Tradição, Premium, Barricas Especiais and Madeiras Brasileiras.

The sugarcane is cultivated in 14 hectares, 300 meters distant from the distillery, exclusively to produce cachaça. The cachaças sent for the guide were made in 2002, using wild yeasts and cornmeal in the fermentation. From 2021, selected yeasts were used in the process. Distillation takes place in old direct-fired copper stills.

Olho D'Água Farm is also a tourist attraction, with a museum and daily tours of the distillery and cellar, which contains 177 French, American and Brazilian oak barrels such as chestnut, putumuju, grápia, balsam, jequitibá-rosa and jaqueira. A new winery is being built, integrated into a gourmet area, with 300 additional barrels. They will increase production and storage capacity and enrich the tourist experience.

Every year, around 10,000 tourists visit the farm. Fábio Dantas welcomes them in a relaxed manner offering them *moonshine*, a whisky that has not been through wood. Visitors to Fazenda Olho D'Água often highlight that the pure cane distillate is more pleasant than the white whisky version.

Mipibu Castanheira
Stored in Brazilian or exotic wood

Alcohol content: 38%.
Vintage/batch: 01/2023.
Score: 87 (3 stars).
About the cachaça: the evaluated Mipibu was produced in 2002 and was kept in stainless steel until 2020, before being stored for three years in 1,000-liter chestnut vats lightly toasted at the Locatelli cooperage in São Roque do Canaã, Espírito Santo.
Visual: light golden, shiny.
Aroma: chestnut, pine nut, bread, vanilla, candied fruit, dried plum.
Body/mouthfeel: medium; buttery.
Taste: ripe fruit, vanilla, cream, prunes, almonds.
Aftertaste: short to medium; almondy. Excellent cachaça; we would have liked a longer aftertaste.

Mipibu Ex-Bourbon
Premium carvalho

Alcohol content: 38%.
Vintage/batch: 01/2023.
Score: 89.5 (4 stars).
About the cachaça: Mipibu ex-Bourbon cachaça was produced in 2002 and remained in stainless steel until 2019, when it was aged for four years in 200-liter American oak barrels that previously aged Buffalo Trace American whiskey.
Visual: amber, shiny, moderate tears.
Aroma: nutmeg, vanilla, caramel, honey, banana.
Body/mouthfeel: medium; full mouthfeel.
Taste: lively and much more interesting cachaça in the mouth, with plenty of vanilla, as well as tobacco, ripe fruit, floral and thyme.
Aftertaste: medium to long, a combination of vanilla and spice (nutmeg), bringing a brief and delicious spiciness.
Serving suggestion: enjoy with ice; it will help open the aromas.

NHÁ DITA

MOGI GUAÇU/SÃO PAULO

The Santo Antônio ranch, located in Mogi Guaçu, in São Paulo state, covers approximately 5 hectares and includes a *casa-grande*,[30] a late 19th century house from the Brazilian coffee cycle. After years of abandonment and splitting among heirs, the property was acquired by José Godoi in 2017. He began renovating the main building and revitalizing the site.

The story of this cachaça has a personal connection with José Godoi. The logo was inspired by a dream of the owner, who saw the image of his great-great-grandmother on the label. The photo that appears on the bottles is of Benedita Mendes da Silva, Nhá Dita, and was taken when José was a child on her lap. Nhá Dita was born on September 3, 1892 and lived for 88 years. The cachaça that bears her name reflects the care she gave to her family.

Nhá Dita cachaça is fermented in open vats using CA-11 yeast without the use of substrates. Distillation takes place in a cebolão-style copper still, heated by a boiler. Maturation takes place in freijó, French oak and amburana barrels, giving distinct colors and flavors. The cellar, installed partially below ground level, provides a suitable climate for the aging process.

Nhá Dita Envelhecida em Freijó
Aged in Brazilian or exotic wood

Alcohol content: 38%.
Vintage/batch: 20/02/2024 / 01.
Score: 88 (3 stars).
About the cachaça: Nhá Dita Envelhecida em Freijó stands out for two rarities: the use of freijó by a São Paulo distillery, since the wood is traditionally associated with cachaças from Brejo Paraibano, and the use of this Brazilian wood normally destined for storage in large vats to age for only a year in a 200-liter barrel, first use, without toasting.
Visual: dark straw, shiny, slow tears.
Aroma: vegetal, palo santo, green wood, medicinal, closed.
Body/mouthfeel: medium; minty.
Taste: vegetal, grape stalk, pisco, almonds.
Aftertaste: short to medium, with some complexity. The cachaça, which starts out smooth, almondy and creamy, finishes fresh and woody.

OCTAVIANO DELLA COLLETA

TORRINHA/SÃO PAULO

Outstanding – Sustainable Producer seal
Outstanding – Sustainable Producer seal
Outstanding – Master Blender seal

Originally from the interior of São Paulo, Célia and Gustavo met in the capital and, united by their passion for cooking, decided to study at the prestigious Le Cordon Bleu school in France. The couple traveled to different countries, collecting recipes, flavors and memories, balancing their rural roots with city life. This partnership led to an interest in making a product authentically Brazilian and that would reclaim its origins: an alembic cachaça in Torrinha, Gustavo's hometown in São Paulo state. The production is also a tribute to Gustavo's grandparents: Octaviano, an enthusiast of the art of making cachaça, and Alzira, after whom one of the cachaças in the portfolio is named.

Located on Fazenda Basalto (Basalt Farm), whose name is inspired by the region's fertile soil, the Octaviano Della Colletta Distillery was founded in 2017 and develops refined techniques to achieve sensory goals. This approach, perhaps derived from the couple's gastronomic studies, allows for a harmonious union of concept and flavor diversity.

The 9-hectare organically managed sugarcane plantation is just a few meters from the distillery and uses the RB 867515, SP 323280 and IAC 974039 varieties. In 2022, the harvest produced 50,000 liters of cachaça.

During fermentation, the CA-11 yeast is used in the *pé de cuba* only with the must, without adding any substrates. This process is carried out in temperature-controlled, digitally monitored fermentation vats.

Distillation is done by various methods. The simple conventional alembic still, without preheater, used by many distilleries in Brazil, produces a cachaça rich in congeners (secondary compounds such as aldehydes, acids, esters, phenols and higher alcohols, among others), with notes of sugarcane, sweetness and spice. This cachaça is stored in amburana barrels and jequitibá vats, resulting in Alzira. The 3-distillation still, with a higher yield and lower level of congeners, but with a higher concentration of sweetness and low acidity, produces the Ĉ line.

The cachaças evaluated had the consulting and were blended by Aline Bortoletto, who worked at the distillery as cellar master until the 2022 harvest. For her work, Aline won 2nd place in "Outstanding – Master Blender" in the guide. And in the general scoring, the Octaviano Della Colleta Distillery came 3rd in "Outstanding – Producer".

Alzira
Stored blend

Alcohol content: 41%.
Vintage/batch: AL0622001/01 - 2018/2019.
Score: 90.5 (4 stars).
Visual: light amber, medium brightness, moderate tears.
Aroma: well-behaved and balanced Amburana on the nose, with bay leaf, ginger, cinnamon, coconut, eucalyptus and light vanilla.
Body/mouthfeel: medium; slightly spicy.
Taste: vanilla, nuts, chamomile, black tea, medicinal.
Aftertaste: medium, almond and with a slight spiciness from the amburana at the back of the mouth (cinnamon), without much intensity, which I like.
Serving suggestion: for beginners and novices to drink neat. Alzira brings complexity without too much intensity, which is good when it comes to amburana, a wood that is extremely cloying when overused.

Ĉ Blanc de Blancs
White without wood

Alcohol content: 42%.
Vintage/batch: C10422001/01 - 2020.
Score: 90.5 (4 stars).

Outstanding – Design seal.

About the cachaça: it is distilled in a three-pot still. Celia, a true sparkling wine lover, found inspiration for Ĉ's white cachaça in the Blanc de Blancs style. This French term is used to categorize sparkling wines made exclusively from white grapes and reflects elegance and refinement. The same values are present in the Ĉ range.
Visual: colorless, moderately sparkling.
Aroma: apple, coconut milk, nuts, floral.
Body/mouthfeel: medium; soft, buttery, almond.
Taste: vegetal, nutty, slightly medicinal.
Aftertaste: medium, soft, fresh, almond.

Ĉ Double Wood
Aged blend

Alcohol content: 42%.
Vintage/batch: C20923001/01 - 2018/2019.
Score: 90.5 (4 stars).
About the cachaça: it is a blend of cachaças distilled in 3-body stills and aged for at least three years in 220-liter American oak barrels with a light toasting, cachaça aged in 220-liter virgin American oak barrels with a more intense and charred toasting, and cachaça aged for three years in 220-liter jequitibá-rosa barrels, without toasting.
Visual: amber, glossy, moderate tears.
Aroma: vanilla, apple, banana jam, coconut, mint, toasted (bitter chocolate, leather, toffee).
Body/mouthfeel: medium; full, velvety mouthfeel.
Taste: more closed in the mouth, with sweetness and a clear presence of toast (cocoa nibs, toffee and burnt coconut); vanilla.
Aftertaste: complex, rich and with a hint of dark chocolate.

Ĉ Triple Wood
Aged blend

Alcohol content: 43%.
Vintage/batch: C31023001/01 - 2018.
Score: 92 (4 stars).
About the cachaça: Ĉ Triple Wood is a blend of cachaça that has been aged in chestnut barrels, cachaça that has been aged for five years in virgin American oak barrels with an intense toast, and cachaça that has been aged in virgin French oak barrels for five years with a toast of 2.
Visual: amber, shiny, slow tears.
Aroma: malt, buttery cookies, leather, vanilla, toffee, nuts.
Body/mouthfeel: full-bodied cachaça; full, velvety mouthfeel.
Taste: vanilla, toffee, sugarcane syrup, malt, strained coffee, milk pudding. Excellent integration of alcohol and wood.
Aftertaste: long, very complex, buttery, vanilla, toffee.

PARATIANA

PARATY/RIO DE JANEIRO

Paratiana cachaça traces its roots back in 1996, when Carlos José Gama Miranda (Casé) and Prince João de Orleans e Bragança began producing Maré Alta cachaça in Paraty. In 2003, when the partnership ended, Casé and his brother, Paulo Eduardo Gama Miranda, opened a new line of cachaças, including Paratiana, in Pedra Branca neighborhood. This still is in an old house in the heart of the Atlantic Forest.

The site has become a well-known tourist destination, offering guided tours of the production process, from the crushing of the sugarcane to the distillation in copper stills, to the storage in wooden barrels, such as jequitibá, amendoim, amburana, oak and balsam. The structure includes a Cachaça Museum, where more than 4,000 rare, historic or exclusive labels are exhibited.

As well as producing renowned cachaças such as Paratiana and Labareda, the still stands out for its compound brandies, especially Gabriela and Caramelada. Growing demand has led to the use of cane from Caçapava, in the state of São Paulo, but 20% of the cane used is grown in the region itself. This care has guaranteed the Denomination of Origin seal for cachaças produced with cane fields grown in Paraty, ensuring authenticity and typicality.

Fermentation uses Lallemand's DistilaMax CN yeast and takes place in 3,500-liter stainless steel vats for 16 to 18 hours. Using coils, the temperature is regulated so that it doesn't exceed 32 °C and is reduced to 28 °C when necessary. In addition, micro-oxygenation is applied to the yeast culture, guaranteeing healthier and longer-lasting pé de cuba. The distilling process is carried out in stills of 700, 1,000 and 1,500 liters, distilled separately and further standardized in stainless steel tanks.

Paratiana Tradicional
White without wood

Alcohol content: 44%.
Vintage/batch: F03/24L01.
Score: 90.5 (4 stars).
About the cachaça: Paratiana Tradicional is stored for a minimum of six months in stainless steel tanks.
Visual: colorless, clear, moderate tears.
Aroma: cane bagasse, yellow fruit (carambola), cereals and spices (light clove), light almond aroma.
Body/mouthfeel: medium; full, buttery mouthfeel.
Taste: cachaça more intense and complex on the nose than in the mouth. Vegetable (pomace), green tomato, caramel, candied fruit.
Aftertaste: short to medium, easy, simple but pleasant.

Paratiana Ouro
Aged in oak

Alcohol content: 42%.
Vintage/batch: 03/24 - L01.
Score: 88 (3 stars).
About the cachaça: Paratiana Ouro is a blend that combines French oak reformed by Mesacaza, with a light roast, and European oak from Seagram's, more exhausted. Stored in barrels of 200 to 220 liters, the cachaça matures for eighteen months up to two years.
Visual: amber, shiny, moderate tears.
Aroma: vanilla, banana jam, hazelnut, little toast (coconut, bread and toffee), closed.
Body/mouthfeel: light; full mouthfeel, slightly astringent.
Taste: more interesting cachaça in the mouth than on the nose, with vegetables, candied fruit, prunes, cereals, nutmeg, coconut, almonds and toffee.
Aftertaste: medium, simple, without much intensity, with a slight caramel sweetness.

Paratiana 4 Madeiras
Stored blend

Alcohol content: 40%.
Vintage/batch: 12/23.
Score: 88.5 (3 stars).
About the cachaça: Paratiana 4 Madeiras was created to celebrate the 20th anniversary of the distillery. It is a blend of cachaças matured for three years in amendoim casks of 1,000 and 2,000 liters, two years in 700-liter jequitibá-rosa casks, two years in an old restored 350-liter cinnamon-sassafras cask, and two years in 220-liter amburana barrels.
Visual: straw, slightly greenish, moderate tears.
Aroma: cane wine, cut grass, cupuaçu, bitter chocolate.
Body/mouthfeel: medium; buttery.
Taste: Paraty is not a land for very woody blends, and Casé is faithful to the principles of this terroir when developing its Paratiana line. Despite the presence of four woods, their presence is subtle (chestnut, moss, light spices and bitter chocolate) and in harmony with the vegetal and fruity aromas of sugarcane.
Aftertaste: short to medium, with some complexity.
Serving suggestions: neat. Highly drinkable.

Labareda
Aged blend

Alcohol content: 40%.
Vintage/batch 01/23 – 013.
Score: 90.5 (4 stars).
About the cachaça: Labareda doesn't follow the typical Paraty style. Perhaps that is why Casé decided to call it different from his Paratiana. It is a historical revival of a famous brand originally produced in the 1930s at Fazenda Graúna, where the iconic Graúna cachaça was also made. Both brands disappeared in the 1960s, but Labareda was redesigned, trademarked and reborn with new vigor. In 2014, it was launched exclusively aged in amburana barrels, and the following year a blend of 30% jequitibá and 70% amburana was introduced. The amburana barrels have 220 liters capacity and are lightly toasted.
Visual: golden, medium brightness, moderate tears.
Aroma: discreet amburana, with that subtle "grandmother's cupboard", bay leaf, candied fruit, apple jam, cloves, coconut, toffee, almond liqueur, vanilla.
Body/mouthfeel: light to medium; fresh.
Taste: almond liqueur, gingerbread, vanilla, light clove.
Aftertaste: better behaved amburana, with a short but pleasant aftertaste.

PARDIN

NATIVIDADE DA SERRA/SÃO PAULO

Marcelo Pardin began his career in the cachaça world by running a bar with his uncle. A customer who used to sell sugarcane juice and pastries at street markets suggested that they open a sugarcane warehouse to serve stallholders from São Paulo. Following this recommendation, they started the new business and quickly realized there was a lot of non-standard sugarcane being thrown away. Pardin decided to turn it into rapadura and cachaça, choosing to focus on producing the spirit.

He studied and took courses to learn the art of cachaça production, with a special interest in developing blends. To this end, he visited Germany and Scotland to learn about different methods of making drinks. This experience opened his mind to the use of oak that had already aged other drinks (such as sherry, wine, and tequila), in the aging of brandies, increasing their complexity.

In partnership with Alambique Quinta das Castanheiras from Camanducaia, Minas Gerais, in 2017 Pardin launched his first cachaça: 3 Madeiras. In 2018, he started a new partnership with Alambique Natividade da Serra, in the interior of São Paulo, his current partner. Currently, he is getting regularization for his own industry in São Paulo.

Pardin Madeiras
Aged blend

Alcohol content: 42%.
Vintage/batch: Edição 1.
Score: 91 (4 stars).
About the cachaça: it is aged for six years in 200-liter barrels, combining different types of wood. The process includes toasted new American oak, French oak, jequitibá-rosa, balsam, eucalyptus and

amburana, the latter being used in toasted and un-toasted versions.
Visual: coppery amber, shiny, moderate tears.
Aroma: clearer presence of American oak, with vanilla, nutmeg, caramel, dried figs and slight leather.
Body/mouthfeel: medium; velvety, almondy, fresh, spicy.
Taste: the alcohol grows in the mouth, bringing almond liqueur, mint, eucalyptus, bitter chocolate and wet wood.
Aftertaste: medium to long. Complex cachaça; if the nose shows the notes of American oak, the aftertaste shows the fresh, spicy notes of the other woods.

PAVÃO

PIRASSUNUNGA/SÃO PAULO

The story of Pavão is a testament to the resilience of a family of Italian descent in Brazil and the desire of a grandson to honor the family tradition of making cachaça. It all began with Angelo Pavan, who emigrated from the Veneto region in Italy to Brazil to escape war and famine. Angelo arrived in Brazil in 1870 and, like many immigrants at the time, faced many challenges working on coffee plantations. He changed his family name to Pavão and settled in Pirassununga, in the interior of São Paulo.

In the 1950s, Angelo's son, José Pavão, known as Zeca, began making cachaça on a small farm called São Manuel, in the Santa Tereza neighborhood, near the Air Force Academy in Pirassununga. In addition to cachaça, the farm produced corn, rapadura, oranges and cheese, and flourished for several decades thanks to Zeca's hard work and passion for distillation. Cachaça continued until the 1990s. After that, Zeca passed away and the production structure was sold along with the farm, temporarily interrupting the family tradition.

Diego Pavão, Zeca's grandson, decided to take up his grandfather's legacy, driven by a passion for family history and the quality of the cachaça his grandfather produced. He teamed up with the Foltran family, also of Italian descent based in Pirassununga, and, with the help of master still-maker Gabriel Foltran, Pavão cachaça began to be distilled in the indirect-fired stills of Fazenda Guadalupe. In 2021, the partnership between Pavão and Foltran families bore fruit with the launch of Pavão Prata, a symbol of the survival of a tradition and of new generations' commitment to keeping the legacy of their ancestors alive.

Pavão Prata
White without wood

Alcohol content: 42%.
Vintage/batch: 02/2022.
Score: 91 (4 stars).
About the cachaça: the batches of Pavão Prata are small, just 1,000 liters each. One of the distinguishing features of Pavão cachaça is the use of a blend of yeasts: Smart Yeast 09 and CA-11. After distillation, it is stored in stainless steel for at least a year.
Visual: colorless, clear, moderate tears.
Aroma: caramel sweet, clean, candied fruit, bread, earthy.
Body/mouthfeel: medium; velvety.
Taste: the intense sweetness on the nose is milder in the mouth, with cream, coconut and almond; mineral.
Aftertaste: medium, complex, mineral, nuts, buttery.

PEDRA BRANCA

PARATY/RIO DE JANEIRO

Outstanding – Master Blender seal;

Inspired by the region's traditional cachaças, Pedra Branca still started to be built in 2007 and began to produce in 2009 under the direction of Lúcio Gama Freire. Cousin of Casé (who produces Paratiana), Lúcio is a big name in the cachaça world. He is co-author of the book *Mucungo* (which tells the story of the cachaça on southeastern Brazilian coast). Along with the Association of Producers and Friends of Paraty Cachaça (Apacap), he is involved in the recognition of Paraty's Denomination of Origin.

Located on the Estrada da Pedra Branca, the still is in an unspoiled area with waterfalls, views of the sea and mountains, as well as being cut off by the Patrol Road, part of the old Gold Trail. This historical and cultural environment, surrounded by the Atlantic Forest and the Bay of Paraty, offers favorable conditions to produce cachaça.

The sugarcane fields are spread in eight different areas, covering a total of 6 hectares. The Rural University of Rio de Janeiro collaborated in the research of sugarcane varieties. About 40 different varieties were analyzed, including RB 7515, which demonstrated a good performance due to the local climatic conditions, such as high rainfall and a mild winter. The Covid-19 pandemic has affected the agricultural workforce, leading to a dependence on sugarcane from Caçapava, in São Paulo state. In September 2023, a seedling nursery started to renew the plantation with local seedlings.

The fermentation of Pedra Branca cachaça uses selected yeasts, working with three types throughout the harvest: CanaMax, RM and CA-11. Fermentation takes place in stainless steel vats, with temperature control and the use of spring water to adjust the must. In addition to white cachaça, Lúcio works with different types of wood, especially amendoim and French oak. Keeping with Paraty tradition, he also produces liqueurs. Among them there are local recipes for Gabriela and Caramelada stand out.

Pedra Branca Amendoim
White with wood

Alcohol content: 40%.
Vintage/batch: 12/23.
Score: 90.5 (4 stars).
About the cachaça: Pedra Branca Amendoim goes through two types of containers: a 4,500-liter amendoim vat,

whose storage time is not counted, and two 700-liter amendoim barrels where the cachaça is aged for at least a year (with an average of a year and a half).
Visual: subtle presence of wood, light greenish, almost colorless, moderate tears.
Aroma: sugarcane syrup, caramel, banana paste.
Body/mouthfeel: light; buttery.
Taste: ripe fruit (pear), with almonds, fermentation (bread and cereals) and herbs (bay leaf and thyme).
Aftertaste: sweet cachaça from start to finish, with a slightly spicy finish.
Serving suggestion: chilled.

Pedra Branca Ouro
Aged in oak

Alcohol content: 40%.
Vintage/batch: 12/23.
Score: 88 (3 stars).
About the cachaça: it uses 225-liter French oak barrels from Mesacaza, lightly toasted between 2009 and 2010. In 2024, these barrels were refurbished by Cooperage Michelon, with 23 barrels sanded and toasted again.
Visual: light gold, medium-bright, moderate tears.
Aroma: caramel, vanilla, dried plum, hazelnut, a little toasty (toffee, smoked).
Body/mouthfeel: light; spicy.
Taste: oak spices appear, such as nutmeg. Caramel, coconut, cereals and almonds.
Aftertaste: short. The spiciness stands out.

Pedra Branca Reserva da Grace 8 Anos
Aged in oak

Alcohol content: 40%.
Vintage/batch: 08/23.
Score: 93 (4 stars).
About the cachaça: Launched in 2023, Pedra Branca Reserva da Grace is a commemorative cachaça from the still. Aged for eight years in American oak barrels, it celebrates Lúcio and Grace's eight years of marriage, as well as Grace's 40th birthday. Produced in a limited batch of 400 bottles, it is the oldest cachaça ever produced by Lúcio.
Visual: amber, shiny, slow tears.
Aroma: vanilla, caramel, chocolate, slight leather, pineapple cake.
Body/mouthfeel: medium; velvety.
Taste: delicate cachaça in the mouth, with lots of vanilla and chocolate. There is a slight presence of toast (toffee and leather).
Aftertaste: medium-to-long, complex, pleasant.
Serving suggestion: delicious cachaça; to drink neat.

PINDORAMA

ENGENHEIRO PAULO DE FRONTIN/ RIO DE JANEIRO

Outstanding – Sustainable Producer seal

Produced in Engenheiro Paulo de Frontin, in the Vale do Café, Rio de Janeiro, Pindorama cachaça is made in a historic distillery restored by the Konder Braga family, owners of Fazenda das Palmas. Since its foundation in 1855, the farm has been characterized by the absence of slave labor, in contrast to the history of human exploitation in the region's old coffee plantations.

The property is in an area of more than 100 hectares of Atlantic forest, of which 3 hectares are dedicated to the cultivation of sugarcane with Creole varieties, present in the region for more than a century. During the harvest, the cane is cut daily and crushed to extract the juice, which is then mixed with water and fermented with organic corn in a vat. The fermented juice, or wine, is distilled in copper still heated by a boiler that uses sugarcane bagasse as fuel.

To guarantee the standardization of the distillate, Pindorama uses water from a natural source with a water table 90 meters deep. On the market, the brand offers the Silver and Gold versions, as well as the Cobra Coral line.

Pindorama invests in modern communication without abandoning the traditional values of cachaça. Its labels, created by Oveja & Remi Studio, provide sophistication and authenticity, placing Pindorama among the most beautiful labels in Brazil.

Pindorama Prata
White without wood

Alcohol content: 40%.
Vintage/batch: 04/01/2023.
Score: 86 (3 stars).
About the cachaça: it is fermented with wild yeasts and cornmeal in the vat. It rests for twelve months in stainless steel vats before being bottled.
Visual: colorless, moderate tears.
Aroma: grass, green corn, pear, candied fruit, open.
Body/mouthfeel: light; buttery.
Taste: soft in the mouth, with vegetable and light spices (oregano, bay leaf); bitter almond.
Aftertaste: short to medium, simple, soft.

Pindorama Ouro Amburana
Stored in Brazilian or exotic wood

Alcohol content: 42%.
Vintage/batch: 03/01/23.
Score: 86.5 (3 stars).

Outstanding – Design seal

About the cachaça: it is produced from a special batch, which corresponds to one

tenth of the brand's annual production. This cachaça is stored for at least a year in amburana vats with a capacity of over 700 liters. Pindorama Ouro Amburana won 1st place in the guide for "Outstanding – Design".
Visual: light golden, shiny, slightly greenish.
Aroma: aniseed, banana paste, light vanilla, *cupuaçu*, light green corn.
Body/mouthfeel: light; fresh.
Taste: more interesting cachaça in the mouth, with chestnuts, cardamom, white pepper, mint and light vanilla.
Aftertaste: short to medium. Leaves the mouth minty. Highly drinkable.

PITANGUI

PITANGUI/MINAS GERAIS

In 1710, *bandeirantes* from São Paulo arrived in the region of Arraial de Pitangui, in Minas Gerais, where gold was abundant. In 1715, Arraial became a city, which led to conflicts with the Portuguese authorities. The Cachaça Rebellion of 1720 is a notable episode of this period.

Pitangui already stood out as a center of aguardente production. Captain João Lobo de Macedo, the Portuguese representative in the village, ordered that the sugarcane be stopped to build a church and a mansion for the governor of the captaincy. The miners were outraged, as this would affect their income, since cachaça was widely consumed by the enslaved. The discontent led to the expulsion of the captain major.

Red Oak, Hans Muller's company, created the Pitangui brand to bring this historical moment to life, highlighting how the production of aguardente influenced the region's power structures and social relations. For the making his cachaças, Hans has a partnership with Alambique Santíssima, in Pitangui, Minas Gerais.

Pitangui Prata
White without wood

Alcohol content: 40%.
Vintage/batch: Lot12.09/2021.
Score: 85.5 (3 stars).
About the cachaça: Pitangui Prata is stored for six months in stainless steel vats.
Visual: colorless, moderate tears.
Aroma: bay leaf, hay, medicinal, apple.
Body/mouthfeel: light to medium; soft.
Taste: sweet from start to finish, with a slight spiciness (pink pepper), bay leaf and cane wine.
Aftertaste: short to medium, simple, with coconut water. Highly drinkable.

Pitangui Carvalho e Bálsamo
Stored blend

Alcohol content: 40%.
Vintage/batch: LOT04 07/2023.
Score: 88 (3 stars).
About the cachaça: a blend of cachaça aged for at least eighteen months in 225-liter French oak barrels, with toast, and cachaça stored in balsam barrels and vats of different volumes (3,000, 1,000, 700 and 200 liters).
Visual: light gold, moderate tears.
Aroma: complex, with candied fruit, acacia, almonds, hay.
Body/mouthfeel: medium; soft.
Taste: bay leaf, candied fruit, coconut, vanilla, medicinal.
Aftertaste: elegant and delicate cachaça. It is complex on the nose but could deliver more in the aftertaste.

PORTO MORRETES

MORRETES/PARANÁ

Porto Morretes Cachaça is produced in the heart of the Atlantic Forest, one of the most diverse biomes in the world. The sugarcane is grown at the foot of the Marumbi Mountains, in Paraná, without herbicides, pesticides or fertilizers, which guarantees its organic certification. Harvesting is done manually, without the use of machinery or fire, preserving the quality of the soil and avoiding environmental contamination.

The city of Morretes enjoys a warm and humid microclimate, perfect for growing a distinctive sugarcane known locally as *havaianinha*. Historical records indicate that cachaça production began in the region around 1700, making Morretes a national reference. At its peak, the city had more than 50 sugarcane mills. In 2023, Morretes Cachaça was awarded the prestigious Geographical Indication, in the Denomination of Origin category.

The fermentation of Porto Morretes uses wild yeasts from the sugarcane plantation itself, transforming the sugar into sugarcane wine in less than 24 hours. At the beginning of the harvest, caipira yeast is used with the addition of rice bran to form the pé de cuba. Distillation is done in small batches, resulting in 130 liters of the finest spirit per batch. Porto Morretes' portfolio includes cachaças aged in American ex-bourbon oak of various toasts, as well as experimental blends with native woods. The first vintage was produced in 2004.

The team includes Agenor Maccari Junior, who serves as master still maker and cellar master. Also, part of the partnership are the founder and president, Fulgêncio Torres, and the American couple, Dragos and Emily Axinte, who have been producing the Novo Fogo brand in the stills in Porto Morretes since 2010.

The producers are now investing in a new distillery in Santa Terezinha de Itaipu, which will have a capacity of 600,000 liters per year, significantly expanding the production and distribution of Porto Morretes cachaça.

Porto Morretes Premium Orgânica
Premium oak

Alcohol content: 43%.
Vintage/batch: 23227.
Score: 90 (4 stars).
About the cachaça: it is aged for three years in 200-liter American oak barrels with varying levels of toast (light, medium and intense), which previously matured bourbon.
Visual: amber, shiny, moderate tears.
Aroma: vanilla, honey, caramel, toasted (smoked, light tobacco).
Body/mouthfeel: intense; full, open mouth.
Taste: vanilla, sugarcane syrup, ginger. The toast remains light in the mouth (toffee).
Aftertaste: long and pleasant. Toffee at the end of the mouth.
Serving suggestion: delicious drunk neat. Bourbon lovers will like it. I also recommend making an old fashioned: 2 shots of cachaça, 3 dashes of Angostura bitter, 1 teaspoon of sugar, 1 bahia orange peel.

PRINCESA ISABEL
LINHARES/ESPÍRITO SANTO

Outstanding – Producer seal
Outstanding – Master Blender seal

At the mouth of the Doce River, just 40 kilometers from the coast and surrounded by the Serra do Mar mountain range in Espírito Santo, stands Fazenda Tupã, home to one of the most beautiful stills in Brazil. This is where Princesa Isabel cachaça is distilled. Adão Cellia and Maria Isabel de Moraes, dedicated producers, are responsible for the production of 40,000 liters per harvest of this cachaça from Espírito Santo.

The farm's sugarcane fields are planted with the RB 7515 and RB 5453 varieties, as well as a small amount of Caiana cane, resulting in a limited production. Harvesting is done by hand according to the best standards, without burning, and the juice is extracted no more than twelve hours after harvesting. Fermentation takes place with selected commercial yeasts (CA-11), lasting 24 hours and without the use of substrates at the pé de cuba. After distillation, the cachaça is aged in jequitibá-rosa, American oak, grápia, European oak, balsam and jackfruit barrels.

In addition to being a cachaça producer, Adão Cellia is also an anesthesiologist. With a childhood dream of owning his own still, Adão bought Fazenda Tupã with money from the sale of a hospital. Together with Isabel, he sought to learn about the diversity and different recipes for making cachaça by mapping the most important distilleries in Brazil. During this trip, the couple met Leandro Marelli, a specialist in research and technology in the beverage sector, who became a consultant to the brand.

Leandro Marelli's advice and Adão's signature blends have resulted in a diverse portfolio of limited editions appreciated by a growing community of enthusiasts. With the support of their children, Pedro and Gabriela, Adão and Isabel have positioned the young Princesa Isabel brand as one of the most innovative and award-winning in the market. Leandro won 1st place in the Guide's "Outstanding – Master Blender", and in the overall score, Princesa Isabel came in 2nd place as outstanding producer in 2024.

Princesa Isabel Prata
White without wood

Alcohol content: 42%.
Vintage/batch: 02/2023.
Score: 89.5 (4 stars).
About the cachaça: Princesa Isabel Prata spends at least six months in stainless steel.
Visual: colorless.
Aroma: pear, sugarcane syrup, floral.
Body/mouthfeel: medium; full mouthfeel.
Taste: candied fruit, pear, caramel.
Aftertaste: medium and fresh. Delicate cachaça, with a light fruity note.

Princesa Isabel Jequitibá-Rosa
Stored in Brazilian or exotic wood

Alcohol content: 40%.
Vintage/batch: F/2023 L/39.
Score: 91 (4 stars).
About the cachaça: after four years in stainless steel, it is stored in 5,000-to-11,000-liter jequitibá-rosa vats for two years.
Visual: discreet presence of wood, light straw, shiny, moderate tears.
Aroma: floral, sugarcane, caramel, fennel. Very open cachaça on the nose.
Body/mouthfeel: medium; buttery.
Taste: sugarcane syrup, vanilla, ripe fruit, fennel. Wood brings complexity, with cedar and light leather.
Aftertaste: medium. Cachaça easy to drink; a perfect example of using jequitibá-rosa to give differentiation and harmony.

Princess Isabel Carvalho
Stored blend

Alcohol content: 40%.
Vintage/batch: 2024 L/17.
Score: 92.5 (4 stars).
About the cachaça: it is a blend of cachaças aged in French and American oak barrels, 200 liters and various toasts, and in amburana vats of 5,000 liters, 700 liters (with toast) and 200 liters.
Visual: dark amber with reddish tones, glossy, moderate tears.

Aroma: vanilla, orange peel, tobacco, earthy, butter cookie, firewood, tutti-frutti.
Body/mouthfeel: full-bodied, open, fresh, almond cachaça.
Taste: vanilla, orange peel, butter, tobacco, paçoca, *dedo-de-moça* (light pepper), bitter chocolate.
Aftertaste: medium to long, complex, with bitter chocolate and firewood at the end.

Princesa Isabel Amburana
Stored blend

Alcohol content: 45%.
Vintage/batch: 2024 L/20.
Score: 91 (4 stars).
About the cachaça: this is a blend of cachaça aged in 200-liter American oak barrels of various toasts, with cachaça matured in new Amburana barrels of 200 to 700 liters, with light toasts, from the Locatelli cooperage.
Visual: amber with orange tones, glossy, slow fading.
Aroma: sugarcane syrup, nutmeg, bay leaf, leather, honey, turmeric, almond liqueur.
Body/mouthfeel: medium to full-bodied; velvety.
Taste: good alcoholic presence in harmony with sweetness and acidity. Vanilla, chestnuts, cloves, caramel, laurel.
Aftertaste: sweet cachaça at first. Finishes with bitter chocolate and a light spicy freshness.
Serving suggestion: the good alcoholic presence and the medium to intense woodiness of Princesa Isabel Amburana guarantee a consistent and aromatic cocktail called *rabo de galo*: 50 ml of cachaça, 15 ml of Carpano Clássico vermouth, 15 ml of Cynar. Pour all the ingredients into a mixing glass filled with ice and stir. Strain into a low glass filled with ice and serve with peel of Tahiti lemon.

Princesa Isabel Jaqueira
Stored in Brazilian or exotic wood

Alcohol content: 40%.
Vintage/batch: 2024 L/17.
Score: 86.5 (3 stars).
About the cachaça: stored for two years in 5,000-liter jackfruit barrels and some smaller ones with a capacity of around 200 liters.
Visual: yellowish gold, very typical of the jackfruit, shiny, moderate tears.
Aroma: bay leaf, earthy, fennel, yellow fruit, light vanilla.
Body/mouthfeel: medium; open, fresh.
Taste: bay leaf, fennel, eucalyptus, clove, light hay, medicinal.
Aftertaste: medium, simple, woody, wild and medicinal.

Mãe Santa Grápia
Aged in Brazilian or exotic wood

Alcohol content: 40%.
Vintage/batch: 2024 / L02.
Score: 91 (4 stars).
About the cachaça: Mãe Santa is aged for twelve months in 200-liter grápia barrels without toasting. The barrels used for the cachaça featured in the guide are in their first use. Princesa Isabel has once again innovated by adding to its portfolio some wood traditionally used by Rio Grande do Sul producers.
Visual: golden, glossy, moderate tears.
Aroma: banana, *cupuaçu*, vinous, black pepper, chestnut.
Body/mouthfeel: medium; fresh.
Taste: almond liqueur, caramel, bay leaf, vermouth, medicinal, light boldo tea.
Aftertaste: medium to long. Very plant freshness, with spice and orange peel bitterness.

RECH

LUIZ ALVES/SANTA CATARINA

The history of this distillery began in 1938 with Roberto Rech, who initially produced small quantities of aguardente. The mash used for distillation was made from sugarcane syrup, a by-product of the production of brown sugar, the family's main product. In Luiz Alves, in the state of Santa Catarina, the tradition of aguardente is characterized by production from sugarcane syrup and not from the fresh juice of sugarcane.

Production for sale began in 1950 under the direction of Pedro Roberto Rech, Roberto's son. In 1975, as the demand for aguardente increased, Osmar Rech, representing the third generation, took over the business. At that time, the Rech family stood out as one of the most important aguardente producers in the region.

In July 2008, the family registered the brand Sacca, derived from the Latin saccharum, a reference to the genus of sugarcane. Sacca is made from sugarcane juice and represents 30% of the distillery's total production, while the other 70% is dedicated to sugarcane syrup aguardente. Around 20% of the sugarcane used in production is their own, and the rest is purchased from suppliers in Paraná and neighboring towns.

Sacca cachaça is fermented using wild yeasts and without the addition of substrates. The distillation process takes place in a cebolão-type still, heated by a boiler fed by sugarcane bagasse and eucalyptus.

Through work such as that of the Rech family, which offers its own products from the Luiz Alves terroir, the town has established itself as one of the main cachaça production hubs. In August 2024 it was granted Denomination of Origin status by Inpi.

Sacca Ouro
Stored in oak

Alcohol content: 38%.
Vintage/batch: 0012.
Score: 85.5 (3 stars).
About the cachaça: after distillation, Sacca Ouro is aged in amendoim vats of more than 35,000 liters for a period of six months to a year. It is then transferred to French oak barrels of 200 to 250 liters, where it remains for eight to twelve months. The cachaça is then standardized in waxed ariribá barrels, a wood that does not affect the sensory characteristics of the drink.
Visual: amber, moderate tears.
Aroma: bay leaf, fermentation (malted grain, cane wine), acacia, vanilla, nutmeg.
Body/mouthfeel: light to medium; spicy.
Taste: the cachaça starts sweet (caramel, vanilla) and ends spicy (black pepper, nutmeg).
Aftertaste: short to medium. The sweetness is intense in the nose, but doesn't match in the mouth, and the cachaça finishes with a lot of spice (pepper, ginger).

REGUI BRASIL
CURITIBA/PARANÁ

Orlando Osmar Regis, a businessman from Curitiba, capital city of Paraná state, has turned his passion for cachaça into a business that includes a museum and his own brand of the drink. The journey began in the 1970s, when he began collecting cachaças. Since then, he has amassed a collection of more than 8,000 different labels and more than 10,000 bottles. Among them there are rare examples such as Havana, the very exclusive Tonel 8 and old bottles of Ypióca.

The collection has given rise to the Templo da Cachaça in Curitiba, where events, tastings and lectures are held. The space features an exhibition of some 9,000 labels and a museum with more than 2,000 labels that tell the story of the spirit.

In addition to being one of the largest cachaça stores in Brazil, with over 1,000 brands available, the Temple has become a major tourist attraction for aficionados of the Brazilian distillate. It houses not only Orlando's collection, but also a mini distillery to demonstrate the production process, as well as barrels and areas dedicated to courses and workshops for connoisseurs and market professionals.

With the desire to create their own brand, Orlando and his wife, Lúcia Guidolin, joined forces to produce Regui Brasil cachaça. The name comes from the combination of their last names. Using white cachaça supplied by selected distilleries, Orlando, as cellar master, makes blends in barrels of different woods located in the Templo da Cachaça, including American oak of different toasts and jequitibá-rosa.

Regui Brasil
Extra-premium oak

Alcohol content: 40%.
Vintage/batch: abril 2024/1.
Score: 91 (4 stars).
About the cachaça: it is a blend created by Orlando Regis, made up of four American oak barrels with a toast of 2 or 3. Two of these barrels are new, with a capacity of 200 to 225 liters, and keep the cachaça for three years. The other two barrels are used and have a capacity of 200 to 225 liters and keep the cachaça for four years. The final blend is made by combining the contents of all four barrels.
Visual: amber, glossy, moderate tears.
Aroma: closed, vanilla, coconut, chocolate, hazelnut, toffee.
Body/mouthfeel: medium to full-bodied; creamy, mouth-filling.
Taste: delicious cachaça and more complex in the mouth when the toast appears. Lively, vanilla, nutty (coconut, hazelnut, chocolate), toasted (toffee, leather).
Aftertaste: the cachaça starts with the sweetness of the wood and ends with spices and toasted wood, especially leather and toffee.

REMEDIN
BRASÍLIA/DISTRITO FEDERAL

Remedin is produced by Cid Faria and Claudia Gomes Chaves, a couple from Minas Gerais who have lived in Brasília for two decades. Executives in the advertising sector and owners of an ad agency, they decided to create their own brand of cachaça to maintain the still at Sítio Recanto da Paz so that the business could grow in a sustainable way.

The sugarcane is cultivated in three hectares within a 48-hectare estate. Remedin's fermentation uses selected commercial yeast (CA-11), without the addition of substrates, maintaining the purity of the must. Production is made with direct fire, preserving tradition and allowing manual control of the process.

Cachaça is aged in different types of wood, such as French oak, American oak, amburana, jatobá-do-cerrado and jequitibá-rosa. This variety of wood contributes to the creation of different flavors and aroma profiles. João Chaves, son of the owners and president of the Brasília Producers Association, is the master blender in charge of this process. He is also responsible for organizing local production and promoting regional development.

Remedin stands out for its commitment to sustainability and social responsibility. The distillery supports the community of *caatingueiros* and maintains a partnership with the Brazilian Institute for the Environment and Renewable Natural Resources (Ibama), as well as participating in projects such as the Wild Animal Release Area (ASA) and the reintroduction of macaws to the Cerrado,[31] helping these birds adapt to life in the wild.

Remedin Jatobá-do-Cerrado
Aged in Brazilian wood

Alcohol content: 38%.
Vintage/batch: 2023.
Score: 84 (3 stars).
About the cachaça: this is a special reserve from Remedin, part of a portfolio of cachaças that appreciate the woods from the Cerrado. It is aged in 200–220-liter Jatobá-do-cerrado barrels with intense toasting for ten to twelve months. The jatobá used comes from deforestation areas approved by the State, in public projects with permits for timber extraction.
Visual: bright red ruby.
Aroma: the cachaça is sweeter than you might think, with caramel, chocolate, vanilla and candied fruit. It evolves into ginger, black pepper, bay leaf and dried plum.
Body/mouthfeel: medium to full-bodied; slightly astringent, increasing with each sip.
Taste: in the mouth, the spices and herbs open, bringing bay leaf, nutmeg, cardamom and cinnamon. But the sweet characteristics found in the nose are also present, such as vanilla, caramel and prunes.
Aftertaste: medium to long, with some complexity. The cachaça begins sweet and ends medicinal and bitter, bringing out the typical characteristics of the jatobá.
Serving suggestion: neat is the best way to get acquainted with this unprecedented work with jatobá, a type of wood rarely used to age cachaça. To our knowledge, it is the only toasted jatobá on the market.

Gastrozinha
Aged blend

Alcohol content: 38%.
Vintage/batch: 2023.
Score: 89.5 (4 stars).
About the cachaça: Raquel Amaral, a chef and Brazilian gastronomy enthusiast, gained national recognition when she participated in *The Taste Brasil* and *Masterchef Profissionais 5*. As a researcher of Brazilian flavors and tastes, she teamed up with the producers of Remedin to create her own blend of cachaça, aged in four types of wood: French oak, amburana, jequitibá-rosa and jatobá-do-cerrado.
Visual: dark gold, moderate tears.
Aroma: turmeric, cooked pineapple, hazelnut, caramel, toffee and spices (nutmeg, cinnamon and cloves). Amburana plays a leading role in the cachaça, but it evolves over time, giving way to the contribution of the other woods.
Body/mouthfeel: medium; full, open, velvety mouth.
Taste: lively, with ripe fruit. Spices like nutmeg, cinnamon and cloves are even more present in the mouth. Hazelnut, almond, vanilla and caramel are also present.
Aftertaste: medium to long. Delicate and complex.
Serving suggestion: to flambé bananas. Serve with a scoop of ice cream and finish with half a shot of Gastrozinha.

RESERVA DO NOSCO

RESENDE/RIO DE JANEIRO

Outstanding – Master Blender seal

In 2007, Marcelo Nordskog left the financial market to dedicate himself to the production of artisanal cachaça in Engenheiro Passos, a district in the municipality of Resende, Rio de Janeiro. The name is a tribute to his grandfather, Erick Nordskog, who arrived in Brazil from Norway and became known as *seu Nosco*.

At Fazenda Valparaíso, an old coffee estate acquired by *seu Nosco* in 1916, Marcelo produces cachaça from sugarcane grown on the farm and fermented with wild yeasts, adding cornmeal and rice bran to the pé de cuba. The still is heated by a boiler that burns sugarcane bagasse and reforested eucalyptus. The resulting vinasse fertilizes the cane field, ensuring a sustainable cycle. Annual production reaches 4,000 liters of cachaça.

The original structure of the farm, an old granary used to store coffee sacks, was restored by Marcelo to house the alembic and the cachaça aging room. It has unique features such as a ventilated cellar and stone walls built in the 19th century. The brick columns and wooden beams of the roof are original and were reused in the reconstruction. In this room there is a secret compartment where Marcelo keeps some special cachaças in glass bottles.

Marcelo's meticulous work, coupled with his focus on a lean portfolio with a few cachaça options, contrasts with the approach of many producers who launch new products every harvest. With limited production, he strives for excellence in each batch. This approach has been rewarded: his cachaças are among the most awarded in Brazil, cementing the Reserva do Nosco as a benchmark in the alembic world.

Reserva do Nosco Envelhecida
Aged in oak

Alcohol content: 42%.
Vintage/batch: 2007/08-23.
Score: 93.5 (4 stars).
About the cachaça: this Reserva do Nosco is aged for 17 years in old 500-liter oak barrels previously used for Pedro Domecq Spanish brandy. Only 120 units are bottled each year.
Visual: amber, shiny, slow tears.
Aroma: vanilla, caramel, dried fruit (dried figs, apricots, raisins), sugarcane syrup, fermented and earthy (bread, mushrooms, mold), pecan.
Body/mouthfeel: medium to full-bodied.
Taste: buttery cookie, nuts, sugarcane syrup, dried fruit, spices (cinnamon), light leather.
Aftertaste: medium, with dried fruit (mainly raisins) and slight spiciness.

SALINÍSSIMA

TAIOBEIRAS/MINAS GERAIS

Fazenda Matrona, located in Taiobeiras, in the micro-region of Salinas, Minas Gerais, is the birthplace of Cachaça Saliníssima, where Olímpio Mendes de Oliveira dedicated himself to the cultivation of sugarcane and the production of the drink and rapadura. In the beginning, production was modest, with the cachaças being bottled by hand and sold at the family home, while the rapadura was sold in the city, transported by oxcart.

When Olímpio died in 2003, his grandson José Lucas took over the responsibility of continuing the tradition. Motivated by the growth of the market, Lucas invested in the construction of a new distillery with an annual production of between 250,000 and 300,000 liters of cachaça. He adopted the traditional recipe of the Anísio Santiago school, using wild yeasts and corn for fermentation. After distillation, the spirit is stored in balsam barrels, according to the Anísio school, or in Amburana barrels, according to the Amburana Mineira school.

Today, Fazenda Matrona continues in the hands of the Mendes family, consolidating its position as one of the main producers of cachaça in the Salinas region. Natique Osborne, a company that also owns Santo Grau and Espírito de Minas, owns the Saliníssima brand. Moreover, Natique produces national vodka, steinhäger and gin.

Saliníssima Amburana
Stored in Brazilian or exotic wood

Alcohol content: 42%.
Vintage/batch: SALA2309.
Score: 88 (3 stars).
About the cachaça: Saliníssima Amburana is an example of the Amburana Mineira school and is characterized by the traditional practices of using this Brazilian wood for storage. It is produced with natural fermentation methods applying the sugarcane itself and cornmeal, followed by maturation in large amburana vats. The drink is stored in vats with a capacity of 15,000 and 10,000 liters, where it remains between one and two years.
Visual: straw colored, bright, moderate tears.
Aroma: cumaru, vanilla, hay and aniseed.
Body/mouthfeel: light, fresh, funky, spicy.
Taste: spices, cloves, ginger, slightly smoky, subtly earthy.
Aftertaste: medium to short, slightly spicy and funky. Mild alcohol and slight woodiness.
Serving suggestion: to get acquainted with the Amburana Mineira school it is recommend drinking it neat. This version is less alcoholic than its Januária neighbors.

Saliníssima Bálsamo
Stored in Brazilian or exotic wood

Alcohol content: 42%.
Vintage/batch: SA67155.
Score: 84 (3 stars).
About the cachaça: it is stored in balsam vats with capacities of 25,000 and 3,000 liters, without toasting, in which it remains for between one and two years.
Visual: dark straw, shiny, quick tears.
Aroma: fennel, chamomile, cut grass, hay, bay leaf and orange blossom honey.
Body/mouthfeel: medium; spicy, refreshing.
Taste: typical Salinas balsamic, with spices (cloves, ginger, black pepper) and mint; mineral.
Aftertaste: short to medium, leaving the mouth briefly minty.
Serving suggestion: to prepare caipifruta with lemon, honey and ginger.

SAN BASILE

TUIUTI/SÃO PAULO

Outstanding – Master Blender seal

Renato Chiappetta, heir to the traditional Emporio Chiappetta in São Paulo's Municipal Market, has always been fascinated by the liqueurs sold in his family's business. In 2019, after nearly a decade of studying the art of distillation, he founded San Basile, an artisanal distillery located in Tuiuti, 110 kilometers from the capital. The property is dedicated to the production of gin, liqueur, absinthe, bitter, whisky and cachaça, using natural ingredients, without colorants or preservatives.

The name San Basile is a tribute to the city that preserves the Byzantine culture, which was crucial in the development of distillation techniques in Europe. In the same way, the San Basile Distillery plays an important role in the Brazilian market, offering classic drinks that were previously inaccessible due to high prices or a lack of importers. With this initiative, the distillery is contributing to the maturation of both the professional and consumer markets. The product line comes at the right time to meet the growing market for spirits and the demand from bars and restaurants for cocktail ingredients.

Special mention should be made of the product packaging, inspired by the Belle Époque and Art Nouveau movements, styles popular in Europe between 1890 and 1920.

San Basile Ex-Absinto
Extra premium oak

Alcohol content: 40%.
Vintage/batch: 2022.
Score: 91.5 (4 stars).
About the cachaça: it is stored in French oak for eight years and finalized for six

months in an ex-absinthe American oak barrel (San Basile Absinto Verde).
Visual: dark gold, slow tears.
Aroma: lots of wormwood, boldo, orange blossom, licorice, honey and aniseed.
Body/mouthfeel: medium to full-bodied; metallic.
Taste: unlike anything we have had before. It is French oak enhanced with the condiments and spices of absinthe. The combination is interesting, with a first impact of wormwood, bay leaf, boldo and a second layer of honey, vanilla and caramel.
Aftertaste: medium to long, complex, spicy, with a bitter aftertaste of orange peel.
Serving suggestion: neat, to get to know an example of the Crossing School. We hope Renato Chiappetta ventures further into cachaça blends.

SANHAÇU

CHÃ GRANDE/PERNAMBUCO

Sanhaçu cachaça is produced by the Barreto Silva family in Pernambuco's Zona da Mata, in Chã Grande, 85 kilometers from Recife and 15 kilometers from Gravatá, a tourist town known for its centuries-old architecture and its furniture and handicraft shops.

The history of Sanhaçu dates to the 1990s, when Moacir Barreto Silva, after retiring from the Navy, moved to inland Pernambuco with his wife Glória where they bought a farm and pioneered the organic farming movement in the state. The couple reforested the property with native bush and fruit trees, transforming it into a refuge for the local fauna, including animals such as teju, sagui, fox and hare, as well as various birds. Sanhaçu is the bird that inspired the name of the cachaça.

In 2006, the couple's children, Max, Oto and Elk, decided to invest in the production of an artisanal cachaça that reflected their parents' philosophy of sustainability. This commitment was recognized with the Biodynamic Institute (IBD) seal for organic cachaças and the Zero Carbon certificate. In 2015, solar panels were installed to generate energy for the production unit.

Sanhaçu's production takes place on 5 hectares of land with a very hilly topography. Using the RB 7515 variety of sugarcane, the harvest begins in October and lasts until January. Fermentation is done with wild yeasts to the sound of classical music, chorinho and bossa nova. This process lasts between 20 and 22 hours and the yeasts are preserved from one year to the next.

The sugarcane wine is distilled in copper stills of the Cebolão-type heated by a boiler. After distillation, the cachaças are stored in freijó, jequitibá-rosa, oak and balsam vats.

Sanhaçu Umburana
Aged in Brazilian or exotic wood

Alcohol content: 40%.
Vintage/batch: 14U.
Score: 89 (4 stars).
About the cachaça: it spends about two years in 10,000-liter Freijó vats, an iconic wood among Paraíba producers and one of the first to be included in the portfolio of this Pernambuco production. The vats were skillfully assembled by Chicão, a cooper from Campina Grande, where Freijó is widely used. After this initial period, the cachaça is aged for more than two years in 200-to-330-liter Amburana barrels. The drink bears the signature of Jairo Martins.
Visual: coppery gold with light greenish reflections, medium brightness, moderate viscosity.
Aroma: fennel, caramel, cloves, nutmeg.
Body/mouthfeel: medium; spicy.
Taste: vanilla, cumaru, cinnamon, caramel, bread, ginger.
Aftertaste: medium, pleasant presence of caramel and cinnamon candies from childhood.

Sanhaçu 3 Madeiras
Stored blend

Alcohol content: 40%
Vintage/batch: October 2023.
Score: 85.5 (3 stars).
About the cachaça: Sanhaçu 3 Madeiras is the result of a project carried out by Senac Recife during the Cachaça Sommelier Course for the November 2022/2023 class. It is a blend aged in three Brazilian woods. Most of the aging takes place in jequitibá-rosa, for a period of two years, which represents 70% of the blend. Amburana accounts for 5% of the composition, while Balsam represents the remaining 25%.
Visual: light golden, glossy, moderate tears.
Aroma: floral (white flower), tutti-frutti, cut grass, fennel, dried rue, light hay.
Body/mouthfeel: medium; slightly funky, flat.
Taste: bay leaf, sugarcane, green wood, dried rue.
Aftertaste: short to medium, spicy, slightly astringent.

Sanhaçu Soleira
Aged in oak

Alcohol content: 42%.
Vintage/batch: outubro de 2023.
Score: 90.5 (4 stars).
Outstanding – Design seal
About the cachaça: it is first aged for two years in freijó vats. It is then transferred to ISC American oak barrels, toasted to 3, where it remains for another three years. In the sill process, the cachaça is stored on four floors with six barrels each, for a total of 24 barrels. During this period, a percentage of it is removed from the

barrels closest to the ground and then finished in 200-liter virgin American oak barrels with intense toasting, where it rests for another six months. The master blender, Oto Barreto, supervises the entire process.
Visual: amber with reddish tones, glossy, moderate tears.
Aroma: vanilla, coconut, chocolate, hazelnut, toffee, leather.
Body/mouthfeel: full-bodied, creamy, smooth cachaça.
Taste: vanilla, maple syrup, caramel, apple, coconut, dark chocolate, toffee. Very delicate alcohol, acidity and spice.
Aftertaste: medium to long, with notes of toasted oak (toffee, dark chocolate), buttery biscuit and a slight medicinal note that adds complexity.

SANTA CAPELA

SANTA BÁRBARA D'OESTE/SÃO PAULO

Santa Capela, from Santa Bárbara d'Oeste, in São Paulo state, was launched in 2022. Directed by Paulo Romi and managed by Lucas Benatti, the distillery produces 60,000 liters of cachaça per year in copper stills, using advanced technology and modern practices.

Santa Capela, from Santa Bárbara d'Oeste, in the interior of São Paulo, was launched in 2022. Directed by Paulo Romi and managed by Lucas Benatti, the distillery produces 60,000 liters of cachaça per year in copper stills, using advanced technology and modern practices.

The process begins with the cultivation of 5 hectares of sugarcane. Harvested at the ideal moment of ripeness, the raw material comes in six varieties. The cane is cut and stripped by hand and transported by tractor to the distillery.

During fermentation, CA-11 yeast is used with temperature control between 30°C and 32°C. The open vats are in a closed room and the process lasts 24 to 26 hours. The must is prepared to be perfectly clean, passing through decanters, sieves and pressure filters.

Distillation takes place in two copper stills, 750 liters and 950 liters, both in Cebolão shape and fed with sugarcane bagasse. Paulo Romi, the master blender, is responsible for maintaining the standard of the product.

Visitors to the still can also enjoy the gastronomy of the local restaurant and meet the dog that appears stylized on the cachaça label. When the still was being built, a little dog named *Pipoca* won the hearts of all the employees. To everyone's surprise, *Pipoca* was expecting a puppy. That is how *Capelinha*, the distillery mascot, was born.

Santa Capela Clássica
White without wood

Alcohol content: 40%.
Vintage/batch: L2023/0017.
Score: 86 (3 stars).
About the cachaça: Santa Capela Clássica rests for a year in stainless steel vats.
Visual: colorless, moderate tears.
Aroma: delicate and quite floral, with cane, violet, acacia, lavender and lime.
Body/mouthfeel: light; soft, full mouth.
Taste: candied fruit, almonds, floral (rose, violet), light bell pepper.
Aftertaste: medium, simple, but very fine and pleasant, almondy.

Santa Capela Bálsamo
Stored in Brazilian or exotic wood

Alcohol content: 39%.
Vintage/batch: L2023.
Score: 86.5 (3 stars).
About the cachaça: it is stored in a 3,000-liter balsam vat produced by Dornas Havana. The batch that took part in the guide matured for seven months in the wood.
Visual: golden to amber with a slight greenish tinge, medium-bright, moderate tears.
Aroma: honey, green apple, aniseed, fennel, white pepper.
Body/mouthfeel: medium; honeyed, fresh.
Taste: plenty of aniseed and mint in the mouth, with honey and light pepper.
Aftertaste: medium, aniseed very present. Feels like a well behaved arak.

SANTA CRUZ

SACRAMENTO/MINAS GERAIS

Cachaça Santa Cruz, developed by Silvana Carminati and her husband Anderson, was born out of a change of direction inspired by her Portuguese brother-in-law. With a background in interior design, Silvana had no plans to create her own brand of cachaça until, encouraged by her husband and by her brother-in-law, she decided to invest in the segment. The result is Santa Cruz, a Portuguese Brazilian brand designed to attract new connoisseurs in Brazil and abroad.

Santa Cruz is produced at Boa Sorte farm in Sacramento, Minas Gerais, in partnership with the creators of Batista cachaça. The distribution is carried out from São Paulo. The initial plan was to open a cachaça shop, but market research led Silvana and Anderson to develop their own brand. With no family heritage in the production of spirits, the couple sought out courses and visited distilleries to understand the industry. They founded Santa Cruz in 2021 as a family business, including two cousins.

The variety of sugarcane used is RB 867515, and the fermentation with wild yeasts follows the method created by the founder of Batista Cachaça, José Batista, without using chemical additives. The fermentation takes place in stainless steel tanks, in batches, in 24-hour cycles, to guarantee the homogeneity of the products throughout the harvest. Distillation takes place in copper stills of the Cebolão type.

The cachaça's name and label were created by Silvana, inspired by Portuguese navigation and Brazilian history. In addition to cachaça, the distillery has expanded its production to include gin, with Gin Crux London Dry, distilled from local and regional grains and botanicals. In the early years, Santa Cruz focused on word-of-mouth marketing, establishing contacts to take its products to countries such as Australia, Portugal and Germany.

Santa Cruz Extra Premium
Aged blend

Alcohol content: 40%.
Vintage/batch: 05.01.2022 /010.
Score: 88.5 (3 stars).
About the cachaça: it is a blend aged for three years in French oak and two years in amburana.
Visual: accentuated golden color, shiny, moderate tears.
Aroma: the amburana stands out on the nose, with green apple, amarena, nutmeg and vanilla.
Body/mouthfeel: short to medium; spicy from the spices.
Taste: eucalyptus, chestnuts, toffee, toasted bread, spices (pink pepper, cinnamon).
Aftertaste: medium; sweet, spicy and slightly medicinal.

SANTA TEREZINHA
MARECHAL FLORIANO/
ESPÍRITO SANTO

Outstanding – Producer seal

Santa Terezinha Cachaça, with roots dating back to 1943, was founded by Artêmio Menegatti in São Roque do Canaã, Espírito Santo, and today stands out as a symbol of tradition and innovation. In 2005, Adwalter Menegatti, Artêmio's son, took over production and moved the factory to Marechal Floriano, a town with great tourist potential.

Adwalter Menegatti faced significant challenges, including a heavy rainstorm in 2013 that damaged the production tanks and sheds. With resilience and creativity, he maintained production at a partner distillery 10 kilometers from the sugarcane field, using Mulatinha sugarcane variety.

During the fermentation process, the cachaças are fermented with cornmeal and wild yeasts. But Adwalter's greatest strength lies in his innovative work with different woods. This talent is evident in his unique toasting and sill aging techniques.

Adwalter has also diversified Santa Terezinha's portfolio, including cachaças aged in a variety of woods such as amburana, American oak, jequitibá-rosa, castanheira, European oak and canela-sassafrás. In addition, he has developed blended spirits with ingredients such as coffee, genipap and anise, bringing new flavors and aromas to the market.

For lovers and connoisseurs of Adwalter's creations, the Santa Terezinha Concept Store, located in Vitória's Vegetable Market, offers more than 180 items related to the Brazilian beverage, from souvenirs to the rarest cachaças produced with the sensitivity of this cellar master.

Santa Terezinha Sassafrás
Stored in Brazilian or exotic wood

Alcohol content: 38%.
Vintage/batch: lote 03/15. Safra 2011/2012.
Score: 93.5 (4 stars).
About the cachaça: it is aged for four years in old 1,000-liter canela-sassafrás barrels. The barrels have had their walls scraped, burned and painted with natural fruit essences and alcohol; a technique like sherry aging. This cachaça is Adwalter Menegatti's first Brazilian wood toast, made in the early 2000s, when there was little talk of barrel toasting. In 2007, reaffirming its pioneering spirit, Adwalter launched Santa Terezinha Série Gourmet Sassafrás, which surprised the market with its innovative use of cachaça in gastronomy.
Visual: dark amber with orange tones, moderate tears.
Aroma: caramel, dried fruit (figs, raisins), spices, old wood, pipe.
Body/mouthfeel: medium; velvety.
Taste: above average sweetness, with caramel, dried figs, orange blossom, nuts (hazelnuts, almonds), tobacco and light leather.
Aftertaste: fast to moderate, complex. The cachaça starts off quite sweet and ends with a salty, umami touch, as well as a spicy, medicinal bitterness.
Serving suggestion: to flambé pork, as a topping for ice cream, to accompany strong cheeses or even to drink with coconut water ice cubes. It is incredibly versatile and can be used for culinary purposes.

Santa Terezinha Crafted
White without wood

Alcohol content: 43%.
Vintage/batch: 01/2023.
Score: 92.5 (4 stars).

Outstanding – Design seal

About the cachaça: distilled and then filtered through sugarcane bagasse.
Visual: subtle yellowish color of the cane bagasse, almost colorless.
Aroma: bagasse, garapa, fermented.
Body/mouthfeel: medium to full-bodied, almondy, fresh.
Taste: above average sweetness, with bagasse, vanilla, yellow fruit, yeast and almond liqueur. Earthy.
Aftertaste: medium to long. The cachaça starts with cane sweetness well balanced with spiciness and finishes with a slight bitterness.

Santa Terezinha Origem
White without wood

Alcohol content: 45%.
Vintage/batch: 2021 / 07 /2021.
Score: 88 (3 stars).
About the cachaça: this is an authentic example of the Caipira Yeast School, with wild yeasts and distillation in a direct-fire alembic.
Visual: colorless, slow tears.
Aroma: garapa, cane wine, mint, light thyme, light vanilla.
Body/mouthfeel: medium; open, full mouth, almondy.
Taste: ginger, garapa, chestnuts, nutmeg.
Aftertaste: sweet and vegetal from start to finish, with astringency and freshness at the end of the mouth.

SANTO GRAU

CORONEL XAVIER CHAVES/ MINAS GERAIS, PARATY/RIO DE JANEIRO, ITIRAPUÃ/SÃO PAULO

The Santo Grau concept values terroir, considering not only the place of production, but also the tradition passed down from generation to generation. The brand has a partnership with three mills in Brazil that reflect these values, preserved over the years by master distillers and their families.

The Coronel Xavier Chaves Distillery, located in Minas Gerais, has been producing since 1755 and is currently run by the ninth generation of the Chaves family, with master distiller Nando Chaves and his sons João and Francisco. The Paraty mill has been run by the Mello family since 1803, with Eduardo Mello at the helm. And in Itirapuã, the Engenho has been preserving an artisanal tradition since 1860, under the management of the Figueiredo Cristófani family, now in its Fifth generation, with Maurílio Cristófani.

Santo Grau cachaças are produced according to artisanal processes specific to each producer. All stages, from planting to harvesting and milling, are carried out with our own canes, cut by hand. The fermentation is done with wild yeasts with the addition of natural substrates (*Escola do Fermento Caipira* or Caipira Yeast School) and the distillation is done in copper stills heated by direct fire.

Natique Osborne, owner of the Santo Grau brand, was founded in the 1990s by Luis Henrique Munhoz and Renato Almeida Prado. In 2013, Natique joined forces with the Spanish group Osborne, known for its sherry labels. The partnership brought innovations and techniques that strengthened Natique's production and portfolio, allowing it to expand with imported spirits. The exchange with Europe made it possible to import oak barrels that had previously been used to age other beverages, such as sherry, brandy and wine, diversifying the aging process of Santo Grau's cachaças.

Santo Grau Coronel Xavier Chaves
White without wood

Alcohol content: 40%.
Vintage/batch: CXC 11144.
Score: 90.5 (4 stars).
About the cachaça: it is fermented with wild yeasts and cornmeal. A typical branquinha from Minas Gerais, following the Caipira Yeast School.
Visual: colorless, moderate tears.
Aroma: candied fruit, green corn, dried figs, pomace, orange blossom.
Body/mouthfeel: medium; fresh.
Taste: has a certain spiciness and apparent alcohol, but in balance, with vegetables, nuts and lime. Medicinal.
Aftertaste: medium, salivating, almondy.
Serving suggestion: as it is a milder version of Caipira Yeast School, it is suggested for those who are just starting to drink and want to get to know the style.

Santo Grau Pedro Ximenes
Aged in oak

Alcohol content: 39%.
Vintage/batch: SGPX1123.
Score: 85 (3 stars).
About the cachaça: the cachaça is aged for two years in Itirapuã, São Paulo, in oak barrels previously used for aging Pedro Ximenes Spanish Sherry. In previous batches, the dry, crystallized yeast on the barrel walls naturally sweetened the cachaça, which contained 9 g/l of sugar. In the version evaluated for the guide, the already exhausted barrels didn't transfer as much sugar to the distillate, so the cachaça was no longer classified as sweetened.
Visual: dark greenish straw, glossy, moderate tears.
Aroma: closed, subtle wood, bay leaf, acacia, nutmeg, chestnut.
Body/mouthfeel: medium; fresh.
Taste: more wood in the mouth, with bay leaf, dried figs, chestnuts and light spices.
Aftertaste: short to medium, with freshness and subtle raisins.
Serving suggestion: look for a previous batch, when it was still sweetened cachaça, for comparison. It will be a great sensory exercise. Which P.X. do you prefer?

Santo Grau Velha Guarda Reserva Paraty
Aged in oak

Alcohol content: 41%.
Vintage/batch: PARVG1908.
Score: 88.5 (3 stars).
About the cachaça: Santo Grau Velha Guarda Reserva Paraty is aged for eighteen months in French oak barrels of up to 240 liters.

Visual: straw color, medium brightness, moderate tears.
Aroma: more vegetal, fermented and sweet presence of white cachaça, with candied fruit, cane wine, sugarcane syrup, tangerine, orange blossom, bread and ripe fruit. The wood brings banana paste and earthiness (sea air, mushroom).
Body/mouthfeel: medium; full mouthfeel, almond, slightly astringent.
Taste: slightly more wood presence than the nose, but still subtle. Light vanilla, caramel, chestnut, clay.
Aftertaste: medium, sweet vegetal, with a slight woody presence. Paraty has not lost its essence of exalting the aromas and flavors of sugarcane; it is its vocation.

Santo Grau Solera Alvarinho
Aged in oak

Alcohol content: 40%.
Vintage/batch: SGSA2312.
Score: 89 (4 stars).
About the cachaça: Santo Grau Alvarinho is aged for an average of two years at Coronel Xavier Chaves using the sill system in 300-liter barrels that previously stored wine made from the alvarinho grape. This variety is grown in the north of Portugal and in Galicia, Spain, where it is known as *albariño*, and is used in the production of white and green wines.
Visual: golden, shiny, moderate tears.
Aroma: closed, with vanilla, vegetal, floral, green corn, cashew.
Body/mouthfeel: medium, astringent.
Taste: more interesting in the mouth, with orange blossom, fennel, toasted bread and caramel.
Aftertaste: medium, mineral, fruity, medium spice.

Santo Grau Reserva Amontillado
Aged in oak

Alcohol content: 40%.
Vintage/batch: CXCR2309.
Score: 86 (3 stars).
About the cachaça: it is aged in Coronel Xavier Chaves for an average of two years in 500-liter American oak barrels that previously stored amontillado (a style of sherry).
Visual: straw to golden, medium-bright, moderate tears.
Aroma: little presence of wood, with bay leaf, candied fruit, apple, hazelnut, light clove and hay.
Body/mouthfeel: light; full mouthfeel.
Taste: bay leaf, ginger, fennel, almonds, cloves and cinnamon.
Aftertaste: short to medium, simple, with spiciness (cinnamon) and nuts, but very subtle.

SANTO MARIO

CATANDUVA/SÃO PAULO

The Santo Mario Distillery has a rich history that began when Baptista Seghese arrived in Brazil at the beginning of the 20th century. Fleeing the hardships of World War I in the Bergamo region of northern Italy, Baptista and his family embarked on a journey that took them to the sugarcane plantations in the state of São Paulo. It was there that he discovered cachaça, a drink that reminded him of Italian grappa, and that ignited his passion for spirits.

With determination and creativity, Baptista began making cachaça using improvised equipment and collecting sugarcane that fell off trucks on the streets of Piracicaba. Through hard work and talent, he became a self-taught master distiller.

Baptista's legacy was carried on by his son, Mario Seghese, who in the 1980s consolidated the Santo Mario Mill in Catanduva, São Paulo. In addition to being a famous distillery in the region, it houses the Cachaça Museum, a true treasure for spirits lovers. The museum, founded by Mario, has an impressive collection of 5,000 bottles, including the very rare Caninha Pelé.

Santo Mario cachaça is fermented with selected indigenous yeasts. Samples of the caipira fermentation, made with planted cornmeal, were sent to the start-up company Smart Yeast, owned by specialist Cauré Portugal. He selected and standardized the yeasts. This process ensures a consistent fermentation and brings out the characteristics of the *paulista* terroir, that is, from São Paulo state.

Santo Mario cachaças are distilled in a three-body still affectionately known as the Alambique Jandira. The name is a tribute to Mario Seghese's wife, who helped him start the production. While he was distilling the cachaças, Jandira was preparing the liqueurs that are still part of the distillery's portfolio today.

Today, under the direction of Sérgio and Fábio Seghese, Mario's son and grandson, Engenho Santo Mario is an outstanding example of the work of Italian immigrants in cachaça production in inland São Paulo. The distillery continues its path, constantly improving and preserving the tradition of São Paulo's *cachaça de alambique*.

Santo Mario Amendoim do Campo
White with wood

Alcohol content: 40%.
Vintage/batch: 62/04 - 10/22.
Score: 90 (4 stars).
About the cachaça: it is stored for a year in 10,000-liter amendoim vats.
Visual: colorless, clear, moderate tears.
Aroma: buttery, nuts, coconut milk.
Body/mouthfeel: short to medium; creamy, full-bodied.

Taste: sugarcane syrup, coconut water, nuts.
Aftertaste: medium, with sweetness and nuts.
Serving suggestion: the pure base is already delicate, but the amendoim help to round out the cachaça and make it soft, round and highly drinkable. The presence of nuts (coconut) makes us think of a reinterpretation of piña colada: 50 g of pineapple, 30 mL of coconut milk, 60 mL of coconut water and 60 mL of Santo Mario Amendoim do Campo. Shake in a cocktail shaker with ice and double strain into a long glass with ice.

Santo Mario Amburana
Stored in Brazilian or exotic wood

Alcohol content: 40%.
Vintage/batch: 64/06 - 10/23.
Score: 85.5 (3 stars).
About the cachaça: it rests in amburana barrels of varying sizes and already long used, with some of 250 liters and medium toast, for over a year.
Visual: dark gold with orange tones, shiny, moderate tears.
Aroma: presents itself as a more sober amburana on the nose (closed), with soap, candied fruit, orange blossom, cardamom and eucalyptus. Medicinal.
Body/mouthfeel: medium to full-bodied; liqueur-like (wood resin), fresh.
Taste: a more complex cachaça in the mouth, with candied fruits, spices (cloves, cardamom), nuts (nutmeg), toast (toffee, burnt coconut) and earthiness (puxuri, cumaru).
Aftertaste: medium, leaving a minty and medicinal aftertaste.

Santo Mario 5 Madeiras Nobres
Aged blend

Alcohol content: 40%.
Vintage/batch: 67/03 - 02/22.
Score: 88.5 (3 stars).
About the cachaça: it is a blend of cachaças aged for at least two years in French oak, amburana, balsam, castanheira and jequitibá-rosa barrels. French oak cachaça is aged in 250-liter toasted barrels; amburana, in 250-liter barrels; balsam, in 700-liter barrels; castanheira [chestnut tree], in old 250-liter barrels, and jequitibá-rosa, also in old 250-liter barrels. Supervised by master blender Sérgio Seghese.
Visual: light amber, shiny, slow tears.
Aroma: vanilla, candied fruit, pear, nutmeg, medicinal (iodine).
Body/mouthfeel: light; smooth.
Taste: a more complex cachaça in the mouth; at first it has a pleasant presence of the sweet woodiness of the French oak, combined with the spices of the amburana and the floral of the jequitibá. The balsam is delicate, bringing a little freshness to the blend. The cachaça has salted caramel, pear, nutmeg, coconut and almond.
Aftertaste: medium, quite floral at the end of the mouth, soap.

SAPUCAIA

PIRASSUNUNGA/SÃO PAULO

Founded in 1933 by Cícero da Silva Prado, Sapucaia was born in Pindamonhangaba, an important city east of São Paulo. The famous Dr. Cícero, an entrepreneurial farmer, was also an influential rice farmer on the banks of the Paraíba River and a business partner of Count Matarazzo.[32] His work was decisive in transforming Pindamonhangaba into the "agricultural capital of the Paraíba Valley".

Inspired by the beautiful sapucaia tree growing on his farm, he invested in the creation of his *Cachaça de Alambique*, designing innovative packaging and seeking foreign markets. These initiatives have helped make Sapucaia a benchmark in the Paraíba Valley.

After the death of Dr. Cícero in 1969 and the bankruptcy of some of his companies, Cachaça Sapucaia faced a period of challenges. In 2008, the brand was acquired by Alexandre Bertin, who revitalized production and moved the headquarters to Pirassununga, a town with a long history in cachaça. Pirassununga became famous for the bottling companies that channeled production from small producers' stills and marketed the labeled product. Over time, these large bottling companies began to produce cachaças industrially. Since 2015, Sapucaia has been produced in Pirassununga, on a property close to the land where the current producer's family members have been distilling cachaça for over a hundred years.

Bertin remains committed to the artisanal method, using traditional techniques, but has also been modernizing the process with innovations such as bidistillation. Current production combines aged cachaças, left over from Pindamonhangaba, and new ones, produced from third-party sugarcane and fermented with selected yeasts. One of the highlights of Sapucaia under Bertin's management is the restoration of the old amendoim vats, a wood prized for storage. Almost a century old, the company is keeping alive the history and culture of artisanal cachaça in the hinterlands of São Paulo.

Sapucaia Real
Extra premium oak

Alcohol content: 40%.
Vintage/batch: 220922.
Score: 89.5 (4 stars).

About the cachaça: Sapucaia Real cachaça has been aged since 1990 in 300-liter European oak barrels.
Visual: dark amber, shiny, moderate tears.
Aroma: vanilla, caramel, candy fruit, dried plum, cinnamon, nuts (hazelnut), leather, tobacco.
Body/mouthfeel: medium; velvety, soft.
Taste: sweet and woody above average, with sweetness (caramel, vanilla), nuts (nutmeg, hazelnut, almond) and earthiness (moss).
Aftertaste: long, complex, balanced, with dried fruit and vanilla, as well as a hint of allspice.

Sapucaia Armazenada em Amendoim
Stored in Brazilian or exotic wood

Alcohol content: 38%.
Vintage/batch: LT231201.
Score: 88.5 (3 stars).
About the cachaça: Alexandre Bertin has dedicated himself to the restoration of the old amendoim vats from the time of Dr. Cícero Prado. These vats, originally with capacities of 10,000, 30,000 and 40,000 liters, were transformed into smaller models of 700 liters, a volume rarely used for this Brazilian wood. In 2023, after restoration, they received white cachaça produced at the Pirassununga distillery.
Visual: straw, opaque, moderate tears.
Aroma: cane wine, bay leaf, cut grass, almonds.
Body/mouthfeel: light; soft.
Taste: if on the nose it's very vegetal, in the mouth the amendoim help to soften the cachaça and balance it, but still leaving the leading role to the cane derivatives (cut grass, candied fruit). There's also a hint of black pepper.
Aftertaste: light and simple. It starts off sweet and ends with a pleasant spiciness.

SARACURA

BRASÍLIA/DISTRITO FEDERAL

Saracura cachaça has been produced in Brasília by Hélio Gregório since 2004. Hélio has always had a deep interest in cachaça, honing his palate over the years and taking specialization courses as a master blender. During a visit to a distillery in São Simão, in the state of São Paulo, he was impressed by the quality of the local cachaça and decided to bring the idea to Brasília.

Over time, Hélio acquired European oak barrels from the São Paulo distillery and began developing his own blends in Brazil's capital city.

Hélio buys the pure base from formalized partner stills in Goiás and Minas Gerais, as well as from producers in Brasília. He ages the cachaças in his 40 barrels of 200 and 250 liters of oak, housed in an underground cellar that helps to conserve the temperature and prevent excessive evaporation of the liquid (the quota of the angels). In the hot Brasilia weather, Hélio comments that he can lose up to 5% of the volume of cachaça in the barrel each year.

Saracura Extra Premium
Extra premium oak

Alcohol content: 41%.
Vintage/batch: 08/2022 - 19.
Score: 88 (3 stars).
About the cachaça: the white base of the cachaça evaluated in the guide was produced between 2015 and 2016 in Caetanópolis, Minas Gerais. In Brasília, Saracura Extra Premium is aged for six years in 200- and 250-liter European oak barrels.
Visual: golden, shiny, moderate tears.
Aroma: closed, cane wine, candied fruit, molasses, caramel, vanilla, light cooked pineapple, light mint.
Body/mouthfeel: medium; spicy, tannic.
Taste: greener in the mouth, vanilla, porridge, gingerbread, caramel.
Aftertaste: medium, simple, with vanilla and slight bitterness (boldo).

SÉCULO XVIII

CORONEL XAVIER CHAVES/ MINAS GERAIS

Século XVIII, produced at Engenho Boa Vista, is a true symbol of the preservation of Brazilian artisanal traditions. Founded in 1755, this distillery is run by Luiz Fernando Silva de Resende Chaves, better known as Nando Chaves, who represents the eighth generation of his family to produce cachaça.

Located in Coronel Xavier Chaves, near the historic mining towns of Tiradentes and São João del-Rei, Engenho Boa Vista preserves the bucolic atmosphere of the 18th century. The property, with its stone construction, preserves the essence of a bygone era. According to legend, the martyr Tiradentes, who was born nearby, asked for a dose of the mill's cachaça as his last wish before his execution, as a symbolic gesture of resistance against the Portuguese crown.

The sugarcane is planted on the banks of the Mosquito River, in fertile soil naturally irrigated by seasonal floods. The sugarcane used at Engenho Boa Vista is CO 421 and was introduced in Brazil from India in 1930. It is organically cultivated and harvested by hand with a machete, just as our ancestors did.

For the fermentation process, corn grown on the farm is dried in the sun and ground in the stone mill next to the distillery. The walls of the mill, which are centuries old, are covered with fungi that house the wild yeast strains.

Distillation is carried out by direct fire, using sugarcane bagasse as fuel. Production is limited to 30,000 liters a year, preserving its artisanal character. The result is a cachaça that represents not only a product of excellence but also a journey through time.

The tradition of Século XVIII cachaça is carried on by Nando Chaves' sons, João Fernando and Francisco José, who are already specialized in the subject, with scientific research on production and fermentation. They are convinced of the importance of preserving the traditional process, the way their ancestors did it.

Século XVIII
White without wood

Alcohol content: 48%.
Vintage/batch: 29 Feb. 2024.
Score: 90.5 (4 stars).
About the cachaça: the sample sent for the guide was produced in October 2023 and bottled after two months. The cachaça is made according to the precepts of the Caipira Yeast and *Coração Bruto* schools.
Visual: colorless, voluminous and long rosary, abundant and slow tears.
Aroma: powerful, caramel, pomace, coconut water, cornmeal cake with fennel, vanilla, mineral, light hay.
Body/mouthfeel: full-bodied cachaça, mouthful.
Taste: ripe fruit, caramel, pomace, earthy (mineral, seaweed), hay, quinine.
Aftertaste: sweet cachaça from start to finish, vegetal and complex.
Serving suggestion: neat. This authentic branquinha, with the maximum alcohol content allowed by law and undiluted with water, is a real explosion of flavors, described by Nando as "chest warming". It is for those who want to get to know an authentic root cachaça.

SEGREDO DE ARAXÁ
ARAXÁ/MINAS GERAIS

Outstanding – Sustainable Producer seal

Segredo de Araxá cachaça is produced at Fazenda Asa Branca, located in the city of Araxá. The project began in 1998, when Paulino Corrêa Chicrala left the Banco do Brasil to dedicate himself to the production of the distillate. The first harvest was carried out in 1999. The current annual production is 25,000 liters. Located 6 kilometers from Araxá, the farm stands out for preserving the environment and maintaining good agricultural practices. The sugarcane is grown on 4 hectares at an altitude of 930 meters. The varieties planted are RB 966928, IAC 9001 and SP 1011. Harvesting takes place in July, August and September and is conducted manually by up to three people.

Fermentation takes place in six stainless steel vats, using CA-11 yeast since 2010. The process does not require the use of additional substrates, and the yeast is replaced every 45 days. Distillation occurs in a copper still with a capacity of 1,200 liters, heated by steam. Each distillation produces an average of 230 liters of cachaça.

Segredo de Araxá is stored in barrels made from different types of wood, including amendoim, oak and jequitibá. Visitors to the farm can try cachaças aged in up to ten types of wood.

Segredo de Araxá Diamond
Stored in oak

Alcohol content: 40%.
Vintage/batch: 25741160.
Score: 83.5 (3 stars).
About the cachaça: it goes through 22,000 and 50,000 jequitibá vats for three years and is then aged for nine years in 200-liter European oak barrels from Seagram's do Brasil, previously used for aging malt whisky. Production is 900 bottles a year.
Visual: golden with a slightly greenish tinge.
Aroma: candied fruit, hay, wet wood, rubber, caramel, nutmeg, medicinal, pine nuts.
Body/mouthfeel: light; slightly spicy, flat.
Taste: the old barrels contribute to a greater vegetal and medicinal presence, with the oak seasoning with a little spice (cardamom) and nutmeg.
Aftertaste: short and medicinal.

SEGREDO REAL
UBERABA/MINAS GERAIS

Cachaçaria Segredo Real, located in Uberaba, on the edge of Triângulo Mineiro, a region in the west of Minas Gerais, started its production in the 1970s. In 2008, the brand and production were formalized under the leadership of Giovanna Mendes, master still maker. The company stands out for its sustainable cultivation of sugarcane on 3 hectares destined exclusively to produce cachaça.

For the past three years, Segredo Real has adopted regenerative agriculture practices, using biological inputs instead of chemical pesticides. These inputs, made up of fungi, bacteria and natural extracts, contribute to biological control and plant nutrition, promoting healthy cultivation and mitigating environmental stresses.

The cane field is structured with the RB 5156, RB 7515 and CTC 9001 varieties. Fermentation uses wild yeasts and cornmeal to form the pé de cuba, lasting between 24 and 26 hours.

Distillation takes place in a 1,000-liter copper still, heated by direct fire, with an annual production of 15,000 liters, with the expectation of reaching 25,000 liters by 2024. After distillation, the cachaça is stored for six months in stainless steel barrels, before being transferred to wooden casks such as jequitibá-rosa, American oak, balsam, amburana, ipê, castanheira and peroba.

Segredo Real Carvalho
Aged in oak

Alcohol content: 40%.
Vintage/batch: 240220.
Score: 85.5 (3 stars).
About the cachaça: Segredo Real Carvalho spends a year aging in long-used 200-liter American oak barrels before being standardized with cachaça stored

in 5,000-liter jequitibá-rosa barrels. The blend, prepared by master blender Giovanna Mendes, consists of a proportion of 23% jequitibá and 77% oak.
Visual: straw with a slight greenish tinge, moderate tears.
Aroma: cupuaçu, vanilla, bacuri, marzipan.
Body/mouthfeel: medium; full mouthfeel, astringent.
Taste: much more vegetal in the mouth, with almond liqueur and boldo.
Aftertaste: short, with bitterness from the wood.

SERRA DAS ALMAS
RIO DE CONTAS/BAHIA

In 1998, inspired by Bahia's artisanal spirit production, Santa Catarina native Marcos Vaccaro decided to move to the historic town of Rio de Contas, Chapada Diamantina, a region in the center of Bahia. There he started his own business in rural tourism, organic agriculture and cachaça production. In 2000, Vaccaro founded Serra das Almas. Two years later, in 2002, his cachaça received the IBD organic seal, becoming the first certified cachaça in Brazil.

Vaccaro's commitment to sustainable processes and working with small family producers has led to several recognitions. In 2003, he received the award for the best environmental project in Bahia and in 2014 for the best social project in the state. He grows sugarcane of the variety known locally as Maria Bonita. The region's mild climate and high altitude, close to Pico da Serra, the highest point in the Northeast, favor the cachaça production process.

Fermentation is carried out with wild yeasts and the pé de cuba contains small amounts of wheat bran, rice and ground corn. Distillation takes place in an onion-shaped (*Cebolão*) still heated by a boiler. Every year, the Vaccaro Distillery produces 50,000 liters of cachaça. This production passes through stages in stainless steel tanks and in oak and garapeira barrels. The latter wood, widely used by wine producers in southern Brazil to make barrels, is a tradition that Vaccaro brought from his homeland and adapted to the production of cachaça.

For export, Fazenda Vaccaro's cachaça goes by another name: Abelha. This differentiation is a strategy to conquer international markets while maintaining the quality and essence of the cachaça from Bahia, or *baiana* cachaça.

Serra das Almas Prata
White without wood

Alcohol content: 39%.
Vintage/batch: 2023/63.
Score: 90.5 (4 stars).
About the cachaça: Serra das Almas Prata is stored for three years in 2,000-liter stainless steel vats.
Visual: colorless.
Aroma: candied fruits, citrus fruits (lemon, orange), almonds.
Body/mouthfeel: medium; fresh, buttery.
Taste: in the mouth, it's less citrusy than on the nose, bringing more vegetables, herbs and spices (thyme and ginger), as well as sweetness (vanilla) and nuts (almonds).
Aftertaste: the start is sweet and vegetal but finishes with a pleasant almondines and slight spiciness.

Serra das Almas Ouro
Stored in Brazilian or exotic wood

Alcohol content: 39%.
Vintage/batch: 2021/74.
Score: 87.5 (3 stars).
About the cachaça: Serra das Almas Ouro is stored for four years in 250-liter barrels of garapeira, a Brazilian wood also known as grapia and widely used in the country's southern region for storing wine.
Visual: golden, shiny, moderate tears.
Aroma: vanilla, caramel, dried flowers, bread.
Body/mouthfeel: medium; metallic.
Taste: the sweet scent is more modest in the mouth, with little vanilla, a mix of nuts, and with greater emphasis on medicinal bitterness (boldo tea).
Aftertaste: medium, with a sweet, bitter and salty presence in the aftertaste.

Serra das Almas Reserva Especial
Extra premium oak

Alcohol content: 40%.
Vintage/batch: 2016/64.
Score: 89.5 (4 stars).
About the cachaça: it is aged for eight years in 180-liter European oak barrels, without inner toasting process.
Visual: dark golden, kind of shiny.
Aroma: caramel, bread, leather, Brazil nuts.
Body/mouthfeel: medium; astringent.
Taste: bread, light leather, caramel, sugarcane syrup and boldo (medicinal).
Aftertaste: short to medium, with slight bitterness.

SETE CANCELAS
BRASÍLIA/DISTRITO FEDERAL

Carlosmagnum Nunes is the founder of the first on line shop from Brasília specialized in selling cachaças and spirits produced in Midwestern Brazil. Taking advantage that Brasília is the third largest buyer of cachaça online in the country, Carlosmagnum decided to launch its own brand, Sete Cancelas, in 2021.

A fan of cachaças from Alambique Orizona, located in the homonymous city of Goiás state, he purchases cachaças aged in American and European oak barrels from this distillery. The drinks are then sent to the Saracura cachaça production unit, in Brasília, where Carlosmagnum carries out the blending and standardization processes, creating the unique identity of Sete Cancelas.

Sete Cancelas boasts a distinguished feature: Carlosmagnum doesn't use water to standardize the alcohol content of his cachaças, as he believes this harms the aromatic potential of the wood. Instead, he lets the cachaça volatilize, rotating it inside the tank and taking advantage of the heat of Brasília to evaporate the alcohol and naturally reduce the alcohol content. This technique preserves the complexity and richness of the aromas, resulting in distinct cachaças.

Sete Cancelas Joyosa Blend Dois Barris
Aged blend

Alcohol content: 41%.
Vintage/batch: 001/2017.
Score: 88 (3 stars).

Outstanding – Design seal

About the cachaça: launched in 2022, it is a blend composed of cachaças aged for six years in European oak and ten years in American oak, both 220 liters and toast level 3.
Visual: amber, bright, moderate tears.
Aroma: vanilla, shortbread, tobacco, anise, medicinal.
Body/mouthfeel: medium; liqueur, buttery.
Taste: chocolate, shortbread, vanilla, candied fruits, spices (cinnamon, anise).
Aftertaste: medium, presence of milky notes. It is complex, but there is a little alcohol left over.

SETE ENGENHOS

QUISSAMÃ/RIO DE JANEIRO

Quissamã, located on the northern coast Rio de Janeiro state, has three centuries of tradition in the production of sugar and spirits. In this historical context, the trajectory of Haroldo Carneiro da Silva's family, owner of Sete Engenhos, is intertwined with that of the city.

Haroldo comes from a Portuguese family who arrived in Rio de Janeiro's Guanabara Bay. His ancestors already produced aguardente and sugarcane on the former Ilha dos Sete Engenhos, currently called Ilha do Governador [Governor Island].

José Caetano Carneiro de Silva founded Engenho São Miguel in 1858, in Quissamã. The enterprise became one of the seven mills that would be assembled to form Engenho Central de Quissamã in 1877, the first of its kind in Brazil. With the closure of the mill's activities in 2002, Haroldo decided to create his brand of cachaça, Sete Engenhos, in honor of his ancestors. In 2010 he formalized the drink, preserving the family heritage of producing sugarcane derivatives. It is the longest-lived family making cachaça in Brazil.

The production uses organic, manually cut sugarcane of the varieties SP 1842, SP 1816, SP 5089 and RB 7515. The harvest runs from June to November. Fermentation takes place for 24 to 36 hours in six fermentation vats using selected commercial yeasts (CA-11), without adding substrates to the tank. After distillation the cachaça is matured in stainless steel and American oak, balsam, amburana or amendoim barrels.

Sete Engenhos Especial
Aged blend

Alcohol content: 40%.
Vintage/batch: 06–24.
Score: 88 (3 stars)
About the cachaça: Sete Engenhos Especial is a blend composed of 60% cachaça aged for six years in American oak barrels with a light toast. Another 15% are aged for one year in 700-liter cherry wood barrels without toast and already used for three vintages. Furthermore, 10% is stored in balsam in 60,000-liter vats, and the remaining 15% spend six months in 2,000-liter amendoim vats.
Visual: straw, medium shiny, moderate tears.
Aroma: green persimmon, dry coconut shell, corn straw, light anise, candied fruits, vanilla, light presence of toast.
Body/mouthfeel: medium to long; buttery.
Taste: many layers of flavors, with caramel, vanilla, biscuit, anise, ginger and mint.
Aftertaste: starts sweet and ends with ripe fruit in the mouth, with a long and pleasant duration.

Sete Engenhos Cerejeira
Stored in Brazilian or exotic wood

Alcohol content: 39%.
Vintage/batch: 04-2024.
Score: 83.5 (3 stars).
About the cachaça: Sete Engenhos Cerejeira is stored in 700-liter barrels for a year, without toasting. The barrels are in their third harvest of use.
Visual: straw, shiny, moderate tears.
Aroma: vegetable, almonds, mint, coconut water, garapa, closed.
Body/mouthfeel: light to medium; spicy, flat.
Taste: grass, bay leaf, anise, light vanilla, dried coconut shell.
Aftertaste: sweet from start to finish, with almonds and above-average spiciness in the aftertaste.

SÔZÉ

BATATAIS/SÃO PAULO

Outstanding – Sustainable Producer seal

SôZé cachaça is produced by Spinagro, located in Batatais, in the state of São Paulo. The founders are Laura Vicentini and Rodrigo Spina, both agronomists with a degree from Universidade Estadual Paulista (Unesp) [State Paulista University] in Jaboticabal, São Paulo. Initially dedicated to the production of sugarcane seedlings, the company decided to use sugarcane waste to create SôZé cachaça, with a clear focus on sustainability.

Recycling is practiced regularly at Spinagro. Plantation waste is reused in various ways: rainwater is collected to clean the facilities; energy comes from photovoltaic panels and sugarcane leaves are turned into fertilizer. Pest control and fertilizer production are done with bio-inputs, avoiding the use of chemical insecticides. Due to its socio-environmental commitment, the enterprise won 1st place in "Outstanding – Sustainable Producer".

Spinagro cultivates 15 hectares of sugarcane organically. Most of it is reserved to produce buds, while only the stalk is used for cachaça. The farm grows 42 varieties of sugarcane chosen according to the period, age, color of the juice, yield and brix. Harvest takes place from April to December.

CA-11 yeasts without adding substrates are employed for fermentation. The process takes place at a controlled temperature and is monitored by consultant Valdirene Neves. Distillation is carried out in two stills in Santa Efigênia, with an annual production of 60 thousand liters of cachaça.

SôZé Silver
White without wood

Alcohol content: 40%.
Vintage/batch: 2023.
Score: 85 (3 stars).
About the cachaça: SôZé cachaça is known for being the first made from sugarcane leftovers, specifically billets, which were previously used to feed livestock. The use of this waste highlights a difference using raw materials, contributing to the reduction of waste and promoting more conscious practice in the beverage industry.
Visual: colorless, moderate tears.
Aroma: the process of extracting the juice is notable, with a greater vegetable presence in the aromas of SôZé, with cut grass, dried fig, ripe banana and sugarcane wine.
Body/mouthfeel: short to medium; fresh, metallic.
Taste: vegetal; cachaça more citrusy in the mouth, with lemon, cut grass and medicinal.
Aftertaste: medium, simple, with a slightly bitter mouthfeel; medicinal, citrus (lemon peel).

TIÊ
AIURUOCA/MINAS GERAIS

Founded in 2012 in the city of Aiuruoca, Minas Gerais, Tiê still is located at an altitude of 1,200 meters, in the Serra da Mantiqueira, a mountain range that covers a wide area along the border of Minas Gerais, Rio de Janeiro and São Paulo states. The fertile soil and mild climate of this environment is ideal for growing sugarcane and producing cachaça.

The name pays homage to the native bird living in the Private Natural Heritage Reserves. Known as the springs of Aiuruoca I and II, the reserves were created by the owners to preserve the region's biodiversity.

Mestre Otacílio has been taking care of the still for over thirty years at Fazenda Guapiara. When Arnaldo Ramoska and Antonio Carlos Castellani acquired the land and the mill, they set up a modern structure enabling the production of cachaça. Otacílio and his son, Tobias, lead the process.

The sugarcane plantation itself uses the varieties CTC 9001, CTC 9004, RB 1816, RB 7515 and, more recently, CTC 2994. In 2021, fermentation used wild yeast, without adding substrates to the stem. From 2023 onwards, cachaças began to be produced with yeast selected from the sugarcane field itself. Distillation is carried out in a direct fire still, powered by firewood and sugarcane bagasse. The distillery has an annual production capacity of 30 thousand liters. It manufactures the cachaças Tiê Prata, Tiê Ouro (oak), Tiê Bálsamo, Tiê Amburana and Tiê Jequitibá, in addition to the Tiê Canelinha composite spirit. Cachaça Tiê Castanheira shall be produced soon.

In 2015, the distillery opened a visitor center, available all year round offering guided tours to the still for those interested to follow the entire production process up to the tasting room. The visit offers the possibility to compare different sensorial characteristics of Tiê cachaças.

Tiê Prata
White without wood

Alcohol content: 42%.
Vintage/batch: 01202100.
Score: 89.5 (4 stars).
About the cachaça: Tiê Prata is stored for six months in stainless steel.
Visual: colorless, clear.
Aroma: sugarcane wine, melon, eucalyptus, hay.
Body/mouthfeel: medium; light funky, mouth full.
Taste: sweet sugarcane from beginning to end balanced with alcohol and acidity, with vegetables, almonds, melon, candied fruits and fermented foods (hay).
Aftertaste: medium to long, complex, almondy, with your mouth salivating and asking for the next sip.

Tiê Jequitibá
White with wood

Alcohol content: 40%.
Vintage/batch: 06202300.
Score: 89 (4 stars).
About the cachaça: it is stored for twenty-four months in 700-liter jequitibá-rosa vats.

Visual: pale yellow, almost colorless, clear, moderate tears.
Aroma: emphasis on the almond and hay of pure cachaça, contrasting with the floral presence of jequitibá-rosa, as well as banana peel tea and light tutti-frutti.
Body/mouthfeel: short to medium; fresh, almondy, velvety.
Taste: caramel, cane wine, ripe banana, floral.
Aftertaste: short to medium, with some complexity and pleasant.

VALE DO PIRANGA
PIRANGA/MINAS GERAIS

Outstanding – Sustainable Producer seal

Fazenda Boa Vista has produced artisanal cachaça in copper stills since 1975. Initially, the mill was powered by animal traction but changed over time to more modern equipment. In partnership with a partner, six years ago the cachaçaria expanded its operations to include a still with an inn at Fazenda Pirapetinga, engaged in the production of the organic line of Vale do Piranga cachaça. Both farms are in the Piranga river valley, in the so-called *Zona da Mata*, in eastern Minas Gerais, a region benefiting from fertile soils and mild weather, suitable to produce cachaça.

The annual production is approximately 50 thousand liters, varying according to the availability of personnel and market demand. Six years ago, most of the production, around 40 thousand liters, was sold directly in the farm, especially to visitors to the inn. Currently, the cachaçaria offers 15 different products under the responsibility of brand partner and master blender Sérgio Maciel.

Fermentation is a crucial aspect of the production process. In the last six years, the producers started to employ exclusively wild yeast abandoning the use of corn meals and rice bran. Pé de Cuba is prepared only with must (juice + water). Yeast multiplication begins within five days.

Distillation is carried out in a copper still with 1,600-liter capacity, producing around 250 liters per batch. The equipment used is of the Cebolão type from Santa Efigênia, equipped with a preheater and boiler heating. After distillation, the cachaça is stored in stainless steel vats and in wood barrels made of jequitibá, French and American oak, amburana and canela-sassafrás. The sugarcane spirit boasts a sustainable aging certification seal, ensuring that wood used in the process is replanted or preserved in nature by replacement.

Vale do Piranga Tradicional
White without wood

Alcohol content: 39%.
Vintage/batch: 01.02.24.
Score: 87 (3 stars).
About the cachaça: Vale do Piranga Tradicional spends a year in a stainless steel barrel before being standardized and bottled.
Visual: colorless.
Aroma: grass, pear, lemon, acacia, candied fruits, light medicinal and animal.
Body/mouthfeel: medium; spicy.
Taste: grass, green apple, acacia, light spicy. Reminds pisco.
Aftertaste: short to medium, simple, with sweet sugarcane vegetables and light spiciness.

Vale do Piranga Ouro
Aged blend

Alcohol content: 39%.
Vintage/batch: 01.02.24.
Score: 91.5 (4 stars).
About the cachaça: Vale do Piranga Ouro is a blend of cachaça aged in 200-liter jequitibá-rosa barrels for eight years, which subsequently rests in 1,000-liter jequitibá-rosa vats already exhausted with a three-year-old cachaça in 200-liter American oak barrels.
Visual: amber, bright, moderate tears.
Aroma: closed, veggie, caramel, chocolate, cream, clay, nutmeg, leathery.
Body/mouthfeel: medium; velvety.
Taste: on the palate it has a good oak evolution, with more vanilla and caramel, but it is a closed, sober, herbal and spicy woody spirits, with allspice, cloves, aniseed and bay leaf.
Aftertaste: medium, with a hint of vanilla.

VANDERLEY AZEVEDO
ITUIUTABA/MINAS GERAIS

Outstanding – Sustainable Producer seal

In 1940, Sérgio José de Araújo settled in Ituiutaba, Minas Gerais, while searching for diamonds on the Tijuco River in the Triângulo Mineiro. He opened a general store in the area to serve the needs of prospectors and residents.

In 1968, Sérgio's grandson Vanderley Azevedo began working with him in the store. It was during this time that Vanderley observed a street vendor who would leave a few barrels of cachaça on the street and return fifteen minutes later to pick them up. This sparked his interest in the drink and marked the beginning of his journey into distilling.

In 1984, Vanderley and his brother decided to take their passion a step further and bought their own farm to start making artisanal cachaça. Since then, Vanderley has dedicated himself to the traditional method, producing around 50,000 liters per year.

The sugarcane plantation covers about 10 hectares, and the fermentation is done with wild yeasts, without the use of substrates. The cachaça is distilled in copper stills heated by steam from the boiler. It is aged with Brazilian wood and oak, using sequential aging methods on a sill.

Vanderley Azevedo Arenito
Stored blend

Alcohol content: 40%.
Vintage/batch: VA202020.
Score: 84.5 (3 stars).
About the cachaça: it undergoes sequential storage using the sill method in three types of wood for at least two years: it starts in large jequitibá-rosa vats (38,000 liters), moves on to 3,000-liter balsam vats and is finished in 200-liter French oak barrels with toast.
Visual: dark straw with a greenish tinge, shiny, moderate tears.
Aroma: green corn, sugarcane, oregano, raisins, olive water.
Body/mouthfeel: medium; spicy.
Taste: sweet and vegetal in the mouth, with guarana, fennel, olives, grass, green corn and mint.
Aftertaste: short to medium, sweet, vegetal, slightly spicy.

Vanderley Azevedo Premium
Premium oak

Alcohol content: 40%.
Vintage/batch: 402016.
Score: 90.5 (4 stars).
About the cachaça: aged for six years in 200-liter French oak barrels, with toasting.
Visual: amber, shiny, slow tears.
Aroma: closed, vanilla, pudding syrup, candied fruit, coconut, hazelnut, plum.
Body/mouthfeel: medium; buttery.
Taste: vanilla, candied fruit, cream, coconut, hazelnut, toffee.
Aftertaste: medium, simple, highlighting the sweet characteristics of the wood (vanilla, hazelnut, toffee), with little spice.

WEBER HAUS

IVOTI/RIO GRANDE DO SUL

Outstanding – Producer seal
Outstanding – Sustainable Producer seal

Weber Haus, a distillery located in Ivoti, about an hour from Porto Alegre, capital city of Rio Grande do Sul, was founded by descendants of Germans who arrived in this southern region in 1824. The name is a tribute to the family and translates as "Weber House".

The family's ancestors brought with them traditional European practices, such as the distillation of English potatoes to make schnapps. It was only in 1948 that Hugo Weber began using sugarcane to make cachaça, launching the Primavera [Spring] brand in honor of the German Brazilian favorite season.

Evandro Weber, Hugo's son and current head of the distillery, oversees 24 hectares of organic sugarcane plantations in Ivoti and another 32 hectares in Presidente Lucena, all dedicated to the production of cachaça. Several varieties are grown, including the traditional Creole cane, which has been planted since the brand's earliest days. Fertilization is organic, using cane, vinasse and limestone. In search of sustainable practices, Weber Haus launched the first certified organic cachaça in Rio Grande do Sul in 2006. The distillery was awarded 2nd place in the "Outstanding – Sustainable Producer" category and 1st place in the "Outstanding – Producer" category.

Fermentation process combines tradition and technology. Yeasts selected directly from Ivoti's sugarcane fields are used, developed and freeze-dried in a laboratory in Germany. Fermentation takes place in a system with strict temperature control, not exceeding 30°C.

Evandro Weber also introduced the toasting of Brazilian wooden barrels, a process that gives the brand's aged cachaças a unique sweetness. This innovation, combined with controlled fermentation and the use of indigenous yeasts, helped to create the identity of Weber Haus cachaças.

With its innovative practices in production techniques and sustainability, Weber Haus not only stands out as one of the Brazil's leading cachaça distilleries, but also influences other producers in Rio Grande do Sul, placing the state as a benchmark in still cachaça.

Weber Haus Amburana
Stored in Brazilian or exotic wood

Alcohol content: 38%.
Vintage/batch: 0248 - 10/2023.
Score: 89 (4 stars).
About the cachaça: Weber Haus played a fundamental role in spreading the word about the Amburana Gaúcha School, differentiating itself from the traditional Minas Gerais style of using this Brazilian wood and influencing local producers to follow similar processes. The cachaça is aged for one year in 700-liter Amburana barrels, with medium toast.
Visual: between dark straw and gold, medium-bright, a little cloudy, moderate tear.
Aroma: nibs, chocolate, vanilla, almond, light cumaru.
Body/mouthfeel: light; fresh, almondy, minty.
Taste: cardamom, burnt coconut, vegetal, chocolate with almonds.
Aftertaste: short to moderate; leaves the mouth fresh with cardamom; slightly spicy.
Serving suggestion: easy, mild, for anyone just starting to get to know cachaça. Taste it neat to get to know the Amburana Gaúcha School. Highly drinkable.

Leandro Batista
Aged blend

Alcohol content: 38%.
Vintage/batch: 01/17 - 08/2020.
Score: 93.5 (4 stars).
About the cachaça: produced by Weber House, it is the result of a collaboration with sommelier Leandro Batista. Leandro is one of the pioneers in serving cachaça in restaurants and has gained great recognition for his work at the head of the cachaça menu at the Mocotó restaurant in São Paulo. The cachaça Leandro Batista, which deserves to be highlighted in this guide, is composed of 60% cachaça aged for two years in 700-liter Amburana barrels with medium toasting; 35% cachaça aged for two years in 700-liter Balsam barrels, and the remaining 5% cachaça aged for one year in 700-liter canela-sassafrás barrels.
Visual: pale amber, brilliant, moderate tears.
Aroma: almond liqueur, hazelnut, nutmeg, vanilla, amarena, light cinnamon.
Body/mouthfeel: medium; velvety, fresh, mouth-filling.
Taste: starts sweet (vanilla, honey, almonds, chocolate) and slightly spicy; finishes with spicy freshness (cinnamon, cloves, black pepper).
Aftertaste: medium to long, with some complexity, bringing cloves and vanilla.
Serving suggestion: pure. A delicious cachaça made only with Brazilian woods, which shows that it is possible to have a balanced blend, even if Amburana is the main ingredient. (The secret lies in the toasting and mixture of spicier woods; this brings less sweetness).

Weber Haus Blend Extra Premium 7,5 Years
Aged blend

Alcohol content: 40%.
Vintage/batch: 01/75 - 08/23.
Score: 93.5 (4 stars).
About the cachaça: this is a commemorative edition of Weber Haus' 75th anniversary of the CNPJ,[33] completed in 2023. This exquisite blend went through a carefully planned sequential aging process. Initially, the cachaça was aged for six years in virgin American oak barrels, with different toast levels: light, medium and intense. The drink then spent a year in amburana barrels that had already been used four times. Finally, the cachaça was finished for six months in 225-liter sherry barrels, used for the first time, totaling seven years and six months of aging. Cachaça is one of the highlights in the reviews of this guide.
Visual: amber with orange tones, slow tears.
Aroma: delicate vanilla bean, cherry, gingerbread, blackberry, nuts (coconut, almond).
Body/mouthfeel: medium to intense; velvety.
Taste: more vanilla in the mouth, toffee, buttery cookie, cherry syrup, raisins.
Aftertaste: medium; plenty of raisin.
Serving suggestion: delicious, balanced. To drink neat.

WERNECK

RIO DAS FLORES/RIO DE JANEIRO

Outstanding – Sustainable Producer seal

Werneck cachaça is produced in Rio das Flores, in the Vale do Café, a region with a tradition of distilling sugarcane spirit since 18th century. The initiative came from Cilene and Eli Werneck, who bought a farm in 2008 and decided to implement sustainable practices in the production of artisanal cachaça, reviving the family's centuries-old history in this region of Rio de Janeiro. Eli is the great-great-grandson of Francisco Lacerda Werneck, Baron of Paty do Alferes.

In the sugarcane fields, they use organic sugarcane of the IAC 873399 variety, certified by the Association of Organic Farmers (Abio). To avoid monoculture, they also grow corn, beans, cassava and various fruits. Cilene is responsible for the yeast recipe, using only water and garapa and selected commercial yeasts for fermentation. Eli, an engineer by training, designed the structure of the distillery and manages the business.

The indirect fired alembic is fed with bagasse and firewood and has a capacity of 450 liters, producing 60 liters of heart and cutting the tail to 40%. In the cellar, they work with jequitibá, European oak, American oak and amburana barrels and stainless steel vats. Werneck shared 3rd place with Lira in the "Outstanding – Sustainable Producer" category in this guide.

Werneck Âmbar Extra Premium
Aged blend

Alcohol content: 39%
Vintage/batch: Limited Edition – 194/880.
Score: 91.5 (4 stars).
About the cachaça: Werneck Âmbar Extra Premium is aged for at least ten years in American and French oak barrels. The distillery uses 200-liter reformed American oak barrels from Rio Grande do Sul (Mesacaza), with a medium toast, and 200-liter French oak barrels, with a light toast.
Visual: golden, shiny, moderate tears.
Aroma: vanilla and coconut stand out. With pear, honey, almond and candied fruit.
Body/mouthfeel: medium; liqueur-like, velvety.
Taste: toasted on the palate, with chocolate and tobacco, as well as vanilla, honey and spices, reminiscent of bay leaves.

Aftertaste: moderate to long, with a pleasant almond aftertaste.
Serving suggestion: to drink neat and enjoy the excellent harmony between the oaks.

Werneck Reserva Especial
Stored blend

Alcohol content: 40%.
Vintage/batch: 0010-2023-11.
Score: 87.5 (3 stars).
About the cachaça: Werneck Reserva Especial spends one year in a Jequitibá-rosa vat with a capacity of 7,500 liters, built to order in 2008. This cask is toasted from medium to strong. After this stage, the cachaça is transferred to used 200-liter French oak barrels, where it remains for another six months.
Visual: greenish straw color, glossy, moderate tears.
Aroma: buttery, lightly fermented (bread, cereal, cane wine), fennel, floral.
Body/mouthfeel: medium, buttery.
Taste: the flavor explodes in the mouth in a very pleasant way, opening up to characteristics of the nut family (almond), as well as the sweetness of sugarcane and wood (vanilla).
Aftertaste: the cachaça begins creamy and ends with a slight medicinal bitterness.
Serving suggestion: nice work with Jequitibá Rosa. It deserves to be drunk neat.

WIBA!

TORRE DE PEDRA/SÃO PAULO

Born into a family from Minas Gerais, Wilson Barros developed a taste for cachaça through the influence of his father. As his curiosity and research into artisanal production grew, he felt the need to create his own brand. This dream came true with the launch of Wiba! cachaça in 2014.

Wiba! is produced in Torre de Pedra, a town in the interior of São Paulo, named after a remarkable rock formation in the region. Production is overseen by Wilson, who serves as a cellarmaster.

The process begins with the harvest of the sugarcane grown on the property's 12 hectares, ensuring that milling takes place within 24 hours to avoid oxidation. After milling, the juice is fermented. The cachaça sent to the guide was fermented with selected CA-11 yeast, but from 2023 they will use selected Lallemand yeast.

Distillation takes place in copper stills with a total capacity of 850 liters each, in a controlled, airy environment protected from insects. The first 10 liters of distillate, rich in acetaldehyde and responsible for hangovers, are discarded. The noble part (the heart) is reserved, while the last 15 liters are discarded because of the undesirable components. In addition to the stainless steel version, Wiba! has a version aged in oak and another stored in amburana.

Wiba! Blend de Carvalhos Premium
Premium oak

Alcohol content: 40%.
Vintage/batch: 23/06/20 - 01/02.
Score: 90 (4 stars).
About the cachaça: it is a blend of cachaças aged for three years in 200-liter American oak barrels. Half of these barrels are toast level 1, while the other half are toast level 4.
Visual: golden to amber, shiny, moderate tears.
Aroma: vanilla, coconut, hazelnut, toffee, nuts.
Body/mouthfeel: medium; buttery.
Taste: more open cachaça in the mouth, bringing a pleasant sweetness and reinforcing what we find on the nose, with vanilla, caramel, coconut and hazelnut.
Aftertaste: long, with toasted tannins and a slightly bitter finish.

YPIÓCA

FORTALEZA/CEARÁ

The history of Ypióca began in 1843, when Dario Telles de Menezes and his family arrived in Ceará and purchased a property at the foot of the Serra de Maranguape, known as Ypióca: "purple land" in Tupi-Guarani. To diversify his income, Dario used a small still he had brought from Portugal to produce cachaça. In 1846, he distilled the first liter of Ypióca.

In 1895, the property was transferred to his son, Dario Borges Telles, who modernized production by installing a horizontal iron mill and began bottling cachaça in glass bottles. His wife, Dona Eugênia, designed the first Ypióca label, with the coat of arms still used today.

Paulo Campos Telles, Dario and Eugênia's eldest son, took over the company and introduced several innovations, reaching the 120,000-liter mark in the 1930s. He expanded the distribution of the cachaça, introduced aging in balsam barrels and packaging in liter bottles lined with carnauba straw. This decorative finish is still employed in the Ypióca Prata and Ypióca Ouro units.

In 1968, Ypióca made its first official export, sending cachaça to Germany. In 1970, Everardo Ferreira Telles, Paulo's son, took over the company and diversified its activities. In the 1990s he created a paper and cardboard factory using sugarcane bagasse and recycled paper, as well as a mineral water bottling plant.

In 2012, the Ypióca Group was sold to the multinational Diageo. The enterprise began a new phase by expanding cachaça industrial production throughout the country. With its rich history, Ypióca has become a globally recognized brand.

Ypióca is currently produced in a plant in Fortaleza, where distillation is carried out in stainless steel columns in a continuous distilling process.

Ypióca 150
Aged blend

Alcohol content: 39%.
Vintage/batch: L3296 I3004.
Score: 88,5 (3 stars).
About the cachaça: it is aged in European oak barrels of up to 250 liters capacity, with and without toasting, and stored in balsam barrels of 700 liters capacity, with and without toasting.
Visual: golden, shiny, moderate tears.
Aroma: bay leaf, molasses, fig, hay, medicinal, smoked (reminiscent of mezcal), banana paste, resin.
Body/mouthfeel: light; fresh, woody.
Taste: greener and sweeter in the mouth, with eucalyptus, vanilla and mint, as well as reinforcing bay leaf, molasses, figs and plenty of tar.
Aftertaste: medium, medicinal, veggie.

ZULUZÊRA

CARAVELAS/BAHIA

Zuluzêra Cachaça is the brainchild of mixologist Laércio Zulu, one of the leading names in Brazilian cocktails. He wanted a distillate that would be the perfect base for *Banzeiro*, his signature drink. Produced at Fazenda Cio da Terra in southern Bahia, Zuluzêra stands out in cocktails, balancing the freshness of sugarcane with notes of yellow flowers, raw nuts and amburana spices.

When Zulu chose Fazenda Cio da Terra, located between Caravelas, Lajedão and Medeiros Neto, he considered his Bahia background and the recognized quality of its cachaças. He decided it was there that he should develop his own sugarcane spirit. The farm is already known for producing the award-winning Matriarca cachaça, with an emphasis on the use of Brazilian woods in its production line. The commitment to quality, from cultivation of the sugarcane to the final product, was crucial for Zulu. He was looking for a distillery that would invest in research and improvement, resulting in a cachaça that would retain its personality even when diluted in cocktails.

Banzeiro combines cachaça with lemon, sugar, a float of red wine and ginger foam. Created in 2017 to celebrate the 50th anniversary of Terraço Itália, a famous skyscraper in São Paulo, the drink quickly became a hit in bars. In São Paulo alone, more than 50 establishments have reproduced the recipe, cementing *Banzeiro* as a new Brazilian classic.

Zuluzêra Amburana
Stored in Brazilian or exotic wood

Alcohol content: 42%.
Vintage/batch: Feb. 2024/1.
Score: 86 (3 stars).
About the cachaça: Zuluzêra Amburana, stored in vats of 500 and 3,300 liters of unroasted amburana, has a smooth profile due to the lower presence of new wood and the higher percentage of exhausted amburana.
Visual: straw, shiny, moderate tears.
Aroma: more presence of the white base. The wood appears to give a subtle spice, with cut grass, coconut water, white flowers, fennel, chestnuts.
Body/mouthfeel: medium; slightly spicy.
Taste: veggie, nuts, caramel, light spices (pepper).
Aftertaste: medium, with amburana sweetness; slightly medicinal, spicy.
Serving suggestion: the cachaça was made with the *Banzeiro* cocktail in mind, so let's get to it: 50 mL of Zuluzêra, 15 mL of sugar syrup, 20 mL of lemon juice, 10 mL of dry red wine and 40 mL of ginger foam. Shake the cachaça with the lemon and sugar syrup in a cocktail shaker and serve in a medium glass with ice. Add the wine in a thin layer and finish with ginger foam.

CHAPTER 16

EVALUATION HIGHLIGHTS

The participation of producers and the sensory analyses in this guide have allowed us to highlight some areas that deserve special recognition due to their importance: sustainable producers, design, master blender and producers.

SUSTAINABLE PRODUCER

Producers who had at least one of their cachaças with a score of 83 or more were eligible for the "Outstanding – Sustainable Producer" award. The aim was to recognize the best practices in environmental and social issues, and corporate governance (ESG), as well as professionals who seek to align their production with the concepts of environmental preservation, social responsibility and governance.

For this evaluation, experts Jairo Martins and Carolina Oda were invited.

Carolina Oda has almost twenty years of experience in the gastronomic scene. She was a gastronomy student at Senac São Paulo and is now a reference in the field of beverages and hospitality. She advocates equality of food and drink in gastronomy and believes that hospitality among teams working in the sector is reflected in customer service.

Carolina has written articles for *O Estado de São Paulo*'s "Paladar" supplement, has become a multiplier for Sistema B Brasil and is co-founder of the consulting company A/C - Aos Cuidados [To the care], as well as an ambassador for Bar Convent São Paulo.

Jairo Martins, mentioned in Chapter 14, is an electronics engineer from the Technological Institute of Aeronautics (ITA), with a specialization in business management from Duke University. An author, consultant, professor and international lecturer on distillates, especially cachaça, he is a member of organizations such as the Ministry of Agriculture and Livestock Cachaça

Chamber, the Brazilian Cachaça Institute and the Pernambuco Association of Sugarcane Spirit and Rapadura Producers (Apar). Jairo is currently President of the Brazilian Academy of Quality (ABQ). He published the book *Cachaça: história, gastronomia e turismo* by Editora Senac São Paulo.

Carolina and Jairo independently judged the entries. They analyzed and scored the responses submitted by the producers in an online questionnaire. In this survey the producers highlighted how their actions are relevant, creative and innovative in the socio-environmental field.

In the end, the following ones were classified as the top 10:

- 1º: Spinagro.
- 2º: Weber Haus.
- 3º: Lira and Werneck.
- 4º: Barra Grande and Flor das Gerais.
- 5º: MaxCana and Vale do Piranga.
- 6º: Vanderley Azevedo.
- 7º: Da Quinta.
- 8º: Ituana, Octaviano Della Colleta, Pindorama and Fazenda Soledade.
- 9º: Minas Uai.
- 10º: Companheira and Segredo de Araxá.

SÔZÉ – Spinagro, the producer of SôZé, is in São Paulo state. Founded by Rodrigo Spina and Laura Vicentini, the company focuses on cultivating sugarcane and producing pregerminated plants.

Concern for the environment has been present from the beginning. A specialist in integrated pest management, Laura introduced the use of biological products to control pests in sugarcane fields, significantly reducing the use of chemical fertilizers. In addition, waste from the chicken farm on the neighboring property is used as fertilizer, promoting a circular economy and reducing environmental impact.

Environmental practices in SôZé's production include redistillation of waste from distillation cuts, such as cachaça's first and last dose such as heads and tails, to produce ethanol (used in the estate's vehicles), thus reducing dependence on fossil fuels. Sugarcane straw and bagasse are used as renewable resources to feed the alembic boilers or as compounds to feed the sugarcane plantations. Vinasse, which is rich in potassium, is used to irrigate and fertilize the newly harvested areas.

The closed water-cooling tower system allows for the reuse of water used to cool coils during distillation. The enterprise also uses rainwater to wash floors and equipment. Concern for the environment is even reflected in the packaging: the SôZé bottle is made from recycled glass, and the gift bags are made from reused banners, putting upcycling into practice.

In the social sphere, Spinagro is committed to promoting gender inclusion: 60% of the workforce is female and 75% of management positions are held by women. It formally hires all its employees and participates in community projects such as "Escola no Campo" [School in the Countryside] in partnership with the Brazilian Agribusiness Association (Abag).

In terms of governance, Spinagro reports regular audits and participation in bodies and events that promote sustainable production and regenerative agriculture.

In recognition of these practices, SôZê cachaça is certified by entities such as SGS Bonsucro and Today 2030, IBA (regenerative agriculture) and IBD (organic agriculture), guaranteeing the traceability and origin of its products.

DESIGN

For this topic, Ana Laura Guimarães, Néli Pereira and Renato Figueiredo were invited.

Ana Laura Guimarães is a cachaça specialist with a background in production, sensory analysis and quality. She is a judge in competitions, a member of the Quality Assessment Commission (CAQ) of the National Association of Quality Cachaça Producers (Anpaq) and the founder of Confraria Convida - Mulheres da Cachaça [Guild Invites – Cachaça Women].

Néli Pereira is a researcher of plants and recipes for authentic Brazilian cocktails and blends. She is also the creative mind behind Espaço Zebra, a bar and art gallery in São Paulo, where she serves her recipes with catuaba, jurubeba, urucum and milome. Author of the book *Da botica ao boteco*, Néli emphasizes national ingredients offering extensive research accompanied by recipes that reflect modern Brazilian cocktail making.

Renato Figueiredo is a publicist and holds a Masters in Communication from University of São Paulo/USP. He published the book *De marvada a bendita*, collaborated with Mapa da Cachaça and coordinated a branding project for cachaça at Oz Estratégia + Design. He has been working with brand strategy for more than fifteen years.

The process of selecting the "Outstanding – Design" consisted of two stages: the selection of the finalists and an additional technical evaluation.

Once the sensory analysis data had been tabulated, the stage of selecting the finalists began. The judges who participated in these rounds of analysis evaluated the packaging and labels of the cachaças that scored 83 points or more and selected the 10 that stood out in terms of aesthetics, originality and innovation.

In the second stage, Laura, Néli and Renato carried out an additional technical evaluation to check that the packaging complied with current standards and regulations. They analyzed:

- visual design, i.e. the aesthetics of the label (colors, typography, images, visual harmony and consumer appeal);
- originality and creativity, i.e. how unique the label is compared to others on the market and whether it has creative elements that set it apart;
- reflection of the brand and the product, i.e. the effectiveness of the label in communicating the brand's identity and the history of cachaça, reflecting its values, its origin and its quality;

- sustainability, i.e. factors such as the use of recyclable or sustainable materials in the production of the label.

Considering the technical and aesthetic aspects, these were the top 10 places:

- 1º: Pindorama Ouro Amburana.
- 2º: Ituana Jequitibá.
- 3º: Flor das Gerais Dorna Única.
- 4º: Santa Terezinha Crafted.
- 5º: Sete Cancelas Joyosa Blend Dois Barris.
- 6º: Ĉ Blanc de Blancs.
- 7º: Matriarca Blend Tropical.
- 8º: Magnolia.
- 9º: Sanhaçu Soleira.
- 10º: Filippini Carvalho Ouro.

PINDORAMA OURO AMBURANA – Created by Oveja & Remi Studio, which specializes in packaging wines and spirits for companies around the world, the winning label pays homage to Brazilian history and culture without being excessively patriotic. With a modern and sophisticated design, the brand seeks to redefine the image of cachaça while maintaining its traditional essence. There is a clear intention to value the cultural heritage and adapt cachaça to today's market.

In addition, the Pindorama Amburana label offers clear and detailed technical information about the product, including its sensory characteristics and production method. The label strikes a good balance between graphic care, design and information, honoring the tradition of cachaça while modernizing it.

Pindorama Amburana label: presence of technical information and distinctive design.
Credit: Promotion/Pindorama.

MASTER BLENDER

The process was also divided into two stages: the selection of finalists and the final evaluation.

In the selection stage, based on sensory analysis, we considered the 10 best cachaças in the categories that most reflect the work of a cellar master:

- "Stored blend".
- "Aged blend".
- "Aged in oak".
- "Aged in Brazilian or exotic wood".
- "Premium oak".
- "Extra premium oak".

For each category, the first-place cachaça was awarded 10 points, the second-place cachaça 9 points, and so on up to tenth place. Based on these scores, the masters with the 10 highest totals were selected for the final evaluation.

In the final stage, the judges evaluated the cellar masters using an online spreadsheet. The criteria included technical quality of the work, ability to innovate and the professional's impact on raising the profile of the category. The average of these experts' scores had a weight of 2 and was added to the technical score obtained in the first stage. The master blender with the highest overall score would be recognized as the highlight of 2024.

In the event of a stalemate, the criteria to overcome it would be the highest score in Stage 1. If it persisted, the winner would be the master whose cachaça achieved the best position in the overall ranking, regardless of the category.

Based on these criteria, we arrived at this result:

- 1º: Leandro Marelli (Matriarca and Princesa Isabel).
- 2º: Aline Bortoletto (Mato Dentro and Octaviano Della Colleta).
- 3º: Murilo Coelho (Engenho Nobre).
- 4º: Natanael Bonicontro and Raquel Bonicontro (Companheira and Estância Moretti).
- 5º: Armando Del Bianco (Gouveia Brasil).
- 6º: Marcelo Nordskog (Reserva do Nosco).
- 7º: Carlos Lisboa (Caraçuípe).
- 8º: Renato Chiappetta (San Basile).
- 9º: Lúcio Gama (Pedra Branca).
- 10º: Moacir A. Menegotto (Casa Bucco).

LEANDRO MARELLI – Leandro Marelli is a biologist with extensive experience and specialization in food technology. With a Ph.D. from the State University of Norte Fluminense Darcy Ribeiro (UENF), he dedicated himself to research in the field of beverage technology and continued his training with a post-doctorate in the same subject at Esalq/USP.

Leandro's career has been imprinted by a strong commitment to advancing knowledge and innovation in the cachaça and beverage sectors. Working in various distilleries throughout Brazil, he has become one of the most prolific cachaça professionals, contributing to the emergence of new industries and guaranteeing the quality of growing brands.

In this guide, Leandro received the highest technical score mainly because of his work with producers at Matriarca in Bahia and Princesa Isabel in Espírito Santo. At Matriarca, he employs unconventional woods such as guava and jackfruit and encourages their use by other producers in the country. At Princesa Isabel, the blends he developed in partnership with producer Adão Cellia have given a new identity to cachaça from Espírito Santo. Leandro Marelli managed to explore a variety of combinations with national woods such as amburana, balsam and grápia. In addition, he has contributed to the creation of limited batches combining toasted oak with national woods, achieving prominence for their innovation and quality.

PRODUCERS

Finally, the analysis of the cachaças presented made it possible to identify the producers that stood out the most. The process also had two stages: the selection of the finalists and the evaluation, both carried out by the judges who participated in the sensory analysis.

The finalists selected (first stage) came from the following groups:

- the producers of the top 10 in each specific category (e.g. "White with wood", "Stored in oak", etc.);
- the producers who ranked in the top 10 according to the online questionnaire on sustainability issues;
- the producers of the cachaças that ranked in the top 10 for design.

The first producer of the 10 best cachaças in each sensory category received 10 points, the second producer 9 points, and so on up to the tenth producer.

The same was done for sustainability (i.e. the top 10 producers in this group were scored from 10 to 1) and design (the top 10 producers were scored from 10 to 1).

Thus, the manufacturers with the 10 highest total scores were selected as finalists.

Then came the second stage, the evaluation of these finalists. Based on their knowledge and the arguments presented by the producers themselves in defense of their actions to grow the market, each judge assigned a score to each of the producers with the 10 highest scores. This score had a weight of 2.

The simple average of the 10 judges' scores determined the final ranking of the producers. In the event of a stalemate, the highest score in Stage 1 would be considered; in the event of another stalemate, the best score with the cachaça would be considered in the overall ranking.

Taking all these criteria into account, the 10 producers with the highest scores were selected as finalists:

- 1º: Weber Haus.
- 2º: Princesa Isabel.
- 3º: Destilaria Octaviano Della Colleta.
- 4º: Da Quinta.
- 5º: Matriarca.
- 6º: Santa Terezinha.
- 7º: Engenho Nobre.
- 8º: Mato Dentro.
- 9º Companheira.
- 10º: Flor das Gerais.

A STORY IN THE MAKING

For almost fifteen years, we have been on a relentless quest to discover what makes a cachaça truly special. To answer this question, we have developed sensory evaluation tools and a methodology for analyzing cachaças, producers and cellar masters. Achieving this level of excellence required the rigorous training of a team of experts, the clear definition of what constitutes a defect, and the identification of the elements that express a cachaça's true identity (which we call "territory" and "school").

Over the past year, we have applied all this knowledge to our evaluation system, which is reflected in the pages of this guide with detailed descriptions of Brazil's most important cachaças.

However, this book aims to go beyond evaluating the liquids themselves: we understand that a healthy market is driven by people. That is why our methodology also recognizes the professionals who contribute to the growth of the category, with special attention to sustainability, communication and positioning cachaça in the prominent place it deserves.

We hope that this publication will contribute to strengthening the market, giving a voice to the different production styles and promoting diversity. We also hope that it will encourage the professionalization of other agents who are essential to the success of the sector, such as bartenders, sommeliers, cellar masters, still masters, chefs, retailers and importers.

Finally, may this book inspire both experienced connoisseurs and new consumers to be enchanted by the quality and complexity of one of Brazil's greatest assets: cachaça.

Medard (created with AI) – stock.adobe.com.

Notes

[1] Cachaça is also known as *pinga, caninha, branquinha* and other popular names such as *birita* or *dengosa*. (Translator Note, from now on T. N.)

[2] The Recôncavo Baiano or Recôncavo da Bahia is an area made up of 20 municipalities in the state of Bahia, in the region of the Bay of All Saints. It is about 100 kilometers from the capital Salvador. (T. N.)

[3] *Bandeirante* is the term used to designate groups of men in the Brazilian colonial period which entered the interior of the territory in search of mineral wealth, mainly gold and silver, besides capturing indigenous people for slavery or destroy *quilombos*, communities formed by slaves that had managed to escape. (T. N.)

[4] The Inconfidência Mineira was the conspiracy of a small elite from Vila Rica, nowadays Ouro Preto, in Minas Gerasi, which took place in 1789, against Portuguese rule. Tiradentes acted as a promoter for the Inconfidência Mineira, traveling and gaining supporters for the conspiracy. He was captured and hanged by the Portuguese on 21 April 1792. (T. N.)

[5] Modern Art Week was an artistic-cultural event that took place at the Municipal Theater of São Paulo between the 13th and 17th of February 1922. The event brought together several dance, music, poetry recitals, exhibitions of painting and sculpture, and lectures. The artists involved proposed a new vision of art, based on an innovative aesthetic inspired by European avant-gardes. (T. N.)

[6] Guaraná, (*Paullinia cupana*) is a woody, climbing plant, of the soapberry family (*Sapindaceae*), native to the Amazon Basin. Its fruits are about the size of a grape. The seeds are roasted and used to make a stimulant drink popular in South America, which has a bitter, astringent taste and a faint, coffee-like scent. Its caffeine content is about three times greater than an equivalent amount of coffee. (T. N.)

[7] The Atlantic Forest (in Portuguese, *Floresta Atlântica*) is a South American forest that extends along the Atlantic coast of Brazil from Rio Grande do Norte state, in the Northeast, to Rio Grande do Sul state, in the South, and inland as far as Paraguay and the Misiones Province in Argentina, where the region is known as *Selva Misionera*. (T. N.)

[8] *There was no grace there/the judges were the same/ Nothing came from the square/ There, from your cachaça! There, from your partridges!* (T. N.)

[9] *Other assortments than/ Cheese, cachaça, black tobacco./ [...]/ For the fiery cachaça that cheers him up,/ Takes the strength from his robust limbs.* (T. N.)

[10] *It's the wicked pinga that gets in my way/ I enter the sale and I already give my sip/ I take the glass and I never leave/ Right there I drink, right there I fall/ Only to carry is that I give work, yes!".* (T. N.)

[11] *Suruí Flour/Parati Pinga/ Smoke from Baependi/ Eating, smoking, and falling down.* (T. N.)

[12] *Ceci loved Peri/ Peri kissed Ceci/ To the sound.../ To the sound of Guarani!/ From Guarani to Guaraná/ The feijoada was born/ And later Paraty.* (T. N.)

[13] Closes body from Monte Alegre do Sul. (T. N.)

[14] Generic name for the deities worshipped by the Yoruba of south-western Nigeria, Benin and northern Togo, brought to Brazil by enslaved blacks from these areas. (T. N.)

[15] *The smell of* pitanga *and cachaça aged in a fragrant wooden barrel. In a corner of the attic, a kind of altar, [...] instead of images, the peji of* Exu *with his fetish, his* irá. *For* Exu, *the first sip of cachaça.* (T. N.)

[16] Rapadura is a typical sweet from Brazil's Northeast. It is composed of brown sugar solidified in the shape of a small brick. (T. N.)

[17] *Caipira* is the native population of the Brazilian states of São Paulo, Goiás, Minas Gerais, Mato Grosso, Mato Grosso do Sul, and Paraná. A *caipira* yeast is a product made in the countryside without industrial methods. (T. N.)

[18] The name refers to the land that Portuguese colonial administrators had chosen to improve communication, settlement, and the economic exploitation of Brazil's resources and of its other colonies. To protect colonial assets from piracy and smuggling, these roads became the only authorized paths for the movement of people and goods. Opening other routes constituted a crime of *lèse-majesté*. Recent efforts by governmental and non-governmental organizations turned the Brazilian *Estrada Real* into a tourist route. (T. N.)

[19] *Leave out a glass of Januária's most drinkable* branquinha, *which has a bit of umburana macerating at the bottom of the bottle...* (T. N.)

[20] Cachaça producers. (T. N.)

[21] Paçoca is a Brazilian candy made of ground peanuts, cassava flour, sugar and salt. (T. N.)

[22] The João de Barro, also known as "ovenbird," is known for its characteristic oven-shaped clay nest. Its back is totally reddish brown. Its scientific name is *Furnarius rufus*. (T. N.)

[23] "O João de Barro, to be happy like me / One day he decided to find a companion / In a back and forth with the clay of the little spout / He built his little house there on the branch of the ceiba". (T. N.)

[24] Created in 1970, the National Institute of Industrial Property (Inpi) is a federal agency linked to the Ministry of Economy, responsible for improving, disseminating and managing the Brazilian system for granting and guaranteeing intellectual property rights for industry. (T. N.)

[25] Treatment to which certain barrels are subjected, consisting of a brief and superficial burning of the internal surface of the wood of the container. The more the toast, the less the oaky, woody flavor. (T. N.)

[26] Rapadura sugar is a solid form of unrefined cane sugar typically produced and consumed in Latin American and Asian countries. (T. N.)

[27] *Pereskia aculeata*, popularly known as *ora-pro-nóbis* (from the Latin ora pro nobis: "pray for us") is a leafy climbing cactaceous plant. (T. N.)

[28] Brazilian plant from the ginger and cardamom family. (T. N.)

[29] The Cerrado Mineiro is in the northwest of Minas Gerais. The region has a hot, humid summer and a mild, dry winter. It stands out for its production of high-quality coffee. (T. N.)

[30] *Casa-grande* was the family home of the owner of the large rural properties in colonial Brazil. (T. N.)

[31] The Cerrado is the largest biome in South America and the second largest biome in Brazil, comprising around 22% of Brazilian territory. It is characterized by being a savannah region, covering around 200 million square kilometers. (T. N.)

[32] Francesco Antonio Maria Matarazzo (1854-1937) was an Italian-Brazilian merchant, industrialist, banker and philanthropist, founder of Indústrias Reunidas Fábricas Matarazzo, the largest industrial complex in Latin America at the beginning of the 20th century. He was also known as Count Matarazzo. (T. N.)

[33] The Brazilian National Registry of Legal Entities (Portuguese: Cadastro Nacional de Pessoas Jurídicas, "CNPJ") is a nationwide registry of corporations, partnerships, foundations, investment funds, and other legal entities, created and maintained by the Brazilian Federal Revenue Service (Receita Federal do Brasil). (T. N.)